新曲綫 New Curves | 用心雕刻每一本……
http://site.douban.com/110283/
http://weibo.com/nccpub

用心字里行间　雕刻名著经典

金融风险管理

安东尼·桑德斯
纽约大学斯特恩商学院金融学教授
［美］—————————————著
马西娅·米伦·科尼特
南伊利诺伊斯大学金融学教授

王中华
天津商业大学经济学院金融学教授
—————————————译
陆　军
中山大学岭南学院经济学教授

人民邮电出版社
北　京

图书在版编目（CIP）数据

金融风险管理（第 5 版）/（美）桑德斯（Saunders，A.），科尼特（Cornett，M. M.）著；王中华，陆军译 .
- 北京：人民邮电出版社，2012.7（2021.2 重印）
高等学校教材
ISBN 978-7-115-28300-9

Ⅰ . ①金… Ⅱ . ①桑… ②科… ③王… ④陆… Ⅲ . ①金融风险—风险管理—高等学校—教材 Ⅳ . ① F830.9

中国版本图书馆 CIP 数据核字（2012）第 106909 号

Anthony Saunders，Marcia Millon Cornett
Financial Risk Management, 5th Edition
ISBN 0-07-124475-1

金融风险管理（第 5 版）

◆ 著　　[美] 安东尼·桑德斯　马西娅·米伦·科尼特
译　者　王中华　陆　军等
策　划　刘　力　陆　瑜
责任编辑　徐向娟
装帧设计　陶建胜

◆ 人民邮电出版社出版发行　北京市丰台区成寿寺路 11 号
邮编　100164　电子邮件　315@ptpress.com.cn
网址　http://www.ptpress.com.cn
电话　（编辑部）010-84931398　（市场部）010-84937152
三河市少明印务有限公司印刷
新华书店经销

◆ 开本：850×1092　1/16
印张：26
字数：750 千字　2012 年 7 月第 1 版　2021 年 2 月第 7 次印刷

ISBN 978-7-115-28300-9/F

定价：68.00 元

本书如有印装质量问题，请与本社联系　电话：(010) 84937152

内容提要

《金融风险管理》改编自金融学国际权威专家美国的安东尼·桑德斯教授和马西娅·科尼特教授共同撰写的《金融机构管理——一种风险管理方法》（*Financial Institutions Management: A Risk Management Approach*）第5版的中译本。原版书在国外自出版以来一直占据金融学专业基础教材的领导者地位。本书结构清晰，信息容量大，内容新而易懂，并融合了丰富的教学方法，对金融机构管理者面临的风险，以及管理这些风险的方法和市场作了全面介绍和详细分析。

全书分23章，内容包括：利率风险、市场风险、信用风险、表外风险、外汇风险、主权风险、流动性风险、负债和流动性管理、业务分散化、国内和国外地域分散化、期货和远期交易、互换交易、证券化等。

本书适合作为高等院校金融学专业和财经类专业本科高年级学生、研究生以及MBA、EMBA学员的金融机构管理课程教材，也可供金融机构管理者及理论工作者参考。

This book is dedicated to Pat, Nicholas, and Emily and to my mother, Evelyn.

Anthony Saunders

To the Millons and the Cornetts, especially Galen.

Marcia Millon Cornett

作者简介

安东尼·桑德斯（Anthony Saunders）

安东尼·桑德斯教授是纽约大学斯特恩（Stern）商学院金融系主任。桑德斯教授从伦敦经济学院获得了博士学位。自从1978年以来，他一直在纽约大学讲授本科和研究生的课程。在他的整个学术生涯中（包括教学和研究活动），其主要研究方向集中在金融机构和国际银行业务方面。他在全球一些知名大学里担任客座教授，其中包括欧洲工商管理学院（INSEAD）、斯德哥尔摩经济学院和墨尔本大学。目前，他正担任纽约大学金融机构所罗门研究中心的执行委员。

桑德斯教授同时在美国联邦储备董事会的学术顾问委员会和联邦国民抵押贷款协会的研究顾问委员会任职。此外，桑德斯博士曾经在美国货币监理署和费城联邦储备银行做访问学者。 他也曾经是国际货币基金组织的访问学者。他是《银行与金融杂志》和《金融市场、工具与机构杂志》的主编，同时还担任其他8种刊物的副主编——其中包括《金融管理》和《货币、信贷与银行杂志》。他的研究成果发表在所有重要的货币、银行与金融杂志上和一些著作中。此外，他还撰写和与他人合著过几本专业著作，最新的一本书名为《信用风险管理——新的风险价值和其他的方法》（第2版），纽约John Wiley & Sons 出版社2002年出版。

马西娅·米伦·科尼特（Marcia Millon Cornett）

马西娅·米伦·科尼特是南伊利诺斯（卡邦戴尔）大学的雷恩（Reln）商科教授。她从伊利诺斯州的诺克斯（Knox）学院（设在盖尔斯堡）获得经济学学士学位，并且从印第安纳大学布鲁明顿（Bloomington）分校获得了MBA和金融学博士学位。科尼特博士撰写并发表了数篇与银行业绩、银行监管和公司金融相关的学术论文。她的论文发表在如下学术刊物上：《金融杂志》、《货币、信贷和银行杂志》、《金融经济学杂志》、《金融管理》、《银行和金融杂志》。她曾担任《金融管理》的副主编。如今，她是《银行和金融杂志》、《金融服务研究杂志》、《FMA在线》、《跨国金融杂志》和《金融经济学评论》等刊物的副主编。科尼特博士现为南伊利诺斯大学信用合作社董事会、执行委员会以及财务委员会的成员。她曾执教于科罗拉多大学、波士顿学院和南卫理公会大学（Southern Methodist University）。目前，她是美国财务管理协会、美国金融协会和西部金融协会的会员。

编者前言

始于2006年的美国“次贷”危机所引发的金融风暴给全球经济带来了重创，同时也使得金融风险管理问题成为世人瞩目的焦点。随着经济的发展及时代的变迁，现代金融体系已变得非常庞大和异常复杂——无论从机构组成，还是从业务种类方面看都是如此。因此，为了维护金融体系的平稳运行以及宏观经济的安全与稳定，金融风险管理显得日益重要。

美国的两位学者桑德斯和科尼特教授撰写的这本《金融机构管理——一种风险管理方法》，基于对各类金融机构所面临的诸多风险所做的深入分析，提出了详尽的风险管理方法。本书是作者在积累多年的教学和研究经验的基础上，针对大学高年级本科生、研究生和MBA而编写的教科书。可以说，该书为学习和研究金融风险管理的读者提供了丰富的素材。

考虑到《金融机构管理——一种风险管理方法》(第5版)本身的内容所要求的教学时数太多，为了便于教学，我们对原文进行了适当的改编。具体而言，我们将原来的28章内容进行压缩，改编成了23章。其中有5章内容，在原书中只是作为风险管理这一核心内容的“铺垫”，因此被删去。剩余的23章内容只是进行了部分改编和压缩。这样，尽管进行了改编，但是原文的主体框架并没有受到太大影响，而且重要的内容也都得到了保留。

从整个体系来看，改编后仍然包括具有严密逻辑联系的三个部分：首先，导论部分介绍了金融机构的特殊性以及金融机构所面临的各类风险。之后，在风险衡量这部分，作者对利率风险、市场风险、信用风险、表外风险、技术与营运风险、外汇风险、主权风险和流动性风险的计量方法进行了详细的分析。最后，在风险管理部分，作者从资产负债管理、存款保险与担保、资本充足率、业务与地域分散化、衍生工具交易和资产证券化等方面，对各种风险管理方法作了深入、细致的探讨。

王中华

2012年4月

中文版序

不仅是美国,实际上全世界都处在20世纪30年代以来的最严重金融危机之中。2009年3月，道琼斯工业平均指数的价值在不到一年半的时间内下降了54%，下降幅度超过了1937~1938年的股市崩盘（当时的下降幅度为49%)。2008年下半年，被美国的金融机构收回的欠债房屋达到了创纪录的水平，其中全美有6.99%的借款人至少有一项拖欠，有11.1%的次级抵押贷款逾期未还。2009年初，美国的失业率超过了8%。商业银行的巨头花旗集团曾向政府寻求巨额的损失担保和注资，以防止倒闭。在经历了倒闭和并购之后，投资银行的五大公司中只剩下了两家（高盛和摩根士丹利），而且这两家也都转变成了商业银行控股公司。作为美国最大的一家保险公司，美国国际集团仅仅是因为联邦政府的紧急拯救才得以幸存下来。如果没有联邦紧急援助，美国的三大汽车制造商将会随时破产，而且，即使在政府援助之下，克莱斯勒还是于2009年5月寻求了破产保护（通用汽车公司也于2009年6月1日宣布申请破产保护——译者注）。国民经济研究局（由顶尖经济学家组成的一个私人团体，其任务是负责追踪经济衰退的起讫时间）声称，美国的经济从2007年12月开始陷入衰退，这已经是20世纪30年代大萧条以来最长的一次衰退了。事态仍在继续，且每天都在变化。衰退何时终止及其对金融体系和金融机构的影响都还未能确定。

需要着重指出的是，尽管金融机构行业的状况及参与者已经发生了改变，而且还将继续发生改变，但幸存下来的金融机构将和以往一样提供相同的服务。1999年的《金融服务现代化法案》导致了全能金融机构的产生，这些机构类似于1933年之前存在于美国的金融机构。在21世纪头10年的后期金融危机发生之前，这些金融服务控股公司（即同时提供多重金融服务的金融机构）已经成为了金融机构的主流（按总资产衡量)。目前的危机过去之后，继续从事经营的金融机构将只能延续这种趋势。换句话讲，尽管金融机构行业的状况及参与者会继续发生改变，但金融机构提供的服务将仍然包括以下几个方面：商业银行和消费银行业务、保险业务、投资银行和经纪业务、共同基金和退休基金投资等。经历过此次金融危机的金融机构将仍然提供多重金融业务，而不会只提供某一领域的金融业务。

科尼特和桑德斯教授非常高兴地看到本书中文版的面世，并希望本书的这次出版能够与世界其他地方的出版一样取得成功。衷心希望中国的读者能够从中受益。

安东尼·桑德斯，马西娅·科尼特

2009年5月

目　录

第1章

金融中介机构的特殊性

导　言

在过去的70年内，金融服务行业经历了一个完整的循环过程。起初，银行业是一个提供全方位服务的行业，直接或间接提供所有金融服务（商业银行业务、投资银行业务、证券投资业务和保险业务等）。20世纪30年代初，经济及行业危机导致了其业务活动的分离。20世纪70~80年代，不受严格监管约束的新的金融服务行业（共同基金、经纪基金等）迅速崛起，从而使得金融服务职能更加分散。进入21世纪后，由于管制障碍解除、技术进步以及金融创新的影响，金融服务企业又能够提供一整套的金融服务了。不仅传统行业之间的界限越来越模糊，而且还出现了全球化竞争。随着竞争环境的改变，人们对利润尤其是对风险的关注已显得日益重要。本书的主题是金融机构风险的度量与管理。金融机构（例如银行、信用社、保险公司与共同基金）的功能就是把资金从盈余者（资金的提供者）导向资金短缺者（资金的使用者）。

虽然我们可以把金融机构分成保险公司、银行、金融公司等，但是它们面对许多共同的风险。具体而言，首先，所有金融机构都面临如下问题：（1）持有的资产可能面临违约或信用风险；（2）资产负债表中的资产与负债的期限会在一定程度上不匹配，因而暴露于利率风险之下。第二，所有的金融机构都面临某种程度的负债提现或流动性风险（风险大小取决于向负债持有者出售的债权凭证的种类）。第三，大多数金融机构都面临某种承销的风险，不管是通过证券的出售，还是发行各种类型的表内或表外的信用担保。最后，所有的金融机构都面临经营成本风险，因为金融服务的提供需要使用实际资源与后台支持系统（要共同使用劳动力与技术来提供服务）。

因为这些风险以及金融机构在金融体系中所扮演的特殊角色，金融机构被给予了特殊的监管关注。[1]在本章中，我们首先考察与这种特殊性有关的问题。具体而言，金融机构——包括存款机构（银行、储蓄机构与信用社）和非存款机构（保险公司、证券公司、投资银行、金融公司与共同基金）具有哪些特殊的功能？表1-1对这些特殊功能进行了归纳。这些功能是如何促进经济发展的？其次，我们将考察什么原因使得某些金融机构比其他机构更为特殊。第三，我们要看一看金融机构的特殊功能到底是怎样的独一无二及有多长的历史。

金融中介机构的特殊性

为了理解金融机构的重要经济功能，我们先来想像一个没有金融机构的简单世界。在这样的世界中，那些消费少于收入从而产生额外储蓄的家庭将面临一些基本的选择：他们可以把现金当做资产来持有，或者是投资于各类公司发行的证券。一般说来，公司发行证券的目的是为了替自己的真实资产投资进行融资，并且弥补它

1　由于其服务的特殊性以及倒闭时可能造成的社会损失，一些公用设施的提供者，例如煤气公司、电力公司、自来水公司等也要接受专门的监管。

表 1–1　金融中介机构所提供的特殊服务

信息成本　金融机构的资金总量更能够激励它去收集客户（比如企业）信息并对客户的行为进行监督。金融机构相对规模较大，这使得信息收集的平均成本要低于个人时的情况（这就是所谓的规模经济效应）。

流动性和价格风险　金融机构能够向家庭储蓄者提供流动性极高且风险很低的金融债权凭证。

交易成本服务　与信息收集成本中的规模经济效应一样，金融机构的规模也会导致交易成本方面的规模经济效应。

期限中介　金融机构能够承受其资产和负债期限不匹配的风险。

货币供给传导　一国中央银行（比如美联储）的货币政策，要通过存款机构的传导，才能够对金融系统中的其他行业及整个经济产生影响。

信贷分配　金融机构通常被看成是某一行业（比如农业、小企业和居民房地产）主要的（有时甚至是唯一的）融资渠道。

代际财产转移　金融机构，尤其是保险公司和养老基金，使得储蓄者能够将财富从一代人转移给下一代人。

支付服务　存款机构能够有效地提供支票清算之类的支付服务，从而直接对经济产生有利影响。

面值中介　金融机构（比如共同基金）使得小投资者能够突破在购买大面额资产方面遇到的障碍。

们的投资计划与内部产生的储蓄（比如留存收益）之间的缺口。

如图 1–1 所示，在这样一个世界中，储蓄将从家庭流向公司；与之相对应，金融债权凭证（股票和债券）则将从公司流向家庭储蓄者。在一个没有金融机构的经济中，家庭储蓄者与公司之间的资金流动水平可能相当低下。这里有好几个原因。一旦家庭通过购买公司的金融债权凭证，把钱借给公司，他们就需要不断监督或检查那家公司的行动。因为他们必须确保公司管理人员不会卷款潜逃，也必须确保公司管理人员不会把资金浪费在那些净现值低甚至是净现值为负数的项目上。诸如此类的监督行为对任何单个的家庭来说，其成本都是极其高昂的。因为相对于家庭储蓄者的平均投资规模而言，为了得到质量足够高的信息，他们需要花费相当多的时间和金钱。这种情况下，每个家庭都希望别人去履行监督的责任；但这样的话，最终结果就是很少有人去监督或者甚至没有人去监督。一旦缺乏监督，公司债券和股票对投资者的吸引力就会减少，同时其投资风险会增加。

股权和债务相对较长的期限也会对家庭投资者持有

图 1–1　没有金融机构的世界中资金的流动

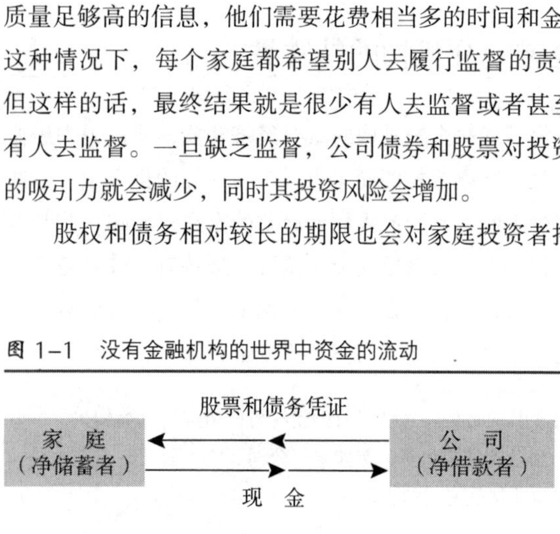

公司直接发行的金融债权凭证产生另一种抑制作用。具体而言，如在对持有现金和持有长期证券做出选择时，家庭也许会为了**流动性**（liquidity）的原因而更愿意选择持有现金，尤其是他们计划在不久的将来会利用储蓄进行消费支出时。

最后，即使在现实世界中，金融市场允许家庭之间进行公司资产和债券的交易，从而对家庭提供了一些流动性服务，但是投资者仍然面临证券出售时的**价格风险**（price risk），而且证券的二级市场交易涉及到各种各样的交易成本。也就是说，家庭投资者在纽约证券交易所之类的二级市场上出售证券的价格，可能会与他们最初购入证券时所支付的价格有很大的不同。

由于存在（1）监督成本、（2）流动性成本以及（3）价格风险，一般的家庭储蓄者也许会把直接投资于公司证券当做一种没有什么吸引力的投资建议，而宁愿放弃储蓄或者以现金形式进行储蓄。

然而，经济系统已经创造出了一些其他的间接方式，促使家庭的储蓄流向公司，这就是通过金融机构来转移储蓄。由于存在监督成本、流动性成本和价格风险以及其他一些在后面将要解释的原因，储蓄者经常是宁愿持有金融机构发行的金融债权凭证，而不愿持有公司发行的金融债权凭证。

我们来看图 1–2，它比图 1–1 更能代表我们所处的世界以及经济活动中的资金流动方式。要注意，金融中介或机构是如何存在于家庭和公司之间的，或者说它是

图 1–2 有金融机构的世界中资金的流动

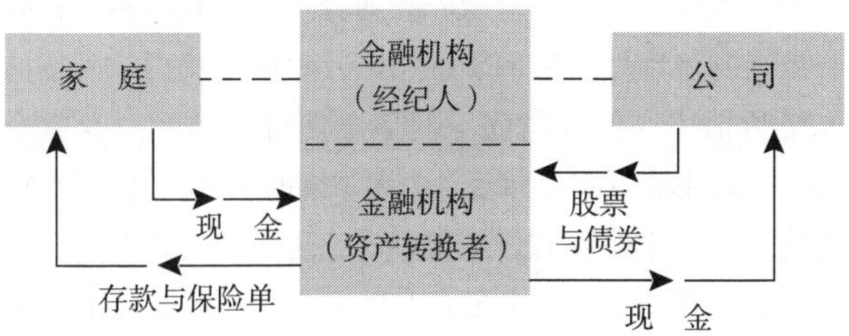

表 1–2 企业和金融机构的简化资产负债表

企业		金融中介机构	
资产	**负债**	**资产**	**负债**
真实资产（厂房、机器）	初级证券（债券、股票）	初级证券（债券、股票）	二级证券（存款和保单）

如何发挥中介作用的。

这些中介机构主要履行两个功能，任何特定的金融机构都可以专门履行这项或那项功能，也可以同时具有两项功能。第一个功能是经纪人业务。作为一个纯粹经纪人的时候，金融机构的行为就像储蓄者的代理人，专门提供信息和交易服务。例如，提供全面服务的证券公司要进行投资研究并向它们的零售（或家庭）客户做出投资建议，同时为了赚取佣金而进行证券买卖。与家庭储蓄者相比，折扣经纪人（例如嘉信理财，Charles Schwab）能够以更加有利的价格和更高的效率来买卖证券。这种效率最终导致交易成本的降低或者**规模经济**（economies of scale）。家庭储蓄者为了适应他们的储蓄退休计划可能购买一定形式的保单，独立的保险经纪人将根据这种情况确定最佳的保单形式。在履行经纪人功能的过程中，金融机构降低了家庭和公司之间的交易成本和信息成本，或者是降低了不完全性，从而扮演了极为重要的角色。所以，金融机构的存在鼓励了储蓄率的提高。[2]

第二个功能是资产转换。在充当**资产转换者**（asset transformer）的过程中，对家庭储蓄者来说，金融机构发行资产的吸引力要远远高于企业直接发行资产。也就是说，在大多数家庭看来，金融机构发行的金融债权凭证，由于具有较低的监督成本、流动性成本和价格风险，因而远远优于企业直接发行的金融求偿权。在这个资产转换过程中，金融机构购买企业发行的金融债权凭证——股票、债券以及其他的债务证券，被称为**初级证券**（primary securities），并通过向家庭投资者和其他部门出售存款、保单等金融债权凭证来为这种购买融通资金。金融机构的这种金融债权凭证可以看做**二级证券**（secondary securities），因为这些资产都是以企业发行的初级证券为担保的，而企业又将得到的资金投资于真实资产。具体而言，金融机构属于独立的市场参与者，它们创造的金融产品给顾客带来的好处就是使金融风险得到转换。

表 1-2 是一个企业和一个金融机构的简化资产负债表。注意，在现实世界中，金融机构只有很小一部分资产以真实资产的形式来持有，例如银行分支机构的建筑物等。这些简化的资产负债表较好地反映了企业和金融机构之间在经营特征上的区别。

金融机构是怎样购买企业发行的直接或初级证券，然后再把它们转换成对家庭储蓄者更有吸引力的二级证券并从中获得利润的呢？回答这个问题必然要触及金融机构在经济中所处的特殊地位。这个问题的答案就在于：金融机构能够更好地应对储户选择直接投资公司证券时所面临的三种成本。

信息成本

对一般的储蓄者来说，直接投资于企业发行的金融债权凭证将会面临这样一个问题，就是收集信息将要付出较高的成本。家庭在购买证券以后，必须及时全面地监督公司的行为。如果监督失败将会给投资者带来**代理成本**（agency cost），即公司的所有者或经理人利用储蓄者的钱从事与证券合同承诺相违背的行为。监督成本是整个代理成本的一部分。这就是说，在一个信息不完全从而收集信息需要成本的世界中，只要有代理人参与合同，代理成本就会产生。收集信息的难度越大，成本越高，违约的可能性就越大。在这种情况下，储蓄者（也

2 最近以来，随着金融期货、金融期权和互换等新的衍生证券市场的产生，参与此类市场业务的金融机构使得那些从事风险套期保值的企业和消费者的交易和信息成本下降。因此，金融机构的存在提高了风险管理的质量。

就是所谓的委托人）的利益将会由于借款公司（即所谓的代理人）的行为而受到损害。对此问题的一个解决办法，就是让许多小储蓄者把他们的资金存放在一家金融机构，由这个金融机构把这些资金集中在一起，然后再把它们投资于公司发行的直接或初级金融债权凭证上。资金的这种集中解决了许多问题。

首先，大的金融机构比任何单个小家庭有更大动力去收集信息和监督公司的行为，因为这与它自己有很大的利益关系。这种方法缓解了小家庭储蓄者将收集信息和监督公司行为的任务留给他人所存在的搭便车问题。在某种意义上来说，采用这种方法也就是小储蓄者委托金融机构作为**委托监管人**（delegated monitor）去代表他们自己的利益。金融机构不仅有更大的动力去收集信息，而且收集信息的平均成本也会更加低廉。例如，对一个投资 10 000 美元的小投资者来说，花 100 美元购买经纪人报告的成本相对而言显得太高。然而对于一个管理 1 000 万美元的金融机构而言，这个成本就显得微不足道了。信息生产和收集的规模经济，将会使储蓄者更加愿意利用金融机构的优势进行投资，而不愿选择自己直接去投资。

其次，考虑到更大的监督动力和不能恰当地监督所涉及到的成本，金融机构也许会创造出一些新的二级证券，使它们能够更加有效地进行监督。这样，合同中更加详细的条款可以提高金融机构的监督能力。也许与此相关的经典例子就是银行贷款。银行贷款一般来说是比债券期限更短的债务合约。这种期限较短的特点使得金融机构对借款人拥有更大的监督和控制权。具体而言，在做展期的决定时，金融机构搜集的有关公司的信息会不断更新。当银行贷款合同的到期足够短时，银行家就几乎变成了公司的一个内部人——对公司经营和财务状况方面的详细信息了如指掌。实际上，这种频繁的监督一般会取代债券合同中对那些相对僵化和难以执行的条款的要求。因此，金融机构作为一个委托监管人收集一些更准确和更及时的信息，减少了经济中资金的最终提供者与最终使用者之间信息不对称和不完全的程度。

流动性风险和价格风险

除了改善信息的流动性和质量以外，金融机构也向家庭储蓄者提供金融或二级债权凭证。在通常情况下，这些债权凭证相对于初级证券如公司股票和债券而言有着更高的流动性。举例来说，银行和储蓄机构以固定的本金价值（一般是以固定利率）发行交易账户存款合约——它能够应家庭储蓄者的要求随时提取。[3] 货币市场共同基金向家庭储蓄者发行股份，使那些储蓄者拥有几乎相当于固定本金（类似存款）的合约，同时通常赚取比银行存款利率更高的利息收入。即使是人寿保险公司，也允许保单持有者通过短期预先通知来以自己的保单为抵押获取贷款。直接的问题在于，金融机构（比如存款机构）为什么能够在表内负债方向储户提供流动性较高且价格风险较低的各种合约的同时，又能够投资于流动性较低且风险较高的公司证券？此外，当金融机构自身投资于风险资产时，它们是如何确保向投资者和储户提供流动性服务的呢？储户和投资者为什么会相信金融机构在投资的流动性方面作出的承诺呢？

这些问题的答案在于金融机构具有**分散**（diversify）部分但不是其全部资产组合风险的能力。分散化的概念对金融专业的学生来说是十分熟悉的。基本上，只要不同投资的回报不是完全正相关的，金融机构就可以利用规模效应来分散大部分资产组合风险，尤其是与某个企业发行的证券相关的风险。实际上，在美国和英国的实践表明，一项包含 15 种证券的分散投资可以给金融机构和资产组合的经理人带来显著的分散化效益。而且，随着金融机构的资产组合中证券种类的增加，资产组合的风险会不断下降，虽然只是以一个不断递减的速率下降。这里的真正原因在于，金融机构在它们的投资过程中利用了大数法则。但是对于许多家庭储蓄者来说，由于他们的规模较小，因而只能持有那些相对不太分散的资产组合。风险分散使一个金融机构能够更准确地预测其资产组合的预期回报。一个在国内以及全球市场进行资产分散的金融机构几乎可以获得一种无风险的回报。所以，金融机构确实可以保证它对家庭的承诺，即以很低的价格或资本价值风险提供高流动性的债权凭证。体现这种

3 同时，全球范围内的大商业银行组成了一个互换市场，从而使企业能够对资产负债表中的各种风险（比如利率风险和外汇风险）进行套期保值。

能力的一个很好的例子是银行，它能提供高流动性的活期存款（有着固定的本金价值）作为负债，与此同时又投资于风险性的贷款作为资产。只要金融机构的规模大到足以从分散化和监督行为中获利，相对于直接投资于资本市场而言，它的金融债权凭证就可能被小储蓄者认为是具有流动性和吸引力的。

其他特殊服务

前面的讨论主要集中于金融机构提供的三种总体的或者特殊的服务：降低家庭储蓄者的监督成本；增加它们的流动性；降低价格风险。下面我们来讨论金融机构提供的其他两种特殊服务：降低交易成本和期限中介。

降低交易成本

如同金融机构在信息收集过程中提供潜在的规模经济一样，它们在交易成本上也能提供规模经济。例如，自 1975 年 5 月 1 日以来，纽约证券交易所股票交易的固定佣金被取消了。所以，小的零售购买者就面临着比从事大的批发业务的购买者更高的交易佣金或交易成本。通过将其资产集中于金融机构（例如共同基金和养老基金），由它们大批量购买资产，家庭储蓄者可以降低购买资产时的交易成本。此外，出价与要价（买卖）价差对于大宗的资产买卖来说通常比较低。

期限中介

金融机构能够通过投资分散化降低风险的另外一个表现，是它们比小的家庭储蓄者更有能力承担资产和负债期限不匹配的风险。所以，金融机构就可以为经济中的其他部门提供期限中介服务。具体而言，通过期限不匹配，金融机构能够创造出新型的合约，例如向家庭提供长期抵押贷款的同时，仍然通过短期债务合同来融资。而且，虽然这种不匹配会使金融机构面临利率风险，但是通过其进入市场的优势和套期保值工具，一个规模较大的金融机构能更好地管理这种风险。套期保值工具包括贷款出售和证券化、期货、互换、期权、利率上限期权、利率下限期权和领式期权等。

其他方面的特殊性

资金流动理论指出了反映金融机构特殊性的三个主要理由（同时还有其他两个相关的理由）。在现实生活中，学者、决策者和监管者发现金融机构或金融机构群体还有其他一些具体的特殊功能。下面我们来讨论这些问题。

货币政策的传导

银行和储蓄机构（存款机构）存款的高流动性，使公众认为这些存款是经济中被最为广泛接受的交易媒介。事实上，三个最常用的货币供给定义——M_1、M_2、M_3[4]的核心就是银行或储蓄机构的存款合约。因为存款机构的负债是货币供给的重要组成部分，而货币供给又会影响通货膨胀率，所以存款机构在货币政策从中央银行向其他经济部门传导的过程中，发挥了关键性的作用。也就是说，存款机构是中央银行货币政策行动影响其他金融部门和总体经济的传输渠道。货币政策行动包括公开市场业务（在美国国债市场上买卖证券）、确定贴现率（联储提供“最后贷款人”借款时收取的利率）以及确定准备金要求（存款机构必须持有的最低储备资产，以作为其资产负债表上负债的担保）。

信贷分配

金融机构具有特殊性的一个更深层次的原因，是因为对经济中那些预先确定为有特殊融资需要的特定部门来说，金融机构是主要的、有时甚至是惟一的融资来源。

---

4 M_1（2003 年 7 月为 12 742 亿美元）包括：（1）在美国财政部、联邦储备银行和存款机构之外的货币；（2）非银行机构提供的旅行支票；（3）所有商业银行的活期存款（存款机构、美国政府、外国银行和官方机构除外）减去在途款和联邦储备浮款；（4）其他支票存款（OCDs）。M_2（2003 年 7 月为 60 581 亿美元）等于 M_1 再加上：（1）储蓄存款和小额定期存款（低于 10 万美元的定期存款）；（2）存款机构的其他非存款债务。M_3（2003 年 7 月为 88 638 亿美元）等于 M_2 再加上：（1）所有存款机构的大额定期存款（10 万美元及其以上）。（2）存款机构的其他非存款债务。

美国和许多其他国家（例如英国）的政策制定者已经确定住宅不动产需要特殊的资助。这就提高了经常向此类部门提供服务的金融机构的特殊性。在美国，储蓄贷款协会和储蓄银行在传统上都为住宅不动产部门的信贷需求提供服务。与此类似，从社会福利来看，农业是经济中极为重要的一个领域。美国政府甚至通过设立联邦农业信贷银行来直接鼓励金融机构专门从事这个领域的融资活动。

代际之间的财富转移或时间中介

储蓄者从年轻向年老甚至在两代之间转移财富的能力，对一个国家社会福利的提高也是十分重要的。因此，通过特殊的税收减免政策和其他一些资助机制，可以鼓励人寿保险和养老基金等为这些需求提供服务。

支付服务

银行和储蓄机构之类的存款机构的特殊性在于，它们高效的支付服务能够给经济带来直接好处。其中两个重要的支付服务就是支票清算服务和电子资金划拨服务，例如，每天都有大约上万亿美元的支付通过联邦电子支付系统（Fedwire）和美国银行同业清算系统（CHIPS）——这是美国两家大的批发电子支付网络系统——进行。这些系统的任何故障都可能导致支付系统的停滞，从而给经济带来损害。

面额中介

货币市场共同基金和债券—股票共同基金的特殊性在于它们提供了面额中介服务。由于许多资产以很大的面额出售，它们要么超出了单个储蓄者的能力范围，要么会导致储蓄者持有十分缺乏分散化的资产组合，例如，大额可转让存单（CD）的最低面额是10万美元，商业票据（公司短期债务）的最低面额经常是25万美元甚至更多。就个人来说，单个储蓄者也许没有能力购买这样的金融工具，然而，通过和其他小投资者一起购买货币市场共同基金的股份，家庭储蓄者就克服了购买资产时面临的较大的最低面额的限制。这种间接进入市场的方式使小储蓄者也可以利用其资产组合获得较高的回报。

特殊性与监管

从前面的内容可以看到，金融机构因为向经济中的各部门提供了各式各样的特殊服务而显得与众不同。总体而言，金融机构的特殊性包括：

- 信息服务
- 流动性服务
- 降低价格风险服务
- 交易成本服务
- 期限中介服务

与具体金融机构相关的特殊性包括：

- 货币供给传导（银行）
- 信用分配（储蓄机构、农业银行）
- 代际转移（养老基金、人寿保险公司）
- 支付服务（银行、储蓄机构）
- 面额中介（共同基金、养老基金）

如果不能提供这些服务或者其有效的服务发生中断，那么对于储蓄的最终提供者（家庭）和使用者（企业）来说，就可能会产生成本。影响企业和家庭的**负外部效应**（negative extemalities）[5]（当经济体系中的金融机构行业出错时就会产生这种效应）构成了对金融机构进行监管的一个理由。这就是说，要对金融机构进行监管，以防止上面讨论的服务提供的中断，以及对整个经济与社会造成的成本。例如，银行倒闭也许会耗光家庭的储蓄，同时也会限制公司获得信贷。保险公司的倒闭也会使家庭成员面临年老时的灾难性疾病和退休后收入突然下降的风险。而且，单个金融机构的倒闭，可能会导致

---

5 负外部效应的一个很好的例子是在只有一家银行的城镇中如果银行倒闭小企业所面临的成本。这些企业会发现很难从其他地方获得融资，而且他们的客户可能同样不利。结果，该银行的倒闭对整个社区的经济前景会产生负的或者传染性的影响，导致更低的销售、生产以及就业。

储蓄者对整个金融机构的稳定性和清偿能力产生怀疑，从而产生恐慌，甚至会蔓延到其他类似的机构。除此之外，种族、性别、年龄以及其他的歧视［例如**抵押拒贷**（redlining）］也可能会把一些金融服务的潜在消费者从市场中不公平地排除掉。这种类型的市场失灵需要通过监管来纠正。虽然监管对整个社会是有利的，但是对单个金融机构的所有者和经理人都产生了私人成本和监管负担。因此，监管的目的是提高社会整体福利效益，降低金融机构服务的社会成本。对金融服务的提供者来说，监管的私人成本相对于私人利益的差额就叫做**净监管负担**（net regulation burden）。[6]

为了提高金融中介服务的净社会福利效益，可以采用 6 种类型的监管：（1）安全性和稳健性的监管；（2）货币政策监管；（3）信贷分配监管；（4）消费者保护监管；（5）投资者保护监管；（6）准入和执业监管。对不同类型的金融机构监管是有差别的，例如，对存款机构的监管是各类金融机构监管中最重的。另一方面，对金融公司的监管就很少。监管可以是在联邦或州的层次，有时也在全球的层次，如对银行的资本要求（参见第 15 章）。

最后，这些监管中有一些在本质上就是功能性的，包括所有执行某些功能（例如支付服务）的金融机构，但是其他的则是针对特定机构的。因为历史上的美国金融体系具有业务分割的特点，所以这个体系中的许多监管是针对特定机构的，例如，针对银行向当地社区进行信用分配的消费者保护立法。不过，这些与特定金融机构相关的监管措施正在逐步取消（参见第 16 章）。

安全性和稳健性的监管

为了保护存款者和借款者，例如，为了防止金融机构因资产组合缺乏分散化而倒闭的风险，监管当局设计了好几个层面的保护机制。这些机制旨在确保金融机构的安全性与稳健性，从而保持金融机构在其借款人与债权人眼中的可信性。第一个层面的保护是鼓励金融机构分散它们的资产，因此，要求银行向任何公司或借款人的贷款不能超过其资本金的 10%（参见第 6 章）。一个自有资本占总资产 6% 的银行（即其他 94% 的是存款）对任何一位交易方的贷款不能超过其资产的 0.6%。

第二个层面的保护涉及到最低水平的资本或股本金，即金融机构的所有者为了其经营而需要投入的资金，例如，银行、储蓄机构和保险公司的监管当局都关注金融机构的资本与（风险）资产的最低比率。所有者提供的资本比例越高，对外部债权人如存款者和保单持有人来说，破产风险所得到的保护就越大。这是因为，从法律上讲，资产损失（例如在资产组合中由于缺乏分散化而导致的资产损失）首先应由股东来承担；只有当股权资本全部耗光后才由外部债权人来承担。[7] 因此，通过改变所要求的股权资本，监管当局可以直接影响金融机构的非股权债权人所面临的风险暴露程度（金融机构中资本的作用将在第 15 章进行更详细的讨论）。

第三个层面的保护是提供担保基金，例如针对银行的银行保险基金（BIF），针对储蓄与贷款协会的储蓄协会保险基金（SAIF）[8]，针对证券公司的证券投资者保护公司（SIPC），以及（在监管当局的鼓励下）设立的州担保基金（其目的是弥补人寿和财产—意外保险行业给小额保单持有者造成的破产损失）。由于要向金融机构的债权人提供保护（当金融机构倒闭和所有者权益即净资产消失时），因此这些基金就需要对这些投保的机构进行监管，以保护自身的财力（见第 14 章更详细的讨论），例如，联邦存款保险公司（FDIC）对 BIF 和 SAIF 的参加者都要监督和管理。

第四个层面的保护是监管行为本身。无论是银行、证券公司还是保险公司，都必须在不同程度上接受监管当局的监管，除了定期对金融机构提交的会计报表与报告进行非现场评估外，还包括现场检查。正如储蓄者指定金融机构为委托监管人来评价最终借款者的行为和行动一样，整个社会是指定金融机构的监管当局来监督金融机构的行为与表现的。

6　其他受监管的企业，比如煤气公司和电力公司，也面临着一整套复杂的监管，这些监管会给它们的业务活动带来净监管负担。

7　因此，股东是金融中介机构资产的次级求偿者，而债权人是优先求偿者。

8　联邦存款保险公司（FDIC）既管理银行的保险基金（BIF）也管理储蓄协会的保险基金（SAIF）。

最后要注意的是，对那些被监管的机构而言，监管并不是无成本的。例如，整个社会的监管当局也许要求金融机构持有更多的资本，即超过金融机构私人所有者所认为的代表其最佳利益的资本量。同样，对金融机构而言，按照监管者的要求公布信息也是有成本的，因为这涉及金融机构管理人员、律师和会计师的时间。而且，社会最优的信息量也许并不等同于金融机构个体所要求的最优量。

正如前面已经指出的，对于一个金融机构而言，从被监管中（例如保险基金的担保）得到的私人收益与服从监管（例如检查）而面临的成本之间的差额就叫做净监管负担。从金融机构私人所有者的角度来看，金融机构面临的净监管负担越高，它们提供任何一套金融服务的效率就越低。

货币政策监管

另一个监管的动机，涉及到货币政策从中央银行（联邦储备银行）向经济的其他部门传导的过程中银行所扮演的一个特殊角色。问题是，中央银行仅仅直接控制了经济中的钞票和硬币的数量——称为**外部货币**（outside money），而大部分的货币供给是由银行存款——称为**内部货币**（inside money）构成的。从理论上看，中央银行能够在无需正式监管银行资产组合的情况下改变现金或外部货币的数量，直接影响银行的准备金头寸，直接影响银行创造的存贷款数量。但是在实践中，监管当局选择了正式控制。[9] 在大多数国家，监管当局对于金融机构，一般都规定相对于一定存款数额所需持有的准备金的最低水平（参见第 12 章）。有一些人认为，施加这样的准备金要求可以使货币供给及其传导的控制变得更容易预测。如果规定的准备金水平高于金融机构为其流动性目的而认为的必需的水平，那么这也会增加金融机构的净监管负担。一般说来，无论是银行还是保险公司，所有的金融机构都将选择持有一些准备金（即使是没有利息的），以满足流动性的需求以及直接来自客户的交易性需求。然而，对于管理完善的金融机构而言，这个最优水平通常较低，特别是在中央银行（或其他的监管实体）对法定准备金不支付利息的情况下。因此，金融机构通常把法定准备金看做类似于一种税收，并把它当做承担中介功能的一种应有的成本。[10]

信贷分配监管

信贷分配监管鼓励金融机构向社会重要的部门，如住宅和农业发放贷款。这些监管也许会对金融机构在经济中某一部门持有的资产规定一个最低数量，或者设定最高利率、价格或收费，从而资助特定的部门。资产限制的例子包括：合格储蓄贷款者标准（QTL），它要求储蓄机构要想保留其经营许可，其资产中必须持有 65% 的与住宅抵押贷款相关的资产；再如保险公司监管，例如在纽约州，就对保险公司能够投资的国外或国际资产的数量设了一个最高额限制。利率限制的例子就是许多州的高利贷法（它规定了对抵押贷款和 / 或消费者贷款所能收取的最高利率）以及一些其他的监管，例如（现在已经废除的）联储的 Q 项条例，它规定了对定期和储蓄存款所能支付的最高利率。

这样的价格和数量限制可能从整个社会福利的角度来看是合理的，尤其是当一个社会希望有强大（和受到资助）的房地产和农业部门时。然而，这些限制对于金融机构而言仍然是有害的。因为金融机构为了满足这些限制的要求,将不得不承担一些私人成本。在某种程度上，当这类限制的净私人成本是正数时，它们就会使成本增加，并降低金融机构从事中介职能的效率。

9 在古典的中央银行理论中，银行存款的数量（D）等于银行系统的法定存款准备金的（或合意的）比率（r）的倒数与银行的储备金余额（R）的乘积，R 为钞票和硬币加上银行以准备金形式在中央银行持有的存款。$D = (1/r) \times R$。因此，通过改变 R，在一个相对稳定的准备金比率（r）下，中央银行就能够直接影响 D，即存款或内部货币的数量。正如刚才所提到的，它们是货币供给的主要组成部分。即使没有这样的监管要求，银行仍然会愿意持有一些准备金作为流动性缓冲，以防存款者突然提取存款或突然产生的新的贷款需求。

10 在美国，存在中央银行（或联邦储备银行）的银行准备金是不支付利息的。但在一些其他的国家，中央银行对银行准备金是支付利息的，从而降低了“监管税收”的效应。

消费者保护监管

为了防止信贷歧视,美国国会通过了《社区再投资法》(CRA)和《家庭抵押贷款信息披露法》(HMDA)。例如,从 1975 年以来,HMDA 一直在帮助公众确定银行和其他抵押贷款机构是否满足了当地社区的需要。HMDA 特别关注在年龄、种族、性别或收入方面的歧视。自 1990 年以来,存款机构已经开始以标准化的表格,向其所在州的首席联邦监察官报告各项信贷授予或被否决的理由。为了了解这个领域关于遵守监管所带来的信息生产成本,我们来看这样一个事实:2002 年,联邦金融机构检查委员会(FFIEC)对 7 700 多家机构的 3 100 万笔抵押贷款交易信息进行了处理。(这个委员会是一个联邦监督机构,其成员包括联邦储备银行、联邦存款保险公司和货币监理署。[11])许多分析家认为,社区和消费者保护法给金融机构带来了相当大的净监管负担,同时又没有带来相应的社会利益,即促进金融机构平等进入抵押贷款市场。然而,随着解除管制进程和银行业合并趋势以及全能银行业趋势的继续,这类法令很可能将扩展到银行业以外,也适用于其他金融服务的提供者,例如保险公司,它们现在并不受 CRA 社区贷款要求的限制。

投资者保护监管

有相当数量的法律来保护那些通过投资银行直接购买证券或通过投资于共同基金或养老基金而间接进入证券市场的投资者。这些种类繁多的法律使投资者免受如内部交易、信息披露的缺乏、公然的渎职行为以及违反信托责任滥用职权的损害等。影响投资银行和共同基金的重要立法包括 1933 年和 1934 年的《证券法》、1940 年的《投资公司法》。同消费者保护立法一样,遵守这些法律也可能对金融机构带来净监管负担。[12]

准入监管

金融机构的准入与业务活动也要受到监管(比如,对设立新银行的监管)。进入金融部门成本的增加或减少会影响已经在该行业竞争的公司的利润水平。因此,与市场准入相对容易的行业相比,市场准入受到严格保护——包括高昂的直接成本(比如资本要求)和高昂的间接成本(对存款机构设立资格的限制)——的行业可以获得较大利润(参见第 17~18 章)。除此之外,监管法规(比如美国 1999 年的金融服务现代化法案)还限定了某一经营许可下金融机构允许的活动范围。许可证允许的金融服务活动范围越广,这个许可证就越有价值。因此,进入障碍和有关活动范围的规定,会影响一个金融机构的许可证价值和它的净监管负担的大小。

---

11 FFIEC 也公布一些综合统计数据以及对 CRA 和 HMDA 信息的分析。联储或其他监管者也对银行的合规情况进行评级。例如在 2003 年,联储判断在被检查的银行中有 14% 的银行很好地遵守了 CRA,86% 的银行为满意,需要改进和没有遵守的银行数为 0。

12 已经采取措施使这些监管法规扩展到对冲基金。按照传统的做法,只要对冲基金由不到 100 位的"熟练"投资者构成,那么,它就不必受到证券交易委员会以及证券交易法的监管。过去,人们一直认为熟练的大投资者无需这种监管保护,然而,目前与对冲基金及其投资相关的丑闻和倒闭事件(比如,1998 年长期资本管理公司的倒闭及随后的挽救)似乎正在使立法者和监管者的看法发生改变。

练习题

1. 金融机构共同面临着哪 5 种风险？
2. 说出并解释在一个没有金融机构的经济世界中，可能阻碍资金的家庭储蓄者和资金的公司使用者之间资金流动的三个经济上的因素。
3. 在向经济部门提供各种服务时，金融机构总体上具有哪 5 个方面的特殊性？
4. 当家庭储蓄者直接投资于公司发行的证券时，金融机构是如何解决信息和代理成本问题的？什么是代理成本？
5. 由大的金融机构提供的解决信息问题的方法，对借款者、贷款者和金融市场通常有哪些好处？
6. 存款机构如商业银行是如何帮助货币政策实施和传导的？
7. 信贷分配监管意味着什么？这类监管将会产生什么样的社会效益？
8. 由金融机构提供的两个重要的支付服务是什么？这类服务在多大程度上能够有效率地带来经济利益？
9. 什么是负外部性？负外部性的存在如何说明对金融机构进行特殊的监管是合理的？
10. 什么叫抵押拒贷？
11. 为了保证金融机构的安全和健全，监管当局施加了什么形式的保护和监管？
12. 在货币政策的传导过程中，内部货币和外部货币之间有什么区别？联邦储备委员会是如何试图控制内部货币数量的？这种监管状况是如何给存款性金融机构带来成本的？
13. 请举一些关于信用分配监管的例子。这项创造社会效益的尝试是如何给私人机构带来成本的？

第2章

金融中介机构的风险

导　言

金融机构管理的主要目标是增加其股东的收益率，然而这个目标实现的同时往往会带来一些风险。本章介绍现代金融机构面临的各种风险，包括利率风险、市场风险、信用风险、表外业务风险、技术与营运风险，外汇风险、国家或主权风险、流动性风险以及破产风险。表2-1对各种风险进行了简要定义。学完这一章之后，读者将对现代金融机构的管理者们所面临的风险种类及其复杂性有一个基本的了解。在随后的章节中，我们将详细分析对这些风险的测量和管理。从后面的内容中我们可以清楚地看到，有效地管理这些风险对金融机构的业绩是十分重要的。的确，我们可以认为，金融机构的主要任务就是对这些风险加以管理。

表2-1　金融中介机构所面临的风险

利率风险　金融机构资产和或有负债的期限不匹配时面临的风险。

市场风险　当利率、汇率和其他价格发生变化时，金融机构交易账户中的资产和负债面临的风险。

信用风险　金融机构无法完整地获得其贷款和证券所承诺的现金流。

表外风险　金融机构资产负债表之外的或有资产和或有负债业务所带来的风险。

技术风险　金融机构的技术投资未能带来所设想的成本下降。

营运风险　现有的技术、审计、监控和其他支持系统有可能失灵或崩溃。

外汇风险　汇率变化会对金融机构以外币所表示的资产和负债的价值产生影响。

国家或主权风险　外国政府的限制和干预措施有可能使向国外债权人或投资者的还款中断。

流动性风险　突然大规模的负债提取有可能迫使金融机构在很短的时间内低价（低于市场公平价）出售资产。

破产风险　金融机构可能没有足够的资本来弥补其资产价值的突然下降。

过去10多年来，美国金融机构的盈利能力得到很大提高，然而，随着美国经济与海外市场变得越来越一体化，金融中介机构的风险也增大了。例如，美国以及海外（特别是亚洲和南美）经济的走弱，为在海外开展业务的金融机构以及与国外市场和客户有贷款业务的金融机构带来了巨大的风险，即使是那些没有国外客户的金融机构，也可能因为它们的国内客户涉及国外业务而面临外汇风险和主权风险。因此，金融机构的管理者不得不用大量的时间去认识和控制金融机构面临的种种风险。

利率风险

在第1章我们讨论了金融机构的一个关键而特殊的功能——资产转换。资产转换涉及购买初级证券或资产，发行二级证券或举债来为资产购置融资。金融机构购买的初级证券与其出售的二级证券相比，在期限和流动性方面通常有不同的特点。作为资产转换功能的一部分，资产和负债期限日的不匹配使金融机构面临潜在的**利率风险**（interest rate risk）。

例 2-1 资产的期限比负债的期限长时，利率上升对金融机构利润的影响

在这个例子中，一家金融机构以 1 亿美元 1 年期限的负债作为资金来源，购买 2 年期限的 1 亿美元资产，如下面的时间轴所示：

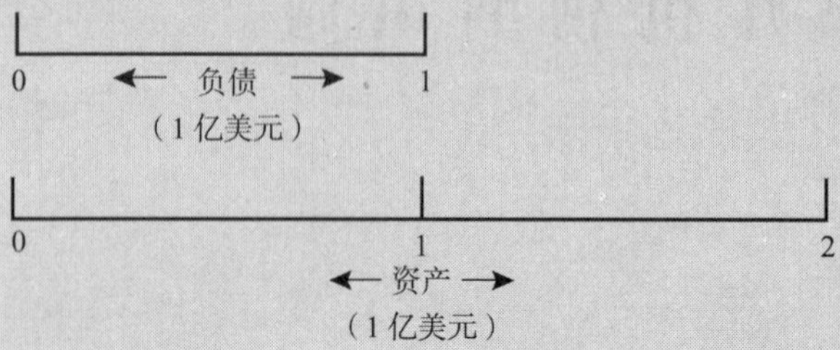

从时间轴来看，该金融机构可以看成是“短期融资”。这就是说，其负债的期限短于其资产的期限。

假设金融机构的资金（负债）成本为年利率 9%，资产的利息收益率是每年 10%。那么，第一年，该金融机构用借入短期（1 年）贷出长期（2 年）的方法，将利差锁定在 1%（10% 减 9%），也就是 100 万美元。

但是，第二年的利润是不确定的。如果利率水平不变，金融机构能以 9% 的年利率再融资，并将利差继续锁定在 1%。但是，总是存在着风险，利率在第一年与第二年之间可能会变化。如果第二年的利率水平上升，金融机构需以 11% 的年利率为期限的一年期负债融资，那么第二年的利差实际上就变为负的，即 10%-11%=-1%，金融机构损失 100 万美元（-1%×1 亿美元=100 万美元）。这样，通过持有比负债期限长的资产，第一年所赚取的正利差将被第二年的负利差抵消。注意，如果第二年的利率提高了 1 个百分点以上，金融机构在这两年经营中将不得不蒙受损失。因此，只要金融机构持有较负债期限长的资产，它就面临潜在的**再融资风险**（refinancing risk）。这种风险就是展期或再融资的成本大于资产回报的风险。20 世纪 80 年代美国许多储蓄机构或储蓄银行就是这类期限不匹配的典型例子。

例 2-2 负债的期限比资产的期限长时，利率下降对金融机构利润的影响

另一种资产负债表结构是金融机构借入 1 亿美元负债，它的期限比购买的 1 亿美元资产的期限长。在下面的时间轴，该金融机构是“长期融资”，其负债的期限比资产的期限长。用类似的例子，假定金融机构借入 2 年期限年利率为 9% 的资金，投资于 1 年期限、收益率为 10% 的资产，如下所示：

在这个例子中，金融机构同样面临利率风险。由于持有资产的期限比较短，当第二阶段进行投资时，再投资利率具有很大的不确定性。如前例，第一年银行的利差锁定在 1%，即 100 万美元。在第一年末，资产期限，而资金借入的时间是 2 年，需要再投资。假定利率在第一年与第二年之间下降，第二年资产回报率为 8%，那么金融机构将面临亏损，即 1% 的负的利差（8% 的资产回报减 9% 的资金成本），也就是 100 万美元的损失。这样，通过持有比负债期限短的资产，第一年所赚的 1% 的正利差将被第二年的负利差所抵消。因此，金融机构暴露于**再投资风险**（reinvestment risk）之下，即相对负债持有期限较短的资产时，金融机构面临借入较长期资金再投资的利率不确定性。近年来，这种类型的风险暴露的一个比较常见的例子是，银行借入固定利率存款而投资于浮动利率贷款（即利率经常变动或调整的贷款）。

当利率变动时，金融机构除了面临潜在的再融资和再投资风险外，还面临市场价值风险。从概念上说，资产和负债的市场价值等于其未来现金流量的现值之和。因此，利率的上升增大了现金流量的贴现率，从而减少了资产或负债的市值。相反，利率的下降会增加资产和负债的市值。再有，当利率上升时，期限日的不匹配，如持有期限比负债长的资产，会导致资产的市值下降得比负债多。这使金融机构遭受经济损失，从而面临破产的风险。

如果持有期限不匹配的资产和负债，金融机构就会面临再投资风险（或再融资风险）以及市场价值风险，因而通过匹配资产和负债的期限，金融机构就能大致对冲或防范利率变动的风险。[1] 这就形成了一个基本理念，即对于想避免利率风险的金融机构，期限匹配是最好的对冲利率风险的策略。请注意，期限匹配与金融机构积极的资产转换功能并不一致。也就是说，金融机构不可能同时既是资产转换者（例如将短期贷款转换成长期贷款），又是直接的资产负债表的对冲者。期限匹配在降低利率风险暴露程度的同时，也降低了金融机构的盈利能力。这是因为资产转换者承担风险而获得的利润被抵消了。所以，一些金融机构会比其他机构更倾向于资产负债期限的不匹配。例如，银行和储蓄机构一般持有期限比负债长的资产，而人寿保险公司由于存在长期负债，所以倾向于持有较长期限的资产。最后，期限匹配只能是大致而不能完全消除利率风险。其主要原因是技术方面的。因为资产或负债的平均期限（或有效期限）和各项资产负债的期限有差异，而且还与金融机构除了用负债融资外，是否还使用股权融资有关。在前面提到的例子中，金融机构全部利用债务为资产融资。在现实中，金融机构同时使用债务和股东权益为购买资产融资。而当资产与负债不相等时，大致匹配资产和负债的期限（或平均期限）就能对冲风险（即确保金融机构的股东权益

1　这假定金融中介机构能直接“控制”其资产和负债的期限。当利率下降时，许多抵押贷款的借款人会试图“提前偿还”它们现有的借款，并在一个较低的利率水平上再融资。这种提前还款的风险——与利率变化直接相关——可以看成是一种更深层次的与利率风险相关的风险。我们会在 23 章详细讨论提前还款风险。

表 2–2　商业银行的投资（银行）账户和交易账户

	资　产	负　债
银行账户	贷　款	资　本
	其他非流动资产	存　款
交易账户	债券（多头）	债券（空头）
	商品（多头）	商品（空头）
	外汇（多头）	外汇（空头）
	股票（多头）	股票（空头）
	衍生证券 *（多头）	衍生证券（空头）

* 衍生证券属于表外业务（将在第 8 章中介绍）。

不受损失）。在第 3 章和第 4 章，我们会详细讨论利率风险产生的原因以及测量利率风险的方法；而在第 19~21 章，我们会讨论对冲利率风险的各种工具及方法。

市场风险

只要金融机构积极地买卖资产和负债（以及衍生工具），而不是出于长期投资、融资或对冲的目的持有它们时，就会产生**市场风险**（market risk）。市场风险与利率、股票回报、外汇风险息息相关。这些风险的增加或者减少会影响金融机构的总体风险。市场风险增加源自其交易活动的风险。市场风险是在积极交易策略中，利率、外汇、股票回报风险共同作用的结果，特别是涉及像一天的短期交易的情况。从理论上讲，可以根据期限和二级市场的流动性将金融机构的交易组合和投资组合区分开来。交易资产组合中所包含的资产、负债和衍生合约，能够在有组织的金融市场迅速转手交易。投资组合（就银行而言，即所谓的银行账户）中包含的资产和负债则相对缺乏流动性，因此，其持有期限较长。表 2–2 是对银行账户和交易账户中资产和负债所进行的一种假想的分类。从表中可以看到，银行账户中主要包含的是贷款、存款及其他非流动资产。而交易账户则包含的是债券、商品、外汇、股票和衍生合约等工具的多头和空头。

随着银行贷款（比如抵押贷款）证券化业务的增加，具有流动性和可以交易的资产越来越多了。当然，任何

资产和负债最终都能够被出售。虽然银行监管者一般认为交易资产的持有期限在1年以内，但金融机构自身认为，交易资产的持有期限更短一些。具体而言，金融机构关注的是其交易账户中资产和负债的价值或风险价值（VAR）在短短的一天中的波动，即所谓的日风险收益（DEAR），尤其是当这种波动会对其清偿力构成威胁时。

金融机构持有敞口的或未对冲的债券、股票、外汇（以及商品和衍生工具）多头（买空）或空头（卖空）头寸，且价格的变动方向与预期相反时，就会面临交易风险或市场风险。因此，交易工具的价格变动越大，拥有敞口头寸的金融机构面临的市场风险就越大。这要求金融机构的管理者（和监督者）加强控制，限制交易员买卖的头寸，同时也要建立模型，在每天的基础上测量金融机构面临的市场风险。第5章中会讨论测量这类风险的有关模型。

信用风险

信用风险（credit risk）的产生，是因为金融机构持有的金融债权（贷款或债券）所承诺的现金流量完全或部分未能支付。实际上，各种金融机构都面临这种风险。金融机构的长期贷款或购买的长期债券的信用风险要比短期的大。这意味着，比如说银行、储蓄机构和人寿保险公司面临的信用风险，要比货币市场共同基金和财产事故保险公司所面临的更大。如果金融机构持有的所有金融债权的本息都能在约定期限日内获得偿还，那么，金融机构就能收回它贷出的本金加上利息回报，也就是说，它们没有信用风险。如果借款人违约，金融机构预期将收到的本息就会面临风险。因此，许多金融机构持有的由公司发行的金融债权，都承诺一个有限的或固定的回报（支付给贷款人的本金和利息），且伴有较高的概率；而巨额损失风险（损失贷款的本金与承诺的利息）发生的概率要小得多。对这种风险和回报进行权衡的典型例子是公司发行的固定收入息票债券和银行贷款。在这两种情形中，如果借款人履约，持有这些金融债权的金融机构就能赚取债券的利息或贷款的承诺利息；如果发生违约，金融机构就赚不到利息，甚至可能会损失部分或全部的本金，这取决于它们在法定破产与清算过程时能获得多少借款人的资产。因此，金融机构的关键作用在于对贷款申请者的筛选和监控，从而可以确保金融机构管理人员是在为最有信誉的贷款融资（参见第6章）。

图2-1是金融机构投资于风险贷款或债券情况下，其美元回报的概率分布曲线。从分布曲线可以看到，全额还本付息（A点）的概率是最高的（但低于1）。若借款人现金流量出现问题，会导致不同程度的违约风险。在图2-1中，利息支付部分或全部违约的范围在点A与点B之间；而贷出的本金部分或全部违约的范围在点B与点C之间。同时还可以看到，本息完全违约的概率（C点）通常是较低的。然而，由于债券和贷款部分或全部违约的可能性是存在的，因此，金融机构必须对这些资产的违约风险进行估计，并依据风险大小来索取相应的风险溢价。

金融机构在贷款中可能面临的潜在损失表明，金融机构需要监视其资产组合中的有关借款人，收集所有相关信息，而且还需要不断地监视借款人的变化。因此，管理方面的监督效率和信用风险管理策略，都会直接影响贷款组合回报与风险。而且，图2-1中的信用风险分布是针对暴露于违约风险下的单一资产投资而言的，而金融机构相对于个人或家庭投资的优势之一，就是能够利用大数法则，通过投资组合分散信用风险。在图2-1的框架中，资产（比如贷款信用风险）的分散化将降低资产组合的总体信用风险，并因此而提升本息金融或部分偿还的概率；也就是说，回报分布曲线会更加平缓一些。

当所有债券和贷款的全部本息都获得支付时，金融机构则赚取最大的回报。在现实中，一些贷款或债券的本息支付会发生违约，因而资产组合的平均收益将会少于无风险下即没有违约情况下的收益。风险分散的效用在于减少或限制资产组合中出现坏结果的可能性。事实上，资产分散化可减少**特定公司的信用风险**（firm-specific credit risk），例如持有通用汽车公司或IBM的债券或贷款的具体风险。但资产分散化不能使金融机构对冲**系统性信用风险**（systematic credit risk），例如使整个经济中所有公司的违约风险加大的因素（如经济衰退）。我们

图 2-1　风险债务（贷款或债券）回报的概率分布

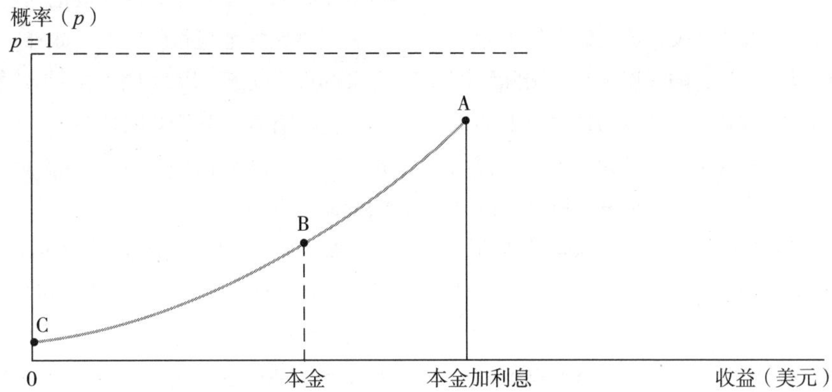

会在第 6 章讨论测量个别公司贷款和债券信用风险的模型，在第 7 章讨论测量贷款或债券组合的信用风险模型，在第 22 章讨论几种更好的管理和控制信用风险的方法——例如贷款出售、债务重组和设立优质银行与呆账银行——以更好地管理和控制风险暴露，而在第 19~22 章中会讨论新兴的信用衍生证券市场在对冲信用风险中的作用。

表外风险

现代金融机构最显著的趋势之一，就是表外业务的增长以及由此引发的**表外风险**（off-balance-sheet risk）的增加。尽管所有金融机构都在不同程度上从事表外业务，但是人们的注意力大部分都集中在银行，尤其是大银行的表外业务上。相反，人们很少关注小规模存款机构和许多保险公司的表外业务。根据定义，表外业务不会出现在当期的资产负债表上，因为它不涉及持有当期初级债权（资产）和发行当期二级债权（负债）。但因为表外业务涉及产生或有资产和或有负债，所以会影响金融机构资产负债表的未来结构。因此，会计师在报告金融机构的资产负债表时，会将表外业务放在资产负债表的"底线下"。保险公司和银行用来担保市政债券发行的备用**信用证**（letter of credit）就是典型的表外业务。要是没有保险公司和银行发行的信用证，担保在市政当局将来违约时支付投资者本息，许多州和地方政府就不能成功地发行这类债券。有了这些信用证保证，如果地方政府（如纽约州）因财务问题而不能支付其承诺的债券利息或本金，它们将会支付给投资者其应得的利息或本金。如果地方政府有足够的现金流量支付债券的本息，金融机构发行的信用证就会期限作废，在金融机构即期或将来的资产负债表上不会有任何的影响。但发行信用证担保所赚取的费用，将出现在金融机构的损益表上。

能够赚取费用收入又无需动用或扩大资产负债表上的资产负债，这一优势成为金融机构开展表外业务的重要动机。然而，这种业务不是无风险的。假如地方政府对其债务的本息支付出现违约，那么由金融机构发行的担保而引起的或有负债，将成为资产负债表上实际的或真实的负债，即金融机构不得不用自己的资本来补偿市政债券的投资者。事实上，表外业务因重大损失，跟表内业务因违约、利率风险产生的重大损失一样，都可能导致金融机构破产。

信用证只是表外业务的一种，此外还有银行贷款承诺，储蓄机构的抵押偿还合同，大的金融机构所进行的远期、期货、互换和其他衍生证券的交易。尽管有些表外业务可以降低信用风险、利率风险及外汇风险，但是对表外业务的管理和运用不当仍然可能导致金融机构的重大损失。我们会在第 8 章详细讨论各种表外业务的风险特征。

技术与营运风险

技术风险与营运风险密切相关，这在近几年引起了金融机构的管理人员以及监管者的高度重视。国际结算银行（BIS）——国际上主要国家中央银行的最重要的机构，将营运风险（包括技术风险）定义为：由不完善或有问题的内部程序、人员及系统或外部事件所直接或间接造成损失的风险。许多金融机构将声誉风险及战略风险（例如兼并失败）作为广义的技术与营运风险的一部分。

近年来，金融机构的技术创新得到了飞速发展。在20世纪八九十年代，银行、保险公司和投资公司为了寻求提高经营效率的方法，大量投资于内外部通信、计算机和技术基础设施的扩建。例如，大多数银行为存款人提供了在个人电脑上查询账户余额、转账、支付账单和理财等功能。在批发层面上，通过自动清算所（ACH）的电子资金划拨以及电子转账支付系统，例如银行同业清算系统（CHIPS）等，也得到了发展。实际上，像花旗集团这样的全球性金融服务公司，已经利用自己的卫星系统在100多个国家采用实时连接的方式开展业务。

当技术投资不能像预期的那样通过规模经济或范围经济达到节省成本的目的时，**技术风险**（technology risk）就产生了。举例来说，随着金融机构的扩大而产生的能力过剩、多余技术和/或官僚机构的低效率（如繁文缛节），都可能引发规模不经济；而当新技术的投资不能产生预期的协同效应或成本节约时，就会产生范围不经济。我们将在第9章描述规模经济与范围经济的衡量与表现。技术风险会导致金融机构的竞争效率蒙受重大损失，从长期来看，最终导致倒闭。类似地，来自技术投资的收益也能使金融机构产生优于竞争对手的业绩，并可以促使金融机构开发新的、创新性的产品，从而增强其长期生存的能力。

营运风险与技术风险存在一定联系，并且只要现有技术失灵，或后台支持系统发生故障，就会引发**营运风险**（operational risk）。比如，从1996年富国银行和第一州际银行的合并中，可以清楚地看到后台系统故障以及营运风险造成的不利影响。为了避免合并给第一州际银行的客户带来不便，富国银行允许这些客户使用旧的支票和存款表格。遗憾的是，由于合并，客户的账户已经改变。结果，有些存款没有被记入恰当的账户，并出现了大量被错误地拒付的支票。此外，由于富国银行后台业务的人手缺乏，因此无法查清所有被错误记录的存款。承诺向所有客户赔偿其账户错误造成的损失，富国银行最终使问题得到了纠正，但因此而承受了大约1.8亿美元的营运亏损。

最近的一次后台系统故障发生在2001年9月。当时，花旗银行（花旗集团的一个附属机构）的ATM系统在较长的一段时间内出现了瘫痪。花旗银行在全国范围内的2000台ATM机，其借记卡系统及网上银行业务功能几乎瘫痪了两天。尽管这种计算机故障十分罕见，但它们的出现会给相关金融机构带来巨大的混乱，而且有可能使整个金融系统遭到破坏。

营运风险并非仅仅由技术故障所导致。比如，员工的欺诈和失误也是营运风险的一部分，它们经常会对金融机构的声誉带来负面影响（参见第9章）。

外汇风险

金融机构逐渐意识到，比起单纯的国内投资，对外直接投资和国外资产组合投资都能扩大经营和财务方面的收益。因此，美国的养老基金在20世纪90年代初期大约有5%的资产是外国证券，而到现在，这一数字已达到10%。日本的养老基金目前持有30%以上的外国证券资产以及额外的10%的外币存款资产。与此同时，美国许多大的银行、投资银行与共同基金的定位已越来越全球化。在某种程度上，国内投资和国外投资的回报是不完全相关的，对金融机构来说，越过国界扩大其资产的持有与债务融资能获得潜在的收益。

金融机构的视角逐渐全球化的一个潜在收益，是直接增强其在国外扩张的能力。这可以通过设立分支机构、收购或者是开发包括国内外证券在内的金融资产组合而实现。虽然如此，国外投资也会使金融机构面临**外汇风险**（foreign exchange risk）。外汇风险是指由于汇率的不利变动，使金融机构的外币资产或者外币负债遭受损失的风险。

要了解外汇风险是如何产生的，我们可以假定一家美国的金融机构给一家英国公司发放了一笔英镑贷款。如果英镑对美元贬值，美国投资者收回本息的美元价值就会减少。实际上，在投资期，如果英镑贬到足够低的水平，当收到的英镑现金流量兑回美元时，总回报有可能是负值。即当收回的本息从英镑兑成美元时，外汇的损失可能超过在最初汇率水平上投资于本地货币能获得的利息收入。

一般来说，金融机构可以持有外币资产和/或者发行外币负债。假定一家美国金融机构持有一笔价值 1 亿英镑的贷款资产，其中的 8 000 万英镑用大额英镑存单融资。1 亿英镑的贷款与 8 000 万英镑的英镑存单之间的差额用美元存单（即美元存单价值 2 000 万英镑）来融资，见图 2–2。在此例中，美国金融机构在英国资产上拥有 2 000 万英镑净多头，即持有的外国资产多于外国负债。如果在投资期内英镑对美元贬值，这家美国金融机构就会遭受损失。用美元来计算，英镑贷款资产的价值下降或贬值幅度会大于英镑存单负债的下降幅度。就是说，金融机构面临这样一种风险，即要按比它刚持有外国资产负债头寸时低的汇率水平清算其外国净资产。

相反，这家金融机构可以持有比资产多 2 000 万英镑的负债，也就是拥有外国资产的净空头，如图 2–3 所示。在此例中，金融机构面临投资期内英镑对美元升值的外汇风险。这是因为用美元表示的英镑负债的成本上升得

图 2–2　外国资产和负债头寸：英镑资产净多头

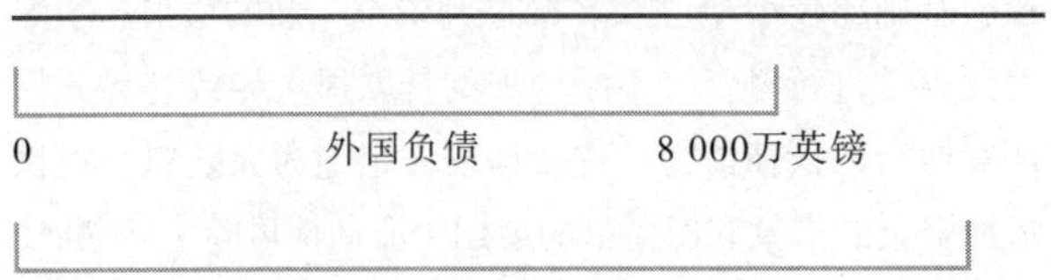

图 2–3　外国资产和负债头寸：英镑资产净空头

比用美元表示的英镑资产的回报要快。因此，为了尽量对冲风险，金融机构必须使其外币资产和外币负债相匹配。

请注意，只有当外国资产和负债具有完全一致的期限的时候，金融机构才能完全对冲风险。[2] 我们可以思考一下，如果金融机构使外币资产和负债的账面价值相匹配（英镑资产 = 英镑负债 =1 亿英镑），但是期限不匹配（6 个月的英镑资产和 3 个月的英镑负债），会发生什么情况？在这种情况下，金融机构将面临外国利率风险，也就是在 3 个月末对 1 亿英镑大额存单展期时英国利率上升的风险。因此，金融机构只有在某一外汇的数额与期限两方面都匹配，才能对冲或免除外汇风险和外国利率风险。如果金融机构各种外汇资产和负债的组合与期限不匹配，那么就将同时面临着外汇风险和国外利率风险。正如已经指出的，如果各国汇率和利率变化不是完全相关，金融机构至少可以分散部分风险。我们会在第 10 章深入讨论金融机构外汇风险暴露的测量和评估。

国家风险或主权风险

像我们在前面所提到那样，一家面向全球的金融机构，会因其外国资产和负债的数额和期限的不匹配面临外汇风险及外国利率风险。但是，除了这些风险外，即使金融机构用美元来投资，在持有外国资产时，仍会使金融机构面临第三种风险——**国家或主权风险**（country or sovereign risk）。国家或主权风险是金融机构购买国外资产（如外国公司的债券、贷款）时面临的另外一种信用风险。例如，如果一家国内公司不能或不愿偿还贷款，作为债权人，金融机构有权向法庭要求宣布此公司破产，至少在违约公司清算或重组时能追回部分原始投资。比较起来，对一家外国公司来说，该公司可能不能偿还债务的本息，甚至在该公司愿意还款时也可能不能支付。发生这种情况的常见原因是，该公司所在的外国政府因外汇短缺或政治原因禁止或限制债务的支付。

例如，在 1982 年，墨西哥和巴西政府宣布对西方债

2　严格地讲，对冲风险要求有效期限（资产和负债的平均期限）匹配，而不是简单的期限匹配。

权国家延期偿还债务。美国最大的银行都曾经向这些国家或者政府所属企业（如 Pemex，墨西哥一家国有石油公司）提供过贷款。最后，当时的花旗银行（现在的花旗集团）不得不增加呆账损失准备来弥补这些预期的贷款损失。单是 1987 年，花旗银行就拨付了超过 30 亿美元的贷款呆账准备金，以弥补 1982 年以前向南美提供贷款的预期损失（请注意信用风险与国家风险的关系）。

碰上这种由主权国政府限制偿还、债务重订或者直接禁止对债务的偿还的情况下，作为债权人的金融机构无论是告到当地的破产法庭还是国际民事索赔法庭都无济于事。金融机构确保外国债务的偿还或提高偿还可能性的主要方法是控制未来提供给该国的贷款或资金的数额。但是,这种方法对于濒临崩溃的一国货币和政府来说，其作用是微乎其微的。第 11 章将讨论如何测量国家风险，以及通过市场来解决全球的金融机构所面临的国家风险的办法。

流动性风险

当金融机构的债权人，如存款人和保单持有人要求对其债权立即兑现，或者表外的贷款承诺（信贷额度）的客户突然要求贷款（执行贷款承诺）时，金融机构就会面临流动性风险（liquidity risk）。近年来，联储表示了对负债方面以及资产方面(贷款承诺)流动性风险的关注。当债权人要求立即兑现时，也就是说，将其金融债权“还给”金融机构时，该金融机构必须借入额外的资金或者变卖资产来满足提款的需要。流动性最强的资产是现金，金融机构可用它直接满足债权人提款的需求。尽管金融机构因为现金没有利息而尽可能减少持有现金，但一般持有少量现金还是必需的。债权人日常的提款通常可以预测，金融机构一般可以从货币金融市场上借入额外的资金来弥补突然的现金短缺。

尽管如此，金融机构仍可能面临流动性危机。对金融机构丧失信心或者某些意外的现金需求都可能使债权人的提款需求比正常情况要多。当所有或许多金融机构都遇到同样的异常的大额期现金需求时，额外融资的成本就会上升，资金供给就会受到限制。最终，金融机构只能通过变卖一些流动性较差的资产来满足债权人的提款需求，这将加大流动性风险。因为金融机构可能没有足够的时间讨价还价，致使一些市场 - 清淡 - 的资产在仓促出售时卖不到好价钱,最后,一些资产只能以很低的“甩卖价”（比正常出售时低得多的价格）清算，从而使金融机构面临破产的威胁。这类流动性差的资产的典型例子是发放给小公司的银行贷款。此类严重的流动性问题最终可能造成挤兑的局面，即所有的债权人担心将来无法满足提现要求而同时从金融机构提款。而这会把金融机构的流动性问题变成偿付能力问题，并导致金融机构的倒闭。

在第 12 章，我们会更深入详细地讨论各种流动性风险，包括正常、异常和挤兑类型的流动性风险的性质，以及它们对银行、储蓄机构、保险公司和其他金融机构的影响。第 13 章，我们将学习流动性与负债风险的管理方法。第 14 章则讨论存款保险的作用以及其他负债担保计划在抑制存款（负债）挤兑中的作用。

破产风险

破产风险（insolvency risk）是上面所说的利率风险、市场风险、信用风险、表外风险、技术风险、外汇风险、主权风险和流动性风险单独或者共同导致的结果。严格地讲，当金融机构所有者的资本或股东权益的来源不足以弥补前面讨论的一种或多种风险引起的损失时，就会导致破产。我们看一看 1984 年大陆伊利诺斯信托银行（Continental Illinois National Bank and Trust Company）破产的案例。在 20 世纪 70 年代末期以及 80 年代早期，该银行为了迅速扩张资产，发放了许多石油、天然气等高风险的贷款，1977 至 1981 年的贷款年增长率达到了 19.8%。20 世纪 80 年代初期美国经济下滑，许多贷款无法收回（信用风险）。大陆伊利诺斯信托银行本身的核心存款基础比较小，主要依靠联邦资金、回购协议、欧洲美元存款进行融资。不断增加的贷款损失导致外界开始怀疑银行的偿债能力，许多债权人拒绝为大陆银行提供短期资金的借款和旧借款的展期（流动性风险）。不断发生的坏账损失以及融资的困难共同导致了银行资本结构的迅速恶化（破产风险）。最后银行无法继续经营下去，1984 年由联邦监管机构接管。

一般而言，金融机构股权资本对负债的比率越高，即其财务杠杆越小时，金融机构面临不利的利率变化、未预期的信贷损失或其他风险时，承受损失的能力越强。因此，在面临众多风险的情况下，金融机构的管理层和监管者都把资本（及其充足率）作为衡量其清偿力和发展潜力的重要指标。我们会在第 15 章中详细探讨金融机构在管理总体风险时的资本充足性问题。

其他风险和风险间的相互作用

本章，我们集中介绍了影响金融机构管理者决策制定过程和风险管理战略的 9 种主要风险：利率风险、市场风险、信用风险、表外风险、技术与营运风险、外汇风险、国家和主权风险、流动性风险以及破产风险。尽管前面是分开介绍这些风险的，但在现实中它们却常常是互相联系的。例如，当利率上升时，公司与消费者会发现，要继续保持其支付债务本息的承诺，其困难会更大。因此，在利率变化的某个范围内，信用风险与利率风险是正相关的。同时，金融机构可能会依赖客户承诺的还款资金来达到流动性管理的目的。因此流动性风险也与利率风险、信用风险存在联系。若客户不能履行偿还的承诺，不但会减少金融机构的收入与利润，同样也会改变其资产与负债结构。可见各种风险以及它们之间的相互作用，最终都会给金融机构带来破产风险。同样，汇率变化和利率变化也是高度相关的。当联储利用货币政策行动改变一个关键利率（如联邦资金利率）时，汇率很可能受到影响而发生改变。

其他各种风险——通常是较个别的或与某事件相关的，也会对金融机构的盈利能力和风险状况产生影响。不过，正如前面介绍过的，许多人把此类风险看做营运风险的一部分。个别的风险可能包括税收的突然变化，例如 1986 年的《税收改革法》，要求银行至少缴纳 20%（可选择的最小纳税额）的公司税，并限制它们用于购买免税的市政债券的资金成本支出。而且这类变化会影响某些资产相对其他资产的吸引力以及资产负债表的流动性。例如，1986 年的税收改革后，银行对市政债券的需求大幅下降，市政债券市场的流动性在一段时间内也相当差。

监管政策的变化也会带来其他类型的个别风险或偶然发生的风险，包括监管机构在放款、市场准入或者提供的其他一些产品方面，提高门槛所带来的风险（见第 16 章）。例如，1994 年监管当局允许 1997 年后跨州设立分支机构就是一例，此外，还有 1999 年颁布的《金融服务业现代化法案》等。其他个别的事件风险涉及到战争、革命或突然的市场崩溃给金融市场状况带来的意外变化，比如 1929 年和 1987 年的股市崩盘，以及 2001 年 9 月发生在美国的恐怖袭击事件等。这些对金融机构的风险暴露有重大影响。其他事件的风险还包括欺诈、偷盗、地震、风暴、渎职和信托违规等，所有这些都可能最终导致金融机构的破产或元气大伤，而且对每一种风险还很难建立模型进行预测。

最后，更普遍的宏观经济风险是通货膨胀的恶化、物价的波动以及失业。这些都会直接或间接地影响到金融机构的利率、信用以及流动性等风险的暴露程度。例如，1979~1982 年间美国的价格水平变动频繁，结果利率水平的变动也相应频繁。这一期间金融机构面临高而多变的通胀率和利率，它的利率风险由于资产负债的不匹配也加大了。金融机构面临的信用风险也相应增加，因为借款公司有着固定价格的产品合同，当通胀率和利率突然上升时，它们常常难以偿还贷款。

练习题

1. 一家共同基金的销售文件上声称，由于基金全部投资于没有违约风险的联邦政府的证券，所以基金没有风险暴露。这种说法是否正确？说明原因。
2. 一家金融机构的资产负债表如下：

资　产		负债和股东权益	
现　金	$1 000	存款单	$10 000
债　券	10 000	股东权益	1 000
总资产	$11 000	负债和股东权益总和	$11 000

债券是 10 年期的固定息票债券，年利率为 10%。存单 1 年期限，利率为 6%。金融机构预期资产没有额外的增长。

   a. 第一年末的净利息收入是多少？注意：净利息收入等于利息收入减利息支出。
   b. 如果在第一年末，市场利率上升了 100 基点（1%），第二年末的净利息收入是多少？这一结果是由再投资风险还是再融资风险引起的？
   c. 假定市场利率提高 1%，债券的价值在第一年末变为 $9 446。那么金融机构股东权益的市场价值是多少？
   d. 如果在第一年末市场利率下降 100 基点，股东权益的市场价值是高于还是低于 $1 000？原因何在？
   e. 是什么因素引起这家金融机构经营业绩和市场价值的变化？
3. 让资产和负债期限相匹配的政策对降低利率风险以及金融机构的资产转换功能会产生什么样的影响？
4. 考虑投资两种 10 年期的债券，该债券可能要在期限前变现。第一种债券是溢价债券，其息票利率高于要求的回报率。第二种债券是零息债券，10 年后获得票面金额，不付利息。哪种债券的利率风险更大？即在利率发生一定的变化时，哪种债券的价值变化得更大？解释其原因。
5. 一家银行投资 5 000 万美元于 2 年期、年利率为 10% 的资产；同时发行了 5 000 万美元 1 年期的负债，年利率为 8%。如果第一年末利率上升了 1%（100 基点），将对银行的净利息收入有何影响？
6. 表外活动的性质是什么？金融机构能从这类活动中获得什么好处？说明这些活动同时给银行带来了什么风险，解释这些风险以后是如何给金融机构带来不同程度的财务压力的？
7. 一家美国保险公司投资 100 万美元，购买私下配售的德国债券。这些债券每年付息 300 马克，期限 20 年。如果目前的汇率是∈1. 7612/$，保险公司面临的外汇风险的性质是什么？具体地说，该保险公司会关注汇率向哪个方向的变化？
8. 假定你以平价购买了 10 年期、AAA 级的瑞士息票债券，债券面值为 1 000 瑞士法郎（SF），年利率为 8%。购买时的即期汇率为 SF1. 50/$。在年末，债券的评级下降到 AA，收益率上升到 10%，而且瑞士法郎升值了，汇率为 SF1. 35/$。
   a. 持有该种债券 1 年的瑞士投资者的损益是多少？外汇风险、利率风险造成的损益占总损益的比例各是多少？
   b. 持有该种债券 1 年的美国投资者的损益是多少？外汇风险、利率风险造成的损益占总损益的比例各是多少？
9. 下述金融机构的交易活动会面临下列哪些类型的风险？

   a. 利率风险　b. 信用风险　c. 表外风险
   d. 技术风险　e. 外汇风险　f. 国家风险或主权风险

   （1）一家银行通过出售 1 年期的存单为 1 000 万美元、6 年期的固定利率商业贷款融资。
   （2）一家保险公司将收到的保费投资于长期的市政债券组合。
   （3）一家法国银行以 2 年期的固定利率票据作为资金来源，贷款给英国企业，贷款期限两年、固定利率。
   （4）一家日本银行收购了一家奥地利的银行以便于进行清算业务。
   （5）一家共同基金利用远期或有合同完全对冲利率风险。
   （6）一家债券交易商用自己的股权资本在欠发达国家债券市场上购买墨西哥债券。
   （7）一家证券公司以抵押担保证券的形式出售一揽子抵押贷款。
10. 讨论银行不同风险来源之间的相互联系。为什么只测量和管理一种风险的银行风险管理模型是不完善的？

第 3 章

利率风险 I

导　言

我们在第 2 章曾经提到，金融机构在进行资产转换时，其资产和负债期限常常不匹配，从而暴露于利率风险之下。例如，20 世纪 80 年代，由于未预期到的利率的大幅上升，大量的储蓄机构面临经济上的破产［即，**净值**（net worth）或股东权益几乎完全丧失］。所有的金融机构往往都在一定程度上未能匹配其资产和负债的期限。然而，仅仅用期限不匹配来衡量利率风险暴露程度可能会引起误导。随后的两章将介绍金融机构计量利率风险的方法。

本章我们讨论联储的货币政策，联储的货币政策是决定利率风险大小的一个关键决定因素。本章分析两种衡量金融机构利率风险的简单方法：再定价模型与期限模型。再定价模型，或者叫资金缺口模型，注重利率的变化对金融机构净利息收入（NII）的影响。由于简便，小型存款机构仍然将这种模型作为计量利率风险的主要方法。净利息收入是指金融机构利息收入与利息支出的差额。另一种基于市场价值的期限模型则侧重于利率变化对金融机构的资产、负债及其净值的影响。直到最近，美国银行机构的监管当局满足于基于再定价模型的方法衡量利率风险。在本章可以看到，再定价模型有一些严重的缺陷。近年来，国际清算银行（世界主要中央银行的一个机构）发布了一份咨询文件，建议监管机构评估银行利率风险暴露时使用一个标准化的模型。与基于再定价模型的方法不同，这个方法严格地基于市场价值的会计方法与有效期限模型（参见第 4 章）。由于监管者采用了这些模型，因此大银行也将它们作为计量利率风险的主要手段。在某些情况下，银行也可以使用自己的风险价值模型来衡量利率风险（参见第 5 章）。

中央银行与利率风险

利率水平的变动主要受中央银行货币政策策略的影响，从而影响金融机构的资金成本以及资产的收益率。美国的中央银行是联邦储备银行（联储）。一方面联储通过每天的公开市场操作，买卖长期公债与国库券，从而影响货币供应、通胀以及利率（特别是短期利率）水平；另一方面，利率水平的变动会对消费及储蓄等经济决策产生影响。当联储认为有必要抑制发展过热的经济时，可以通过提高利率水平实现紧缩的货币政策，减少企业及个人消费（特别是通过借贷融资）。相反，当企业以及个人的消费减少到一定程度时，联储会通过降低利率水平（一种扩张性的货币政策）来刺激借贷与消费，以达到刺激经济的目的。

此外，如果联储以稳定利率水平或者是以钉住某一利率水平为目标，意外的利率变动或利率冲击将会很小。因而金融机构面临的资产负债期限不匹配所带来的风险也将很小。然而，中央银行如果在一定程度上以控制银行准备金的供应量作为目标，放任利率自发形成，那么利率的波动将会很大。图 3-1 显示了 1965~2003 年间美国 91 天国库券的利率。首先，我们可以看到，利率变动在这几年呈下降趋势；其次，这种波动幅度或利率的不确定性与相应的联储货币政策是直接相关的。譬如，在

图 3-1 1965 到 2003 年间美国 91 天国库券的利率

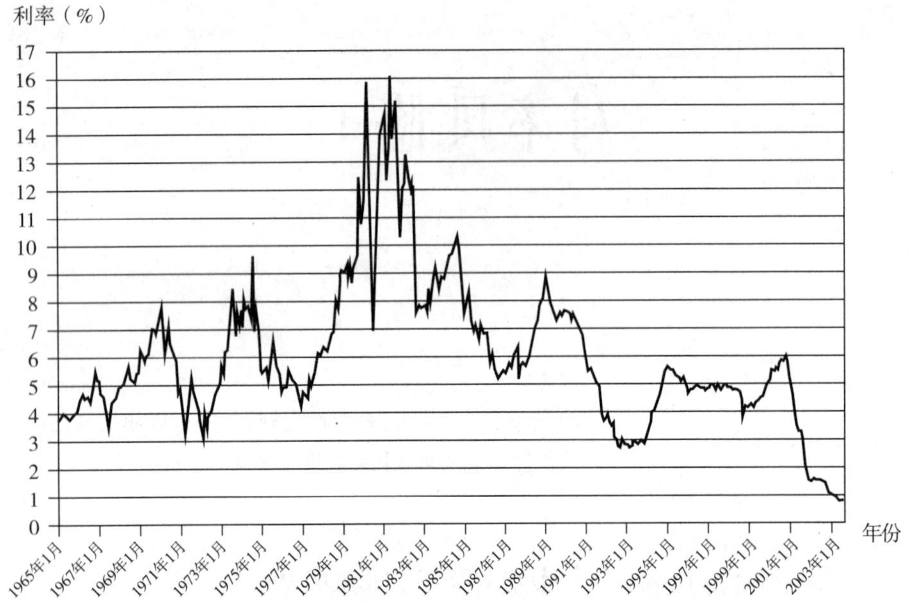

资料来源：Federal Reserve Board Website, various dates. *www. federalreserve. gov.*

1979 年 10 月 ~1982 年 10 月，在所谓的钉住非借入准备金制度下，联储以银行的准备金作为中介目标。这段时期内利率的波动幅度，远比其在相邻两个时期内的波动幅度要剧烈得多。值得注意的是，相邻的两个时期与这段时期有着不同的目标制度。在 1965 年 ~1979 年 10 月这段时期，联储是以利率作为中介目标的；而在 1982 年以后的时期内，联储是在所谓的“借入准备金目标制度”下稳定利率水平的。实际上，1979~1982 年这段时期内，利率的大幅波动正是造成那些储蓄机构面临利率风险困扰的原因所在。这些储蓄机构依靠发行诸如大额可转让定期存单之类的短期存款所筹的资金来发放长期传统抵押贷款。借入准备金目标制度从 1982 年 10 月持续到了 1993 年。从 1993 年开始，美联储宣布不再把银行准备金和货币供给增长速度作为目标。当时，美联储宣布将以利率（联邦基金利率）作为引导货币政策的主要目标变量。在这种制度下，美联储只需要在每月的会议结束后，宣布联邦基金利率目标是已经提高、降低，还是维持原状即可。除了上文所述以外，还有一点必须说明。虽然联储大多以短期利率（尤其是联邦基金利率）为目标，但是短期利率的变动，常常带来整个利率期限结构中所有利率的变动。

除了联储的货币政策对利率产生影响之外，十几年来，金融市场一体化程度的进一步提高也同样影响利率水平的变化。金融市场一体化加速了利率的变动，以及各个国家利率波动之间的传递。与过去相比，联储对利率水平的控制更加困难，不确定性也更大。近年来，金融市场国际化的发展使现代银行的管理者不得不对利率风险的衡量与管理更加关注。例如，全世界的投资者都会认真分析格林斯潘（美国前联邦储备委员会主席）在国会的演讲，甚至任何下调美国利率水平的暗示都会对国际利率水平产生影响（汇率与股票价格也是如此）。

由于存在着利率波动，而且联储可能再次实行比 1979~1982 年间的目标体制更为明显的钉住准备金的体制，再加上国际金融市场一体化的升级，使得衡量和控制利率风险已成为现代金融机构管理者面对的头等大事。此外，国际清算银行（一家全球性的中央银行）要求存款机构必须建立这样一种利率风险计量体系：它既能衡量利率变化对收益价值的影响，也能衡量利率变化对经济价值的影响。这些体系应该能够对存款机构当期的利率风险水平做出有意义的衡量，同时，还应该能够发现有可能出现的严重风险（参见第 15 章）。在本章及第 4 章里，我们分析金融机构在利率易变的环境中，衡量因资产与负债到期不匹配而面临的缺口风险的几种不同方法。

具体来讲，我们主要集中于以下三种方法或模型来衡量金融机构的资产负债缺口风险：

1. 再定价（或融资缺口）模型；
2. 期限模型；
3. 有效期限模型。

再定价模型

再定价模型也称融资缺口模型，从本质上来说，是用账面价值现金流量的分析方法去分析**再定价缺口**（repricing gap），即分析在一定时期内，金融机构从其资产上所赚取的利息收入和对其负债所承担的利息支出之间的再定价缺口。该模型与我们在下文和第 4 章中将会学到的、根据市场价值定价的期限模型和有效期限模型有较大的区别。

最近几年，联储要求商业银行按季度进行汇报，汇报其按下列不同期限分类的资产和负债的再定价缺口：

1. 1 天；
2. 1 天 ~3 个月；
3. 3 个月 ~6 个月；
4. 6 个月 ~12 个月；
5. 1 年 ~5 年；
6. 5 年以上。

在再定价缺口方法下，银行通过计算其资产负债表上每项资产的利率敏感性（RSA）和负债的利率敏感性（RSL），来报告其每一组期限内的再定价缺口。**利率敏感性**（rate sensitivity）是指大约按照当期的市场利率对某段时间内（或某组期限内）的资产或负债进行重新定价。更简单地说，它意味着金融机构的管理者在改变每项资产或负债所公布的利率之前需等待的时间。在大多数情况下，这种改变是在到期日之前发生。

表 3-1　再定价缺口（单位：百万美元）

	1	2	3	4
	资产	**负债**	**缺口**	**累计缺口**
1. 1 天	20	30	−10	−10
2. 1 天 ~3 个月	30	40	−10	−20
3. 3 个月 ~6 个月	70	85	−15	−35
4. 6 个月 ~1 年	90	70	+20	−15
5. 1 年 ~5 年	40	30	+10	−5
6. 5 年期以上	10	5	+5	0
	260	260		

表 3-1 是一家金融机构的资产与负债根据上述 6 个等级分类的再定价缺口。在表 3-1 的第 4 列中可以看到，根据定义，整个资产负债表累计的缺口必须为零。再定价模型的优点在于其所披露信息的价值，而且它简要地反映了不同期限的利率变化下金融机构面临的利息净收入风险（或利润风险）。[1]

例如，假设某金融机构一天内资产和负债再定价的差额为 −1 000 万美元。每天进行再定价的资产和负债往往是联邦基金市场或回购协议市场上的同业拆借资金。这样，负的缺口（RSA<RSL）使得金融机构面临**再融资风险**（refinancing risk）：由于金融机构这一期限内的利率敏感性负债多于利率敏感性资产，因此，这些短期利率的上升将使得金融机构的利息净收益下降。换句话讲，如果 RSA 和 RSL 的利率变化相同，那么利息支出的增加会大于利息收入的增加。反过来，如果金融机构 6~12 个月再定价资产和负债的差额为 2 000 万美元，那么，它在这一期限内的缺口为正数（RSA>RSL），而且面临着**再投资风险**（reinvestment risk）：此期限内的利率下降将会降低金融机构的利息净收益。也就是说，利息收益下降额将大于利息支出下降额。在这里，我们假设：

ΔNII_i = 在第 i 个期限等级内，净利息收入的变化值

GAP_i = 在第 i 个期限等级内，资产和负债之间账面价值的差额

ΔR_i = 在第 i 个期限等级内，对资产和负债造成影响的利率的变化值

1　我们假设股权资本是一种长期（5 年以上）的负债。

表 3–2 简化的金融机构资产负债表（单位：百万美元）

资 产		负 债	
1. 短期消费贷款（1 年期）	50	1. 股权资本（固定）	20
2. 长期消费贷款（两年期）	25	2. 活期存款	40
3. 3 个月的国库券	30	3. 存折储蓄存款	30
4. 6 个月的中期国库券	35	4. 3 个月期大额可转让存单	40
5. 3 年期长期国债	70	5. 3 个月期银行承兑汇票	20
6. 10 年期固定利率抵押贷款	20	6. 6 个月期商业票据	60
7. 30 年期浮动利率抵押贷款（每 9 个月调整一次利率）	40	7. 1 年期定期存款	20
		8. 2 年期定期存款	40
	270		270

则：

$$\Delta NII_i = (GAP_i)\Delta R_i = (RSA_i - RSL_i)\Delta R_i$$

在第一个期限等级内，如果缺口为 -1 000 万美元，同时短期利率（如联邦基金利率和/或回购协议利率）上升了 1 个百分点，那么金融机构未来每年净利息收入的变化为：[2]

$$\Delta NII_i = (-\$10\ 000\ 000) \times 0.01 = -\$100\ 000$$

上述方法是十分简单和直观的。然而，从前面第 2 章的内容我们知道，当利率上升时，资本或者市场价值也会发生损失。在期限模型和有效期限模型中都包括的资本损失效应在这里被忽略了。被忽略的原因在于，再定价模型采用的是账面价值记账法，资产和负债是以历史价值或历史成本入账的。因此，利率变化就只影响利息收入或利息成本，即利润表中的净利息收入，而不是资产负债表中的资产与负债。

金融机构的管理者同时会估计各个不同种类、不同期限的再定价等级的累计缺口（*CGAP*）。一个比较普遍采用的累计利息缺口是 1 年期等级再定价缺口。根据表 3–1 可计算出：

$$CGAP = (-\$10) + (-\$10) + (-\$15) + \$20 = -\$15\ 000\ 000$$

如果 ΔR_i 是影响资产和负债的平均利率变化值（可在 1 年内再定价），那么金融机构的净利息收入的累计影响为：

$$\Delta NII_i = (CGAP)\Delta R_i = (-\$15\ 000\ 000)(0.01) = -\$150\ 000$$

我们已经了解，金融机构的管理者是如何根据资产负债表计算 1 年期的累计缺口的。但是管理者想知道的是：这项资产或负债的利率在下一年内是否或能否变动？如果答案是肯定的，则它是一项利率敏感性资产或负债；如果答案是否定的，则为非利率敏感性资产或负债。

假设金融机构管理者面对的是如表 3–2 这样的简化的资产负债表。与初始期限日不同，这里的期限日是指当计算再定价缺口时各项资产和负债所剩下的期限日。

利率敏感性资产（RSA）

观察表 3–2 资产负债表的资产部分，以下 4 项为利率敏感性资产（RSA），注意单位均为百万美元：

1. 短期消费贷款：\$50。这些会在年末重新定价，并且期限正好为 1 年。
2. 3 个月的国库券：\$30。这些会在到期日，即每 3 个月再定价一次（采取续期的方式，即贷款期满延期

2 我们还可以计算这个期限等级内的“平均”缺口。假设资产和负债再定价的时间是该等级期限的平均数，那么这里所得的一年期缺口的数值应该为原数值除以 2。

续借的做法）。

3. 6 个月期中期国库券：$35。这些也会在到期日，即每 6 个月再定价一次（采取续期的方式）。
4. 30 年期浮动利率抵押贷款：$40。这些会每 9 个月再定价一次（即重新设定一次抵押贷款利率）。因此，就 1 年期再定价模型而言，这些长期资产为利率敏感性资产。

4 个项目总计可得 1 年期等级的利率敏感性资产（RSA）为 1. 55 亿美元。剩下的 1. 15 亿美元资产为非 1 年期利率敏感性资产，第二年利率的变化不会对这些资产的利息收入产生影响。[3] 尽管 1. 15 亿长期消费贷款、3 年期长期国债、10 年期固定利率抵押贷款的资产能产生利息收入，但由于预期这些资产的利率不会变化（第二年利率不变），所以利息收入也不会发生改变。

利率敏感性负债（RSL）

再观察表 3-2 资产负债表的负债部分，以下 4 项负债项目明显符合 1 年期等级利率敏感性或再定价的要求，同样，单位均为百万美元：

1. 3 个月期大额可转让存单：40 美元。这些将在 3 个月到期并且续期的时候再定价。
2. 3 个月期的银行承兑汇票：20 美元。与 3 个月期大额可转让存单一样。
3. 6 个月期的商业票据：60 美元。这些将在 6 个月到期并且每 6 个月再定价一次。
4. 1 年期定期存款：20 美元。这些正好在 1 年期期末重新进行定价。

这 4 个项目总计 1 年期利率敏感性负债（RSL）为 1.40 亿美元，其余的 1. 3 亿美元为 1 年期非利率敏感性负债。2 000 万的股权资本与 4 000 万的活期存款（见下面的讨论）不需要支付利息，被分类为无利息支付等级；3 000 万的储蓄存款（见下面的讨论）与 4 000 万的 2 年定期存款会在第二年产生利息支出，但由于一般利率变动不会影响其利息支付，所以我们将其定义为非利率敏感性负债。

注意，这里 RSL 并没有包括活期存款（即通常所说的交易账户）。对它是否应该计入敏感性负债存在很大的争议：

反对意见

根据监管要求，活期存款的**显性利率**（explicit interest rate）为零。再说，虽然对可转让提款指令之类的交易账户（如 NOW 账户）支付显性利率，但是金融机构对此所支付的利率不会直接随着利率总水平的变化而变化（尤其是当利率总水平上升时）。另外，许多活期存款扮演着金融机构**核心存款**（core deposits）的角色，这意味着它们是一项长期的资金来源。所以活期存款不应该计入利率敏感性负债。

赞同意见

即使对活期存款并没有支付显性利率，但它们实际上已经提供了隐含的利息，这种隐含利息来源于金融机构并未对其**支票服务**（checking service）收取费用。进一步说，如果利率上升了，个人存款者会来提取（或挤兑）他们的活期存款，这会迫使金融机构用高收益、有息、对利率敏感的资金来代替活期存款。这种情况在可供替代的金融工具的利率水平较高时最有可能发生。在这种情况下，以活期存款账户持有资金的机会成本很可能比在低利率情况下要高。

对于零售存折储蓄账户是否应计入利率敏感性负债，也有十分类似的争论。虽然联储对这些账户设定利率上限的 Q 条例在 1986 年 3 月就被废除了，但金融机构仍然很少调整它们的利率。然而，利率上升时，储户会倾向于从这些账户中提走资金，于是金融机构不得不求助于更昂贵的替代资金。[4]

3　假设这些资产在这一年不会赎回，抵押贷款在一年以内也不会提前偿还。

4　联储的再定价报告一向把交易账户和存折储蓄存款视为非利率敏感性负债。在本例中，我们也采用这种做法。然而，随着互联网的发展以及来自货币市场共同基金竞争的加剧，这些资金的流动性与银行相对于非银行金融机构（如货币市场共同基金）所支付利率高度相关。参见："Regulators Press for Safeguards," *Financial Times*, June 4, 2001, p. 24.。

这 4 项再定价的负债总计为 1.40 亿美元（\$40 + \$20 + \$60 + \$20 = \$140 000 000），而 4 项再定价的资产总计为 1.55 亿美元（\$50 + \$30 + \$35 + \$40 = \$155 000 000）。这样，这家金融机构的 1 年期再定价的累计缺口（*CGAP*）为：

$$
\begin{aligned}
CGAP &= 1\text{ 年期利率敏感性资产} - 1\text{ 年期利率敏感性负债} \\
&= \text{RSA} - \text{RSL} = \$155\,000\,000 - \$140\,000\,000 \\
&= \$15\,000\,000
\end{aligned}
$$

利率敏感性也可以表示为资产（A）的百分比（通常称为缺口比率）：

$$\frac{CGAP}{A} = \frac{\$15\,000\,000}{\$270\,000\,000} = 0.056 = 5.6\%$$

再定价缺口用这种形式来表示是比较有意义的。因为它可以告诉我们：（1）直接的利率风险情况（正的或负的再定价缺口）；（2）用金融机构的资产规模去除再定价缺口可以反映风险的大小。在我们的例子中，这家金融机构的累积缺口相当于其资产总额的 5.6%。

RSAs 与 RSLs 的利率变化相同

CGAP 是利率敏感度的一种衡量方法，从表 3-3 中可以看到，当 RSAs 与 RSLs 的利率变化程度相同时，CGAP 与 NII 变化之间的关系。例如，当 CGAP（或利率缺口）为正（或者金融机构的 RSAs 大于 RSLs）时，由于利息收入比利息支出增加得多，所以利率提高会带来 NII 的上升（见表 3-3 的第 1 行）。

表 3-3　RSAs 与 RSLs 的利率变化相同时，CGAP 对利率变化和净利息收入变化之间关系的影响

行	CGAP	利率变化	利息收入变化		利息支出变化	NII 变化
1	> 0	⇑	⇑	>	⇑	⇑
2	> 0	⇓	⇓	>	⇓	⇓
3	< 0	⇑	⇑	<	⇑	⇓
4	< 0	⇓	⇓	<	⇓	⇑

从上面的等式中可以看到，CGAP 的绝对值越大，NII 预期的变化就越大（也就是说，金融机构的利息收入相对利息支出增加或减少得更多）。一般来说，当 CGAP 为正时，NII 的变化与利率变化正相关；相反，当 CGAP（或缺口比率）为负时，即使 RSAs 与 RSLs 的利率上涨幅度相同（如表 3-3 的第 3 行）也会带来 NII 的下降（因为金融机构的 RSLs 比 RSAs 多）。因此，在预期利率会上升的情况下，金融机构倾向于保持正的 CGAP；相似地，若 RSAs 与 RSLs 利率下降幅度相同（如表 3-3 的第 4 行），负的 CGAP 会带来 NII 的增加。当利率下跌时，利息支出比利息收入减少的程度要大。因此一般而言，当 CGAP 为负数时，NII 的变化与利率变化负相关。因此，在预期利率会下调的情况下，金融机构往往会保持负的 CGAP，以获取利益。我们把这些称为 **CGAP 效应**（CGAP effect）。

RSAs 与 RSLs 的利率变化不同

上面讨论了 RSAs 与 RSLs 利率变化相同时（也就是

例 3-1　CGAP 为正时利率变化对净利息收入的影响

假设 RSAs 和 RSLs 的利率都上升了 1 个百分点，那么这个累计缺口将给银行带来预期的净利息收入的变化（*ΔNII*），每年的变化大约为：

$$
\begin{aligned}
\Delta NII &= CGAP \times \Delta R \\
&= (\$15\,000\,000) \times 0.01 \\
&= \$150\,000
\end{aligned}
$$

同样，如果利率下降了（如表 3-3 中第 2 行），当 CGAP 为正时，利息收入比利息支出减少得快，因此 NII 下降。假设金融机构的利率下降了 1%，那么 CGAP 将带来金融机构 NII 的变化为：

$$
\begin{aligned}
\Delta NII &= CGAP \times \Delta R \\
&= (\$15\,000\,000) \times (-0.01) \\
&= -\$150\,000
\end{aligned}
$$

图 3-2　1990~2003 年间三个月的大额存单利率与优惠贷款利率

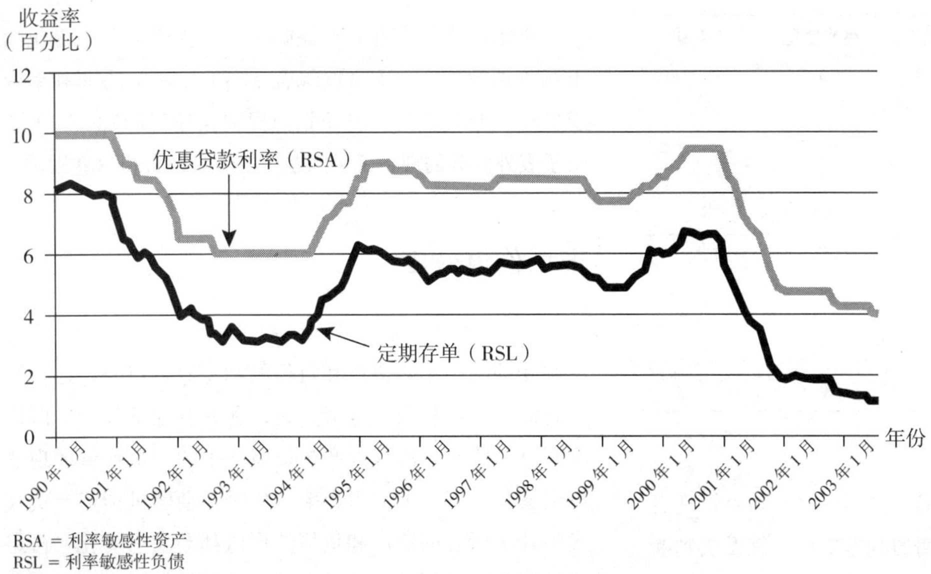

资料来源：*Federal Reserve Bulletin*, various issues.*www.federalreserve.gov.*

例 3-2　利差效应对净利息收入的影响

为了理解利差效应，假设某个时点 RSAs 与 RSLs 相等，且均为 1.55 亿美元。假设 RSAs 的利率上升 1.2%，RSLs 的利率上升 1%（RSAs 与 RSLs 的利率差增加了 1.2%−1% = 0.2%），导致 NII 的变化为：

$$\Delta NII = (RSA \times \Delta R_{RSA}) - (RSL \times \Delta R_{RSL})$$
$$= \Delta \text{ 利息收入} - \Delta \text{ 利息支出}$$
$$= (\$155\,000\,000 \times 1.2\%) - (\$155\,000\,000 \times 1.0\%)$$
$$= \$310\,000$$

假定资产与负债的利率差保持不变）净利息收入变化的情况。然而，这种情况并不经常发生，RSAs 与 RSLs 的利率变化情况往往是不同的（资产与负债的利率差会随利率的变化而变化）。图 3-2 显示了 1990~2000 年每季的大额可转让存单（负债）利率与优惠贷款（资产）利率的变化。我们可以看到，尽管两种利率的变化方向是相同的，但是它们并不完全相关。在这种情况下，当我们考虑利率变化对 NII 的影响时，除了 CGAP 效应之外，还存在利差效应。[5]

如果 RSAs 与 RSLs 的利率差增加，当利率上升（下降）时，利息收入比利息支出增加（减少）得更多（少）；相反，若 RSAs 与 RSLs 之间的利差减少，当利率上升（下降），利息收入比利息支出增加（减少）得更少（多），这种效应称为**利差效应**（spread effect）。也就是无论利率变化方向如何，利差（RSAs 与 RSLs 之间的利率差异）变化与 NII 变化正相关。利差增加（减少），NII 增加（减少）。

表 3-4 是 CGAP、利差变化以及它们对 NII 影响的各种组合，前 4 行是金融机构拥有正的 CGAP 的情况，后 4 行为 CGAP 为负的情况。我们可以从表 3-4 看到，CGAP 与利差对 NII 会产生同样的影响。在上面的例子中，金融机构的管理者在利率变化时，能准确地预测 NII 的变

5　利差效应是金融机构的一种基本风险，RSAs 与 RSLs 的利率差异会给金融机构带来净利息收入的变化，我们将在第 19 章详细讨论基差风险。

表 3-4 RSA 和 RSL 的利率变化不同时，CGAP 对利率变化和净利息收入变化之间关系的影响

行	CGAP	利率变化	利差变化	NII 变化
1	> 0	⇑	⇑	⇑
2	> 0	⇑	⇓	⇑⇓
3	> 0	⇓	⇑	⇑⇓
4	> 0	⇓	⇓	⇓
5	< 0	⇑	⇑	⇑⇓
6	< 0	⇑	⇓	⇓
7	< 0	⇓	⇑	⇑
8	< 0	⇓	⇓	⇑⇓

化方向。然而，当两者的作用方向相反时，如果管理者不知道 CGAP 的规模以及预期的利差变化，就无法判断 NII 的变化。

相对于其资产规模而言，一些金融机构承担了相当大的利率风险。例如，波士顿道富银行（State Street Boston Corporation）在 2000 年末时，平均 1 年期的再定价缺口是 −14. 4%（也就是说它们的 RSLs 多于 RSAs）。如果 2001 年利率下降，净利息收入则增加；如果利率上升，波士顿道富则由于大量 RSL（相对于 RSA）的再融资成本，面临净利息收入的损失。最后波士顿道富十分幸运（也许是对利率的判断正确），因为 2001 年底利率大幅下降。当 2002 和 2003 年的利率降到 50 年以来的最低点时，它将自己的缺口比率调整到了 +9. 1%。近年来，商业银行越来越注重利率风险管理，并尽量减少 RSAs 与 RSLs 的缺口以降低风险。

过去，银行一直使用再定价缺口来衡量利率风险。直到现在，一些小商业银行和储蓄机构仍然使用它来衡量利率风险。与下面以及第 4 章要讲的以市场价值为基础的模型相比，再定价模型不但在概念上更容易理解，而且当利率变化已知时，更容易预测盈利性的变化。银行能够使用再定价模型设计其资产负债结构，或通过对资产负债表中资产与负债的调节而在利率变化中获利。然而，再定价模型也有一些缺点，因此，监管者不得不使用其他更全面的模型（例如有效期限模型）来衡量利率风险。接下来我们讨论再定价模型的缺点。

再定价模型的缺陷

再定价模型存在 4 点缺陷：（1）忽略了利率变化的市场价值效应；（2）过度综合；（3）无法解决非利率敏感性资产与负债的支付流量与提前偿还等问题；（4）忽略了表外业务的现金流量问题。本节具体分析这些缺陷。

市场价值效应

正如我们在金融机构风险概述中所讨论的（第 2 章），利率变动除了影响资产和负债的利息收入以外，还会影响它们的市场价值。也就是说，利率变动不仅会立即影响利息的收支，而且资产与负债产生的现金流量的现值也会变化。事实上，当利率变化时，金融机构资产负债表中几乎所有的资产和负债的现值都会发生变化。再定价模型忽略了利率变动的市场价值效应——实际上它采用了账面价值的记账法。如此一来，再定价模型就只能部分地衡量金融机构实际的利率风险暴露程度。当我们用基于市场价值的方法来衡量利率风险时（见下面以及第 4 章），我们将重点阐述在衡量金融机构总体利率风险时忽略市场价值效应所产生的影响。

过度综合

将不同期限定义在一个再定价期限等级内会产生一个问题，就是忽略了在这个等级内资产和负债的分布情况。例如，在任一期限等级内，利率敏感性资产和负债的金额可能是相等的；但是，通常负债可能在接近该等级的后端再定价，而资产可能在接近该等级开始时再定价。在这种情况下，用再定价缺口方法无法准确衡量利率变化对资产和负债现金流量的影响。

图 3-3 所示的是 3~6 个月期限等级的简单例子。需要注意的是，在第 3 个月和第 4 个月间需要再定价的利率敏感性资产，比负债多了 5 千万美元；而在第 5 个月和第 6 个月间需要再定价的利率敏感性负债，比资产多了 5 千万美元。于是金融机构在它的季度报告内会表明，3~6 个月期限等级的再定价缺口为零 [+ 50 + (−50) = 0]。但正如你所看出的，在这段时间内，金融机构的资产和

图 3-3　过度综合问题：3~6 个月到期等级

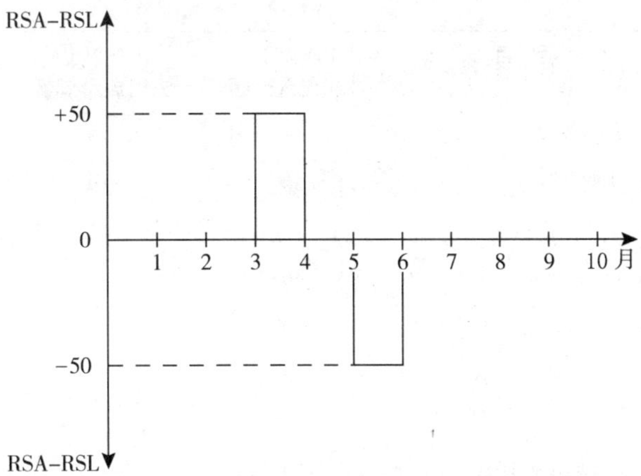

负债是不匹配的。很明显，在计算某一期限等级再定价缺口时，该等级包括的时间跨度越短，这个问题就越小。如果金融机构管理人员能够计算出未来 1 天的期限缺口，这样就能很好地反映净利息收入的利率风险情况。据报告，许多大金融机构都有自己的内部系统，用于显示在未来任何一天（例如 252 天期，1 329 天期等）它们的再定价缺口。[6]

支付流量问题

在前述简单的再定价模型的例子中，我们假设所有消费者贷款在 1 年到期，或所有传统的抵押贷款在 30 年到期。现实中，金融机构会不断发放和收回消费者贷款和抵押贷款，正如它们吸收和偿付存款一样。例如，今天有一些 30 年期的抵押贷款，可能其剩下的期限只有 1 年了，即它们已经过了 29 年。另外，即使某项资产和负债是对利率不敏感的，但所有资产和负债（特别是长期抵押贷款）至少会每年支付一些本金或利息给金融机构。因此，金融机构会从非利率敏感性的资产组合中获得**支付流量**（runoff），并可将这笔现金按现时市场利率进行再投资。换句话说，某项非利率敏感性资产和负债所产生的支付流量本身具有利率敏感性。金融机构的管理人员能够很容易地在再定价模型中处理这个问题，即识别每项资产和负债项目在下一年将会出现的现金支付流量，并将这些金额加到利率敏感性资产或者负债中。

请注意，在表 3-5 内，虽然某项资产或负债的初始期限可能是长期的，但这些资产和负债仍然产生一些可按市场利率进行再投资的支付流量。

通过计算每项资产和负债项目在该年可以收到的支付流量，表 3-5 更为精确地衡量了 1 年期等级的再定价缺口。对支付流量作了调整后，再定价缺口为：

$$GAP = \$172\,000\,000 - \$205\,000\,000 = -\$33\,000\,000$$

正如上面所反映的，支付流量本身不是独立于利率变化的。具体而言，当利率上升时，许多人会推迟偿还他们的抵押贷款的本息，从而导致表 3-5 中 10 年期抵押贷款产生两百万的支付流量变得过于乐观。又如，当利率下跌时，人们会提前偿还他们的固定利率抵押贷款，从而能够以较低的利率进行再融资，这样，支付流量会膨胀到比两百万大得多。这种支付流量对利率变动的敏感性成为再定价模型面临的又一个缺陷。[7]

6　这表明，虽然监管当局只要求汇报相对较长期限等级的再定价缺口，但金融机构管理人员能够利用其内部信息系统计算出未来每天的再定价缺口。处理过度综合问题还有另外一种方法，就是在该等级内调整利率再定价的时间。我们让 RSA 和 RSL 分别表示某期限等级内的利率敏感性资产和负债；符号 R 表示资产或负债的初始利率；符号 K 表示重新定价后的新利率；符号 t 表示该期限等级内，初始利率（R）起作用的时间所占的比例；符号 $1-t$ 则表示该期限等级内，新利率（K）发挥作用的时间所占的比例。则有：

$$\Delta NII = RSA\{[(1+R_A)^{tA} \times (1+K_A)^{1-tA}] - (1+R_A)\} - RSL\{[(1+R_L)^{tL} \times (1+K_L)^{1-tL}] - (1+RL)\}$$

详情参见：Brewer，“Bank Gap Management”。

7　在固定利率抵押贷款的情况下，金融机构需要以利率预测结果以及抵押贷款持有者对所预测的利率变化的敏感性为基础，来估算有可能出现的提前还本额（关于提前还款模型，请参见第 23 章）。

表 3-5 不同资产和负债的现金支付流量（单位：百万美元）

资产			负债		
项　目	1 年以下支付流量金额	1 年以上支付流量金额	项　目	1 年以下支付流量金额	1 年以上支付流量金额
1. 短期消费贷款	50	—	1. 股权资本	—	20
2. 长期消费贷款	5	20	2. 活期存款	30	10
3. 3 个月期国库券	30	—	3. 存折储蓄存款	15	15
4. 6 个月期国库券	35	—	4. 3 个月大额可转让存单	40	—
5. 3 年期票据	10	60	5. 3 个月期银行承兑汇票	20	—
6. 10 年期抵押贷款	2	18	6. 6 个月期商业票据	60	—
7. 30 年期浮动利率抵押贷款	40	—	7. 1 年期定期存款	20	—
			8. 2 年期定期存款	20	20
	172	98		205	65

表外业务现金流量

再定价模型中的 RSAs 与 RSLs 只包括资产负债表中的资产与负债，然而利率的变化对表外资产与负债的现金流量也会产生很大的影响。例如，金融机构可以通过利率期货合约对冲它的利率风险（参看第 19 章）。当利率变化时，这些期货合约——出于逐日盯市过程的需要——每天都会为金融机构带来现金流量（正的或者负的），这些可以抵消表内的缺口风险暴露。这种期货合约产生的抵消性的现金流量应该引入再定价模型。

期限模型

前面提到，再定价模型的一个缺点是依靠账面价值而不是市场价值来计算资产与负债。的确，大多数国家的银行都采用**账面价值记账法**（book value accounting）来填写资产负债表。这种方法记录的是证券购买、贷款发放及负债的原始价值。例如，美国银行的投资性资产（如预期“持有至到期”的资产）是以账面价值记账的；而预期将要用于交易的资产（即“交易证券”或“可用于出售的证券”）则按市场价值记账。[8] 按市场价值记账意味着资产或负债按现行市场条件进行重估。因此，如果在低利率水平条件下，以 \$100 的价格购入的面额为 \$100 的定息债券，那么对投资者来说，现行市场利率的上升将减少债券所带来的现金流量的现值。同时，也将降低今天二级市场上该债券的卖价（如可能降至 \$97）。**市场价值记账法**（market value accounting）意味着，金融机构的资产负债组合按今天的证券价格而非买卖时的原始价格变现，这样可以反映现实的经济情况或资产和负债的真实价值。这种按市场价值确定证券价值的做法被称为**逐日盯市**（marking to market）。我们将在第 15 章详细讨论账面值记账法、市场价值记账法以及它们对衡量金融机构价值的影响。下文以及第 4 章将会提到的期限模型和有效期限模型，都会考虑到利率变化对资产、负债的市场价值的影响。而前述的再定价模型则忽略了这种效应。

8 更加确切地说，它们是按更低的成本或当期市场价值（LOCOM）报告的。但是，美国证券交易委员会（SEC）和美国财务会计准则委员会（FASB）都强烈主张，金融机构应在最近几年内全面采用市场价值记账法。目前，FASB 第 115 款条例已经要求金融机构按市价衡量某些债券的价值，贷款除外。

例 3-3　固定收入债券与到期模型

假设金融机构持有一张 1 年期债券，面值（F）为 100，到期支付。根据 10% 的年息票利率，支付利息（C）为 10。到期收益率（R，反映现行市场利率）为 10%。那么，这种 1 年期债券现金流量的现值（P^B_1）为：

$$P^B_1=\frac{F+C}{(1+R)}=\frac{100+10}{1.1}=100$$

如果中央银行实行紧缩的货币政策，债券的收益率（到期收益率）因此瞬即升至 11%，则债券的市场价值下降为：

$$P^B_1=\frac{100+10}{1.11}=99.10$$

此时债券的市场价格每 \$100 面值仅值 \$99. 10，但它的原始账面价值仍为 \$100。所以，金融机构因持有此种债券而使每 \$100 面值遭受 \$0. 90 的资本损失（ΔP_1）：

$$\Delta P_1=99.10-100=-\$0.90$$

价格变化的百分比是：

$$\Delta P_1=\frac{99.10-100}{100}=-0.90\%$$

这个例子简单地证明了这样一个事实：

$$\frac{\Delta P}{\Delta R}<0$$

应得收益率（required yield）的上升将减少金融机构所持有的证券组合中固定收入证券的价值。请注意，如果所讨论的债券为金融机构发行的负债（如大额存单之类的定息存款）而非持有的资产，应得收益率上升的结果也是相同的，即金融机构存款的市场价值将下降。但是，其经济意义上的解释却有所不同。虽然利率上升导致资产市场价值下降是个坏消息，但负债市场价值的减少，对金融机构来讲不无裨益。假设金融机构发行一笔 1 年期的存款，利率为 10%，本金或面额为 \$100。[9] 当现行市场利率为 10% 时，此负债的市场价值为 100。

$$p^D{}_1=\frac{100+10}{1.1}=99.10$$

如果新的 1 年期存款利率瞬即升至 11%，那么金融机构通过锁定 10% 的支付利率而盈利。此时金融机构对其存款者的负债降为 \$99.10，或者说，如果金融机构在二级市场上回购这些存款，则要支付的价格是 \$99.10。

$$p^D{}_1=\frac{100+10}{1.11}=99.10$$

也就是金融机构将从仅仅支付 10% 的利息中获利；而新发行存款的利率是 11%。

通过上述分析，我们知道市场价值记账法中，利率上升将降低资产负债表上资产和负债两方面的市场价值。很明显，利率下降将产生相反的结果——它增加了资产和负债的市场价值。

例 3-4 说明了金融机构资产组合管理的另一个原理：对于任何市场利率水平的上升，固定收入资产或负债的期限越长，它的市场价值（和价格）的下降幅度越大：

$$\frac{\Delta P_1}{\Delta R}<\frac{\Delta P_2}{\Delta R}<\cdots<\frac{\Delta P_{30}}{\Delta R}$$

但要注意，在 2 年期债券的价格下降幅度比 1 年期大的同时，两个价格下降幅度之间的差额（$\%\Delta P_2-\%\Delta P_1$）为：-1.71% -（-0. 9%）= -0.81%；当利率上升到 11% 时，息票率为 10% 的 3 年期债券的价格下降 2.44%，则 $\%\Delta P_3-\Delta P_2\%$ = -2.44% -（-1.71%）= -0.73%。这便得出了一个重要的结论：尽管 P_3 下降幅度大于 P_2、P_2 大于 P_1，但随着期限的增加，资本损失增加的幅度在递减。图 3-4 显示了这种效应。

到目前为止，对于固定收入资产或负债我们已经知道：

9　在这个例子中，我们是为了简单起见才假设存款利率为 10%。实际上，金融机构为了能够盈利，存款利率一般都低于资产的息票率。

例 3-4 期限对债券价值变化的影响

在例 3-3 中，债券与存款都是 1 年期。我们很容易看到，如果债券或存款是 2 年期，并有相同的年息票率，市场利率同样由 10% 上升到 11%，那么利率的上升对债券（或存款）的市值将有更大的反向影响。应得收益率上升前：

$$P_2^B = \frac{10}{(1.1)} + \frac{10+100}{(1.1)^2} = 100$$

当市场收益率从 10% 升至 11% 后：

$$P_2^B = \frac{10}{(1.11)} + \frac{10+100}{(1.11)^2} = 98.29$$

则：

$$\Delta P_2^B = 98.29 - 100 = -1.71$$

债券价值变化的百分比为：

$$\Delta P_2^B\% = \frac{98.29-100}{100} = -1.71\%$$

如果我们的分析延长一年，则面值 100 美元、息票利率 10% 的 3 年期债券的市场价值为：

$$P_3^B = \frac{10}{(1.1)} + \frac{10}{(1.1)^2} + \frac{10+100}{(1.1)^3} = 100$$

当市场利率从 10% 上升到 11%，债券的市场价值为：

$$P_3^B = \frac{10}{(1.11)} + \frac{10}{(1.11)^2} + \frac{10+100}{(1.11)^3} = 97.56$$

市场价值的变化为：

$$\Delta P_3^B = 97.56 - 100 = -2.44$$

或者：

$$\Delta P_3^B\% = \frac{97.56-100}{100} = -2.44\%$$

1. 利率的上升（下降）通常导致资产或负债市场价值的下降（上升）；
2. 当利率上升（下降）时，固定收入资产或负债的期限越长，它的市场价值下降（上升）的幅度越大；
3. 当利率上升时，长期债券的价值随着期限的增加而下降，但是下降的速度是递减的。

图 3-4 Δ*R*、期限与 Δ*P*（资本损失）之间的关系

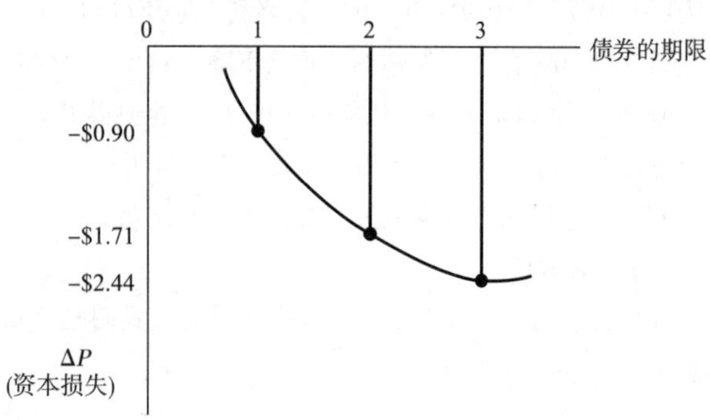

资产和负债组合的期限模型

上述原理不仅适用于金融机构只持有一项单独的资产（或负债）的情况，还可以引申到持有资产（或负债）组合的情形。设 M_A 为金融机构资产的加权平均期限，M_L 为金融机构负债的加权平均期限，那么：

$$Mi = W_{i1}M_{i1} + W_{i2}M_{i2} + \cdots + W_{in}M_{in}$$

在这里：

M_i = 金融机构资产（或负债）的加权平均期限，i= 资产（A）或负债（L）。

W_{ij} = 按市场价值计算的资产（或负债）组合中每项资产（或负债）占总资产（或总负债）的比重。

M_{ij} = 第 j 项资产（或负债）的期限，j=1…n。

这个公式表明了资产（或负债）组合的期限，是组成该组合的各项资产（或负债）期限的加权平均。上述

单个证券的三个原理仍然适用于组合的情况，即：

1. 利率的上升一般会导致金融机构资产、负债组合市场价值的减少。
2. 对于任何既定的利率上升，资产、负债组合的期限越长，它的市场价值的下降就越大。
3. 组合价值随着期限的增加而下降，但是其下降速度是递减的。

如果前面所说的成立，那么利率上升或下降对金融机构资产负债表的净影响，就取决于资产组合的期限和负债组合的到期不匹配的方向和程度。也就是说，**期限缺口**（maturity gap）$M_A - M_L$ 是大于、等于还是小于零。

假设 $M_A - M_L > 0$，即资产的期限大于负债的期限，大多数商业银行和储蓄机构都属于这种情形。这些金融机构倾向于持有大量期限相对较长的固定收入资产，如传统的抵押贷款、消费贷款、商业贷款和债券等，同时发行期限相对较短的负债，如有固定利息支出的存单。[10]

表 3-6 是一家代表性的金融机构简化了的资产负债组合，所有的资产和负债都是逐日盯市的。也就是说，采用市场价值记账法。需要注意的是，在现实世界中，银行报告的资产负债表与表 3-6 是不同的，常常采用账面（或历史成本）价值记账法。在表 3-6 中，金融机构资产（A）和负债（L）的市场价值之差，叫做金融机构资本净值或实际的权益价值（E）。这是金融机构所有者持有股本的经济价值。换句话说，这是所有者按最好的价格卖掉贷款、债券和回购存款，在金融市场上以今天的市值清算银行的资产和负债所能得到的钱。这也可从资产负债恒等式中清楚地看出来：

$$E = A - L$$

如前所述，当利率上升时，资产和负债的市场价值都会下降。然而，在这个例子里，资产组合的期限比负债组合的期限要长，因此资产组合（A）的市值下降幅度比负债组合（L）更大。因为资产负债表恒等式成立，所以资本净值的变化值就是资产和负债的市值差额的变化值：

ΔE（金融机构资本净值的变动）

$=\Delta A$（资产市值的变动）$-\Delta L$（负债市值的变动）

对于一家资产期限比负债期限要长的金融机构而言，为了清楚了解利率变化对其资本净值的影响，我们假设表 3-7 中金融机构以 1 亿美元投资于息票利率为 10% 的 3 年期债券，同时通过发行 9 000 万美元、利率为 10% 的 1 年期存款来筹资。前面我们已说过，如果市场利率从 10% 升到 11%（上升了 1%），则 3 年期债券的价值下降 2.44%，1 年期存款的市值下降 0.9%。[11] 表 3-8 描述的是资产和负债市值的下降以及其对资本净值的影响。

因为金融机构持有的资产是 3 年期的，而负债是 1 年期的，所以资产市值下降的幅度大于负债。资本净值从 1 千万美元下降到 837 万美元，损失 163 万美元，或者说损失 16.3%！显然，这里存在两年的期限缺口：

表 3-6 金融机构按市场价值记账的资产负债表

资 产	负 债
长期资产（A）	短期负债（L）
	净值（E）

表 3-7 金融机构资产负债的最初价值（单位：百万美元）

资 产	负 债
A = \$100（M_A = 3 年）	\$ 90 = L（M_L = 1 年）
	10 = E
\$100	\$100

10 这些资产都将带来定期的利息支付，例如，息票在资产的整个有效期内是固定的。在第 4 章，我们将讨论利息支出随市场利率变化而波动的情况，例如可调整利率的抵押贷款。

11 存款最初的市场价值（以百万美元计算）是：

$$P_1^D = \frac{9+90}{1.1} = 90$$

当利率上升到 11% 时，市场价值下降：

$$P_1^D = \frac{9+90}{1.11} = 89.19$$

变化率为：

$$P_1^D = \frac{89.19-90}{90} = -0.90\%$$

表 3-8 长期资产的利率上升 1% 后，金融机构按市值计算的资产负债表（单位：百万美元）

资 产	负 债
$A = 97.56$	$L = 89.19$
———	$E = 8.37$
97.56	97.56
或 $\Delta E = \Delta A - \Delta L$	
$-1.63 = (-2.44) - (-0.81)$	

$M_A - M_L = 2$ 年

（3）-（1）

市场利率上升 1 个百分点，就可以使金融机构所有者或股东的资本净值受到较大的损失。事实上，如果利率上升 1% 就会使金融机构的资本净值下降 16.3%，那么到底多大的利率变动能使金融机构所有者权益或资本净值降为零，从而导致金融机构在经济上破产呢？即利率增加多少能使 ΔE 下降 1 千万美元，以致所有者的资本净值全部丧失呢？表 3-9 就是对这个问题的回答。如果利率从 10% 升到 17%（上升 7 个百分点），则金融机构的所有者权益将下降 1 千万美元以上，致使金融机构在经济上破产。[12]

表 3-9 利率上升 7 个百分点后，金融机构变得资不抵债（单位：百万美元）

资 产	负 债
$A = 84.53$	$L = 84.62$
———	$E = -0.09$
84.53	84.53
或 $\Delta E = \Delta A - \Delta L$	
$-\$10.09 = -\$15.47 - (-\$5.38)$	

12 这里我们讲的只是经济意义上的破产。法律规章和监管当局对破产的定义可能不同，具体取决于采用何种会计准则。比如，根据 1991 年 11 月的《联邦存款保险公司改进法》（FDICIA），当存款机构净值的账面价值下降到 2% 以下时，该机构必须置于监管当局的监管之下。然而事实上，此时的资本净值的真实或市场价值可能已远远低于该数字了。

表 3-10 一家期限极度不匹配的金融机构（单位：百万美元）

资 产	负 债
$A = 100$（$M_A = 30$ 年）	$L = 90$（$M_L = 1$ 年）
———	$E = 10$
100	100

表 3-11 利率上升 1.5% 对资产和负债极不匹配的金融机构净值的影响（单位：百万美元）

资 产	负 债
$A = 87.45$	$L = 88.79$
———	$E = -1.34$
87.45	87.45
或 $\Delta E = \Delta A - \Delta L$	
$-11.34 = (-12.55) - (-1.21)$	

了解这个例子之后，人们不难理解，当 1979~1982 年利率大幅上升时（参见图 3-1），储蓄协会（其资产为 30 年期的固定利率抵押贷款，负债为期限较短的定期存单）所受到的重创。当时，存款机构几乎完全根据再定价模型（它只反映了利率变化对利息净收益的影响）来衡量利率风险。监管者只监控这一指标，而没有对以市价为基础的指标进行监控，因此，他们无法预见利率上升对金融机构资产的市场价值及净值的影响结果。

从前面的例子可知，如要使金融机构对利率风险有**免疫力**（immunize），对于其管理人员来说，最好的办法就是使其资产和负债的期限相匹配。也就是说，构建资产负债表，使其期限缺口（即资产和负债的加权平均期限之差）为零（$M_A - M_L = 0$）。但是，正如我们下面将讨论的，期限匹配并不总能保证金融机构完全对冲利率风险。

期限模型的缺点

期限模型有两个主要的缺点：（1）它未考虑到金融机构资产负债表的杠杆比的大小。（2）它忽视了金融机构资产和负债现金流所发生的时间。由于这些缺点的影响，资产和负债期限相匹配的策略虽然有助于金融机构对利率风险进行防范，但人们很容易看到，这种策略并

例 3-5 到期不匹配的极端例子

假设金融机构有一个更加极端的期限缺口：把所有资产都投资于 30 年期的固定利率债券，同时继续发行利息率为 10% 的 1 年期存款来筹资，如表 3-10 所示。假设以复利计算，在现行利率水平为 10% 的情况下，债券的初始市值（以百万美元为单位）是：

$$P_{30}^{B} = \frac{10}{(1.1)} + \frac{10}{(1.1)^2} + \cdots + \frac{10}{(1.1)^{29}} + \frac{10+100}{(1.1)^{30}} = 100$$

如果利率上升 1.5 个百分点变为 11.5%，30 年期债券的价格（以百万美元为单位）将下降到：

$$P_{30}^{B} = \frac{10}{(1.115)} + \frac{10}{(1.115)^2} + \cdots + \frac{10}{(1.115)^{29}} + \frac{10+100}{(1.115)^{30}} = 87.45$$

可见价格减少了 12.55，表示为百分比的变化率为：$\Delta P_{30}^{B}\% = (87.45-100)/100 = -12.55\%$。金融机构 1 年期存款的市场价值会下降到：

$$P_1^D = \frac{9+90}{1.115} = 88.79$$

下跌了 1.21，也就是：(88.79 − 90) / 90 = −1.34%

从表 3-11 中可以看到，利率上升 1.5% 对资产负债表的市场价值及金融机构净值的影响，以及当金融机构资产和负债的期限极端不匹配时（相差 29 年），利率仅上升 1.5% 就能使其 1 000 万美元的净值完全消失，使其彻底破产（利率上升后的净值为 −134 万美元）。相反，当期限缺口较小时（比如上面的 2 年），需要有更大的利率变化（即 7%）才能使金融机构的权益消失。因此，利率风险随着期限缺口绝对值的增加而增加。

不能始终消除金融机构面临的全部利率风险。

为了看一看杠杆对金融机构免疫能力的影响，我们假设金融机构初始设立时如表 3-12 所示：1 亿美元的资产投向票面利率为 10% 的 1 年期债券，9 000 万美元的负债为 1 年期利率为 10% 的存款，期限缺口（$M_A - M_L$）是零。若利率上升 1%，则资产负债表如表 3-13 所示。在表 3-13 中，即使期限缺口是零，金融机构的所有者权益仍然减少了 10 万美元。所有者权益的减少，主要是因为并非所有的资产（债券）都是用存款来融资的，即部分资产是通过所有者权益融资的，当利率上升时，只有 9 000 万美元的存款受到直接影响，而受到直接影响的资产却有 1 个亿。

表 3-12 期限缺口为零的金融机构资产与负债的初始市值（单位：百万美元）

资 产	负 债
$A = 100$（$M_A = 1$ 年）	$L = 90$（$M_L = 1$ 年）
	$E = 10$
100	100

表 3-13 利率上升 1% 之后金融机构资产负债表的市值（单位：百万美元）

资 产	负 债
$A = 99.09$	$L = 89.19$
	$E = 9.90$
99.09	99.09
或 $\Delta E = \Delta A - \Delta L$	
$-0.10 = -0.91 - (-0.81)$	

下面我们将用一个简单例子来说明，金融机构直接匹配其资产和负债的期限（$M_A = M_L$ 并且 \$A = \$L）并不总能获得绝对免疫，或者保护其股东免受利率风险。假设金融机构发行一张 1 年期大额可转让存单给存款人，这张存单的面值为 \$100、利息率为 15%。那么到了年末的到期日，金融机构就会支付给存款人 \$100 加上 \$15 的利息，即 \$115，如图 3-5 所示。

假设金融机构把 \$100 贷给一家公司（\$A = \$L），年利率为 15%，期限为 1 年。依据合同，金融机构要求公司半年偿还一半贷款（\$50），剩下的一半到年底再还。

图 3-5 1 年期大额可转让存单的现金流

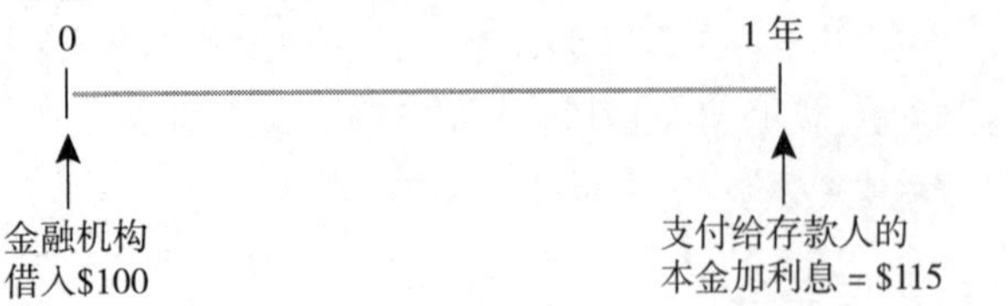

图 3-6 1 年期贷款的现金流量

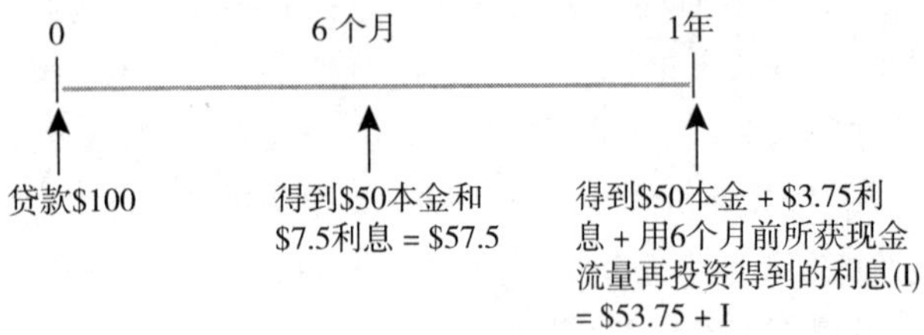

注意：尽管贷款的期限 = 存款的期限 = 1 年，但贷款的现金流量也许会大于或小于必须偿还给存款人的 $115，这取决于在这 1 年期限内利率的变动情况。参见图 3-6。

在第 6 个月末，金融机构收到 $50 的贷款本金偿还加上 $7.5 的利息（100 × 1/2 年 × 15%），上半年总的现金流量为 $57.5。到了年末，金融机构得到剩下的 $50 本金加上 $3.75 的利息（$50 × 1/2 年 × 15%），再加上用上半年末所获 $57.5 进行再投资而得到的利息。如果在整个到期期间利率不变，金融机构利用其先前所获的现金流量在下半年进行再投资而获得的额外收入为 $4.3125（=$57.5 × 1/2 × 15%）。表 3-14 概括了金融机构 1 年期贷款的所有现金流量。

由表 3-14 可知，到了年底，发放贷款所获的现金比支付给存款人的现金多了 $0.5625。其原因在于，金融机构能够在下半年内以 15% 的利息率再投资其部分本金和利息。假设在这 1 年期内，利率并不是一直都保持在 15% 的水平，而是在下半年降到了 12%。利率的这种下降既不会影响既定的存款利率 15%，也不会影响既定的贷款利率 15%，因为它们是在期初存、贷款发生时就设定好的，在这 1 年内都不会发生改变。受利率变化影响的是金融机构在年中时将贷款所得的 $57.5 的现金流量进行再投资而获得的收入。这部分现金流量只能按新的降低了的利率（12%）再贷出去。请参见表 3-15。

表 3-14 利息率为 15% 的贷款的现金流量

半年的现金流量	
本金	$50.00
利息	7.50
1 年末的现金流量	
本金	$50.00
利息	3.75
再投资收益	4.3125
	$115.5625

表 3-15 利率由最初的 15% 降到 12% 时贷款的现金流量

半年的现金流量	
本金	$50.00
利息	7.50
1 年末的现金流量	
本金	$50.00
利息	3.75
再投资收益	3.45
	$114.70

金融机构资产现金流量惟一的变化，来自于将上半年所获得的 $57.5 按降低了的利率（12%）进行再投资所获得的收入。这将带来较少的再投资收益，即 $3.45（$57.5 × 1/2 × 12%），而不是利率整年都保持 15% 时的收益 $4.3125。结果，金融机构损失了 $0.3，而不是盈利 $0.5625。发生损失是因为利率发生了变化。我们注意到：在本例中，金融机构已经匹配了其资产和负债的期限（$M_A = M_L = 1$ 年）与金额（$\$A = \$L$），但即使如此，损失还是发生了。

尽管期限匹配了，但由于存、贷款现金流量的发生时间没有完全匹配，金融机构仍然要面临利率风险。从某种意义上说，贷款现金流量的回收通常比存款要早，后者常常到 1 年年底时才回收所有的现金流量。在下一章里，我们将说明只有匹配了资产和负债的平均期限（或称有效期限），也就是说充分考虑了各项现金流量发生的精确时间，金融机构才能免于利率风险。

练习题

1. 什么是再定价缺口？在使用这种模型评估利率风险时，利率敏感性意味着什么？再定价模型关注哪种财务变量的表现？请解释。
2. 计算以下几种组合的再定价缺口，以及利率上升 1% 对其净利息收入的影响？（单位：百万美元）
   - 利率敏感性资产 =$200 利率敏感性负债 =$100
   - 利率敏感性资产 =$100 利率敏感性负债 =$150
   - 利率敏感性资产 =$150 利率敏感性负债 =$140

   a. 计算在以上各种情形下，利率上升 1% 对净利息收入的影响。

   b. 根据以上计算结果，你可以对再定价模型得出什么结论？
3. 请看以下 WatchoverU 储蓄银行的资产负债表（单位：百万美元）。

资 产		负债与股东权益	
浮动利率抵押贷款（现行年利率为 10%）	$50	活期存款（现行年利率为 6%）	$70
30 年期固定利率贷款（现行年利率为 7%）	50	定期存款（现行年利率为 6%）	20
		股权资本	10
总资产	$100	总负债加股东权益	$100

   a. 到了年底，WatchoverU 储蓄银行预期的净利息收入是多少？

   b. 如果利率上升 2%，那么年末的净利息收入又是多少？

   c. 运用累计再定价缺口模型，如果利率上升 2%，那么年末的预期净利息收入是多少？
4. 再定价模型有什么缺陷？大型银行是如何选择最优的再定价期限的？什么是支付流量（再投资现金流量），这部分现金流量是如何影响再定价模型分析的？
5. 假设一位名为 M. P. Jorgan 的政府证券交易商的有关资料如下，阅读后回答问题。括号内的数字是市场收益率，金额的单位是百万美元。

资 产		负债与股东权益	
现金	$10	隔夜再回购协议	$170
1 个月的国库券（7.05%）	75	7 年期固定利率次级债务（8.55%）	150
3 个月的国库券（7.25%）	75		
2 年期中期国库券（7.50%）	50		
8 年期中期国库券（8.96%）	100		
5 年期市政债券（浮动利率 8.20%，每 6 个月重定一次）	25	股权资本	15
总资产	$335	总负债加股东权益	$335

   a. 如果计划期限是 30 天，那么资金缺口或再定价缺口是多少？91 天呢？两年呢？提示：现金是一项没有利息收入的资产。

   b. 如果所有利率都上升 50 个基本点，将对未来 30 天内的净利息收入有何影响？如果都下降 75 个基本点呢？

   c. 预期 1 年期限内的支付流量为：2 年期中期国库券有 1 千万美元支付流量，8 年期中期国库券有两千万美元支付流量。那么 1 年期再定价缺口是多少？

   d. 如果考虑支付流量的问题，那么利率上升 50 个基本点对净利息收入有何影响？下降 75 个基本点呢？
6. 有一张面值为 $1 000、年息票率为 10%、期限为 10 年的债券。债券现在按 10% 的市场期限收益率进行交易。请完成下表。

期限	年息票率 %	到期收益率	价格	价格 – 面值	（价格 – 面值）/ 面值（%）
8	10%	9%			
9	10%	9%			
10	10%	9%			
10	10%	10%	$1 000. 00		
10	10%	11%			
11	10%	11%			
12	10%	11%			

   请用上表所得结果，证明关于固定利率金融资产“利率—价格”关系的三个原理。
7. 什么是期限缺口？期限模型如何被用来免除金融机构资产、负债组合的利率风险？要满足哪些关键的要求，

期限匹配才能免除金融机构资产负债表的利率风险？

8. 以下是 Nearby 银行的资产负债表（单位：百万美元）。

资　产		负债与股东权益	
现金	60	活期存款	140
5 年期中期国库券	60	1 年期大额可转让存单	160
30 年期抵押贷款	200	股权资本	20
总资产	320	总负债加股东权益	320

Nearby 银行的期限缺口是多少？它是暴露于利率上升风险还是利率下降风险之中？请解释原因。

9. 如果一家金融机构的管理人员确信，在未来 6 个月内利率将上升，为了从利率上升中获利，他将如何调整金融机构的期限缺口？如果他认为利率将下降，那么他又会如何调整？你认为期限缺口的调整容易实现吗？

10. Consumer 银行持有 2 000 万美元的现金以及价值 1. 8 亿美元的贷款组合。这些资产的资金是由 1 800 万美元的活期存款、一张价值 1. 62 亿美元的大额可转让存单以及 2 000 万美元的股权资本筹集的。贷款组合的期限为 2 年，年利率是 7%，并且每月分期偿还。大额可转让存单的年利率是 7%，但银行只在存单两年之后的到期日才支付利息。请问：

a. Consumer 银行的期限缺口是多少？

b. Consumer 银行能够防范利率风险吗？为什么？

c. Consumer 银行面临利率风险吗？也就是说，如果市场利率上升或下降 1%，银行股权资本的价值会有什么变化？

d. 利率的下降是如何产生利率风险的？

11. 以下是一张简化了的金融机构的资产负债表。

资　产		负债与股东权益	
贷　款	1 000	存款	850
		股权资本	150
总资产	1 000	总负债加股东权益	1 000

贷款的平均期限是 4 年；存款的平均期限是 2 年。假设存、贷款都是零息票的，而且都是按账面值记账。请问：

a. 假设存、贷款的利率均为 9%，那么股权资本的市场价值是多少？

b. 存款的利率要变为多少，才能使股权资本的市场价值为零。发生这种情况需要什么样的市场条件？

c. 假设存、贷款的利率均为 9%，那么股权资本的市场价值为零时，存款的平均期限是多少？

12. Scandia 银行为了给一笔利率为 6% 的 1 年期贷款融资，发行了价值 100 万美元、利率为 5.75% 的 1 年期大额可转让存单。贷款的本金将分两期偿还：6 个月后先偿还 $500 000，所剩余额在年底还清。请问：

a. Scandia 银行的期限缺口是多少？根据期限模型，这个期限缺口说明 Scandia 银行面临怎样的利率风险情况？

b. 预期的年末净利息收入是多少？

c. 如果贷款发放后，利率立即上升 2%，那么 Scandia 银行的年净利息收入将受到怎样的影响？如果利率立即下降 2%，影响又是如何？

d. 请根据上述结果谈谈利用期限模型来免除利率风险的效果。

第 4 章

利率风险 II

导 言

在如何衡量利率风险的第二部分，我们介绍另一种基于市场价值来控制利率风险的模型——有效期限模型。我们将介绍有效期限的概念，有效期限和有效期限缺口比第 3 章所介绍的简单期限模型能够更为准确地衡量金融机构的利率风险。与再定价模型不同，有效期限缺口考虑了市场价值以及金融机构资产负债的期限分布。此外，与期限模型不同的是，有效期限模型不但考虑了金融机构资产负债表的杠杆程度，还考虑了资产负债现金流量的支付与收取时间。因此，本章讨论的有效期限缺口是一种更全面的测量利率风险的方法。监管者也越来越关注使用这种模型来确定暴露于利率风险下的金融机构的资本准备（参见第 15 章）。在本章中，我们首先介绍计算资产或负债的有效期限所需的基本算术知识。然后，我们会分析计算出的有效期限的经济含义。正如资产或负债价值的利率敏感性（或利率弹性）那样，这些衡量资产或负债平均期限的数据同样具有经济上的含义。接下来我们会说明，有效期限模型是如何保护金融机构（或其资产负债组合）免受利率风险的冲击的。最后，我们讨论在现实世界中，金融机构运用有效期限模型衡量利率风险时出现的问题。与这些问题相关的更为复杂的内容列在本章的附录中。

有效期限

与到期期限相比，有效期限是衡量资产或负债利率敏感性的一种更完善的方法，因为有效期限不但考虑了资产（或负债）的期限，还考虑了所有现金流发生（或支付）的时间。在第 3 章的末尾，我们假设了这样一个例子：有一笔 1 年期贷款，利率为 15%，要求在第 6 个月末偿还一半的本金，并在年末偿还剩下的一半。在第 6 个月末和年末，银行收到借款者承诺偿还的现金流量（CF）如图 4-1 所示。

$CF_{1/2}$ 是上半年末发生的现金流量，它等于承诺偿还的本金 \$50 加上利息 \$7.5（$100 × 1/2 × 15%）。$CF_1$ 是在年末发生的现金流量，它等于剩下的本金 \$50 加上利息 \$3.75（\$50 × 1/2 × 15%）。要比较这两次现金流量的大小，我们必须将其置于同样的时间水平。这是因为，按照货币时间价值的理论，在年末收到的 \$1 本金或利息的价值小于在年中收到的 \$1 本金或利息的价值。假设年利率为 15%，则两次现金流量的现值将如图 4-2 所示。

$$CF_{1/2} = \$57.5 \qquad PV_{1/2} = \$57.5/(1.075) = \$53.49$$
$$CF_1 = \$53.75 \qquad PV_1 = \$53.75/(1.075)^2 = \$46.51$$
$$CF_{1/2} + CF_1 = \$111.25 \qquad PV_{1/2} + PV_1 = \$100.00$$

图 4-1　1 年期贷款承诺偿还的现金流量

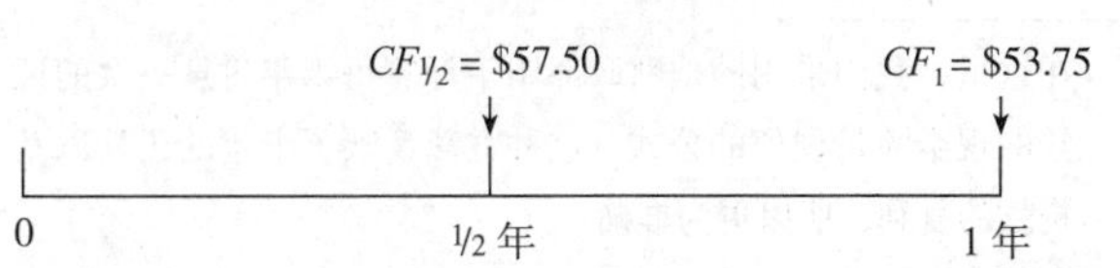

图 4-2 贷款现金流量的现值（*PV*）

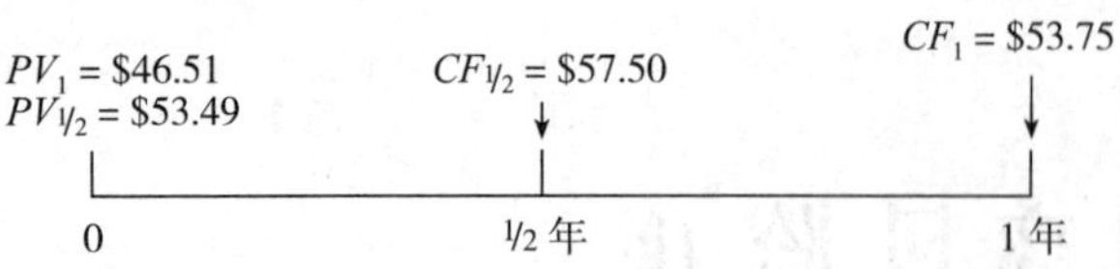

图 4-3 存款现金流量的现值

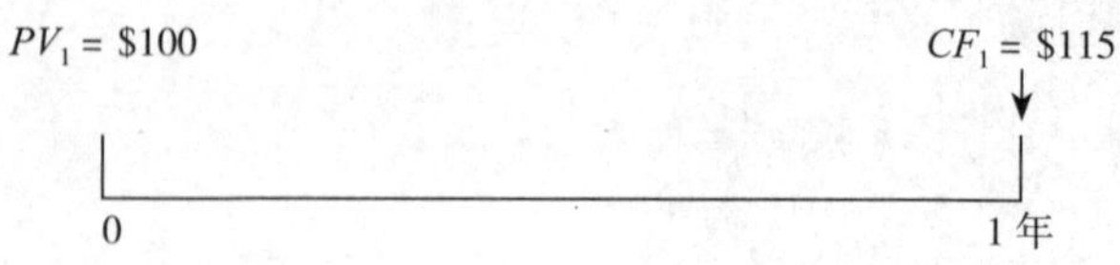

需要注意的是，因为 $CF_{1/2}$ 是在年中发生的现金流量，它的出现早于年末的现金流量，因此，其贴现率是 $[1+(1/2)R]$，R 是指当前贷款的年利率，这要比年末的贴现率 $[1+(1/2)R]^2$ 要小。[1] 在图 4-2 中，我们计算出了贷款的各个现金流量的现值。

严格地讲，**有效期限**（*duration*）是一种以现金流量的相对现值为权重的加权平均到期期限。从货币的时间价值角度来说，有效期限计算的是需要偿还最初的贷款投资所需要的时间。在有效期限内收到的现金流量反映的是初始投资的偿还；在贷款有效期限之后、到期之前收到的现金流是金融机构的利润或者是回报。正如图 4-2 所示，我们在年中和年末各收到一次现金流量。在有效期限的分析中，我们可以通过衡量时点不同的各次现金流量折成现值的相对重要性来计算各次现金流量的时间权重。按照现值的理论，在年中（即 $t=1/2$ 年）和年末（即 $t=1$ 年）发生的现金流量的相对重要性如下表所示：

时间（t）	权重（X）
1/2 年	$X_{1/2}=\dfrac{PV_{1/2}}{PV_{1/2}+PV_1}=\dfrac{53.49}{100.00}=0.5349=53.49\%$
1 年	$X_1=\dfrac{PV_{1/2}}{PV_{1/2}+PV_1}=\dfrac{46.51}{100.00}=\underline{0.4651}=\underline{46.51\%}$
	$\underline{\underline{1.0}}$ $\underline{\underline{100\%}}$

这就是说，按照现值的形式，金融机构收到的 53.49% 贷款的现金流量是在 6 个月末（$t=1/2$）发生的，46.51% 是在年末（$t=1$）发生的。根据定义，现金流量（现值）权重之和必须等于 1：

$$X_{1/2}+X_1=1$$
$$0.5349+0.4651=1$$

以现金流量的现值作为权重，我们可以计算贷款的有效期限（D）或加权平均到期时间：

$$D_1=X_{1/2}(1/2)+X_1(1)=0.5349(1/2)+0.4651(1)$$
$$=0.7326\text{ 年}$$

这样，虽然贷款的期限是 1 年，但是就现金流量而言，它的有效期限或平均期限只有 0.7326 年。根据货币时间价值，初始投资的贷款过了 0.7326 年后就已经收回了（虽然没有实现），此后，金融机构获得的是贷款的利润与回报。有效期限之所以小于到期期限，是因为按照现值的形式，53.49% 的现金流量是在年中发生的。需要注意：现金流量发生的时点 t 的权重就是现金流量现值的相对重要性（$X_{1/2}$，X_1 等），而有效期限正是按此权重计算的；上述权重的计算是以年为单位的，所以有效期限是以年为单位的。

正如在第 3 章结尾处的例子所示，即使按照期限模型到期的时间是匹配的，银行也仍然面临利率风险。为了更好地明白其中的道理，我们来计算一张 1 年期、年利率为 15% 的 \$100 大额可转让存单的有效期限。银行承诺，在年末一次性偿还全部本金及利息给存单的持有者，即 CF_1 = \$115。因为权重是按照现值形式计算的，所以有：[2]

$$CF_1=\$115,\ PV_1=\$115/1.15=\$100$$

这正如图 4-3 所示，因为所有的现金流量都在年末发生，所以 $X_1=PV_1/PV_1=1$，这张存款单的有效期限是：

1 在这里，我们采用的是财政部用于计算每半年付息一次的证券的现金流量现值的公式。这种方法反映了半年的还款以及贷款的复利，所以更为准确。

2 因为大额可转让存单类似于年息票债券，所以其年贴现率是 $1/(1+R)=1/1.15$。

$DD = X_1 \times (1)$

$DD = 1 \times (1) = 1$ 年

因此，只有当现金流量的流入或流出都在期末发生，并且这期间没有其他现金流发生时，有效期限才等于到期期限。这个例子同样表明，当贷款与存款的期限缺口为零时，其有效期限缺口为负：

$M_L - M_D = 1 - 1 = 0$

$D_L - D_D = 0.7326 - 1 = -0.2674$ 年

这样，我们可以更清楚地理解，为了要衡量和免除利率风险，银行需要管理的是其有效期限缺口，而不是到期期限缺口。

有效期限的一般公式

运用以下这个一般公式，我们可计算任何固定收入证券的有效期限：[3]

$$D = \frac{\sum_{t=1}^{N} CF_t \times DF_t \times t}{\sum_{t=1}^{N} CF_t \times DF_t} = \frac{\sum_{t=1}^{N} PV_t \times t}{\sum_{t=1}^{N} PV_t}$$

式中：D = 以年为单位的有效期限。

CF_t = 在 t 时间内收到的证券的现金流量。

N = 现金流量发生的最后一个时期。

DF_t = 贴现因子 = $1/(1+R)^t$，其中：R 是年收益率或当前市场利率水平。

$\sum_{t=1}^{N}$ = 从 $t = 1$ 到 $t = N$ 求和。

PV_t = t 时期末现金流量的现值，其值等于 $CF_t \times DF_t$。

对于半年付息的债券，其有效期限公式为：[4]

$$D = \frac{\sum_{t=1/2}^{N} \frac{CF_t \times t}{(1+R/2)^{2t}}}{\sum_{t=1/2}^{N} \frac{CF_t}{(1+R/2)^{2t}}}$$

这里，t = 1/2，1，11/2，…，N。

需要注意：有效期限公式中的分母等于债券现金流量的现值（在有效市场中也等于债券的市场价格），分子等于证券收到的每一笔现金流量的现值乘以收到现金流量所需时间。为了更好地理解这个公式，我们看一看下面的例子。

付息债券的有效期限

例 4-1　6 年期欧洲债券的有效期限

欧洲债券每年支付一次利息。假设年息票率是 8%，债券面值是 \$1 000，现行到期收益率（R）是 8%。表 4-1 说明了有效期限的计算过程。

根据计算得到，债券的有效期限或者说加权平均期限是 4.993 年。换句话说，从货币时间价值的角度来看，\$1 000 初始投资将在 4.993 年后收回，在 4.993 年与到期（6 年）之间，债券为投资者带来利润或回报。

3　以下许多有用的例子和公式是由欧洲工商管理学院（INSEAD）的 G.Hawawini 给出来的。有关有效期限模型和其他例子的资料，请参阅 G.Hawawini，“Controlling the Interest Rate Risk of Bonds: An Introduction to Duration Analysis and Immunization Strategies，” *Financial Market and Portfolio Management* 1（1986-87），pp.8-18。

4　有效期限公式一般可以写成：

$$D = \frac{\sum_{t=1/m}^{N} \frac{CF_t \times t}{(1+R/m)^{mt}}}{\sum_{t=1/m}^{N} \frac{CF_t}{(1+R/m)^{mt}}}$$

这里：m = 每年利息支付的次数。

表 4–1 年息票率和收益率皆为 8% 的 6 年期欧洲债券的有效期限

t	CF_t	DF_t	$CF_t \times DF_t$	$CF_t \times DF_t \times t$
1	80	0.9259	74.07	74.07
2	80	0.8573	68.59	137.18
3	80	0.7938	63.51	190.53
4	80	0.7350	58.80	235.20
5	80	0.6806	54.45	272.25
6	1 080	0.6302	680.58	4 083.48
			1 000.00	4 992.71

$$D = \frac{4\,992.71}{1\,000} = 4.993\text{年}$$

例 4–2 2 年期美国长期国债的有效期限

美国长期国债每半年支付一次利息。假设年息票率为 8%，面值是 \$1 000，年到期收益率（R）为 12%，表 4–2 说明了该债券有效期限的计算过程。[1]

如计算所示，债券的有效期限或者说加权平均到期是 1.883 年。表 4–3 显示，如果年息票率降至 6%，则有效期限上升为 1.909 年。因为 6% 的息票利率比 8% 的要低，所以收回初始债券投资需要的时间更长。在表 4–4 中，初始息票利率是 8%，假设到期收益率上涨到 16%，则有效期限从 1.883 年（表 4–2）下降到 1.878 年。债券的到期收益率越高，投资者利息再投资的收益就越多，收回初始投资需要的时间越短。最后，在表 4–5 中，债券到期为 1 年时，有效期限降至 0.980 年。由此可见，债券的有效期限越短，初始投资收回得越快。

1 这里，我们采用了半年付息一次的国债贴现公式：$(1+R/2)^x$，其中 x 表示半年息票利息的支付次数。这样，当 $t = 1/2$ 时，贴现率是 1.06；当 $t = 1$ 时，贴现率是 1.06^2，依此类推。

表 4–2 年息票率为 8%、到期收益率为 12% 的 2 年期国债的有效期限

t	CF_t	DF_t	$CF_t \times DF_t$	$CF_t \times DF_t \times t$
½	40	0.9434	37.74	18.87
1	40	0.8900	35.60	35.60
1 ½	40	0.8396	33.58	50.37
2	1 040	0.7921	823.78	1 647.56
			930.70	1 752.40

$$D = \frac{1\,752.40}{930.70} = 1.883\text{年}$$

表 4–3　年息票率为 6%、到期收益率为 12% 的 2 年期国债的有效期限

t	CF_t	DF_t	$CF_t \times DF_t$	$CF_t \times DF_t \times t$
½	30	0.9434	28.30	14.15
1	30	0.8900	26.70	26.70
1 ½	30	0.8396	25.19	37.78
2	1 030	0.7921	815.86	1 631.71
			896.05	1 710.34

$$D=\frac{1\,710.34}{896.05}=1.909\text{年}$$

表 4–4　年息票率为 8%、到期收益率为 16% 的 2 年期国债的有效期限

t	CF_t	DF_t	$CF_t \times DF_t$	$CF_t \times DF_t \times t$
½	40	0.9259	37.04	18.52
1	40	0.8573	34.29	34.29
1 ½	40	0.7938	31.75	47.63
2	1 040	0.7350	764.43	1 528.86
			867.51	1 629.30

$$D=\frac{1\,629.3}{867.51}=1.878\text{年}$$

表 4–5　年息票率为 8%、到期收益率为 12% 的 1 年期国债的有效期限

t	CF_t	DF_t	$CF_t \times DF_t$	$CF_t \times DF_t \times t$
½	40	0.9434	37.74	18.87
1	1 040	0.8900	925.60	925.60
			963.34	944.47

$$D=\frac{944.47}{963.34}=0.980\text{年}$$

接下来，为了进一步理解有效期限，我们观察另外两种类型的债券。

零息债券的有效期限

美国财政部创造了一种允许证券商和其他投资者将普通的国债拆分成利息和本金两部分的零息债券，并把这两部分作为独立的证券卖给投资者。另外，在欧洲债券市场，企业已直接发行折扣债券或者零息债券。美国的短期国债和商业票据通常也在折扣的基础上发行，实际上它们都是折扣债券。这些债券以低于面值的价格发行，到期时发行者按面值（例如 $1 000）赎回，在发行和到期之间没有诸如利息支付之类的现金流量。投资者购买该债券所愿意支付的价格等于其面值（这里是 $1 000）的现值，即：

$$P=1\,000/(1+R)^{N}$$

其中，R 是按复利计算的年到期收益率，N 是到期年限，P 是价格。因为在发行日至到期日期间没有发生诸如利息的现金流量，所以可得出以下结论：

$$D_B = M_B$$

即零息债券的有效期限等于到期期限。注意，只有零息债券的有效期限等于其到期期限，其他任何到期前有现金支付的债券的有效期限都会小于其到期期限。

统一公债（永久债务）的有效期限

尽管**统一公债**（consol bond）还未曾在美国发行，但对它的到期期限和有效期限差别的讨论在理论上仍是很有意思的。统一公债是一种每年都支付固定息票利息的债券，这种债券的显著特征在于它没有到期日。也就是说，它是一种永久债券：

$$M_c = \infty$$

事实上，19 世纪 90 年代大不列颠政府为给在南非发生的布尔人战争筹资而发行的统一公债至今仍在市场上流通。虽然统一公债在理论上不会到期，但我们仍然可以算出它的有效期限，其公式为：[5]

$$D_c = 1 + \frac{1}{R}$$

其中，R 是到期收益率。假设年收益率是 $R = 5\%$，则这张统一公债的有效期限是：

$$D_c = 1 + \frac{1}{0.05} = 21 \text{ 年}$$

这样，统一公债即使永远不会到期，但有效期限却是有限的。具体而言，基于货币的时间价值，收回这张统一公债的初始投资需要 21 年。21 年以后，债券为投资者创造的是利润。而且随着利率的上升，统一公债的有效期限将会缩减。例如，在 1979~1982 年间，当长期政府债券的某些收益率上升到大约 20% 时，统一公债的有效期限为：

$$D_c = 1 + \frac{1}{0.20} = 6 \text{ 年}$$

有效期限的特点

根据上述例子，我们可以归纳出有效期限与债券的到期期限、收益和息票利率关系的三个重要特点。

有效期限和到期期限

比较表 4–5、4–2 和 4–6 可以看到，固定收入的资产或负债的有效期限随着到期期限的增加而增加，但是增加的速度是递减的，即：

$$\frac{\partial D}{\partial M} > 0 \qquad \frac{\partial D^2}{\partial^2 M} < 0$$

为了更好地理解这个特点，参见图 4–4。图中假设年息票率是 8%（半年按 4% 支付利息），到期收益率为 12%，我们绘出了 3 年期、2 年期以及 1 年期美国国债的有效期限与到期期限关系的分布图。当债券的到期期限从 1 年增加到 2 年时（表 4–5 与表 4–2），有效期限增加了 0.903 年，即从 0.980 年增到 1.883 年。当到期期限再从 2 年增加到 3 年（表 4–2 与表 4–6）时，有效期限从 1.883 年增加到 2.709 年，增加了 0.826 年。

有效期限和收益率

从表 4–2 与 4–4 的比较可以看到，有效期限随收益率的提高而减少，即：

$$\frac{\partial D}{\partial R} < 0$$

当长期国债的收益率从 12% 上升到 16% 时（表 4–2 与表 4–4），债券的有效期限从 1.883 降至 1.878 年。这符合人们的直觉，因为贴现率越高，对靠后的现金流量的贴现程度就越重。也就是说，资产或负债靠后的现金流量相对于早先的现金流量来说，其重要性或者说权重会下降。

5 因篇幅有限，在此，我们就不进行证明了。有兴趣的读者可参阅：G. Hawawini, "Controlling the Interest Rate Risk of Bonds: An Introduction to Duration Analysis and Immunization Strategies," *Financial Markets and Porfolio Management* 1（1986~1987）pp. 8-18.

表 4-6　年息票率为 8%、到期收益率为 12% 的 3 年期国债的有效期限（每半年付息一次）

t	CF_t	DF_t	$CF_t \times DF_t$	$CF_t \times DF_t \times t$
½	40	0.9434	37.74	18.87
1	40	0.8900	35.60	35.60
1½	40	0.8396	33.58	50.37
2	40	0.7921	31.68	63.36
2½	40	0.7473	29.89	74.72
3	1 040	0.7050	733.16	2 199.48
			901.65	2 442.4

$$D=\frac{2\,442.4}{901.65}=2.709\text{年}$$

图 4-4　有效期限和到期期限

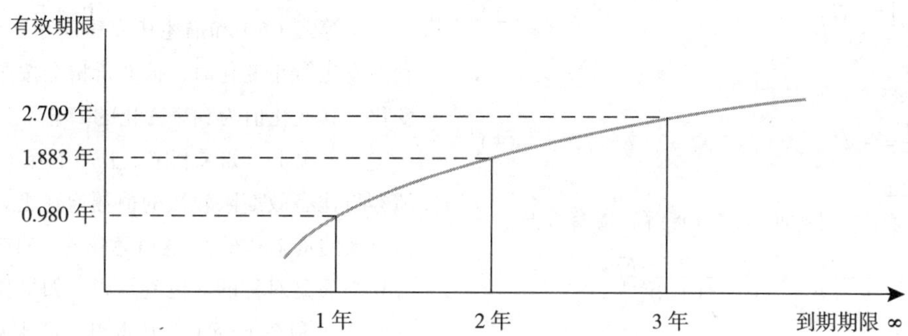

有效期限和息票利息

从表 4-2 与表 4-3 的比较可以看到，证券的息票利息或所承诺支付的利息越高，有效期限越短。

$$\frac{\partial D}{\partial C}<0$$

在表 4-3 与表 4-2 中，当美国长期国债的息票率从 6% 增加到 8% 时，债券的有效期限从 1.909 年下降到 1.883 年。这是因为，息票利息或所承诺支付的利息越高，投资者可以越快地收到现金流量，那么在有效期限的计算中，这些现金流量的现值的权重就越大。根据货币的时间价值，息票支付的金额越大，期初的投资收回得越快。

有效期限的经济含义

到目前为止，我们已经计算了多种不同的固定收入资产或负债的有效期限。现在，我们将这些以年为单位的有效期限与资产或负债的利率敏感性直接联系起来。

有效期限不但从现金流量的角度衡量资产或者负债的平均期限，而且还是一种直接衡量资产或负债的利率敏感性或利率弹性的方法。也就是说，资产或负债的有效期限的数值越大，资产或负债的价格随利率变化的敏感性就越大。

下面的方程式说明了债券的现行价格等于债券将要支付的息票利息和本金的现值的总和：

$$P=\frac{C}{(1+R)}+\frac{C}{(1+R)^2}+\cdots\frac{C+F}{(1+R)^N}\qquad(1)$$

其中：P = 债券的价格

C =（年）息票利息

R = 到期收益率

N = 到期的期限数

F = 债券的面值

我们希望了解债券的价格（P）是如何随收益率（R）的上升而变化的。我们知道，收益率上升，债券的价格会下降，但我们想确切地知道下降的幅度有多大，即其价格变化的敏感性。

求债券价格（P）对到期收益率（R）的导数，我们可以得到：[6]

$$\frac{dP}{dR}=\frac{1}{1+R}[P\times D] \tag{2}$$

通过交叉相乘：

$$\frac{dP}{dR}\times\frac{1+R}{P}=-D \tag{3}$$

或者：

$$\frac{\frac{dP}{P}}{\frac{dR}{1+R}}=-D \tag{4}$$

从经济上理解，等式（2）中的D就是**利率弹性**（interest elasticity），即证券价格对微小利率变化的敏感性。也就是说，D代表了必要利率或收益率有一定的(现值）增加［$dR/$（$1+R$）］时，债券价格下降的百分比（dP/P）。

为了更好地理解利率敏感性，我们对等式（4）进行整理：

$$\frac{dP}{P}=-D\left[\frac{dR}{1+R}\right] \tag{5}$$

从等式（5）和描述其关系的图 4-5 中可以看到，当利率发生微小变化时，债券价格会按照相反的方向发生变化，其变化值为利率变化的 D 倍。显然，在利率变化一定的情况下，如果利率上升（下降），有效期限较长的债券将比有效期限较短的债券遭受更大的资本损失（获得更大的资本利得）。这就意味着，有效期限模型下的收益和损失是对称的。也就是说，如果我们重复上面的例子而让年利率下降 1 个基本点（即半年 1/2 个基本点），债券价格上升的百分比（dP/P）也是利率变化的 D 倍。此外，资本利得与相同的利率（微小）增加所造成的资本损失是相对应的。

有效期限公式还可变形，将 D 与（$1+R$）合成一个变量 D /（$1+R$），就可以得到业内人士所称的**修正有效期限**（modified duration），对于每年计算一次复利而言：

$$\frac{dP}{P}=-MD\,dR$$

图 4-5 有效期限模型所表示的价格变化与收益率变化之间的比例关系

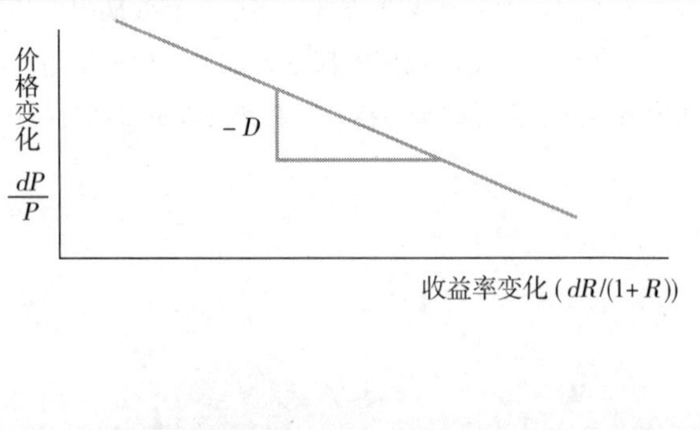

---

6 等式（1）中债券价格对到期收益率（R）的一阶导数为：

$$\frac{dP}{dR}=\frac{-C}{(1+R)^2}+\frac{-2C}{(1+R)^3}+\cdots+\frac{-N(C+F)}{(1+R)^{N+1}} \tag{A}$$

整理后得到：

$$\frac{dP}{dR}=-\frac{1}{1+R}\left[\frac{C}{(1+R)}+\frac{2C}{(1+R)^2}+\cdots+\frac{N(C+F)}{(1+R)^N}\right] \tag{B}$$

我们已经讲过，有效期限（D）是以现金流的现值为权重的一个加权平均期限；也就是说，根据定义：

$$D=\frac{1\times\frac{C}{(1+R)}+2\times\frac{C}{(1+R)^2}+\cdots+N\times\frac{(C+F)}{(1+R)^N}}{\frac{C}{(1+R)}+\frac{C}{(1+R)^2}+\cdots+\frac{(C+F)}{(1+R)^N}} \tag{C}$$

由于有效期限等式的分母就是债券的价格，即债券现金流的现值，这样：

$$D=\frac{1\times\frac{C}{(1+R)}+2\times\frac{2C}{(1+R)^2}+\cdots+N\times\frac{(C+F)}{(1+R)^N}}{P} \tag{D}$$

等式两边同乘以 P，我们得到：

$$P\times D=1\times\frac{C}{(1+R)}+2\times\frac{2C}{(1+R)^2}+\cdots+N\times\frac{(C+F)}{(1+R)^N} \tag{E}$$

等式（E）的右边与等式（B）括号中的内容相同。将等式（E）代入等式（B），我们得到：

$$\frac{dP}{dR}=\frac{1}{1+R}[P\times D]$$

其中：

$MD = D/(1+R)$

这种形式更直观，因为我们直接用利率的简单变化乘以 MD，而不是像一般的有效期限模型那样使用利率变化的贴现值来乘以 D。接下来，我们用有效期限的方法来衡量资产或者负债的利率敏感性。

例 4–3　6 年期欧洲债券

再看例 4–1 中，息票率为 8%、收益率为 8% 的 6 年期欧洲债券的例子。表 4–1 中，我们已算出其有效期限约为 $D = 4.993$ 年。假设收益率将上升 1 个基点（0.01%），即从 8% 上升到 8.01%，那么：

$$dP/P = -4.993 \times (0.0001/1.08)$$
$$= -0.000462 = -0.0462\%$$

债券原来的价格为 \$1 000，这是一张年息票率为 8%、收益率为 8% 的 6 年期债券的现值。然而有效期限模型显示：如果收益率上升 1 个基点，债券的价格将跌至 \$999.538。就是说，价格将下降 0.0462%，或下降 \$0.462。[1]

1　要计算价值的变化，我们可以把公式再写成：$dP = (P) \times (-D)[dR/(1+R)] = (\$1\,000)(-4.993)(0.0001/1.08) = -\$0.462$。

例 4–4　统一公债

我们再来看看每年支付 8% 的息票利率、收益率为 8% 的统一公债。计算得到的有效期限是 13.5 年（$D_c = 1 + 1/0.08 = 13.5$）。若收益率变化 1 个基点（从 8% 上升到 8.01%），则：

$$dP/P = -13.5 \times (0.0001/1.08) = -0.00125 = -0.125\%$$

即价格下跌 0.125%。

由此可见，对于任何既定的收益率变化，有效期限越长的证券将遭受更大的资本损失或得到更多的资本收益。

半年付息一次的债券

如果固定收入的资产或负债的利息不是每年而是每半年支付一次，或以更频繁的次数支付，我们要对公式（5）做简单的修改。例如，若每半年支付一次：

$$\frac{dP}{P} = -D\left[\frac{dR}{1+(1/2)R}\right] \qquad (6)$$

（6）式和（5）式的惟一区别在于，（6）式在贴现率［$1+(1/2)R$］上引入 1/2 这个数字，这是因为它考虑到利息是每半年支付一次的。

例 4–5　半年支付一次利息的 2 年期财政部证券

在例 4–2 中，我们已算出当收益率为 12% 时，每半年支付一次利息的 2 年期国库券的有效期限为 1.883 年。利率上升一个基点带来价格的变化如下：

$$dP/P = -1.883 \times (0.0001/1.06) = -0.000178$$

即价格将从 \$930.70 下跌到 \$930.53，下跌了 0.0178%。这就是说，价格下降 0.0178 个百分点，相当于下降 0.17 美元。[1]

1　为了计算价值的变化，我们可以把公式改写成 $dP = (P)(-D)[dR/(1+R/2)] = (\$930.70)(-1.883)(0.0001/1.06) = -\$0.17$。

有效期限和风险防范

到目前为止，你已经学会如何计算有效期限，也了解了有效期限所表示的经济意义——反映资产、负债价值的利率弹性或利率敏感性。对于金融机构而言，有效期限作为一种衡量方法，主要用于管理利率风险。有效期限的另一重要作用在于帮助金融机构免除整个资产负债表或某些资产、负债项目的利率风险。下面我们用两个例子说明，金融机构是如何利用有效期限来实现其免除利率风险的目的的。第一个例子是关于保险公司或养老保险基金的管理人员是如何利用有效期限，兑现其在将来某个特定时间，支付给投保人或受益人承诺支付的现金流量；第二个例子是关于金融机构如何利用有效期限，免除整个资产负债表的利率风险。

有效期限和对未来付款的风险防范

养老保险基金和人寿保险公司的管理人员常常面对这样一个问题：如何调整其资产投资结构，使其能够在将来一定时期支付一定量的现金给投保人。一个典型的例子是：在投保人到了退休年龄时，需要一次性支付一笔固定款项的保单。人寿保险公司的管理人员面临的风险在于，保费所投资的利率可能会下降。如果利率真的下降了，将保费进行投资所累积的收益可能不能满足承诺的付款要求。这样一来，保险公司只好被迫从其准备金或资本净值中提取现金，以应付支付需要。

假设现在是 2007 年，保险公司承诺要在 5 年后（即在 2012 年）支付给投保人一笔款项。为了简单起见，我们假设所担保支付的款项为 \$1 469，在投保人退休时一次性支付，相当于 \$1 000 按 8% 的每年复利投资 5 年的收入。当然，在现实中，这笔款项可能会更大，但这个例子所揭示的原理是不会因款项的大小而有所改变的。

为了防范利率风险，保险公司需要确定的是，无论利率发生什么变化，哪种投资 5 年后所产生的现金流入恰好等于 \$1 469。金融机构有两种选择：一是投资到期期限和有效期限皆为 5 年的零息债券；一是投资有效期限为 5 年的息票债券，并且无论利率在这期间发生了什么变化，这种债券在 5 年后都会带来 \$1 469 的现金流量。接下来，我们详细讨论这两种投资策略：购买到期期限和有效期限均为 5 年的大幅折扣债券；购买有效期限为 5

例 4-6 利率保持为 8%

如果利率在这 5 年内都保持为 8%，那么保险公司的收益将是：

1. 息票利息收入：5×\$80	\$400
2. 再投资收入：	69
3. 在第 5 年年末出售债券的收入：	1 000
	\$1 469

我们通过以下方法计算该项投资的各部分收入：

1. 息票利息收入：每年的息票利息是 \$80，5 年总共为 \$400。
2. 再投资收入：因为息票利息是按年获得的，它们可按 8% 的收益率进行再投资，由此产生额外的现金流量 \$69。*
3. 出售债券的收入：计算这项收入时，我们应当考虑到保险公司是在第 5 年年末卖出债券的，此时这张 6 年期债券还有一年才到期，即

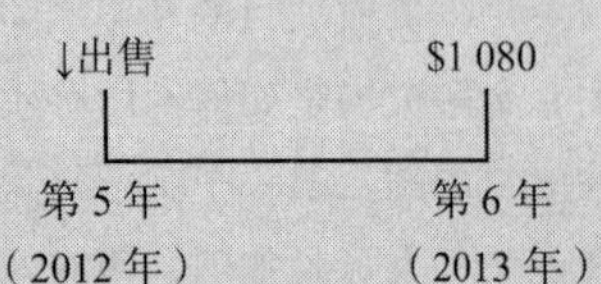

在这种情况下，公平的市场价格将是多少呢？买者愿意支付的价格应该是他在一年后（即 2013 年）可获得的 \$1 080（本金加上一年利息）的现值：

$$P_5 = 1\,080/1.08 = \$1\,000$$

也就是说，如果保险公司出售剩下的即债券在到期时可以收到 \$1 080 的现金流量，它将获得 \$1 000。

* 每年获得 \$80 利息相当于每年收到 \$80 的年金。有公式与系数表帮助我们计算在一定年限内，每年收到的 \$1 按一定利率再投资的价值。假设连续 5 年内，每年收到 \$1 的年金，按 8% 利率进行再投资，相应的终值可由年金终值系数（FVAF）表决定。其一般式为：

$$FVAF_{n,R} = \left[\frac{(1+R)^n - 1}{R}\right]$$

在我们的例子中：

$$FVAF_{5,8\%} = \left[\frac{(1+0.08)^5 - 1}{0.08}\right] = 5.867$$

因此，每年 \$80 利息的再投资收入是：

再投资收入 = 80×5.867−400 = 69

注意：式中减去 400 是因为我们在前面已将息票利息收入（\$400 = 5×\$80）单独列出。

年的息票债券。

购买到期期限为 5 年的折扣债券

假设该债券面值为 \$1 000，收益率为 8%，每年按复利计算，那么这种 5 年债券的现值是 \$680.58：

$$P = 680.58 = \frac{1000}{(1.08)^5}$$

如果保险公司在 2007 年以 \$1 000 的成本购入 1.469 张这种债券，那么这项投资在 5 年后到期时，将会带来刚好 \$1 469（\$1 000×（1.08）^{5} = \$1 469）的收益。其原因是，这种债券组合的有效期限正好精确匹配了保险公司的目标期限，即匹配了对其保单持有人将来负债的期限。直观上说，因为零息折扣债券在这 5 年间没有发生现金流量的变化，也没有支付息票利息，所以未来利率的变化对再投资收入没有影响。因此，利率变化对最终的收入没有任何影响。

如果没有这种 5 年期折扣债券，那么保险公司将会投资另一种有效期限也为 5 年的息票债券来避免利率风险。这就是我们下面要说的第二种投资策略——投资于有效期限为 5 年的息票债券。

购买有效期限为 5 年的息票债券

在表 4-1 中我们已经算出，到期收益率为 8%、年息票率为 8% 的 6 年期欧洲债券的有效期限为 4.993 年，即约等于 5 年。如果在 2007 年购入这种有效期限为 5 年的 6 年期债券，并一直持有至 2012 年，这样做我们也能满足保险公司的要求。无论利率是保持在 8%，还是瞬即升至 9% 或降至 7%，在第 5 年年末的现金流入量都将是 \$1 469。因此，购买一张有效期限与保险公司的付款期限相一致的息票债券也能够避免利率风险。（见例 4-6）

接下来，我们将说明，因为该债券的有效期限为 5 年，它正好匹配了保险公司的目标期限，所以即使利率立即升至 9% 或降到 7%，来自债券预期的现金流量之和仍然精确地等于 \$1 469，即：利息收入 + 再投资收入 + 在第五年末的本金，免除了利率风险。换言之，债券的现金流量是不会随利率变化而变化的。（见例 4-7）

例 4-7 利率下降至 7%

在这种情况下，5 年内的现金流量应该为：

1. 息票利息收入：5×\$80	\$400
2. 再投资收入：	60
3. 出售债券的收入：	1 009
	\$1 469

如上所示，与利率保持在 8% 的情况相同，在 5 年内该债券的总收入没有改变。为了弄清其中的原因，我们看看利率下降到 7% 后，三部分现金流量的变化：

1. 息票利息收入：利息收入保持不变，因为保险公司在这 5 年内每年均可收到固定的利息 \$80，5 年总共是 \$400。
2. 再投资收入：因为此时利息收入只能按较低的利率 7% 进行再投资，所以再投资收入仅为 \$60。*
3. 出售债券的收入：6 年期的债券在第 5 年期末卖出时，由于能为买方在一年后带来 \$1 080 的现金流量，所以买者所愿意支付的价格是：

$$P_5 = \frac{1.080}{1.07} = \$1.009$$

此时出售债券的收入比收益率为 8% 时多了 \$9，这是因为，投资者若购买新发行的债券只能获得 7% 的收益，而购买这张旧债券则有 8% 的收益。

比较再投资收入和出售债券的收入可以看到，利率下降时，出售债券将获得 \$9 的资本收益，刚好抵消了按较低收益率进行再投资的资本损失 \$9。这样，总的现金流量仍是 \$1 469，没有任何改变。

* 再投资收益可以这样计算：

$$FVAF_{5.7\%} = \left[\frac{(1+0.07)^5 - 1}{0.07}\right] = 5.751$$

再投资收入 =（5.751×80）− 400 = 60，这个值比利率保持 8% 时要少 \$9。

例 4-8 利率上升至 9%

在利率上升的情况下，债券投资的收入将是：

1. 息票利息收入：5×\$80	\$400
2. 再投资收入：[（5.985×80）−400]	78
3. 出售债券的收入：（1 080/1.09）	991
	\$1 469

可以看到，利率从 8% 升至 9% 时，最终的现金流量仍是 \$1 469，未受任何影响。利率上升导致再投资收入增加 \$9（\$78−\$69），但在第 5 年年末出售债券的价格则由 \$1 000 下降至 \$991，差额也是 \$9。这样再投资的收益将被出售债券的损失所抵消。

这些例子说明，只要息票债券（或其他固定利率金融工具，如贷款、抵押贷款等）的有效期限满足金融机构的目标期限或投资期限要求，金融机构就可以免除利率随时变化所带来的风险。利率变化引起的再投资收入的增减将会被债券出售价格的减增所抵消。

金融机构整个资产负债表的风险防范

到目前为止，我们已经考察了个别金融工具的有效期限，也懂得了应如何挑选某个固定收入证券来免除金融机构的利率风险。例如，怎样才能使人寿保险公司或养老保险基金能够支付预先承诺的债务（如计划在将来应支付养老金的款项）。有效期限模型还可以估算出金融机构面临的全部利率风险，即可以计算出整个资产负债表的**有效期限缺口**（duration gap）。

金融机构的有效期限缺口

要估算出总的有效期限缺口，我们首先就要明确资产负债表上的资产组合（A）及负债组合（L）的有效期限，计算方法如下：

$$D_A = X_{1A}D_1^A + X_{2A}D_2^A + \cdots + X_{nA}D_n^A$$

和

$$D_L = X_{1L}D_1^L + X_{2L}D_2^L + \cdots + X_{nL}D_n^L$$

其中：

$$X_{1j} + X_{2j} + \cdots + X_{nj} = 1 \text{ 和 } j = A，L$$

公式中的 X_{1j} 是以市值计算的各项资产或负债分别在资产组合或负债组合中所占的比重。因此，如果一批新的 30 年期国债占人寿保险公司资产组合的 1%，这批债券的有效期限 D_1^A 为 9.25 年，则有：$X_{1A}D_1^A = 0.01 \times 9.25 = 0.0925$。更简单地说，资产或负债组合的有效期限就是金融机构整个资产负债表上以市值为权重的各项资产或负债有效期限的加权平均值。

下面为简化了的以市值表示的资产负债表：

资产（\$）	负债（\$）
$A = 100$	$L = 90$
——	$E = 10$
100	100

从资产负债表可得：

$$A = L + E$$

以及：

$$\Delta A = \Delta L + \Delta E$$

或者：

$$\Delta E = \Delta A - \Delta L$$

也就是说，当利率变化时，金融机构净值的变化等于资产市值的变化与负债市值的变化的差额。这与我们在第 3 章中对期限模型的讨论结果相类似。不同的是，我们要把金融机构净值变化（ΔE）的敏感性与有效期限的不匹配联系起来，而不是仅与到期期限的不匹配联系起来。因为，正如我们在前面所分析的那样，有效期限比到期期限能更加准确地衡量资产或负债的利率敏感性。

既然 $\Delta E = \Delta A - \Delta L$，那么我们需要确定 ΔA 和 ΔL（即资产负债表中资产市值或负债市值的变化值）与有效期限有何关系。[7]

---

7 接下来，我们用 Δ（变化额）而不是 d（导数形式）表示各变量的变化。这是为了说明利率的变化通常是离散的，而不是连续的。例如，在现实世界的金融市场中，我们可以观察到的最小的变化值通常是一个基本点，即 0.01%。

根据有效期限模型（假设按年复利计算），可得：

$$\frac{\Delta A}{A} = -D_A \frac{\Delta R}{(1+R)} \qquad (7)$$

$$\frac{\Delta L}{L} = -D_L \frac{\Delta R}{(1+R)} \qquad (8)$$

在这里，我们只是直接地用 $\Delta A/A$ 或 $\Delta L/L$（即资产市值或负债市值的比例变化）代替了 $\Delta P/P$（即债券价格的变化）；用 D_A 或 D_L（即金融机构资产组合或负债组合的有效期限）代替 D_i（即任一债券、存款或贷款的有效期限）；而 $\Delta R/(1+R)$ 这一项仍反映利率的变化情况。[8] 要反映美元值的变化，那么这些方程式可改写成：

$$\Delta A = -D_A \times A \times \frac{\Delta R}{(1+R)} \qquad (9)$$

$$\Delta L = -D_L \times L \times \frac{\Delta R}{(1+R)} \qquad (10)$$

我们可以将这两个等式代入等式 $\Delta E = \Delta A - \Delta L$ 中。对该等式进行整理和合并后[9]可以获得权益的市场价值变化：

$$\Delta E = -[D_A - D_L \times k] \times A \times \frac{\Delta R}{(1+R)}$$

其中，$k = L/A$ 反映了金融机构的杠杆比，即金融机构资产组合中除了所有者权益之外的借入资金或负债的数据。利率变化对金融机构股权资本的市值或净值（ΔE）的影响可分为以下三个部分：

1. 杠杆调整有效期限缺口 =［$D_A - D_L k$］。这个缺口是以年为单位计算的，反映了金融机构资产负债表上有效期限不匹配的程度。具体而言，这个缺口的绝对值越大，金融机构面临的利率风险越大。
2. 金融机构的规模。A 这一项反映了金融机构资产规模的大小。金融机构规模越大，对于任一既定的利率变化，金融机构净值所面临的风险越大。
3. 利率冲击的大小 = $\Delta R/(1+R)$。利率的冲击越大，金融机构面临的风险越大。

综上所述，我们可以用下面的式子表示金融机构的净值面临的利率风险大小：

ΔE = -［杠杆调整有效期限缺口］× 资产规模 × 利率冲击的程度

对于金融机构而言，利率冲击大部分是外部因素，它并不能由金融机构自行控制，而常常取决于中央银行的货币政策。而有效期限缺口的大小或金融机构资产规模的大小，则可由金融机构自行控制。

下面，我们将引用一个例子（例 4–9），说明金融机构管理人员是如何根据有效期限缺口所反映的信息来调整资产负债表的结构，从而得以免除利率风险的（例如，在利率变化之前调整资产负债表，使预期利率变化后的 ΔE 大于 0）。

虽然利率上升并没有导致金融机构破产，但它却使金融机构的资本资产比率从 10%（10/100）降至 8.29%（7.91/95.45）。为避免这种情况的发生，管理人员不得不缩小金融机构经调整后的有效期限缺口。在极端的情况下，这个缺口可能会缩小至零：

$$\Delta E = -[0] \times A \times \Delta R/(1+R) = 0$$

---

8 我们假设资产和负债的利率水平及预期利率变化是相同的，这意味着金融机构的利差（盈利资产的利率与生息负债的利率之差）为 0。然而，只要金融机构的盈利资产多于其生息负债，那么其利息净收益就将是一个正数。这是 Macauley 有效期限分析中通常的一个假设。这种假设的约束可以放宽。可是，如果条件被放宽，有效期限则衡量的是变化情况（正如本章后面的附录 A 中所介绍的）。

9 我们可以这样推导：

$$\Delta E = \left[-DA \times A \times \frac{\Delta R}{(1+R)}\right] - \left[-DL \times L \times \frac{\Delta R}{(1+R)}\right]$$

假设资产和负债的利率水平和预期利率变化相同：

$$\Delta E = [-D_A A + D_L L]\frac{\Delta R}{(1+R)}$$

或

$$\Delta E = -[D_A A - D_L L]\frac{\Delta R}{(1+R)}$$

为了对等式进行较直观的整理，我们对 $D_A A$ 和 $D_L L$ 两项同时乘以和除以 A（资产）：

$$\Delta E = -\left[D_A \frac{A}{A} - D_L \frac{L}{A}\right] \times A \times \frac{\Delta R}{(1+R)}$$

或

$$\Delta E = -[D_A - D_L k] \times A \times \frac{\Delta R}{(1+R)}$$

例 4-9 有效期限缺口的衡量及风险暴露

假设某金融机构的管理人员已经计算出：

$D_A = 5$ 年

$D_L = 3$ 年

接着，这位管理人员得知某个经济预测机构预测利率不久将会从 10% 升至 11%，即：

$\Delta R = 1\% = 0.01$

$1 + R = 1.10$

假设这家金融机构最初的资产负债表为（单位为百万美元）：

资 产	负 债
$A = 100$	$L = 90$
	$E = 10$
100	100

这位管理人员计算出，如果关于利率上升的预测是准确的，那么股东净值的可能损失是：

$$\begin{aligned}\Delta E &= -(D_A - kD_L) \times A \times \Delta R/(1+R)\\ &= -(5 - 0.9 \times 3) \times 100\text{（百万美元）} \times 0.01/1.1\\ &= -2.09\text{（百万美元）}\end{aligned}$$

即如果利率上升 1%，则银行会损失 209 万美元，约占金融机构初始净值 1 千万美元的 21%。利率上升 1% 后，按市值记账的资产负债表为（单位为百万美元）：*

资 产	负 债
$A = 95.45$	$L = 87.54$
	$E = 7.91$
95.45	95.45

* 计算过程如下：

$\Delta A/A = -5(0.01/1.1) = -0.04545 = -4.545\%$

$100 + (-0.04545)100 = 95.45$

并且：

$\Delta L/L = -3(0.01/1.1) = -0.02727 = -2.727\%$

$90 + (-0.02727)90 = 87.54$

要做到这一点，金融机构并非直接使 $D_A = D_L$，这是因为金融机构的资产并不等于负债，$k(=L/A)$ 也并不等于 1。为了更好地理解杠杆比因素的重要性，我们假设管理人员将金融机构负债的有效期限提升到 5 年，与 D_A 一样，那么：

$$\begin{aligned}\Delta E &= -[5-(0.9)\times 5] \times 100 \times (0.01/1.1)\\ &= -0.45\text{（百万美元）}\end{aligned}$$

这样，当利率上升 1% 时，金融机构仍将可能损失 \$450 000。

一个恰当的做法是改变 D_L，使：

$D_A = D_L k = 5$ 年

例如：

$$\begin{aligned}\Delta E &= -[5-(0.9)\times 5.55] \times 100 \times (0.01/1.1)\\ &= 0\text{（百万美元）}\end{aligned}$$

这里，金融机构的管理者将 D_L 调整到 5.55 年或者稍微比 D_A（＝5 年）长一些，这样做，可以弥补这家金融机构资产结构的不足——90% 的资产是借入的负债，只有 10% 的资产是股权资本。可以看到，这家金融机构的管理人员至少还有三种方法可以使调整后的有效期限缺口缩小至零：

1. 减少 D_A。将 D_A 从 5 年减至 2.7 年（使之等于 $D_L k$ 或 3×0.9），从而可以使：

   $[D_A - kD_L] = (2.7 - 0.9 \times 3) = 0$

2. 减少 D_A 的同时增加 D_L。在缩短资产的有效期限的同时，延长负债的有效期限。其中一种可行的办法就是将 D_A 缩短至 4 年，同时将 D_L 延长至 4.44 年，从而使：

   $[D_A - kD_L] = (4 - 0.9 \times 4.44) = 0$

3. 改变 k 和 D_L。将杠杆比 k 从 0.9 提高到 0.95，同时将 D_L 从 3 年延长到 5.26 年，从而使：

$$[D_A - kD_L] = (5 - 0.95 \times 5.26) = 0$$

风险防范与监管方面的考虑

我们在上文已经假设，金融机构的管理人员希望通过调整其资产和负债的有效期限结构，来达到防范其风险的目的，即免除其股东权益或资产净值（E）的利率风险。然而，监管人员定期检查的是金融机构的净值状况以及它是否资不抵债，这正是我们在第 15 章将详细论述的资本充足率问题。监管机构通常会对银行的净值设定一系列最低的目标比率。在这类比率中，最简单的应该是银行的资本资产比率，即：

$$\frac{E}{A} = \text{资本比率（净值比率）}$$

对于一般银行，这个比率通常是以账面价值来计算的；但对于投资银行则是以市场价值来计算的。美国证券交易委员会（SEC）一直在倡导，美国所有存款机构的资本比率都应该以市场价值来计算。

考虑到这些监管法规对最低资本比率的要求，如果某金融机构资产的水平随时间而大幅度变化，那么其经理们可能更愿意对利率风险所导致的资本比率变化[$\Delta(E/A)$]进行免疫，而不是对资本水平的变化（ΔE）进行免疫。比如，假设金融机构的管理人员已使其资本比率非常接近监管机构要求的最低比率（假设是 4%），同时他又希望这个比率不会因利率的上升而下降。[10] 因此，风险防范的目标不再是 $\Delta E = 0$，而是 $\Delta(E/A) = 0$。

显然，对 ΔE 进行利率风险免疫的策略与对 $\Delta(E/A)$ 进行利率风险免疫的策略是不一样的。这样，金融机构的管理人员就面临一个两难选择：无论如何调整资产、负债组合的有效期限，都无法同时使 ΔE 和 $\Delta(E/A)$ 都等于零；只能选择一种有效期限，使其中某个目标为零。或者更简单地说，这位管理人员要么令股东满意，要么令监管机构满意，就是无法令两者同时满意。

更具体地讲，当目标是对股权资本的利率风险进行免疫时（即 $\Delta E = 0$），金融机构的经理应该调整资产负债表，以使得杠杆调整有效期限缺口为 0：

$$\Delta E = 0 = D_A - kD_L$$

或者使

$$D_A = kD_L$$

相反，如果防范的目标是使净值比率不随利率变动，即令 $\Delta(E/A) = 0$，那么管理人员将会使：[11]

$$D_A = D_L$$

在这种情况下，杠杆比率调整的影响（k）将被忽略。如果 $D_A = 5$，要使 $\Delta(E/A)$ 为零，则要令 $D_L = 5$。

在下一节，我们将分析有效期限模型的缺点。具体而言，现实生活中，金融机构在估算有效期限和有效期限缺口时会遇到几个实际问题。

使用有效期限模型时遇到的困难

对有效期限模型持批评态度的人宣称，有效期限模型难以应用于现实世界。然而，如下文将要谈到的，有效期限的衡量及其对风险的防范在绝大多数的现实情况中都是很有效的。实际上，国际清算银行最近提出的用于监管银行利率风险的模型，主要就是基于有效期限模型的。在这一节，我们分析人们对有效期限模型提出的各种批评，并探讨现代金融机构的经理在现实中处理这些缺点的方法。在本章的附录中，我们给出了与这些缺点相关的一些更复杂的问题。

有效期限匹配的代价高昂

批评者认为：虽然理论上金融机构的管理人员可以

10 实际上，银行面临着三项最低资本比率的要求。本例所说的 4% 是最低杠杆比率（参见第 15 章）。

11 相关证明的内容请参见：G. Kaufman, "Measuring and Managing Interest Rate Risk: A Primer"。

通过改变 DA 和 DL 来免除其利率风险，但对于一家大型的综合性金融机构来说，重新调整资产负债表的结构是一件耗时、费钱的事。在以前，这些批评意见很可能是对的，然而随着基金市场、资产证券化和贷款出售市场的发展，调整资产负债表结构的速度已经大幅提高，调整的成本也已大幅下降（参见第 22、23 章中有关这些策略的阐述）。而且在运用有效期限模型的过程中，通过相关技术的应用，而不需要直接对资产组合进行调整，金融机构管理人员仍可达到风险防范的目的。例如，管理人员可以通过利用衍生金融工具进行对冲的方式来获得与直接的有效期限匹配相同的结果，这些衍生金融工具包括期货和远期合约（参见第 19 章），期权、利率上限期权、利率下限期权和领式期权（参见第 20 章）以及互换（参见第 21 章）等等。[12]

风险防范是个动态的问题

有效期限模型中一个不太好理解的地方就是风险防范。让我们再看看先前一个风险防范的例子，即保险公司想要购买这样一种债券：无论在这 5 年内利率如何变化，5 年后这种债券都可以给它带来累积 \$1 469 的现金流入。我们也证明了，购买有效期限为 5 年、息票利率为 8% 的 6 年期债券可以使保险公司免除任何瞬时利率变动的风险。在这里，“瞬时”这个词十分重要，它意味着购入债券后随即发生的利率变化。然而，利率可以在债券持有期内的任何一个时点发生变化。另外，随着时间的推移，债券的有效期限也会不断地变化。也就是说，它将不断地向到期期限（或目标期限）靠近。不仅如此，有效期限变化的速度与实际的（日历）时间的变化速度是不相同的。

为了更好地理解时间效应，回想前面对冲头寸的情形：保险公司于 2007 年购入了一张有效期限为 5 年、息票利率为 8% 的 6 年期债券，意欲在 2012 年获得 \$1 469 的现金流入。假设保险公司管理人员购入该债券后就将它锁进抽屉，因为他认为保险公司的头寸已完全对冲，它已经完全免除了风险。一年之后（2008 年），假设利率（收益率）已经从 8% 下降到 7%。这位管理人员打开抽屉而看到了这张债券。想想还有 4 年就到目标期限了，于是他便动手重新计算债券的有效期限。他发觉当收益率为 7% 时，这张息票利率为 8%、还有 5 年到期的债券的有效期限已经变成 4.33 年，我们不难想像出他吃惊的样子。此时这家保险公司的头寸已不是完全对冲，债券组合 4.33 年的有效期限已经超过了原定为 4 年的投资期限。结果，管理人员只好重新调整债券组合的结构，以求再次实现风险防范的目的。其中一种调整办法就是卖出部分 5 年期债券（有效期限为 4.33 年），买进一些有效期限稍短的债券，使投资组合总的有效期限为 4 年。

例如，假设保险公司卖掉了 50% 的有效期限为 4.33 年的息票债券，并转而购买到期期限为 3.67 年的零息债券。由于折扣债券的有效期限等于到期期限，整个资产组合的有效期限将变为：

$$D_A = [\ 4.33 \times 0.5\ ] + [\ 3.67 \times 0.5\ ] = 4 \text{ 年}$$

这个简单的例子表明，基于有效期限的风险防范是一件动态的策略。理论上，它要求投资组合的管理人员必须不断地调整其投资组合的结构，保证投资组合的有效期限与投资期限（即负债的有效期限）相匹配。然而，不断地调整组合的结构并不是件容易的事，而且它还会产生巨额的交易费用，所以大多数的管理人员只是间隔一段时间，比如一个季度，才调整一次投资组合的结构。管理人员必须在完全防范风险与动态地调整组合结构所带来的成本之间寻找一个平衡点。

较大的利率变动和凸性

有效期限准确地描述了当利率以 1 个基点为单位发生较小变动时，固定收入证券价格的敏感性。但是，如果利率发生较大幅度的变动时，比方说变动 2%（即 200 个基点），情况会如何呢？在这种情况下，有效期限关于证券价格变化的预测将变得不那么准确，因而它对利率敏感性的衡量也不太精确了。参看图 4–6，你就可以了解其中原因。我们用两种方法计算债券价格随利率变动的

---

12 比如，除了直接防范正的有效期限缺口（$D_A > D_L$）所产生的风险外，金融机构的管理人员还可以通过卖出期货（远期合约）、以固定利率方参与利率互换、购买债券看跌期权或购买利率上限期权合约等方法来达到相同目的。

图 4–6　有效期限模型与真实联系的比较图

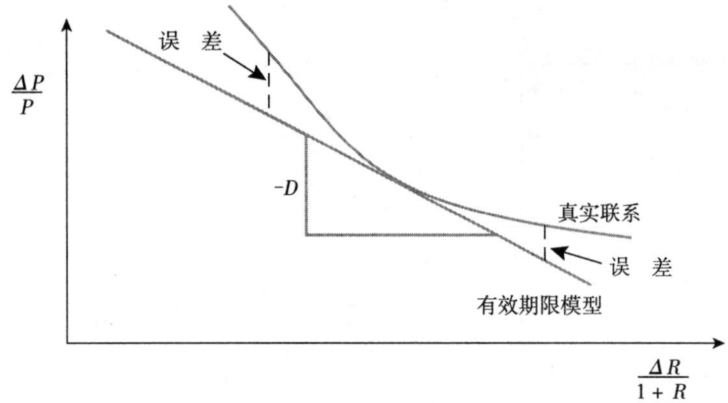

变化值：首先是运用有效期限模型的方法进行计算；然后是运用精确的现值计算方法直接计算出债券价格，这种方法反映了利率变动与债券价格的真实联系。

有效期限模型认为，利率变动和债券价格变化之间的联系是与有效期限（D）成比例的。然而，我们对比经过精确计算得出的债券价格变化值发现，利率上升的幅度越大，有效期限模型对于债券价格下跌的幅度就高估得越多；利率下降的幅度越大，有效期限模型对于债券价格上升的幅度就低估得越多。也就是说，有效期限模型认为，利率的升降对于债券价格的影响是对称的。正如图 4–6 所示，实际上，利率上升的资本损失效应小于利率下降的资本收益效应。这是因为，债券价格与利率之间的关系是凸性的，而不是基本的有效期限模型所假设的线性关系。

对于金融机构管理人员来说，资产组合的**凸性**（convexity）是一件好事。购买一种有着很强凸性（价格—收益率曲线的弯曲程度较大）的债券或资产组合，相当于对利率风险买了部分的保险。具体地说，较大的凸性意味着当利率出现同等幅度的上升或下降（例如上升或下跌 2%）时，利率下跌的资本收益效应大于利率上升的资本损失效应。正如下文所要叙述的，在固定收入资产或负债的价格与收益率的联系中，总存在着一定的凸性。[13]

13 更准确地说，没有特别选择权特征的固定收入证券，即不包括可赎回债券和抵押担保债券在内的证券才会显示出凸性。可赎回债券和某些抵押担保债券趋向于具有负的凸性（或凹性）。

在评估较大的利率变动对金融机构投资组合的影响时，我们要考虑到凸性的重要影响。我们通过分析一张息票利率和市场收益率均为 8% 的 6 年期欧洲债券来说明这一点。由表 4–1 可得，它的有效期限为 4.993 年，当市场收益率为 8% 时，它的现值 P_0 是 \$1 000：

$$P_0=\frac{80}{(1.08)}+\frac{80}{(1.08)^2}+\frac{80}{(1.08)^3}+\frac{80}{(1.08)^4}+\frac{80}{(1.08)^5}+\frac{1\,080}{(1.08)^6}$$
$$=\$1\,000$$

这是图 4–7 中价格—收益率曲线上的点 *A*。

假设市场收益率从 8% 上升到 10%，根据有效期限模型，该债券的价格将下跌 9.2463%：

$$\Delta P/P=-4.993\times[0.02/1.08]=-9.2463\%$$

或者说债券价格从 \$1 000 下跌到 \$907.537（参见图 4–7 中的点 *B*）。然而，计算收益率上升至 10% 时债券价格的实际变化，我们发现：

$$P_0=\frac{80}{(1.1)}+\frac{80}{(1.1)^2}+\frac{80}{(1.1)^3}+\frac{80}{(1.1)^4}+\frac{80}{(1.1)^5}+\frac{1\,080}{(1.1)^6}$$
$$=\$912.895$$

这是图 4–7 中的点 *C*。可以看到，真实的（或实际的）价格下跌幅度比有效期限所预期的少 \$5.358。这意味着使用有效期限模型存在超过 0.5% 的误差，其原因在于：当收益率上升时，价格—收益率曲线存在凸性。

反过来，当收益率从 8% 下跌到 6% 时，有效期限模型预期债券价格将上升 9.2463%。也就是说，债券价格将

图 4-7 6 年期欧洲债券的价格—收益率曲线

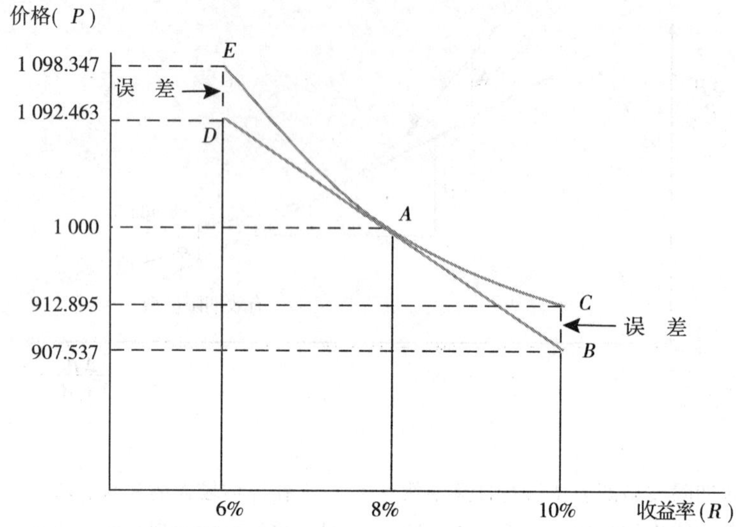

升至 \$1 092.463（参看图 4-7 的点 D）。然而，通过计算当收益率为 6% 时债券息票和面值的总现值，我们得到债券的实际价格为 \$1 098.347（参见图 4-7 的点 *E*）。有效期限模型把债券价格低估了 \$5.884，误差超过了债券真实价格的 0.5%。

由此，金融机构的管理人员面临着这样一个重要的问题：0.5% 的误差是不是很大，管理人员有必要去考虑这 0.5% 的误差吗？答案取决于利率变动的大小及其所管理的投资组合的规模。很明显，对于较大规模的利率及投资组合而言，0.5% 的误差并不是一个小数目！

练习题

1. 对于有效期限这个概念，通常存在哪两种不同的解释？有效期限严格的定义是什么？有效期限与到期期限有何不同？
2. 金融市场上有两种债券可供选购。第一种是年息票率为 10%、面值为 \$1 000 的两年期息票债券；第二种是面值为 \$1 000 的两年期零息债券。
   a. 当现行的到期收益率分别为 8%、10% 和 12% 时，息票债券的有效期限分别是多少？（提示：制作一张详细的数据表将有助于计算。）
   b. 现行到期收益率的变化对这种息票债券的有效期限有何影响？
   c. 当现行的到期收益率分别为 8%、10% 和 12% 时，零息债券的有效期限分别是多少？
   d. 现行到期收益率的变化对这种零息债券的有效期限有何影响？
   e. 为什么收益率的变化对息票债券和零息债券的影响有所不同？
3. 有一张年利率为 6%、价值 \$10 000 的 6 年期大额可转让存款单，它的有效期限是多少？如果利息每半年支付一次，那么它的有效期限又是多少？有效期限与利息支付的相对频率有什么关系？
4. 什么是统一公债？如果出售统一公债时，到期收益率分别为 8%、10% 和 12%，那么对应的统一公债的有效期限各是多少？如果统一公债和 20 年期零息债券都在到期收益率为 10% 的时候出售，前者的有效期限是否长于后者？为什么？

5. 固定收入证券的有效期限与利率弹性之间有什么关系？固定收入证券的有效期限与其价格之间有什么关系？
6. 当你发现到期收益率从 9.75% 下降至 9.25% 时，某种债券的价格从 \$975 上升至 \$995。这种债券的有效期限是多少？
7. 有一张半年支付一次利息、年息票率为 10%、按面值 \$1 000 出售的 11 年期国债，其有效期限为 6.9 年。
   a. 该债券的修正有效期限是多少？［修正有效期限 = $D/(1+R)$］
   b. 当市场利率上升 0.10% 时，债券价格将如何变化？当利率下降 0.20% 时，价格又如何变化？
   c. 运用传统的债券现值定价方法计算，在问题 b 所提及的利率的两种不同变化情况下，债券的实际价格是多少？在每种情况下，所得结果的误差各是多少？
8. 监管人员正在检查两家银行的资产负债表的利率敏感性。A 银行的资产仅由一笔利率为 12%、金额为 \$1 000 000 的 10 年期贷款组成。该笔贷款是由一张利率为 10%、数额为 \$1 000 000 的 10 年期大额可转让存款单筹资的。B 银行的资产也仅由一笔利率为 12%、现行市场价格为 \$894 006.2、到期本金价值为 \$1 976 362.88 的 7 年期零息债券组成。该债券是由一张息票利率为 8.275%、到期收益率为 10%、面值为 \$1 000 000 的 10 年期大额可转让存款单筹资的。贷款和大额可转让存款单都是每年支付一次利息，到期偿还本金。
   a. 如果市场利率上升 1%，每家银行资产和负债的市值将如何变化？每家银行股权资本的市值又将如何变化？
   b. 两家银行的股权资本市值的变化为何有所不同？
   c. 计算每家银行资产和负债的有效期限，看看计算结果能否证明你对上述问题的回答是正确的。预测一下当利率发生预期变化时价格会如何变化。请概括一下你的结论。
9. 如果运用有效期限来免除资产负债组合的利率风险，那么利率变化所导致的金融机构资产净值变化的大小会受哪三个方面因素的影响？
10. 以下资料来源于某家金融机构的资产负债表（数额的单位是千美元，有效期限的单位是年）：

	数 额	有效期限
短期国债	\$90	0.50
中期国债	55	0.90
长期国债	176	x
贷 款	2 724	7.00
存 款	2 092	1.00
联邦基金	238	0.01
股权资本	715	

长期国债 5 年到期，每半年支付 6% 的利息，它是按面值出售的。
   a. 长期国债的有效期限是多少？
   b. 所有资产的平均有效期限是多少？
   c. 所有负债的平均有效期限是多少？
   d. 杠杆调整有效期限缺口是多少？它的风险暴露情况如何？
   e. 整个收益率曲线相对上移 0.5%［即 $\Delta R/(1+R)=0.0050$］，对股权资本的市值有何影响？
   f. 整个收益率曲线相对下移 0.25%［即 $\Delta R/(1+R)=-0.0025$］，对股权资本的市值有何影响？
   g. 该金融机构可用什么变量来免除其资产负债表的利率风险？这些变量应怎样变化才能使有效期限缺口为零？
11. 请列举和分析对于应用有效期限模型来免除金融机构资产、负债组合利率风险的三种批评意见。
12. 通常情况下，金融市场上的哪些变化可以使金融机构能够更快、更有效地调整其资产负债表的结构，从而实现其理想的目标？对于那些为了免除利率风险而将其投资组合的有效期限与其预期投资期限相匹配的投资经理来说，为什么定期调整其投资组合是件非常重要的事情？什么是凸性？为什么对于资产组合而言，凸性是一个有利的特征？
13. 估算以下三种面值均为 \$1 000 且均按 8% 的到期收益率出售的债券的凸性：
   a. 7 年期零息债券；

b. 年息票率为 10% 的 7 年期息票债券；

c. 有效期限为 6.994 年（即约等于 7 年）、年息票率为 10% 的 10 年期息票债券。

按凸性的大小，对这三种债券进行排序。当到期期限和有效期限都相同时，零息债券和息票债券的凸性之间有什么关系？

附录 4A

将凸性纳入有效期限模型中[1]

在这一章的主体内容中，我们得出了凸性的三个特征：

1. 凸性是有利的。证券或证券组合的凸性越大，相当于获得了越多的保险，即当利率上升时，证券遭受的损失越小；当利率下跌时，证券有越多的升值可能性。
2. 凸性和有效期限的关系。利率变动越大，固定收入证券或证券组合的凸性越大，金融机构管理人员仅仅运用有效期限模型来避免利率风险时，面临的误差就越大。
3. 所有的固定收入证券都有凸性。[2]要了解这一点，我们可以拿一张息票利率为 8%、收益率为 8% 的 6 年期债券，观察这张债券的价格与收益率关系的两种极端情形，就可以证明凸性的第三个特征。当收益率降为零时，债券价格是多少？当收益率升到一个很大的数，如无穷大时，债券价格又是多少？

   当 R = 0 时：

$$P=\frac{80}{(1+0)}+\cdots+\frac{80}{(1+0)^6}=\$1480$$

这一价格恰好为未经贴现的息票利息与面值的简单加总。由于收益率不可能恒低于零，所以债券可能价格的最大值是 \$1 480。

当 R = ∞时：

$$P=\frac{80}{(1+\infty)}+\cdots+\frac{80}{(1+\infty)^6}\simeq 0$$

当收益率等于无穷大时，债券价格将下跌至趋近于零。根据定义，债券的价格不能为负数，因此零是债券可能价格的最小值（参见图 4A–1）。

既然凸性是资产的一个有利特性，那么金融机构管理人员不禁要问：我们可以计算凸性吗？我们可以将这一计算结果用于有效期限模型，以调整或抵消由于凸性的存在而造成的误差吗？回答都是肯定的。

理论上说，有效期限是价格—收益率曲线切线的斜率；而凸性（或者说弯曲度），则是价格—收益率曲线斜率的变化率。我们把利率变化对债券价格的总影响分割成几部分，每一部分即是一种独立的影响。根据泰勒公式对这些独立的影响求导。其中，一阶导数（dP/dR）是有效期限模型所计算的价格—收益率曲线的切线斜率；二阶导数（dP^2/d^2R）则是凸性，即价格—收益率曲线斜率的变化率。运用泰勒公式，我们还可以计算出三阶、四阶以及更高阶的导数，不过它们没有什么实际意义，所以这些高阶导数都可以忽略。

我们已经懂得，忽视价格—收益率曲线的凸性将导致我们在预测资产或负债的利率敏感性时发生误差，这种误差在利率变化幅度较大时尤其严重。计算在某点处价格—收益率曲线斜率的变化率，得到其二阶导数，我们可以通过这个二阶导数对误差进行调整。就像在有效

图 4A–1　债券的自然凸性

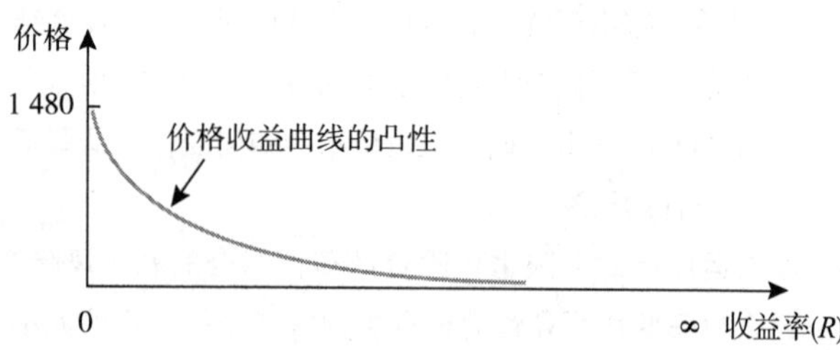

1 这里包含了一些更专业的内容，这些内容可以根据课程的难度加以选择。

2 这里指的是没有特别选择权性质的证券，如看涨期权和看跌期权。

期限模型中我们引入一阶导数（dP/dR）那样，我们引入一个新的参数（CX）来衡量价格—收益率曲线的凸性（dP^2/d^2R）对价格的影响。

于是，我们得到以下等式，该等式可以用于预测证券价格的变化情况：

$$\frac{\Delta P}{P} = -D\frac{\Delta R}{(1+R)} + \frac{1}{2}CX(\Delta R)^2 \qquad (1)$$

或者：

$$\frac{\Delta P}{P} = -MD\Delta R + \frac{1}{2}CX(\Delta R)^2 \qquad (2)$$

等式（1）右边的第一部分是简单有效期限模型，它在利率变动幅度较大时会高估或低估债券价格的变化幅度；第二部分是利率变动的二阶导数，称为凸性（或者弯曲度）调整因子。在等式（1）中，将 D 除以（$1+R$）就产生了业内人士常说的修正有效期限（MD）。在等式（2）中可以找到这个参数。由于我们将用 MD 去乘直接的利率变化（ΔR），而不是利率的相对变化程度［$\Delta R/(1+R)$］，所以等式（2）这种形式看起来会更为直观。凸性调整因子中，参数 CX 前后要乘上数字 1/2 和（ΔR）^{2} 的原因在于，凸性是利率变化的二阶导数，而有效期限是其一阶导数。参数 CX 反映了在现行收益率水平下，价格—收益率曲线的弯曲程度，即当收益率上升或下降同等幅度时，资本收益效应超过资本损失效应的程度。金融机构管理人员最多能够用 CX 来大概地估算曲线凸性对价格造成的影响。虽然数学计算的基础是收益率连续无穷小的变化，但实际上，在金融市场中最小的收益率变动单位是 1 个基点，也就是 1% 的百分之一。下面介绍计算 CX 的一种可行办法。

图 4A–2　凸性与价格收益曲线

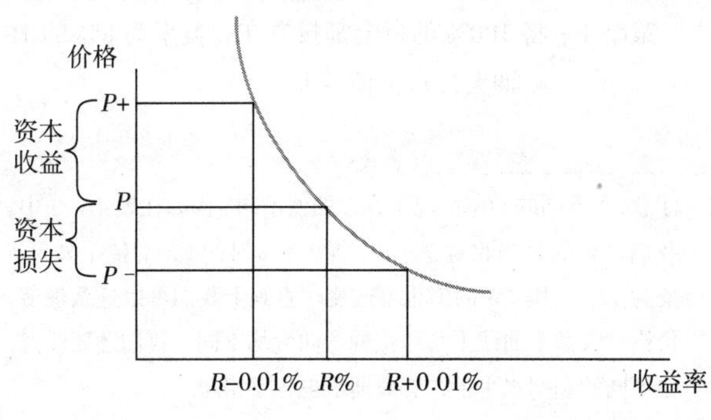

刚才已经说过，凸性反映了当现行收益率水平上升或下降同等幅度时，资本收益效应超过或抵消资本损失效应的程度。图 4A–2 中，我们描绘了收益率上升 1 个基点（$R+0.01\%$）和下降 1 个基点（$R-0.01\%$）的情形。由于凸性衡量了价格—收益率曲线在利率等于 $R\%$ 时的弯曲度，故而它能够直观地测算出较小的利率下跌带来的资本收益超过同样小的利率上涨导致的资本损失的程度。[3] 根据定义，参数 CX 等于：

CX = 调节系数 ×［利率上升 1 个基点所导致的资本损失（负面效应）+ 利率下降 1 个基点所带来的资本收益（正面效应）］

括号里两种效应的总和反映了当利率上升或下降 1 个基点时，资本收益效应超过或抵消资本损失效应的程度，而调节系数则使得计算出的结果符合利率的大幅度（1%）变化。记住，当利率变化幅度大到一定程度时，计算凸性就很重要了。我们通常使用的规模系数是 10^8，所以：[4]

$$CX = 10^8\left[\frac{\Delta P-}{P} + \frac{\Delta P+}{P}\right]$$

CX 的计算

计算一张息票利率为 8%、市场收益率为 8%、面值为 \$1 000 的 6 年期欧洲债券的凸性：[5]

$$CX = 10^8\left[\frac{999.53785-1000}{1000} + \frac{1000.46243-1000}{1000}\right]$$

利率上升 1 个基点导致的资本损失 + 利率下降 1 个

3　我们尽可能精确地计算在 $R\%$ 这一点价格—收益率曲线斜率的变化率。理论上，利率的变化是无穷小的（dR），但在现实中，一般最小的利率变化是 1 个基点（ΔR）。

4　这符合利率变动 1%（一百个基点）时的情况。

5　你可以很容易验算，\$999.53785 就是利率为 8.01% 时的 6 年期债券的价格；当利率下降至 7.99% 时，债券的价格为 \$1 000.46243。由于研究凸性时我们采用的是很小的数，而且凸性对小数点后面的位数比较敏感，所以至少要保留小数点后面 5 位数以求精确。实际上，小数点后面的位数保留得越多，得出的 CX 就越准确。

基点带来的资本收益

$CX = 10^8\ [\ 0.00000028\ ]$

$CX = 28$

将计算所得的 CX 的值代入债券价格预测公式（2）中，得出：

$$\frac{\Delta P}{P} = -MD\Delta R + \frac{1}{2}\times 28(\Delta R)^2$$

假设 R 上升了 2%（从 8% 到 10%）：

$$\frac{\Delta P}{P} = -\left[\frac{4.993}{1.08}\right]\times 0.02 + \frac{1}{2}(28)(0.02)^2$$

$$= -0.0925 + 0.0056$$

$$= -0.0868 \text{ 或 } -8.69\%$$

简单的有效期限模型（等式右边的第一部分）预期，当利率上升 2% 时，债券价格将下降 9.25%。然而，当利率发生较大幅度变动时，有效期限模型高估了债券价格的下降幅度。经二阶导数（即凸性）调整的有效期限模型则预期债券价格将下降 8.69%。在这里，由于凸性的影响，相对于 −9.25%，它增加了 0.56%。这已大大贴近于该债券价格下跌的真实值——用 10% 的折现率将息票利息与面值贴现所得的价格。本例债券的真实价格下跌了 8.71%。这样一来，运用凸性进行调整可以使预测值与真实值之间的误差减小至几个基点。[6]

表 4A–1 中，我们列举了凸性的各种性质，其中：

N = 到期期限

R = 到期收益率

C = 年息票率

D = 有效期限

CX = 凸性

表 4A–1 的第一部分表明，随着债券到期期限（N）的增长，凸性（CX）不断增加。因此，长期债券的凸性比短期债券的大，这个性质与有效期限的相似。[7]

图 4A–3 在有效期限相同的情况下，息票债券和折扣债券凸性的比较

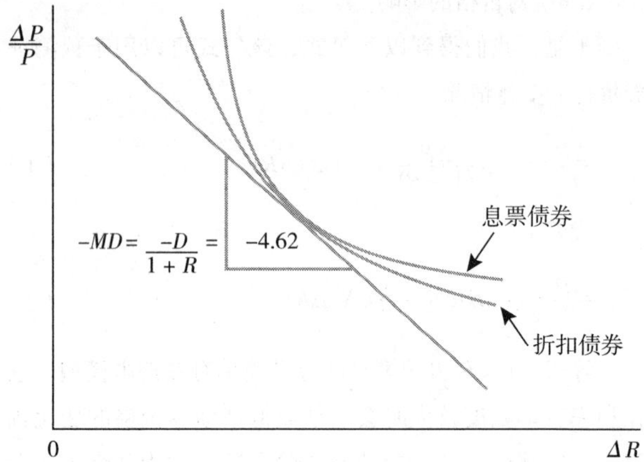

表 4A–1 的第二部分表明了在到期期限相同的情况下，息票债券的凸性比零息债券的小。表 4A–1 的第三部分则表明了在有效期限相同的情况下，息票债券的凸性比零息债券或折扣债券的大。在图 4A–3 中，我们也比较了这两种债券的凸性。

最后，在我们结束对凸性的讨论之前，我们介绍凸性对于保险公司、养老基金及共同基金管理人员的一个重要用途。由于凸性相当于是对利率风险购买了保险，所以它是固定收入资产的一种有利特征，金融机构管理人员可以调整其资产组合的结构，使这一有利因素发挥最大的功效。例如，某位养老基金管理人员 15 年后有一笔现金流出。为了免除利率风险，该管理人员欲购入一张有效期限为 15 年的债券。他至少有以下两种可供选择的策略：

策略 1：将 100% 的资金都投资在收益率为 8% 的 15 年期大幅折价债券上。

6 理论上，我们可以用泰勒级数的第三项来进一步减少这个细微的误差（8.71% 对 8.68%），但是在实际工作中，几乎没有人这样做。

7 注意，在不同的利率情况下，CX 的值不同。例如在表 4A–1 中，我们计算的是当收益率（R）等于 8% 时的 CX 的值；如果 R 变为 12%，则 CX 的值也要改变。直观上我们可以这么理解，价格—收益率曲线上每一点的弯曲度均不同。我们还要注意，在不同的利率水平下，有效期限也各不相同。

表 4A–1 凸性的性质

1. 凸性随债券到期期限的增加而增大			2. 凸性随息票利率的变化而变化		3. 在有效期限相同的情况下，零息债券的凸性较息票债券的小	
例如			例如		例如	
A	B	C	A	B	A	B
N = 6	N = 18	N = ∞	N = 6	N = 6	N = 6	N = 5
R = 8%	R = 8%	R = 8%	R = 8%	R = 8%	R = 8%	R = 8%
C = 8%	C = 8%	C = 8%	C = 8%	C = 0%	C = 8	C = 0%
D = 5	D = 10.12	D = 13.5	D = 5	D = 6	D = 5	D = 5
CX = 28	CX = 130	CX = 312	CX = 28	CX = 36	CX = 28	CX = 25.72

图 4A–4 哑铃型策略

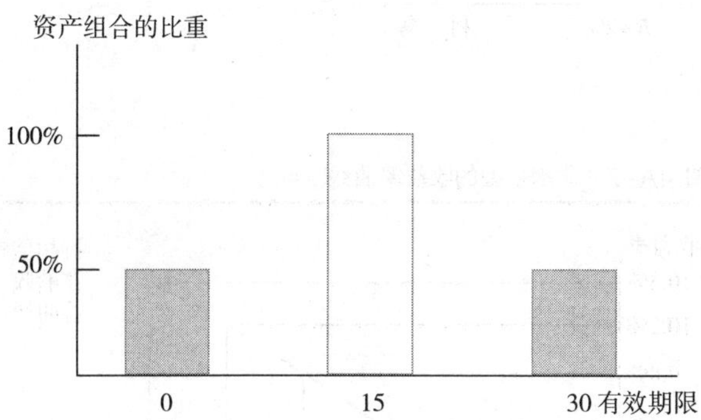

策略 2：将 50% 的资金投资在期限极短的货币市场上（如联邦基金），再将另外 50% 的资金投资在收益率为 8% 的 30 年期大幅折价债券上。

上述两种资产组合的有效期限（D）和凸性（CX）分别为：

策略 1：$D = 15$，$CX = 206$

策略 2：[8] $D =(1/2)\times 0 +(1/2)\times 30 = 15$，$CX =(1/2)\times 0 +(1/2)\times 797 = 398.5$

策略 1 和策略 2 的有效期限相同，但策略 2 的凸性较大。策略 2 通常被称为哑铃型投资组合[9]，如图 4A–4 所示，图中阴影条即为策略 2，而非阴影条则为策略 1。在某种程度上，市场价格中并没有包含（或完全包含）凸性因素，因而，哑铃型的投资组合策略优于直接使有效期限相匹配的策略（即策略 1）。[10]

通常，金融机构管理人员希望他的资产组合的凸性比负债组合的凸性更大，如图 4A–5 所示。因为这样，不论是利率上升抑或下降，都对金融机构的净值带来有利的影响。[11]

8 一天期的联邦基金的有效期限和凸性都接近于零。

9 称做哑铃型投资组合是因为在有效期限的两个极端，证券的权重是一样的。

10 因为如果价格中包含了凸性的因素，投资者为了使其哑铃型投资组合的凸性更大，而竞相购买凸性较大的长期债券，由此 30 年期长期债券的价格将上升。金融机构管理人员将要为其购买债券保险——采取哑铃型投资组合的形式——支付额外的成本。另外，要在有效期限和凸性两方面都做到对冲，管理人员必须选择那些凸性与负债组合的凸性相匹配的资产组合。当金融机构无法匹配其资产和负债的凸性时，凸性“陷阱”将出现，想获得更多有关这方面的资料，请参阅：J. H. Gilkeson 和 S. D. Smith，“The Convexity Trap: Pitfalls in Financing Mortgage Portfolios and Related Securities”，Federal Reserve Bank of Atlanta, *Economic Review*，November-December 1992, pp.17-27.

11 金融机构另一个策略是发行可赎回债券作为负债。可赎回债券有资本收益的上限，这是因为如果利率下降到一定水平时，发行人可以赎回债券（重新发行更低票面利率的债券）。由于这种可赎回债券限制了潜在收益的上限，它的价格—收益曲线呈负的凸性。如果资产的凸性为正，负债的凸性为负，则收益率的变化（无论是正还是负）都可能会为金融机构带来正的收益。

图 4A-5 资产的凸性比负债的大

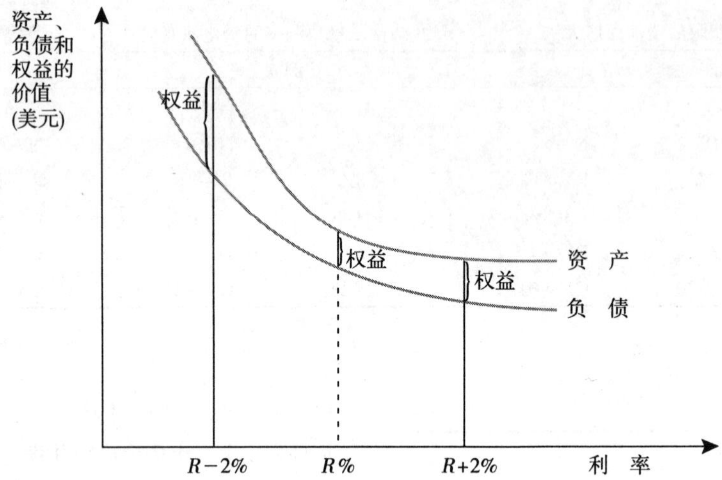

图 4A-6 Macauley 有效期限模型的收益曲线

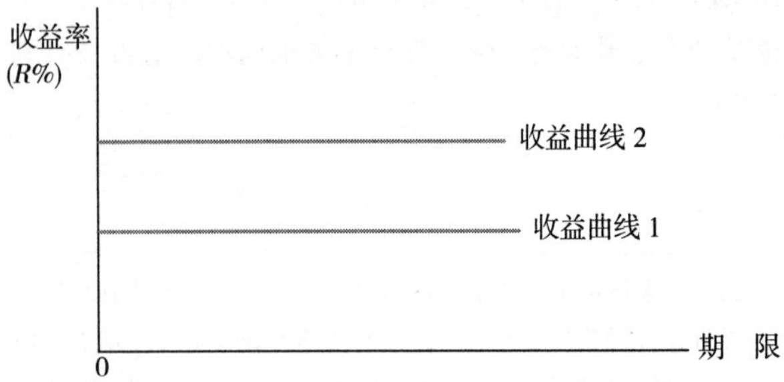

图 4A-7 非水平型的收益率曲线

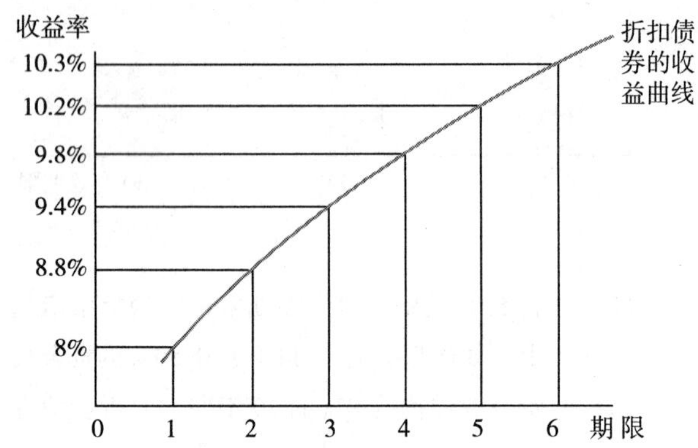

关于水平期限结构的问题

前文中我们所计算的是简单有效期限（或称 Macauley 有效期限），它是以一位最早提出有效期限概念的经济学家的名字来命名的。简单有效期限模型的一个重要假设，是收益曲线或利率期限结构是水平型的，当收益率变化时，收益率曲线是平行移动的。参见图 4A-6。

在现实世界里，收益率曲线的形状多种多样，但充其量都只能近似于水平型收益率曲线。如果收益曲线不是水平的，那么用简单有效期限模型来预测资产、负债的利率敏感性就会产生误差。很多模型都可以解决这一问题，这些模型关于收益率曲线形状及变化的假设各有不同。

假设收益率曲线不是水平的，不同到期的折扣债券的收益率是成比例变化的。[12] 当收益率曲线不是保持 8% 的水平，而是如图 4A-7 所示时，计算一张 6 年期欧洲债券的有效期限。

假设 1 年期折扣债券的收益率上升；又假设长期折扣债券的收益率与 1 年期折扣债券的收益率是成正比例

12 在这里，我们对折扣债券的收益曲线感兴趣，是因为该收益率反映了不同到期、一次性支付的现金的时间价值。这样，我们就可以把这些收益率作为贴现率去贴现证券的现金流量，从而可以准确地计算出这些现金流量的现值以及该证券的有效期限。

表 4A-2　上升型收益曲线的有限期限

t	*CF*	*DF*	*CF*×*DF*	*CF*×*DF*×*t*
1	80	$\frac{1}{(1.08)}=0.9259$	74.07	74.07
2	80	$\frac{1}{(1.088)^2}=0.8448$	67.58	135.16
3	80	$\frac{1}{(1.094)^3}=0.7637$	61.10	183.3
4	80	$\frac{1}{(1.098)^4}=0.6880$	55.04	220.16
5	80	$\frac{1}{(1.102)^5}=0.6153$	49.22	246.10
6	1 080	$\frac{1}{(1.103)^6}=0.5553$	599.75	3 598.50
			906.76	4 457.29

$$D^*=\frac{4\,457.29}{906.76}=4.91562$$

变化的：

$$\frac{\Delta R_1}{1+R_1}=\frac{\Delta R_2}{1+R_2}=\cdots=\frac{\Delta R_6}{1+R_6}$$

在这一限制性很强的假设前提下，我们可以证明，该债券适合的有效期限（记为 D^*）可以通过用贴现率或相应到期期限的零息债券的收益率，将息票债券未来的息票利息和面值贴现而得到。假设折扣债券的收益曲线如图 4A-7 所示，则 D^* 的计算过程就如表 4A-2 所示。[13]

注意，D^* 等于 4.916 年，而简单 Macauley 有效期限（其假设前提是 8% 的水平型收益曲线）是 4.993 年。D^* 与 D 是不同的，因为 D^* 考虑到收益曲线是上升型的，如图 4A-7 所示。与 Macauley 有效期限所假设的水平型收益曲线不同，上升型收益曲线对于越靠后发生的现金流量，它所使用的贴现率越高。

对于金融机构管理人员来说，选择使用 D^* 而不选用 D，除了考虑到资产与杠杆加权负债之间的缺口（$D^*_A-kD^*_L$）外，并没有改变他们所面临的基本问题。

但要记住，D^* 是根据限制性很强的假设得出的。假如我们将假设的前提略做改变，D^* 的值就会改变。[14]

关于违约风险的问题

我们先前讨论的各种模型和有效期限的计算都假设债券的发行者或贷款的借款人都 100% 地按承诺支付本息，即假设在现金的偿还问题上没有出现违约或延期。但在现实世界中，本息偿还出现问题是普遍存在的，这样，银行家或债券的受托人就要和借款人就重新安排债务合同等问题进行协商。也就是说，借款人将重新确定合同利息和本金的偿付，而不是断然违约。假如我们将违约风险看作是未来现金流量的延期，就很容易地在有效期限模型中处理这个问题。

我们来看一张息票利率为 8%、收益率为 8% 的 6 年期欧洲债券。假设发行者由于陷入困境而不能支付首期息票利息，那么借款人和金融机构同意在第二年再支付未付的利息，这样就延长了金融机构所持有债券的有效

13 详细内容请参见：Hawawini，"Controlling the Interest Rate Risk"; and G .O. Bierwag, G. G. Kaufman and A.Toevs,"Duration:Its Development and Use in Bond Portfolio Management," *Financial Analysts Journal* 39（1983）39, pp. 15-35.

14 许多人针对更复杂的收益曲线形状及其变化，定义了非标准化的有效期限计算方法。请参见：G.O.Bierwag，G.G.Kaufman, and A.Toevs，"Duration: Its Development and Use in Bond Porfolio Management，" *Financial Analysts Jorunal* 39（1983），pp.15-35.

表 4A-3 有效期限与债务重新安排

t	CF	DF	$CF \times DF$	$CF \times DF \times t$
1	0	0.9259	0	0
2	160	0.8573	137.17	274.34
3	80	0.7938	63.51	190.53
4	80	0.7350	58.80	235.21
5	80	0.6806	54.45	272.25
6	1 080	0.6302	680.58	4 083.48
			994.51	5 055.81

$$D = \frac{5\,055.81}{944.51} = 5.0837\text{年}$$

期限，也就部分地减轻了借款人即期现金流出的压力。参见表 4A-3。首期利息偿付日期的调整将使该债券的有效期限从大约 5 年上升到 5.08 年。

从更普遍的意义来说，由于违约风险的存在，金融机构管理人员对未来的现金流量是不确知的。t 年预期的现金流量 $[E(CF_t)]$ 等于在 t 年偿还的概率 (p_t) 乘以承诺支付的现金流量 (CF_t)：[15]

$$E(CF_t) = p_t \times CF_t$$

第 6 章介绍了几种衡量这些偿还概率的方法。一旦现金流量由于违约风险而调整，有效期限仍可以用简单的 Macauley 有效期限模型（或 D^*）来计算，只是用 $E(CF_t)$ 来代替 CF_t 就可以了。[16]

浮动利率贷款和债券

在我们分析过的有效期限模型中，我们假设贷款的利率和债券的息票利率从发行之日起至到期日止一直保持不变。然而，许多的贷款、债券的利率是浮动的，如贷款利率以 LIBOR（即伦敦银行同业拆放利率）为指数的贷款，以及贷款利率以国债或者其他证券的收益率为指数的可调整利率抵押贷款（ARMs）等。另外，在 20 世纪 80 年代，许多银行和证券公司发行或承销了许多永久性浮动利率票据（FRNs）。这些票据和统一公债类似的地方在于它们永远不会到期；但是这些票据的息票利率是随市场利率变化而变化的，这一点和统一公债又有所不同。那些需要分析总体风险的金融机构管理人员也许会问："这些浮动利率证券的有效期限是多少？"浮动利率证券的有效期限，一般是购买这一证券与下一次为了反映当时利率状况对息票利率或利息率进行重新调整的时间间隔，我们称之为证券再定价的时间。

例如，假设投资者购买了永久性浮动利率票据，这些浮动利息票据是永不到期的。每年年初，金融机构都将设定该年年末应支付的息票利息。假设某投资者在第一年的年中（$t = 1/2$）而不是在年初购买了该债券（参见图 4A-8），则购买时这一证券的现值是：[17]

$$P = \frac{C_1}{(1+1/2R)} + \frac{C_2}{(1+1/2R)(1+R)} + \frac{C_3}{(1+1/2R)(1+R)^2} + \frac{C_4}{(1+1/2R)(1+R)^3} + \frac{C_5}{(1+1/2R)(1+R)^4} + \cdots + \frac{C_\infty}{(1+1/2R)(1+R)^{\infty-1}}$$

需要注意这一现值方程的三个重要之处：第一，投

15 偿还的概率在 0~1 之间。

16 还有另外一种方法：无风险国债的贴现收益率再加上相应的信用风险利差，以两者之和为贴现率贴现所承诺的现金流量，即：$CF_t/(1+d_t+s_t)^t$，其中，CF_t 是 t 年内承诺的现金流量，d_t 是 t 年期零息国债的收益率，s_t 是信用风险利差。

17 这个公式遵循了欧洲债券的惯例，即不够一个整的息票支付时间所获得的任何现金流入都是以单利为贴现率贴现的。因此，在该例中，我们以 $[1+(1/2)R]$ 而不是 $(1+R)^{1/2}$ 为贴现率贴现债券的第一笔现金流量。可参见：R. A. Grobel, "Understanding the Duration of Floating Rate Notes," MIMED (New York: Salomon Brothers, 1986).

图 4A–8 浮动利率票据

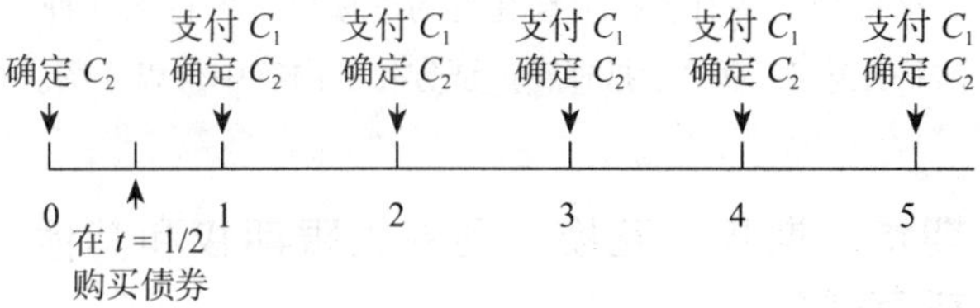

资者只需等半年就可以获得第一笔息票利息 C_1，因而贴现率是［1 +（1/2）R］；第二，投资者只确定第一笔息票利息的大小，它是金融机构在年初时设定的，反映了年初的利率水平；第三，在购买此证券时，投资者并不能确定债券的其他息票利息：C_2，C_3，C_4，$C_5 \cdots C_\infty$，因为它们的大小决定于重新设定时的利率水平，参见图 4A–8。

为了推导出债券的有效期限，我们可以将半年后其他的现金流量改写成：

$$P = \frac{C_1}{(1+1/2R)} + \frac{1}{(1+1/2R)} \left[\frac{C_2}{(1+R)} + \frac{C_3}{(1+R)^2} + \frac{C_4}{(1+R)^3} + \frac{C_5}{(1+R)^4} + \cdots + \frac{C_\infty}{(1+R)^{\infty-1}} \right]$$

在此，P 是年中购买该债券时的现值。

括号中的部分是在第一年末（即设定第二次息票利率的时侯）出售该债券的合理价格（P_1）。只要可变动的息票利率和收益率的波动完全对应，方括号中现金流量的现值是不受利率变动影响的，因此：

$$P = \frac{C_1}{(1+1/2R)} + \frac{P_1}{(1+1/2R)}$$

既然 C_1 是在投资者购买该债券时已经预先设定好的固定的现金流量，P_1 是固定的未来现金流量的现值，因而购买该证券就类似于购买两种单独偿付的大幅折扣债券，每种债券的到期期限都是 6 个月。因为大幅折扣债券的有效期限与到期期限相同，因而该浮动利率债券的有效期限为：

D = 1/2 年

正如先前所述，半年正是购买这一债券与债券第一次再定价之间的时间间隔。[18]

活期存款和存折储蓄存款

许多银行和储蓄机构都持有大量以支票存款或存折储蓄存款形式存在的负债。小银行尤其是这样。在估算这些债权有效期限的过程中，存在的问题是它们的到期期限是不固定的，而且许多活期存款并不经常周转。虽然活期存款允许持有者随时提取现金（说明它的期限十分短），但许多人还是倾向于较长时间地持有活期存款。用银行业的话来说，活期存款是作为一家银行的核心存款而存在的。这就又出现了一个问题：由于在确定一种证券的有效期限之前需要界定它的到期期限，而活期存款的到期期限是不确定的。金融机构管理人员解决这一问题的办法之一是分析活期存款和储蓄存款的支付流量或一般周转的特点。例如，假设管理人员认为，一般来说，1 美元的活期存款每年周转 5 次，这就表明每美元的平均周转天数或者说到期期限是 73 天。[19]

第二种办法是将活期存款视为可以即时退回给银行变现的债券。作为可随时退回的债券，活期存款的有效期限近乎于零。

第三种办法是更直接地将有效期限看做是利率敏感性的衡量方式——分析活期存款变动（$\Delta DD/DD$）相对于利率（ΔR）的变动。由于对活期存款以及在少数情况下的存折储蓄存款支付很低的显性利息或隐含利息——

18 另一例子是某金融机构管理人员购买了一张息票利率是浮动的、但偿还固定本金的债券（许多贷款都是这样定价）。计算这种债券或贷款的有效期限是很直观的。首先，我们将它视为两种债券：一种是每年支付变动利息（C）的浮息债券；另一种是在到期时偿还固定数额（F）的大幅折扣债券。第一种债券的有效期限是购买该债券的时间与它第一次被重新设定利率之间的间隔，D = 1/2 年（如上例）。而大幅折扣债券的有效期限等于它的到期期限，对于一张 3 年期的债券来说，D = 3 年。整张债券的有效期限就是半年和 3 年的加权平均，而权数（w_1）和（$1 - w_1$）反映了息票现金流量的现值和面值现金流量的现值在现值之和中各占的比重，因此：

$D = w_1(1/2) + (1 - w_1)(3)$

19 即 365/5 = 73 天。

可以采取补贴支票费用的形式——因而当收益率上升时，这些存款有着较强的变现并转投于其他领域的倾向。可以用许多定量技术来检验这一敏感性，包括线性或非线性时间序列分析。

第四种办法是模拟分析方法。这种方法基于预测将来的利率以及将来某段时间存款人储蓄账户的净取款情况。计算这些现金流量的现值，便可得到有效期限的数值。[20]

抵押贷款和抵押担保证券

要计算抵押贷款和抵押担保证券的有效期限并不容易，因为它们存在提前还款的风险。当利率下降时，抵押贷款的借款人便可以提前偿还原先的款项，并以较低的利率申请新的抵押贷款。按金融业的术语来说，固定利率抵押贷款和抵押担保证券包含了一项内在的选择权。要计算有效期限，我们首先要明确资产的未来现金流量。因此，为了计算抵押贷款的有效期限，我们需要建立关于抵押贷款持有者提前偿还行为的模型。可行的几种方法将在第 23 章关于抵押资产证券化的内容中加以介绍。

期货、期权、互换、利率上限期权和其他或有债权

当利率变动时，诸如期货、期权、互换和利率上限期权（见第 8 章）之类的衍生金融工具（或表外业务）的价格也随之改变。这些金融工具市值的盈亏也将影响到金融机构的资产净值（E）。有关这些衍生金融工具有效期限的计算将在第 19~21 章中论述。然而，需要注意的是，一个完善的有效期限缺口模型不仅要考虑到表内资产和负债的有效期限，还要考虑到金融机构衍生金融工具组合的有效期限。特别是在越来越多的金融机构持有衍生金融工具的今天，关注衍生金融工具组合的有效期限显得尤其重要。

---

20 更为复杂的模型可参见：E. W. Lrmler，“The OTS Market Value Model”（Washington,DC.：OTS，1994）.

第5章

市场风险

导 言

近年来，金融机构的交易活动引起了监管者以及金融机构分析家们相当程度的关注。比如，1995年2月，英国的一家商业银行巴林银行由于日经指数期货交易的损失而被迫破产。1995年9月，类似的事件发生在日本一家主要的银行——大和银行纽约分行身上。最近一次最大的交易损失发生在1996年6月。住友公司，一家日本的银行，在商品期货的“欺诈交易”中损失26亿美元。1997年是相对动荡的另一个年份，这一年以东欧和亚洲的货币与金融市场的动荡为特征。这种动荡由于1998年卢布的贬值和俄罗斯债券价格的崩溃所带来的更多损失而得到进一步的放大。俄罗斯的问题迫使美国的大银行，如美洲银行、大通曼哈顿银行（现在的J. P. 摩根大通）等，对持有俄罗斯政府债券造成的数亿美元的损失进行冲销。更近的一个例子是：爱尔兰联合银行在美国的分支机构Allfirst由于一位交易员在外汇市场的交易而导致了将近7亿美元的损失。随着传统商业银行和投资银行的优势减弱以及市场日趋复杂（如新兴市场国家的股票、债券市场以及新的复杂的衍生合约等），由交易引起的对金融机构偿付能力的威胁日益受到人们的关注。

从理论上来说，一家金融机构的交易资产组合可以从期限与流动性两个方面与投资组合区别开来。交易资产组合包括能够很快在有组织的金融市场上买卖的资产、负债以及衍生合约（比如债券、商品、外汇、股票、利率互换合约和期权合约的多头和空头交易）。投资组合（对银行来说，即所谓的“银行账户”）包括那些相对来说缺乏流动性和持有期较长的资产和负债（比如消费贷款、商业贷款、小额存款和分行业务等）。表5-1显示了一个资产和负债的银行账户和交易账户的假设细目分类。要注意的是，资本为银行账户和交易账户的损失提供了保护（参见第15章）。

由于银行贷款（例如抵押贷款）证券化的增加，越来越多的资产变得有流动性并可以交易（比如抵押担保证券）。当然，从长期来看，每项资产与负债都是可以出售的。虽然银行的监管者把那些持有期低于一年的资产看成可交易的资产，但是，私有金融机构持有一种更短期的观点，它们关注其交易账户中资产负债在短至一天期限内的价值或风险价值（value at risk, VAR）的波动（即所谓的日风险价值，DEAR），特别是当这种波动对清偿力产生威胁时。

市场风险（market risk, 或风险价值）是指由于市场条件，例如资产价格、利率、市场波动性与市场流动性的变化而给金融机构交易资产组合的盈利所带来的不确定性的风险。[1,2] 因此，利率风险（参见前两章）和外汇风

---

1 参见：J. P. Morgan，Introduction to Risk Metrics（New York：J. P. Morgan，October 1994）。关于利差风险是属于市场风险，还是属于信用风险，目前还存在着争议。J. P. 摩根把利差风险当作信用风险［并将其纳入到了信用计量之中（参见第6章）］，而不是将其当作市场风险。

2 金融机构的经理和监管者使用的市场风险与证券市场投资者所分析的系统市场风险不同；系统（市场）风险反映了某种证券与市场证券组合的同步变化情况（通过证券的贝塔系数来反映）——从下面的内容中可以看到，贝塔系数是用来计量股票的市场风险的。

表 5–1 商业银行的投资账户（银行账户）与交易账户

	资 产	负 债
银行账户	贷款	资本
	其他非流动性资产	存款
交易账户	债券（多头）	债券（空头）
	商品（多头）	商品（空头）
	外汇（多头）	外汇（空头）
	股票（多头）	股票（空头）
	衍生产品（长期）	衍生产品（空头）

险（参见第 10 章）会影响到市场风险。但是，利率风险强调的是频繁交易的资产和负债（及衍生合约）给金融机构带来的风险，而不是指长期投资、融资或套期保值交易所带来的风险。金融机构从事交易活动产生的收入正在日益替代传统的存贷收入。与此相关的对盈利不确定性的测量时间，可以短至一天，也可以长达一年。此外，市场风险可以按绝对值定义为 1 美元的暴露量或某些基准的相对量。接下来，我们将集中讨论绝对值的市场风险测量。我们将了解三种主要的市场风险测量方法：风险度量法（RiskMetrics）、历史或后向模拟法、蒙特卡罗模拟法。

由于市场风险在决定一家金融机构的生存能力上的重要性，从 1998 年起，美国的金融监管当局在决定金融机构必须持有的资本水平时，开始引入市场风险。本章将讨论市场风险与要求的资本水平之间的联系。

市场风险的测量

市场风险测量（MRM）的重要性至少来源于以下 5 个方面：

1. *管理信息* MRM 向高级管理人员提供交易员所承担的风险敞口的信息。管理阶层可以把风险敞口同金融机构的资本来源进行比较。
2. *设定限额* MRM 考虑了交易员的资产组合的市场风险，可以允许在每一个交易领域确定每位交易员在经济上合理的头寸限额。
3. *资源分配* MRM 比较了不同交易领域市场风险的回报，这可以识别每单位风险有着最大潜在回报的领域，从而向这个领域导入更多的资本与资源。
4. *业绩评估* MRM 计算了交易员的风险回报比率，可以允许一个更合理的奖励（补偿）制度发挥作用。这就是说，那些有着最高回报的交易员也许不过是承担更大风险的人。但是，人们并不清楚，与承担低风险敞口因而获得低回报的交易员相比，他们是否应该获得更高的补偿。
5. *监管* 由于国际清算银行（BIS）与联储通过资本充足率要求（本章后面部分讨论）来监管市场风险，监管者有可能过高估计一些风险，因而私人部门的标准很重要。由金融机构计算出的 MRM 能够指出由于谨慎监管而导致的潜在的资源配置不当。所以在某些情形下，监管者允许银行使用它们自己的（内部）模型计算其资本要求。[3]

市场风险的计算

大的商业银行、投资银行、保险公司与共同基金都开发出了市场风险模型。在开发这些模型（即所谓内部模型）中，采用了三种主要的方法：

- 风险度量方法（或方差 / 协方差法）
- 历史或后向模拟法
- 蒙特卡罗模拟法

我们首先考虑风险度量法[4]，然后把它与其他的内部模型方法（如历史或后向模拟法）进行比较。

---

3 因为监管者关注倒闭或破产的社会成本，包括传染效应与其他的外部性，所以监管当局的模型通常比私人部门的模型更趋于保守，后者仅关注倒闭的私人成本。

4 J. P. 摩根（JPM）在 1994 年首先开发风险度量。1998 年，该开发小组成立了一家单独的公司，部分由 J. P. 摩根拥有。本章介绍的内容是对风险度量模型的一个概述，更详细和全面的讨论请参见："Return to RiskMetrics : The Evolution of a Standard," April 2001。可登陆 J. P. 摩根大通的网站进行查阅：www.jpmorganchase.com 或 www.riskmetrics.com。

风险度量（RiskMetrics）模型

市场风险测量模型的最终目标，可以从J. P. 摩根（现在的J. P. 摩根大通）的前董事长丹尼斯·韦瑟斯通的表述中很好地看出来——“在每天营业结束时，告诉我所有业务与场所的市场风险是什么。”简言之，J. P. 摩根的董事长在纽约时间下午4：15想要一个美元总数，从而知道J. P. 摩根下一天的市场风险暴露情况——特别是如果这天市场“变坏”的话。

考虑到J. P. 摩根的交易业务，这并不是一件小事。如表5-2所示，当J. P. 摩根于1994年开发其风险度量模型时，它已有14个活跃的交易场所，120个独立的单位交易着固定收入证券、外汇、商品、衍生工具、新兴市场证券以及私有资产，总的日交易量超过500亿美元。这种活动规模与业务的多样性是大的货币中心银行、海外银行（例如德意志银行和巴克莱银行）以及主要的保险公司和投资银行的典型特征。

这里，我们将注意力放在用风险度量模型对一家主要的金融机构每日的市场风险进行的测量。正如在后面将要讨论的，在一定的假设条件下，测量长于一天期限的风险敞口（例如5天），仅仅是对一个简单的日风险敞口数字的转换。

从本质上说，金融机构关注的是如果明天市场条件向不利方向变动，其潜在的损失会有多大。即：

市场风险 = 不利环境下估计的潜在损失

更具体地说，按照金融机构**日风险收益**（daily earnings at risk，DEAR）表示的市场风险有三个可以测量的组成部分：

日风险收益 = 头寸的美元市值 × 该头寸的价格敏感性 × 收益率潜在的不利变动 （1）

因为价格敏感性乘以收益率的不利变动测量的是一项资产的价格波动性，我们可以把（1）式改写成等式（2）：

日风险收益 = 头寸的美元市值 × 价格波动性 （2）

价格敏感性和不利的收益率变动的测量，取决于不同的金融机构及其对价格敏感性模型的选择，以及它对潜在“不利的”收益率变动的看法。

我们主要关注风险度量模型在以下三个交易领域如何计算每日的风险收益，即固定收入证券、外汇（FX）以及股票。然后看看它是如何估计整个交易资产组合的总的风险，从而满足韦瑟斯通的要求的，即测量每天下午4：15整个银行总的美元风险敞口数。[5]

固定收入证券的市场风险

假定一家金融机构有一笔100万美元市值的零息债

5 从前面讨论来看，很清楚，利率风险（参见第3、4章）是市场风险的一部分。但是，在市场风险模型中，我们所关注的是作为金融机构活跃交易资产组合的固定收入证券的利率敏感性。许多固定收入证券也被金融机构作为投资资产组合而持有。虽然投资资产组合也面临利率风险，但不包括在市场风险的计算中。

表5-2 J. P. 摩根的交易业务

	固定收入	外汇STIRI*	商品	衍生工具	股票	新兴市场	私有财产	总计
活跃的交易场所数	14	12	5	11	8	7	11	14
独立承担风险单位数	30	21	8	16	14	11	19	120
每日交易笔数（千笔）	>5	>5	<1	<1	>5	<1	<1	>20
日交易量（10亿美元）	>10	>30	1	1	<1	1	8	>50

* 短期利率工具。

资料来源：J. P. Morgan, Introduction to RiskMetrics（New York:October 1994）. www.jpmorganchase.com

图 5-1 7 年期收益率的不利变动

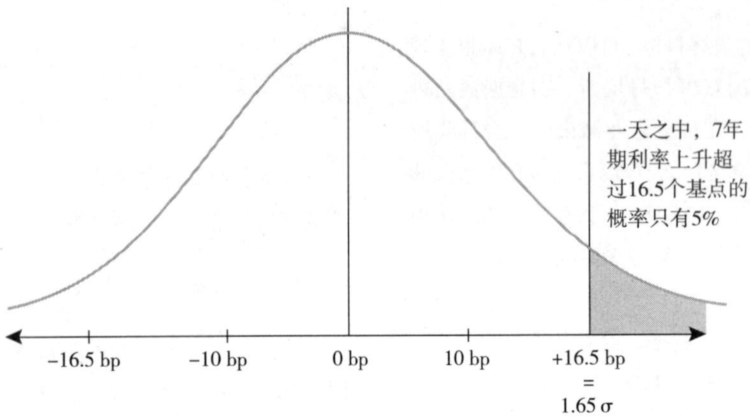

券头寸，7 年到期，面值为 \$1 631 483。[6] 这些证券今天的收益率是每年 7.243%。这些证券作为交易证券组合的一部分。因此：

头寸的美元市值 =100 万美元

金融机构的管理者想知道，假如下一天由于利率不利的或理所当然的坏的市场变动情形出现，该金融机构将面临的潜在的风险敞口。金融机构的损失将取决于债券价格的波动性。从第 4 章的有效期限模型我们知道：

日价格波动性 = 对收益率较小变化的价格敏感性 × 不利的日收益率变动
= ($-MD$) × (不利的日收益率变动) （3）

这种债券的修正有效期限（*MD*）是：[7]

$$MD = D/(1+R) = 7/(1.07243) = 6.527$$

假定债券的收益率为 R = 7.243%。要估计价格的波动性，债券的 *MD* 需要乘以不利的日收益率的变动。

我们可以延伸这种分析，计算超过 2 天、3 天直到 N 天的潜在损失。如果我们假定收益率的冲击是独立的，而且每日的波动性是大体不变的，[8] 并且该金融机构“被锁定”持有该资产 N 天，那么，N 天的风险价值（*VAR*）是与日风险收益（*DEAR*）联系在一起的，即：

$$VAR = DEAR \times \sqrt{N}$$

也就是说，金融机构由于利率不利变动所带来的风险收益，是日风险收益（*DEAR*）或价值与金融机构由于非流动性市场而被迫持有证券天数（的平方根）的函数。

---

6 债券的面值是 \$1 631 483，则市值为 \$1 631 483/（1.07243）^{7} = \$1 000 000。在最初的模型中，价格是使用一个离散的回报率 Rj 来计算的。在 2001 年的文献—— “Return to RiskMetrics : The Evolution of a Standard”（2001 年 4 月）中，价格是使用连续复利的回报率 e^{-rt} 来决定的。之所以采用连续复利，是由于它具有便于数学处理的性质。比如，零息债券的对数回报率等于利率的差异乘以债券到期期限。即：

$$\log\left(\frac{e^{-\tilde{r}t}}{e^{-rt}}\right) = -(\tilde{r} - r)t$$

其中 $\tilde{r}$ 是预期回报率。

7 为简单起见，假定每年计算复利一次。

8 每日波动性不变和收益率的冲击不存在自相关的假定是强势的假定。最近的文献说明，在相当长的时间水平上，在许多资产市场中，冲击是自相关的。那么为什么取 N 的平方根呢？我们假定持有期水平为 5 天，在每天的方差为常数和冲击不存在自相关的假设下，资产回报率 5 天的方差 σ_5^2 等于现在 1 天的方差 σ_1^2 乘以 5，或：

$$\sigma_5^2 = \sigma_1^2 \times 5$$

这个等式的标准差是：

$$\sigma_5 = \sigma_1 \times \sqrt{5}$$

或用 RiskMetrics 的术语，5 天的风险价值（VAR_5）为：

$$VAR_5 = DEAR \times \sqrt{5}$$

例 5-1　固定收入证券的每日风险收益

假设我们定义"坏"的收益率仅有 5% 的机会朝两者之一的方向变动会大于给定的数量；或者，因为我们仅关注坏的结果，而且是多头持有债券，这样，下一天收益率的变动（或冲击）将超过这个给定的不利变动的机会为 1/20（或 5%）。

如果假定收益率变动的分布是正态分布的话，[1] 那么我们可以对 7 年期零息债券利率（收益率）最近变动的柱状图拟合一个正态分布，从而得到一个这种不利的利率变动大小的估计值。从统计学中我们知道，在正态分布下，该区域的 90% 将落在平均数 ±1.65 标准差（σ）范围内，即 1.65σ。假定在上一年全年 7 年期的零息债券日收益率变动的平均数为 0%，[2] 而标准差为 10 个基点（或 0.001），这样 1.65σ 就是 16.5 个基点（bp）。[3] 也就是说，在过去一年，7 年期零息债券的日收益率波动（正的或负的）全年有 10% 的可能性超过 16.5 个基点。收益率的不利变动是指使得证券价值下降的变动（比如收益率上升）。它们以 5% 的概率出现，或者说每 20 天一遇。如图 5-1 所示。

我们现在可以利用等式（3）来计算 7 年期贴现债券潜在的日价格波动性：

$$
\begin{aligned}
\text{价格波动性} &= (-MD) \times \text{收益率潜在的不利变动} \\
&= (-6.527) \times (0.00165) \\
&= -0.01077 \text{ 或 } -1.077\%
\end{aligned}
$$

给出这个价格波动性与最初的 7 年期债券资产组合的市场价值，则等式（2）可以用来计算日风险收益：[4]

$$
\begin{aligned}
\text{日风险收益} &= \text{头寸的美元市值} \times \text{价格波动性} \\
&= (1\,000\,000) \times (0.01077) \\
&= \$10\,770
\end{aligned}
$$

这就是说，如果明天是 20 天一遇的"坏"的一天的话，100 万美元头寸潜在的日损失额为 $10 770。

1　在现实中，许多资产回报的分布，例如外汇与利率，有着"肥大的尾部"。因此，正态分布将倾向于低估极端的结果。这是对风险度量模型方法提出的一个主要批评（参见接下来的脚注和参考文献）。

2　如果平均数为非零（例如 -1 个基点），则可以加入到 16.5 基点中去预测收益率变动的冲击。

3　风险度量模型对近期观测值比过去观测值给予更大的权数（这也叫做指数加权），这样在计算 σ 时，可以更多地反映最近的信息。通常在计算 σ 时，对于所有过去的观测值给予同样的权数。

4　因为我们计算损失，所以这里去掉负号。

更确切地说，*DEAR* 假定金融机构可以在明天卖出所有的证券，甚至在新的更低的价格上卖出。但实际上，金融机构要解除其头寸是需要很多天的。这种相对的市场流动性的缺乏使得金融机构面临更大的损失（用 N 的平方根衡量）。[9] 如果 N 为 5 天，那么：

$$VAR = \$10\,770 \times \sqrt{5} = \$24\,082$$

如果 N 为 10 天，那么：[10]

$$VAR = \$10\,770 \times \sqrt{10} = \$34\,057$$

在上面的计算中，我们使用修正有效期限模型来计算价格敏感性。但是，风险度量模型一般倾向于使用现金流量变动的现值作为修正有效期限的价格敏感性权数。本质上，每一现金流量都将通过相应的零息票利率进行贴现，以便得到日风险收益的测量值。如果在这个

9　在实践中，很多金融机构内部用持有一种证券的头寸除以该种证券近期每日交易量的中位数来计算 N。这样，假如在一个很多人都想卖出而不想买入的"单边市场"上，交易量很小，则 N 会显著增大（比如，N= 证券头寸 / 每日交易量的中位数）。

10　1998 年，国际清算银行（BIS）的市场风险资本要求假定以 10 天的持有期（N=10）来测量风险敞口。

例子中我们使用直接的现金流量来计算，损失将是 \$10 771.2。[11] 在这个例子中，估计值非常接近。

外 汇

像其他大的金融机构一样，摩根大通银行积极地进行外汇交易（FX）。还记得：

$DEAR$ =（头寸的美元价值）×（价格波动性）

股 票

许多大的金融机构也在股票上进行交易。根据众所周知的资本资产定价模型（CAPM），对每一股票 i，股票头寸的风险有两种：[12]

总风险 = 系统性风险 + 非系统性风险

$$\sigma_{it}^2 = \beta_i^2 \sigma_{mt}^2 + \sigma_{eit}^2$$

系统性风险反映该股票与市场资产组合的同步变动（通过该股票的**贝塔系数** β_i 与市场资产组合的波动性 σ_{mt} 反映），而非系统性风险是与该公司本身相关的风险（σ_{eit}）。

在一个充分分散化的资产组合中，非系统性风险大部分可以被分散掉（也就是说 σ_{eit} 等于零），只留下（不能分散化的）系统性市场风险（$\beta_i^2 \sigma_{mt}^2$）。如果该金融机构的交易资产组合服从（类似于）股票市场指数组合的回报率，该资产组合的 β 将是 1，因为该金融机构资产组合回报率的变动与市场的变动将是 1 对 1 的。[13] 同时，资产

11 7 年期零息债券最初的市场价值是 \$1 000 000 或 \$1 631 483/（1.07243）^{7}。利率从 7.243% 到 7.253% 上升 1 基点，投资该债券的每 1 美元（市场价值）的（损失）影响是 0.0006258。然而，不利的变动是 16.5bp。因此，

$DEAR$ =（\$1 000 000）×（0.0006258）×（16.5）= \$10 771.2

12 假定系统性风险与非系统性风险彼此是独立的。

13 如同大多数单个股票的情形，如果 $\beta \neq 0$，则 $DEAR$ = 头寸美元价值 $\times \beta_i \times 1.65\sigma_m$，其中 β_i 是第 i 只股票的系统性风险。

例 5-2 外汇合约的日风险收益

假定某金融机构某日在欧元即期市场持有一笔 ∈1 600 000 的交易头寸。该机构想计算该头寸的日风险收益（也就是说，如果下一天外汇市场上欧元对美元价值下降时，头寸的风险敞口）。

第一步是计算该头寸的美元价值。

头寸的美元价值 =（外汇头寸）×（∈/\$ 即期汇率）
= ∈1 600 000 ×（每单位外币的美元值）

如果汇率为 ∈1.60/\$1 或 \$0.625/∈，那么，

头寸的美元价值 = ∈1 600 000 ×（\$0.625/∈）
= \$1 000 000

看看上一年 ∈/\$ 的日汇率变动，假定我们发现，即期汇率的波动性或标准差（σ）是 56.5 个基点（bp）。但是，假设该机构感兴趣的是不利的变动，也就是说，发生不利变动的天数将不超过该时期天数的 5%，或 20 天一遇。从统计学的角度来看，假如汇率的变化在过去是“正态”分布的，对假定为 20 天一遇的波动，汇率必定朝不利的方向变化的范围是 1.65σ（1.65 × 56.5bp）：[1]

外汇的波动性 = 1.65 × 56.5bp = 93.2bp 或 0.932%

换句话说，在上年，欧元对美元价值以 5% 的可能性下降 93.2 个基点。因此：

$DEAR$ =（头寸的美元价值）×（外汇的波动性）
=（\$1 000 000）×（0.00932）
= \$9 320

这是当欧元对美元汇率发生不利变动时，该金融机构由于持有 ∈1 600 000 而面临的潜在日收益风险。

1 准确的讲，正态分布下 90% 的区域位于均值 ±1.65σ 处。这意味着，该时期有 5% 的汇率变动将上升超过 1.65σ，或下降超过 1.65σ。本例只关注欧元对美元的不利变动（即 1.65σ 的贬值）。

例 5-3 股票的每日风险收益

假设某金融机构持有 \$1 000 000 的股票交易头寸，它反映了美国股票市场指数（例如 Wilshire 5000），那么 $\beta=1$，其 *DEAR* 将是：

$$DEAR = (\text{头寸的美元市场价值}) \times (\text{股票市场回报的波动性}) = (\$1\ 000\ 000) \times (1.65\sigma_m)$$

如果在整个上一年，股票市场指数回报率的每日变化 σ_m 是 2%，那么，$1.65\sigma_m = 3.3\%$。这就是说，股票市场的不利变动或每日回报率下降超过 3.3% 的机会仅仅为该段时间的 5%。在这个例子中，

$$DEAR = (\$1\ 000\ 000) \times (0.033) = \$33\ 000$$

这就是说，假如明天股票市场发生不利变动，该金融机构至少将损失 \$33 000。[1]

1 如果我们假设某种股票的贝塔系数为 1.25［即，这种股票比整个市场更为敏感：市场收益上升（下降）1%，该股票的收益上升（下降）1.25%］，那么，100 万美元的投资以及在相同的 2% 的波动幅度（假设）的情况下（这样 $1.65 \times 0.02 = 0.033$，即 3.3%），一旦不利的股票收益成为现实，金融机构每日至少要遭受 41 250 美元的损失（即 $DEAR = \$1\ 000\ 000 \times 1.25 \times 0.033 = \$41\ 250$）。

组合的标准差 σ_{ip} 将等于股票市场指数组合的方差 σ_{mt}。

在不是很分散的资产组合中，或单个股票的资产组合中，非系统风险 σ_{eit} 对交易头寸价值的影响需要考虑进去。此外，与多重指数套利定价模型（APT）等相比较，如果 CAPM 不能对资产定价进行很好的解释，那么，*DEAR* 的计算将产生一定程度的误差。[14]

14 正如在导言中所提到的，衍生工具也被用于交易目的。要计算它的 *DEAR*，衍生工具必须转换成一笔基础资产（例如债券、外汇或股票）的头寸。

表 5-3 资产之间的相关系数（ρ_{ij}）

	7 年期零息债券	∈ /\$1	美国股票指数
7 年期零息债券	—	-0.2	0.4
∈/\$1		—	0.1
美国股票指数			—

资产组合总计

在前面，我们分析了单笔交易头寸的日风险收益，并例举了 7 年期的零息票固定收入证券（市值为 \$1 000 000）、即期欧元的头寸（市值为 \$1 000 000）以及一笔美国股票市场指数的头寸（市值为 \$1 000 000）作为例子。它们各自的 DEAR 分别是：

1. 7 年期零息债券 = \$10 770
2. 即期欧元 = \$9 320
3. 美国股票 = \$33 000

但是，高级管理层想知道整个交易头寸的总风险。要计算这个总风险，我们不能简单地将这 3 个 *DEAR* 加总，即 \$10 770 + \$9 320 + \$33 000 = \$53 090，因为这样会忽视固定收入债券、外汇以及股票交易头寸之间相互抵消的协方差或相关程度。具体而言，这些资产的某些冲击（不利的变化）可能是负相关的。根据众所周知的现代资产组合理论，资产冲击之间的负相关将降低资产组合风险的程度。

表 5-4 表示了金融机构，如 J. P. 摩根大通用来计算 DEAR 的分析表。你可以看到，在这个例子中，可以持有 13 个不同的（货币）国家、8 个不同到期级别的债券头寸。[15] 还有一列是用于表示这些不同国家市场上的外汇风险的（如果需要的话，也可以列上股票风险），但在本

15 持有其他不同到期日的债券（例如 6 年）将被分成两部分，并分配到 8 个到期级别中最近的两个级别中去（这里为 5 年期及 7 年期）。分配时要使用以下三个标准：(1) 两笔相关的现金流量的当前市值之和必须与最初的现金流量的市值相同。(2) 两笔现金流量组合的市场风险必须与最初的现金流量的整个市场风险相同。(3) 两笔现金流量同最初的现金流量有同样的符号。

例 5-4 一个组合的 *DEAR* 计算

表 5-3 表示了 7 年期零息债券收益率的变动、美元对欧元即期汇率变动以及一种美国股票市场指数（Wilshire 5000）日回报率变动之间的假设的相关性矩阵。在表 5-3 中，7 年期的零息债券与美元兑欧元汇率之间的相关系数（$\rho_{2,€}$）是负的（−0.2），而 7 年期零息债券的收益率与美国股票回报率的相关系数（$\rho_{z,\,U.S.}=0.4$）以及美国股票回报率与美元对欧元汇率的冲击之间的相关系数（$\rho_{U.S.,\,€}=0.1$）都是正的。

运用这个相关矩阵以及各个资产的 *DEAR*，我们能够计算整个（3 种资产）交易资产组合的风险或交易组合的标准差为：[1]

$$\text{资产组合的}DEAR=\begin{bmatrix}(DEAR_z)^2+(DEAR_€)^2+(DEAR_{U.S.})^2\\+(2\times\rho_{z,€}\times DEAR_z\times DEAR_€)\\+(2\times\rho_{z,U.S.}\times DEAR_z\times DEAR_{U.S.})\\+(2\times\rho_{U.S.,€}\times DEAR_{U.S.}\times DEAR_€)\end{bmatrix}^{1/2}\qquad(4)$$

这是现代组合理论（MPT）的直接应用，因为资产组合的 *DEAR* 相当于标准差。把各个 *DEAR*（以千美元表示）带入这个公式，我们得到：

$$\text{资产组合的}DEAR=\begin{bmatrix}(10.77)^2+(9.32)^2+(33)^2\\+2(-0.2)(10.77)(9.32)\\+2(0.4)(10.77)(33)\\+2(0.1)(9.32)(33)\end{bmatrix}^{1/2}=\$39\ 969$$

这个公式表明，如考虑每一交易头寸的风险以及这些头寸回报率的相关结构，而不只是简单地将各个交易头寸相加（其总和为 \$53 090），我们将得到一个较低的资产组合交易风险的测量值（\$39 969）。一种快速的检查法是，如果 3 种资产是完全正相关的话（这就是说，$\rho_{ij}=1$），那么，资产组合的 *DEAR* 将是 \$53 090。很清楚，即使是在非正常的市场条件下，假定资产回报完全正相关也将夸大交易风险敞口的程度。

1 这是现代资产组合理论中的标准关系，在该理论中，3 种资产构成的资产组合的标准差或风险，等于这 3 种资产每一种回报率的方差加上每一组协方差两倍之和的平方根。有 3 种资产便有 3 个协方差。在这里，相关系数乘以每一对资产的标准差等于每一对资产之间的协方差。注意 DEAR 是使用美元来测量的，与标准差有相同的单位。我们将在第 7 章更详细地讨论现代资产组合理论。

例中，该金融机构没有外汇风险敞口（所有的单元都是空的）。

在表 5-4 中，当银行同时持有相互抵消的丹麦债券与欧元债券的多头与空头头寸时，该银行仍然有交易风险敞口，分别是 \$48 000 与 \$27 000（从利率 *DEAR* 列可以看到）。这是因为，欧盟的收益率曲线比丹麦的收益率曲线的波动性更大，而且对不同到期级别的冲击不相等。美国债券多头 \$20 000 000 的 *DEAR* 是 \$76 000。可以看到，3 种头寸加总得到的 *DEAR* 为 \$151 000。但是，这忽略了丹麦、欧盟与美国收益率的冲击不是完全相关的事实。考虑到这些分散化的影响（即“资产组合影响”），我们最后得到一个总计仅为 \$89 000 的 *DEAR*。这才是要向该金融机构的高级管理阶层报告的数字。大多数金融机构都对自己的交易资产组合的风险价值、日风险收益、头寸和亏损等方面设有最大限额。这样，将实际业务与这些限额相比较，就能对每天的交易情况进行监控。如果某种风险水平超出被认可的限额，管理层就必须采取策略，使风险水平维持在被认可的限额之内。表 5-5 显示了 2002 年底美国几家大银行日风险敞口的均值、最大值和最小值。比如，J. P. 摩根大通 2002 年最大的风险敞口为 \$1.6 亿。

现在，由 J. P. 摩根大通的交易员涉及的市场数以及这些市场之间的相关数值要求每日产生 450 个以上的波动性估计值（σ）与相关系数（ρ），并且所有这些数据都要每日更新。

历史（或后向模拟）法

对风险度量模型的一个主要批评在于，它需要对所有资产的回报假定一个对称的（正态的）分布。很清楚，对某些资产，如期权与短期证券（债券），这是很成问题的。

表 5-4　资产组合 *DEAR* 分析表

	利率风险名义金额（百万美元或等值金额）									外汇风险		总额	
	1 个月	1 年	2 年	3 年	4 年	5 年	7 年	10 年	利率 *DEAR*	即期外汇	外汇 *DEAR*	资产组合影响	总 *DEAR*
澳大利亚										AUD			
巴　西										BRL			
加拿大										DAD			
丹　麦	19			−30				11	48	DKK			48
欧　盟	−19			30				−11	27	EUR			27
中国香港										HKD			
日　本										YEN			
墨西哥										MXN			
新加坡										SGD			
瑞　典										SEK			
瑞　士										CHF			
英　国										GBP			
美　国						10		10	76	USD			76
总　计						10		10	151				151
							资产组合影响		（62）				（62）
风险	数据	打印结束					总的DEAR(千美元)		89				89

资料来源：J. P. Morgan, *RiskMetrics*（New York：J. P. Morgan，1994）. www.jpmorgan.com，www.riskmetrics.com

表 5-5　2002 年美国大商业银行的每日风险收益 *（单位：百万美元）

名　称	2002 年的平均 *DEAR*	2002 年间的最小 *DEAR*	2002 年间的最大 *DEAR*
美洲银行	40	19	70
第一银行	13	11	16
花旗集团	66	58	184
美联银行	12	10	17
舰队波士顿	72	28	135
摩根大通银行	120	88	160

* 数字基于各银行的内部模型，也就是说，可能基于其他方法而不是风险度量模型，可参见以下内容。

资料来源：Year 2002 10-K reports for the respective companies.

例如，投资者购买一份股票的看涨期权，该投资者最多损失的是看涨期权费；但是，该投资者潜在向上的回报是无限的。从统计学的意义上讲，看涨期权的回报是非正态分布的，因为它们表现出一个正的偏度（skew）。[16]

16 对正态分布来说，其偏度（是一个分布的三阶矩）是零。

鉴于此，加上下面将要讨论的其他考虑因素，开发市场风险模型的大部分金融机构都采用了历史或后向模拟法。这种方法的好处是：（1）简单，（2）不要求资产回报率为正态分布，（3）不要求计算资产回报率的相关系数或标准差。

这种方法的基本思想是获得资产（外汇、债券、股票等）的当前市场组合，并以这些资产昨天、前天等存在过的实际价格（回报）为基础来评估其价值。通常情况下，金融机构将以其资产在过去 500 天内每天存在的价格为基础，计算其当前资产组合的市场风险或价值风险。然后再计算 5% 最坏的情形，即 500 天中，资产组合价值最低的第 25 天。也就是说，根据以往的汇率变化、股价变化和利率变化等情况，500 天中，仅有 25 天内，或该段时间的 5% 之内，资产组合的价值将低于这个数值。

来看表 5-6 中的例子，这里，一家美国的金融机构正交易两种货币：日元与欧元。在 2006 年 12 月 1 日交易结束时，它有 5 亿日元的多头与 2 000 万欧元的多头。该金融机构想评价它的 *VAR*。这就是说，如果明天是 20 天中坏的一天（5% 最坏的情形），其全部的外币头寸的

表 5-6 2006 年 12 月 1 日根据两种货币假设的历史或后向模拟法的例子

	日元	欧元
步骤 1：测量敞口头寸		
1.2006 年 12 月 1 日的收盘头寸	500 000 000	20 000 000
2.2006 年 12 月 1 日的汇率	￥130/$1	€1.4/$1
3.2006 年 12 月 1 日头寸的等值美元数	3 864 154	14 285 714
步骤 2：测量敏感性		
4.1.01 × 当前的汇率	￥131.3	€1.414
5. 用美元评估的头寸价值	3 808 073	14 144 272
6. 头寸的得尔塔（$）（测量对汇率 1% 不利变化的敏感性，或第 5 行减第 3 行）	−38 081	−141 442
步骤 3：测量 2006 年 12 月 1 日的风险，用过去 500 天每一天存在的汇率计算收盘头寸		
2006 年 11 月 30 日	日元	欧元
7.2006 年 11 月 30 日汇率的变化（%）	0.5%	0.2%
8. 风险（得尔塔 × 汇率的变化）	−19 040.5	−28 288.4
9. 风险之和 =-$47 328.9		
步骤 4：对剩下 499 天的每一天重复步骤 3		
2006 年 12 月 29 日		
:		
:		
2005 年 4 月 15 日		
:		
:		
2004 年 11 月 30 日		
:		
:		
步骤 5：按风险从最大到最小的次序排列日期		
日期	风险（$）	
1. 2005 年 5 月 6 日	−$105 669	
2. 2006 年 1 月 27 日	−$103 276	
3. 2004 年 12 月 1 日	−$90 939	
:	:	
:	:	
25.2006 年 11 月 30 日	−$47 328.9	
:	:	
:	:	
499.2006 年 4 月 8 日	+$98 833	
500.2005 年 7 月 28 日	+$108 376	
步骤 6：VAR（过去 500 天中第 25 个最坏的一天）		
VAR = −$47 328.9（2006 年 11 月 30 日）		

损失将是多少？如表 5–6 所示，计算其外币头寸的 *VAR* 需要 6 个步骤。应该注意的是，计算任何资产、负债或衍生工具（债券、期权等等）的 *VAR* 将遵循同样的方法，只要这些资产在足够长的历史时期内的市场价格能够得到。

- 步骤 1：测量敞口头寸。用今天的汇率把今天的外币头寸转换成等值的美元。这样，在 2006 年 12 月 1 日评估该金融机构的外汇头寸时，它有 \$3 846 154 的日元多头与 \$14 285 714 的欧元多头。
- 步骤 2：测量敏感性。通过计算外汇头寸的得尔塔，测量每笔外汇头寸的敏感性。得尔塔反映的是，如果日元或欧元对美元贬值（价值下降）1% 时每一外汇头寸美元价值的变化。[17] 从表 5–6 可以看到，在第 6 行，日元头寸的得尔塔是 -\$38 081, 欧元的头寸是 –\$141 442。
- 步骤 3：测量风险。看看在过去的 500 天中每一天美元对日元及美元对欧元汇率实际变化的百分比。这样，在 2006 年 11 月 30 日这天，日元对美元的价值下降 0.5%, 欧元对美元下降 0.2%。（要注意的是，如果这两种货币对美元升值，表 5–6 中第 7 行的数字符号将为负。这就是说，比前一天将花更少的外币单位去购买一个美元。）从第 8 行可以看到，要是该金融机构在那天（2006 年 11 月 30 日）持有 5 亿日元与 2 000 万欧元头寸的话，将得尔塔与每种汇率的实际百分比变化结合一起，意味着总额为 \$47 328.9 的损失。
- 步骤 4：重复步骤 3。步骤 4 对日元与欧元重复同样的工作，但使用的是 2006 年 11 月 29 日、2006 年 11 月 28 日等等的实际汇率变化。这就是说，我们对过去 500 个交易日的每一天计算外汇损失或者收益，但不包括周末与假日，因为那时外汇市场已关闭了。这个数量将回溯到超过两年的时间。对这些日期的每一天都要计算实际的汇率变动（第 7 行），并乘以每一头寸的得尔塔（该数字在表 5–6 的第 6 行）。这两个数字总计得到过去 500 天每一天总的风险的测量。
- 步骤 5：按风险从最坏到最好排列日期。这些风险的测量可以从最坏到最好进行排列。很清楚，这种头寸最坏情形的损失发生在 2005 年 5 月 6 日，总的损失为 \$105 669。尽管这个最坏的情形是金融机构的管理人员感兴趣的，但是我们感兴趣的是 5% 的最坏情况，这就是说，损失的发生在 500 天中不会超过 25 天（25/500=5%）。可以看到，在我们的例子中，500 天中第 25 个最坏的损失发生在 2006 年 11 月 30 日，其损失数为 \$47 328.9。
- 步骤 6：*VAR*。如果假定汇率最近过去的分布是外汇汇率变动在将来可能分布的一种精确反映，即汇率的变动有一种稳定的分布，那么，\$47 328.9 可以看成是该金融机构在 2006 年 12 月 1 日的外汇风险敞口的风险价值（*VAR*）。这就是说，如果明天（在我们的例子中为 2006 年 12 月 2 日）在外汇市场中是坏的一天，并假定该金融机构有 5 亿日元与 2 千万欧元的多头头寸，那么，金融机构可以预期在 5% 的概率内将损失 \$47 328.9（或更多）。这种 *VAR* 测量能够随着外汇头寸的变化与得尔塔的变化每天更新。例如，考虑到外汇交易的性质，在 2006 年 12 月 5 日持有的头寸可以跟 2006 年 12 月 1 日持有的头寸很不相同。[18]

历史（后向模拟）模型与风险度量模型

历史或后向模拟法的一个明显好处，是在表 5–6 第 9 行计算资产组合风险的数字时不需要计算标准差与相

17 即在外汇交易的情况下，delta（得尔塔）反映了 1% 的汇率变化所造成的外汇持有额价值的变化。在股票交易的情况下，它反映了 1% 的股价变化所造成的股票价的变化。对债券而言，delta 反映了 1% 的债券价值变化带来的债券价值的改变［请注意，delta 反映了债券价值对收益（而不是价格）变化的敏感性］。

18 在风险度量模型中，可对市场缺乏流动性进行调整，本例则假设金融机构被锁定长时间持有（金融资产）。比如，金融机构估计出售其外汇头寸需要花 5 天时间，那么它会对汇率在过去每周（5 个交易日）的变化感兴趣。一个直接的问题是，过去 500 交易日仅仅提供 100 个交易星期，这会降低估计的 *VAR* 在统计上的解释力（见下文）。

关系数（或假定资产回报率呈正态分布）。[19] 第二个好处是它直接提供一个最坏情景下的数字，在本例中是 \$105 669，见步骤 5。而风险度量模型因为假定资产回报率为正态分布，即回报率可以变成正负无穷大，因而没有提供这种最坏情形的数字。[20]

后向模拟法的缺陷是我们以 500 个观测值为基础得到的 5% *VAR* 的置信度。从统计学来说，500 个观测值不是很多，因而围绕着估计值（在我们的例子中为 \$47 328.9）将有一非常宽的置信区（标准差）。解决这个问题的一个方法是在时间上追溯 500 天以上，以 1 000 个过去的观测值（第 50 个最坏的情形）为基础，估计 5% 的 *VAR*；或者甚至是 10 000 个过去的观测值（第 500 个最坏的情形）。问题是在时间上越往后，过去的观测可能对预测将来的 *VAR* 的相关性越低。例如，10 000 个观测值会要求金融机构分析过去 40 年的外汇数据。在这段时间，我们已经经历了许多十分不同的外汇制度：从 1950~1970 年相对固定的汇率，到 20 世纪 70 年代相对浮动的汇率，到 20 世纪 80 年代与 90 年代有更多管理的浮动汇率，再到 2002 年 1 月欧洲 11 国欧洲货币单位的引入和对汇率的废除。很清楚，在固定汇率制度下的汇率行为与风险，跟在浮动汇率制度下外汇交易员或市场风险管理者的操作与分析没有什么联系。

这似乎使市场风险管理者面临建模的困难。但是，至少有两种方法可以处理这个问题。第一，在后向模拟中对过去的观测值给予不等的权数，给最近的过去观测值以较高的权数。第二，使用蒙特卡罗模拟法，产生与最近的历史经验相一致的补充观测值。后者实际上是等于模拟或创造出人为的交易日与汇率变动。

19 其原因是历史或后向模拟方法是对每一天使用实际的汇率，这已经明确包含了这天同其他天的汇率与资产回报率之间的相关性或共同的变动。

20 风险度量模型中 5% 数字告诉我们，在每 100 天中有 5 天损失将超过这个数量；但它不能告诉我们损失的最大数量。正如在正文中提到的，从理论上说，正态分布条件下，这可能是一个无穷量。

蒙特卡罗模拟法 [21]

为了克服有限的实际观测值所产生的问题，我们可以设计出额外的观测值（在我们的例子中为外汇汇率的变化）。通常地，这些额外观测值的模拟或产生是构造出来的，其回报率或利率反映了在最近的历史时期中它们出现的概率。第一步是计算外汇变化历史上的方差—协方差矩阵（$\sum$）。然后，这个矩阵被分解成两个对称的矩阵，A 和 A'。[22] 这使得金融机构可以通过下列方法来获得外汇头寸的全貌：以随机向量 Z [23] 乘以矩阵 A'（它反映了汇率的历史波动性和相关性）——针对每一次汇率变化抽取 10 000 个随机价值。[24] 通过以随机向量 Z 的价值乘以汇率的历史波动性和相关性，这种模拟方法就能获得实际的外汇头寸状况。这样，就可以像表 5-6 那样计算出目前头寸的 *VAR*，只不过在蒙特卡罗模拟法中，*VAR* 是 10 000 个模拟损失中的第 500 个最差的结果。

监管模型：国际清算银行的标准化框架

摩根大通银行等金融机构开发内部市场风险模型的部分原因在于，1993 年国际清算银行（BIS）提议，通过实施交易组合的资本要求以计算和监管银行的市场风险敞口额。如第 2 章所提到的，BIS 是世界上包括各国最大的中央银行的一个机构。在修订这些提议几年后，BIS（包括联储）决定了一个最终的方法来衡量市场风险，以及金融机构承担并经受市场风险所必须持有的资本储备。银行在持有防止信用风险的最低资本金的同时，还必须额外持有一定水平的资本，以防止市场风险的出现（参

21 这部分包含了一些更深的内容，可以根据课程的难度来决定是否用作阅读内容。

22 A 和 A' 的唯一区别在于 A 的行变成了 A' 的列。这种方法的专业术语叫 Cholesky 分解法，此时，$\sum = AA'$。

23 在此假设 Z 服从正态分布，其平均值为 0，标准差为 1，即 $Z \sim N(0,1)$。

24 严格的讲，如果 y 代表外汇价值，那么，$y = A'z$。对每一外汇汇率，随机地产生 10 000 个 z 值，从而得到 10 000 个 y 值。然后再用 y 值来重新评估外汇头寸并计算收益或损失。

见第 15 章）。自从 1998 年 1 月以来，国际清算银行成员国的银行可以选择两种方法中的一种来计算其市场风险敞口。第一种是使用简单的标准化框架（将在下面讨论）。第二种，是在监管机构的允许下，使用其内部模型，类似于上面讨论的模型。当然，如果允许金融机构使用内部模型计算资本要求，那么该模型得服从监管当局的审计与某些约束。在分析这些约束之前，我们先分别考察国际清算银行对固定收入证券、外汇与股票制定的标准化框架。

固定收益证券

我们可以使用 BIS 所提供的一个典型的金融机构的例子（见表 5-7），来考察 BIS 测量固定收入（或债务证券）交易组合市场风险的标准化框架。表 5-7 的 A 部分列举了某一金融机构交易账户上持有的证券。该金融机构持有各种多头和空头［见第（3）列］；持有各种不同质量的证券［见第（2）列］；从一个月到超过 20 年不等的到期日［见第（1）列］。多头的价值为正；空头的价值为负。为了衡量这种交易头寸的风险，BIS 提出了两种资本要求：（1）特定风险要求［见第（4）、（5）列］；以及（2）一般市场风险要求［见第（6）、（7）列］。

特定风险的资本要求

特定风险的资本要求（specific risk charge）是用来衡量金融机构持有交易资产组合期间流动性降低风险或信用质量下降的风险。如表 5-7 的 A 部分第（4）列所示，财政部证券的风险权数为零，而垃圾债券（例如 10~15 年不合格的公司债“Non Qual”）的风险权数为 8%。如表 5-7 所示，所有这些工具多头与空头的美元绝对值［第（3）列］乘以特定的风险权数［第（4）列］，得到每一头寸的特定风险资本或要求［第（5）列］。加总特定风险每一项的资本要求，得到一个汇总的特定风险资本要

表 5-7 国际清算银行的市场风险计算方法（以债券为例）

A 组：金融机构持有的证券和资本要求						
			特定风险		一般市场风险	
（1）时段	（2）发行者	（3）头寸（$）	（4）权重（%）	（5）资本要求	（6）权重（%）	（7）资本要求
0~1 个月	财政部	5 000	0.00%	0.00	0.00%	0.00
1~3 个月	财政部	5 000	0.00	0.00	0.20	10.00
3~6 个月	投资级公司	4 000	0.25	10.00	0.40	16.00
6~12 个月	投资级公司	（7 500）	1.00	75.00	0.70	（52.50）
1~2 年	财政部	（2 500）	0.00	0.00	1.25	（31.25）
2~3 年	财政部	2 500	0.00	0.00	1.75	43.75
3~4 年	财政部	2 500	0.00	0.00	2.25	56.25
3~4 年	投资级公司	（2 000）	1.60	32.00	2.25	（45.00）
4~5 年	财政部	1 500	0.00	0.00	2.75	41.25
5~7 年	投资级公司	（1 000）	1.60	16.00	3.25	（32.50）
7~10 年	财政部	（1 500）	0.00	0.00	3.75	（56.25）
10~15 年	财政部	（1 500）	0.00	0.00	4.50	（67.50）
10~15 年	非投资级公司	1 000	8.00	80.00	4.50	45.00
15~20 年	财政部	1 500	0.00	0.00	5.25	78.75
>20 年	投资级公司	1 000	1.60	16.00	6.00	60.00
特定风险				229.00		
一般市场风险资本要求余额						66.00

接下页

接上页

B 组：资本要求的计算						
（1）	（2）	（3）	（4）	（5）	（6）	（7）资本要求
1. 特定风险						229.00
2. 同一时段的垂直对冲						
时段	多头	空头	余项 *	对冲	剔除	资本要求
3~4 年	56.25	（45.00）	11.25	45.00	10.00%	4.50
10~15 年	45.00	（67.50）	（22.50）	45.00	10.00	4.50
3. 同一时间区域内的水平对冲						
区域 1						
0~1 个月	0.00					
1~3 个月	10.00					
3~6 个月	16.00					
6~12 个月		（52.50）				
区域 1 总计	26.00	（52.50）	（26.50）	26.00	40.00%	10.40
区域 2						
1~2 年		（31.25）				
2~3 年	43.75					
3~4 年	11.25					
区域 2 总计	55.00	（31.25）	23.75	31.25	30.00%	9.38
区域 3						
4~5 年	41.25					
5~7 年		（31.50）				
7~10 年		（56.25）				
10~15 年		（22.50）				
15~20 年	78.75					
>20 年	60.00					
区域 3 总计	180.00	（111.25）	68.75	111.25	30.00%	33.38
4. 在时间区域间的水平对冲						
区域 1 和 2	23.75	（26.50）	（2.75）	23.75	40.00%	9.50
区域 1 和 3	68.75	（2.75）	66.00	2.75	150.00%	4.12
5. 资本要求总额						
特定风险						229.00
垂直剔除						9.00
水平剔除						
在同一时间区域内的对冲						53.16
在不同时间区域间的对冲						13.62
所有对冲后一般市场风险的余项						66.00
总计						370.78

* 余项结转后作进一步的抵消。

注：投资级债券在 BBB 级或以上。非投资级债券在 BB 级或以下，也就是“垃圾债券”。

求——229 美元。[25]

一般市场风险的资本要求

一般市场风险的资本要求（general market risk charge）或权重——见第（6）列，反映了修正有效期限与每一到期的预期利率变化的乘积。[26] 表 5-7 中的权重变化范围，从 0~1 个月财政部债券的权重 0，到长期（到期超过 20 年）合格公司债的权重 6%。第（3）列中每一工具的正负美元价值头寸，乘以第（6）列的一般市场风险权重，从而得到第（7）列对每一单项资产头寸的一般市场风险的资本要求。加总后就得到对整个固定收入证券资产组合的一般市场风险的资本要求——66 美元。

垂直对冲

BIS 的模型假定，处于同一到期级别的不同工具多头或空头不能完全地相互对冲。因此，这个 66 美元的一般市场风险资本要求倾向于低估利率或价格风险。例如，该金融机构在 10~15 年美国财政部证券上为 1 500 美元的空头，市场风险资本要求为 67.50 美元，在 10~15 年垃圾债券上为 1 000 美元的多头，风险资本要求为 45 美元。但是，由于基差风险——财政部证券的利率与垃圾债券的利率不是完全一致波动的事实，我们不能假定垃圾债券 45 美元的空头对冲了相同到期的美国财政部证券的风险价值（$45）。同样，该金融机构在 3~4 年期财政部证券上为 2 500 美元的多头，市场风险资本要求为 56.25 美元，而在 3~4 年期的合格公司债券上为空头 2 000 美元，市场风险资本要求为 45 美元。为此，BIS 对基差风险要求额外的资本，称为**垂直对冲**（vertical offsets）或剔除要素。我们在表 5-7 的 B 部分的第 2 项显示了这些计算。

在 B 部分，第（1）列列举了银行持有多头和空头的时段。第（2）列和第（3）列列出 A 部分第（7）列中计算得来的头寸的一般市场风险要求，第（4）列列举了资本要求间的差异（或余额）。第（5）列报告了每一时段（或对冲）的风险资本要求的最小值。第（6）列显示了在对冲 45 美元的财政部债券的头寸中，BIS 剔除 45 美元公司债券头寸的 10%。[27] 这导致 4.5 美元（$45 × 10%）的额外资本要求。[28] 总的垂直对冲的资本要求是 9 美元。

同一时间区域内的水平对冲

此外，债务交易资产组合被分成三类到期区域：区域 1（1~12 月）；区域 2（1 年以上到 4 年）；以及区域 3（4 年以上至 20 年以上）。同样，由于基差风险（比如不同到期日债券间利率的不完全相关性），在这些区域内，不同到期的多头与空头头寸不是完全地彼此对冲的。这导致了 40%（区域 1）、30%（区域 2）与 30%（区域 3）的额外的（水平的）剔除因素。[29] 表 5-7 中 B 部分的第 3 项显示了这些计算。**水平对冲**（horizontal offset）的计算使用的是每一时间区域多头和空头［即第（2）、（3）列］的一般市场风险资本要求的总数。与垂直对冲一样，其合计的最小值为“抵消”值，用它来计算剔除的数额。例如，区域 1 对多头的资本要求为 $26.00，对空头资本要求为 $52.00。抵消值（两个值中较小者）即 $26.00 的 40% 予以剔除，也就是剔除 $10.40（$26.00 × 40%）。对这 3 个到期区域其中每一区域重复这一过程，就能得到

25 请注意，特定风险的风险权重并不是基于明显的理论、实证研究或是过去的经验。相反，这些权重是建立模型时，基于监管者的意见而决定的。

26 例如，对表 5-7 中 15~20 年的财政部证券，修正有效期限假定为 8.75 年，预期的利率冲击为 0.60%。因此，$8.75 \times 0.6 = 5.25$，它就是表 5-7 中这些证券的一般市场风险权重。5.25 乘以这些证券 $1 500 的多头，得到 $78.75 的一般市场风险的资本要求。要注意的是，这里假定对短期证券的冲击，比如对 3 个月的国库券的冲击，会大于（按一个百分点）对长期到期的证券的冲击。这反映了短期利率更容易受货币政策影响的事实。最后，标准化模型把不同利率的冲击和估计的修正有效期限结合起来计算市场风险权重。严格地讲，这违背了有效期限模型所隐含的假设，即每一到期收益率的变化相同（参见第 4 章）。

27 注意剔除要素由监管者主观设定。

28 直观上来说，这意味着美国财政部长期证券利率和长期垃圾债券的利率有近似 90% 的相关。但是，在最终的计划中，决定砍去一半的垂直剔除因素。因此，10% 的剔除因素变成了 5% 的剔除因素，以此类推。

29 区域也是由监管者主观设定。

一个追加的总（水平对冲）的资本要求 \$53.16。

不同时间区域间的水平对冲

最后，由于短期债务与长期债务的利率变动不是完全一致的，因此，每一区域多头或空头头寸的余额，只能部分地对冲另一区域的一个相反的头寸。这导致在不同的时间区域之间，存在一组最终的抵消或剔除因素，见表 5-7 中 B 部分的第 4 项。这里，BIS 模型比较了区域 1（\$26.50）和区域 2（\$23.75）资本要求的余额。其差额 2.75 美元再与区域 3 的余额（\$68.75）比较。不同时间区域比较的较小值再一次作为“抵消”值，对邻近区间有 40% 的资本要求的剔除[30]，而对非邻近区间有 150%[31] 的剔除要求。因而这里追加的资本要求总额为 13.62 美元。

特定风险资本要求（\$229）加上一般市场风险资本要求（\$66）、再加上基差风险或剔除的资本要求（\$9.00+\$53.16+\$13.62），最后得到总额为 370.78 美元的固定收入证券资产组合的资本要求。[32]

外　汇

标准化的模型或框架要求金融机构计算每一种货币（日元、马克等）的净敞口，然后按照当前的即期汇率转换成美元。如表 5-8 所示，该金融机构有 5 000 万美元的日元、1 亿美元的欧元以及 1.5 亿美元的英镑净多头；同时有 2 000 万美元的澳大利亚元、1.8 亿美元的欧元的空头。全部货币多头头寸是 3 亿美元，空头头寸是 2 亿美元。BIS 的标准化框架要求的资本量等于 8% 乘以绝对值最大的多头总和或空头总和。在这个例子中，8% 乘以 3 亿美元等于 2 400 万美元。这种计算外汇敞口的方法假定，通过持有不同货币相反的多头或空头对冲了部分而不是全部货币风险。

表 5-8　按照国际清算银行的标准化框架来计量外汇风险（单位：百万美元）

一旦一家银行计算出它在每种外币上的净头寸，它会将各种头寸转换成其报告货币，并且会按以下例子一样来计算风险（资本）度量——在该例子中，报告货币的头寸（美元）已经被排除：

日元 *	欧元	英镑	澳大利亚元 *	欧元
+50	+100	+150	−20	−180
+300			−200	

资本要求会是多头或空头中较高者（即 300）的 8%。

* 所有的货币都以等值美元来表示。

资料来源：BIS，1993. www.bis.org.

股　票

如风险度量市场价值模型内容讨论的那样，持有股票有两种类型的风险：（1）公司特定的或非系统性风险因素；（2）市场或系统性的风险因素。BIS 对非系统风险有资本要求：将某种股票的多头和空头相加，对股票总头寸的资本要求为 4%（这称为 x 因子）。假设表 5-9 中的股票 2 代表 IBM。某金融机构拥有该股票 1 亿美元的多头与 2 500 万美元的空头。其暴露于非系统性（特定公司的）风险的总头寸为 1.25 亿美元，乘以 4%，资本要求为 500 万美元。

市场或系统性风险反映在净多头或空头（这就是所谓的 y 因子）上。在 IBM 的例子中，为 7 500 万美元（1 亿美元减去 2 500 万美元）。对这 7 500 万美元的资本要求为 8%，即 600 万美元。这只股票的全部资本要求（x 因子 + y 因子）为 1 100 万美元。

这种方法十分粗略，基本上是假定每一股票有同样的系统风险系数 β，没有充分考虑到资产组合分散化的好处（比如非系统性风险没有被分散掉）。

---

30 举例说，区域 1 和区域 2 在到期日上是相邻的，而区域 1 和区域 3 彼此是非相邻的。

31 150% 的调整后来降为 100%。

32 这一数字也可以按风险调整资产的方式再计算，与银行账面上的风险调整资产进行比较。也就是说，假定最低资本为风险调整资产的 8%，那么 \$370.78 ×（1/1.08），或 \$370.78 × 12.5 = \$4 634.75 就是这个资本要求所支持的交易账户“风险调整资产”的等值金额。

表 5-9　BIS 对股票的资本要求（$x+y$ 方法的说明）

在提议的两部分的计算中，对各个股的头寸（例如总头寸）与在市场作为整体的净头寸有不同的要求。这里我们显示了在一个假设的资产组合下，这个系统是如何计算的。假设总头寸的资本要求是 4%，净头寸为 8%。

			x 因子		y 因子		
股　票	多头之和	空头之和	总头寸（2、3 列之和）	总头寸的 4%	净头寸（2、3 列之差）	净头寸的 8%	资本要求（总头寸 + 净头寸）
1	100	0	100	4	100	8	12
2	100	25	125	5	75	6	11
3	100	50	150	6	50	4	10
4	100	75	175	7	25	2	9
5	100	100	200	8	0	0	8
6	75	100	175	7	25	2	9
7	50	100	150	6	50	4	10
8	25	100	125	5	75	6	11
9	0	100	100	4	100	8	12

资料来源：BIS，1993，www.bis.org.

BIS的监管与大银行的内部模型

如前所述，BIS 在 1998 年 1 月引入的对市场风险敞口的资本要求，允许大银行（在得到监管当局许可的情况下）使用其内部模型计算市场风险，而无需使用标准框架。（我们将在第 15 章更详细地讨论 BIS 和主要的中央银行，如美联储所倡导的通过资本要求来控制银行风险的方法。）但是，与内部模型产生的资本要求相比较，所计算的资本必须相对的保守。与风险度量模型相比较，BIS 对应用内部模型的大银行的资本要求有下列特殊之处：

1. 在计算 *DEAR* 时，金融机构必须定义利率 / 汇率的不利变动为 99% 而不是 95%（σ 乘以 2.33，而不是风险度量模型下的 σ 乘以 1.65）。
2. 假定金融机构的最低持有期为 10 天（这意味着风险度量模型的日 *DEAR* 必须乘以 $\sqrt{10}$）。[33]

33 巴塞尔协议（二）建议最低持有期（于 2006 年年底）调整为 5 天。请参见："The New Basel Capital Accord；Third Consultive Paper，" Basel，Switzerland，April 2003. 请注意，这将降低市场风险资本的要求。

金融机构必须考虑其提议收取的资本或资本要求将是下列较高者：

1. 前一天的 *VAR*（或 $DEAR\times\sqrt{10}$）；
2. 前 60 天平均每日的 *VAR* 乘以一个最小值为 3 的乘数（例如，要求的资本 = $DEAR\sqrt{10}\times3$）。一般来说，乘数将使得要求的资本显著地高于私人模型产生的 *VAR*。

但是，要减少资本要求的负担，可以由金融机构筹集其他类型的资本来满足资本要求。例如，假设资产组合的 *DEAR* 为 1 000 万美元——根据 1% 最坏的情形（或 99% 的置信水平）计算出来的，[34] 最低要求的资本将是：[35]

34 使用 2.33σ 而不是 1.65σ。

35 最低乘数因子为 3 的想法是为了创造一个"激励相容"的计划。具体来说，如果金融机构使用内部模型持续地低估需要满足其市场资本风险敞口的资本量，监管者就会通过提高乘数因子（高达 4）来惩罚这些金融机构。这种反应可能会实际上将金融机构置于交易业务之外。乘数因子被提高到 3 以上的程度取决于一家金融机构的模型在上一年低估其市场风险的天数。例如，过去的 250 天中低估错误超过 10 天，那么将导致乘数因子升至 4。

$$要求的资本 = (1\,000\ 万美元) \times (\sqrt{10}) \times (3)$$
$$= 9\,486\ 万美元$$

如第 2 章和第 15 章所讨论的，资本对该金融机构及其存款人、其他债务持有者、保险基金（比如联邦存款保险基金）等提供了应对损失的一笔内部保险基金。BIS 允许持有三种类型的资本来满足这种资本要求：一级资本，二级资本与三级资本。一级资本基本上是保留利润与普通股，二级资本基本上是长期次级债务（5 年以上），三级资本是原始到期日至少为 2 年的短期次级债务。因此，上面例子中的 9 486 万美元可以通过三种资本形式的任何一种来筹集，但有下列两个限制：(1) 三级资本限于一级资本的 250%；(2) 二级资本可以由三级资本替代，但同样受 250% 的限制。例如，假设一级资本为 2 710 万美元，且金融机构发行了 6 776 万美元（27 100 000 × 2.5 = 67 760 000）的三级资本的短期债务。250% 的限额意味着，在不增加额外的一级资本的前提下，不能再发行三级（或二级）资本的债务来满足 9 486 万美元的目标。这种对市场风险的资本要求，加上对信用风险和营运风险的资本要求，从而得到银行的总的资本要求。不同类型的资本与资本要求将在第 15 章中详细地讨论。

练习题

1. 为什么市场风险的测量对金融机构的管理者十分重要？
2. 什么是日风险收益（*DEAR*）？它代表市场风险哪三个可以测量的部分？什么是价格波动性？
3. 某银行有一笔市值为 100 万美元的零息债券头寸，到期为 5 年，面值是 1 402 552 美元。债券的到期收益率是 7%，每日收益率的变动是 0.0%，标准差是 12 个基点。计算：
   a. 债券的修正有效期限；
   b. 不利的日收益率变动的最大值，假设收益率的变动大于这个最大值的机会小于 5%；
   c. 债券价格的波动性；
   d. 债券的日风险收益。
4. 某银行的日风险收益是 8 500 美元，请问 10 天的风险价值是多少？ 20 天呢？为什么 20 天的风险价值不是 10 天的两倍？
5. 一笔 15 年期的零息债券，日收益率的平均变化比去年高出 15 个基点，假设收益率变化符合正态分布，请用以上数据计算：
   a. 90% 的置信区间下最高的预期收益率的变化是多少，也就是说，20 天内不利的变动不会超过一天。
   b. 95% 的置信区间下最高的预期收益率变化是多少？
6. 阿拉斯加银行有一笔市值为 \$10 000 000 的股票组合，该组合的 βi 与市场资产组合相似，标准差（σ_m）估计为 1.5%，计算在 99% 置信水平下，如价格变动不利，该组合 5 天的 *VAR*。
7. Choice 银行的执行副总裁 Resnick 要计算银行资产的日风险收益，资产包括贷款（L）、外汇（FX）和普通股（EQ）。已知各项资产的 DEAR 分别是 \$300 700、\$274 000、\$126 700。若 L 与 FX，L 与 EQ，FX 与 EQ 之间的相关系数（ρ_{ij}）分别为 0.3，0.7 和 0.0，整个资产组合的 *DEAR* 是多少？
8. 用历史或后向模拟法测量市场风险有什么优点，这种方法如何实施？
9. 出口银行有一笔日元和欧元的交易头寸，在 2 月 4 日交易结束以后，该头寸是 300 000 000 日元与 10 000 000 欧元。最近 6 天的汇率如下所示：

每日交易结束的每一美元汇率

	2月4日	2月3日	2月2日	2月1日	1月29日	1月28日
日元	112.13	112.84	112.14	115.05	116.35	116.32
欧元	1.4140	1.4175	1.4133	1.4217	1.4157	1.4123

   a. 按 2 月 4 日的汇率，外币头寸可转为多少等值的美元？
   b. 外汇头寸得尔塔的定义是什么？
   c. 每种外币的敏感性是多少？也就是说，每种外币在 2 月 4 日的得尔塔值是多少？
   d. 在 5 天期间，每一种外币每日汇率变化的百分比是多少？
   e. 该银行每天的总风险是多少？最差的一天和最好的一天分别是多少？
   f. 假设你已知 2 月 4 日以前 500 个交易日的数据，请说明如何在 95% 的置信区间内进行最坏情形的预测。
   g. 说明 5% 的 *VAR* 头寸如何解释 2 月 5 日的交易。
   h. 2 月 5 日末模拟将如何变化？哪些变量和 / 或过程会改变，哪些变量和 / 或过程不会改变？
10. 蒙特卡罗模拟法对修正历史模拟法的缺陷有什么作用？使用时需要什么基本的统计假设？
11. 一家金融机构有如下债券组合：1 年期短期国债多头，3 年期长期国债空头、3 年期 AAA 级公司债券多头，12 年 B 级（不合格）债券多头，市值分别为 4 千万美元、1 千万美元、2.5 千万美元和 1 千万美元。利用表 5-7 计算：
   a. 特定风险的资本要求；
   b. 一般市场风险的资本要求；
   c. 基差风险的资本要求：仅为相同时间区域债券的垂直对冲（也就是说，不考虑水平的影响）；
   d. 使用来自 a、b、c 的信息，说明总资本要求是多少？

第6章

信用风险：单项贷款风险

导　言

正如第1章所分析的，金融中介的特殊性在于，它们能够有效地将家庭储蓄者的金融债权转换成面向企业、个人和政府的债权。由于金融中介有能力对信息进行分析并对借款人进行监控，因此，它的债权转换活动能够使交易各方的成本尽可能地降到最低。第1章介绍过的其中一种具体的金融债权转换形式就是信贷分配，即金融中介将家庭储蓄者（以存款形式存在）的债权转变成面向企业、个人和政府的贷款。金融中介通过承担这些贷款的信用风险来换取一种公平的回报——这种回报能够弥补向家庭储蓄者融资的成本（比如借款成本或发行存单的成本），以及与贷款相关的信用风险。

在这一章（介绍信用风险的内容一共有两章，这是其中的第1章），我们要探讨对单项贷款（和债券）的信用或违约风险进行分析和计量的各种方法。在下一章，我们将介绍评估贷款组合风险或贷款集中风险的方法。对金融中介的信用风险进行对冲和管理的方法将在第19~23章中介绍。在下列情况下，计量单项贷款或债券的信用风险对金融中介的经理来说是至关重要的：(1）当他要正确确定贷款价格或债券的价值时；(2）当他要确定一个恰当的贷款限额或确定同某人进行交易所面临的损失风险时。金融中介的经理们需要管理其贷款组合，以防止某位借款者的破产给整个金融中介带来不良影响。对总体贷款组合的管理也一样重要。最近几年，日本的金融机构因为贷款过分集中于房地产行业和亚洲地区而遭受了损失。

本章我们首先分析美国的金融机构所提供贷款的种类（工商业贷款、房地产贷款、个人贷款、消费贷款和其他贷款），以及这些贷款的特点。然后，我们将分析如何根据利率和费用来计算贷款收益。接下来将探讨这样一个问题：金融机构如何根据贷款收益与可提供的贷款额之间的关系来决定是提供批发贷款（工商业贷款）还是零售贷款（消费贷款）。最后，我们分析了计量信用风险的各种模型，其中包括定性方法、信贷评分模型以及新的信用风险计量模型。事实上，技术进步至少可以被看成是近几年信用风险计量和管理模型得到改善和更新的一个动力。附录A和B对两种由私人开发出的信用风险计量模型——信用计量模型和信用风险+模型——进行了详细介绍。附录C（内容参见本书网址：www.mhhe.com/saunders5e）对现金流和财务比率分析的内容进行了探讨，这种分析方法被广泛用于抵押贷款、消费贷款和商业贷款的信用分析过程中。

信用质量问题

在过去20年内，许多金融中介的贷款和投资决策的信用质量引起了人们极大的关注。20世纪80年代，向欠发达国家（LDCS）提供的银行贷款，以及储蓄机构和银行的住房抵押贷款和农场抵押贷款都遇到了巨大的问题。20世纪90年代初期，人们的关注重点转向了商业房地产贷款（它给银行、储蓄机构和保险公司都带来了风险）和**垃圾债券**（junk bond）（被穆迪和标准普尔之类的评级

图 6-1　贷款的增长和资产的质量

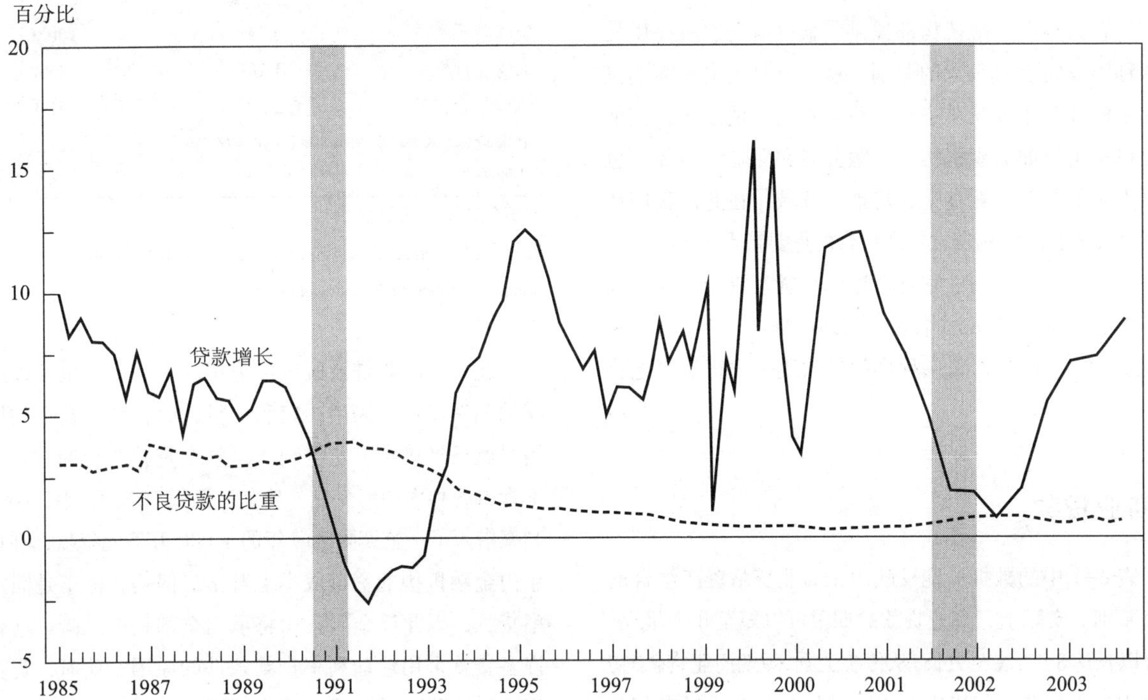

说明：贷款增长是直接根据一年前的水平计算出来的。阴影部分代表经济衰退。

资料来源：Federal Reserve Bank of St.Louis，*Monetary Trends*，Aprial 1998；and Federal Deposit Insurance Corporation，*Quarterly Banking Profile*，Second Quarter 2003，www.stls.frb.org and www.fdic.gov.

机构评定为投机级或低于投资级的证券）等问题。20 世纪 90 年代末期，随着贷款拖欠开始增加，人们的担心转向了信用质量较低的汽车贷款、信用卡以及商业贷款门槛的降低。20 世纪 90 年代末期和 21 世纪初期，人们的关注重点集中于与通信公司、新技术公司和几个主权国家相关的问题（阿根廷、巴西、俄罗斯和韩国分别在不同的时间发生了危机）。

然而，过去 10 年内，尽管贷款持续猛增，美国大多数金融机构的信用质量仍在不断改善（参见图 6-1）。资产质量的这种改善——不良贷款[1]占贷款总额的比率从 1991 年的 3.9% 降到了 2000 年的 0.74%——在一定程度上反映了 20 世纪 90 年代美国经济的扩张以及金融机构信用风险计量和管理方法的改进（参见下面的内容）。然而，21 世纪初期美国经济的衰退使这种格局发生了扭转：不良贷款比率上升到了 1.5%。比如，2001 年 12 月安然宣布破产时，J. P. 摩根大通和花旗集团总共还有 14 亿美元的贷款未能从该公司收回。

在最坏的情况下，信用质量问题会造成金融机构的破产，或者是导致资本和净值的巨额流失，从而对金融机构的发展前景和与国内外同行竞争的能力产生不利影响。

然而，信用风险并非仅局限于传统的贷款和债券投资领域。随着银行和其他金融机构将业务扩展到信用担保和其他表外活动，新的信用风险的出现引起了经理们和监管当局的关注。因此，目前的信用风险分析对金融机构和交易对手之间签订的所有合约来说，都是很重要的。

1　不良贷款指的是逾期在 90 天或 90 天以上的贷款，或者是没有应计利息的贷款。

贷款的种类

尽管大多数金融机构都提供贷款，但它们所提供贷款的种类及特点有很大的差别。这一节对美国的商业银行提供的几种主要贷款进行分析。不过，请注意，其他金融机构（比如储蓄机构、金融公司和保险公司等）也提供大量的贷款，尤其是在房地产领域。在此，我们还要探讨其他金融机构贷款资产组合的重要特点。

表 6-1 将美国商业银行最近的总贷款资产组合分成了四类：工商业（C&I）贷款、房地产贷款、个人贷款和其他贷款。下面将对每一种类的贷款逐一进行简要地分析。

表 6-1 美国银行贷款的种类（2003 年 10 月，单位：10 亿美元）

	金 额	百分比
贷款总额 *	4 348.3	100.0
工商业贷款	1 106.2	25.4
房地产贷款	2 221.6	51.1
个人贷款	594.6	13.7
其他贷款	425.6	9.8

* 不包括银行间贷款。

资料来源：Federal Reserve Board，*Assets and Liabilities of Commercial Banks*，October 2003. www.federalreserve.gov.

工商业贷款

表 6-1 中的数据未能反映出工商业贷款资产组合的巨大差别。实际上，商业贷款的期限可以短至几个星期，也可以长达 8 年、甚至更长。从传统上看，短期商业贷款（初始期限在 1 年或 1 年以内）用于满足企业营运资本和其他短期融资的需要，而长期商业贷款用于满足期限在一年以上的信贷需求，比如不动产（机器）的购买、新的风险企业的启动以及营运资本的永久性增长。工商业贷款可以是向小企业提供的小额信贷（比如 10 万美元），也可以是向大企业提供的集合贷款（不低于 1 000 万美元）。大额工商业贷款经常采用**辛迪加贷款**（syndicated loan）的形式，与单个贷款者提供的贷款不同，这种贷款的安排由牵头银行（或代理行）与借款人达成。一旦贷款条件（利率、费用和特约条款）确定，牵头银行就会把贷款拆分后转移给其他金融机构。此外，工商业贷款可以采用担保或无担保的形式。**担保贷款**（secured loan）（即资产抵押贷款）以借款人的具体资产作为担保。如果借款人违约，贷款人对这些资产享有首要留置权或求偿权。在金融学术语中，担保债务的求偿权要先于**无担保贷款**（unsecured loan，也称次级债务）——如果违约发生，贷款人只能对借款人的资产行使一般的求偿权。正如本章后面所解释的，一般情况下，贷款抵押物与贷款利率或贷款人索取的风险溢价之间存在着利弊权衡的关系。

此外，商业贷款既可以采用固定利率，也可以采用浮动利率发放。采用固定利率贷款时，利率在合约期开始时就已经确定。这个利率在整个贷款合约期有效——不管市场利率如何变化。比如，假设 IBM 公司按 10% 的利率借入了一笔期限为一年的 1 000 万美元贷款，在这一年内金融机构的资金成本上升了。但是，由于是固定利率贷款，因此该金融机构将承担全部利率风险。这就是许多贷款采用浮动利率贷款条件的原因。此时，贷款利率可以按照某种方式进行定期调整，因此大部分的利率风险都从金融机构转移给了借款人。可以想像，与期限较短的贷款相比，期限较长的贷款更有可能采用浮动利率合约。[2]

最后，贷款既可以采用即期贷款的方式，也可以采用贷款承诺的方式。金融机构提供**即期贷款**（spot loan）时，借款人将立即使用或提取全部贷款金额。相反，在**贷款承诺**（loan commitment）或信用额度方式下，贷款人会规定可以动用的贷款金额，比如为 1 000 万美元，借款人可以在承诺期内选择提取不超过 1 000 万美元的任意数额的贷款。在固定利率贷款承诺方式下，被提取的款项所支付的利率在贷款承诺合约生效时就已经确定了；

2 然而，在所有其他合约条件相同的情况下，浮动利率贷款比固定利率贷款有更大的信用风险。其原因在于，浮动利率贷款将全部利率变化的风险转移给了借款人。所以，在利率上升的金融环境下，浮动利率借款人可能会发现自己无力偿还贷款利息，因此会被迫违约。对贷款人而言，浮动利率贷款的好处在于，它们使金融机构能够较好地对负债（比如存款）利率上升的成本进行套期保值。这意味着，对利率风险的控制可能要以信用风险的提高为代价。

表 6-2 商业贷款资产组合的特点（2003 年 8 月 4~8 日）

	长期贷款	短期贷款			
		0*	1 天	2~30 天	31~365 天
未清偿余额（10 亿美元）	2.89	15.48	20.86	9.14	10.08
平均贷款规模（万美元）	21	25.3	64.6	64.4	62.7
加权平均期限	60 个月	41 天	231 天	416 天	608 天
贷款承诺所占比重	59.2%	81.6%	72.6%	75.9%	80.4%
抵押担保贷款所占比重	66.9%	41.1%	28.0%	34.3%	45.2%

* 可以随时进行再定价的浮动利率贷款。

资料来源：Federal Reserve Board Web site，October 2003.www.federalreserve.gov

而在浮动利率贷款承诺方式下，借款人根据实际提款时的贷款利率支付利息。比如，假设 1 000 万美元的 IBM 贷款采用的是一年期的贷款承诺。当贷款承诺生效时（比如 2006 年 1 月生效），IBM 公司未提取任何贷款。相反，等到 6 个月之后（即 2006 年 7 月）它才提取了全部 1 000 万美元的贷款。这样，IBM 公司将按照 2006 年 7 月的贷款利率支付利息。我们将在第 8 章更全面地分析贷款承诺的特点。

为了确定工商业贷款的基本特征，美联储每个季度要对 400 多家银行进行调查。表 6-2 反映了最近的此类贷款调查的一些主要特征。你可以看到报告的短期（1 年以内）工商业贷款要多于长期工商业贷款。同时，贷款承诺方式的短期贷款要多于长期贷款，而长期贷款比短期贷款更有可能采用抵押或担保的方式。

商业票据（commercial paper）是一种无担保的短期债务工具，它由企业直接或通过承销商卖给金融市场上的购买者（比如货币市场共同基金）。借助商业票据，企业时常可以绕过银行及贷款市场，按低于银行的利率来筹集资金。2003 年 10 月，美国商业票据的总市场规模为 13 247 亿美元，与此同时，工商业贷款的规模为 12 878 亿美元。此外，由于只有大企业才能利用商业票据市场，所以，银行在工商业贷款市场上经常面对的是一些规模越来越小、风险越来越大的借款者。比如，随着 21 世纪初期美国经济的下滑，不良工商业贷款（逾期达到 90 天或没有应计利息的贷款）的数额从 140 亿美元（1999 年第 4 季度）上升到了 240 亿美元（2003 年第 2 季度）。

然而，2001 年底和 2002 年初美国经济的下滑也使某些大商业票据发行商的信用等级下降。比如，通用和福特汽车公司的信用从第一级（最优）降为第二级（次优）之后，给商业票据市场带来了巨大冲击。另一位主要的商业票据发行商泰克国际（Tyco International）的信用从第一级降到了第三级，这使得它的商业票据几乎完全失去了需求。最终使这些商业票据发行商不得不放弃商业票据的成本优势，而转向银行贷款市场或长期债务市场以确保能够获得资金。因此，尽管商业票据市场仍然是规模最大的货币市场工具，但在 2001~2003 年由于合格商业票据发行商的减少，商业票据市场规模出现了 40 年以来的首次下降。

房地产贷款

房地产贷款主要包括抵押贷款和一些循环家庭衡平贷款（2003 年 10 月占房地产贷款资产组合的比重约为 12%）。[3] 我们在表 6-3 中列出了 2003 年第二季度美国银行抵押债务的分布状况。对银行（以及储蓄机构）而言，住宅抵押贷款仍然是房地产贷款资产组合的最大组成部分。然而，到目前为止，商业房地产抵押贷款的增长速度是最快的。此外，商业房地产贷款占人寿保险公司房地产组合的比重在 80% 以上。20 世纪 90 年代初期，这些贷款使银行、储蓄机构和保险公司面临着巨大的违约和信用风险问题。

3 在家庭衡平贷款方式下，借款人使用自己的住宅作为贷款的抵押担保物。

图 6-2 浮动利率抵押贷款占全部贷款的比重（1992~2003 年）

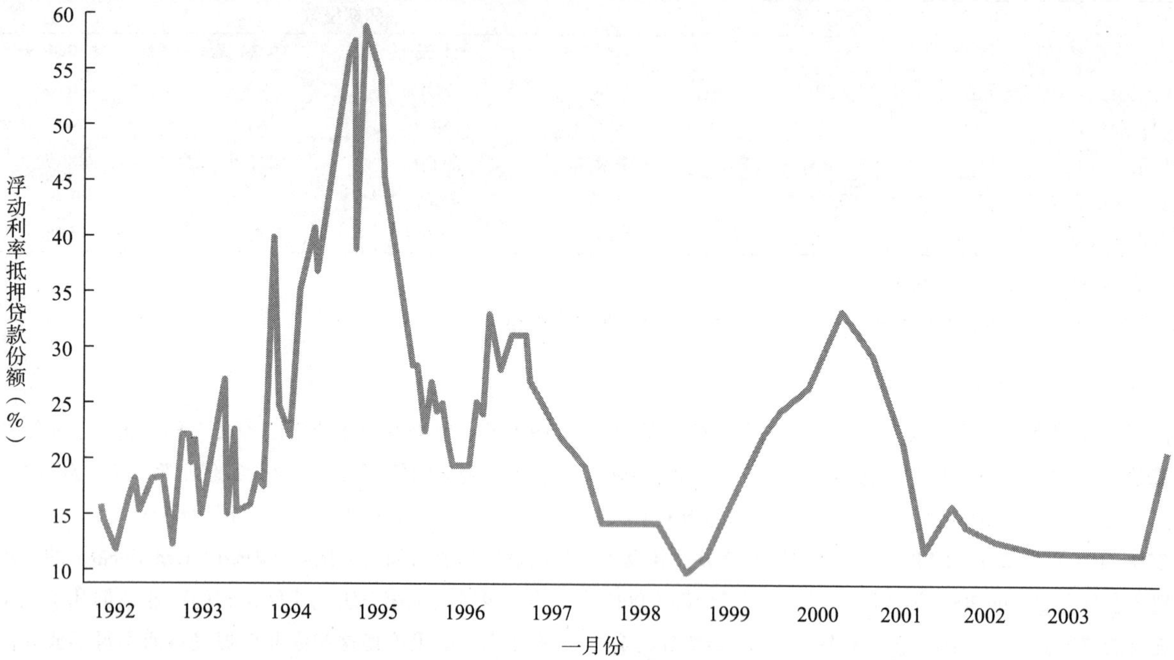

资料来源：Federal Housing Finance Board Web site，October 2003.www.fhfb.gov.

表 6-3 美国商业银行房地产抵押债务的分布状况（2003 年第 2 季度）

	百分比
1~4 个家庭住宅	76.8%
多个家庭住宅	5.7
商业房地产	16.1
农场	1.4
	100.0%

资料来源：Federal Housing Finance Board Web site，September 2003. www.federalreserve.gov

与工商业贷款一样，各种住房抵押贷款的特点也有很大的区别。这些特点包括贷款规模、贷款与财产价格的比率（贷款价格或贷款价值比）以及贷款的期限等，其他一些重要特点包括抵押贷款（或贷款承诺）的利率以及贷款收取的费用，比如借款人或卖方为获取贷款而支付的佣金、折扣和贴息点。[4] 此外，抵押贷款利率可以分为固定利率和浮动利率。**浮动利率抵押贷款**（adjustable rate mortgages，缩写为 ARMs）的合约利率会参照某些基础指数（比如一年期国债的利率）进行周期性调整。金融机构资产组合中的固定利率抵押贷款与浮动利率抵押贷款的相对比重，会随着利率周期的变化而变化。在利率较低时，借款人宁愿选择固定利率贷款，而不愿选择浮动利率贷款。因此，浮动利率和固定利率抵押贷款的相对比重在利率周期内会有很大的不同。从图 6-2 中可以看到，最近一个利率周期内（1992~2002 年）——利率上升后下降，随后再次上升和下降——浮动利率抵押贷款的变化轨迹。表 6-4 对 2003 年 6 月传统固定利率抵押贷款的主要合约条件进行了归纳。

住房抵押贷款的期限很长，其平均期限几乎长达 29

4 贴息点为贷款面值的某一百分比，它是借款人先期支付给贷款人的一笔费用。

表 6-4　传统的新房抵押贷款的合约条件（2003 年 6 月）

购买价（千美元）	283.3
贷款额（千美元）	213.7
贷款价值比（百分比）	78.0%
期限（年）	28.8
费用（占贷款额之比）	0.64%
合约利率（百分比）	5.42%

资料来源：*Federal Reserve Bulletin*，September 2003，Table 1.53. www. federalreserve.gov.

表 6-5　最大的信用卡发行商（2002 年 12 月）

信用卡发行商	总的信用卡贷款余额（10 亿美元）	相对于前一年的变化（%）
花旗集团	$ 116.6	+7%
美信银行	92.4	+9
第一银行	74.0	+8
第一资本金融公司	57.7	+27
发现金融服务公司	55.8	+13

资料来源：Card Source One Web site，November 2003. www. cardsourceone.com.

年。由于房屋价格有可能降到贷款余额之下（即贷款价值比上升），因此，住房抵押贷款组合也会受到违约风险的影响。比如，20 世纪 80 年代末得克萨斯州休斯顿房地产价格崩溃期间，许多房屋的价格实际上比 20 世纪 80 年代初期的都要低。这导致了抵押贷款违约率的急剧上升，最终使银行和储蓄机构收回了抵押房屋。

个人（消费）贷款

另一种主要的贷款就是个人或消费贷款，比如个人汽车贷款。商业银行、金融公司、零售商、储蓄机构、信用社和石油公司也借助信用卡（比如由西尔斯和 AT&T 等公司发行的维萨卡、万事达卡和私人信用卡）向消费者提供贷款融资。表 6-5 列出了五个最大的信用卡发行商及其在 2003 年的信用卡贷款余额。

表 6-6 列出了美国银行提供的两种主要的消费贷款。

表 6-6　商业银行消费贷款的种类（2003 年 8 月）

	百分比
循环贷款	37.2
非循环贷款	62.8
	100.0

资料来源：Federal Reserve Board Web site，Consumer Credit，October 2003. www.federalreserve.gov.

表 6-7　消费贷款的利率条件（2003 年 8 月）

	百分比
48 个月汽车贷款	6.77
24 个月个人贷款	11.94
信用卡贷款	12.94

资料来源：Federal Reserve Board Web site，Consumer Credit，October 2003. www.federalreserve.gov.

其中，非循环消费贷款占的比重更大，这包括新车贷款及二手车贷款、活动房屋贷款和定期消费贷款（比如两年期个人贷款）。其他主要的消费贷款由循环贷款（比如信用卡债务）构成。在**循环贷款**（revolving loan）方式下，借款人在贷款合约有效期内按不超过某一最高限额的条件取款和还款。最近几年，银行信用卡贷款的冲销率在 4%~8% 之间，此冲销率要大大高于商业贷款的冲销率（参见图 6-3）。如此高的违约率再一次显示了贷款决策前风险评估的重要性。

在表 6-7 中，我们给出了大致反映 2003 年 8 月汽车贷款、个人贷款和信用卡贷款利率的信息。这些利率之间存在着巨大差别——其结果取决于抵押担保、期限、过去的违约率以及非利息费用等特点。此外，每个市场的竞争条件以及各种监管——比如州和市所执行的**利率上限**（usury ceilings，金融机构提供消费和抵押贷款时能够收取的最高利率）——都会影响到消费贷款的利率结构。例如，2001 年 4 月，费城针对非银行贷款者实施了一项法律，不允许它们的抵押贷款利率高于同期限国债利率的 6.5%，且不允许它们收取的总费用高于贷款总额的 4%。

图 6-3 贷款的年度净冲销率

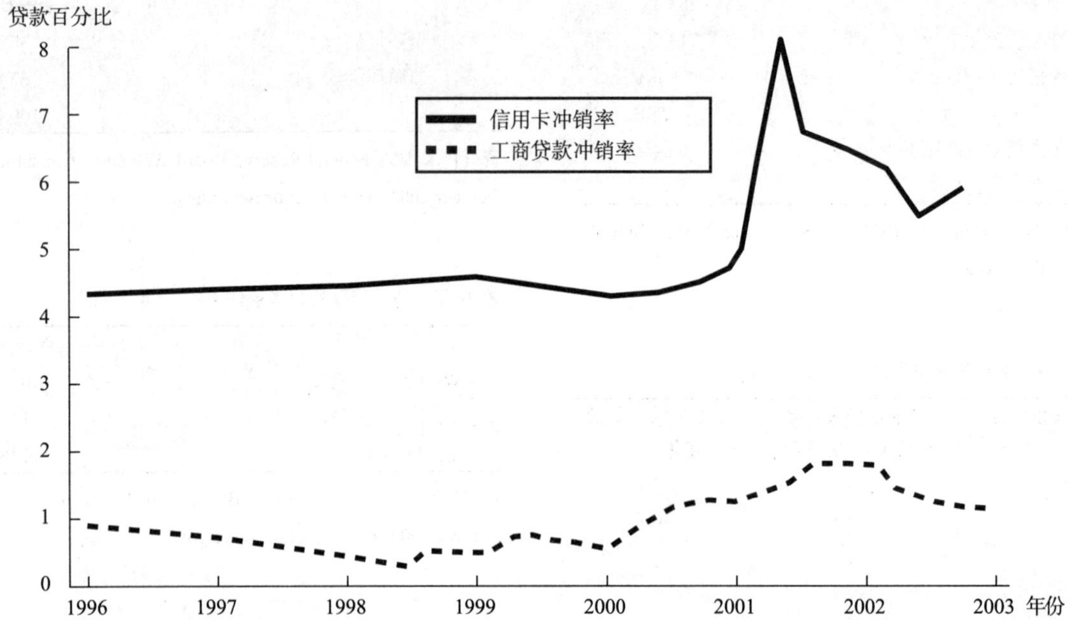

资料来源：Federal Deposit Insurance Corporation，Quarterly Banking Profile，various issues.www.fdic.gov.

其他贷款

“其他贷款”这一类别包括了众多的借款人和贷款种类，其中包括农业贷款、其他的银行贷款、非银行类金融机构贷款（比如提供给投资银行的可赎回贷款[5]、经纪商保证金贷款（向个人投资组合提供部分融资）、州和地方政府贷款、外国银行贷款和主权政府贷款等。我们将在第 11 章中对主权贷款进行介绍。

贷款收益的计算

一旦决定提供贷款，贷款的定价便成为信贷管理过程中的一个重要环节。这包括根据对借款人信用风险和违约风险的判断以及贷款的费用和抵押担保等因素来对利率进行调整。[6] 这一节将介绍一种计算贷款收益的方法：传统的资产收益法。尽管我们介绍收益计算方法时是以工商业贷款为例，但这种方法也可用于计算其他贷款（比如信用卡贷款和抵押贷款）的收益。

贷款的合约承诺收益

从前面对贷款的介绍中可以清楚地看到，金融机构特定贷款（资产）获取的承诺收益会受到多种因素的影响。这些因素包括：

1. 贷款利率。
2. 与贷款相关的所有费用。

5 可赎回贷款允许贷款人（比如银行）在合约有效期内的任何时间要求对方还款。不可赎回贷款允许借款人在不超过贷款期限的范围内决定还款的时间。比如，提供给投资银行的大多数经纪商贷款都可以在一天内赎回，而且当作为贷款人的银行要求赎回时，就必须立即偿还。）

6 最近，金融机构设计出了一种关联定价法，即根据客户使用的收费服务总额及在金融机构持有的投资额来决定向客户提供的利率折扣。关联定价与（更传统的）交易定价正好相反。在后一种情况下，客户要支付某一固定的服务费率，而不管自己与金融机构之间的其他（非贷款）业务总额有多大。

3. 贷款的信用风险溢价。
4. 贷款的抵押担保。
5. 其他非价格条件（尤其是补偿余额和准备金要求）。

首先，让我们通过一个例子来看工商业贷款承诺收益的计算方法。假设某金融机构提供了一笔 100 万美元的一年期即期贷款。贷款利率可以这样确定：

$$\begin{aligned}\text{贷款基础利率（BR）} &= 12\% \\ +\ \text{信用风险溢价或差价（m）} &= 2\% \\ BR + m &= 14\%\end{aligned}$$

贷款基础利率（base lending rate，缩写为 BR）可能反映了金融机构的资本加权平均成本或资金边际成本，比如商业票据利率、联邦基金利率或**伦敦银行同业拆放利率**（London Interbank Offered Rate，缩写为 LIBOR），即欧洲美元市场上某种期限美元同业贷款的利率。伦敦是欧洲美元市场的中心。另外，贷款基础利率也可能反映了**优惠贷款利率**（prime lending rate）。优惠贷款利率常用于长期贷款的定价，而联邦基金利率和 LIBOR 常用于短期贷款的定价。过去，优惠利率一直是金融机构向风险最低的客户收取的利率。现在，它更多地被当作一种贷款基础利率——可以在它的基础上加上正的或负的风险溢价。换句话说，为了与商业票据市场竞争，现在信用最好的大借款者一般支付的利率要低于优惠利率。

与贷款相关的直接或间接费用一般可以分为三种类别：

1. 向借款人收取的、与处理贷款申请相关的贷款起动费（*of*）。
2. 以非生息活期存款形式而存在的一笔补偿余额（*b*）。**补偿余额**（compensating balance）是指借款人不能立即用于支出的一部分贷款。相反，这些余额必须存入提供贷款的金融机构。例如，如果借款人获得 100 万美元贷款时，面对的补偿余额要求为 10%，那么这 100 万美元借款中必须有 10 万美元存入提供贷款的金融机构（一般以活期存款形式存入），而只能动用 90 万美元的借款。这种要求抬高了借款人的实际成本，因为借款人实际使用的资金（在此为 90 万美元）要低于贷款总额，且补偿余额的存款利率要低于借款利率。因此，补偿余额要求成为了金融机构贷款收益的另一个来源。[7]
3. 美联储对金融机构（具体而言是存款机构）的活期存款（包括所有补偿余额）提出的准备金要求（RR）。

虽然信用风险可能是最终影响贷款收益的最重要的因素，但是金融机构的经理们在对贷款的利润和风险进行评估时也不能忽视其他因素。实际上，除了收取更高的规定利率或贷款风险溢价，或是对贷款额度进行限制之外，金融机构还可以通过许多办法来获得高信用风险补偿。比如，更高的费用、更高的补偿余额以及更多的抵押担保等等，都可以作为金融机构弥补贷款信用风险的内在和间接方法。

每 1 美元贷款的合约承诺总收益（k）——或每 1 美元贷款的 ROA——等于：[8]

$$1 + k = 1 + \frac{of + (BR + m)}{1 - [b(1 - RR)]}$$

需要对此公式作出一些说明。公式中的分子为金融机构每 1 美元贷款获取的全部承诺现金流，它是直接费用（*of*）与贷款利率（*BR* + *m*）之和。就分母而言，金融机构每提供 1 美元贷款，就要截留 *b* 美元作为补偿余额。因此，1-*b* 是不考虑准备金要求的情况下，借款人从金融机构每借 1 美元贷款所获得的净收益。然而，由于 *b*（补偿余额）为借款人存在金融机构的活期存款，而美联储要求存款机构以这些补偿余额为基础按准备金比率 RR 来持有非生息准备。因此，金融机构从补偿余额要求中获取的净收益必须考虑持有额外的非生息准备所涉及到的成本。金融机构每 1 美元贷款的净现金流出为 $1-[b(1-RR)]$，即 1 减去准备金调整后的补偿余额。

7　补偿余额要求也使存款供给更加稳定，因此，有助于缓解流动性问题。

8　这个公式忽略了很容易处理的现值问题。比如，各项费用收益为前期非贴现美元值，而利息收益和风险溢价一般在贷款到期时支付，因此，应该根据金融机构的资金成本进行贴现。

例 6-1 贷款 ROA 的计算

假设某银行：

1. 将未来一笔贷款的利率确定为 14%（$BR = 12\%$，$m = 2\%$）。
2. 向借款人收取 0.125% 的贷款启动费。
3. 要求借款人以非生息活期存款的形式持有 10% 的补偿余额。
4. 按存款额的 10% 在美联储持有准备金存款（即美联储的准备金比率为 10%）。

将本例中的数据代入计算收益的公式中，我们得到：[1]

$$1 + k = 1 + \frac{0.00125 + (0.12 + 0.02)}{1 - [(0.10)(0.9)]}$$

$$1 + k = 1 + \frac{0.14125}{0.91}$$

$$1 + k = 1.1552 \quad 即\ k = 15.52\%$$

这理所当然地要大于贷款的简单承诺利息收益 $BR + m = 14\%$。

1 如果我们要考虑费用和利息的现值影响，并假设银行的贴现率（d）为 12.5%，那么 $BR+m$ 这一项应该按 $1+d=1.125$ 来进行贴现，而费用收益则不需要贴现（因为它是先期付款）。在这种情况下，k 为 13.81%。

在特殊情况下，如果费用收益（of）和补偿余额（b）均为 0：

$$of = 0$$

$$b = 0$$

那么合约承诺收益的计算公式将简化为：

$$1 + k = 1 + (BR + m)$$

也就是说，一旦贷款基础利率确定，信用风险溢价或差价（m）就成了决定贷款承诺收益的基本因素。

需要注意的是，随着商业贷款市场的竞争更加激烈，贷款启动费（of）和补偿余额（b）的重要性都在下降。例如，现在银行虽然仍在收取补偿余额，但却允许补偿余额以定期存款的形式存在，因此可以获得利息。这样，借款人补偿余额的机会成本损失已降为贷款利率和补偿余额定期存款利率之差。此外，在国际贷款（比如欧洲美元贷款）中，补偿余额要求十分罕见。[9] 最后要说明的是，就某一固定的贷款总承诺收益 k 而言，金融机构的经理们能够通过定价公式找到针对客户的各种不同的费用、补偿余额和风险溢价组合，从而获取同样的贷款收益。

贷款的预期收益

借款人和贷款人通过合约而确定的贷款承诺收益（$1+k$）既包括了贷款利率，也包括了非利率收益（比如费用收益）。然而，由于违约风险的存在，贷款的承诺收益可能会与贷款的预期收益和实际收益大不相同。**违约风险**（default risk）是指借款人无力或不愿意履行贷款合约承诺条款的风险。各种贷款一般都面临程度不同的违约风险。因此，发放贷款时，每 1 美元贷款的预期收益［$E(r)$］与承诺收益的关系为：

$$E(r) = p(1 + k) - 1$$

式中 p 为还款的概率。由于 p 小于 1，所以总是存在违约风险。这就意味着金融机构必须：(1) 提高风险溢价，以便能够补偿这种风险；(2) 认识到下列事实：较高的风险溢价（m）、较高的费用和基础利率实际上会降低还款的概率（p）。也就是说，k 和 p 并非相互独立。事实上，在某一范围内，当费用和贷款利率增加时，借款人支付承诺收益的概率会下降（即 k 和 p 为负相关）。因此，金融机构通常要从两方面来控制信用风险：一方面是价格

9 关于使用类似公式的几个有趣的例子，请参见：J. R. Brick, *Commercial Banking: Text and Readings* (Haslett, Mich: Systems Publications Inc., 1984), Chap. 4。如果补偿余额存款的利率为 8%（$r_d = 8\%$），那么，例题中的银行的分子将减少 $b \times r_d$，在此 $r_d = 0.08$，$b = 0.1$。在这种情况下，$k = 14.64\%$。这里假设作为定期存款的补偿余额的准备金要求（RR）为 10%。然而，尽管目前活期存款的准备金要求为 10%，但定期存款的准备金要求为 0。假设 $RR = 0$，且补偿余额的利率为 8%，我们重新计算出的结果为 $k = 14.81\%$。

或承诺收益（$1+k$）；另一方面是贷款的数量或信用额度。此外，即使根据借款人的违约风险对贷款利率进行了调整（通过提高贷款风险溢价），也并不能保证金融机构将实际获得承诺收益。本章介绍的计量和定价方法要考虑以获取贷款承诺收益的概率为基础的信用风险。贷款发放后的实际还款或违约率可能会与预期的概率不同。

一般情况下，与贷款（比如工商业贷款）相比，控制零售贷款（比如消费贷款）的信用风险时更多的是从数量方面而不是从价格方面着手。我们将在下一节讨论这方面的原因。在此后的一节中，我们将对金融机构的经理们在确定恰当的贷款风险溢价（m）时所采用的各种方法进行分析。这在正确确定批发贷款的价格以及债务风险方面起着关键性的作用。

零售和批发贷款决策

零售贷款决策

由于在金融机构总体投资组合中所占规模较小，而收集家庭借款人（消费贷款）信息的成本较高，所以大多数零售贷款一般都是要么被接受，要么被否决。被接受的借款者通常是缴纳相同的利率，这就意味着他们的信用风险溢价是一样的。比如，从信用社借款购买劳斯莱斯轿车的一位富人，与从信用社借款购买本田轿车的一位不太富有的人，支付的汽车贷款利率是一样的。按照金融行业的说法，零售客户（消费贷款）的分类或限制在于贷款数量的限额，而不在于贷款的价格或利率差异。[10] 也就是说，从零售层面来看，金融机构控制其信用风险的手段是**信用限制**（credit rationing），而不是一定范围内的利率和价格浮动。因此，金融机构可能会以相同的利率向富人提供最高限额为 60 000 美元的一笔贷款，同时向一位不太富有的人提供一笔限额为 10 000 美元的贷款。住房抵押贷款是另一个较好的例子。在认可两位借款人的抵押贷款申请之后，金融机构会根据贷款价值比（金融机构愿意提供的贷款额与所购房屋市场价值之比）——而不是抵押贷款利率的不同——来对两者进行区分。[11]

批发贷款决策

与零售层面不同，在批发（工商业贷款）层面，金融机构会使用利率和贷款数量来控制信用风险。因此，当金融机构按优惠利率（BR）向工商业借款者提供贷款时，它可能会向风险较低的借款人收取更低的贷款利率。风险较高的借款人要在优惠利率基础上再支付一个差价，即信用（违约）风险溢价（m），以补偿金融机构额外承担的信用风险。

就一定限度的贷款需求而言，只要金融机构能够从足够高的利率（或信用风险溢价）中得到补偿，他们就愿意向高风险批发借款人提供资金。然而，正如前面所介绍的，贷款利率（k）的上升可能会降低借款人支付承诺收益的概率（p）。例如，支付 15% 的贷款利率（10% 的优惠利率加上 5% 的信用风险溢价）的借款人想要按承诺支付贷款收益的话，就只能将资金用于高风险且高回报机会较小的投资。然而，根据定义，高风险项目很有可能无法实现高回报的目标。如果高回报不能成为现实，借款人将被迫违约。在极端情况下，金融机构既无法获得贷款所承诺的利息和费用收益，也无法收回所贷出去的本金。这就意味着，很高的合约利率实际上会降低金融机构预期的贷款收益，因为高利率会导致借款人投资于风险更大的项目。[12] 换句话说，只有那些打算将借款投

---

10 这并不是说所有金融机构的利率都是相同的。比如，21 世纪初期的许多时间里，与汽车厂商相关的金融公司（比如 GMAC）提供的汽车贷款利率为 0。但是，许多购车者并未意识到，贷款人的资金成本已经包含在汽车价格的上涨之中了。由于存款机构不能够以这种方式来收回其资金成本，因此它们试图以不同的利率来与金融公司竞争。然而，就某一金融机构而言，向所有借款人提供的汽车贷款的利率都是相同的。

11 然而，随着信息成本的下降，以及反映单个家庭信用状况的综合数据库的建立，根据最优的单一利率来发放贷款的做法将会减少。

12 按前一节的内容来看，较高的贷款收益 k［反映了较高的基础利率（BR）和风险溢价（m）］会导致较低的还款概率（p），因此会降低贷款预期收益 $E(r)$ 的概率——在此，$E(r)=p(1+k)-1$。事实上，当 k 非常高时，贷款的预期收益可能会成为负数。

图 6-4 贷款承诺利率与贷款预期收益之间的关系

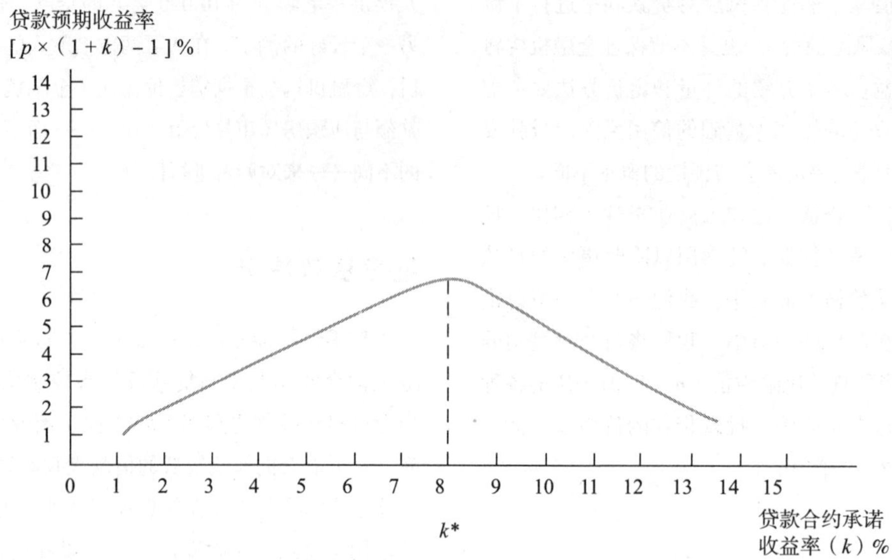

资于高风险项目的借款人（高风险借款人）才有兴趣从金融机构获得高利率贷款。这样，当利率较高时，低风险借款人将从潜在借款人的群体中退出。这将使潜在借款者群体的平均信用质量下降。图 6-4 反映了这种影响。

当合约承诺利率（k）非常低时，借款人不需要在其资金的使用上冒更大的风险，因此，那些相对稳妥的投资项目将使用金融机构的融资。随着利率上升，低风险、低回报项目的借款人认为从金融机构借款已不再有利可图，因此会从潜在借款人群体中退出。换句话说，借款人会将借款的用途转向高风险投资项目，因此只有很小的还款可能。从图 6-4 来看，当利率的上升超过 k^*（8%）时，较高的合约承诺利率（k）给金融机构带来的额外预期收益将逐步被较低的还款概率（p）所抵消。也就是说，由于贷款合约承诺利率较高时，违约概率有可能增加，因此，向批发借款人收取 9%~14% 的贷款利率的金融机构所获取的预期收益要低于贷款利率为 8% 的金融机构。

贷款的合约承诺利率和预期收益之间的这种关系表明，当利率超出某一水平时，金融机构最好对批发贷款进行限额分配，也就是说，不再提供贷款或提供较少的贷款。不必根据价格进行限额分配（通过向借款人收取越来越高的风险溢价），金融机构可以通过设立贷款的最高限额来使贷款预期收益最大化。[13] 从图 6-4 来看，向借款人收取的利率最高为 8%，而就任何特定的利率水平而言，风险最大的借款人还要面临更为严格的贷款限额或贷款上限。

信用风险的计量

为了测量贷款和投资的违约风险以及对表外合约（比如贷款承诺）的信用风险进行评估，金融机构的经理需要对借款人违约的概率进行计量。完成这一任务的能力主要取决于金融机构掌握了多少与借款人相关的信息。在零售层次，许多信息要从内部获得，或者是从外部信用机构购买。在批发层次，这些信息来源可以得到一些公开信息（比如审计过的财务报表、股票和债券的价格

13 事实上，人们发现银行贷款的数量不仅取决于利率，而且还取决于借款人的信用质量。具体来讲，银行有时会紧缩其贷款标准（即使能够获取更高的利率也要放弃风险较大的贷款），以使其贷款预期收益最大化。此外，批发贷款市场的竞争性以及贷款需求的价格弹性也会影响银行贷款的数量。也就是说，随着贷款竞争的增加，银行从风险定价转向贷款限额分配的（利率）临界点会上升，反之则会下降。

以及分析师的报告等）的支持。因此，与小规模的个体经营店相比，股份公开交易的公司能够向金融机构提供更多的信息，同时也使得收集这种信息的平均成本更低，因此，金融机构会使用更为复杂的方法，而且通常是更多的定量分析方法，来对它们的违约风险进行评估。然而，技术的进步及信息收集方式的改进正使得对规模较小的借款人的定量分析也越来越容易和廉价。[14] 本章的附录 6C 详细介绍了与零售和批发层次相关的信用风险计量方法（比如现金流和比率分析等较为简单的方法）。

从原则上讲，金融机构可以根据极为相似的方法和模型来分析债券和贷款的违约概率。尽管就任何一位借款人的贷款而言，一般只涉及到极少的债权人，而不像债券那样涉及到众多的持有者，但从本质上讲，贷款和债券都是承诺在未来定期支付固定（或指数化）收益的合约。如果借款企业出现问题，贷款和债券的求偿权要先于股东收益。此外，与贷款一样，债券也包含了一些限制或鼓励不同行为的**特约条款**（covenant），以提高还款的概率。特约条款可以包括对新的债务种类和数量的限制、对投资的限制以及对贷款或债券尚未清偿完毕的情况下借款人出售资产行为的限制。财务特约条款通常还包括了对借款人财务比率（比如其杠杆比或流动比）变化的限制。比如，包含在许多债券和贷款合约中的一种普遍存在的限制性特约条款，对企业支付给股东的股息进行了限制。显然，在现金流一定的情况下，向股东支付较高的股息意味着用于偿还债券持有者和贷款人的现金流会下降。此外，与批发贷款的利率一样，债券的收益一般也反映了风险溢价（它取决于对借款人信用质量的判断以及债务抵押物或担保物的情况）。考虑到这一点，金融机构可以使用下列众多的模型来分析贷款决策中的违约风险概率，或者是投资于公司的公募或私募债券时的违约风险概率。

违约风险模型

经济学家、分析师和金融机构的经理们可以使用多种不同的模型来评估贷款和债券的违约风险。这些模型中，既有较注重定性分析的，也有十分注重定量分析的。此外，这些模型并非相互排斥，金融机构的经理可以使用一个以上的模型来进行贷款定价和贷款限额决策。正如下面将更为详细介绍的，最近，金融机构已投入了大量的时间和精力来建立高技术信用风险评价模型。其中许多模型使用的想法和技术与第 5 章所介绍的市场风险模型是类似的。我们将对以下三类模型中的几种情况进行分析：定性模型、信用评分模型和新模型。

定性模型

在无法获得与借款人信用质量相关的公开信息的情况下，金融机构的经理必须从私人渠道（比如存贷款档案）收集信息，并且 / 或者从外部渠道（比如信用评级机构）购买此类信息。这种信息有助于经理对借款人的违约概率作出周全的判断，同时也有助于正确确定贷款或债务的价格。

一般来说，所收集到的信息数量取决于潜在的债务风险的大小以及信息收集的成本。然而，在进行信贷决策时要考虑几个关键因素。这些因素包括：（1）与借款人相关的因素——它们反映了借款者个人的特点；（2）与市场相关的因素——进行信贷决策时，它们会对全部借款人产生影响。金融机构的经理将根据对这些因素的主观判断来做出总体信贷决策。由于这些模型依赖于金融机构经理的主观判断，因此，它们经常被称作专家系统。接下来对人们通常使用的两类因素——与借款人相关的因素和与市场相关的因素——进行分析。

与借款人相关的因素

声誉　借款人的声誉涉及到贷款申请者的借贷历史。如果借款人在过去建立起了一种及时还款的声誉，那么这将提升贷款申请者对金融机构的吸引力。借款人和贷款人之间的长期客户关系形成了一种与借贷相关的**内在合约**（implicit contract），这种合约关系超出了作为借贷关系基础的、正式的外在法律合约。良好的声誉只能通过一定时期内的还款行为反映出来，因此，这一因素对于

14 这些进步包括 Dun & Bradstreet 等公司提供的数据库服务和自动进行信用评估的软件。

新的小额借款人是不利的。这就是小企业首次公开发行债券时一般要比已经发行过债券的老企业支付更高收益的原因。

杠杆比 借款人的**杠杆比**（leverage）或资本结构——债务股权比——会对自己的违约概率产生影响，因为大额的债务（比如债券和贷款）将增加借款人的利息支出，从而对其现金流产生巨大需求。正如图 6–5 所反映的，相对较低的债务股权比不会对偿债的违约概率产生巨大影响。然而，超出某一限度之后，破产风险就会上升，这样，贷款人损失部分利息或本金的概率也会上升。因此，高杠杆比企业，比如最近通过金融机构提供部分垃圾债券或非投资级债务融资来从事杠杆收购（LBOS）的企业，可能会发现，自己对其借款要支付更高的风险溢价——除非它们能首先分配到资金。[15]

图 6–5 债务成本、违约概率和杠杆比之间的关系

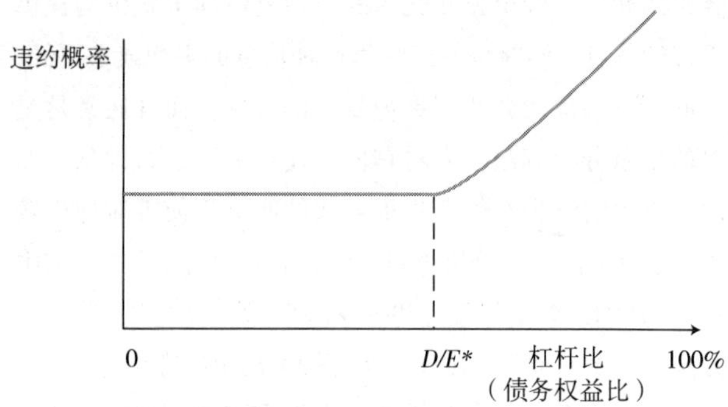

收益的波动性 与杠杆比一样，较高的收益波动性也会使借款人无力偿付特定资本结构下的固定本息的概率上升。因此，与具有更稳定的长期收益历史的企业相比，收益变化较大的新企业或高科技企业，由于其信用风险较大而对银行的吸引力较小。

担保物 正如前面所介绍的，担保物（即为贷款提供担保的资产）的多少是所有贷款决策和贷款定价决策中的一个关键因素。为了防止借款人违约，许多贷款和债券都以具体的资产为担保。抵押债券的持有者对借款人的某些具体财产享有首要求偿权，信用债券的持有者对借款人的资产只享有更一般和风险更大的求偿权。附属信用债券风险更大，因为其持有者对违约借款人资产的求偿权要次于抵押债券和信用债券持有者。同样的，贷款既可以采用担保（抵押）的形式，也可以采用非担保（非抵押）的形式。[16]

与市场相关的因素

商业周期 经济处在商业周期的哪个阶段，对金融机构评价借款人违约概率是非常重要的。比如，在经济衰退时期，从事汽车、冰箱或房屋等耐用消费品生产的企业的业绩，要比那些从事烟草和食品等非耐用消费品生产的企业更差。经济衰退时期，人们会削减奢侈品的消费，但一般不会削减食品等生活必需品的消费。因此，经济体系中耐用消费品行业的公司借款人更容易产生违约风险。由于考虑经济周期的影响，金融机构在经济衰退时期更有可能强化贷款限额分配的作用。这对于小借款人尤其不利，因为，他们很难涉足商业票据等其他信贷市场。

利率水平 高利率反映了美联储的紧缩货币行为。金融机构不仅会发现满足其贷款决策的资金来源更少，资金成本更高，而且还必须认识到，高利率与更高的信用风

---

15 然而，S. J. Grossman 和 O. D. Hart 认为，较高的债务（杠杆比）可能意味着较高的管理效率，因此，实际上会使破产风险更低。在垃圾债券融资杠杆收购方面，还存在着类似的激励管理者提高效率的观点，即为了实现其偿债承诺，债务较多的企业不得不“节俭”。请参见：“Corporate Flnancial Structure and Managerial Incentives,” in *The Economics of Information and Uncertainty*, ed.J.McCall (Chicago：Chicago University Press, 1982).

16 然而，抵押贷款仍然面临着某种程度的违约风险——除非这些贷款有充裕的抵押物，即抵押资产的市场价值要高于债务工具的面值。至于提供抵押物是否意味着借款人风险的高低，还存在着一些不同的观点。可以说，最优的借款人无需提供抵押物，因为他们的信用风险状况良好，而只有风险较大的借款人才需要提供抵押物。也就是说，提供抵押物可能意味着更高而不是更低的信用风险。比如，可参见 A.Berger and G.Udell, “Lines of Credit, Collateral and Relationship Lending in Small Firm Finance,” *Journal of Business*, 1995, pp.351-381.

险之间一般是相互关联的。正如前面介绍过的，高利率会激励借款人承担过大风险，并且只会激励那些风险很大的客户去借款。

到目前为止，我们只对金融机构经理在决定贷款或债券违约概率时要考虑的几个与借款人和经济相关的定性因素进行了描述。[17] 为了防止这些因素以纯粹主观的形式进入决策过程，金融机构的经理可以按照更为客观或定量分析的方式来对这些因素进行权衡。下面我们将介绍用于计量信用风险的定量信用评分模型。这方面的许多信息时常来自于罗伯特·莫尼斯协会（Robert Morris Associates，缩写为 RMA）。RMA 已经成为了几千家商业贷款银行的一个标准参照物——它能够提供 400 多个行业的平均资产负债表和收益数据，每个规模群体和行业的百分比财务报表，反映 5 年期趋势的数据，以及 10 多万借款企业的财务报表信息。

信用评分模型

信用评分模型（credit scoring model）属于定量模型。它可以根据所了解的借款者特征，计算出一个代表借款申请者违约概率的分数，或者将借款人归入不同的违约风险等级中。通过选择性地获取借款人在经济和财务方面各种不同的特征并将这些特征进行综合，金融机构的管理者可以：

1. 以量化形式决定哪些因素对信用风险的分析是很重要的
2. 分析这些因素的相对重要性
3. 改进违约风险定价
4. 较好地识别出高风险贷款申请者
5. 较准确地计算出未来预期贷款损失所需的准备金

信用评分的主要好处在于，贷款人不必使用更多的资源就可以较准确地预测出借款人的业绩。根据信用评分专家们的说法，企业贷款信用评分模型考虑到了所有必要的监管变量，且其平均准确率达到了 85%，因此，这些模型的使用意味着商业贷款人将面临着更少的违约和资产冲销。实际上，许多商业贷款担保人都在使用信用评分模型，以符合 2002 年《萨班斯—奥克斯利法案》（Sarbanes-Oxley Act）的要求——该法案为公司治理的几个方面确定了指导原则，其中包括风险管理和控制评估等方面。

为了使用信用评分模型，金融机构的经理必须确定反映特定种类借款人风险的各种客观经济指标和财务指标。对消费贷款而言，信用评分模型的客观特征可能要包括收入、资产、年龄、职业和居住地。对商业贷款而言，关键因素通常要包括现金流信息和财务比率（比如债务股权比）。数据确定之后，就可以利用统计学方法计算出违约风险的概率或违约风险的级别。

信用评分模型可以分为三大类别：（1）线性概率模型；（2）Logit 模型；（3）线性判别分析。本章的附录 6C 介绍了如何使用信用评分模型来评价抵押和消费贷款。在这一节，我们将介绍如何使用信用评分模型来评价商业贷款。

线性概率模型和 Logit 模型

线性概率模型通过将过去的数据（比如财务比率）输入模型来说明以前的还款经历。这样，用来说明过去还款表现的一些较重要的因素，就对新的贷款偿还概率作出了预测。也就是说，说明过去还款表现的一些因素可以用来分析本章前面所讨论过的还款概率 p（在确定贷款风险溢价或贷款限额方面，它是一个关键变量）以及违约概率（PD）。

简单地讲，我们将过去的贷款（i）分成两组进行观察：违约贷款（$PD_i = 1$）和非违约贷款（$PD_i = 0$）。然后，我们通过线性回归来建立这些观察结果与一组因变量（X_{ij}）之间的联系——这些变量反映了第 i 个借款人的数量信息，比如杠杆比或盈利等。我们可以通过下列线性回归来近似表达出该模型：

$$PD_i = \sum_{j=1}^{n} \beta_j X_{ij} + \text{误差}$$

17 更一般地说，J. F. Sinkey 确定了主观（定性）信用分析中应包括的 5 种信用特征（5C）：品质（还款意愿）、能力（现金流）、资本（财富）、抵押物（担保）和条件（经济条件）。参见 *Commercial Bank Financial Management-In the Financial Services Industry*，5 nd ed.(New York：Macmillan，1998).

式中 β_j 是对说明过去还款经历的第 j 项变量（杠杆比）重要性的估计。

这样，如果以某个潜在借款人的观察变量 X_{ij} 乘以估算出的一些 β_j，我们就能得出这位潜在借款人预期的 PD_i 值。这个值可以理解成借款人的违约概率：$E(PD_i) = (1 - p_i)$ = 预期违约概率，其中 p_i 代表还款概率。

例 6-2 使用线性概率信用评分模型估算还款概率

假设影响借款人过去违约行为的两个因素是：杠杆比或债务股权比（D/E）；销售额与资产比（S/A）。根据过去的（还款）违约经历，线性概率模型可以近似表达为：

$$PD_i = 0.5\,(D/E_i) + 0.1\,(S/A_i)$$

假设一位潜在借款人的 D/E 为 0.3，S/A 为 2.0，那么，其预期违约概率（PD_i）大约为：

$$PD_i = 0.5 \times 0.3 + 0.1 \times 2.0 = 0.35$$

尽管这种方法是直截了当的——只要能获得借款人目前的 X_{ij} 信息，但其主要缺陷是估算出的违约概率常常会超出 0~1 这一区间。通过把线性回归模型估算出的违约概率限定在 0~1 的范围内，Logit 模型克服了这个缺陷。[18]

线性判别模型

线性概率模型和 Logit 模型对贷款的预期违约概率进行预测，而判别模型则根据借款人所表现出的特征（X_j），将其分为高违约风险和低违约风险两个不同的级别。

我们来看奥尔特曼（E. I. Altman）针对美国制造业中的上市公司设计出的判别分析模型。变量 Z 反映了某商业借款人整体的违约风险级别。[19] 反过来，指标 Z 取决于借款人各种财务比率的价值，以及这些比率所占的权重——权重的大小取决于对过去的违约借款人和非违约借款人（其区分来自于判别分析模型）的观察结果。

奥尔特曼的判别函数（信用评级模型）可表示为：

$$Z = 1.2X_1 + 1.4X_2 + 3.3X_3 + 0.6X_4 + 1.0X_5$$

例 6-3 奥尔特曼 Z 比率的计算

假设某个潜在借款企业的各项财务比率如下：

$X_1 = 0.2$

$X_2 = 0$

$X_3 = -0.20$

$X_4 = 0.10$

$X_5 = 2.0$

X_2 为 0，X_3 为负数，这说明该企业近期的利润为负数或者说有亏损。同时，从 X_4 的价值可以看到，借款人有很高的杠杆比。然而，营运资本比率（X_1）和销售额与资产比率（X_5）反映出该企业有较好的流动性和销售状况。Z 比率从总体上反映了借款人的信用风险，因为，它根据过去这 5 个因素在区别违约借款人和非违约借款人方面的重要性，计算出了它们的加权平均数。就本例中的借款者而言：

$$\begin{aligned} Z &= 1.2 \times 0.2 + 1.4 \times 0 + 3.3 \times (-0.20) + 0.6 \times 0.10 + 1.0 \times 2.0 \\ &= 0.24 + 0 - 0.66 + 0.06 + 2.0 \\ &= 1.64 \end{aligned}$$

根据奥尔特曼信用评分模型，Z 比率低于 1.81 的企业应该属于有较高的违约风险。[1] 因此，在这种借款人改善其收益状况之前，金融机构不应该向其提供贷款。

1 判别分析模型给出了一个分界线：Z=1.81。这一数值是违约企业和非违约企业 Z 比率的平均分数。比如，假设非违约企业一般的 Z 比率为 2.01，违约企业一般的 Z 比率为 1.61，那么，这两个比率的平均值为 1.61。详情参见：G.Turvey，"Credit Scoring for Agricultural Loans：A Review with Applications，" *Agricultural Finance Review* 51 (1991)，pp.43-54.

18 实际上，这种方法是将线性概率模型的估算值 PD_i（在我们的例子中，$PD_i = 0.35$）代入到下列公式中：

$$F(PD_i) = \frac{1}{1 + e^{-PD_i}}$$

式中的底数等于 2.718，$F(PD_i)$ 为 PD_i 的逻辑转换值。

19 Z 是反映违约状况的一个指标，而非直接反映违约概率（PD）。

式中：

X_1 = 营运资本与总体资产之比

X_2 = 留存收益与总资产之比

X_3 = 息税前收益与总资产之比

X_4 = 股权市值与长期债务账面值之比

X_5 = 销售额与总资产之比

Z 值越大，借款人的违约风险级别越低。[20] 因此，较低的 Z 值或 Z 值为负数都意味借款人处于相对较高的违约风险级别。

利用判别分析模型进行信贷风险评估时，面临着几个方面的问题。这方面的大多数批评也适用于线性概率模型和 Logit 模型。第一个问题在于，这些模型通常只对借款人行为中的两种极端情况——不违约和违约——进行了区分。正如第 2 章所介绍的，在现实世界中，存在着不同的违约状况：从停止或拖延支付利息（不良资产）到承诺本息支付的完全违约。这表明，为了对借款人进行更准确或更细致的区分，判断分析模型需要划分出更多的等级。

第二个问题是，没有明显的经济理由使人们认为判别函数中的权重——或者，更一般地讲，是所有信用评分模型中的权重——在任何时期内（短期除外）都是不变的。变量 X_j 也面临着同样的问题。具体而言，由于金融市场实际情况的变化，其他一些与借款人相关的财务比率，可能在解释违约风险概率时更为有用。此外，线性判别模型假设各种变量 X_j 之间是相互独立的。[21]

第三个问题在于这些模型忽视了一些难以量化的重要因素，而这些因素在判断违约状况时可能起着关键性作用。比如，借款人的声誉以及长期的借贷关系可能是与借款人相关的重要特征，商业周期这样的宏观因素也是如此。这些变量时常被信用评分模型忽略了。此外，传统的信用评分模型很少使用一些可以获得的公开信息，比如未清偿的公开发行债务的价格和借款人股权的价格。[22]

第四个问题与金融机构保留的违约记录相关。目前，并不存在反映企业贷款违约状况的中心数据库——无论是私营的还是其他形式的。考虑到银行资本金要求的改革建议（参见第 15 章），商业银行、保险公司和咨询公司等团体目前所组建的一些专业团队都在构建这种数据库。然而，这些数据库可能要在许多年后才能开发出来。这种状况会阻碍许多金融机构使用传统信用评分模型（以及一般的量化模型）的能力，尽管它们能够很好地使用小额消费贷款（比如信用卡贷款）模型——在这些贷款方面存在着更好的中央数据库。

新的信用风险模型利用金融理论和更广泛的金融市场数据，推测贷款和债务工具的违约概率。因此，这些模型可以更好地对企业这种大规模借款人的贷款进行评估。正如从附录 6A 和 6B 中所看到的，这是金融机构正在大力研究的一个领域。下面我们将对几种新方法或新的信用风险模型进行介绍，其中包括：

1. 信用风险期限结构方法
2. 失败率方法
3. RAROC 模型
4. 期权模型（包括 KMV 信用监控模型）
5. 信用计量模型（参见附录 6A）
6. 信用风险 + 模型（参见附录 6B）

尽管这些模型所关注的是信用风险的不同方面，但它们都强烈依赖于现代金融理论和金融市场数据。

---

20 营运资本等于流动资产减去流动负债。

21 最近的非线性判断分析力求放宽这种假设。此外，对神经网络的研究（一种复杂的计算机算法，其目的是通过寻找变量 X_j 之间的联系，来改进对 Z 比率的分类）有望解决这一问题。参见：P. K. Coats and L. F. Fant，"Recognizing Financial Distress Patterns：Using a Neural Network Tool，" *Financial Management*，Summer 1993，pp.142-55；and "New Tools for Routine Jobs，" *The Financial Times*，September 24，1994.

22 比如，S. C. Gilson，K .John 和 L. Lang 认为，连续三年的股票收益较低或为负数时，通常意味着存在破产的可能。实际上，这种基于市场的方法是对本章后面要介绍的市场信模型的补充。参见："An Empirical Study of Private Reorganization of Firms in Default，" *Journal of Financial Economics*，1990，pp.315-53.

图 6-6 零息公司债券与零息国债的收益曲线

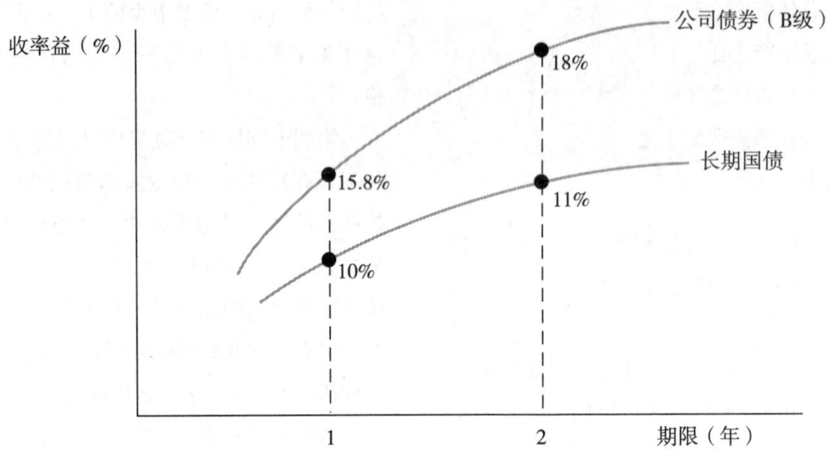

新的信用风险计量和定价模型

信用风险期限结构的推导

以市场为基础来评估信用风险和违约概率的方法之一，就是对相同风险级别借款者的公司债务或贷款的当期收益结构所包含的风险溢价进行分析。像标准普尔（S & P）这样的评级机构根据信用质量将公司债券发行者至少划分成了 7 个主要的级别。前 4 种信用质量级 AAA、AA、A 和 BBB 表明借款人的信用处于投资级。比如，货币监理署（它负责国民银行的监管）禁止银行购买此类级别之外的证券。相反，保险公司监管者则允许所管辖的金融机构购买 BB 级、B 级和 CCC 级等非投资级的证券，但同时也对其证券组合中所包含的此类证券的总量进行了限制。后三种级别的证券被人们称为高收益债券或垃圾债券。信用级别的差异可以通过公司债券收益曲线与国债（无信用风险债券）收益曲线的差别反映出来。

请看图 6-6 中零息公司债券（B 级）和相同期限的零息国债（本息分离国债）收益率的差异。由于**本息分离国债和零息公司债券**（Treasury Strips and Zero-coupon Corporate bonds）都属于到期一次性付款的折价债券，因此，我们可以根据实际市场利率信息来推算出应有的信用风险溢价和潜在的违约概率。也就是说，无风险零息国债的收益与不同信用级别的公司所发行的折价债券收益之差，反映了公司借款者未来不同时间一次性付款的信用风险。金融机构可以根据现有债务的信用风险概率，来决定是否向具有特定信用风险的借款人提供额外的资金。

下面，我们来看一个最简单的例子：假定有一家金融机构准备购买某风险借款人 1 年期的债券或向其提供 1 年期贷款，可以据此推测出潜在的违约概率。那么我们将考虑期限在 1 年以上的贷款和债券。无论在哪种情况下，我们都能推测出市场对某位借款人信用风险的看法（预期违约率）。[23]

一年期债务工具的违约概率

假设金融机构要求一年期（零息）公司债券的预期收益至少等于一年期（零息）国债的无风险收益。以 p 代表公司债券本息全额偿还的概率，那么，$1-p$ 就是违约的概率。如果借款人违约，金融机构（目前）认为它将一无所获（即资金回收率为 0，或者说违约时的损失为

23 严格来说，这些信用风险模型通常被称为强度模型（intensity-based models）或简易模型。关于这一内容的完整介绍，请参见：A. Saunders and L. Allen，*Credit Risk Measurement: New Approaches to Value at Risk and Other Paradigms*，2 nd ed.(John Wiley and Sons：New York，2002)，chap 5.

例 6-4　利用信用风险期限结构的推导来计算一年期债券（贷款）的违约概率

假设一年期零息国债和一年期公司债券（B 级）的市场利率分别为 $i = 10\%$ 和 $k = 15.8\%$（参见图 6-6）。这意味着，市场所认为的债券还款概率为：

$$p = \frac{1+i}{1+k} = \frac{1.100}{1.158} = 0.95$$

如果还款概率为 0.95，则说明违约概率（$1-p$）为 0.05。因此，在这个简单的一年期债券的例子中，公司债券（贷款）5% 的违约概率使金融机构将其所要求的风险溢价（Φ）确定为 5.8%。[1]

$$\Phi = k - i = 5.8\%$$

很显然地，当还款概率（p）下降及违约概率（$1-p$）上升时，金融机构所要求的利差（$\Phi = k - i$）也会上升。

1 在现实中，银行所要求的利差除了风险溢价之外，还包括更高的费用和补偿余额。在这个简单的例子中，我们省去了补偿余额和费用收益。然而，这些因素很容易纳入到模型中去。想获得关于此模型的更多信息，请参见：A.Ginzburg，K.J.Maloney，and R.Wilner，"Risk Rating Migration and the Valuation of Floating Rate Debt，" *Citicorp Working Paper*，March 1994；and R. Litterman and T. Iben，"Corporate Bond Valuation and the Term Structure of Credit Spreads，" *Journal of Portfolio Management*，1989.pp.52-64.

100%）。[24] 将一年期公司债券的合约承诺收益表示为 $1+k$，一年期无风险国债的收益表示为 $1+i$，那么，金融机构经理对公司债券和国债不加区分的条件为：[25]

$$p(1+k) = 1+i$$

即公司债券的预期收益等于无风险利率。

这种分析很容易扩展到更现实的金融活动中去：假如作为借款人的公司违约，金融机构也不会丧失所有的本息收益。实际上，即使借款人破产，作为贷款人的金融机构也能获得部分还款。比如，据奥尔特曼和巴纳（Bana）的估计，在 2002 年违约的公司债券中，投资者的平均损失率为 74.7%（即从一美元之中大约可收回 25.3 美分）。[26] 正如本章前面所介绍的，为了防止借款人违约，许多贷款和债券都以各种财产或房地产作为抵押（债权人享有对该财产的首要留置权）。我们以 γ 为代表贷款违约时可收回的本息所占的比重——一般情况下 γ 为正数。

金融机构的经理将按下列方式使贷款的预期收益等于无风险利率：

$$[(1-p)\gamma(1+k)] + [p(1+k)] = 1+i$$

这里新增了一项：$(1-p)\gamma(1+k)$；它是借款人违约时，金融机构预期将获得的收益。

正如所预料的，如果贷款的抵押物使得 $\gamma > 0$，那么，对既定的违约风险概率（$1-p$）而言，抵押物要求是控制违约风险的一种方法，它们可以直接代替确定贷款利率时的风险溢价。为了理解这一点，我们可以求出风险溢价 Φ（为公司风险债务的应得收益率 k 与无风险利率 i 之差）：

$$k - i = \Phi = \frac{(1+i)}{(\gamma + p - p\gamma)} - (1+i)$$

按前面的假设：$i = 0.1$，$p = 0.95$；但金融机构在违约发生时，预期可收回 90% 的承诺收益（$\gamma = 0.9$），那么所要求的风险溢价 $\Phi = 0.6\%$。

24 这是一个关键性的假设。如果资金回收率不为 0（实际情况就是如此，因为最近几年银行违约贷款和高级担保债券的平均回收率分别为 40% 和 50%），那么，公司债券收益与国债收益之差就同时反映了违约概率以及违约时的损失率（后者等于 1 减去资金回收率）。为了将违约概率和违约损失率区分开来，我们需要对违约损失率（LGD）的大小，或者违约概率（*PD*）和 / 或违约损失率遵循的统计过程（比如泊松过程）作出假定。本章随后将介绍违约损失率既定情况下的一个简单例子。

25 这里假设金融机构的经理并不厌恶风险。也就是说，这是一种风险中性估价方法，且这样推导出的概率叫风险中性概率。一般而言，这些概率与根据历史违约数据估算出的概率是不相同的。参见：Saunders and Allen，*Credit Risk Management*，chap 5.

26 参见：E. I. Altman and G.Bana，"Defaults and Returns on High-Yield Bonds：The Year 2002 in Review and the Market Outlook，" *Working Paper, New York University Salomon Center*，February 2003.

有趣的是，在这种简单的分析框架下，γ 和 p 完全可以相互替代。也就是说，一笔贷款或一种债券在下列两种情况下所要求的风险溢价是相同的：$\gamma = 0.7$，$p = 0.8$，或者 $\gamma = 0.8$，$p = 0.7$。抵押物 γ 的增加可以直接替代违约风险的上升（即 p 会下降）。

长期债务工具的违约概率

我们可以将这种分析进行扩展，从而推导出长期贷款或债券（比如两年期债券）市场的违约概率。为了做到这一点，金融机构的经理必须以债券第一年的违约情况为基础估算出第二年的违约概率。债券在任何一年的违约概率显然都以前一年的不违约为条件。债券在任何一年的违约概率就是指这一年的**边际违约概率**（marginal default probability），即第 t 年的违约概率为 $1 - p_t$。然而，比如说，就一笔两年期的贷款而言，第二年的边际违约概率（$1 - p_2$）可能不用于第一年的边际违约概率（$1 - p_1$）。利用这些边际违约概率，可以计算出两年内的**累计违约概率**（cumulative default probability）：

$$Cp = 1 - [(p_1)(p_2)]$$

我们已经知道如何根据一年期债券的收益之差，来推导出第一年的违约概率。现在，我们要推导出第二年、第三年等各年份的违约概率。从图 6–6 中可以看到，国债和公司债券的收益曲线都是逐步上升的。我们要根据这些收益曲线来确定市场对 B 级公司借款人长期违约率的预期。[27]

首先来看国债收益曲线。有效市场的存在使得投资者无法获得**无风险套利**（no arbitrage）的好处，因此，购买并持有两年零息国债的到期收益率，正好等于一年期国债投资的预期收益，加上第一年年底按预期的一年**远期利率**（forward rate）将第一年的本息再投资于新的一年期零息国债的收益。即：

$$(1 + i_2)^2 = (1 + i_1)(1 + f_1) \tag{1}$$

等式左边是持有两年期零息债券的收益。等式右边是两次连续投资一年期国债的收益，其中 i 代表一年期债券当期的收益，f_1 代表一年期债券预期的利率，即下一年的远期利率。由于我们可以通过国债收益曲线直接观察到一年和二年期国债当期的应得收益率，因此，我们可以直接推算出市场对下一年国债利率的预期，即下一年的远期利率 f_1：

$$1 + f_1 = \frac{(1 + i_2)^2}{(1 + i_1)} \tag{2}$$

我们可以使用相同的分析方法来推导公司债券（在此使用的是 B 级债券）一年的远期利率。公司债券未来的预期利率（c_1）反映了市场对此信用等级借款人的违约概率的预期，以及影响一年远期利率 f_1 的各种更一般的时间价值因素：

$$1 + c_1 = \frac{(1 + k_2)^2}{(1 + k_1)} \tag{3}$$

例 6–5 计算长期债券的违约概率

假设某金融机构的经理想知道一种两年期债券的违约概率。第一年的边际或累计违约概率（Cp）为：$1 - p_1 = 0.05$。本章的后面，我们将介绍金融机构的经理估算第二年的还款概率 p_2 的方法，但目前我们假设 $1 - p_2 = 0.07$。那么：

$1 - p_1 = 0.05$ = 第一年的边际违约概率

$1 - p_2 = 0.07$ = 第二年的边际违约概率

借款人在两年内的还款概率为：$p_1 \times p_2 = 0.95 \times 0.93 = 0.8835$

$$Cp = 1 - [(0.95)(0.93)] = 0.1165$$

这一时期的违约概率为 11.65%。

27 在使用此模型时，必须知道借款人的信用等级。对于未获得信用评级的企业而言，其中一个办法就是使用 Z 比率模型来计算其 Z 比率。奥尔特曼的研究表明，Z 比率与标准普尔和穆迪的债券评级结果之间是高度相关的。根据 Z 比率模型确定企业债券的信用级别（比如为 B 级）之后，就可以利用期限结构模型来推导出借款人未来不同时期的预期违约概率。请参见："Valuation, Loss Reserves, and Pricing of Commercial Loans," *Journal of Commercial Bank Lending*, August 1993, pp.9-25.

例 6-6　利用信用风险期限结构的推导来计算长期债券的违约概率

从图 6-6 中国债的收益曲线可以看到，一年和两年期国债的当期收益率分别为 $i_1 = 10\%$ 和 $i_2 = 11\%$。根据公式（2）可求出一年的远期利率 f_1：

$$1 + f_1 = \frac{(1.11)^2}{(1.10)} = 1.12$$

即

$$f_1 = 12\%$$

预期的利率上升——从第 1 年的 10%（i_1）上升到第 2 年的 12%（f_1），反映出投资者对通货膨胀和其他直接影响货币时间价值因素的考虑。

此外，图 6-6 中的当期收益曲线表明，一年和两年期零息债券的恰当收益率分别为 $k_1 = 15.8\%$，$k_2 = 18\%$。因此，根据公式（3）可以计算出公司债券一年的预期利率 c_1：

$$1 + c_1 = \frac{(1.18)^2}{(1.158)} = 1.202$$

即

$$c_1 = 20.2\%$$

我们将这些计算结果列在表 6-8 中。正如所看到的，公司债券和国债一年后的预期利差要大于当期。因此，公司（风险）债券的违约风险溢价随着期限的增加而增加。

已知一年期债券的预期利率，我们可以利用公式（4）和（5）来计算出公司债券一年后的预期还款概率 p_2：

$$p_2 = \frac{1.12}{1.202} = 0.9318$$

以及第二年的预期违约概率：

$$1 - p_2 = 1 - 0.9318 = 0.0682$$

即

6.82%

表 6-8　国债和公司债券的利率及利差

	一年当期利率	一年预期利率
国债	10.1%	12.0%
公司债券	15.8	20.2
利差	5.8	8.2

利用一年期债券的预期利率可以估算出一年后预期的还款概率 p_2。由于：

$$p_2(1 + c_1) = 1 + f_1$$

那么：

$$p_2 = \left[\frac{1 + f_1}{1 + c_1}\right] \tag{4}$$

因此，第二年的预期违约概率为：

$$1 - p_2 \tag{5}$$

同样地，两年后的一年预期利率，也可以从国债和公司债券的期限结构中推导出来，从而可推导出 p_3。其他的可以依此类推。

我们估算出的概率取决于前一时期违约状况的边际概率。我们还介绍了累计违约概率这一概念——它向金融机构表明了某一时期内贷款或债券投资违约的概率。按照前面的例子，B 级公司债券今后两年内的累计违约概率为：

$$Cp = 1 - [(p_1)(p_2)]$$
$$Cp = 1 - 0.95 \times 0.9318 = 11.479\%$$

与信用评分方法一样，这种模型也导致了一些潜在的问题。它的主要优点在于能反映未来的情况，并且以市场预期为基础。此外，如果国债和公司贴现债券（比如本息分离国债和公司零息债券）有一个流动性的市场，那么，我们很容易估算出未来的预期违约率，并根据它们来确定贷款的价值和价格。然而，虽然目前的本息分离国债市场具有一定的深度，但公司贴现债券的市场却非常狭小。尽管可以根据公司债券的息票收益曲线计算出公司债券的贴现收益（参见第 21 章），但这些债券的交易通常都不是很活跃，且其价格也不是很透明。在这种情况下，金融机构的经理可能需要采用其他方法来根据债券或贷款信息推算公司借款人（大公司除外）的违约概率。下面我们将介绍另一种方法。

信用风险的失败率推导

除了根据当期利率期限结构来推导预期违约率之外，金融机构的经理还可以对同等信用级别债券和贷款的历史或过去的违约风险经历，即**失败率**（mortality rates），进行分析。我们来根据失败率模型计算 p_1 和 p_2。在此，p_1 代表 B 级债券或贷款第一年不违约的概率，因此，$1-p_1$ 就是**边际失败率**（marginal mortality rate，即 *MMR*），即债券或贷款第一年的违约概率。p_2 代表贷款第二年不违约的概率——假定第一年没有违约，则 $1-p_2$ 代表第二年的边际失败率。因此，每个信用等级公司借款人的边际失败率（*MMR*）曲线，反映了特定级别的债券或贷款每年的历史违约率。

从图 6–7 中可以看到，随着时间的推移，B 级债券的违约率在逐步增加。然而，在现实生活中，失败率曲线可以呈现出任何形状。它可能是一条水平线、一条随时间下降的曲线，或者是一种更复杂的形态。这些边际失败率可以根据债券和贷款的实际违约数据估算出来。具体而言，就 B 级债券（贷款）来讲：

$$MMR_1=\frac{\text{B 级债券第一年的违约价值之和}}{\text{B 级债券第一年的总价值}}$$

$$MMR_2=\frac{\text{B 级债券第二年的违约价值之和}}{\text{B 级债券第二年总价值（对前一年的违约、赎回、偿债基金还款和期限等进行了调整）}}$$

表 6–9 列出了 1971~2002 年，经过信用评级的 1513 种公司债券样本大致的失败率和累积违约率。从表中可以看到，债券的信用等级越低，其失败率越高。

失败率方法面临着一些理论和实践方面的问题。或许，与信用评分模型一样，最重要的问题在于，它所带来的是一种历史或事后的结果。同时，所估算出的违约率以及对未来违约概率的预期，一般会对金融机构的经理计算边际失败率时所选择的时段非常敏感。比如，就在 2002 年世界通信公司债务违约之前，标准普尔还将其信用等级评定为 BBB 级。从表 6–9 中可以看到，BBB 级公司债券第二年的边际失败率（3.42%）不仅大大高于第三年和第四年，而且甚至高于 BB 级债券第二年的失败率，这主要是因为世界通信公司 2002 年的违约。此外，这些违约估计数一般也会受到债券发行的次数以及每个投资级别内债券相对规模的影响。[28]

28 例如，尽管表 6–9 中的估算数以 1513 个债券观察样本为基础，但它们仍然有很大的置信区间。参见：P. H. Mcalliter and J. J. Mingo, "Commercial Loan Risk Management, Credit Scoring and Pricing: The Need for a New Shared Data Base," *Journal of Commercial Lending*, May 1994, pp. 6-20; and Saunders and Allen, *Credit Risk Measurement*, chap 8.

图 6–7 B 级公司的假定债券边际失败率曲线

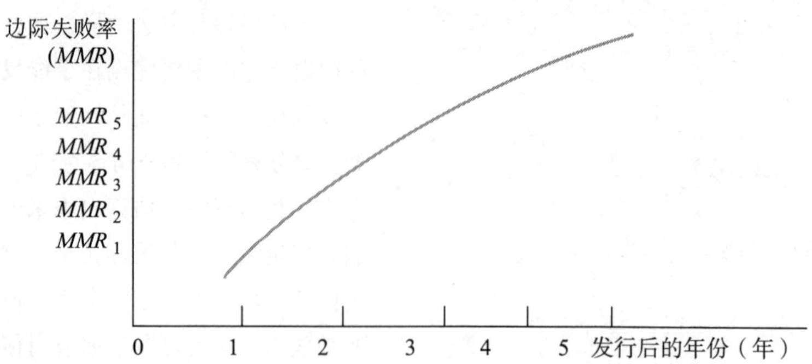

资料来源：Excerpted, with permission, from *Default Risk, Mortality Rates, and the Performance of Corporate Bonds*, 1989. Copyright 1989. Association for Investment Management and Research, Charlottesville, VA.All rights reserved.

表 6–9 按初始信用等级 * 分类的公司债券失败率（1971~2002 年）

		发行后的时间（年）									
		1	2	3	4	5	6	7	8	9	10
AAA	边际	0.00%	0.00%	0.00%	0.00%	0.03%	0.00%	0.00%	0.00%	0.00%	0.00%
	累计	0.00	0.00	0.00	0.00	0.03	0.03	0.03	0.03	0.03	0.03
AA	边际	0.00	0.00	0.33	0.17	0.00	0.00	0.00	0.00	0.03	0.02
	累计	0.00	0.00	0.33	0.50	0.50	0.50	0.50	0.50	0.53	0.55
A	边际	0.01	0.10	0.02	0.09	0.04	0.10	0.05	0.20	0.11	0.06
	累计	0.01	0.11	0.13	0.22	0.26	0.36	0.41	0.61	0.72	0.78
BBB	边际	0.25	3.42	1.52	1.44	0.92	0.57	0.80	0.26	0.17	0.35
	累计	0.25	3.66	5.13	6.49	7.35	7.88	8.62	8.85	9.01	9.33
BB	边际	1.23	2.62	4.53	2.15	2.49	1.14	1.67	0.67	1.76	3.78
	累计	1.23	3.82	8.17	10.15	12.39	13.39	14.83	15.40	16.89	20.03
B	边际	3.19	7.14	7.85	8.74	6.22	4.28	3.88	2.39	2.07	0.87
	累计	3.19	10.10	17.16	24.40	29.10	32.14	34.77	36.33	37.65	38.19
CCC	边际	6.70	14.57	16.16	11.28	3.36	10.26	5.35	3.25	0.00	4.18
	累计	6.70	20.29	33.17	40.71	42.70	48.58	51.33	52.92	52.92	54.88

* 债券发行时的信用等级由标准普尔公司评定。

资料来源：E. I. Altman and G. Bana,“Defaults and Returns on High-Yield Bonds：The Year 2002 in Review and the Market Outlook,”Working Paper, New York University Salomon Center, February 2003.

RAROC 模型

越来越多的人在根据市场信息和 RAROC 模型进行信用风险评估（和定价）。**风险调整资本收益模型**（RAROC，即 risk-adjusted return on capital）的创始者是信孚银行（1998 年被德意志银行收购）。目前，美国和欧洲的大银行几乎都采用了这一模型，尽管各自的使用会有一定的差异。

RAROC 模型的核心思想是：信贷主管不要去计算贷款实际的或合约承诺的年收益率（ROA，即利息和费用净收益除以贷款数量——参见前面的内容），而是将扣除资金成本后的预期利息和费用收益与贷款的预期风险进行比较。因此，RAROC 公式中的分子是贷款的净收益（扣除了贷款的融资成本）。此外，它不是以年贷款收益来除以贷款资产，而是以贷款净收益来除以某一资产（贷款）风险指标，即人们通常所说的风险资本，因为（非预期的）贷款损失必须从金融机构的资本中扣除：[29]

$$\text{RAROC}=\frac{\text{贷款的年净收益}}{\text{贷款（资产）风险或风险资本}}$$

只有当 RAROC 高于金融机构的资本收益率（ROE）标准时，贷款才能获得批准——ROE 是金融机构股东投资所要求的回报。其原因在于，只有当贷款的风险调整收益能够使金融机构的权益价值（由金融机构的股东所要求的 ROE 来反映）增加时，贷款才能被发放。因此，如果金融机构的 ROE 为 15%，那么提供贷款的必要条件是，所估算出的 RAROC 要高于金融机构股东所要求的回报率，即 15%。换句话讲，如果现有贷款的 RAROC 低于金融机构的标准，那么，信贷主管就应该设法调整贷款条件，从而使这笔贷款能够再次“盈利”。因此，对金融机构的经理而言，RAROC 既是对风险的度量，也是一种贷款定价的工具。

估算 RAROC 时所面临的一个问题是，如何计量贷款的风险（RAROC 公式中的分母）。第 4 章所介绍的有效期限反映了这样一个事实：资产（比如贷款资产）市场价值变化的百分比（$\Delta LN/LN$）与贷款的有效期限及利

29 按惯例，预期贷款损失由银行的损失准备（或备抵）来弥补，而非预期的或特殊贷款损失则由银行的资本准备来弥补。

率变化的大小［$\Delta R/(1+R)$］相关。在此，R 为基础利率 BR 加上信用风险溢价 m：

$$\frac{\Delta LN}{LN} = -D_{LN}\frac{\Delta R}{1+R}$$

在这里也可以使用相同的理论，只不过利率变化（假设基础利率不变）是信用质量（或信用风险溢价 m）变化的结果。因此，我们可以用改写后的有效期限公式来估算贷款风险或贷款的风险资本：

$$\underset{\text{（风险资本或损失额）}}{\Delta LN} = \underset{\text{（贷款的有效期限）}}{-DLN} \times \underset{\text{（风险额或贷款规模）}}{LN} \times \underset{\text{（贷款信用风险溢价或风险因素变化所引起的预期贷款利率变化的最大值）}}{[\Delta R/(1+R)]}$$

尽管贷款的有效期限（比如 2.7 年）和贷款金额（比如 100 万美元）很容易估算出来，但下一年的贷款信用风险溢价的最大变化值却很难估算。由于与贷款信用风险溢价相关的公开信息很难获得，因此，我们依据公开获取的公司债券市场数据来估算风险溢价。首先，给某一借款人一个标准普尔信用级别（AAA 级、AA 级、A 级等等）。随后，对这一信用级别中过去一年内所有交易债券的已知信用风险溢价变化进行分析。RAROC 公式中的 ΔR 等于：

$$\Delta R = \text{Max}\,[\Delta(R_i - R_G) > 0]$$

式中，$\Delta(R_i - R_G)$ 为公司债券（信用级别为 i）的收益（R_i）与具有相同有效期限的国债的收益（R_G）之差的变化值。为了只考虑最坏的情况，因此，选取的是最大的利差变化值，而不是利差变化的平均值。一般情况下，挑选的是 1% 的最坏的结果。

需要指出的是，RAROC 既可以用于事前分析——将下一年的贷款预期收益与 ΔLN 进行比较，也可以用于事后分析——将过去一年的实际贷款收益与 ΔLN 进行比较。

如果这 11.1% 超过了金融机构内部的 RAROC 标准（资本成本或 ROE），贷款将获得批准。如果低于标准，贷款将直接被拒绝，或者是要求借款人支付更高的费用和 / 或更高的利差，以使 RAROC 达到可以接受的水平。

其他金融机构在它们的 RAROC 模型中采用了不同的方法来计算 ΔLN。有些金融机构（一般是拥有很好的

例 6-7　贷款的 RAROC 计算

假设我们要对某一位 AAA 级借款人的贷款信用风险进行评估。假定这一信用级别中，目前公开交易的债券有 400 种（即与借款人信用级别相同的公司所发行的债券）。首先，我们要分析每种债券过去一年中（在此指的是 2006 年）信用风险溢价（$R_i - R_G$）的实际变化。这些（假设的）变化可以通过图 6–8 中的频率曲线反映出来。风险溢价的变化幅度为 −2%~3.5%。由于最大的增幅是一种极端情况（而不具有代表性），因此，选取了最差的 1%（即 400 种债券中只有 4 种债券的风险溢价增幅为最坏的 1%）。在图 6–8 中给出的例子是 1.1%。

假设 AAA 级债券当期的平均收益率（R）为 10%，则贷款（或资本）风险的估算结果为：

$$\Delta LN = -D_{LN} \times LN \times \frac{\Delta R}{1+R}$$

$$= -(2.7)(\$1\,000\,000)\left(\frac{0.011}{1.1}\right)$$

$$= -\$\,27\,000$$

所以，尽管贷款的面值为 \$1 000 000，但风险额，即贷款信用质量下降引起的贷款价值变化为 \$27 000。

要决定贷款是否值得发放，就需要将估算出的贷款风险与贷款的收益（贷款利率与金融机构资金成本之差再加上贷款的费用收益）进行比较。假设预期的（一年）利差加费用为：

利差 = 0.2% × \$ 1 000 000 = \$2 000

费用 = 0.1% × \$ 1 000 000 = <u>\$1 000</u>

\$3 000

贷款的 RAROC 为：

$$\text{RAROC} = \frac{\text{贷款的年净收益}}{\text{贷款风险（资本风险）}(\Delta LN)}$$

$$= \frac{\$3\,000}{\$27\,000} = 11.1\%$$

图 6-8　所有 AAA 级债券利差变化频率分布假设（2006 年）

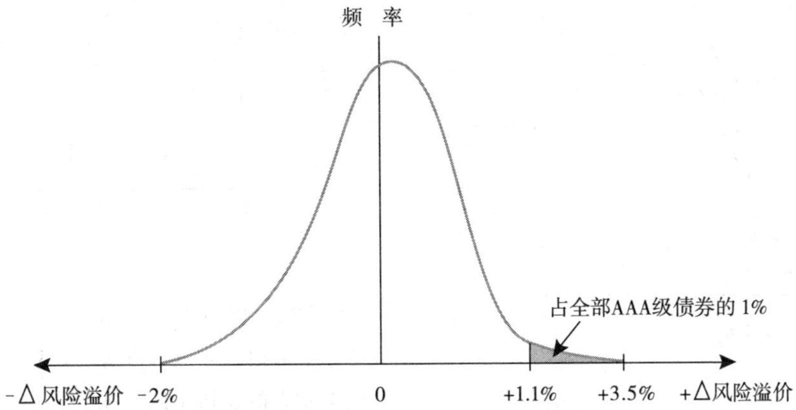

贷款违约数据库的大型金融机构）以年收益除以非预期损失率和贷款违约损失率之积。这样：

$$\text{RAROC}=\frac{1\text{ 美元贷款的年净收益}}{\text{非预期违约率}\times\text{贷款违约损失率}}$$

假设 1 美元贷款的预期收益为 0.3 美分，或 0.003 美元。此类借款人 1% 的历史（极端）违约率为 4%，这种贷款的违约损失率为 80%。那么：[30]

$$\text{RAROC}=\frac{0.003}{0.04\times 0.8}=\frac{0.003}{0.032}=9.375\%$$

30 计算非预期违约率，一般涉及到对此类贷款年违约率标准差（σ）的计算，并且用某个系数乘以 σ，以使得 99%（或更多）的违约能够被资本弥补。比如，如果损失为正态分布，那么，违约率的标准差乘以 2.33 就可得到 99% 的极端违约率。对许多金融机构而言，违约率的分布会向右偏离而具有一个较大的尾部，这说明乘数要大大高于 2.33。比如，为了包含 99.97% 的违约，美洲银行曾经使用的乘数为 6。最后，分母也可以根据金融机构的贷款与其他资产组合的关联度来进行调整。比如，可参见：Edward Zaik et al.,"RAROC at Bank of America：From Theory to Practice," *Journal of Applied Corporate Finance*, Summer 1996, pp.83-93.

违约风险的期权模型[31]

理论框架

最近几年以来，借助于诺贝尔奖获得者默顿、布莱克和斯科尔斯等人的开创性工作，我们认识到了这样一个事实：当一家企业通过发行债券或增加银行贷款来筹集资金时，它就获得了一种非常有价值的期权：是违约还是还款？也就是说，如果借款人因投资项目失败而无力向债券持有者或银行还款，那么，他可以选择对自己的债务违约，并将所有剩余资产交付给债权人。由于股东负有限责任，因此，借款人的损失仅限于他在企业的股本。[32] 另一方面，如果一切顺利，那么借款人在偿还承诺的债务本息之后，将拥有大部分资产投资的收益。KMV 公司（2002 年，它被穆迪公司收购）将这种比较简单的思想转变成了一种信用监控模型。目前，美国的许多大金融机构都在使用这个模型，以决定大企业的预期违约风险频率（EDF）。在介绍 KMV 信用监控模型之前，我们首先来仔细分析违约风险期权估价方法的理论基础。

31 这一节包含了一些更严格的细节，这部分内容可以根据课程的要求来决定是否选用。对期权的基本知识不熟悉的学生，可以参见本书第 20 章中“期权的基本特征”这部分内容。

32 由于个人破产的损失也是有限的，因此，这种分析也可以应用于零售或消费贷款。

图 6–9 公司借款人（股东）的盈亏函数

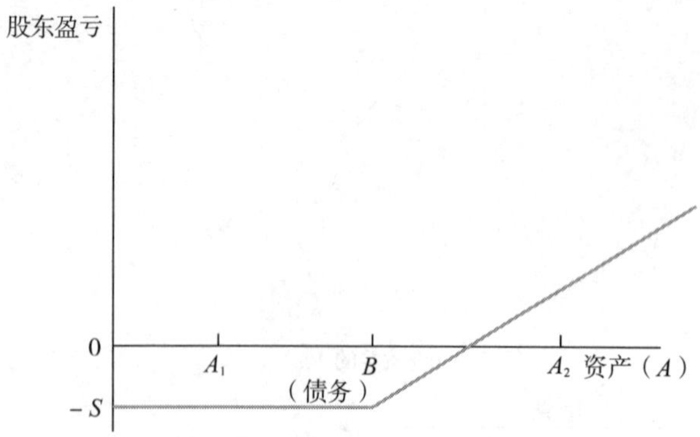

借款人的盈亏函数

请看图 6–9 中借款人的盈亏函数。图中的 S 是企业的初始股权投资额，B 是债券或贷款的未清偿余额（为简便起见，假设债务是折价发行的），而 A 则代表企业资产的市场价值。

如果投资结果很不好，企业资产的价值位于图 6–9 中的 A_1 点，那么，作为企业所有者的有限责任股东将对企业的债务违约：把自己的资产（比如 A_1）移交给债权人，而仅仅损失投入企业的初始股本（S）。相反，如果企业经营的很成功，且其资产价值较高（A_2），那么，企业的股东将偿还其债务，并获得差额（$A_2 - B$）。显然，A_2 越是高于 B，企业的股东的收益就越多。由于借款人股权投资的损失是有限的，而投资成功后的潜在收益是无限的，因此，股权投资类似于购买企业资产的看涨期权（可参见第 20 章中关于期权的内容）。

贷款债权人的盈亏函数

现在从金融机构或债券持有人的角度来看贷款或债券发行。金融机构或债券持有人能够得到的最大收益是 B（承诺还款额）。然而，拥有违约或还款选择权的借款人，只会在 $A > B$（即资产的市场价值高于所承诺的还款额）时偿还贷款。资产价值低于 B 点的借款人将选择违约，并将全部剩余资产移交给债权人。债权人的盈亏函数可以通过图 6–10 来反映。

图 6–10 贷款债权人（金融机构）的盈亏函数

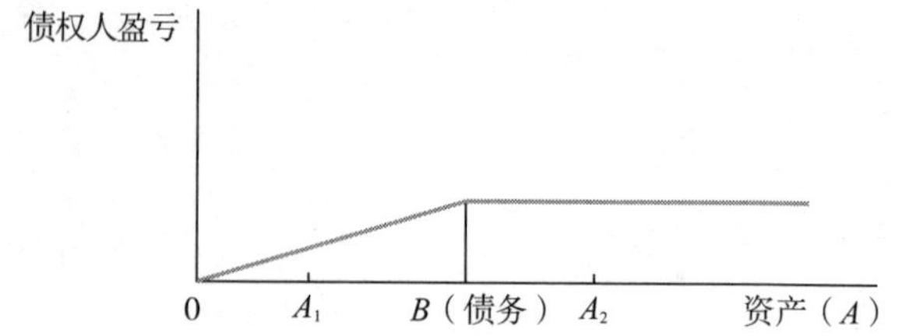

借款资金用于投资之后，如果企业资产的价值位于 B 点的右边（比如 A_2 点），那么，债务将按面值全额（B 点）偿还给债权人或金融机构。另一方面，如果资产的价值位于 B 点的左边（比如 A_1 点），债权人将只能收回以抵押物形式存在的剩余资产，从而遭受 $B - A_1$ 的损失。因此，从债权人角度来看，贷款的价值始终是 B 和 A 中的较小者，即 min［B，A］。也就是说，债权人的盈亏函数类似于卖出一份看跌期权：交易标的物是借款人的资产，执行价是债务的面值 B。如果 $A > B$，则贷款被偿还，债权人获得了一笔数额不大的固定收益（类似于看跌期权的期权费），即折价债券所隐含的利率。如果 $A < B$，则借款人违约，债权人将损失本息。在极端情况下，当违约企业的资产为 0 时，债权人将损失全部本息。在现实生活中，如果还需支付破产成本的话，债权人的损失可能甚至会超出这一限额。

以期权估价模型来计算违约风险溢价

默顿的研究表明，在上面的期权框架下，很容易将债权人向借款人提供风险贷款的市场价值表示为：[33]

$$F(\tau)=Be^{-i\tau}[(1/d)N(h_1)+N(h_2)] \qquad (6)$$

式中

τ＝ 贷款的剩余期限：即 $\tau = T - t$，T 代表到期日，t 代表目前的时间。

d＝ 借款人的杠杆比（$Be^{-i\tau}/A$），在此，债务的市场价值是根据无风险利率 i 来确定的。

$N(h)$＝ 根据标准的正态分布统计表计算出的价值。此价值反映了偏差超出所计算价值 h 概率。

33 参见：Merton，“On the Pricing of Corporate Debt.”

$h_1 = -[1/2\sigma^2\tau - \ln(d)]/\sigma\sqrt{\tau}$

$h_2 = -[1/2\sigma^2 + \ln(d)]/\sigma\sqrt{\tau}$

σ_2 = 借款人的资产风险。严格地讲，它是借款人基础资产价值的变动率的差异。

更重要的是，如果以利差来表示的话，这个公式就可以反映出借款人应支付的均衡违约风险溢价：

$$k(\tau) - i = (-1/\tau)\ln[N(h_2) + (1/d)N(h_1)]$$

式中

$k(\tau)$ = 风险债务的应得收益（先前的合约承诺收益）

ln　= 自然对数

i　= 同等期限（在此为一个周期）无风险债务的利率

因此，默顿的研究表明，债权人应该随着杠杆比 d 和资产风险 σ^2 的变化而调整应得风险溢价。

从理论上看，该模型能够巧妙地计算出风险溢价和违约概率。同时，它还具有重要的理论意义，即在进行信用风险评估时，应该集中关注哪些变量［比如企业资产的市场价值（A）和资产风险（σ^2）］。尽管如此，该模型的运用还面临着几个实际问题。或许，最重要的一点在于，企业资产的市场价值（A）和企业资产的波动性（σ^2）均无法直接观察到。

事实上，KMV 模型意识到了这一问题——它利用期权定价模型（OPM）来推算企业资产的市场价值（A）及其资产的波动性（σ^2）。KMV 模型（从股东角度）将企业的股权价值看成是持有企业资产的看涨期权（而所借债务则类似于看涨期权的执行价）。根据这种方法以及企业股权市场价值的波动性和企业资产波动性之间的联系，就可以推导出某一企业资产的波动性（风险）（σ）及其

例 6–8　以期权模型计算贷款价值和贷款利率[1]

假设：

B= \$100 000

τ = 1 年

i = 5%

d= 90% 或 0.9

σ= 12%

也就是说，如果我们能计算出企业资产的市场价值（因此可计算出 $d = Be^{-i\tau}/A$），以及这些资产的波动性（σ），那么，将这些价值代入公式中求解 h_1、h_2 以及标准正态分布区域，我们可以得到：

$N(h_1) = 0.174120$

$N(h_2) = 0.793323$

式中

$$h_1 = \frac{-[1/2(0.12)^2 - \ln(0.9)]}{0.12} = -0.938$$

$$h_2 = \frac{-[1/2(0.12)^2 + \ln(0.9)]}{0.12} = +0.818$$

贷款目前的市场价值为：

$$\begin{aligned} L(t) &= Be^{-i\tau}[N(h_2) + (1/d)N(h_1)] \\ &= \frac{\$100\,000}{1.05127}[0.793323 + (1.1111)(0.17412)] \\ &= \frac{\$100\,000}{1.05127}[0.986788] \\ &= \$93\,866.18 \end{aligned}$$

应得的风险差价或溢价为：

$$\begin{aligned} k(\tau) - i &= \left(\frac{-1}{\tau}\right)\ln[N(h_2) + (1/d)N(h_2)] \\ &= (-1)\ln[0.986788] \\ &= 1.33\% \end{aligned}$$

所以，当无风险利率（i）为 5% 时，风险贷款的利率 $k(\tau)$ 就应确定为 6.33%。

---

1 这个计算题来自于：D.F.Babbel，“Insuring Banks against Systematic Credit Risk，” *Journal of Futures Markets* 9 (1989), pp. 487-506.

图 6-11 根据 KMV 模型计算出的预期违约频率

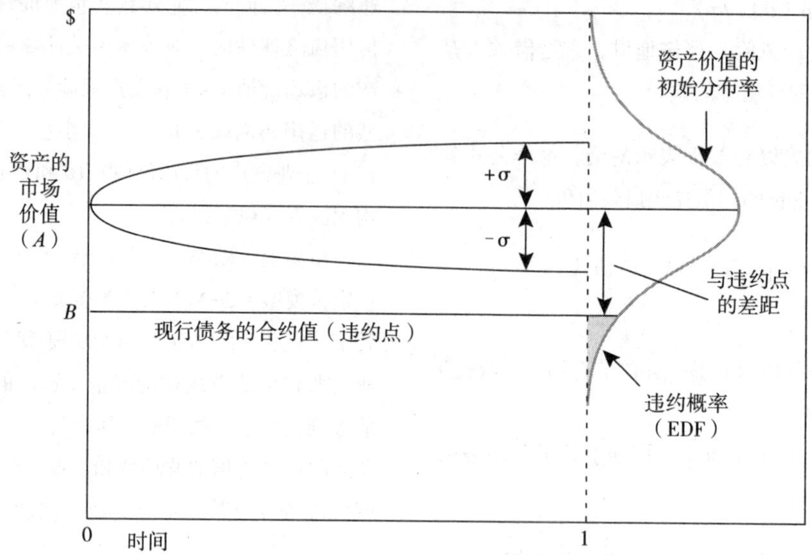

资料来源：KMV Corporation Credit Monitor.Reprinted by permission of KMV Corporation. www.moodyskmv.com.

图 6-12 KMV 和标准普尔对安然公司的信用评级

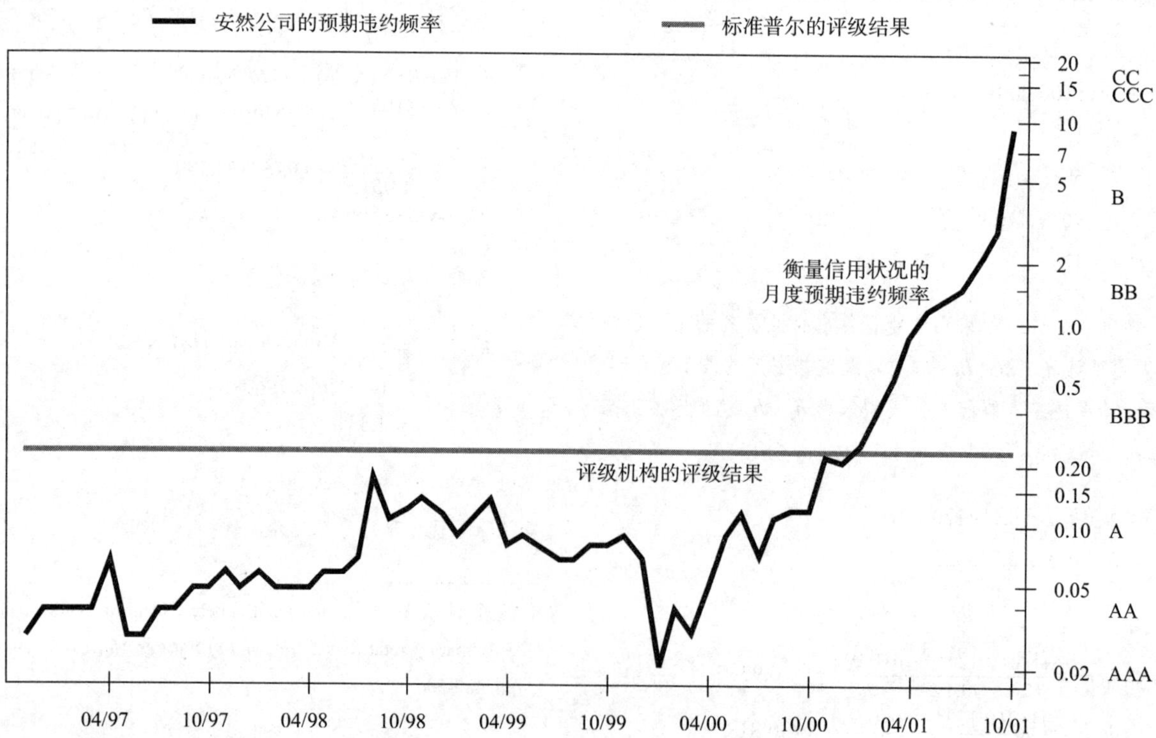

资料来源：KMV Corporation，San Francisco，California. www.moodyskmv.com.

资产的市场价值（A）。[34] 根据资产价值潜在的波动性（σ）以及资产的市场价值（A），就能计算出下一年企业资产价值相对于其当期债务的可能的分布。[35] 从图 6–11 中可以看到，计算出的预期违约频率（EDF）反映了一年后企业资产的市场价值（A）低于其短期债务承诺还款额（B）的概率。当企业资产的价值低于其债务时，就可以被看成丧失了债务清偿力。KMV 模拟结果表明，在预测企业的倒闭和危机方面，EDF 模型要优于各种 Z 比率模型和标准普尔信用评级的变化结果。[36] 这一点可以从图 6–12 中，安然公司 2001 年 6 月 15 日申请破产保护时的这个例子中看到。在调低该公司债务的信用等级时，KMV 评分（预期违约频率）上升的速度要快于标准普尔的评级结果。实际上，即使并非完全没有变化，但标准普尔的评级结果对安然公司风险上升的反应是十分缓慢的。KMV 模型计算出的 EDF 在安然公司倒闭前一年就开始上升了。因此，KMV 模型计算出的 EDF，能够对即将发生的违约给出一个较早的预警信号。[37]

34 更具体地讲，它是根据企业的股票价值（E）及其波动性（σ_E）来计算的。由于股权可以被看作企业资产的看涨期权，且企业股权价值的波动性能反映其基础资产的杠杆调整波动性，因此，一般可以这样来表示：

$$\bar{E}=f(A,\ \sigma,\ \bar{B},\ \bar{r},\ \bar{\tau})$$

以及

$$\bar{\sigma}_E=g(\sigma)$$

字母上的短横杠表示这些值是可以直接计量的。由于我们有两个方程和两个未知数（A，σ），因此，我们可解出 A 和 σ，并利用它们以及企业的短期负债或流动负债来计算 *EDF*（预期违约频率）。

35 假设初始状态下企业资产的价值（A）为 1 亿美元，短期债务的价值为 8 000 万美元。假设资产价值的潜在波动性（σ）大约为 1 212 万美元，且资产价值的变化呈正态分布。只有资产值价降到 8 000 万美元（降幅达 2 000 万美元）及其以下时，企业才会遇到危机。如此降幅相当于 1.65σ，即 $1.65 \times 1\ 212$ 万美元 = 2 000 万美元。按统计学原理，我们知道，理论上距正态分布平均数 $\pm1.65\sigma$ 的两端所占的面积为 5%。因此，KMV 模型认为，从理论上讲，企业在下一年（到时间为 1 时）陷入危机的概率为 5%。然而，KMV 是根据过去的数据在计算 EDFs，因为我们并不知道资产价值（A）今后的真实分布状况。从本质上看，它提出了这样一个问题：在现实中，资产价值距违约 1.65σ（参见图 6–11）的企业中有多少家会在年底出现实际违约？这一数值可能为 5%，也可能不是 5%。

36 KMV 能够提供 6 000 家美国公司以及 20 000 家全球公司每月的预期违约频率。

37 其中一个原因是，KMV 的分值来自于股市数据，而股市数据对与企业未来前景相关的新信息十分敏感。事实上，穆迪收购 KMV 后使得自己的评级方法与包括市场信息的方法更为接近了。参见：“Implications of the Acquisition of KMV for Moody’s Ratings,” *Moody’s Service*, March 2002.

练习题

1. 为什么说信用风险分析是金融机构风险管理的一项主要内容？金融机构最近的哪些业务活动使其经理及监管者对信用风险的评估更加困难？
2. 什么叫补偿余额？补偿余额要求与金融机构贷款收益率之间有什么关系？
3. Metrobank 银行提供合约或基础利率为 9% 的一年期贷款。贷款收取 0.25% 的启动费，有 10% 的补偿余额要求，而且要向美联储支付 6% 的准备金。这种贷款一般在到期时偿还。
   a. 如果某位客户的风险溢价为 2.5%，那么这笔贷款的承诺利息收益（单利）是多少？
   b. 每一美元贷款的合约承诺总收益为多少？
   c. 哪一项收费项目对总收益的影响最大？
4. 当贷款的风险溢价上升时，贷款人的预期收益为什么会下降？除风险溢价之外，贷款人还可以通过什么方法来提高批发贷款和零售贷款的预期收益？
5. 贷款协议中的特约条款指的是什么？制定特约条款的目的是什么？这些特约条款的利弊是什么？
6. 假设线性概率模型大致可以表达为：$PD = 0.3X_1 + 0.2X_2 - 0.5X_3 +$ 误差。式中，$X_1 = 0.75$（借款人的债务股权比），$X_2 = 0.25$（借款人的利润波动性），$X_3 = 0.11$（借款人的利润率）。
   a. 借款人的预期违约概率是多少？
   b. 如果债务股权比为 2.5，预期还款概率是多少？
   c. 线性概率模型的主要缺点是什么？
7. 某银行按 10% 的贷款基础利率发放了一笔贷款。它预计贷款违约率为 5%。如果贷款违约，银行预计可以从抵押物的销售中收回 50% 的资金。请问这笔贷款的预期收益为多少？
8. 边际违约概率的含义是什么？它与累计违约概率有什么区别？两者之间有什么关系？
9. 利用下面国债和公司债券（纯折价债券）收益曲线中的即期利率，来计算三年的违约概率期限结构。一定要计算出年边际违约概率和累计违约概率。

	1 年即期	2 年即期	3 年即期
长期国债	5.0%	6.1%	7.2%
BBB 级债券	7.0	8.2	9.3

10. 债券或贷款的失败率指的是什么？使用失败率方法决定某一债券发行的违约概率时会面临哪些问题？
11. 下表给出的是某金融机构的经理所经历的商业和抵押贷款组合的违约情况（年违约率和累计违约率）。

	发放贷款后的年份				
贷款种类	1 年	2 年	3 年	4 年	5 年
商业贷款：					
年违约率	0.00%	—	0.50%	—	0.30%
累计违约率	—	0.10%	—	0.80%	—
抵押贷款：					
年违约率	0.10%	0.25%	0.60%	—	0.80%
累计违约率	—	—	—	1.64%	—

   a. 填写完表中的空格。
   b. 各种贷款 5 年后不违约的概率是多少？
   c. 计算出的商业贷款和抵押贷款 4 年后的累计违约（失败）率之差是多少？
12. RAROC 指的是什么？RAROC 模型是如何利用有效期限的概念来计量贷款的违约风险的？如何计量预期信用溢价的变化？确切地讲，RAROC 公式中的 ΔLN 指的是什么？
13. 某银行正准备向钢铁企业提供 500 万美元的贷款。银行收取 50 个基本点的服务费。贷款期限为 8 年，有效期限为 7.5 年。银行的资金成本（RAROC 标准）为 10%。以两年的历史数据为基础，银行估计钢铁行业风险溢价的最大变化幅度大约为 4.2%。该行业目前贷款的市场利率为 12%。
   a. 利用 RAROC 模型决定银行是否应该提供这笔贷款。
   b. 为了使贷款得到批准，贷款的有效期限应该是多少？
   c. 如果有效期限不能改变，应该增加多少利息和费用收益才能使贷款获得批准？

d. 按照已有的收益流量和已商定的有效期限，应该如何调整利率才能使贷款获得批准？

14. 某企业拥有 20 万美元的资产和 17.5 万美元的债务总额。根据期权定价模型，企业资产预期的波动大约 10 730 美元。按照 KMV 的分析方法，企业的预期违约频率为多少（假设资产呈正态分布）？

15. 一笔 5 年期 100 万美元固定利率贷款的年利率为 7%。借款人的信用为 BB 级。根据假设的历史数据，我们在下表中列出了下一年信用等级上升、下降、不变及违约的各种概率分布。我们给出了反映当期国债收益曲线的远期利率以及各种期限的 BBB 级债券与国债的年信用差价。

信用等级	概率分布	新的贷款价值加息票	时间为 t 时的远期利率和利差		
		收益（$）	t	r_t%	s_t%
AAA	0.01%	$114.82	1	3.00%	0.72%
AA	0.31	114.60	2	3.40	0.96
A	1.45	114.03	3	3.75	1.16
BBB	6.05		4	4.00	1.30
BB	85.48	108.55			
B	5.60	98.43			
CCC	0.90	86.82			
违约	0.20	54.12			

a. 当借款人第一年年底时的信用从 BB 级上升到 BBB 级时，这笔贷款的现值是多少？

b. 第一年年底贷款的（预期）平均价值为多少？

c. 第一年年底贷款价值的波动额是多少？

d. 假设贷款价值呈正态分布，计算这笔贷款 5% 和 1% 的 VAR。

e. 根据贷款价值的实际概率分布估算出 5% 和 1% 的 VAR。

f. 上面的（d）和（e）两题中计算出的 1%VAR 所要求的资本，与国际清算银行和美联储所要求的资本有何不同？

g. 访问 J. P. 摩根大通银行的网站（www. jpmorgan. com/RiskManagement/CreditMetric）。网站中提供了哪些可供信用计量模型使用的数据信息？

16. 某金融机构拥有 10 000 笔贷款资产组合，其中每笔贷款的金额为 10 000 美元。贷款的历史平均违约率为 4%，贷款损失率为 40%。

a. 下一年内，发生 2%、3%、4%、5% 和 8% 违约的概率分别是多少？

b. 在 4% 和 8% 违约率的情况下，贷款资产组合的损失额是多少？

c. 要弥补 1% 的最大亏损，需要保留多少资本准备？这笔资本准备占贷款资产价值的比重是多少？

附录 6A[1]

信用计量模型

1997 年 J. P. 摩根及其合作者（美洲银行和瑞士联合银行等）引入了信用计量模型（www.creditmetrics.com），其目的是在风险价值框架下，对贷款和私募债券等不可交易资产的风险进行估价。[2] 风险度量模型是为了回答下列问题：如果明天对我不利，那么我们可交易的资产（比如股票、债券和权益等）将会遭受多大损失？而信用计量模型要回答的问题是：如果下一年对我不利，那么我的贷款和贷款资产组合将遭受多大损失？[3]

在风险度量模型中（参见第 5 章），解决这一问题的方法是：分析某种资产的市场价值或价格以及该资产价格或收益的波动性，由此计算出这项资产的价值今后低于某一价值的概率（比如 5%）。在风险度量模型中，我们需要以 1.65 来乘以该资产收益的标准差，然后依据下降 1.65 的幅度来对资产头寸现行市场价值（P）进行重新估算。即日风险价值（即 DEAR）为：

$$VAR = P \times 1.65 \times \sigma$$

遗憾的是，由于贷款不能公开交易，因此，我们既不能观察到 P（贷款的市场价值），也不能观察到 σ［计息期内（信用计量模型所假定的贷款和债券期限为 1 年）贷款价值的波动性］。然而，根据（1）借款的信用级别信息，（2）该信用级别下一年变化的概率（信用级别转换矩阵），（3）违约贷款的回收率以及（4）债券市场的利差，我们可以计算出任何一种不可交易的贷款或债券在假设条件下的 P 和 σ，并因此而计算出单项贷款和贷款组合的 VAR。下面我们以一笔金额为 1 亿美元、固定年利率为 6% 的 5 年期贷款为例子。[4]

信用级别的变动

根据标准普尔、穆迪和其他债券分析师所收集的历史数据，人们估算出 BBB 级借款人下一年信用等级不变的概率为 86.93%。同时，借款人的信用也有可能上升（比如升为 A 级）、或下降（比如降为 CCC 级）。实际上，下一年内借款人的信用面临着 8 种可能的情况，其中有 7 种涉及到上升、下降和不变，另一种涉及到违约。估算出的概率列在表 11A-1 中。

估　价

信用等级的升降会对贷款所要求的信用风险溢价产生影响，因此会影响到贷款应有的市场价值（即现值）。如果贷款的信用等级下降，所要求的信用溢价就会上升（请记住，在我们的例子中，贷款利率固定在 6%），金融机构贷款的现值就会下降。信用等级上升时会出现相反的情况。

严格地讲，由于我们要在贷款发生一年之后对利率为 6% 的 1 亿美元的 5 年期贷款进行重新估价，因此（以百万美元为单位）：

$$P = 6 + \frac{6}{(1 + r_1 + s_1)} + \frac{6}{(1 + r_2 + s_2)^2} + \frac{6}{(1 + r_3 + s_3)^3} + \frac{106}{(1 + r_4 + s_4)^4}$$

式中的 r_i 代表无风险国债的预期（1 年后、2 年后等）利率（即它们反映了目前的国债收益曲线所决定的远期

1　本附录中包含了一些更复杂的内容，因此可以根据课程的要求来决定是否选用。

2　参见：CreditMetrics，technical Document，New York，April 2，1997；and Saunders and Allen，*Credit Risk Measurement*，chap 6.

3　2002 年，J. P. 摩根引入了第三个信用风险计量指标——信用等级（CreditGrades）。信用等级模型在信用与股票市场之间建立起了一种联系。该模型根据估算出的资产价值，资产波动性和资产变化趋势来对贷款进行估价——把贷款作为一种奇异的股票衍生工具。该模型所采用的方法类似于本章所介绍的 KMV 模型。参见：“CreditGrades：Technical Documents，” RiskMetrics Group，Inc.，May 2002.

4　这个例子来自于：The CreditMetrics，*Technical Document*，April 2，1997. 该借款人的信用为 BBB 级。

表 6A-1　BBB 级借款人 1 年内的转变概率

信用等级	转变概率	
AAA	0.02%	
AA	0.33	
A	5.95	
BBB	86.93	← 最有可能处于同一级别
BB	5.30	
B	1.17	
CCC	0.12	
违约	0.18	

表 6A-2　不同信用等级下第一年年底的贷款价值

年底的信用等级	贷款价值（$）(包括第一年的息票收益）
AAA	109.37
AA	109.19
A	108.66
BBB	107.55
BB	102.02
B	98.10
CCC	83.64
违约	51.53

利率——参见本章正文的内容），s_i 代表某种信用级别贷款的年（1~4 年）信用利差（它们可以根据公司债券市场与国债市场的利率来确定）。由于我们是在贷款发生 1 年之后（而不是在贷款之初）对其进行估价，第一次的息票收益即上面例子中的 600 万美元的利息收益没有被贴现，因此，可以被看成是贷款或债券的应计利息所得。

假设借款人第 1 年的信用等级从 BBB 级上升到 A 级，那么，以第一年年底风险水平计量的金融机构贷款的市场价值为（以百万美元为单位）：

$$P = 6 + \frac{6}{(1.0372)} + \frac{6}{(1.0432)^2} + \frac{6}{(1.0493)^3} + \frac{106}{(1.0532)^4}$$

也就是说，第一年年底，如果借款人的信用从 BBB 级上升为 A 级，那么金融机构 1 亿美元贷款（账面值）的市场价值为 1.0866 亿美元。（从理论上讲，这是金融机构在第一年年底将贷款以及第一年的 600 万美元的应计利息按公允市价或价值“出售”时能得到的收益）。表 6A-2 列出了其他信用变化发生时的贷款价值。从中可以看到，贷款的最大市场价值为 1.0937 亿美元（如果借款人的信用上升为 AAA 级），最小价值为借款人违约时的 5 113 万美元。最小价值是对借款人宣布破产时贷款回收价值的估计。

图 6A-1 给出了贷款价值的概率分布。正如从图中所看到的，高于均值的贷款价值相对固定，而低于均值的贷款价值比较分散（即呈左偏）。显然贷款价值的分布是不对称的（即不是正态分布）。因此，信用计量模型可计算出两种 VAR 指标：

1. 以贷款价值的正态分布为基础。
2. 以贷款价值的实际分布为基础。

VAR 的计算

表 6A-3 列出了每种方法所计算出的 VAR——分别以 5% 和 1% 的最差情况为基础。

计算 VAR 的第一步是要计算出第一年贷款价值的平均数或预期价值——它等于第一年年底各种可能的贷款价值乘以转换概率的总和。从表中可以看到，贷款的平均价值为 1.0709 亿美元（同时可参见图 6A-1）。然而，金融机构担心亏损或价值波动。具体而言，如果下一年情况不佳，金融机构有可能亏损多少？我们可以将不好

图 6A-1　5 年期 BBB 级贷款第一年年底时的价值分布

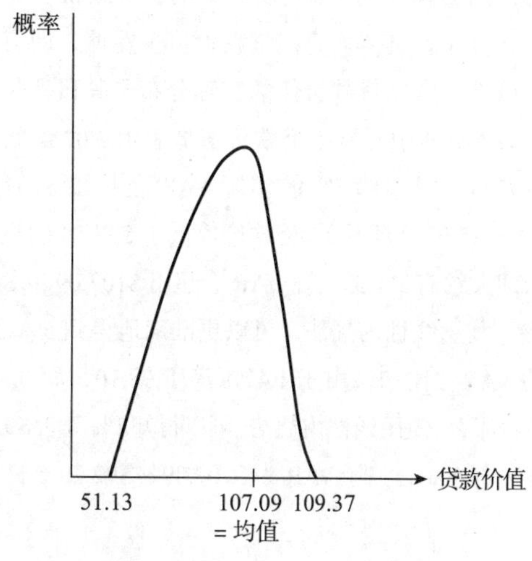

表 6A-3 BBB 级贷款 VAR 的计算

年底的评级	概率状况	新的贷款价值加利息（$）	概率加权价值（$）	与贷款均值之差（$）	概率加权方差
AAA	0.02%	109.37	0.02	2.28	0.0010
AA	0.33	109.19	0.36	2.10	0.0146
A	5.95	108.66	6.47	1.57	0.1474
BBB	86.93	107.55	93.49	0.46	0.1853
BB	5.30	102.02	5.41	(5.06)	1.3592
B	1.17	98.10	1.15	(8.99)	0.9446
CCC	0.12	83.64	1.10	(23.45)	0.6598
违约	0.18	51.13	0.09	(55.96)	5.6358
			均值 = 108.09		方差 = 8.94777
					σ = 标准差 = 2.99

正态分布 $\begin{cases} 5\%\text{VAR} = 1.65 \times \sigma = \$4.93 \\ 1\%\text{VAR} = 2.33 \times \sigma = \$6.97 \end{cases}$

实际分布 * $\begin{cases} 5\%\text{VAR} = \text{实际分布的 } 95\% = \$107.09 - \$102.02 = \$5.07 \\ 1\%\text{VAR} = \text{实际分布的 } 99\% = \$107.09 - \$98.10 = \$8.99 \end{cases}$

* 5%VAR 约为 6.77%（即 5.3% + 1.17% + 0.12% + 0.18%），1%VAR 约为 1.47%（即 1.17% + 0.12% + 0.18%）

的年份定义为每 20 年发生一次（5% 的 VAR）或每 100 年发生一次（1% 的 VAR）——这类似于市场风险 VAR，只不过信用风险 VAR 的期限更长一些：期限为一年，而不是像市场风险 DEAR 那样为一天。

假设贷款价值呈正态分布，那么贷款价值的方差为 8.9477 美元，标准差即波动性为 2.99 美元（它是方差的平方根）。因此，这笔贷款 5% 的 VAR 为 1.65 × 2.99 美元 = 4.93（百万美元），而 1% 的 VAR 为了 2.33 × 2.99 美元 = 6.97（百万美元）。然而，这有可能使贷款的实际 VAR 被低估，因为正如图 6A-1 所反映的，贷款价值显然不是呈正态分布。具体而言，贷款价值呈左偏，即有较长的下降风险。依据贷款价值的实际分布及其概率，我们可以从表 6A-3 中看到：贷款价值低于 102.02 美元的概率为 6.77%，即大约 5% 的实际 VAR 会超出 \$107.09 − \$102.02 = \$5.07（百万）；贷款价值低于 \$98.10 的概率为 1.47%，即大约有 1% 的实际 VAR 会超出 \$107.09 − \$98.10 = \$8.99。利用线性内插法，可以更准确地得到 5% 和 1% 实际的 VAR。比如，由于 1.47% 等于 98.10，而 0.3% 等于 83.64，那么，使用线性内插法，可以得知 1% 等于 \$92.29。这就意味着 1% 的实际 VAR 为 \$107.09 − \$92.29 = \$14.80。

资本要求

将这些 VAR 数值与美联储和国际清算银行目前所要求的贷款资本准备进行比较，可以看到一个有趣的现象。尽管这些资本要求将在第 15 章中进行更详细地分析，但是，它们本质上相当于银行（或储蓄机构）为防止非预期损失而按贷款账面值的 8% 所持有的资本准备。在我们的例子（即账面值为 1 亿美元的 BBB 级贷款）中，资本要求为 800 万美元。这与上述两种以市场为基础计算出的 VAR 是不一样的。根据正态分布条件下 1% 的 VAR，资本要求为 697 万美元（即低于国际清算银行的要求），而根据实际分布条件下 1%VAR 的叠代值，资本要求为 1 480 万美元（大大高于国际清算银行的资本要求）。

需要指出的是，在信用计量方法下，每一笔贷款的 VAR 都有可能是不相同的；因此这也意味着它们的资本要求是不相同的。这与国际清算银行目前监管完全不同——该监管条例要求所有私营行业贷款都必须遵守 8% 的资本要求，而不管贷款的信用等级（从 AAA 到 CCC）及期限如何。

附录 6B[1]

信用风险 +

信用风险 + 是由瑞士信贷金融产品公司（CSFP）开发出来的一个模型。[2] 与信用计量模型（它的目的是设计出一个完整的 VAR 框架）不同，信用风险 + 试图通过估算贷款的预期损失以及损失的分布，来计算出金融机构为弥补某一亏损所需的准备金。

该模型的主要思想来自于保险学（尤其是火灾保险）。火灾保险中，保险人承担的损失反映了：（1）住房失火的概率（保险人所称的事故频率），以及（2）住房失火后的价值损失（即保险人所称的损失程度）。我们可以将这一想法应用到贷款中：贷款组合资产的损失分布反映了贷款违约的频率及其损失程度的综合情况（或结果）。这种分析框架可以通过图 6B-1 来表示。

与信用计量模型（它假设下一时期的贷款违约概率是固定的——由贷款的历史转换概率决定）不同，最简单的信用风险 + 模型假设：（1）贷款组合中每一项贷款的违约概率是随机的；（2）任何两项贷款违约的相关性均为 0（即每项贷款的违约概率是独立的）。因此，这种分析框架更适合于对众多小额贷款（比如小企业贷款，抵押贷款和消费贷款）所形成的贷款组合的违约分析，而不适合于对几笔大额贷款所形成的贷款组合的分析。该模型对违约概率（频率）的假设，可以通过图 6B-2 反映出来。

当贷款组合中每一项贷款的违约概率很小且相互独立时，违约率的频率分布符合泊松分布。下面我们来看一个例子。

假设：

1. 金融机构发放了 100 项贷款，每项贷款的金额为 10 万美元。
2. 历史数据表明，贷款的平均违约率为 3%（即 100 项贷款中有 3 项违约）。
3. 每项贷款违约时损失的程度都是一样的，即一美元要损失 20 美分（10 万美元的贷款要损失 2 万美元）。

1　本附录中包含了一些更复杂的内容，因此，可根据课程的要求来决定是否选用。

2　参见：Credit Suisse Financial Products, "Credit Risk+ ; Credit Risk Management Framework," October 1997, New York/ London ; and Saunders and Allen, *Credit Risk Measurement*, chap 7.

图 6B-1　信用风险 + 模型中的贷款损失决定因素

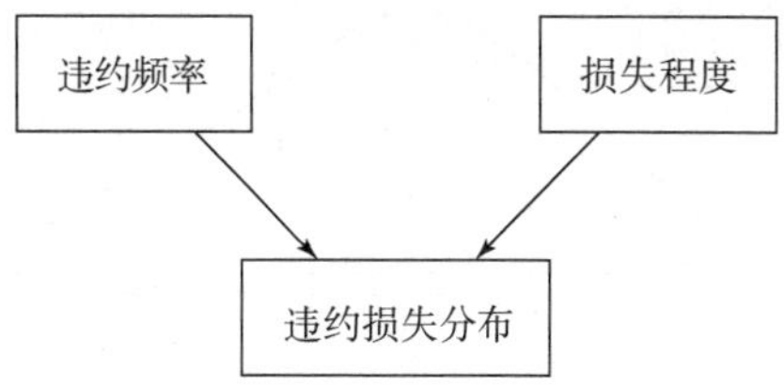

图 6B-2　信用风险 + 模型对贷款违约频率的假设

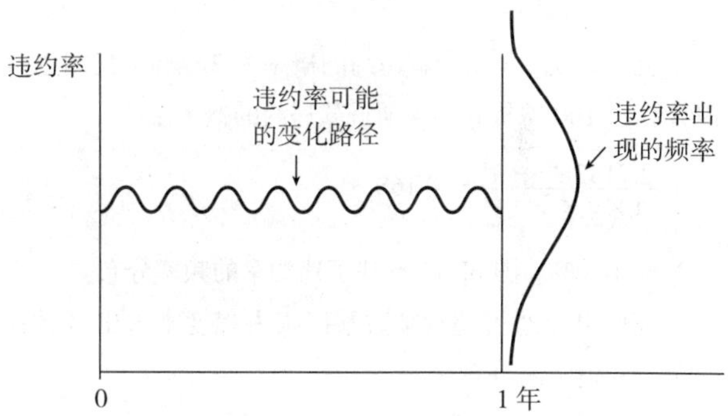

违约率的频率分布

根据泊松分布，我们能够很容易得到（100 项贷款中）各种违约发生时的概率：

$$n\text{ 项违约的概率} = \frac{e^{-m}m^n}{n!}$$

e 为常数 2.71828，m 为此类贷款的历史平均违约次数（100 项中有 3 项即 3%），$n!$ 代表 n 的阶乘，其中 n 代表违约贷款的项数。

比如，下一年 100 项贷款中出现 3 项违约的概率为：

图 6B-3 例题中违约率的频率分布

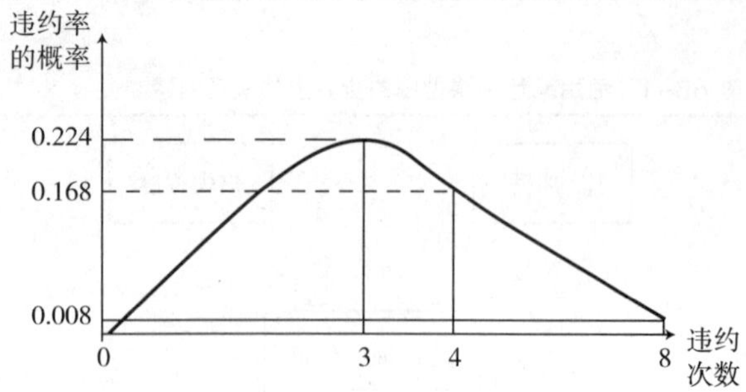

$$\frac{2.71828^{-3}\times 3^{3}}{1\times 2\times 3}=0.224$$

也就是说，3 项贷款违约的概率为 22.4%。我们也可以计算出 100 项贷款中 4 项贷款违约的概率：

$$\frac{2.71828^{-3}\times 3^{4}}{1\times 2\times 3\times 4}=0.168$$

即 16.8%。图 6B-3 反映了违约率的频率分布。

我们可以通过违约项数乘以损失程度来求出贷款损失（美元值）的分布：

3 项贷款违约的损失 = 3 × 20 美分 × \$100 000
= 60 000 美元

4 项贷款违约的损失 = 4 × 20 美分 × \$100 000
= 80 000 美元

图 6B-4 反映了贷款损失额的分布。

与信用计量模型中的情况一样，我们可能想知道 1% 最大亏损（即 100 年中第 99 个最差年份）是多少。按照泊松分布，100 项贷款中有 8 项违约的大约为 1%；因此，亏损 16 万美元的几率为 1%。[3] 在信用风险 + 这一分析框架下，金融机构需要持有资本准备来弥补非预期损失率（1%）与平均或预期损失率（与三次违约相关的损失）之间的差额，而预期损失则由贷款损失备抵和估价来弥补。在我们的例子中，资本准备为 \$160 000 − \$60 000 = \$100 000，即大约为贷款组合价值的 1%。此时的资本准备较低的其中一个原因在于，所假设的损失程度较低，而且都是相等的（即只有 20%）。比如说，如果贷款组合中每项贷款的损失率为 80%，那么所要求的资本准备将上升为贷款组合价值的 4%。此外，损失程度一般也有自己的分布。比如，第一项贷款违约时，金融机构的损失率为 20%，而第二项贷款违约时，金融机构的损失率为 30%，以此类推。由于损失率的分布以及违约项数的分布都很容易被纳入到信用风险 + 这一框架中，因此，我们也可以让平均违约率本身发生变化(详情参见 CSFP 的专业文献)。[4]

3 在实践中，8 项亏损的概率为 0.8%。

图 6B-4 例题中贷款组合损失的频率分布

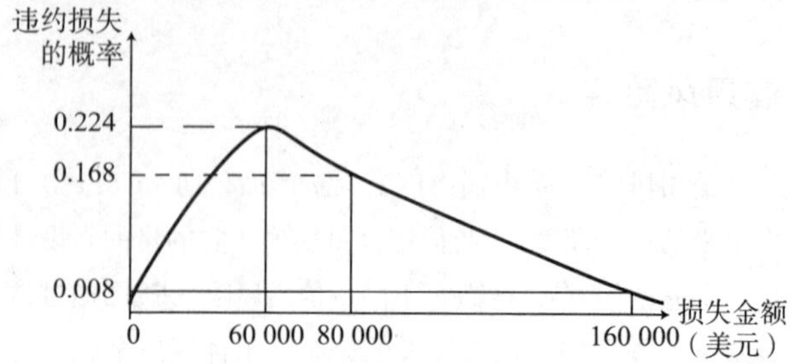

4 如果将（可变的）平均违约率纳入到模型中，金融机构的经理就可以分析经济衰退和扩张时期的非预期贷款损失。一般而言，平均违约率随时间的变化，将导致非预期损失和资本准备要求的增加。

附录 6C[1]

信用分析

关于附录 6C 的内容，请参见本书网址：www.mhhe.com/saunders5e.

第7章

信用风险：贷款组合与集中风险

导　言

前一章中所介绍的模型描述的是，金融机构的经理们计量单项债务工具（比如贷款和债券）违约风险时可以采用的不同方法。与逐项分析贷款信用风险的方法不同，本章将集中介绍贷款（资产）组合环境下，金融机构的经理计量信用风险的能力，以及贷款（资产）组合分散化所带来的好处。我们将对金融机构的经理们在评估总体贷款组合风险时使用的几种模型进行分析和说明。金融机构的经理会关注贷款组合中每一项贷款的风险收益特征，但总体贷款组合的风险收益（其中有些贷款的风险被分散掉了）会对金融机构的总体信用风险产生影响。另外，我们还要介绍如何使用贷款组合模型，来确定某个行业或借款部门［比如标准产业分类（SIC）代码所代表的行业］最大的集中（借款）限额。

本章还要介绍监管部门计量贷款组合违约风险的方法。比如，1991年《联邦存款保险公司改进法》要求银行监管者在评价银行破产风险时要考虑信贷集中风险。此外，目前银行和监管者正在探讨如何使用这种方法。其中的一种可能是，为防止贷款过度集中而引起的破产风险，在计算资本要求时允许银行利用其内部模型，比如信用计量和信用风险+模型以及KMV组合管理者模型。此外，全国保险委员会（NAIC）已经对保险公司资产组合中各种不同的资产和借款人设定了限额，即所谓的分类法。

衡量贷款集中风险的简单模型

除了纯粹的主观判断（“我们向这位借款人提供了过多的贷款”）之外，金融机构还广泛采用两种简单模型来计量贷款组合的信用集中风险。第一种是**移动分析**（migration analysis）模型。在这种模型中，信贷主管会跟踪标准普尔、穆迪或自身的内部信用评级方法，对某些贷款组合或某些行业（比如机床行业）贷款信用等级的评定。如果某个行业或某个信用级别中部分企业信用等级的下降速度快于以往的情况，那么金融机构将停止向该行业或该信用级别借款人提供贷款。

贷款移动矩阵（loan migration matrix，又叫转移矩阵）反映了一组贷款过去的经历——其信用等级随时间变化的情况。因此，它可以作为衡量一组新的贷款信用变化状况的标准。表7-1是一个假设的信用移动矩阵（或表格），表中的贷款都属于3种信用级别中的某一种（大多数金融机构会使用10~13种信用级别）。[1]表7-1中的各行列出了贷款组合年初时的信用级别，而各列则给出贷款组合年底时的信用级别。表中的数据叫移动概率，它反映了各项贷款的信用级别从年初到年底时的平均经历（比重），比如年初的2级贷款在年底时仍然为2级、上升为1级、下降为3级或者是违约时的概率。

例如，就年初信用等级为2级的贷款而言，其年底时的历史（平均）情况为：上升为1级的概率为12%，

1　金融机构最近对信贷组合管理的调查表明，信用级别的范围在5~22级之间。

表 7–1　假设的信用移动矩阵

		年底的信用风险级别			
		1	2	3	D*
年初的信用风险级别	1	0.85	0.10	0.04	0.01
	2	0.12	0.83	0.03	0.02
	3	0.03	0.13	0.80	0.04

* D= 违约。

仍然为 2 级的概率为 83%，下降为 3 级的概率为 3%，违约的概率为 2%。假如金融机构正在对 2 级借款人贷款组合目前的信用风险进行评估，而在过去几年内，此类贷款降为 3 级的比率较高（比如为 5%），且违约率也较高（比如为 3%）——与历史转移矩阵所反映的情况相比，那么，金融机构就会限制向低等级（比如 2 级和 3 级）借款人的贷款，而将其资产组合更多地集中于 1 级贷款。[2] 至少，金融机构应该向低等级贷款索取更高的信用风险溢价。移动分析法不仅可以用来评估商业贷款组合，而且还被广泛地用于信用卡组合和消费贷款的分析。

第二种简单的模型要求管理层针对某一借款人或某一行业的贷款设定某一明确的外部限额。金融机构通过分析借款人当时的资产组合状况、经营单位的业务计划、经济学家对经济的预测及战略方案等，来决定向某一客户提供贷款时的**集中限额**（concentration limit）。一般情况下，金融机构通过设立集中限额来降低向某个行业的贷款，并增加向其他行业的贷款。当两个行业群体的业绩高度相关时，金融机构会设立一个低于两行业限额之和的总限额。金融机构一般还会设立地域限额。它们可能会设立总资产组合限额，或者把行业限额和地域限额结合起来。

近几年，银行监管都将单个借款人贷款的集中限额规定为不超出银行资本的 10%。[3]

下面我们将介绍如何使用更复杂的组合理论模型来确定集中限额。尽管这些模型具有很大的潜能，但由于

例 7–1　计算贷款组合的集中限额

假设金融机构的管理层不允许某一行业贷款的损失额超出其资本的 10%。如果管理层估计该行业违约贷款的损失率为 40%，那么，向某个行业贷款的最高额度，即集中限额（以占资本的百分比表示）为：

$$\text{集中限额} = \text{以资本百分比所表示的最大损失} \times \frac{1}{\text{损失率}}$$
$$= 10\% \times [1/0.4]$$
$$= 25\%$$

数据有限以及其他一些实际问题，到目前为止，它们的使用仍然受到了限制。模型的基本想法是，通过对贷款组合的选择来使其既定风险水平下的收益最大化（或者说要使既定收益水平下的资产组合风险最小化）。

贷款组合分散化与现代资产组合理论（MPT）

如果金融机构的经理广泛持有各种交易贷款和债券等资产，或者能够计算出贷款或债券的收益，那么他就可以利用资产组合分散化模型对总体信用风险进行计量和控制。在此，我们假设金融机构的经理能够估算出资产组合中，每项贷款或每种债券的预期收益（$\overline{R}_i$）。

计算出各种证券的收益之后，金融机构的经理就能够计算出某种资产组合的预期收益（$\overline{R}_p$）：

$$\overline{R}_p = \sum_{i=1}^{N} X_i \overline{R}_i \tag{1}$$

此外，收益的方差即资产组合的风险（$\sigma^2 p$）可以这样来计算：

$$\sigma_P^2 = \sum_{i=1}^{n} X_i^2 \sigma_i^2 + \sum_{i=1}^{n} \sum_{\substack{j=1 \\ i \neq j}}^{n} X_i X_j \sigma_{ij} \tag{2}$$

或

$$\sigma_P^2 = \sum_{i=1}^{n} X_i^2 \sigma_i^2 + \sum_{i=1}^{n} \sum_{\substack{j=1 \\ i \neq j}}^{n} X_i X_j \rho_{ij} \sigma_i \sigma_j \tag{3}$$

2　将一年的平均转移矩阵（以历史数据为基础）作为衡量标准的理论依据是：实际转移将围绕这些平均转移而随机波动。用统计学的术语来讲，实际转移遵循稳定的马可夫（链）过程。

3　在有些国家（比如智利），限额是根据部门或行业来设定的。

式中：

$\overline{R}_p$ = 资产组合的预期或平均收益

$\sum$ = 求和

$\overline{R}_i$ = 资产组合中第 i 种资产的平均收益

X_i = 资产组合中第 i 种资产的投资所占比重（令人满意的集中度）

σ_i^2 = 第 i 种资产收益的方差

σ_{ij} = 第 i 种和第 j 种资产收益之间的协方差

ρ_{ij} = 第 i 种和第 j 种资产收益之间的相关性[4]

现代资产组合理论（modern portfolio theory，即 MPT）给出的基本启示是：利用自身的规模，金融机构能够将大量的信用风险分散掉，其前提在于各种资产的收益与其违约风险调整收益并非完全相关。[5]

我们来看等式（2）中的 σ_p^2。如果许多贷款都具有负的协方差或负的收益相关性（ρ_{ij} 为负数）——也就是说，某个借款人的贷款情况不好，而另一个借款人的贷款情况却很好，那么各项独立的贷款的信用风险之和要大于整个贷款组合的信用风险。这就是我们在第 5 章中所表达的含义：通过将资金汇集起来，金融机构能够利用大数法则优势来降低其投资决策中的风险。

为了更全面地了解分散化的好处，我们来观察图 7-1。图中的 A 点代表未分散的组合，其投资主要集中于少数几种贷款和债券。通过充分利用债券或贷款（其收益负相关或存在较低的正相关）的分散化潜能，金融机构的经理可以在获取相同预期收益的前提下，将资产组合的信用风险从 σ_{pA} 降为 σ_{pB}。也就是说，资产组合 B 是

图 7-1 金融机构资产组合的分散化

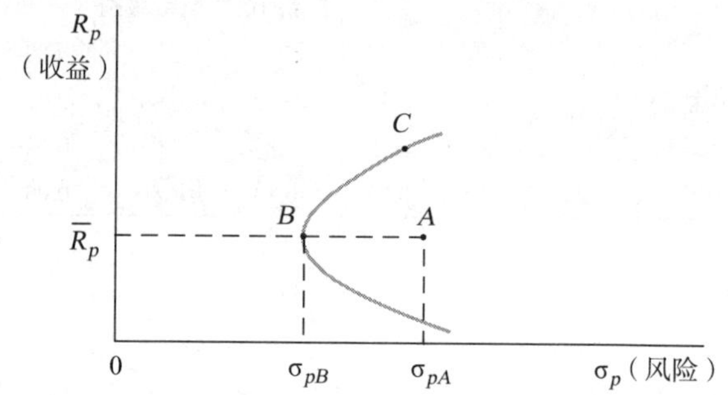

例 7-2 计算由 2 种资产所构成的资产组合的收益和风险

假设金融机构持有的两种贷款具有下列特征：[1]

贷款 i	X_i	R_i	σ_i	σ_i^2	
1	0.40	10%	0.098	0.0096	$\rho_{12}=-0.84$
2	0.60	12%	0.0857	0.007344	$\sigma_{12}=0.70548$

贷款组合的收益为：

$$R_p = 0.4\times 10\% + 0.6\times 12\% = 11.2\%$$

而贷款组合的风险为：

$$\sigma_p^2 = 0.4^2\times 0.0096 + 0.6^2\times 0.007344 + 2\times 0.4\times 0.6\times(-0.84)\times 0.098\times 0.0857 = 0.0007935$$

因此，$\sigma_p = \sqrt{0.0007935} = 0.0282 = 2.82\%$

请注意，贷款组合的风险（即收益的标准差）σ_p（2.82%）要低于任何一种贷款资产的标准差（两者分别为 9.8% 和 8.57%）。两种贷款收益之间的负相关（−0.84），使得金融机构贷款组合的总体风险下降。

1 请注意，方差（σ^2）是以百分数的平方来表示的，而标准差（σ）则是以百分数来表示的。

4 相关系数反映了各种贷款资产的收益或违约风险之间的同步变化情况，且其价值范围为：$-1 \leqslant \rho \leqslant +1$，这里的 ρ 代表相关系数。从等式（2）和（3）中可以看到，任何两种资产之间的协方差（σ_{ij}）都与相关系数有关：$\sigma_{ij}=\rho_{ij}\sigma_i\sigma_j$。

5 人们反对将现代资产组合理论应用于贷款之中的其中一个理由，是各种贷款的收益并非呈正态或对称分布。具体而言，大多数贷款的收益上升是有限的，而价值下降的风险却很大；请参见下列内容：A.Saunders and L.Allen，Credit Risk Measurements：*New Approaches to Value at Risk and Other Paradigms*, 2nd ed. (New York: John Wiley & Sons, 2002)。同时，对维持传统客户关系的担心，可能会限制金融机构的资产分散化能力。客户关系对资产分散化的限制作用被人们称为“信用悖论”。也就是说，银行会专门对其关键客户进行监控和信息收集（参见第 1 章），但这种专门监控又会导致贷款组合的高度集中。对客户关系的考虑，可能会阻止贷款资产组合采取与共同基金股票组合类似的管理方法。

与总体收益水平 $\overline{R}_p$ 相关的有效（最低风险）资产组合。通过调整资产组合中各种资产投资的比重（换句话讲，通过对必要的组合收益水平 $\overline{R}_p$ 进行上下调整），金融机构的经理能够确定，贷款和债券有效组合（不同权重下）的整体边界。有效资产组合指的是各种可能的组合水平下，金融机构的经理所面临的风险水平最低。然而，正如从图 7-1 中所看到的，在所有可能的有效组合中，只有组合 B 能使金融机构的经理面临的风险降到最低。换句话讲，它使金融机构的经理从全部贷款和债券的分散化中获取的收益最大，因此使资产组合的风险不可能再低于 σ_{pB}。所以，σ_{pB} 通常被人们称为**最低风险资产组合**（minimum risk portfolio）。

显然，*B* 点是最低风险资产组合，但它的收益却并不是最高的。因此，最厌恶风险的经理们（其惟一目标是使资产组合的风险最小化而不管其收益如何）会选择组合 *B*。大多数资产组合经理的心中都有某种期望的收益风险组合关系；只要能得到更高的预期收益补偿，他们就愿意接受更大的风险。[6] 图 7-1 中的组合 *C* 就是其中一种可能的选择。这也是一种有效组合，因为金融机构的经理对贷款比重（X_i）的选择，使得这一较高预期收益水平下的组合风险水平最低。在同等预期收益水平下，这一种组合要优于所有其他组合。[7]

资产组合理论是一种非常有吸引力的工具。尽管从直觉上看分散化一般是一件好事，但银行、保险公司和储蓄机构在使用这一方法时会遇到一个问题，即这些金融机构通常都持有大量的区域性非交易（或不经常交易）贷款和债券。

KMV 资产组合管理者模型

尽管许多贷款都是不可交易的，但在开发现代贷款资产组合模型方面却进行了许多新的研究。下面我们来分析 KMV 公司（2002 年被穆迪公司收购）开发的一种方法，即所谓的**资产组合管理者**（Portfolio Manager）模型。

如果一个模型想要估算出贷款的有效边界（如图 7-1 所示），并因此而确定向不同借款人提供贷款的最优比重（X_i）的话，那么它就必须对三个因素［参见等式（1）、（2）和（3）］进行计量：向借款人 *i* 提供贷款的预期收益（R_i）；向借款人 *i* 提供贷款的风险（σ_i）；借款人 *i* 和 *j* 之间贷款违约风险的相关性（ρ_{ij}）。

在最简单的模型中，KMV 采用下列方法来计算每一项因素：

$$R_i = AIS_i - E(L_i) = AIS_i - EDF_i \times LGD_i \quad (4)$$

$$\sigma_i = UL_i = \sigma_{Di} \times LGD_i = \sqrt{EDF_i(1-EDF_i)} \times LGD_i \quad (5)$$

ρ_{ij} = 借款人 *i* 和借款人 *j* 资产总体回报之间的相关性

我们需要对上述各项进行解释。

6 组合点的选择取决于经理们对风险的态度，以及所有权与控制权的分离程度。如果金融机构由追求企业最大价值的代理人来管理的话，那么他们就会成为不受风险影响的代理人。他们知道，股东可以通过自身的分散化来持有许多企业的股票，从而消除与借款人相关的风险。因此，经理们可能会在遵守风险监管约束的前提下，寻求预期收益的最大化（即他们可能会在图 7-1 中的 *C* 点附近进行选择）。然而，如果经理们由于自己在金融机构的人力资本投资而厌恶风险，并根据自己对风险的偏好而不是股东对风险的偏好来进行信贷决策的话，那么，他们就有可能在靠近最低风险组合的某个地方选择一种风险相对较低的组合。想更多地了解代理问题及银行风险行为的读者可以参见：A.Saunders，E.Strock，and N.G.Travlos，“Ownership Structure，Deregulation，and Bank Risk Taking，” *Journal of Finance* 45 (1990)，pp.643-54。 组合收益与风险之间的权衡现在可以通过新的优化方法——人们所称的遗传算法技术——来解决。参见：A.Mukherjee，R.Bisuras，K.Deb，and A.Mathur，“Multi-Objective Evolutionary Algorithms for the Risk-Return Trade-off in Bank Loan Management，” KanGAL Report Number 200/005。

7 金融机构的经理不一定选择贷款有效边界上的某一点（它反映了管理者厌恶风险），比如图 7-1 中的 *C* 点，而有可能选择使企业价值最大化的某一点。这一点使得组合收益与无风险利率之差除以组合收益的标准差达到最大值，即它使［(R_p − R_f) / σ_p］达到最大值。在现代资产组合理论中，这一比值通常叫夏普比率。从图形上看，这一点位于有效边界上：从纵轴上的 R_f 点划一条与有效边界相切的直线，该切点就是使企业价值最大化的点。该切点使风险与收益之间的权衡结果无法得到改进。

贷款收益（R_i）

贷款收益的计算需要借助于所谓的年度总利差（all-in spread，即 AIS）——它等于金融机构每年获取的贷款费用收益加上每年获取的利差（借款人支付的贷款利率与金融机构的资金成本之差）。要从年度总利差中减去贷款预期损失［$E(L_i)$］。这种预期损失，等于借款人下一年的预期违约概率或预期违约频率（EDF_i）（第 6 章介绍过的内容），乘以借款人违约时金融机构遭受的损失（违约损失 LGD_i）。同时，在理想状态下，贷款收益也可以表示为超出相同期限的无风险证券收益的那一部分。

贷款风险（σ_i）

贷款风险等于贷款预期价值违约率的波动幅度（σ_{Di}）乘以违约损失（LGD_i）。违约率的波动幅度与 LGD 之积，叫做非预期贷款损失（UL_i），而且它是对贷款风险 σ_i 的计量。为了计算出违约率的波动幅度，我们假设贷款要么违约，要么得到偿还（没有违约）；这样，违约呈二项分布，第 i 个借款人违约率的标准差（σ_{Di}），等于违约概率与 1 减去违约概率之积的平方根［$\sqrt{EDF(1-EDF)}$］。

相关性（ρ_{ij}）

为了计量任何两位借款人之间无法观察到的违约风险的相关性，KMV 资产组合管理者模型利用两位借款人总体资产收益来进行计算（相关性的计算以两种贷款收益过去的同步变化情况为基础）。根据 KMV 提供的信息，违约相关性一般都比较低，而且在 0.002 ~ 0.15 之间。这符合人们的直觉。比如，IBM 和通用汽车两者同时破产的概率是多少？就两家企业而言，它们下一年的资产价值要同时低于其债务价值！这种情况出现的可能性很小——除非遇到了严重或极端的经济衰退，或者是两家企业的短期债务都迅速增长。借款人违约风险之间普遍较低的（正）相关性，对金融机构的经理们来说也是一个好消息，因为这意味着他们能够通过将贷款发放给众多的借款人，来极大地降低资产组合风险。[8]

据报道，有几家大的金融机构正在使用 KMV 模型（和其他类似模型）积极地对自己的贷款资产组合进行管理。

资产组合理论的部分应用

贷款额度模型

正如上面所介绍的，缺乏资产市场价格信息的金融机构一般很难直接利用现代资产组合理论，因为许多资产（比如贷款）并不在固定的市场进行买卖。然而，现有足够的贷款额度信息可供金融机构的经理们应用部分资产组合理论来建立修正模型，以分析自己所面临的总体集中风险或信用风险。这些贷款额度信息包括：

1. 商业银行的短期拆放报告。向美联储提供的这些报告将贷款分为以下几类：不动产贷款、农业贷款、工商业（C&I）贷款、存款机构贷款、个人贷款、州和政府部门贷款、国际贷款。由各家银行所提供的

---

8 KMV 的资产组合管理者模型，也可以用来评估向任何一位借款人提供更多贷款时的风险。如果向某位借款人提供了更多的贷款，那么向其他借款人的贷款就会减少（假设贷款总额是固定的）。严格地讲，由于贷款资产组合的方差为：

$$UL_P^2=\sum_{i=1}^{n}X_i^2UL_i^2+\sum_{i=1}^{n}\sum_{\substack{j=1\\ i\neq j}}^{n}X_iX_jUL_iUL_j\rho_{ij}$$

因此，向借款人 i 提供额外的小额贷款时的边际风险为：

$$边际风险=\frac{dUL_P}{dX_i}$$

式中 UL_p 为贷款资产组合的标准差（以美元为单位）。显然，向借款人 i 提供额外贷款（dX_i）的边际风险（dUL_p）不仅取决于这项贷款（i）本身的风险，而且还取决于：（i）贷款 i 与其他贷款（j）的相关性；（ii）其他各项贷款（j）的风险；（iii）新增贷款 i 的资金来源。具体而言，如果 $dX_i<0$ 那么所有其他贷款的总量就会下降——除非筹集到新的资金。事实上，面对约束条件 $\sum_{i=1}^{n}dX_i<0$（$j\neq i$），重要的启发在于（从现代资产组合理论的观点来看）：如果金融机构提供的 BBB 级贷款与其他贷款的相关性小于与 A 级贷款的相关性，那么这项贷款对金融机构具有更大的价值；也就是说，重要的在于贷款的边际风险对总资产组合风险的影响，而不在于一项贷款本身的风险。

例 7-3　利用 KMV 资产组合管理者模型计算资产组合（两种资产）的收益和风险

假设某金融机构持有的两种贷款具有以下特征：

贷款 i	X_i	年利差（贷款利率减去资金成本）	年度费用	违约损失	预期违约频率	
1	0.60	5%	2%	25%	3%	$\rho_{12}=-0.25$
2	0.40	4.5	1.5	20%	2%	

第 1 项贷款的收益和风险为：

$R_1=(0.05+0.02)-(0.03\times0.25)=0.0625$ 或 6.25%

$\sigma_1=[\sqrt{0.03\times(0.97)}]\times0.25=0.04265$ 或 4.265%

第 2 项贷款的收益和风险为：

$R_2=(0.045+0.015)-(0.02\times0.20)=0.056$ 或 5.60%

$\sigma_2=[\sqrt{0.02\times(0.98)}]\times0.20=0.028$ 或 2.80%

那么，资产组合的收益和风险为：

$$R_p=0.6\times6.25\%+0.4\times5.60\%=5.99\%$$

$$\sigma^2_p=0.6^2\times0.04265^2+0.4^2\times0.028^2+2\times0.6\times0.4\times(-0.25)\times0.04265\times0.028=0.0006369$$

因此，$\sigma_p=\sqrt{0.0006369}=0.0252=2.52\%$

这些数据汇总起来之后，可以估算出全国各个种类贷款的分配情况。[9]

2. 全国共享信贷信息。根据 2 位数的标准产业分类（SIC）代码，全国性的大额工商业贷款数据库对贷款额度进行了分类。比如，SIC 为 49 的代码所代表的是向公共事业提供的贷款。由于这个数据库提供了全国大额贷款的行业分布状况，因此它类似于工商业贷款的市场资产组合。

3. 商业化的数据库。Dealscan 贷款定价公司的数据库中包含的贷款超过了 10 万项（按银行和借款人分类）。Dealscan 还提供新的贷款的价格信息。

9　有些国家（比如意大利）甚至将银行的贷款资产组合分得更细，其中还包括了行业分布和地域分布情况。

因此，这些信息提供了一种市场标准，单个金融机构可以将自己内部的贷款在主要行业（比如不动产和工商业）之间的分配情况与其进行比较。比如，全国共享信贷（SNC）数据库提供了一种反映贷款在各行业或各借款人之间分配状况的市场标准。

通过将自己的贷款分配或特定领域的贷款所占的比重（X_{ij}）与全国的贷款在借款人（X_i、i 代表不同的贷款群体）之间的分配进行比较，某金融机构（j）就能够计量出自己的贷款资产组合与市场资产组合标准的偏离状况。这反映了金融机构贷款集中化的程度，即其资产组合在各领域的相对分散化状况。

我们来看表 7-2。此表分析了第一层次的贷款资产分配问题——它给出了各种主要行业或类别的贷款数额。在此，我们列出了四种假设的贷款数据：不动产贷款、工商业贷款、个人贷款和其他贷款。第（1）栏列出了全国所有银行贷款分配的比重；这就是市场资产组合的分配情况。第（2）栏和第（3）栏分别列出了 A 银行和 B 银行所选择的贷款分配情况。

表 7-2　不同行业贷款资产组合的分配情况（%）

	（1）全国	（2）A 银行	（3）B 银行
不动产	45%	65%	10%
工商业	30	20	25
个人	15	10	55
其他	10	5	10
	100%	100%	100%

从表 7-2 中可以看到，与全国平均水平相比，A 银行的贷款更多地集中在不动产行业，而 B 银行的贷款则更多地集中于个人。为了计算出各家银行与全国标准水平的偏离情况，我们将利用 A、B 两家银行贷款分配状况相对全国分配状况的标准差。当然，对于非常小的地区银行、保险公司和储蓄机构而言，以全国的分配标准作为相关的市场资产组合不一定恰当。在这种情况下，金融机构可以根据某一区域（比如美国西南部）银行的短期拆放报告信息（或保险公司和储蓄机构的监管部门收集的类似信息）来构建一个地区性标准，或者根据资产规模和地域相似的同类银行群体而构建一个标准。

我们可以这样来计算贷款分配的相对偏离状况：[10]

$$\sigma_j = \sqrt{\frac{\sum_{i=1}^{N}(X_{ij} - X_i)^2}{N}} \quad (6)$$

式中

σ_j = j 银行的资产分配比重相对于全国状况的标准差

X_{ij} = j 银行的资产分配比重

X_i = 全国的资产分配比重

N = 观察数或贷款种类（$N = 4$）

例 7-4 贷款分配标准差的计算

再次参照表 7-2。将等式（6）用于 A 银行的贷款资产组合，我们就能得到其贷款分配的标准差：

$$(X_{1A} - X_1)^2 = (0.65 - 0.45)^2 = 0.0400$$
$$(X_{2A} - X_2)^2 = (0.20 - 0.30)^2 = 0.0100$$
$$(X_{3A} - X_3)^2 = (0.10 - 0.15)^2 = 0.0025$$
$$(X_{4A} - X_4)^2 = (0.05 - 0.10)^2 = 0.0025$$

以及

$$\sum_{i=1}^{4} = 0.0550$$

因此，$\sigma_A = (0.0550/4)^2 = 11.73\%$。将同样的方法应用于 B 银行，我们得到：

$$(X_{1B} - X_1)^2 = (0.10 - 0.45)^2 = 0.1255$$
$$(X_{2B} - X_2)^2 = (0.25 - 0.30)^2 = 0.0025$$
$$(X_{3B} - X_3)^2 = (0.55 - 0.15)^2 = 0.1600$$
$$(X_{4B} - X_4)^2 = (0.10 - 0.10)^2 = 0.0000$$

以及

$$\sum_{i=1}^{4} = 0.2850$$

因此，$\sigma_B = (0.2850/4)^2 = 26.69\%$。

正如你所看到的，B 银行与全国标准的偏差要大大高于 A 银行，其原因在于 B 银行的贷款过多地集中于个人。

10 在这种样本较少的情况下，等式（6）中的分母为 $N - 1$ 时更为恰当。

偏离全国标准并非一定是一件坏事。银行专门从事某一领域贷款，其原因可能是由于它在个人贷款的信息收集和监控方面具有比较优势（这也许与银行自己的规模或地理位置有关）。标准差只不过向经理提供了一种信息：金融机构贷款资产组合与全国平均水平的偏离程度。然而，由于全国贷款资产组合的构成，代表了一种更为分散化的市场组合（因为它是对全国所有银行的汇总），因此，所得出的全国资产分配状况（X_i）可能比单个银行的资产分配状况（X_{ij}）更接近于最有效的资产组合构成。现代资产组合理论在这方面的应用，使得金融机构的经理能够了解资产组合中贷款的相对集中程度。最后要指出的是，虽然上述分析是以银行的贷款资产组合为基础的，但实际上，任何金融机构都可以用这种资产组合理论来分析任何一类资产，或者是全部资产组合，而不管这类资产是否可以交易。分析中所需的关键信息，是面对相同投资决策的一组同类（地区性或全国性的）金融机构资产的分配状况。

贷款损失率模型

现代资产组合理论的第二种应用，就是建立以历史贷款损失率为基础的模型。该模型可以估算出，某一行业（按标准产业分类）的**整体贷款损失风险**（systematic loan loss risk）相对于金融机构总贷款资产组合损失风险的比重。这种整体贷款损失，可以根据行业（i）贷款损失率（每季度）和金融机构总贷款损失率（每季度）的时间序列回归估算出来：

$$\frac{\text{行业}(i)\text{损失}}{\text{行业}(i)\text{贷款}} = \alpha + \beta_i\left(\frac{\text{总贷款损失}}{\text{总贷款}}\right)$$

式中 α 代表不受总贷款损失影响的行业贷款损失率（即 $\beta = 0$），β_i 代表行业（i）贷款相对于总贷款损失的敏感性。比如，回归结果表明消费行业的 β 为 0.2，不动产行业的 β 为 1.4，那么这就意味着金融机构不动产行业的贷款损失率整体上要高于总贷款损失率（按照定义，全部贷款资产组合的损失率 β 为 1）。同样地，金融机构消费行业的贷款损失率，整体上要低于总贷款损失率。因此，出于谨慎，金融机构应该使不动产行业的贷款集中率限额低于消费行业，尤其是当经济陷入萧条且总贷款损失开始上升时。这个模型的含义是：β 较低的行业可以比 β 较高的行业有更高的贷款集中率限额，因为 β 较低的行业的（贷款损失）风险缺乏整体性，也就是说，从资产组合的角度来看，这种风险更容易被分散掉。[11]

例 7-5　贷款损失率的计算

根据对历史贷款损失的回归分析，某金融公司估算出：

$$X_{C\&I}=0.003+0.75X_L \text{ 以及 } X_{con}=0.005+1.25X_L$$

式中 $X_{C\&I}$ = 工商业贷款行业的损失率，X_{con} = 消费贷款行业的损失率，X_L = 金融公司贷款资产组合的损失率。如果金融公司的总贷款损失率上升 15%，工商业贷款行业的预期损失率将上升：

$$X_{C\&I}=0.003+0.75\times0.15=11.55\%$$

而消费贷款行业的预期损失率将上升：

$$X_{con}=0.005+1.25\times0.15=19.25\%$$

为了防止损失上升，金融公司应该考虑降低其消费贷款的集中率。

11 这种方法可以扩展为因素分析（建立多因素模型）。从本质上讲，这涉及到以各种因素（市场风险、利率风险等）为基础的 SIC 行业损失回归分析，以了解哪些行业的因素敏感性最大（最小）。

监管模型

正如本章导言中所提到的，银行和保险公司的监管部门也一直在探寻衡量资产集中风险的方法。在对各种定量方法进行考察后，美联储于 1994 年最终推出了自己的信用集中风险计量指标。所采用的方法主要是主观的，且以审核人的判断为基础。之所以没有采纳更为严密的模型，是因为：（1）当时确定集中率风险的方法还不是足够的先进，因此不能得到合理使用；（2）没有足够的数据供更加定量化的模型使用，尽管像 KMV（以及信用计量、信用风险 + ——第 6 章的附录中介绍过）这样的模型有可能使银行监管当局改变自己的想法。在第 15 章，我们将详细介绍为什么信用风险成为了决定存款机构资本要求水平的一个因素。

人寿和财产事故保险公司监管当局也对过高的行业集中率和借款人集中率表示担忧。全国保险委员会（NAIC）为州监管当局制定的行为准则（Model Act）规定了保险人每种证券或债务投资的最大额度。这些所谓的**一般分散化限额**（general diversification limit），为人寿健康和财产事故保险公司设定的标准分别为 3% 和 5%——这意味着人寿健康保险公司和财产事故保险公司至少应分别持有 33 和 20 项不同的债务，这种简单法则的理由来源于现代资产组合理论：该理论认为，将投资平均分配于大约 15 种或更多的资产中，就能够获得巨大的分散化利益，即降低资产组合的风险或收益的波动性。

练习题

1. 贷款资产组合风险与单项贷款风险有什么区别？
2. 什么叫移动分析？金融机构如何使用它来计量信用风险集中度？它有什么缺点？
3. 某经理决定不向损失超出权益 5% 的行业中的任何企业提供贷款。
   a. 如果整个汽车行业的历史平均损失率为 8%，那么经理向该行业中的某企业提供贷款的最高限额（以资本总额的百分比表示）是多少？
   b. 如果整个采矿业的历史平均损失为 15%，那么，经理向该行业中的某企业提供贷款的最高限额（以资本总额的百分比表示）又是多少？
4. 某金融机构在确定向单个企业提供贷款的集中限额时，把最大损失限定在总资本的 12%，如果它为某企业确定的集中限额为 25%，那么，向该企业贷款的预期损失率为多少？
5. 请解释如何利用现代资产组合理论来降低金融机构资产组合的信用风险。
6. Tinytown 银行所拥有的两笔金额分别为 20 000 美元的贷款具有以下特征：贷款 A 的预期收益为 10%，收益的标准差为 10%。贷款 B 的预期收益和收益标准差分别为 12% 和 20%。
   a. 如果 A 与 B 的协方差为 0.015（1.5%），那么这个资产组合的预期收益和标准差分别是多少？
   b. 如果协方差为 −0.015（−1.5%），那么这个资产组合的标准差是多少？
   c. 协方差或相关系数对资产组合风险的降低有什么作用？
7. 小银行和储蓄机构为什么很难使用现代资产组合理论来计量信用风险？
8. 什么叫最低风险资产组合？金融机构在对风险收益关系进行优化时，为什么通常都不选择最低风险资产组合？
9. 持有分散化贷款组合的明显好处是使风险分散，从而防止某一事件的发生，导致银行遭受巨大损失。贷款资产的集中能带来任何好处吗？
10. Country Side 银行使用 KMV 资产组合管理者模型对其资产组合中贷款的风险收益特征进行评价。有一笔 $1 000 万的贷款能给银行带来 2% 的年费用收益，以及高出资金成本 4% 的利差收益。由于有抵押物，因此，借款人违约给银行造成的损失将是贷款面值的 20%。预期的违约概率为 3%。请问，这笔贷款的预期收益是多少？这笔贷款的风险有多大？
11. 下面是不同市场上行业贷款组合的分配信息。

贷款组合在不同行业的分配（%）			
行业	全国	A 银行	B 银行
商业	30	50	10
消费	40	30	40
不动产	30	20	50

   A、B 两家银行想估算出自己的贷款组合与全国平均水平的偏差。
   a. 哪家银行与全国平均水平的偏差更大？
   b. 根据这一模型，标准差较大就一定对银行不利吗？
12. 根据对历史贷款损失的回归分析，某银行估算出：

$$X_C = 0.002 + 0.8X_L，以及\ X_h = 0.003 + 1.8X_L$$

   式中 X_C = 商业贷款的损失率，X_h = 消费（家庭）贷款的损失率，X_L = 整个贷款组合的损失率。
   a. 如果银行贷款的总损失率上升 10%，商业贷款和消费贷款的预期损失率将分别上升多少？
   b. 该银行应该限制哪个行业的贷款？其理由是什么？

第8章

表外风险

导　言

表外（off-balance-sheet，即OBS）业务活动所造成的风险会使金融机构的总体风险上升。尽管某些表外风险与利率风险、信用风险和其他风险有关联，但这些表外业务也会带来一些必须由金融机构加以管理的独特风险。事实上，英国巴林投资银行的倒闭、信孚银行的法律纠纷（与宝洁公司和吉布森贺卡公司的互换交易有关）、日本住友公司26亿美元的商品期货交易损失及加利福尼亚州奥兰治县亏损15亿美元之后的最终破产等，都与表外衍生业务相关。比如，1998年5月，瑞士信贷第一波士顿银行向奥兰治县赔偿5200万美元，以了结法律诉讼，其原因在于它对该县的风险证券投资和衍生证券交易负有部分责任。另有20家银行和证券公司遭遇了同样的诉讼。除了增加金融机构的风险之外，表外业务还可以对冲或降低金融机构的利率风险、信用风险和外汇风险。也就是说，表外业务既能使风险升高，也能使风险降低。此外，表外业务现在成了许多金融机构费用收益的一个重要领域。[1]

本章将详细考察金融机构的各种表外业务。首先，我们要探讨表外业务对金融机构的风险、收益和清偿力的影响。随后，我们将介绍各种不同的表外业务及其风险。尽管我们强调表外业务会使金融机构的风险增加，但本章的最后也探讨了表外业务在降低金融机构风险方面的作用。

1　这种费用收益能对其他业务领域的收益带来直接利益（比如出售信用证的费用收益）和间接利益（通过改善客户关系）。当客户从金融机构（交易商）手中购买衍生证券而感到受损时，表外业务可能会造成重大负面影响，从而会有损于未来的费用和其他收益流。

表外业务与金融机构的清偿力

金融机构经理面临的最重要的选择之一，就是其表内业务与表外业务的相对规模。我们中的许多人都了解表内业务，因为它们包含在金融机构所公布的资产负债表中。比如，金融机构的存款、持有的债券及贷款，都属于表内业务。相比而言，表外业务却不太明显，而且只有那些对业务非常熟悉的投资者或监管者才能观察到它们。按照会计术语，表外项目通常出现在“底线之下”，经常只是以财务报表注脚的形式存在。然而，从经济角度理解，表外项目属于**或有资产和负债**（contingent assets and liabilities），它们不会对金融机构资产负债表当前的状况产生影响，但是会对其未来的状况产生影响。因此，它们会直接影响到金融机构未来的盈利能力和清偿力。所以，对这些表外业务进行有效管理，成为现代金融机构控制总体风险的一项中心任务。

从价值的角度来看，表外资产和负债有可能给未来的现金流带来正面或负面影响。因此，金融机构资本或净值的实际价值，并不能简单地理解为目前表内资产和负债价值之差，它同时也反映了表外或或有资产和负债现行的市场价值之差。

表外资产（off-balance-sheet asset）项目或业务指

的是，一旦某一或然事件发生，这种项目或业务就会进入资产负债表中的资产方。反过来，**表外负债**（OBS liability）指的是，一旦某一或然事件发生，这种项目或业务就会进入资产负债表中的负债方。正如后面要详细介绍的，金融机构会出售各种履约担保书，尤其是担保其客户不会对自己的金融或其他债务违约。信用证和备用信用证就是这种担保的例子。如果客户发生违约，金融机构的或有负债（其担保）就变成了实际负债，并进入到资产负债表中的负债方。实际上，金融机构的经理和监管者才刚刚意识到表外业务风险及其对金融机构价值的影响，并开始对表外业务的风险进行计量。

由于表外业务属于或有资产和负债，且其进入资产负债表的概率小于1，因此对它们的估价较困难，而且经常会很复杂。因为许多表外业务具有期权的特点，所以最常见的方法是利用金融学中的或有债权/期权定价理论模型。比如，一种比较简便的方法就是，通过计算**期权德尔塔系数**（delta of an option）——期权价值对每一个单位标的资产（或基础资产）价值变化的敏感性，然后以期权的名义头寸价值来乘以期权德尔塔，从而估算出表外头寸的期权价值。（期权德尔塔位于0~1之间）因此，假设某金融机构购买了面值或名义值（notional value）为1亿美元的债券看涨期权（即它拥有一项表外资产），而所计算出的德尔塔为0.25。[2] 那么，这种期权头寸的或有资产价值为2 500万美元：

$$d = \text{期权德尔塔系数} = \frac{\text{期权价格的变化}}{\text{标的证券价格的变化}}$$

$$= \frac{dO}{dS} = 0.25$$

$$F = \text{期权的名义值或面值} = 1\text{亿美元}$$

德尔塔等值或或有资产的价值 = 德尔塔 × 期权的面值 = 0.25 × 1亿美元 = 2 500万美元。当然，想得到期权的德尔塔价值，人们需要利用布莱克—斯科尔期模型或二项模型等期权定价模型。一般情况下，期权德尔塔会随着标的证券价格水平的变化（是价内期权还是价外期权）而变化；[3] 也就是说 $0 < d < 1$。[4] 需要指出的是，如果金融机构出售期权合约，那么这些合约就将被看成是或有负债。[5]

贷款承诺和信用证也是具有期权特征的表外业务。具体而言，贷款承诺或信用额度持有者决定动用信用额度的行为，就是在行使借款期权。当担保书的购买者违约时，他就是在行使违约权。同样地，当衍生交易的一方不能够或不愿意履行其付款义务时（比如在互换交易中），这种情况就可以看成是在行使违约期权。

就互换、期货和远期交易而言，普遍采用的一种方法就是，将这些交易头寸转变为等值的基础资产。比如，在一笔金额为2 000万美元的10年期定息—浮息互换中，金融机构按8%的固定年利率收取20笔利息（半年付息一次，即每半年获取4%的利息），同时参照浮动利率LIBOR每半年支付一次利息，这项交易的价值可以被看成是两笔2 000万美元的表内债券。也就是说，我们可以认为，该金融机构按8%的年利率买入了2 000万美元（持有一项资产）的10年期债券，同时按浮动利率（半年调整利率一次）卖出了2 000万美元（持有一项负债）的10年期债券。[6] 这笔互换交易的市场价值可以看成是，固

2 这种看涨期权标的债券价格变化1美分，就会导致期权价格变化0.25美分（1/4美分）。

3 比如，就价内看涨期权而言，标的证券的价格要高于期权的执行价。就价外看涨期权而言，标的证券的价格低于期权的执行价。一般情况下，期权价值与标的证券价值之间并非线性关系。因此，利用德尔塔方法来推导期权的市场价值，充其量只是一种近似方法。为了解决期权收益的非线性问题，有些分析师在利用期权德尔塔的同时，也考虑到了期权伽码（伽码计量标的证券价格变化所导致的德尔塔变化）。比如，国际清算银行计算期权市场风险的标准模型中包括了期权德尔塔、伽码及vega（计量波动性风险的指标）。参见：Bank for International Settlements，Standardized *Model for Market Risk* (Basel，Switzerland，BIS，1996). See also J. P. Morgan，RiskMetrics，4th ed.，1996.

4 在布莱克—斯科尔期模型中，看涨期权的德尔塔价值为 $d = N(d_1)$，在此，$N(.)$ 代表累积正态分布函数，而 $d_1 = [\ln(S/X) + (r + \sigma^2/2\tau)]/\sigma\sqrt{T}$。

5 需要指出的是，利率上限或利率下限期权是一种复杂期权——即由几种期权共同构成的（参见第20章）。

6 利率互换通常并不涉及到到期时的本金支付。在上面的例子中，定息和浮息债券的两笔本金正好相互抵销。

定利率债券的现金流与浮动利率债券预期现金流的现值之差。这种市场价值一般只占互换名义值的很小一部分。在这笔 2000 万美元的互换例子中，市场价值大约为名义值的 3%，即 60 万美元。

在已知这些估价模型的情况下，我们可以大致计算出每一项表外资产和负债的当期价值或市场价值，以及表外资产和负债对金融机构清偿力的影响。我们来看表 8-1 和表 8-2。在表 8-1 中，金融机构的净值是按传统方法来计算的，即它等于表内资产（A）和负债（L）市场价值之差。正如我们在第 3 章中介绍的：

$$E = A - L$$
$$10 = 100 - 90$$

按照这种计算方法，金融机构股东权益的市场价值为 10，且金融机构的资本资产比为 10%。监管者及金融机构时常使用后面的这一比率来简单地衡量清偿能力的大小（详情参见第 15 章）。

为了更真实地反映金融机构的经济清偿力，我们应该同时考虑其有形的表内业务以及表外业务的市场价值。具体而言，金融机构的经理应该同时对当期资产和负债及或有未来资产和负债进行估价。在我们的例子中，金融机构或有资产（CA）的当期市场价值为 50，而其或有负债（CL）的当期市场价值为 55。由于或有负债的市场价值比或有资产的市场价值多 5 个单位，因此，这一差额是一项额外的负债，即对金融机构净值的求偿权。也就是说，股东实际的净值（E）为：

$$\begin{aligned} E &= (A - L) + (CA - CL) \\ &= (100 - 90) + (50 - 55) \\ &= 5 \end{aligned}$$

而不是 10——这是忽略表外业务时计算出的结果。因此，从经济上讲，或有资产和负债是能够直接影响金融机构经济价值的契约求偿权。事实上，无论是从股东的角度还是从监管者的角度来看，表外负债价值的大幅度上升都会使金融机构丧失经济清偿力，这实际上与表内业务中利率不匹配及违约或信用风险造成的损失是一样的。比如，1998 年 J. P. 摩根不得不承认有 5.87 亿美元的不良货币互换业务，其中的 4.89 亿美元与同韩国投资公司 SK 所进行的货币互换有关。这些互换中的两笔业务涉及到泰铢与日元的互换——如果泰铢升值，SK 公司将会获利。后来的结果是，合约签订后不久，泰铢就剧烈下跌，而且 SK 对合约的合法性提出了质疑。2001 年，合众银行（U. S. Bancorp）宣布专门增加 10 亿美元的资金以提高其贷款损失准备，并且称部分增加的准备将用于防止未动用的贷款承诺风险。

表 8-1　金融机构净值的传统估价

资　产		负　债	
资产的市场价值（A）	100	负债的市场价值（L）	90
		净值（E）	10
	100		100

表 8-2　根据表内和表外业务对金融机构净值的估价

资　产		负　债	
资产的市场价值（A）	100	负债的市场价值（L）	90
		净值（E）	5
或有资产的市场价值（CA）	50	或有负债的市场价值（CL）	55
	150		150

表外业务的收益和风险

20 世纪 80 年代，由于向欠发达国家和东欧国家提供贷款亏损的增加，利率波动性的加大，以及来自非银行的竞争所引起的表内贷款业务利差的缩小，许多大商业银行都开始寻求从表外业务中获取利润。银行希望通过转向表外业务来获取更多的费用收益，以抵消传统贷款业务利差的下降。与此同时，它们还能够避免监管成本或监管税，因为表外业务不涉及到准备金要求、存款保险费和资本充足性要求等。因此，银行将业务转向表外既有盈利方面的动机，也有逃避监管税的动机。

表外业务的急剧增加使美联储在 1983 年提出了一个跟踪计划。银行开始在每季度呈报的短期拆放报告中包含一个 L 表，以列出自己表外业务的名义值和种类。

美国银行主要的表外业务种类包括：

- 贷款承诺
- 备用信用证和信用证
- 期货、远期合约、互换和期权
- 证券发行前交易
- 贷款出售

规模较大的储蓄机构和保险公司也从事许多此类的表外业务。

下面将更详细地分析这些表外业务，并且尤其要关注金融机构从事此类业务时面临的各种风险。正如我们前面曾经讲过的，由于具有复杂的或有债权特征和期权特征，对这些或有资产和负债进行准确的市场估价是十分困难的。然而，金融机构的经理们至少应该了解各种主要的表外资产和负债的一般风险特征，以及各种表外业务会对金融机构的收益和盈利能力产生怎样的影响。

贷款承诺

如今，大多数工商业贷款都是企业根据事先商定的信用额度或贷款承诺来提取款项（或借款），而不是采用即期贷款的方式（参见第 6 章中对工商业贷款的介绍）。美联储最近的一项研究表明，大约 79% 的工商业贷款都是根据承诺合约来发放的。**贷款承诺协议**（loan commitment agreement）是金融机构按固定的利率条件（比如 12%）向某企业提供一定限额（比如 1 000 万美元）贷款的一种契约性承诺。贷款承诺协议也规定了借款人有权提款的时间范围。作为提供这种贷款承诺的回报，金融机构可以收取一笔**前期费用**（up-front fee，或业务费），比如承诺额的 0.125%，即在本例中为 12 500 美元。此外，金融机构必须随时准备在承诺期（比如 1 年）内的任何时间提供整个 1 000 万美元的资金。与此同时，借款人拥有一项宝贵的选择权：他的提款额度在 0~1 000 万美元之间。金融机构还可以在承诺期结束时，针对任何未动用的承诺贷款余额向借款人收取一笔**后期费用**（back-end fee，即承诺费）。在本例中，如果借款人在这一年只提取了 800 万美元，而未动用的承诺费为 0.25%，那么，金融机构还将获得一笔收益：200 万美元 ×（0.25%），即 5 000 美元。图 8-1 对这种贷款承诺的结构进行了总结。

图 8-1 贷款承诺的结构

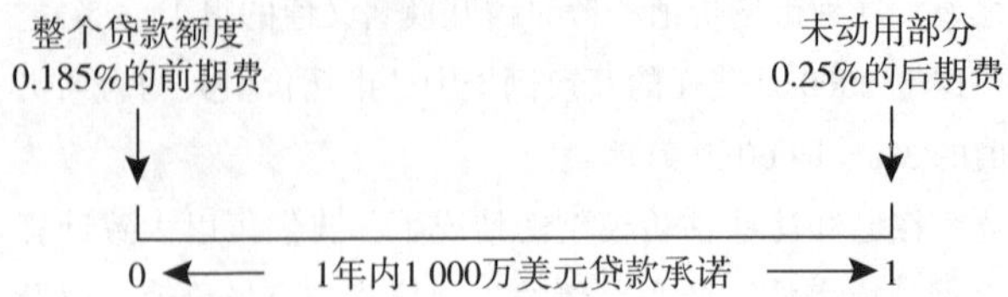

例 8-1 对贷款承诺的承诺收益的计算

我们很容易证明，贷款承诺的独特性如何影响到贷款的承诺收益（$1+k$）。在第 6 章中，我们设计出了一种决定即期贷款收益（$1+k$）的模型。我们可以在考虑贷款承诺的部分取款以及通常的前、后期费用的基础上，对该模型进行扩展。就一年期的贷款承诺而言，假设：

BR = 贷款利率 = 12%

m = 风险溢价 = 2%

f_1 = 整个贷款承诺的前期费用 = 0.125%

f_2 = 未动用承诺的后期费用 = 0.25%

b = 补偿余额 = 10%

RR = 准备金要求 = 10%

td = 贷款承诺的预期（平均）提款率（$0<td<1$）= 75%

那么，计算贷款承诺的承诺收益（$1+k$）的一般公式为：[1]

$$1+k=1+\frac{f_1+f_2(1-td)+(BR+m)td}{td-[b(td)(1-RR)]}$$

$$1+k=1+\frac{0.00125+0.0025(0.25)+(0.12+0.02)0.75}{0.75-[(0.10)(0.75)(0.9)]}$$

$$1+k=1+\frac{0.106875}{0.682500}=1.1566\text{ 即 }k=15.66\%$$

1 该公式主要来自：John R.Brick, *Commercial Banking: Text and Readings* (Haslett, MI: Systems Publication, Inc., 1984), chap 4。请注意，为了简便，我们使用的是未贴现的现金流。考虑到货币的时间价值，我们就需要对 f_2 和 $BR+m$ 进行贴现，因为它们是在后期支付的。如果贴现因子（资金成本）为 $d=10\%$，那么 $k=14.25\%$。

请注意，只有当贷款人按贷款承诺实际提款时，贷款承诺才会出现在资产负债表中。因此，只有当在 1 年承诺期的中途（比如 6 个月之后）提取 800 万美元的贷款时,资产负债表上才会出现一笔新的 800 万美元的贷款。当刚开始提供 1 000 万美元贷款承诺时，资产负债表中并不会增加任何内容。然而，金融机构必须随时准备在 1 年承诺期内的任何一天提供整个 1000 万美元的资金；也就是说，刚提供贷款承诺时，就产生了一项针对金融机构资金的新的或有要求权。

这就带来了一个问题：提供贷款承诺会导致什么样的或有风险？与提供贷款承诺相关的风险至少有四种：利率风险、提款风险、信用风险和总融资风险。

利率风险

由于金融机构事先承诺，在承诺期内按某一固定的贷款承诺利率或某一浮动的贷款承诺利率向借款人提供贷款，因此，存在着或有利率风险。假设金融机构承诺 1 年内按 12% 的固定利率提供最高限额为 1 000 万美元的贷款后，自己的资金成本上升了。资金成本的上升，可能使得 12% 的承诺利率与金融机构资金成本之间的利差变得很小，或许还会成为负数。此外，12% 的利率可能要比客户被迫按当期利率条件进入即期贷款市场借款时的利率低许多。当承诺期内利率真的上升时，随着借款人按低于市场的利率完全行使极具价值的借款权，金融机构的固定利率贷款承诺资产组合可能会遭受损失。

金融机构控制这种风险的其中一种方法就是，使贷款承诺利率随着即期贷款利率浮动，比如，让贷款承诺利率随着优惠利率浮动。如果承诺期内优惠利率上升，借款人按承诺借款的成本也会上升——借款人按承诺提款时，要支付实际的市场利率。然而，这种固定的利率解决方案并不能完全消除贷款承诺的利率风险。比如，假设优惠利率上升 1%，而资金成本上升 1.25%，那么，承诺贷款的浮动利率与资金成本之间的利差将缩小 0.25%。这种利差风险通常被称为**基差风险**（basis risk）。[7]

7　基差风险产生的原因在于，贷款利率和存款利率随时间的变动并非完全相关联。

提款风险

另外一种或有风险是提款风险。具体而言，在做出贷款承诺时，金融机构必须始终准备提供最大的承诺额度——在我们的例子中，这一额度为 1 000 万美元。借款人拥有灵活的选择权：在承诺期内的任何一个营业日借款，借款金额在 0~1 000 万美元之间。这使得金融机构面临着一定程度的未来流动性风险或不确定性（参见第 12 章）。金融机构始终无法确定承诺期内借款人将需要全部 1 000 万美元的现金还是某一部分的现金。[8] 比如，2002 年 2 月，当投资者开始怀疑泰克国际公司的会计行为时，该公司无法涉足商业票据市场，此时，泰克国际突然从银行（比如美洲银行和 J. P. 摩根大通银行等）的信贷额度中提取了 144 亿美元的资金。针对未动用款项收取的后期费用，至少可以在某种程度上激励借款人全额提款，以避免承担此项费用。然而，在现实中，许多贷款额度都只是被部分提取了。[9]

信用风险

在确定贷款承诺的利率时，金融机构也面临着一定程度的信用风险。具体而言，金融机构经常要根据自己对借款人现行资信状况的判断加上一个风险溢价。比如，信用风险被认为是 AA 级的借款人支付的利率比优惠利率高 1%。然而，假设在 1 年承诺期内借款企业遇到困难，其利润下降，因此其资信状况也下降到了 BBB 级。金融机构现在就面临着这样的问题：一年承诺期内，贷款承

8　事实上，借款人可以在此期间从银行提取不同的金额（比如第 1 个月提取 100 万美元，第 2 个月又提取 100 万美元，以此类推）。唯一的约束条件就是 100 万美元的最高限额。关于提款风险的建模方法，请参见：Ho and Saunders，“Fixed Rate Loan Commitments”。我们将在第 12 章进一步探讨贷款承诺的流动性风险。

9　参　见：E. Asarnow and J. Marker，“Historical Performance of the U.S.Corporate Loan Market 1988~1993，” *Journal of Commercial Lending*，Spring 1995，pp.13-22。Asarnow 和 Marker 的研究表明，平均提款率随借款人信用级别的不同而有很大的差别：AAA 级借款人的提款率只有 0.1%，BBB 级借款人的提款率为 20%，CCC 级借款人的提款率为 75%。

诺的信用风险溢价是根据 AA 级信用事先确定了的。为了避免承诺期内借款人资信状况急剧下降的风险，大多数金融机构都在贷款协议中包含了一个实质条件变化不利的条款。金融机构可依据该条款来取消或重新定价贷款承诺。然而，执行这种条款显然只是金融机构的最后手段，因为它可能会迫使借款人破产，并导致因违反合同而发生的代价高昂的法律索赔。[10]

总融资风险

许多大的借款企业（比如通用、福特和 IBM 等）为了避免未来的信用紧缩，从许多金融机构获得了各种贷款承诺和信用额度。当信用紧缩时，或许是由于美联储紧缩货币的行为，借款人获取的即期贷款会受到限制。另一个原因是金融机构比以前更不愿意提供贷款，即所有利率条件下，贷款供给函数向左平移。在这种信用紧缩时刻，拥有长期贷款承诺的借款人，不太可能像没有贷款承诺的借款人那样受到贷款限制。然而，这也意味着：当金融机构的借款和融资条件十分高昂且十分困难时，对贷款承诺的取款总需求却有可能是最大的。在困难的信贷条件下，当许多金融机构匆忙寻求资金以满足自己对客户的承诺时，这种总的承诺提款效应会使资金成本上升到正常水平之上。这就类似于许多市场上共同存在的外部效应：当所有市场参与者同时行动时，就会对每位参与者的成本带来不利影响。

刚才所确认的四种或有风险效应——利率风险、提款风险、信用风险和总融资风险——的存在，意味着贷款承诺业务会使得从事这种业务的金融机构的破产风险上升。然而，一种相反的观点认为，贷款承诺合约的存在可能会使金融机构的风险更低。这种观点声称，为了能够获取费用收益，以及出售贷款承诺或相同的信贷分配保险，金融机构必须让借款人确信它仍然能够提供未来所需的贷款。为了让借款人确信金融机构能够满足其未来的承诺，经理们现在必须采用比没有贷款承诺时更低的风险组合。通过采用更低的风险组合，经理们提高了金融机构的盈利能力，从而使得金融机构能够满足所有长期表内外负债的要求。有趣的是，实证研究结果证实，与贷款承诺水平相对较低的银行相比，提供较多贷款承诺的银行具有表内资产组合风险较低的特征；也就是说，更安全的银行更倾向于提供贷款承诺。

10 如果借款人破产后将原因归咎于贷款承诺合约的取消，那么可能会引起巨大的损害索赔。在取消贷款承诺时，还需要考虑重要的声誉成本。

商业信用证和备用信用证

在出售**商业信用证**（commercial Letters of credit，即 LCs）和**备用信用证**（standby letters of credit，即 SLCs）以获取费用时，金融机构未来的或有负债也增加了。本质上，信用证和备用信用证都是金融机构所出售的担保书。其目的是确保担保购买者（比如公司）的履约行为。从经济角度看，出售信用证和备用信用证的金融机构，是在针对未来某一事件发生的频率或程度出售保险。此外，与财产事故保险公司开展的各种保险业务一样，商业信用证和备用信用证合约的风险程度和发生频率也是有区别的。下面我们将分析金融机构从事商业信用证和备用信用证这种表外业务所面临的风险。

商业信用证

商业信用证在国内和国际贸易中被广泛采用。比如，它们有助于一位依阿华农民向新奥尔良的一个买家装运谷物，或者是一位美国进口商与一位外国出口商之间货物的装运。金融机构的作用就是提供下列正式担保：无论货物的买方是否在付款方面违约，金融机构都会向所装运或出售的货物付款。以美国进口商和德国出口商之间的国际交易为基础，图 8-2 展示了一个非常简单的信用证例子。

假设美国的进口商向德国的出口商下达一份价值为 1 000 万美元的机械设备订单——如图 8-2 中的第一个箭头所示。然而，如果不能保证或担保货物运送后得到偿付，那么，德国的出口商可能就不愿意运送货物。美国的进口商可能会承诺在 90 天内支付货款，但德国的出口商可能会感到不安全——要么是因为它几乎不了解美国进口商的资信状况，要么是因为美国进口商的信用级别较低（比如为 B 级或 BB 级）。为了说服德国的出口商装

图 8-2　简单的信用证交易

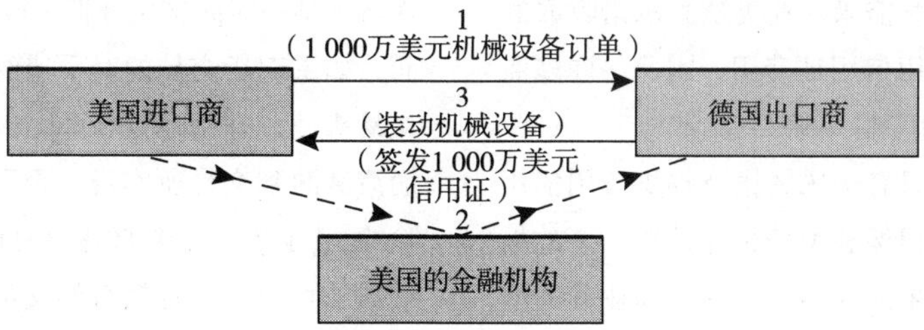

运货物，美国的进口商可能要求助于与自己建立了长期客户关系的一家美国金融机构。作为一位贷款人和监督者，美国的金融机构能够更好地评价美国进口商的资信状况。美国的金融机构在收到美国进口商支付的信用证费用后，可以发出一份或有付款担保书，即代替进口商向德国出口商发送一份信用证。在我们的例子中，金融机构将向德国出口商发送一份信用证，以保证在 90 天后支付货款，而不管进口商向德国的出口商的付款是否违约（参见图 8-2 中的第 2 个箭头）。毫无疑问，金融机构是在以自己的信用风险担保取代美国进口商的信用风险。要想使这种替代有效，在担保付款的时候，金融机构要比美国的进口商拥有更高的信用地位或更好的信用质量。一旦金融机构发出信用证，并将其寄给德国出口商，后者就会向美国的进口商运送货物，正如图 8-2 中第 3 个箭头所示。很有可能美国的进口商将在 90 天后向德国出口商支付货款，这样信用证费用将成为金融机构的利润。这笔费用可能是信用证面值的 10 个基本点，即在我们的例子中是 1 万美元。

然而，存在着一种不大的可能，即美国的进口商不能在 90 天之后支付 1 000 万美元而出现违约。这时金融机构必须兑现自己的担保。此类违约的成本意味着金融机构必须支付 1 000 万美元，但是，它可以用对进口方资产的债权来抵消这种损失。显然，信用证费用应该高于预期的信用证违约风险——它等于违约概率乘以预期的信用证净付款（净付款的计算要考虑金融机构从违约的进口商那里收回资产的能力以及所有的监控成本）。

备用信用证

备用信用证与商业和贸易信用证一样具有保险功能，然而，其结构和所防范的风险种类是有区别的。金融机构可以发放备用信用证来向一些或有事项提供保险——这些或有事项可能更加重大、更不可预测或很少发生，而且不一定与贸易相关。这些或有事项包括履约担保——金融机构可以担保某不动产开发项目在某一时间内完成。同样，金融机构也可以向商业票据（CP）或市政收入债券的发行者提供违约担保，从而使发行者能够获得更高的信用级别和更低的融资成本。

比如，如果不提升信用级别，许多企业就不能够在商业票据市场借款，或者是必须以更高的融资成本借款。信用级别最高的借款人（P1 级）发行商业票据的利率，一般要比下一级别借款人（P2 级）低 40 个基本点。向金融机构支付大约 25 个基本点的费用之后，金融机构担保在商业票据到期而发行企业无力偿还时，向购买者支付本息。备用信用证担保时的商业票据发行，一般能达到最低违约风险级别（P1 级），这样，发行者能够节省 15 个基本点的发行成本——40 个基本点（P2 与 P1 级间的利差）减去 25 个基本点的备用信用证费用等于 15 个基本点。

请注意，在出售备用信用证时，金融机构是在直接与其他表外业务——贷款承诺——进行竞争。发行企业可以不向金融机构购买备用信用证来为商业票据的发行担保，而是向金融机构支付一笔费用后由其提供贷款承诺。这种贷款承诺与商业票据发行的规模和期限相吻合，比如 1 000 万美元的最高限额及 45 天后到期。如果到期时商业票据发行者没有足够的资金偿还商业票据持有者，他就有权从 1 000 万美元的贷款承诺中提款，并使用这些资金来满足商业票据的还款需求。此类贷款承诺收取的前期费用，通常要低于备用信用证费用，因此，许多商业票据发行企业都宁愿使用贷款承诺。

需要强调的是，并非只有美国的银行提供备用信用证。一点也不奇怪，履约担保和财务担保是财产事故保险公司的重要业务。财产事故保险公司这方面业务的增长，是以牺牲美国银行的利益为代价的。此外，外国银行越来越多地获取了美国备用信用证市场的份额。美国的银行丧失这种业务的原因在于，为了使所出售的担保（比如备用信用证）可信，出售者的信用级别要高于其客户。最近几年以来，美国的银行及其控股（母）公司一般都无法达到 AA 级。较高的信用级别不仅使得担保者对担保购买者更具吸引力，而且还使得担保者更具竞争性，因为其资金成本要低于信用级别较差的金融机构。

衍生合约：期货、远期、互换和期权

金融机构既可以使用衍生合约进行套期保值（参见第 19~21 章）和达到其他目的，也可以作为交易商，充当客户的交易对手而获取一笔费用。

当金融机构扩展其远期、期货、互换和期权合约的头寸时，有可能会出现或有信用风险。这种风险与下列事实相关：此类合约中的某一交易对手可能会出现付款违约，从而使金融机构无法得到套期保值而不得不按如今的利率、价格或汇率取代原有合约。此外，这种违约很可能发生在交易对手在合约上损失惨重而金融机构在合约上有利可图的情况下。与期货合约相比，远期（和互换）合约带来的违约风险要严重得多。这是因为**远期合约**（forward contract）[11] 是由双方（比如两家金融机构）商定的非标准化合约，而且所有现金流都必须一次性支付（在合约到期时）。因此，它们实际上是场外（over-the-counter，即 OTC）交易：当合约的某一方违约时，无法获得外部担保。相反，**期货合约**（futures contract）是标准化的合约，它们能够从纽约期货交易所（NYFE）——纽约商品交易所（NYBOT）的一个部门——这样有组织的交易市场获得担保。与远期合约一样，期货合约也承诺在将来某一时间交付外汇（或一定数量的其他资产）。然而，如果期货交易的对手违约，交易所将接管违约方的交易头寸，并偿还其债务。因此，除非金融市场的整体崩溃威胁到交易所本身，否则，期货交易本质上是无风险的。[12] 此外，合约的逐日盯市也使得违约风险下降。这种做法可以防止远期合约交易中所发生的损益累积。这些差异将在第 19 章中进行更详细地讨论。

期权合约的持有者有权在某一时期，按事先确定的价格购买（在看涨期权下）或出售（在看跌期权下）某种标的资产，但却没有购买或出售资产的义务。金融机构既可以购买，也可以出售期权合约，买卖交易既可以在场外进行，也可以在有组织的交易所进行。如果期权合约是在交易所进行交易的标准化合约（比如债券期权），那么它们实际上是无风险的。[13] 如果它们是在场外购买的特殊期权合约（比如利率上限期权——参见第 20 章），那么就存在一定的违约风险。[14]

互换交易是由双方（称交易对手）签订的一种协议。协议规定在未来以某种标的证券或价格（比如，债券或票据的固定或浮动利率）为基础定期进行现金流的交换。与期权一样，互换交易一般也是容易遭遇对手风险（参见第 21 章）的场外合约。如果利率（或外汇汇率）大幅度变化，交易的某一方未来就有可能面临巨大的亏损风险，从而会促发违约行为的产生。

信用衍生合约是一种较为流行的新的衍生证券，自 1996 以来，每一年的交易增长速度都超过了 100%。信用衍生合约（包括远期、期权和互换）使金融机构能够对

11 从理论上讲，互换合约可以被看成是一系列的远期合约。

12 更具体地讲，期货合约的违约风险低于远期合约的原因至少表现在 4 个方面：（1）期货的逐日盯市；（2）作为期货交易担保的保证金要求；（3）价格急剧波动时的限价制度；（4）期货交易所本身提供的违约担保。

13 需要指出的是，期权仍然会受到利率风险的影响；请参见我们前面对债券期权德尔塔的讨论。

14 在利率上限期权交易下，卖方收取一笔费用后，承诺如果利率的上升超出某一水平，就会向买方进行补偿。如果利率出乎意料地大幅上升，期权的卖方可能就想通过违约来减少损失。因此，金融机构出售利率上限期权，类似于出售利率风险保险（参见第 20 章）。

其信用风险进行套期保值，它们可以用来防范某种贷款和债券、以及贷款和债券组合的信用风险。据相关资料显示，2003 年，商业银行信用衍生合约的名义值超过了 8 000 亿美元。这些新的衍生合约的出现具有重要的意义，因为更多的金融机构倒闭的原因在于信用风险，而不在于利率或外汇风险。我们将在第 19~21 章中详细介绍这些衍生合约。

一般情况下，场外合约的违约风险会随着合约期限以及标的资产的价格、利率和汇率波动幅度的增加而加大。[15] 大多数实际证据表明，衍生合约一般能够降低金融机构的风险，或者是对其没有影响。

证券发行前的远期买卖

银行和其他金融机构（尤其是投资银行）经常会在证券发行之前签订买卖承诺。这就是所谓的**发行前交易**［When issued (WI) trading］。这些表外承诺会使金融机构面临未来或或有利率风险。商业银行通常把这些证券作为其所持有的远期合约的一部分。

这方面较好的例子就是，短期国债拍卖结果公布之前一周，针对这些新的短期国债签订的发行前交易承诺。美联储会在每个星期二代表财政部宣布，将在下个星期一拍卖的 3 个月和 6 个月短期国债的数量。从星期二拍卖总额公布到下个星期一中标结果公布这段时间内，主要的短期国债交易商会出售发行前交易合约。一般情况下，大的投资银行和商业银行是主要的发行前短期国债交易的交易商（目前大约有 40 家这样的银行）。它们出售即将发行的短期国债，以便按照比预期支付的初级市场拍卖价稍高的价格和客户在二级市场进行远期交割。如果初级交易商在拍卖中能够按适当的价格或利率获得所需的全部短期国债，然后来履行这些发行前远期合约的话，那么它们就可以获利。对拍卖趋势（即利率水平）作出错误判断的初级交易商将面临风险：在发行前市场签订的短期国债交付承诺只会带来亏损。比如，承诺过高的交易商必须在拍卖结果公布后，立即从其他交易商手中按亏损价购买短期国债，以兑现自己在短期国债发行前向客户所做出的交付承诺。[16]

贷款出售

我们将在第 22 章中详细介绍金融机构贷款出售的种类、动机及方式。越来越多的银行和其他金融机构在提供表内贷款后，不是将它们持有到期，而是迅速地将其卖给外部投资者。这些外部投资者包括其他银行、保险公司、共同基金甚至企业。作为贷款的提供者和出售者，金融机构在经营方式上更像贷款经纪商，而不像传统的资产转换者（参见第 1 章）。

当外部成员以绝对无**追索权**（recourse）的方式（即便贷款最终成为坏账也不能向贷款卖方追索）购买贷款时，金融机构并没有承担表外或有负债。具体而言，无追索权意味着，如果金融机构出售的贷款成为坏账，那么贷款买方将承担全部的损失风险。比如，买方不能够将不良贷款退还给卖方或发放贷款的银行。如果贷款按有追索权的方式出售，那么，卖方将面临着长期的或有信用风险。从本质上讲，贷款的买方持有一种将贷款退还给卖方的长期期权——如果所购贷款的信用质量恶化，买方就会行使选择权。在现实中，有追索权和无追索权贷款出售的特点经常是模棱两可的。比如，有些人认为，金融机构一般愿意购回无追索权的不良贷款，以维护自己在客户中的声誉。显然，对声誉的担心可能会使出售贷款的金融机构的表外或有负债规模增加。

非 L 表业务的表外风险

到目前为止，我们介绍了 5 种不同的表外业务，它

15 对声誉的考虑以及未来需要进入市场进行套期保值等因素会阻止人们的违约动机（参见第 21 章）。

16 1990 年，当所罗门兄弟银行大量买进或挤压新的两年期国债市场时，就出现了这种问题。根据拍卖法规，任何投标者的投标额度都不能超过发行额的 35%。然而，除了以自己的名称投票之外，所罗门兄弟银行还使用客户的名称（在其不知情的情况下）投标，因此其投标额大大超出了 35% 这一上限。这使得其他交易商遇到了巨大压力，因为他们不能履行其销售承诺。

们是银行在每个季度向美联储提交短期拆放报告时必须包含在L表中的业务。请记住，其他的许多金融机构也从事这些业务。因此，储蓄机构、保险公司和投资银行都从事各种形式的期货、远期、互换和期权交易。人寿保险公司大量从事商业抵押贷款方面的贷款承诺业务，财产事故保险公司出售大量的财务担保，而投资银行则从事证券发行前的交易。此外，导致金融机构或有负债或风险的表外业务并非只包括刚才所介绍的5种。接下来，我们简要介绍能够导致或有风险的其他两种业务；在后面的章节中，我们将更详细地探讨这些业务。

结算风险

金融机构大多数的大额支付业务都是通过联邦电子（Fedwire）和清算所银行同业支付系统（CHIPS）这样的电子转账系统来完成的。美联储拥有联邦电子这一国内电子转账网络。CHIPS是由大约55家参与银行或会员银行拥有的一个国际化的私营网络。目前，这两家网络每天的转账金额超过了3万亿美元。

与国内联邦电子系统不同，CHIPS网络在当天之内发送的资金或支付信息都是暂定的信息，这种信息只有在当天结束时才能最终生效和确定。比如，银行X于东部时间上午11点向银行Z发送一条资金转移支付信息，X和Z之间实际的现金结算和资金转移将在当天结束时发生，一般是通过联邦储备银行账户上的准备金转移来完成的。由于资金转移要等到当天结束时才最终完成，因此，银行Z（收到信息的银行）面临着一天内的**结算风险**（settlement risk）。具体来讲，银行Z认为上午11点从银行X收到的资金信息会导致当天结束时的资金实际交付，因此，可能会在上午11点15分将这笔资金借给银行Y。可是，如果银行X不能在当天结束时交付（结算）所承诺的资金，银行Z就可能陷入严重的资金短缺，因此，可能无法满足向银行Y所做出的支付承诺。可想而知，银行Z的净债务可能会大到超出其资本和准备，从而使其完全破产。这种混乱只发生在下列情况下：当天有人发现银行X的账户中存在着重大的欺诈，且银行监管者在同一天将其关闭。这将使得向银行Z的支付无法在当天结束时完成。另外，银行X可能会在手中没有资金的情况下发出资金转移信号，希望使自己的-名称出现在市场上-，从而能够在当天晚些时候筹集到资金。可是，其他银行可能会在当天改变自己对此银行的信用限额，因此使得银行X不能向银行Z交付所承诺的全部资金。

结算风险的本质特征在于，金融机构面临着一天内的表外信用风险。资产负债表充其量只归纳了金融机构营业日结束时的头寸或账户。因此，日结算风险是参与私营大额电子转移支付系统的金融机构所面临的另一种形式的表外风险。（关于对这种风险的更详细的分析，以及为降低这种风险而在最近进行的政策调整，请参见第9章的内容。）

关联风险

许多金融机构的经营都采用了控股公司的方式。控股公司拥有其他公司的股份（一般都在25%以上）。比如，花旗集团是单一银行控股公司（OBHC），它拥有花旗银行的所有股份。花旗集团获准从事某些非银行业务，比如它可借助于自己拥有的独资机构或公司来进行数据处理。同样的，其他一些控股公司属于多重银行控股公司（MBHCs），它们拥有几家不同银行的股份。J.P.摩根大通就是一家多重银行控股公司，它在全国持有多家银行的股份。图8-3显示了这两种控股公司的组织结构。

从法律上讲，在单一控股公司环境下，银行和非银行分支机构之间是相互独立的，就像多重控股公司环境下银行1和银行2之间的关系。因此，在图8-3中，非银行类分支机构和银行2的倒闭应该不会对单一银行控股公司下的银行，或多重银行控股公司下银行的财务资源产生影响。这是美国法定公司有限责任下公司独立原则的本质。但是，在现实生活中，某一分支企业或银行的倒闭会以多种方式对控股公司体系中的另一家银行带来**关联风险**（affiliate risk）。下面我们讨论其中的两种方式。

首先，倒闭的分支机构的债权人可能会对未倒闭银行的资源提出求偿权，其理由是，从经营上看（无论从名义上看还是从业务上看），银行并不是一家真正独立于已倒闭分支机构的公司。法律中的这种“禁止翻供理由”（estoppel argument）是以下列思想为基础：相对而

图 8-3　单一和多重银行控股公司的结构

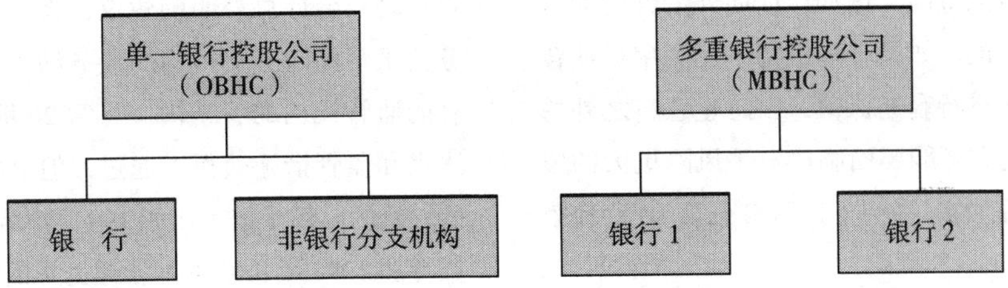

言，已倒闭机构的客户对其金融方面的业务不太熟悉。他们或许会由于名称上的相似性或其他类似的原因，而无法在即将倒闭的公司及其幸存的分支机构之间做出区分。[17] 其次，最近几年，监管者一直在针对大型多重银行控股公司的倒闭而努力实施一种实力来源原则（source of strength doctrine）。根据这一原则（它直接向公司独立原则提出了挑战），稳健银行的资源可以用于支持即将倒闭的银行。可是，虽然监管者试图实施这一原则，但法院一般会阻止这种作做法。[18]

如果上述反公司独立性原则中的任何一项得到法律上的支持，那么，与非银行或银行分支机构业务活动相关的风险，就会使得稳健银行的或有表外负债增加。对银行来讲是如此，而且对许多其他金融机构（比如采用控股公司组织结构的保险公司、投资银行和金融服务集团——它们的公司独立性受到了怀疑）来讲也是如此。

1999 年，美国国会通过了《金融服务现代化法案》（FSMA，参见第 16 章）。这项法案被人们看成是将近 70 年以来金融机构监管方面最大的一项改革。它允许设立既可以从事银行业务，又可以从事证券承销和保险业务的“金融控股公司”。在此法案通过之前，这种商业银行业务和其他金融业务相结合的方式是受到严格限制的。该法案导致的其中一个结果，就是全方位金融服务机构设立的增加，因此，也导致了关联风险的增加。截止到 2003 年年底，已有 639 家金融机构（比如荷兰银行、花旗集团和嘉信银行）决定成为金融控股公司。当然，目前并非所有这些金融控股公司都在从事《金融服务现代化法案》所允许的全部金融业务，但是，在这种新的框架下，它们必定都会利用能够获得的机会。

表外业务在降低风险中的作用

本章强调了这样一个事实：表外业务会增加金融机构业务活动的风险。事实上，大多数或有资产和负债都有各种不同的特征，而这些特征可能会加重金融机构的违约和 / 或利率风险。尽管如此，金融机构也可以使用某些表外工具——尤其是远期、期货、期权和互换——来更好地（与没有这些工具时相比）降低或管理自己的利率风险、外汇风险和信用风险。[19] 通过利用表内的利率、外汇和信用风险进行套期保值，这些衍生工具实际上可以降低金融机构的总体破产风险。[20] 尽管我们并未完整地介绍这些可作为套期保值手段的衍生工具在降低金融机构破产风险方面的作用（详细内容将在第 19~21 章中介

17 比如，假设即将倒闭的非银行类分支机构被称为 Town Data Processing，而银行分支机构则被称作 Town Bank。

18 然而，监管者贯彻实力来源原则的努力，似乎对拥有众多分支机构的银行控股公司的股权价值产生了不利影响。同时，从 1987 年美联储首次试图实施实力来源原则以来，银行控股公司分支机构的数量每年都在下降。参见：J. Houston，“Corporate Separateness and the Organizational Structure of Bank Holding Companies，” Working Paper，Department of Finance，University of Florida-Gaiesville，April 1993.

19 正如我们在第 19 章将要介绍的，除了直接套期保值之外，使用衍生工具的目的还包括强烈的税收激励因素。

20 比如，伦敦国际金融期货和期权交易所（LIFFE）于 2001 年引入了一种互换票据。这是一种期货合约，其结算价以互换市场利率为基础。互换票据向金融机构提供了一种以最小基差风险来防范利率风险的有效手段（参见第 21 章）。

绍），但是，现在你就能认识到，对表外业务和表外工具的过分监管必然会带来危险。比如，远期外汇合约的对手违约风险是非常小的。如果金融机构不能利用远期合约对自己的外汇资产进行套期保值，以防止意料之外的汇率波动，那么，它有可能要面临比对手风险更大的破产风险。（关于这方面的一些例子，请参见第 10 章和第 19 章的内容。）

尽管金融机构持有的表外衍生证券具有降低风险的特点，但其使用的扩大使得许多监管部门把焦点集中于它们所具有风险增加的特点，以及这种风险有可能给全球金融市场带来的损害，其结果导致了针对这些业务活动的监管措施的增加。比如，1994 年的《衍生证券安全稳健监管法》（DSSSA）要求增加对金融机构所持衍生证券的监督，其中包括增加对资本、信息披露和相关责任的监管，强化对风险管理程序的监督，并加大对报告内容的要求。同样是在 1994 年，会计总署（GAO）向国会提供了一份报告，报告的内容涉及到金融机构对衍生证券的使用，以及为保证金融体系的安全而必须采取的监管行动。会计总署明确建议，将不受监管的证券衍生业务及银行保险分支机构的业务纳入到某一个或某几个现有的监管机构的管辖内。尽管 20 世纪 90 年代初期这些法规和监管措施获得了通过，但金融机构衍生证券业务所导致的巨额亏损（比如 1994 年信孚银行、1995 年巴林银行和 1998 年长期资本管理公司的亏损等）使得要求监管的呼声加大。由于这些担忧，套期保值的监管成本增加了，比如，通过实施特殊资本要求或对这些工具的使用加以限制（参见第 15 章）。结果，金融机构倾向于较少的套期保值，从而使其破产风险上升而不是下降了。

最后，表外业务的费用收益为许多金融机构（尤其是那些信誉非常可靠的大型金融机构）提供了主要的非利息收入来源。从下一章中的表 9-1 可以看到，非利息收入对大银行的重要性。因此，表外收益的增加可能会补偿表外风险的增加，因此，实际上能够降低部分金融机构破产的可能性。

练习题

1. 人们如何区分表外资产和表外负债？
2. 为什么说或有资产和负债类似于期权？期权德尔塔的含义是什么？名义值这一术语指的是什么？
3. 某金融机构所购买的债券期权的名义值为 5 亿美元，所出售的债券期权的名义值为 4 亿美元。购买期权的德尔塔为 0.25，出售期权的德尔塔为 0.30。（a）这笔或有资产的价值是多少？（b）这笔或有负债的价值是多少？（c）或有市场净值是多少？
4. 金融机构向客户提供的贷款承诺具有哪些特点？贷款承诺以何种方式成为由谁所拥有的一种期权？存在着哪几种可能的期权费？这种期权或承诺什么时候将成为金融机构和借款人的表内业务？
5. 某金融机构以 50 个基本点的前期费用和 25 个基本点的后期费用（针对的是未动用贷款）提供了一笔 250 万美元的贷款承诺。贷款提取率为 50%。
   a. 贷款承诺达成时，该金融机构获取的总费用收益是多少？
   b. 年底时（即按未来价值衡量）该金融机构获取的总费用收益是多少？假设金融机构的资本成本为 6%。
6. 金融机构为什么会面临着提款风险和总融资风险？这两种或有风险之间的关系是怎样的？
7. 某公司正计划按 5% 的实际年收益发行 100 万美元期限为 270 天的商业票据。公司预计，利用备用信用证或贷款承诺作为发行抵押物之后，可以节省 30 个基本点的利率。
   a. 如果某银行同意以 20 个基本点的前期费用（按贷款承诺的面值计算）提供一份 270 天的备用信用证来担保商业票据的发行，那么公司净节省额是多少？
   b. 如果某银行同意提供 270 天的贷款承诺来为发行担保，那么公司的净节省额多少？银行将收取 10 个基本点的前期费用，以及按未动用的贷款收取 10 个基本点的后期费用。假设贷款不必提取，且费用按贷款承诺的面值计算。
   c. 在发行商业票据时，这两种担保方式对公司有什么不同吗？
8. 请解释远期、期货、互换和期权等衍生合约的使用为什么会给金融机构带来或有信用风险。场外合约的或有信用风险为什么会大于场内合约？场外合约的违约风险与标的资产的到期期限以及价格和利率的波动性之间有什么联系？
9. 什么叫发行前交易？请解释远期购买发行前短期国债为什么会给金融机构带来或有利率风险。
10. 单一银行控股公司和多重银行控股公司之间的区别是什么？公司独立性原则如何确保银行免受其分支银行倒闭所带来的风险？

第9章

技术和其他营运风险

导　言

第2~8章集中介绍了金融机构在从事表内外资产转换业务或经纪业务时所产生的金融风险。然而，金融风险只是现代金融机构风险的一部分。与普通公司一样，金融机构的业务也具有真实性或生产性的一面，因此会导致额外的成本和收益。本章集中分析：（1）影响金融机构营运收益和风险的因素（重点介绍技术方面）；（2）对劳动力、资本和其他投入及其成本进行优化管理和控制的重要性。具体而言，管理完善的金融机构可以通过节省营运成本来增加利润，从而降低破产的可能性。

金融机构决策过程的核心就是各种投入——用于提供表内外服务的各种要素——的成本。劳动力（出纳员、信贷主管）和资本（建筑物、机器设备和办公用品）是两个重要的要素。对这些投入进行有效地管理和组合（它会导致金融产出的成本最小化）的核心问题在于技术，技术创新已经成为了近几年金融机构关注的一个主要问题。20世纪80年代以来，银行、保险公司和投资公司一直在通过对内部和外部通信、计算机的大规模投资及技术基础设施的扩张来努力提高营运效率。互联网及无线通信技术正在对金融服务业产生深远影响。这些技术并非仅仅是新的销售渠道——它们能够提供完全不同的金融服务方式。事实上，像花旗集团这样的全球金融服务企业，已经利用自己的卫星系统所提供的实时沟通在100多个国家开展业务。营运风险部分来自技术风险，而且，当已有技术出现故障或后台支持系统瘫痪时，就会产生这种风险。此外，后台支持系统将劳动力和技术结合起来提供票据清算、结算和其他服务，以支持金融机构的表内外基础交易。

根据日立数据系统提供的信息，就一般企业而言，后台系统故障通常每年会出现4次。排除系统故障的平均时间为12小时。对世界贸易中心和五角大楼的恐怖袭击，对后台系统造成了无法预料的损害。比如，袭击发生一周之后，纽约银行仍然无法建立一些关键的通信联系，比如与政府证券清算公司（政府债券市场的核心部分）的联系。尽管交易最终入了账，但纽约银行的客户却不能立即获得关于其交易头寸的报告。

很显然，技术和营运风险之间存在着密切的联系，而且在最近几年里，它们给金融机构的经理和监管者带来了巨大的担心。国际清算银行（BIS）（由全球主要国家的中央银行组成的一个重要机构）将营运风险（包括技术风险）定义为："由于内部程序、人员和系统的缺陷或失误，或者是由外部事件所导致的损失风险。"一些金融机构对营运风险的定义进行了扩展，将声誉风险和战略风险（比如由于并购失败导致的风险）也包括在内。实际上，营运风险已变得如此重要，以至于国际清算银行建议，到2006年时，银行应该持有一笔资本缓冲来防止这种风险所造成的损失。本章只对这些建议进行简要的分析，更详细的分析将在第15章中进行。

营运风险的来源

营运风险至少有以下五种来源：

1. 技术（比如技术故障和系统老化）；
2. 员工（比如人为失误和内部欺诈）；
3. 客户关系（比如合约纠纷）；
4. 资本资产（比如火灾或其他灾难造成的损害）；
5. 外部因素（比如外部欺诈）。

对现代金融机构的盈利能力和风险越来越重要的就是第一项：技术。

技术创新和盈利能力

从广义上讲，**技术**（technology）包括计算机、视听通信系统和其他信息技术。近几年，仅美国的银行每年与技术相关的支出就高达 200 亿美元。

对金融机构而言，一个有效的技术基础能够带来：

1. 较低的成本——通过对劳动力和资本进行更有效的组合。
2. 收益的增长——通过向客户提供更广泛的金融服务或进行金融服务的创新。

金融机构营运成本的重要性，以及有效利用技术对这些成本的影响可以通过下列简单的利润函数清楚地反映出来：

税前收益或利润 =（利息收益 – 利息支出）+（其他收益 – 非利息支出）– 贷款损失备抵

技术的重要性在于，好的技术投资能够提高金融机构的净利差收益（即利息收益与利息支出之差），以及其他净收益。因此，正如下面的例子所反映的，技术能直接提高盈利能力：

1. 技术开发能够使金融机构更广泛地出售金融服务，从而使利息收益增加。这些服务包括跨行业交叉出售各种金融产品：通过计算机发现客户之后，金融机构直接通过互联网远程销售人寿保险和银行服务等金融服务产品。
2. 由于进入市场从事负债业务的行为直接依赖于金融机构的技术能力，因此技术开发能够降低利息支出。比如，借助互联网系统、联邦电子和 CHIPS（本章后面将介绍这两家电子转帐系统）将国内与国际银行同业借贷市场联系在一起。此外，金融机构发行和出售商业票据的能力也日益依赖计算机。因此，缺乏足够的技术投资可能会使金融机构被排除在低成本融资市场之外。[1]
3. 由于金融机构的费用收益，尤其是那些表外费用收益与金融机构的技术质量有关，因此，技术开发能使金融机构的其他收益增加。比如，现在信用证一般都是由客户通过电子手段签发的；互换、规定利率上限、期权和其他复杂的衍生工具一般是利用高能计算机和算法来进行交易、跟踪和估价的。没有适当的信息技术投资，金融机构就不能向客户提供创新衍生产品。此外，新技术导致了美国（和国际）支付系统的演进（见下述），从而使金融机构的费用收益（非利息收益）占整个营运收益（利息收益加非利息收益）的比重提高。比如，在联邦存款保险公司投保的所有银行的非利息收益占总营运收益的比重在 1991 年为 17.11%，而到 2003 年时则上升为 35.40%。[2]
4. 如果客户信息的收集和储存，以及众多金融产品的处理和结算以计算机而不是以纸张为基础，那么非利息支出就会下降。对于与证券相关的后台业务而言，这一点尤为如此。

技术对收入和成本的影响

技术进步使金融机构能够向其客户提供此类产品，

1 并非只有公司才出售商业票据。最近几年，大约 75% 的商业票据是由银行控股公司、投资银行和金融公司这样的金融类企业出售的。因此，商业票据现在成为了许多金融机构的一个重要资金来源。

2 大型金融机构费用收益的增长尤为迅速。L.F.Radecki 发现（参见："Banks' Payments-Driven Results," Working Paper, Federal Reserve Bank of New York，2000.），就 25 家最大的银行控股公司而言，支付服务所带来的收益占综合营运收益的比重在 1/3~2/5 之间。

同时有可能获得更大的利润。然而，对许多产品的投资都是有风险的，因为产品创新可能没有能吸引到足够多的业务——与最初的现金支出及投资发生后未来的成本相比。按金融业的说法，一些以技术为基础的产品创新的未来结果可能是负的净现值，其原因在于收益和成本的不确定性，以及竞争对手模仿创新的速度的不确定性。另一个因素是代理冲突——经理们从事以收入为导向的投资，以扩大金融机构的规模，而这类投资不一定与股东价值最大化的目标相吻合。结果，技术创新和新技术造成的亏损会削弱金融机构的实力，因为有限的资本投向了价值递减的产品。[3]

这导致人们做出了如下思考：有没有直接或间接证据可以表明，金融机构改进营运体系的技术投资使收益增加了或成本下降了。许多直接或间接证据关注的是，金融企业的规模对营运成本的影响；的确，从表面上看，大金融机构在信息技术和其他技术创新方面的投资较多。

技术与收益

技术的一个潜在利益在于，它使得金融机构能够向客户交叉推销已有的产品和新的产品。这种联合销售使得同一分支机构或金融服务行业不必提供全部的金融服务。[4] 比如，一家商业银行可以与一家保险公司联合推销各自的贷款、信用卡和保险产品。实践证明，这种做法在德国较受欢迎——德国的一些大银行与大保险公司之间已经开发出了一些复杂的交叉营销方法。在美国，花旗银行与旅行者集团合并建立花旗集团的目的，显然是为了在 100 多个国家交叉推销银行、保险和证券业务。然而，合并完成之后，花旗集团管理层承认，要达到这一目标，可能要花 10 年或更长的时间来整合计算机系统。

技术还会提高金融产品创新的速度。最近几年，既有一些成功的例子，也出现了一些明显的失败。比如，尽管银行投入了大量的资金，但 POS 机或借记卡之类的产品创新并没有在美国找到足够大的市场。另一方面，事实表明，电子化、证券交易、电话付费及经过授权的借记和贷记的使用（包括工资直接支付系统）正逐步成为现代金融机构高速增长的业务领域。

最后，我们也不能忽视服务质量和服务便利的问题。比如，与雇用提供全方位服务的出纳相比，虽然自动取款机和网络银行业务有可能降低金融机构的营运成本，但由于机器不能对客户的担心和问题进行灵活处理，因此有可能流失一些零售客户；收益的损失会抵消成本节省效应。在许多交易中，客户仍然希望与人打交道。比如，抵押贷款银行协会（在 21 世纪初）针对购房和抵押贷款方式所做的调查表明，尽管有 73% 的购房者使用互联网获得了抵押贷款利率信息，但只有 12% 的购房者在利用互联网申请抵押贷款，只有 3% 的购房者实际利用互联网而达成了抵押贷款。面对不断增长的全国性分行业务，小银行之所以能够生存下去，其部分原因在于客户认为出纳（他能提供面对面的服务）的总体服务质量要优于网上银行和自动取款机服务（这些服务在大银行中更普遍）。即使纯网络银行也意识到了这一点，因为像亚特兰大网络银行这样的“虚拟”金融机构已于 2001 年在几个州增设了 42 家业务处。此外，人们需要一种新的客户服务；

---

3 可以将标准资本预算方法应用于技术创新和新的金融产品。假设：

I_0 = 开发新产品的初始资本支出

R_i = 未来年份 i（$i = 1, \cdots, N$）产品销售的预期净收益或净现金流

d = 反映金融机构风险调整资本成本的贴现率

因此，未来出现负净现值（NPV）的条件为：

$$I_0 > \frac{R_1}{(1+d)} + \cdots + \frac{R_N}{(1+d)^N}$$

显然，任何一项产品创新的盈利能力都与初始投资和开发成本（I_0）以及金融机构的资本（d）负相关，而与出售这些服务的预期净现金流（R_i）的规模正相关。

比如，迄今为止，家庭银行服务可能被某些银行（比如美洲银行）理所当然地看成是一种净现值为负数的产品。20 世纪 80 年代，当银行的资本成本（d）很高时，大量的资源（I_0）用于了这种业务的开发。但是，到目前为止，家庭银行服务所实现的净收益（R_i）却是令人失望的——然而，正如正文中所介绍的，由于互联网可以决定零售金融服务交易的规模和发展方向，家庭银行服务已显得越来越重要。

4 然而，1999 年《金融服务现代化法案》第 5 条，允许金融机构的客户选择退出与非关联第三方共享非公共的个人信息。该法案还要求金融机构披露与分支机构和第三方进行非公共个人信息共享时的保密政策。

图 9-1　金融机构的规模经济效应

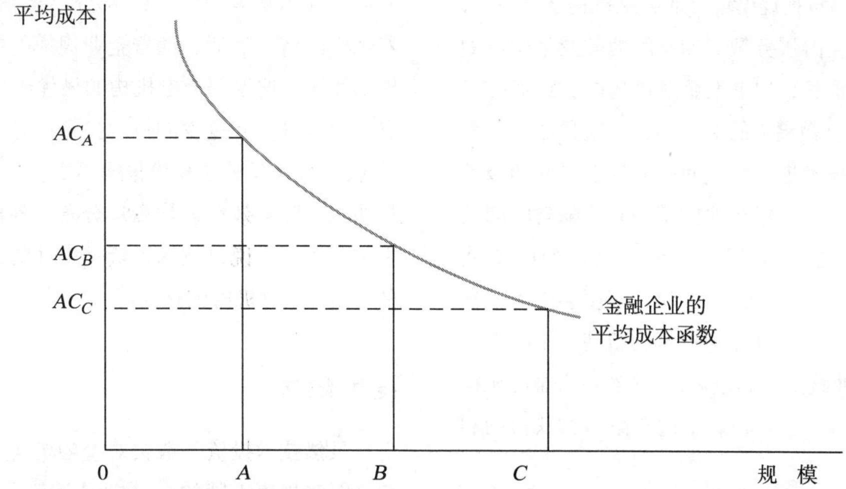

当客户越来越多地采用电子化的方式来从事金融业务时，他们需要迅速获得全方位的技术支持。

技术与成本

传统上，金融机构认为技术进步的主要好处表现在成本方面，而不是收益方面。在对技术给金融机构的成本所造成的正反两方面的影响进行理论分析之后，我们将分析反映金融机构以技术为基础的成本节省效应的直接和间接证据。一般而言，通过允许金融机构利用规模经济和范围经济效应，技术会对金融机构的成本结构产生有利影响。

规模经济

当金融企业的规模越来越大时，其潜在的投资规模和技术投资种类一般也会扩大。正如上面讲过的，大金融机构在以技术为基础的创新方面的投资支出也是最大的。比如，据 Tower 集团（专门从事信息技术咨询的一家企业）估计，1999~2004 年间，美国的大银行在技术上的支出占非利息支出的 22%。如果技术的改进和提高能够降低金融机构提供金融服务的平均成本，那么与规模较小的金融机构相比，大金融机构就拥有**规模经济**（economy of scale）优势。规模经济意味着这样一个事实：随着金融机构规模的扩大，其提供总体金融服务（或某些像存款或贷款这样的特定服务）的单位成本或平均成本将会下降。

图 9-1 描述了三种不同规模的金融机构的规模经济状况。金融机构提供金融服务产品的平均成本可以这样计量：

$$AC_i = \frac{TC_i}{S_i}$$

式中：

AC_i = 金融机构 i 的平均成本

TC_i = 金融机构 i 的总成本

S_i = 以资产、存款或贷款来衡量的金融机构规模[5]

在图 9-1 中，规模最大的金融机构（C）提供金融服务的平均成本，要低于规模较小的两家机构 B 和 C。这就意味着，在金融服务产品价格一定的情况下，金融机构 C 的利润要高于 B 和 A。换句话讲，金融机构 C 可能会通过提供比 B 和 A 更低的价格来获得更大的市场份额。比如，第一联合银行花 32 亿美元收购 Signet 银行的理由就是为了降低成本。由于两家银行业务存在着交叉，因此，第一联合银行预计它每年可以节省大约 2.4 亿美元成

5　有人认为，现代金融机构的规模还应当包括表外资产（或有价值）。

本。规模经济对金融机构行业的长远影响在于，最具成本效应的大金融机构将把规模较小的金融机构挤出市场，从而导致大企业在金融服务领域的支配地位及集中度的上升。随着时间的推移，如果大金融机构的营运或技术状况的改善优于小金融机构的话，那么，这种影响会得到强化。比如，在技术进步的方面巨大的卫星和超级计算机服务或许只有一些大银行才能享受到。随着时间的推移，技术的进步（主要倾向于较大的工程）会使 AC 曲线向下移动，但对大银行而言，移动的幅度会更大（参见图 9–2）。在图 9–2 中，AC_1 为技术创新使成本降低之前的假设平均成本曲线；AC_2 反映了技术给所有金融机构带来的成本降低效应，但规模较大的金融机构获得的利益更大。

正如前面所讲的，技术投资是有风险的。如果其未来收益不能弥补其开发成本，那么技术投资就会降低金融机构的价值及其股东权益。从成本方面看，大规模投资除了会导致成本过大和成本控制问题之外，还会导致能力过剩问题和整合问题。这样，拥有简便易行计算机系统的小金融机构，以及租用大金融机构计算机，而不必承担设备安装和维护等固定成本的金融机构，可能会具有平均成本优势。在这种情况下，大金融机构的技术投资会使金融服务的平均成本更高，从而使该行业的经营处于**规模不经济**（diseconomy of scale）的状态（参见图 9–3）。规模不经济意味着小金融机构比大金融机构更具成本效率，这样，在一个自由竞争的金融服务环境中，小金融机构会茁壮成长。

至少还存在着两种其他的平均成本函数（参见图 9–4）。在图 9–4 中的（a）部分，金融服务行业起初存在着规模经济，然后，随着企业规模的扩大，就产生了规模不经济。这说明金融机构的最优或最有效规模处于 S^* 点，而且过多和过少的技术投资都是不利的。图 9–4 中的（b）部分反映了规模报酬不变。技术所具有的任何潜在的成本降低效应都均衡地分布于各种规模的金融机构之中。也就是说，技术投资是中性的，而不会对任何一种规模的金融机构更有利。

范围经济

虽然技术投资一般会对金融机构产生正面或负面影响，但对规模不同的金融机构而言，这些影响是有很大区别的；技术的应用更倾向于某些产品。也就是说，提供多种服务的金融机构有着不同的技术需求。此外，某一金融服务（比如贷款）领域的技术改进或投资可能会带来协同效应，即降低其他金融服务领域（比如证券承销和经纪服务）的成本。具体而言，计算机化使得客户及其需求方面的重要信息被储存和共同使用。规模经济这一简单的概念忽略了各种产品之间的相互联系，以及提供金融服务产品时的成本“共享”。比如，在提供多种产品时，金融机构通过投入共享能够获得节省成本的协同效应，这就是与上面的规模经济相对应的所谓范围经济。

两家金融机构借助技术可以共同使用其资源投入（比如资本和劳动力）来提供一系列的金融服务，而此时的

图 9–2 技术进步效应

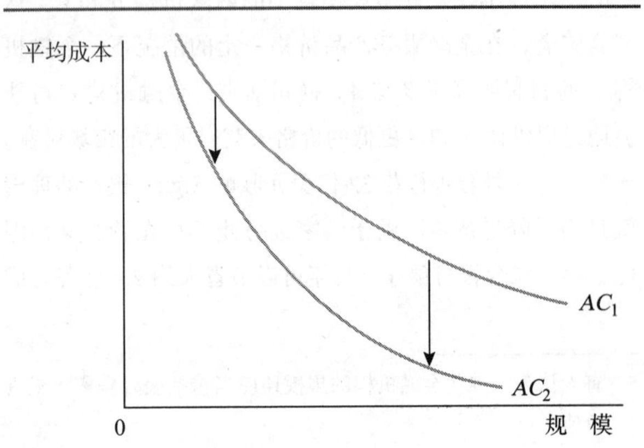

图 9–3 规模不经济

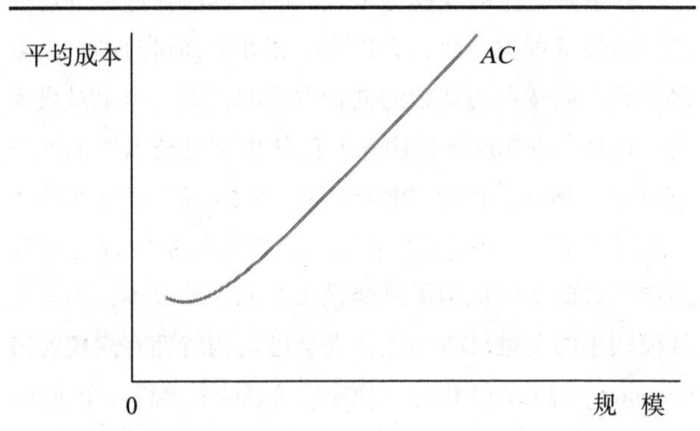

图 9-4　其他平均成本函数

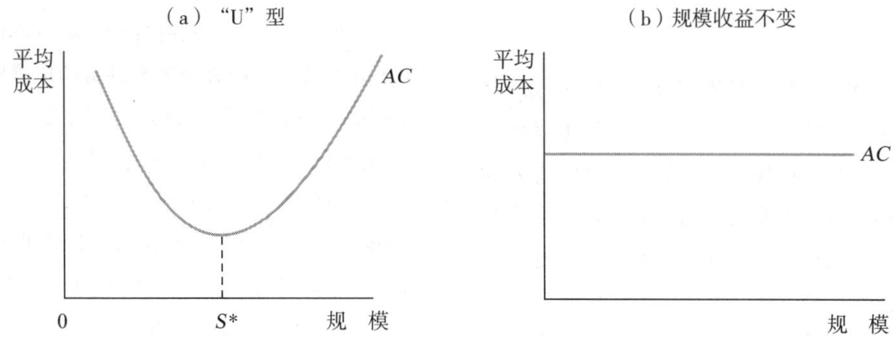

成本比两者各自提供金融服务时的成本更低。具体来讲，假设 X_1 和 X_2 代表两种金融产品；每家金融企业专门提供其中一种产品。也就是说，企业 A 只提供 X_1 不提供 X_2，企业 B 只提供 X_2 而不提供 X_1。两者的平均成本函数（*AC*）为：

$$AC_A[X_1,\ 0] \text{ 和 } AC_B[0,\ X_2]$$

如果两者合并后共同提供 X_1 和 X_2，就会产生**范围经济**（economy of scope）效应，并导致：

$$AC_{A+B}[X_1,\ X_2] < AC_A[X_1,\ 0] + AC_B[0,\ X_2]$$

也就是说，利用成本协同效应共同提供服务时的成本，要低于这两种服务单独提供时的成本。

从形式上看，如果 ACFS 为非专业化金融服务企业

例 9-1　平均成本的计算

TC_B 为某专业化的商业银行向某公司客户提供贷款业务的总成本。假设提供这些业务的总营运成本为：1 000 万美元的一笔贷款（L_B）需要 5 万美元的成本。这些成本中包括信息收集和监控，以及账户记录和处理的费用。因此，银行提供贷款的平均成本（AC_B）为：

$$AC_B = \frac{TC_B}{L_B} = \frac{\$50\,000}{\$10\,000\,000} = 0.005 = 0.5\%$$

与此同时，一家专业化的投资银行正在为同一家公司客户出售商业票据。投资银行经营商业票据业务的总成本（TC_S）为：发行 100 万美元（P_S）需要成本 1 万美元。这些成本包括票据承销费用以及向外部购买者出售票据的费用。因此：

$$AC_S = \frac{TC_S}{P_S} = \frac{\$10\,000}{\$1\,000\,000} = 0.01 = 1\%$$

因此，商业银行独自提供贷款和投资银行独立发行商业票据的总平均成本为：

$$TAC = \frac{\$60\,000}{\$11\,000\,000} = 0.54\%$$

假设某一家金融机构同时向同一客户提供 1 000 万美元的贷款和 100 万美元的商业票据发行服务（即 P_{FS} =1 100 万美元）。贷款和商业票据都是公司客户的资金来源。金融机构发放贷款和承销商业票据所需的专业知识是一样的，即需要进行融资并对信用风险评估和监控。由于贷款和商业票据发行采用的技术是相同的，这就表明，按总成本 TC_{FS} 同时（或共同）向同一客户提供贷款和商业票据服务的某家金融机构的平均成本，应该低于专业化的金融机构分别独自提供这些服务时的平均成本。也就是说，这家金融机构提供 1 100 万美元（P_{FS}）金融服务的成本（TC_{FS} = 51 000 美元）应该低于两个专业化的金融机构。因此：

$$AC_{FS} = \frac{TC_{FS}}{L_{FS}} = \frac{\$51\,000}{\$11\,000\,000} = 0.46\% < 0.54\%$$

的总平均成本，则范围经济效应意味着：

$$AC_{FS} < TAC$$

但是，也有可能出现**范围不经济**（diseconomy of scope）：金融机构发现共同提供服务的成本实际上要高于独自提供服务时的成本。比如，假设某金融机构购买某些非常专业化的信息技术来使贷款的发放和处理业务更加简便。虽然该金融机构可以将这一系统的剩余能力用于其他服务领域，但这种方法对其他服务领域而言可能是一种效率相对较低的技术，因此，与在各种服务或产品领域使用专业化的技术相比，这时的总服务成本会增加。

规模经济和范围经济成本效应实证分析与技术支出的意义

有大量的研究对不同金融服务行业的规模和范围经济进行了考察。就银行而言，早期许多研究发现，规模经济只出现在一些规模很小的银行中。最近，采用更好的数据及技术得出的结论是，规模经济可能对规模在100~250亿美元之间的银行有效。许多大的地区银行和跨地区银行都在这一规模范围之内。至于范围经济，无论是在存款、贷款和其他传统银行业务领域，还是在表内业务和表外业务（比如贷款出售）之间，检验结果都表明，充其量只存在非常微弱的成本协同效应。同样地，针对非银行类金融服务企业（比如储蓄机构、保险公司和证券公司）所进行的为数较少的几项研究，几乎都一致表明：既不存在规模经济效应，也不存在范围经济效应。[6]

6 A. Burger，D. Humphrey 和 L. B. Pulley 对 1978~1990 年间，贷款和存款之间的范围经济收入效应（而不是成本效应）进行了考察，但是并未发现相关证据（参见："Do Consumers Pay for One-Stop Banking? Evidence from an Alternative Revenue Function," *Journal of Banking and Finance* 20 (1996)，pp.1601–21）。J. D. Cumminis，S. Tennyson 和 M. A. Weiss 发现，保险行业的并购的确能够带来规模经济效应，但是非人寿保险公司并购所获得的效率上的好处却很小（参见："Consolidation and Efficiency in the U.S.Life Insurance Industry," *Journal of Banking and Finance* 23 (1999)，pp. 325–57）。

规模经济和范围经济以及 X 无效率

最新的几项研究没有分析平均成本函数的形态，而是分析了某一规模级别内金融机构成本的分散性。这些效率研究发现，在任何规模级别（1 亿美元资产规模级别、2 亿美元资产规模级别等）的银行、储蓄机构和保险公司中，都存在非常巨大的成本差异（20% 或更高）。此外，这些研究发现，在任何规模级别金融机构的成本差异中，只有一小部分是由于规模或范围经济造成的。这表明，与管理业绩和其他难以量化的因素相关的成本无效率（所谓的 X 无效率），比技术投资本身能够更好地解释金融企业的成本和营运成本差异。

几乎没有强有力的证据能够直接证明：与更加专业化的小型金融企业相比，业务多样化的大型金融服务企业具有成本上的优势。许多情况下，规模经济和范围经济也不能对相同规模金融机构的成本差异做出解释。这些实际发现使人们对技术投资和技术创新的好处产生了疑问。尽管大多数的研究所检验的是规模经济和范围经济，而不是技术所带来的好处，但其结果与相对较低的技术创新回报是一致的。如果大金融机构能获得好处的话，那么这些好处很可能来自收益创造 / 新产品创新方面，而不是来自于成本方面。事实上，最近人们根据收入和利润函数对银行和保险公司投入产出效率进行的研究表明，大金融机构在收益创造方面比小金融机构更有效率，而这种效率很有可能抵消了与规模相关的范围和规模成本上的无效率。[7]

7 参见：Berger and Mester，"Inside the Black–Box"；J. Cummins，S. Tennyson，and M. A. Weiss，"Efficiency，Scale Economies and Consolidation in the U. S. Life Insurance Industry," *Journal of Banking and Finance*，February 1999，pp. 325–57；and R. DeYoung and K. P. Roland，"Product Mix and Earnings Volatility at Commercial Banks：Evidence from a Degree of Total Leverage Model," *Journal of Financial Intermediation* 10 *2001)，pp. 5–84. 与大多数研究相反，最近人们对管制放松之后（1984 年之后）美国 201 家大商业银行的情况进行了研究，结果发现，总体而言，年均劳动生产率的增长速度大约为 4.5%。劳动生产率的增长主要反映了技术的变化（参见：Mukherjee et al.，"Productivity Growth in Large U. S. Commercial Banks"）。

最后，技术创新的实际好处可能是长期的和动态的，它们与美国支付体系从现金和支票转向电子支付方式这一演化过程相关。在传统的规模和范围经济研究中（它们主要是一些静态研究，因此忽视了效率利益上更为动态的特征）很难获得这种好处。这种动态的技术演化，不仅对金融体系中金融机构的根本作用产生了影响，而且还给金融机构及其监管者带来了一些不易把握的新的风险。

电子转账支付系统带来的风险

电子转账系统的增长至少产生了六种重要风险。在第 8 章中介绍表外业务时，我们曾提到过其中的一些风险；在此，我们将进行更详细的分析。

日透支风险

一些分析师和监管者把结算或日透支风险看成是当今金融市场一个最大的潜在不稳定因素。为了更好地理解日透支风险，请看图 9–5。它反映了使用联邦电子（美联储的电子转账网络）系统的一家大型货币中心银行通常的日电子支付净头寸——所发送的付款信息（借方）与收到的付款信息（贷方）之间的差额。

根据联邦储备法案，银行必须在美联储存有现金准备；联邦电子的结算在东部时间下午 6:30 银行营业结束时进行。此时，美联储要调整每家会员银行的准备金账户，以反映其与其他银行的净借（贷）头寸。[8] 按照目前的监管条例，会员银行在营业日结束时的准备金头寸不能为负数。然而，营业日结束时的情况并不能代表当天的情况；也就是说，美联储允许银行的准备金账户存在实际的**日透支**（daylight overdraft，即日余额为负数）。在当前的支付系统中，之所以会出现负的准备金余额，是因为大银行及其客户经常在银行营业日的开始发送支付信息，以偿还隔夜贷款并支付贷款利息，同时会在银行营业日结束时借入资金和收到付款信息。在一天中的某些时候，银行经常会因为付款流出信息超出其付款流入信息，而使自己在美联储的准备金账户出现日透支（参见图 9–5）。

实际上，美联储是在向银行提供一天以内的准备金贷款。这一过程涉及到其他两种重要的制度性因素。首先，迄今为止，美联储并未因为这些日透支而向银行收取明确的利息和费用。因此，银行及其大公司客户都没有在这些交易上进行节省的任何动机。联邦电子系统中的日透支实际上是免费的，因此其供给是过剩的。[9] 其次，根据监管条例 J，美联储最终要为每一笔电子转账信息提供支付担保。因此，如果图 9–5 中会员银行于中午 12 点钟倒闭，那么美联储将对当天中午 12 点之前该银行利用联邦电子所进行的全部交易承担责任。这就消除了如下风险：收到付款信息的银行及其客户，在当天结束时可能出现的资金短缺。通过在不收取市场利率的条件下给予银行透支，美联储实际上承担了联邦电子交易中银行倒闭的信用风险。

就 CHIPS 而言，净付款流量每天反映出的状况通常类似于图 9–5，只不过有一点不同：作为一个私营的纯粹结算系统，营业日刚开始时所有银行的头寸一定都为 0。与联邦电子系统一样，大银行经常会出现日透支，但是，在上午早些时候，这种透支一般比联邦电子系统中的更大且更明显。同样，大银行随后要在下午设法借入资金，以弥补当日早些时候所产生的净借方头寸。CHIPS 并不因为日透支而向银行收取确定的费用，但与联邦电子相比，它对营业日结束时银行无法结算的问题采用了完全不同的做法。在联邦电子系统中，所有的支付都有足够的资金；也就是说，电子转账发生时，美联储要担保其最终完成。相反，由于 CHIPS 是一个私营网络，所以当天所有转账都是有条件的，而且只有当营业日结束时，CHIPS 会员之间的结算才能最后确定。在这种情况下，如果持有日透支额的某银行（银行 Z）倒闭，那么 CHIPS 只能通过取消倒闭银行当天与其他（N–1）家银行的所有

8　按规定，CHIPS 交易在联邦电子系统中的结算在下午 4:30 联邦电子交易结束之前进行。

9　从 1993 年开始，对银行超出一定金额（其监管资本的 10%）的日透支额收取很低的年利率。因此，这种利息费用很低。比如，据估计 1995 年只有 90 家金融机构必须在两周内支付 100 美元的罚金。参见：H. W. Richards, "Daylight Overdraft Fees and the Federal Reserves Payment System Risk Policy," *Federal Reserve Bulletin*, December 1995, pp.1065–77.

图 9-5 联邦电子的日透支额

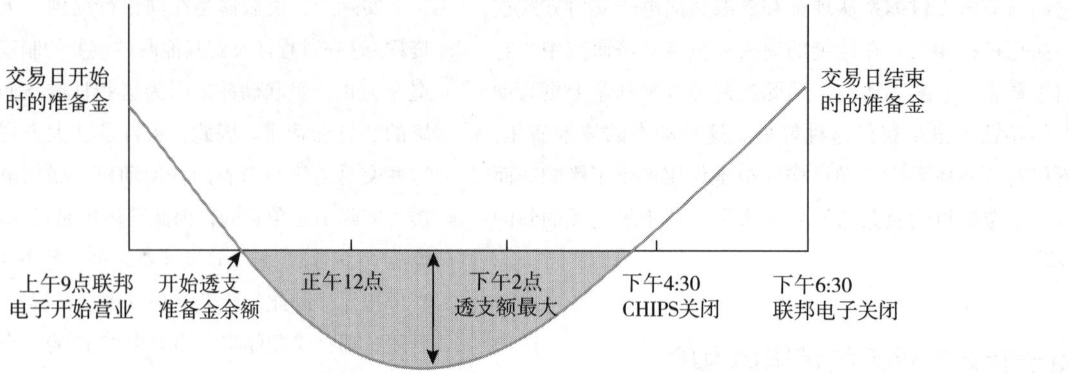

交易来解决这一问题。银行 Z 的独自倒闭，可能导致银行和金融体系中其余的（N-1）家银行面临系统危机。虽然最近 CHIPS 系统没有发生结算失败的问题，但任何一次这样的失败的后果都将是灾难性的——它对金融业的影响要大大超出 1987 年 10 月的股市崩盘或 1997 年的亚洲金融危机。

由于这些担心，1991 年通过的《联邦存款保险公司改进法》要求联邦储备系统执行管理条例 F。按照这一条例的规定，银行、储蓄机构和外国银行都必须设计出内部程序或标准，以限制与其他存款机构进行（所谓的往来银行）交易时的结算风险和其他信用风险。与此同时，从 1992 年 12 月开始，银行与某往来银行的业务不能超出该往来银行资本的 25%。然而，就资本充足的银行而言，并不存在固定的比例标准。因此，在目前情况下，与资本不太充足的银行相比，资本非常充足的银行更容易利用电子转账网络进行交易，同时也更容易进行日透支。[10] 此外，只要能坚持这一标准，监管者的结算风险就会降低。[11]

国际技术转移风险

近年来，美国一直在带头从事支付系统的技术投资和金融服务创新。比如，美国是自动取款机技术的主要开拓者，但这种网络在瑞典和比利时这样的国家发展较慢，通常是因为这种系统的使用和国内电话线的租用需缴纳十分高昂的费用。

这说明美国的金融服务企业经常不能在有利可图的情况下将国内的技术创新转移到国际市场，以获取竞争优势——至少在短期内是如此。相反，进入美国市场的外国金融服务企业却可以了解并按非常低的成本来直接使用美国的技术产品。比如，1978 年《国际银行法》通过以后，外国银行就可以直接利用美国的联邦电子系统。

犯罪和欺诈风险

随着电子转账支付或交易方式不断取代支票和现金，

10 详情参见联邦储备委员会 1992 年 7 月 14 日的新闻公告；关于银行资本“充足”和“十分充足”的定义，请参见第 15 章的内容。

11 消除支付系统风险的其中一个方法就是参与连续的实时总结算（RTGS）系统，而不要参与营业日结束结算系统。前一系统被瑞士所采用。然而，这种支付系统面临着被堵塞的风险。参见：New York Clearing House Association，New York，January 1995；and W. R. Emmons，“Recent Developments in Wholesale Payment Systems，” *Federal Reserve Bank of St. Louis Review*，November-December 1997，pp.23-43.

各种交易执行的效率也得到了提高，但这也导致了与偷窃、信息窥探和白领犯罪等相关的一些新问题。由于每天都有巨额资金需要通过电子网络转移，而某些银行职员拥有个人身份识别号码（PINS）和其他密码方面的专业知识，因此白领犯罪的动机似乎增加了。比如，有报道称，国际信贷商业银行（BCCI，现已倒闭）斯里兰卡分行的一位经理通过电传机从该行的阿曼分行窃取了一块计算机芯片后，利用它将美国和日本三家银行的1 000万美元转移到了自己设在瑞士的银行账户中。

此外，要试图将互联网开发成一种电子支付系统，必须要面对一些重大的安全问题。互联网交易有可能被第三方截获。因此，金融机构对互联网上不设防的信用卡或借记卡详情表示担忧。互联网上的任何电子支付方式，不仅要满足与实际现金结算相关的识别和认可要求，而且还要达到现金支付所要求的高度安全水平（但这是互联网本身并不能保证的）。2001年9月11日恐怖袭击发生之后，美国国会通过了2001年美国《爱国法》。该法案包含了针对已有刑法的几项具体的修正案，其目的是便于对利用金融机构进行的可疑恐怖活动进行及早察觉和调查。比如，根据《爱国法》，2004年4月联邦调查局和联邦监管部门开始对沙特阿拉伯居民/客户从里格斯（Riggs）国民银行大量提取现金的行为进行调查，并且指控该银行未能向监管当局提醒可疑交易。货币监理署（OCC）也将里格斯银行列为"有问题的机构"，其原因在于，它未能遵从货币监理署的命令而适当地加强自己对洗钱活动的控制。监管部门还展开了另一项调查，以弄清里格斯银行在与外国客户的交易中是否违反了"了解自己客户"行为记录的法律。财政部的调查者当时正在调查里格斯银行与高风险外国客户之间的关系。但是，正如技术新闻专栏（1）所指出的，金融机构遵守《爱国法》的代价是非常高昂的。

将来，银行和监管当局将花费更多的资源来进行业务信息核查和对雇员的监控，并且为电子转账开发出安全可靠的密码，尤其是在一些国家通过了信息保密法之后。然而，出人意料的是，针对美国的网上银行业务问题所进行的一项研究表明，只有1%的问题是由于职员的破坏或内部欺诈行为导致的。

监管风险

金融机构计算机和远程通信网络的改进也增强了金融机构对付监管部门的能力，从而可以有效地帮助其规避监管。因此，正如前面所说的，监管不仅会影响技术创新的盈利能力，而且会对创新的速度和种类起到促进或抑制作用。比如，美国的许多州都为金融机构设立了利率上限。**利率上限**（usury ceiling）限定和控制了许多金融机构在信用卡、消费贷款和住房抵押贷款等方面收取的费用和利率。由于信用卡业务极大地依赖于通信且无需直接局限于某一金融市场，因此，目前主导信用卡业务的两个州是南达科他和特拉华。这两个州在信用卡费用和利率的监管方面最为自由。由于美国存在严厉的监管措施，监管相对较少的开曼群岛的银行业务出现了快速增长。当地的500多家金融机构主要通过公有和私有远程通信网络开展业务。[12] 远程通信网络的使用及技术的改进或许永久性地打破了大金融机构与政府部门（包括地方和全国性的）之间的力量平衡，并使得前者的力量得以增强。这种力量转变会激励国家降低其监管以吸引市场参与者；也就是说，这种转变会更多地刺激有助于竞争的管制松动。由于监管最薄弱的地方能够吸引到最多的市场参与者，因此这种趋势可能会给金融服务市场带来不稳定。[13]

避　税

国际电子网络以及国际金融服务企业网络的发展，使得金融机构可以利用内部定价机制来转移资金和利润，从而可以最大限度地降低它们在美国的总体税收负担，并最大限度地增加它们所享受到的国外税收优惠。比如，在1986年以前，通过在不同的税收体系之间迅速转移

12 开曼群岛业务增长的一个主要原因是，美国的大银行想要避免或降低美联储的非生息准备金要求所带来的成本。许多人把当地银行业务目前的流行归结于与毒品或犯罪有关的秘密资金交易。参见：I.Walter，*Secret Money：The World of International Financial Secrecy* (London：Allen and Unwin，1985).

13 对监管者而言，一个密切相关的风险在于，国际电子转账系统使用的增加，会削弱中央银行对本国货币供给的控制能力。

利润和资金，美国的许多大银行几乎都未缴纳公司所得税——尽管有大量的报告利润。这引起了人们对公共政策的巨大担忧，同时也是导致1986年美国税收改革的一个主要原因。这些改革为美国的银行设立了最低20%的公司所得税税率，并对其使用国外税收优惠来冲抵国内所得税税款的能力进行了限制。

竞争风险

随着金融服务变得更加依赖于技术，它们与非传统的金融服务供给商之间的竞争日益增加。比如，除了通过提供自己改进过的信用卡来与银行提供的信用卡竞争之外，AT&T还拥有一家金融公司。[14]同时，一旦设立之后，非金融类企业能够很容易地购买到金融服务技术。比如，通用汽车设立了一项信用卡业务，通过该业务可以远程购买该公司的汽车。目前，所有新发行的信用卡中，银行发行的还不到一半，许多新业务都在转向AT&T和通用汽车这样的非传统企业。另一个例子是犹他州产业贷款公司（ILCS）的迅速增加——它们由非银行类企业（比如美国股票交易所、通用电气和必能保等）拥有。产业贷款公司向银行不愿意提供贷款的低信用等级和高利率公司提供贷款。这些产业贷款公司的存款由联邦存款保险公司提供保险，然而产业贷款公司既不受美联储管辖，也不受货币监理署管辖。尽管设在犹他州（这里的监管环境较为有利），但产业贷款公司借助于技术将自己的服务扩展到了全国各地。结果，它们管理的资产从1995年底的29亿美元增加到了2003年的1 030亿美元，而商业银行的工商业贷款总额为8 700亿美元。因此，随着市场准入成本的下降以及竞争状况的改变，技术使得现有的金融机构面临更大的特许经营权被侵蚀的风险。

其他营运风险

尽管技术风险对现代金融机构的盈利能力和风险状况越来越重要，但它并非是惟一的营运风险来源。本章开头我们列举了四种其他的营运风险：雇员风险、客户关系风险、资本资产风险和外部风险。表9-1简要列出了这些营运风险所导致的问题，其中包括其他营运风险是如何与技术风险发生联系的。比如，雇员风险包括雇员流动和欺诈，以及雇员程序编制失误。本章的道德困

表9-1 金融机构营运风险概述

风险来源	具体问题
雇员风险	雇员流动
	核心职员风险
	欺诈风险
	失 误
	违规交易
	洗 钱
	泄 密
技术风险	程序编制失误
	模型风险
	逐日盯市失误
	管理信息错误
	信息技术系统中断
	通信错误
	技术提供者失误
	紧急方案失败
客户风险	合约纠纷
	不满意
	违 约
资本资产风险	安 全
	担 保
	营运成本
	火灾 / 水灾
外部风险	外部欺诈
	税收风险
	法律风险
	战 争
	市场崩溃
	信誉风险
	关系风险

资料来源：C. Marshall, *Measuring and Managing Operational Risks in Financial Institutions: Tools, Techniques and Other Resources*（Singapore：John Wiley and Sons，2001）.

14 AT&T从1990年3月开始经营通用卡（universal card）业务。这种卡既是信用卡，也是电话卡。AT&T的金融分公司（AT&T资本公司）同时从事着租赁、项目融资和小企业贷款业务。

境专栏详细介绍了几家华尔街公司的违规事件——按规定这些证券公司应该将电子邮件保留三年。同样地，作为技术提供者的第三方未能履行承诺的行为将导致金融机构网络银行服务的中断，从而会使得金融机构失去客户。

与技术风险一样，这些其他的营运风险也会给金融机构带来直接成本（比如收益损失）、间接成本（比如客户提款和法律成本）及机会成本（比如丧失业务机会），从而使其盈利能力和价值下降。为了弥补这些成本，金融机构的经理们花费了大量的精力和资源来对营运风险损失进行防范、控制、融资和阻隔。这些努力包括（参见 Marshall，2001）：

1. 损失防范：雇员的培训、开发和考核。
2. 损失控制：计划、组织和备份（比如计算机系统）。
3. 损失融资：外部保险（比如灾难保险）。
4. 损失阻隔：金融机构的资本。

当然，风险管理努力需要金融机构付出一定的代价。正如图 9-6 所描述的，用于风险管理的资源越多，来自于营运风险的损失越低。然而，在某一点，用于防范营运风险损失的资源可能要大于风险本身造成的损失。为了达到利润和价值的最大化，金融机构风险管理方面的投资将一直增加到与营运风险的损失相等时为止（图 9-6 中的 RME* 点）。参见 Marshall（2001），p.317。

图 9-6 营运风险管理行为

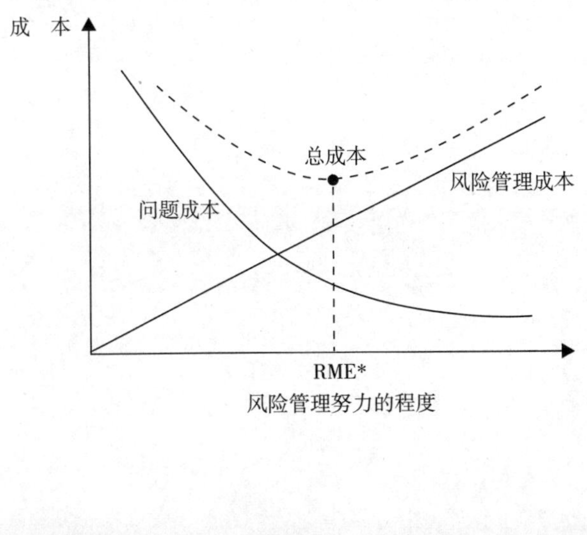

监管问题与技术和营运风险

正如前面所指出的，营运风险直接或间接来源于内部程序人员或系统的不恰当或失误，以及一些外部事件。毫无疑问，随着金融机构对技术使用的增加，营运风险也会增加，然而，对这些不断增加的风险的监管还显得十分缺乏。在这一节中，我们将对直接受到营运风险增加影响的两个领域进行分析。

1. *营运风险和金融机构的清偿力*。据一家营运风险咨询公司——营运研究公司——的研究估计，从 1980 年以来，金融机构由于营运风险而遭受的损失在 2 000 亿美元以上。[15] 监管者已经认识到了营运风险对金融机构的重要性。具体而言，1999 年巴塞尔银行监管委员会（隶属于国际清算银行）声称：营运风险“对银行非常重要，银行要提供必要的资源来对这种风险的水平进行量化，并且在对总体资本充足性进行评估时，将这种风险（与市场风险和信用风险一起）考虑进去”。在随后的 2001 年 1 月和 2003 年 4 月所公布的磋商性文件中，巴塞尔委员会提出了三种具体方法。通过这些方法存款机构（DIS）可以计算出防范营运风险所需的资本（于 2006 年开始执行）。这些方法包括基本指标法、标准化法和高级计量法。我们将在第 15 章中详细介绍每一种方法。

2. *消费者保护*。2000 年毕马威（KPMG）的信息安全调查报告认为，出于两方面的原因，企业客户不太愿意将其个人信息和财务信息放在互联网上。首先，它们担心能接触到这些信息的人会是谁，以及这些信息将如何被使用。其次，它们担心信用卡或银行账户详情被盗取或被骗取。电子银行业务的出现正在使消费者保护日益成为金融机构监管部门的一项重要责任。正如前文所讲的，1999 年《金融服务现代化法案》允许金融机构的客户选择是否让金融机构与他人共享任何个人信息。因此，金融机构的客户可以在某种程度上控制由哪些人来查看和接触自己的个人信息。然而，这项监管条例并没有把进入金融服务行业的非金融类企业的信息共享包括进去。事实上，为了确保客户信息应有的私密性，达成

15 参见：C. Smithson，“Measuring Operational Risk，” *Risk*，March 2000，pp.58-59.

能够被可靠实施的全球性标准和协议已显得越来越有必要。

关于安全风险，由于互联网交易涉及到公开的系统，因此它们容易被截获和被欺诈。确保交易安全性的密码技术正在迅速得到改进，而且它们几乎能够完全确保消费者交易的安全。此外，技术的发展也将很快能够为大额交易提供必需的保护。这些技术的存在也并不能确保金融机构会使用它们（尤其是当它们的费用高昂时）。因此，如果金融机构不积极地在业务中使用这些技术，监管部门就有必要监督（或者甚至是命令）金融机构采用这些技术。

练习题

1. 请利用一些具体事例来解释，技术进步为什么能够增加金融机构的利息和非利息收益，并降低其利息和非利息支出。
2. 表 9-1 提供了所有参保银行在利润、支出和资产等方面的数据。请计算 1991~2003 年间各种收益、费用支出、利润和资产等方面的年增长率。如果资产、利润和费用支出的增长率部分来自技术变革，那么，技术变革对哪些业务领域的影响最大？哪几种增长率更有可能是来自整体经济活动？
3. 金融创新的开拓者必然面临哪些风险？
4. 某主要金融机构的营业部正在准备对几个后台职能进行重组。该机构的营业费用为 150 万美元，其中的 100 万美元为工薪支出。该金融机构利用 12% 的资本成本来评价为节省成本而设立的项目。
   a. 其中一个重组方案是：将自己的一部分数据记录工作实行海外承包。这将需要大约 50 万美元的税后初始投资。金融机构预期在今后 7 年内每年可节省 15 万美元的税后营运费用。假设这种重组会带来永久性的成本节省，那么，该金融机构应该设立这一项目吗？
   b. 另一个选择是通过安装新的计算机和软件来达到整个交易过程的自动化。金融机构预期每年税后的节省额在 50 万美元以上，但初始投资大约是 300 万美元。此外，该项目的使用寿命为 7 年，7 年后需要安装新的计算机和软件。按照 7 年的计划期来年算，该金融机构应该投资这一项目吗？要使这一方案创造的价值能够与（a）中的方案相当，那么，税后节省水平应达到多少？
5. 确定并探讨技术能给金融机构的收益创造带来哪三个方面的好处。
6. 什么叫规模不经济？什么叫大规模技术投资风险——尤其对大金融机构而言？为什么小金融机构愿意将业务分包给与自己竞争的大金融机构？大金融机构为什么愿意从与自己竞争的小金融机构手中接下分包业务？
7. Buy 银行在收购 Sell 银行之前拥有 1.3 亿美元的资产和 2 000 万美元的费用支出，而后者的资产为 5 000 万美元，费用为 1 000 万美元。并购后银行的资产为 1.8 亿美元，费用支出为 3 500 万美元。请问这次并购是否产生了规模经济或范围经济效应？
8. 对当地市场进行的一项调查提供了下列平均成本信息：抵押贷款银行 A（MBA）拥有 300 万美元资产和 20% 的平均成本；人寿保险公司 B（LICB）拥有 400 万美元的资产和 25% 的平均成本。每家公司的平均成本按资产的百分比来计量。MBA 正打算收购 LICB，希望通过消除重复业务来降低总体平均成本。
   a. 要想使并购具有合理性，并购后银行的平均成本应该是多少？
   b. 如果 MBA 打算使并购后的营运成本下降 50 万美元，新组建的公司的平均成本将是多少？
9. 以规模经济和范围经济进行的实证研究得出的一些结论是什么？成本降低对总平均成本的影响有多么重要？什么叫 X 无效率？在解释金融机构成本差异方面，这些要素起到了多大作用？
10. 什么叫日透支？在两种相互竞争的电子支付系统联邦电子和 CHIPS 中，金融机构承担的透支风险在何不同？为了在一定程度上防止结算风险，CHIPS 的会员采取了什么措施？
11. 为了防止存款机构由于营运风险而破产，国际清算银行采取了哪些措施？

第 10 章

外汇风险

导　言

美国金融服务业的全球化意味着金融机构正面临着越来越大的外汇（FX）风险。外汇风险可能来自外汇交易，提供外汇贷款（比如向某公司提供英镑贷款），购买外国发行的证券（英国发行的以英镑为面值的金边债券或德国发行的以欧元为面值的政府债券），或者是发行以外币为面值的债务（英镑定期存单）来筹集资金。从 1997 年亚洲货币危机中可以看到外汇风险的严重性。这场危机从 7 月 2 日开始，当时泰铢对美元的价值几乎下跌了 50%，从而引发了其他亚洲货币的相继贬值，并最终影响到了亚洲以外的货币（比如巴西的雷亚尔和俄罗斯的卢布）。1997 年 11 月 20 日，泰铢贬值过去将近 5 个月之后，韩元对美元的价值下降了 10%。由于这些货币的大幅度贬值，美国一些金融机构的利润受到了不利影响。比如，1997 年 11 月，大通曼哈顿银行宣布，因为外汇交易和持有外币债券而在 10 月份出现了 1.6 亿美元亏损。更近的一个例子是，Allfirst 银行的一位交易员所掩盖的外汇交易亏损额高达 2.11 亿美元。这些亏损被成功掩盖 5 年之后，幕后的交易活动才在 2002 年被发现。为了控制利率风险，2004 年 2 月，一些主要的欧洲国家要求美国采取更有力的措施来阻止美元的下滑。促进美元价值上升的努力主要来自于欧洲和日本，因为美元的下跌抑制了这些国家的经济增长。

本章将对如下内容进行分析：当金融机构的资产和负债以外币（及本币）计价，并且它们作为交易者在即期和远期外汇市场持有大量头寸时，如何评估和计量自己所面临的风险。

外汇风险的来源

美国的大商业银行在外汇交易中扮演了主要角色；花旗集团和 J. P. 摩根大通这样的大型货币中心银行同时还在外汇资产和负债方面持有巨额头寸（同时参见第 5 章对市场风险的分析，在此我们分析了计算外汇合约风险价值的方法）。表 10-1 给出了 1994~2003 年 3 月期间美国银行外汇资产和负债的美元市场价值。2003 年的外汇资产（债权）为 812 亿美元，外汇负债为 886 亿美元。从表中可以看到，1997 年之前，外汇资产和负债一直都在增加。1997 年之后外汇资产和负债下降的原因可能在于，1997 和 1998 年的亚洲和俄罗斯金融危机以及 21 世纪初的阿根廷金融危机。

表 10-2 给出了美国所有银行 2003 年 9 月各种主要外汇的头寸（或投资）情况。（1）、（2）两栏是美国银行资产组合中持有的以外币计价的资产和负债。（3）、（4）两栏是外汇交易业务［各种主要外币的**即期**（spot）和**远期外汇**（forward foreign exchange）合约的买入（多头）和卖出（空头）］。外汇交易在直接资产组合投资中居主导地位。尽管总交易头寸似乎很大——比如美国银行购买的日元达 1 830 810 亿——但总体的或净的裸露头寸却相对较小（比如，日元的净头寸为 −45 300 亿）。

金融机构任何一种外币的总体裸露情况可以通过头寸**净裸露**（net exposure）来计量——表 10-2 中的第（5）栏是按如下方法来计量的：

表 10-1　美国银行报告的以外币计价的对外资产和负债（单位：百万美元；年底数据）*

项　目	1994 年	1995 年	1996 年	1997 年	1998 年	2000 年	2003 年
银行的负债	89 284	109 713	103 383	117 524	101 125	76 120	88 583
银行的债权	60 689	74 016	66 018	83 038	78 162	56 867	81 242
存　款	19 661	22 696	22 467	28 661	45 985	22 907	54 194
其他债权	41 028	51 320	43 551	54 377	32 177	33 960	27 048
银行国内客户的债权⁺	10 878	6 145	10 978	8 191	20 718	29 782	27 706

说明：债权数据中未包括美国货币当局持有的外汇。

* 2003 年的数据截至 3 月底。

⁺ 报告银行的美国客户拥有的资产，它是报告银行国内客户的账户中持有的对外债权。

资料来源：*Federal Reserve Bulletin*，Table 3.16，various issues. www.federalreserve.gov.

表 10-2　美国银行的月外汇头寸与外汇资产和负债（2003 年 9 月，按计价货币分类）

	（1）资产	（2）负债	（3）买入外汇 *	（4）卖出外汇 *	（5）净头寸⁺
加拿大元（百万）	126 812	130 875	367 077	369 335	−6 321
日元（10 亿）	43 969	43 869	183 081	187 711	−4 530
瑞士法郎（百万）	52 152	57 423	377 101	384 344	−12 514
英镑（百万）	225 987	223 079	519 818	528 657	−5 931
欧元（百万）	1 113 381	1 072 384	1 848 576	1 867 959	21 614

* 包括即期、期货和远期合约。

⁺ 净头寸 =（资产 − 负债）+（买入外汇 − 卖出外汇）

资料来源：*Treasury Bulletin*，December 2003，pp.99−109. www.ustreas.gov.

$$\text{净裸露 } i = (\text{外汇资产}_i - \text{外汇负债}_i) + (\text{外汇买入}_i - \text{外汇卖出}_i) = \text{净外汇资产}_i + \text{净外汇买入}_i$$

式中的 i 代表第 i 种货币。

显然，金融机构可以使它们的各种外汇资产与其负债相匹配，并且使交易账户中买入和卖出的货币相匹配，从而使其外汇净裸露降为零，从而避免外汇风险。它们还可以用外汇资产—负债组合的不平衡来冲销其交易账户中所存在的一种相反的不平衡，从而使自己在这种货币方面的净裸露头寸为 0。

从表 10-2 中可以看到，2003 年 9 月，美国的银行所持有的 5 种主要货币中，只有欧元的净外汇裸露为正数。正的净裸露头寸意味着美国金融机构总体上处于**外汇净多头**（net long in a currency，即金融机构在外汇上的买入多于卖出），并且面临着外汇价值将来对本国货币美元价值下跌的风险。负的净裸露头寸意味着美国金融机构处于**外汇净空头**（net short in a foreign currency，即金融机构在外汇上的卖出多于买入），并且面临着外汇对美元有可能升值的风险。因此，不能在某种外汇方面保持完全平衡的头寸，将使美国的金融机构面临着该种货币对美元汇率波动的风险。事实上，在净裸露头寸一定的情况下，外汇汇率的波动性越大，金融机构外汇资产组合价值的波动性也越大（参见第 5 章中市场风险的介绍）。

我们只提供了美国银行的外汇裸露，但许多大型非银行类金融机构也面临着一些外汇裸露——或者是由于资产和负债的持有，或者是由于外汇交易。这些金融机构裸露的绝对值要小于美国主要的货币中心银行。其原因表现在三个方面：较小的资产规模、审慎经营的原则（prudent person concerns）[1]，以及监管方面的不同。[2] 比

1　审慎经营原则对养老基金尤其重要。

2　比如，纽约州将当地人寿保险公司持有的外汇资产限制在 10% 以内。

如，美国养老基金资产组合中的外国证券投资大约为15%，而美国人寿保险公司持有的外国证券资产一般不超过10%。引人注目的是，美国金融机构持有的海外资产要低于日本和英国的金融机构。比如，在英国，养老基金外汇资产的投资一直在20%以上。

最近几年，尽管金融机构持有的外汇债权和头寸的数量增加了，但外汇的交易额却下降了。比如，据国际清算银行报告的数据，外汇市场的日均交易额从1996年的19 580亿美元下降为2003年的12 000亿美元。英国是外汇交易最多的国家（大约占所有交易的1/3），然而，20世纪90年代，英国外汇交易员的数量从32 000人降到了28 000人。多种原因导致了外汇交易的下降。首先，投资银行的并购降低了计算机终端的数量，因此也降低了交易员的数量。其次，全球通信技术的广泛使用提高了每个外汇交易员的效率，从而降低了对交易员的需求。第三，20世纪90年代，欧洲汇率波动的减缓，以及欧洲朝着单一货币的发展[这是1999年欧洲货币联盟（EMU）协议的一项内容]，降低了欧洲货币联盟内部的外汇交易需求（比如德国马克对法国法郎的交易）。随着2002年1月欧元的引入，EMU集团内部成员国货币之间的相互交易完全消失了。比如，欧元诞生后，设在欧洲某个国家的分支机构的现金流可以直接记入母公司的账户，而不必考虑外汇调整问题。这样，随着EMU的全面实施，大跨国公司有可能继续减少所需的银行业务关系以及外汇交易的数量。

汇率的波动性与外汇裸露

正如第5章论述市场风险时所介绍的，通过分析金融机构的资产、负债、表内资产、负债和外汇交易的不匹配以及汇率潜在的波动性，我们能够计算出金融机构外汇裸露的潜在规模。具体而言，我们可以使用下列公式：

第 i 种外汇的损益（美元）
= 第 i 种外汇以美元计量的净裸露 ×
第 i 种外汇对美元的汇率冲击（波动性）

金融机构的外汇净裸露以及外汇汇率的波动越大[3]，金融机构收益的潜在损益（按美元计价）越大[即其日收益风险（DEAR）越大]。外汇波动的基本原因在于一国货币供给和需求的波动。也就是说，从理论上讲，外汇汇率与其他任何商品的价格一样，当需求上升或供给下降时，它就会对其他货币升值；当需求下降或供给上升时，它就会贬值。比如，1998年10月的某一天，美元对日元的价值从1美元兑121日元下降（贬值）为1美元兑112日元，下降幅度超过7%。导致这一结果的主要原因是，对冲基金大量买进日元和卖出美元为偿还日本银行的贷款（1998年初期利率较低时所借的日元）。21世纪初，尽管美元对日元的贬值速度没有那么快，但也几乎达到了20%（从2002年初期的134.0降为2003年10月的107.8），其中大部分原因在于，日本经济的改善以及日本央行的干预。最后的一个例子是，2002年阿根廷比索的贬值使花旗集团损失了5.95亿美元。关于外汇裸露计量的详情，请参见第5章的内容。

外汇交易

全球外汇市场已经成为了所有金融市场中规模最大的一个市场。最近几年，其日均交易额高达1.8万亿美元，是纽约股票交易所日交易额的90倍。[4]伦敦仍然是全球最大的外汇市场，其次是纽约和东京。[5]外汇交易市场被称为是全球最公平的市场，因为其交易规模庞大，并且没有哪家机构能够控制市场走势。尽管专业人士将全球外汇交易称为一个市场，但它并不是一个传统意义上的市场。外汇交易并非集中在某一区域进行。此外，外汇市

3 在风险计量模型中，汇率冲击（或波动性）等于其他货币对美元汇率的历史波动性（标准差）乘以1.65。汇率冲击乘以该货币的净裸露（按美元计算），能大体估算出金融机构今后“事故发生率为1/20”时的损失额（详情参见第5章）。

4 21世纪初外汇交易出现了下降，2003年的日交易额降到了1.2万亿美元。目前所有外汇交易中，高达95%的是通过电子经纪商来完成的（从而使该行业的从业人员下降）。

5 从全球来看，外汇交易中大约30%在伦敦进行，16%在纽约进行，10%在东京进行。其余交易分布于全球各地。

场实际上是一个 24 小时不间断的市场，全天的交易在东京、伦敦和纽约之间连续展开。因此，汇率波动和外汇交易风险仍然会持续到夜晚，当其他金融机构已经停止营业时。这显然会加大外汇头寸不匹配的风险。大多数交易都发生在国际顶尖的大银行之间——它们为全球所有的人（从大企业到政府）处理货币交易。网络外汇交易正在增加，电子资金交易的特点使安全的互联网交易成为了一个理想的交易平台。门户交易网站——从事外汇交易的终端——可供人们以低廉的成本从事即期和远期外汇交易。路透公司估计，全球利用网络交易系统的银行将从 2003 年的 200 家，增加到 2007 年的 700 家。[6]

外汇交易活动

金融机构外汇市场的头寸一般反映了四种交易活动：

1. 为了使客户能够参与和完成国际贸易交易活动而买卖外汇。
2. 为了使客户（或金融机构自身）能够参与国外的实际投资和金融投资而买卖外汇。
3. 出于套期保值目的——为抵消与客户（或金融机构）进行某种外汇交易时的风险裸露——而买卖外汇。
4. 出于投机目的——通过预测汇率将来的变化趋势——而买卖外汇。

在前两种交易活动中，金融机构一般是充当客户的代理人而收取一笔费用，自己并不承担外汇风险。在美国，花旗集团是零售客户最主要的外汇供给者。截止到 2003 年，花旗集团外汇合约的本金总额高达 14 350 亿美元。在第三种交易活动中，金融机构为降低外汇风险而充当了一位防御性的套期保值者。比如，它可能会通过某种外汇的空头（卖出）来抵消这种外汇的多头（买入）。因此，外汇风险裸露实际上与金融机构作为交易主体从事投机活动——第四种交易活动——而形成的**敞口头寸**（open positions）有关。某金融机构在与其他金融机构进行一种非套期外汇保值交易时，就会形成一笔敞口头寸。据美联储估计，美国外汇市场上积极充当外汇做市商的金融机构有 200 家，其中有大约 30 家商业银行和投资银行在充当 5 种主要货币的做市商。某金融机构可以直接与其他金融机构进行投机交易，也可以在外汇专业经纪商的安排下完成投机交易。纽约联邦储备银行估计，大约有 44% 的投机或敞口头寸交易是通过专业经纪商（他们在金融机构之间撮合交易以获取费用收益）完成的。投机交易可以借助众多的外汇工具来完成。即期外汇投机交易最常见——金融机构试图通过买卖差价（即买卖价格随时间的变化）来获取利润。然而，金融机构还可以通过外汇远期合约、期货合约和期权合约来进行投机交易。

6　参见："The Institutional Investor Guide to Foreign Exchange as an Asset Class," *Institutional Investor*, February 2003, p.4.

外汇交易的盈利能力

请记住，前面所提到的大多数外汇交易收益或亏损都来自于敞口头寸或外汇投机。提供做市服务，即充当零售或批发客户代理人所获取的收益（买卖差价），一般只是一种次要的或补充性的收入来源。

请看表 10-3 中美国一些大银行的外汇交易收入。正如所看到的，近几年外汇交易的收入总额在稳步增长。最主要的外汇交易银行是花旗集团和 J. P. 摩根大通银行。尽管欧洲主要国家外汇汇率的波动性下降了，但利润还是出现了增长。欧洲外汇汇率波动性的下降是两种因素导致的结果。首先是这些国家通货膨胀率的下降，其次是欧洲国家全面实施货币联盟以及以欧元取代当地货币的行动，使得这些国家之间的汇率被固定了。具体而言，1998 年 5 月，欧洲联盟 11 国[7]相互间的汇率得以固定，而且从 1999 年 1 月 1 起，这些国家所有的金融机构和股票交易所开始使用（电子化的）欧元。2002 年 1 月 1 日，欧元纸币和硬币进入流通；2002 年 7 月 1 日，各国货币退出流通领域。（正如上面讲过的），尽管许多新兴市场国家（比如泰国、印尼和马来西亚）汇率的波动性增加了[8]，但是，这些国家的货币在美国大银行外汇交易中的重要性仍然较低。

7　这些国家是：奥地利、比利时、芬兰、法国、德国、爱尔兰、意大利、卢森堡、荷兰、葡萄牙和西班牙。

8　比如，1997 年这些货币对美元贬值的幅度超过了 50%。1998 年汇率下降时，马来西亚针对本币的交易采取了资本管制和限制措施。

表 10-3 美国主要银行的外汇交易收入（单位：百万美元）

	1995 年	2000 年	2002 年
荷兰银行	5.2	−6.7	36.1
美洲银行	303.0	524.0	530.0
纽约银行	42.0	261.0	164.8
第一银行	5.5	102.0	91.0
花旗集团	1 053.0	1 243.0	1 933.0
舰队波士顿	14.7	238.0	183.0
J.P. 摩根大通	253.0	1 456.0	767.0
克利夫兰银行	8.0	19.6	33.3
道富银行	140.7	386.5	306.8
太阳信托	0.0	16.9	17.1
美联银行	6.8	69.0	85.0
富国银行	7.9	122.9	152.0
合众银行	7.3	22.4	20.6

资料来源：FDIC，*Statistics on Depository Institutions*，various issues. www.fdic.gov.

外汇资产和负债头寸

金融机构外汇风险的第二个来源，是自身外汇金融资产和外汇金融负债组合的不匹配。正如前面介绍过的，当金融机构的某种外汇资产多于其负债时，它就处于外汇多头状态；当外汇负债多于其资产时，它就处于外汇空头状态。外汇资产中可能包括了以瑞士法郎为面值的债券，以英镑为面值的金边证券，或以比索为面值的墨西哥债券。对外金融负债中可能包括了所发行的英镑定期存单，或为筹集日元资金而在欧洲货币市场发行的以日元为面值的债券。金融市场的全球化为筹集本币以外的其他外汇资金提供了众多的可能。这对于那些想分散其资金来源和资金运用的金融机构，以及想利用外国银行市场的不完全性，来获取更高的资产回报或更低的筹资成本机会的金融机构而言，将是十分重要的。

对外投资的风险和收益

这一节，我们考虑在金融机构资产组合中外汇资产和负债的前提下来探讨其风险和收益特征。与国内资产和负债一样，利润（收益）来自证券合约收益与所支付的证券成本之差。然而，就对外资产和负债而言，利润（收益）还会受到外汇汇率变化的影响。（见例 10-1）

出现亏损的原因在于，英镑从 \$1.60 贬值到 \$1.45 之后，抵消了英镑贷款诱人的高收益（与美元贷款相比）。如果这一年内英镑对美元没有贬值反而升值（比如上升为 \$1.70/ £1），那么，美国金融机构英镑贷款的美元收益为：

£71 875 000 × \$1.70 = 1.22188 亿美元

即收益率为 22.188%。这样，美国金融机构将从英国的投资中获得双重利益：一年投资期内英国贷款的高收益率加上英镑升值的好处。

风险与套期保值

由于金融机构的经理不可能事先知道年底时英镑对美元的汇率会怎样变化，因此，金融机构资产组合不平衡，或拥有价值为 1 亿美元的英镑净多头（即 6 250 万英镑）的投资策略是有风险的。正如我们所介绍的，如果英镑从 \$1.60 升值到 \$1.70，英国贷款的收益率为 22.188%；如果英镑对美元贬值为 \$1.45，则英国贷款的收益率仅为 4.22%。

从原则上讲，金融机构的经理可以用两种主要方法来较好地控制其外汇裸露的规模：表内套期保值和表外套期保值。表内套期保值指通过表内资产和负债的调整，来防止外汇风险对金融机构利润的影响。表外套期保值并不涉及到表内调整，而是通过从事远期或其他衍生证券交易来对外汇风险进行保值。

表内套期保值

例 10-2 告诉我们，金融机构的经理如何通过表内调整来控制外汇风险。

因此，通过直接使自己的外汇资产和负债账户相匹配，金融机构能够稳定地获得一笔正的收益或利差，而不管投资期内的汇率朝哪个方向变化。比如，即使美国国内银行业务的利润相对较低（即资产收益和资金成本之间的利差较小），但总体上金融机构也能获得可观的利

例 10-1 美国金融机构外汇交易收益的计算

假设某金融机构拥有下列资产和负债：

资 产	负 债
1 亿美元一年期美国贷款（按美元计价）	2 亿美元一年期美国定期存单（按美元计价）
1 亿美元一年期英国贷款（按英镑发放）	

这家美国金融机构所有 2 亿美元的负债都是按美元计价（一年期存单），但却将 50% 的资产投资于美元（一年期贷款），另外 50% 的资产投资于英镑（一年期贷款）。[1] 在本例中，金融机构资产和负债的有效期限是匹配的（$D_A = D_L = 1$ 年），但其资产和负债组合的货币构成却是不匹配的。假设一年期美国定期存单的承诺利率为 8%（年底按美元支付），但美国一年期无信用风险贷款的收益率仅为 9%。金融机构国内投资的利差收益为 1%。同时，假设英国一年期无信用风险贷款的收益率为 15%。

为了在英国进行投资，金融机构决定将其 2 亿美元资金中的 50% 用于发放一年期的英镑贷款，同时将另外 50% 的资金用于发放美元贷款。为了将发行 2 亿美元定期存单所获资金中的 1 亿美元投资于一年期英国贷款，美国的金融机构要从事下列各项交易，如图 10-1 中的（a）部分所示。

1. 年初在即期货币市场出售 1 亿美元以换取英镑。如果汇率为 \$1.60/ £1，那么折算成英镑为：1 亿美元 /1.6 = 6250 万英镑。
2. 在英国按 15% 的利率发放 6 250 万英镑的一年期贷款。
3. 年底时的英镑贷款收益为：6 250 万英镑 ×1.15 = 7187.5 万英镑。[2]
4. 年底时将这笔英镑资金汇回美国。也就是说，美国金融机构按年底时的即期汇率在外汇市场出售 7187.5 万英镑。

假设这一年的汇率没有变化，仍然固定在 \$1.60/ £1，那么在英国投资的美元总收益为：

£71 875 000 × \$1.60/ £1 = 1.15 亿美元

即收益率为

$$\frac{1.15\text{亿} - 1\text{亿}}{1\text{亿}} = 15\%$$

在这种情况下，银行投资组合的加权平均收益率为：

$$0.5 \times 0.09 + 0.5 \times 0.15 = 0.12\text{，即 } 12\%$$

这比金融机构定期存单的成本要高出 4%（12% − 8%）。

然而，假设年底时英镑对美元贬值，或者说美元对英镑升值，那么，即使没有利率或信用风险，英国贷款的收益率也可能会大大低于 15%。比如，假设年初的汇率为 \$1.60/ £1，而年底金融机构需要汇回贷款本息时，汇率下降为 \$1.45/ £1。按照 \$1.45/ £1 的汇率，年底时英镑贷款的收益折算成美元是：

£71 875 000 × \$1.45/ £1 = 1.0422 亿美元

即初始美元投资的收益率为：

$$\frac{1.0422\text{亿} - 1\text{亿}}{1\text{亿}} = 0.0422 = 4.22\%$$

金融机构资产组合的加权平均收益率为：

$$0.5 \times 0.09 + 0.5 \times 0.0422 = 0.0661 = 6.61\%$$

在这种情况下，金融机构的表内投资实际出现了亏损，即利差为负数（6.61% − 8% = −1.39%）。

1 为简便起见，我们忽略了金融机构资产组合的杠杆比或净值。

2 假设没有违约风险。

图 10-1 外汇交易的时间轴

（a）未保值的外汇交易

金融机构按 \$1.6/ £1 的汇率卖出 1 亿美元并购买英镑后贷放出去

金融机构收到 £62 500 000 × 1.15 后按不确定的汇率换成美元

0 ——— 1 年

（b）外汇交易的表内套期保值

金融机构按 \$1.6/ £1 的汇率卖出 1 亿美元并购买英镑后贷放出去

金融机构获得£62 500 000 × 1.15 后按不确定的汇率兑换成美元

金融机构（从定期存单中）获得 1 亿美元，并按 \$1.6/ £1 的汇率换成英镑

金融机构按不确定的汇率支付 £62 500 000 × 1.11

0 ——— 1 年

（c）外汇交易远期保值

金融机构按 \$1.6/ £1 的汇率卖出 1 亿美元并购买英镑后贷放出去

金融机构按固定的远期汇率 \$1.55/ £1 出售 1 年的远期英镑，且名义值为 £62 500 000 × 1.15

金融机构从借款人手中获得£62 500 000 × 1.15，并将其交给远期的买方，从而获得 £62 500 000 × 1.15 × 1.55 的固定资金

0 ——— 1 年

润。具体而言，金融机构可以锁定外国存贷利率之间所存在的大额正利差。在我们的例子中，英国一年期的存贷利差为 4%，而美国国内的利差只有 1%。

需要指出的是，如果国内外利差之间的这种不平衡长期存在的话，那么金融服务企业进入国外市场时必将面临巨大的障碍。具体而言，如果实际资本和金融资本都可以自由流动，那么金融机构将越来越多地把自己的业务从美国市场转移到英国市场。美国市场竞争的下降会使存贷利差扩大，而英国市场竞争的加剧会使其利差收缩，直至美国金融机构从国外获取利润的机会消失。在第 18 章中，我们将详细介绍金融机构从事跨国金融投资和实际投资的能力及其局限性。[9]

9 前面的例子中隐含了这样一个假设：金融机构外汇资产和负债的有效期限也是相匹配的。在我们的例子中，金融机构是在通过发行有效期限为 1 年的定期存单来为有效期限为 1 年的英镑贷款融资。如果金融机构账户的规模是匹配的（1 亿美元），但利率为 15% 的 1 年期英国贷款的资金来源于利率为 11% 的 3 个月期英镑定期存单：

$$D_{£A} - D_{£L} = 1 - 0.25 = 0.75 \text{ 年}$$

因此，英镑资产的有效期限要长于英镑负债。

如果这一年英国的利率发生变化，那么英镑资产市场价值的变化将会大于英镑负债。学过第 9 章的人应该熟悉这一结果。更重要的是，金融机构再也不能通过使外汇账户规模相匹配来锁定一笔收益了，因为它必须考虑英镑利率变化有可能给英镑资产和负债带来的资本收益和资本损失。实际上，只有当金融机构使某种外汇资产和负债的规模及有效期限都相匹配时，它才能同时避免外汇汇率风险和外汇利率风险。

例 10-2　表内套期保值

假设利率为 15% 的 1 亿美元英国贷款投资的资金不是来自美国的定期存单，金融机构的经理是以利率为 11% 的英镑定期存单来为 1 亿美元英国贷款筹资，如图 10-1 中的（b）部分所示。此时，银行的资产负债表如下：

资　产	负　债
1 亿美元美国贷款（9%）	1 亿美元美国定期存单（8%）
1 亿美元英国贷款（15%）（按英镑发放）	1 亿美元英国定期存单（11%）（吸收的英镑存款）

在这种情况下，金融机构资产负债账户的期限和货币种类都是匹配的。我们可以分析下列两种情况下金融机构的盈利能力，即资产收益和资金成本之差：一是这一年内英镑对美元从 \$1.60/ £1 贬值为 \$1.45/ £1；二是这一年内英镑从 \$1.60/ £1 升值为 \$1.70/ £1。

英镑贬值

当英镑贬值为 \$1.45/ £1 时，英镑贷款组合的收益率为 4.22%。现在我们以美元来衡量 1 亿美元英镑债务的成本：

1. 年初，金融机构按 11% 的利率发行价值为 1 亿美元的一年期英镑定期存单。按 \$1.60/ £1 的汇率计算，需要借取的英镑为：\$100 000 000/1.6 = £62 500 000。
2. 年底时，银行向英镑定期存单持有者支付本息：£62 500 000 × 1.11 = £69 375 000。
3. 如果英镑这一年内贬值到 \$1.45/ £1，那么以美元衡量的还款额为：£69 375 000 × \$1.45/ £1 = \$10 059 000，即以美元衡量的资金成本为 0.59%。

因此，年底的情况如下：

资产平均收益：

$$0.5 \times 0.9 + 0.5 \times 0.422 = 0.0661 = 6.61\%$$

美国资产的收益 + 英国资产的收益 = 总收益

资金平均成本：

$$0.5 \times 0.08 + 0.5 \times 0.0059 = 0.04295 = 4.295\%$$

美国的资金成本 + 英国的资金成本 = 总成本

净收益：

资产平均收益 − 资金平均成本

$$6.60\% - 4.295\% = 2.315\%$$

英镑升值

当英镑在这一年从 \$1.60/ £1 升值为 \$1.70/ £1 时，英国贷款的收益率为 22.188%。现在来看年底美国金融机构向英国一年定期存单的持有者支付本息时的美元成本：

£69 375 000 × \$1.70/ £1 = \$117 937 500

即按美元衡量的资金成本为 17.9375%。因此，年底时：

资产平均收益：

$$0.5 \times 0.09 + 0.5 \times 0.22188 = 0.15594 \text{ 或 } 15.594\%$$

资金平均成本：

$$0.5 \times 0.08 + 0.5 \times 0.179375 = 0.12969 \text{ 或 } 12.969\%$$

净收益：

$$15.594\% - 12.969\% = 2.625\%$$

远期套期保值

金融机构可以选择表内未保值，而不选择使自己的 1 亿美元外汇资产与 1 亿美元外汇负债相匹配。[10] 金融机构可以通过成本较低的外汇远期市场交易来进行套期保值——比如，在 1 年远期市场卖出英镑买入美元。在第 19 章中我们将更广泛地探讨金融机构经理们使用的远期合约所具有的特点及其作用。然而，在此我们将说明，它们如何消除我们例子中的金融机构所面临的外汇风险。任何远期交易都不会在资产负债表中出现；它将以表外或有项目的形式出现，即我们第 8 章中所介绍的线下项

10 金融机构还可以通过外汇期货、互换和期权等表外业务，来对表内外汇风险进行套期保值。这些策略将在第 19~21 章中详细介绍。

例 10-3 远期套期保值

金融机构通过直接在远期外汇市场出售 1 年期英镑贷款预期收益来进行外汇套期保值时，将采用下列交易步骤，如图 10-1 中的（c）部分所示：

1. 美国金融机构按今天的即期汇率出售美元并购买英镑：\$100 000 000/1.6 = £62 500 000。
2. 然后，金融机构立即按 15% 的利率向英国客户提供 £62 500 000 的一年期贷款。
3. 同时，金融机构按今天的远期汇率将预期的英镑贷款本息收益在一年的远期市场出售。假设英镑对美元的一年远期汇率为 \$1.55/ £1，即比即期英镑贴水 5 美分；折算出的贴水百分比为：

   （\$1.55 − \$1.60）/ \$1.6 = − 3.125%

   这说明一年后，金融机构向远期买方交付 £71 875 000 的贷款收益时，远期英镑的买方承诺将向金融机构（远期的卖方）支付：

   £62 500 000 × 1.15 × \$1.55/ £
   = £71 875 000 × \$1.55/ £1
   = \$111 406 000
4. 一年后，英国借款人向金融机构偿还英镑贷款的本息（£71 875 000）。
5. 金融机构将 £71 875 000 交付给一年远期合约的买方，并按承诺收到 \$111 406 000。

如果英镑借款人不对贷款违约，且远期的买方不对远期合约违约，那么金融机构在投资之初就知道，它肯定能将英镑贷款的收益锁定为：

$$\frac{\$111.406 - \$100}{\$100} = 0.11406 = 11.406\%$$

具体而言，持有一年期贷款的投资收益，完全不会受到任何英镑对美元汇率变化的影响。在英镑贷款收益既定的情况下，金融机构资产组合的总预期收益率为：

$$0.5\times0.09+0.5\times0.11406=0.10203 \text{ 或 } 10.203\%$$

由于假设金融机构 2 亿美元定期存单的资金成本为 8%，因此，这一年它能锁定的无风险利差为 2.203%——无论初始外国（贷款）投资的即期汇率，与一年后外国贷款收益汇回国内时的即期汇率之间如何发生变化。

目。远期外汇合约的作用是能够消除一年投资期结束时未来英镑即期汇率的不确定性。金融机构不必等到年底时，按未知的即期汇率将英镑重新换成美元，它可以通过签订一份远期合约，将预期的贷款本息收益按今天已知的英镑对美元的**远期汇率**（forward exchange rate）在远期市场出售，等到年底时再向远期合约中的买方交付英镑资金。实际上，通过按今天已知的（远期）汇率在远期市场出售英镑贷款的预期收益，金融机构消除了未来即期汇率的不确定性，因此也消除了英镑贷款投资收益的不确定性。

在例 10-3 中，金融机构可以通过降低国内美元的贷款，并进行英镑贷款的套期保值来获取利润，因为对外国贷款保值之后得到的 11.406% 的收益，要大大高于国内贷款 9% 的收益。随着金融机构向英国贷款投资的增加，它对即期英镑的需求会更大。这会使英镑对美元的即期汇率高于 \$1.60/ £1。此外，由于金融机构要出售更多的远期英镑（英镑贷款的收益）以换取美元，因此会使远期汇率降到 \$1.55/ £1 以下。这种结果将造成英镑兑美元的远期和即期汇率之间的差别扩大，从而导致英镑投资的远期保值吸引力下降。这一过程将一直持续到金融机构的美元筹资成本与英镑贷款的远期保值收益正好相等时为止——此时，金融机构再也不能通过借取美元并在对英国贷款投资进行远期保值的情况下来获取利润了。

利率平价理论

上面我们曾经介绍过，即期外汇市场风险可以通过签订远期外汇合约来降低。一般情况下，某种货币的即

例 10-4　利率平价理论的应用

假设与前面例子中的情况一样：$r_{ust}^D = 8\%$，$r_{ukt}^L = 15\%$。随着金融机构提供越来越多的英国贷款，假设购买英镑的即期汇率从 \$1.60/ £1 上升为 \$1.63/ £1。在均衡状态下，远期汇率将下降到 \$1.5308/ £1，以完全消除英国投资对美国金融机构经理的吸引力。也就是说：

$$1.08 = \frac{1}{1.63} \times 1.15 \times 1.5308$$

这是一种无套利联系，因为对外投资的套期保值美元收益，正好等于金融机构国内定期存单的美元成本。通过变形之后，利率平价可以表示为：

$$\frac{r_{ust}^D - r_{ukt}^L}{1 + r_{ukt}^L} \simeq \frac{F_t - S_t}{S_t}$$

$$\frac{0.08 - 0.15}{1.15} \simeq \frac{1.5308 - 1.63}{1.63}$$

$$-0.0609 \simeq -0.0609$$

也就是说，均衡状态下，国内外的贴现利差等于远期和即期汇率差价的百分比。

期汇率与远期汇率是不相同的。比如，2003 年 12 月 18 日，英镑对美元的即期汇率为 1.7739，其含义是在这一天中 1 英镑可以兑换成 1.7739 美元。然而，同一天中两种货币 3 个月的远期汇率为 1.7615。这个远期汇率是由即期汇率以及两国之间的利差来决定的。即期汇率、利率和远期汇率之间特定的联系被称为**利率平价理论**（interest rate parity theorem，IRPT）。从直觉上看，利率平价理论意味着这样一个事实：通过在远期市场进行套期保值，投资者在国内和国外投资的收益相等。这就是所谓的无套利联系，因为投资者不可能通过在国内外市场进行相反的交易来获得无风险收益。也就是说，外国投资的套期保值美元收益正好等于国内投资的收益。国内资金成本和外国资产套期保值收益之间最终的等价关系——即利率平价理论——可以表示为：

$$1 + r_{ust}^D = \frac{1}{S_t} \times (1 + r_{ukt}^L) \times F_t$$

美国投资的收益 = 外国（英国）投资的套期保值收益

式中：

$1 + r_{ust}^D$ = 1 加上金融机构 t 时间面对的美国定期存款利率

S_t = t 时间的即期汇率 \$/ £

$1 + r_{ukt}^L$ = 1 加上 t 时间英镑贷款的利率

F_t = t 时间的远期汇率 \$/ £

假设例 10-4 中，美元定期存款的年利率为 8.1%（而不是 8%）。这种情况下，投资者将闲置资金投在美国比投在英国利润更大。事实上，套利机会的存在将导致定期存款从英国流向美国。根据利率平价理论，这种资金流动将迅速抬高英镑对美元的汇率，直到从美国存款中可能获得的盈利机会消失。利率平价理论的含义是：在具有竞争性的存款、贷款和外汇市场上，金融机构的经理从海外投资中有可能获得的盈利机会将是渺小和短暂的。[11] 只有当国际存款、贷款和其他金融市场存在严重的不完全竞争（包括阻止资金跨国流动的障碍）时，利率平价理论才有可能长期不成立。

多种外汇资产和负债头寸

到目前为止，我们以一种外汇为例，分析了外汇资产和负债组合的匹配与否。许多金融机构，其中包括银行、共同基金和养老基金等都持有多种外汇资产和负债头寸。就多种外汇交易组合而言，将资产和负债分散于许多不同的市场，有可能降低组合收益的风险及资金成本。由于国内外利率或股票收益率随时间的变化并非紧密相关，因此，资产和负债组合分散化的潜在利益，能够抵消某

11 需要指出的是，在完全竞争的贷款和存款市场市场上（以及汇率自由浮动的市场上），不仅美国存款的利率等于英国贷款的套期保值收益率（在我们的例子中为 8%），而且美国（无风险）贷款的利率也将被迫变化到与美国定期存单的利率相等，即从 9% 降到 8%。

种外汇资产和负债头寸不匹配的风险。

从理论上讲，任何一个国家的固定收益证券在一个时期的名义利率（r_i）都是由两个主要部分构成的。首先，**实际利率**（real interest rate）反映了实际部门对此种货币资金的供给和需求。其次，预期通货膨胀率反映了贷款人向借款人索取的一笔额外的利息，其原因在于贷款期内预期的物价上涨会使贷款人的本金（或实际）价值遭受损失。从形式上看：[12]

$$r_i = rr_i + i_i^e$$

式中：

r_i = i 国的名义利率

rr_i = i 国的实际利率

i_i^e = i 国某一时期内的预期通货膨胀率

如果实际储蓄和投资的需求与供给压力，以及通货膨胀预期在各国之间是紧密相连或成为一体的，那么我们将发现，各个金融市场上的名义利率是高度相关的。比如，如果投资需求强劲使德国的实际利率上升，那么资本将从其他国家流向德国。这有可能导致其他国家实际利率和名义利率的上升，因为决策者和借款人要努力减少其资本外流的规模。另一方面，如果世界资本市场并非完全一体化，那么在均衡化的国际资金流动发生之前，将存在着十分显著的名义和实际利率差异。外国资产或负债的收益有可能存在着较弱的相关性，因此存在着很大的分散化机会。

表 10-4 列出了 1986~1998 年间，几种主要的长期政府债券收益的相关性。通过观察外国和美国债券市场月收益的相关性，可以看到各债券市场之间的相关性是不相同的：德国和荷兰之间高达 0.9932，而美国和德国之间却只有 0.5882。此外，这些相关系数都是正的，而且一般都比较高，类似于在这几个国家之间所计算出的股票收益的相关性。[13]

表 10-4 不同货币长期政府债券年收益的相关性（1986 年 1 月 ~ 1998 年 12 月）

	美 国	英 国	德 国	荷 兰
美 国	1.00	0.8692	0.5882	0.6000
英 国	0.8692	1.00	0.7632	0.7705
德 国	0.5882	0.7632	1.00	0.9932
荷 兰	0.6000	0.7705	0.9932	1.00

资料来源：A Saunders and A. Schmeits, "The Determinants of Bank Lending Rates : Evidence from the Netherlands and Other Countries," Working Paper.Stern School of Business, New York University, June 2001.

12 这个等式常被称为费雪方程——经济学家费雪（Fisher）首先提出了名义利率、实际利率和预期通货膨胀率之间所存在的这种假设关系。从公式中可以看到，我们省去了实际利率和预期通货膨胀率之积这一小项。

13 从费雪方程的角度来看，较高的收益相关性可能是由于各国实际利率和通货膨胀预期的相关性较高。

练习题

1. 金融机构面临着哪四种外汇风险？
2. 下面是某金融机构以美元表示的外汇头寸。

外　汇	资　产	负　债	外汇买入	外汇卖出
瑞士法郎（SF）	\$125 000	\$50 000	\$10 000	\$15 000
英镑（£）	50 000	22 000	15 000	20 000
日元（¥）	75 000	30 000	12 000	88 000

   a. 金融机构的瑞士法郎净裸露是多少？
   b. 金融机构的英镑净裸露是多少？
   c. 金融机构的日元净裸露是多少？
   d. 如果瑞士法郎的汇率升值 1%，预期的损益是多少？
   e. 如果英镑的汇率升值 1%，预期的损益是多少？
   f. 如果日元的汇率升值 2%，预期的损益是多少？

3. USA 银行最近按 10% 的年利率发放了一笔价值为 1 000 万美元的一年期贷款。贷款资金来源于年利率为 8% 的一年期瑞士法郎存款。目前的即期汇率为 SF1.60/\$1。
   a. 如果年底时的即期汇率为 SF1.58/\$ 和 \$1.85/ £1，一年期贷款按美元衡量的的利息净收益为多少？
   b. 资产的利息净收益为多少？
   c. 当瑞士法郎贬值到多少时，就会给银行的交易带来损失？
   d. 假设年底时的即期汇率与（a）题中的相同，那么这笔交易对利息净收益和本金的总体影响有多大？
4. 金融机构对外汇风险进行套期保值的动机是什么？外汇风险套期保值有哪些局限性？
5. 金融机构可以使用哪两种主要的方法来对外汇风险进行套期保值？进行完全的表内套期保值必须具备哪两个条件？与表内套期保值相比，表外套期保值具有哪些优势？
6. 某银行按 6.5% 的年利率吸收了一笔价值为 100 万美元的 6 个月期欧洲美元存款。它将这笔资金投资于年利率为 7.5% 的 6 个月期瑞典克郎（SK）债券。目前的即期汇率为 \$0.18/SK1。
   a. 瑞典克郎 6 个月远期报价为 \$0.1810/SK1。如果银行利用远期市场来进行外汇风险保值，那么这笔投资的净利差收益是多少？
   b. 使利差仅为 1% 的远期汇率是多少？
   c. 请解释利差扩大时，远期和即期汇率将如何发生变化？
   d. 在知道利率平价通常会消除利差所带来的套期机会的情况下，银行为什么还能获得 1% 的利差？
7. 某金融机构拥有 10 万美元的英镑（£）净头寸和 −3 万美元的瑞士法郎（SF）净头寸。汇率变化导致的净头寸标准差为：瑞士法郎 1%，英镑 1.3%。英镑和瑞士法郎汇率变化的相关系数为 0.80。
   a. 英镑对美元汇率波动给金融机构带来的风险裸露有多大？
   b. 瑞士法郎对美元汇率波动给金融机构带来的风险裸露有多大？
   c. 英镑和瑞士法郎头寸共同带来的风险裸露有多大？
8. 在寻找一些投资机会时，某货币市场共同基金经理观察到了下列一年期政府债券的利率和汇率：r_{us} = 12%，r_{uk} = 9%，S = \$1.50/ £1，f = \$1.6/ £1，式中 S 和 f 分别代表即期和远期汇率。对这两种政府债券中的哪一种进行投资更好一些？

第 11 章

主权风险

导　言

20 世纪 70 年代，美国和其他国家的商业银行迅速将其贷款扩张到了东欧、拉美和其他欠发达国家（LDCs）。这主要是为了满足这些国家日益扩大的资金需求——世界银行和国际货币基金组织（IMF）提供的发展援助无法满足其需求，同时也是为了使商业银行能够将像沙特阿拉伯这样的国家持有的巨额石油美元输送到欠发达国家。在许多情况下，这些贷款的发放似乎没有考虑到借款人所在主权国的信用等级，以及借款机构是政府支持的组织（比如智利的 Pemex 公司）还是私营企业。

20 世纪 80 年代初波兰和其他东欧国家遇到的偿债问题，以及 1982 年秋季墨西哥和巴西政府公布的**延期偿债**（debt moratoria），都给商业银行的资产负债表和利润带来了重大而深远的影响。实际上，当 1982 年延期偿债发生时，美国最大的 10 家货币中心银行的主权风险裸露总额达到了 560 亿美元，其中 80% 集中在拉美国家。结果像花旗银行（现在的花旗集团）这样的大银行不得不增加其贷款损失准备（loan loss reserves），因为它们必须对其资产组合中的这些贷款的价值进行减扣。比如，1987 年，超过 20 多家美国银行宣布大幅增加贷款损失准备，其中花旗银行独自拿出了 30 亿美元。

尽管 10 年前经历了这些与欠发达国家相关的贷款问题，但从 20 世纪 80 年代末到 90 年代初，美国和其他国家的金融机构又开始在这些新兴市场国家进行大规模的投资。然而，这些金融机构并没有提供贷款，而是将其投资集中于债券和股票方面。可是，随着贸易赤字的上升以及外汇储备的下降（原因在于比索被高估），墨西哥比索在 1994 年 12 月 20 日出现了法定贬值。与 12 年前墨西哥贷款的延期偿还一样，墨西哥比索的法定贬值给该国资本市场及其他新兴市场带来了巨大的短期负面影响。在克林顿政府与国际货币基金组织共同向墨西哥提供了大约 500 亿美元的国际援助之后，新兴市场债权和股权资金的外流才得到了缓解。具体来看，为了帮助墨西哥的债务重组，美国提供了 3~5 年的贷款担保，担保金额达 200 亿美元。国际货币基金组织和国际清算银行分别提供了 178 亿美元和 100 亿美元的贷款。墨西哥承诺以石油收入作为美国金融担保的抵押物。到 1997 年 1 月，墨西哥的经济已经大大改善，从而墨西哥政府能够全额偿还美国政府的贷款。

1997 年，由于泰国这个金融市场规模较小的国家发生经济和金融危机，亚洲新兴市场出现动荡，并引起了全球连锁反应。7 月初，泰铢的法定贬值引起了东南亚国家货币的相继贬值（其中包括印尼、新加坡、马来西亚和韩国等国的货币），而且这种贬值最终波及到了南非和俄罗斯。港元盯住美元的做法迫使香港特别行政区货币当局以提高利率和使用中国大陆的外汇储备来稳定港元。在俄罗斯，金融投机更为猖獗，因为人们认为俄罗斯政府不会对其债务违约，也不会让任何一家大公司对其债务违约。

或许是由于曾经经历过 20 世纪 80 年代拉美国家所发生的一些事件（亏损），或者是由于主权风险评估方法的改进（参见下文），20 世纪 90 年代中后期，美国的金融机构在亚洲面对的风险大约只占日本和欧洲银行投资

图 11-1 外国银行所持亚洲债务的份额（1997 年 6 月）

1997 年 6 月底，外国银行在亚洲（不包括新加坡和中国香港）总债务中所占的份额

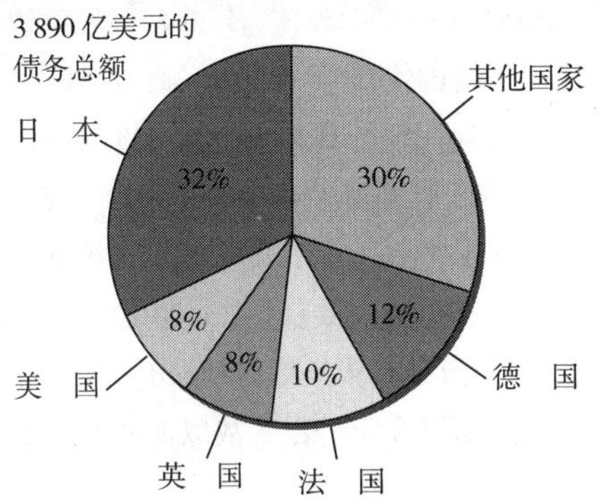

资料来源：Bank for International Settlements，June 1997. www.bis.org

额的三分之一。从图 11-1 中可以看到，1997 年 6 月（就在泰国危机开始之前），外国银行在亚洲新兴市场持有 3 890 亿美元贷款和其他债务。并非所有美国金融机构的风险都是有限的，比如，1997 年 11 月，大通曼哈顿银行宣布，因持有新兴市场证券而承担的损失在 1.5 亿至 2 亿美元之间。随后，J. P. 摩根大通银行也宣布其盈利不佳。1998 年，美国的银行——比如美国银行、Republic New York Corp. 和大通曼哈顿银行（现在的 J. P. 摩根大通银行）——承受了上亿美元的亏损，因为它们投资俄罗斯证券的资金回收率还不到 5%。

与美国的金融机构不同，随着亚洲货币的崩溃，日本和中国香港等国家和地区的金融机构出现了倒闭，或被迫进行合并或重组。一些投资银行巨头——比如日本第四大证券公司 Yamaichi 证券公司和中国香港的大投资银行 Peregrine 投资控股公司——随着货币贬值而倒闭了。向其他东南亚国家提供大量贷款的日本和香港商业银行的倒闭数也达到了创记录的水平。据估计，1997 年 9 月日本银行所持有的不良贷款总额达 5 775 亿美元，而 1997 年 8 月初这一数据仅为 2 100 亿美元。[1] 国际货币基金组织以及美国、日本和欧洲国家政府所提供的财力支持，使得大多数银行避免了遭受全额损失。然而，印尼不得不宣布延期偿还部分债务，而俄罗斯则在短期政府债券的偿付方面出现了违约。

最近的 21 世纪初，人们开始担心阿根廷和土耳其的偿债能力，并担心对这些国家的怀疑将给其他新兴市场国家带来不利影响。比如，2001 年 12 月，阿根廷对 1 300 亿美元的政府债务违约，而 2002 年阿根廷通过的法律导致了 300 亿美元公司外债的违约。情况还在继续恶化，2002 年 11 月阿根廷政府只偿还了所欠世界银行 8.05 亿美元（这部分贷款的延期已经超过了 30 天）中的 7 950 万美元。此外，2003 年 12 月，一家美国法院批准了针对阿根廷的一项集体诉讼，从而使持有阿根廷 35 亿美元违约债券（包括两种系列债券）的债权人有权寻求法律赔偿。为了解决本国的问题并对债务进行重组，2004 年 1 月，阿根廷政府为持有该国违约债券的债权人设立了一项专门的账户记录。然而，在阿根廷逐步走出危机的过程中，它只向债务持有者偿还了 25% 的资金。[2]

此类事件的一再发生证明了一些事实的重要性，即在提供贷款或进行其他投资决策（比如购买外国债券或股票）之前，要对借款国的国家风险或主权风险进行评估。在本章中，我们首先对主权风险或国家风险进行了定义。然后，我们要分析金融机构的经理们在做出贷款或其他投资决策之前可用作筛选手段的主权风险计量指标。本章的附录 A 介绍了金融机构管理主权风险的方法，包括签订**长期重组协议**（multiyear restructuring agreements，即 MYRAs）、债务股权互换、贷款出售和**布雷迪债券**（Brady bond）转换等等。

信用风险与主权风险

为了理解贷款或债券的主权风险与信用风险之间的区别，我们来看国内企业拒绝偿还或无力偿还其贷款时所发生的情况。此时，债权人可能会通过下列方法来与借款人解决贷款问题：针对未来的本息偿还承诺做出**债务重新安排**（rescheduling）。贷款的最终无力偿还或

1 参见："Japan Plans Crackdown on Bad Loans," *The Wall Street Journal*，December 26，1997，p.A5.

2 参见："After Huge Default，Argentina Squeezes Small Bondholders," *The Wall Street Journal*，January 14，2004，p.A1.

拒绝偿还有可能导致破产诉讼以及对企业资产的最后清理。下面我们来看美国金融机构向印尼的一家私营企业提供美元贷款时的情况。假设这家一流企业过去总能按时偿还债务，然而，印尼的经济以及印尼政府的美元储备均处于不良状态。结果，印尼政府再也不允许以美元向国外债权人偿还债务。这将使印尼借款人自动陷入违约，尽管从其本身来看，该企业的信用很好。印尼政府的决定是一种*主权或国家风险事件*，这种事件在很大程度上是独立于针对借款人单项贷款所进行的信用等级评估。此外，与美国的情况不同（在美国，债权人可以从当地破产法院寻求补救办法），债权人并不能将印尼政府告到哪一家国际破产法院。也就是说，债权人用来对付主权国家违约或延期偿债决定的手段是十分有限的。比如，债权人能够从美国法院寻求补救办法，而且曾经也有人这么做过，但这种法律规定只涉及到印尼政府或印尼企业在美国持有的资产。

这种情况表明，在向居住在国外的当事人提供贷款时，要进行*两方面*的决策。首先，与国内通常的贷款一样，债权人必须分析贷款人的基本*信用级别*，其中包括确定适当的信用风险溢价或信用限额（参见第6章）。其次，债权人必须分析借款人居住国的*主权风险级别*。如果借款人的信用风险的分析结果较好，但主权风险的分析结果较差，那么，债权人就不应该提供贷款。当提供国际贷款或做出外国债券投资决策时，金融机构的经理应该把主权风险看得更重于个人信用风险。

倒债与债务重新安排

关于主权风险事件的性质，存在着许多误解。一般而言，主权国家对自己债务或本国公有和私有机构债务的（否认）决策，可以借助两种形式——倒债和债务重新安排——来做出。

倒债 倒债（repudiation）就是借款人公然否认所有目前和未来的债务和股权。自二战以来，古巴（1961年）采用过这种做法。[3] 倒债数量较少部分反映了全球近几年以来针对最贫穷国家的国际政策所带来的影响。具体而言，1996年秋季，世界银行、国际货币基金组织和全球主要国家的政府同意豁免全球最贫穷国家——主要是一些债务较重的穷国（HIPCs）——的外债。针对债务较重的穷国的减债计划取得了新的突破：一些国家通过经济和社会改革在扶贫方面达到一定的目标后，就可以获得债务减免。截止到2003年，已有6个国家根据HIPC减债计划获得了永久性的债务减免，另有20个国家开始获得临时性的债务减免。这些国家一共获得了400亿美元的债务减免。大约有35个国家有望最终得到HIPC减债计划的援助。正如本章后面要介绍的，二战以前的倒债更为普遍。

债务重新安排 债务重新安排是主权风险事件更常见的表现形式。其具体做法是，一国（或该国的一群债权人）宣布其现有和未来的债务可以暂缓或延期偿还，然后，通过改变合约条款（比如债务的期限和/或利率）来放宽信贷条件。此类延期偿还既可以涉及到本金或利息，也可以同时涉及到两者（近期的债务重新安排的例子包括，1998年1月时的韩国以及2001年时的阿根廷）。

在提供国际金融服务方面，其中一个引人注目的问题是：为什么二战后我们看到的国际债务问题（债务较重的穷国除外），一般都是通过债务重新安排来解决的，而二战以前的大部分债务问题都遭遇了倒债？导致这种行为差别的一个根本原因在于：直到目前为止，二战以后的国际债务大多是银行贷款，而二战前的债务大多采用的是外国债券的形式。

与债券融资相比，国际贷款使重新安排债务更加容易，其原因与两种方式的固有特点相关。首先，国际贷款辛迪加的数量通常要少于各地成千上万的债券持有者的数量。有相对少数的借款方能极为容易地重新谈判或重新安排债务成本更低；反过来看，在债券方式下，债券受托方必须使成千上万的债券持有者同意债券合约条款的调整。[4]

其次，许多国际贷款辛迪加都是由同类金融机构组成的，这增强了贷款重新谈判过程中金融机构的凝聚力，

3 股权方面的倒债包括对私有行业资产直接进行国有化。

4 1998年1月，韩国贷款的重新安排只需要100多家银行的同意。

并且增加了达成一致意见的可能性。比如，在 20 世纪 80 年代，五起主要的贷款重新安排以及墨西哥和韩国的债务重新安排中，花旗集团被选为谈判牵头银行。在阿根廷最近的贷款重新安排中，J. P. 摩根大通被选为牵头银行。

第三，许多国际贷款合约都包含有交叉违约条款，即如果一国对其中的一笔贷款违约，那么，所有其他未清偿贷款将被自动地看成违约。交叉违约条款可以用来防止一国特意选定一类实力较弱的债权人作为违约对象，从而使借款人的任何贷款违约决定都将面临着十分高昂的代价。

导致贷款重新安排有可能发生的其他一些原因，与债权国政府和监管者的行为相关。近几年以来，其中一项最重要的公共政策目标，就是防止美国、日本、德国和英国等国家大型金融机构的倒闭。因此，直接或间接利用世界银行和国际货币基金组织担保、面向欠发达国家的政府拯救方案（即布雷迪计划），都是为了向大型金融机构提供补贴，或者是为了降低欠发达国家贷款违约的动机。由于银行被看作是特殊企业（参见第 1 章），因此，国内政府会寻求政治和经济手段来降低外国借款人债务违约或倒债的可能性。政府和监管部门似乎认为，国际债券违约的社会成本要低于贷款违约。其原因在于，债券违约的影响更为分散（无论从地域上看，还是从人数上看），而且债券持有者在向国内和全球经济提供流动性方面并没有扮演关键角色。同时要指出的是，国际货币基金组织和各国政府拯救某些国家、从而间接拯救债权金融机构（比如美国、日本和欧洲的大金融机构）的倾向，已经遭到了人们的批评。具体而言，人们认为，如果一些金融机构和国家最终得不到惩罚，那么它们将来就不会去积极地避免类似的风险。这是主权债务危机不断重复的其中一个原因。

国家风险评估

在评估主权风险时，金融机构可以采用不同的方法，包括高度定量化的方法和完全定性化的方法。此外，与国内信用分析一样，金融机构既可以依赖外部评估服务机构，也可以开发出自己的内部评估或主权风险模型。当然，在进行最终分析时，金融机构可能要同时使用许多模型和资源，因为不同的国家风险计量指标之间是相互独立的。

首先，我们将介绍可供外部投资者和金融机构使用的三种国家风险评估服务：欧洲货币指数、《经济学家》智库和《机构投资者》指数。然后，我们将介绍金融机构的经理在评估主权风险时可以使用的内部风险评估方法。

外部评估模型

欧洲货币指数

欧洲货币指数（Euromoney Index）于 1979 年首次公布。它以欧洲货币市场上一国债务的应得收益率与伦敦银行同业折放利率（LIBOR）之差为基础，同时也考虑到了债务的交易额和交易期限。最近，这一指数被另外的一个指数所取代。新的指数以大量的经济和政治因素为基础，而这些因素的权重取决于评估者对各种因素在决定国家风险问题时的相对重要性做出的主观判断。

《经济学家》智库

作为与《经济学家》并列的指数，《经济学家》智库（Economist Intelligence Unit，EIU）根据经济和政治风险将国家风险按 100 分（最高分）进行分类。分数越高，该国的主权风险等级越差。

《机构投资者》指数

《机构投资者》指数（Institutional Investor Index）一般一年公布两次，它以大型跨国银行信贷主管的测定为基础。这些信贷主管对特定国家的信用等级给出一个主观的评分。最初的基础分是 10 分，但从 1980 年开始改为 100 分，其中的 0 分表示必然会违约，100 分表示不可能违约。然后《机构投资者》会将从信贷主管那儿所获得的分数（它们来自各家银行对相关的国家风险的测定）进行权衡。

内部评估模型

统计模型

大型金融机构评估主权国家风险所采用的最为常见的做法，就是以每个国家重要的经济比率为基础，建立主权国家风险评分模型——类似于第6章所介绍的国内信用风险评分模型。

金融机构的分析师首先是，选择在解释某国的债务重新安排概率方面很重要的一些宏观和微观经济变量与比率。然后，分析师利用过去债务重新安排国和债务非重新安排国的数据来确定哪些变量最能够对这类国家做出区分。这有助于分析师确定最能解释债务重新安排的一组重要变量，同时有助于分析师确定一组反映这些变量相对重要性的权重。比如，国内信用风险分析可以利用判别分析法来计算出反映公司破产概率的Z比率。同样地，在主权风险分析中，我们也能够设计出一种Z比率来计量一国债务重新安排发生的概率（关于Z比率模型的介绍，请参见第6章）。[5]

国家风险分析的第一步，就是挑选一组可用来解释债务重新安排概率的重要变量。在许多情况下，分析师挑选的变量都在40个以上。在此，我们只介绍主权风险概率模型中使用的最常见的几种变量。

偿债率（DSR）

$$DSR = \frac{\text{应偿还的本息}}{\text{出口收入}}$$

出口是欠发达国家获取美元和其他硬通货的主要方法。应偿还的硬通货债务占出口收入的比重越大，该国债务重新安排的概率也越大。因此，**偿债率**（debt service ratio）的大小与债务重新安排概率之间应该是正相关的。表11-1给出了几个国家的偿债率。从表中可以看到，有几个国家的偿债额是其出口额的几倍（比如阿根廷的偿债率为376%，巴西的偿债率为531%）。

表11-1 不同国家和地区的偿债率（2003年）

国家和地区	偿债率
阿根廷	376%
巴西	531
智利	221
中国	56
哥伦比亚	347
哥斯达黎加	100
中国香港	30
印度尼西亚	224
马来西亚	57
菲律宾	145
波兰	203
俄罗斯	142
新加坡	10
韩国	76
土耳其	354

资料来源：The Economists Web site，December 2003. www.economists.com

进口率（IR）

$$IR = \frac{\text{进口总额}}{\text{外汇储备总额}}$$

由于其基础设施的缺乏限制了国内生产，因此许多欠发达国家必须进口制成品。在饥荒时期，甚至食品也成为了重要的进口物资。为了支付进口货款，欠发达国家必须运用其硬通货储备，即外汇储备。进口需求（尤其是重要物资的进口需求）越大，一国外汇储备枯竭的速度越快。比如，智利2003年的进口率为113%，这意味着该国的商品和劳务进口额超出了其外汇储备的支付能力。由于外汇储备的首要用途是购买重要的进口商品，因此，进口对外汇储备之比越大，欠发达国家债务重新安排的概率越大。这是因为，这些国家一般认为，向国内居民供给重要商品比偿还外债更为重要。因此，**进口率**（import ratio）与债务重新安排的概率之间应该是正相关。

5 分析师还可以使用线性概率模型、logit模型或probit模型。

投资率（INVR）

$$INVR = \frac{\text{实际投资}}{\text{GNP}}$$

投资率（investment ratio）衡量的是一国将资源用于工厂、机器等实际投资而没有用于消费的状况。这一比率越高，该国未来的生产能力越强，因此需要重新安排债务的概率越小。这意味着 *INVR* 与债务重新安排概率之间呈负相关。一种相反的观点则认为，较高的投资率使欠发达国家能够增强其基础设施的投资，因此，它使欠发达国家在与外国债权人的谈判中处于更强有力的地位，因为这些国家对未来资金的依赖减少了，而且，如果要求重新安排债务的话，它也不太担心金融机构将来信贷限额分配的威胁。这种观点认为，投资率和债务重新安排概率之间呈正相关，尤其是当欠发达国家在进口竞争行业进行大规模投资时。就在其经济崩溃之前（20 世纪 90 年代中期），泰国和马来西亚的投资率分别为 34% 和 26%，而巴西的投资率则接近于 0。最近的 21 世纪初期，英国的平均投资率为 12%。

出口收入的波动性（VAREX）

$$VAREX = \sigma^2_{ER}$$

由于受两种风险因素的影响，欠发达国家的出口收入非常不稳定：一是数量风险，即欠发达国家初级产品（比如咖啡或糖）的出口，会出现周期性的过剩和短缺；二是价格风险，即欠发达国家出口商品的国际美元价格具有很大的波动性，因为全球的商品（比如铜）需求和供给会发生变化。欠发达国家的出口收入越不稳定，债权人就越担心该国在未来某一时间不能够履行还款承诺。因此，出口收入的波动与债务重新安排的概率之间应该是正相关的。

国内货币供给增长率（MG）

$$MG = \frac{\Delta M}{M}$$

欠发达国家国内货币供给增长速度——$\Delta M/M$，它是货币供给的变化额（ΔM）与初始货币供给水平（M）之比——越快，国内通货膨胀率越高，该国货币在国内和国际市场上的价值就越低。当一国的货币作为交换手段的功能受到怀疑时，该国的实际产出经常会受到不利影响，且该国必须在国内和国际支付中更加依赖硬通货，这方面最近的一个例子发生于 2003 年的阿根廷。通货膨胀、产出和支付带来的影响表明：国内货币供给增长率与债务重新安排的概率之间呈正相关。

我们可以把这五种重要的经济变量，与一国债务重新安排概率 p 之间的预期联系归纳为：

$$p = f(\underset{+}{DSR},\ \underset{+}{IR},\ \underset{+\text{或}-}{INVR},\ \underset{+}{VAREX},\ \underset{+}{MG}\cdots\cdots)$$

选取了这些重要变量之后，金融机构的经理通常会将各个国家分为两组或两类：

P_1 = 较差（债务重新安排国）

P_2 = 较好（债务非重新安排国）

然后，金融机构的经理利用判别分析这样的统计方法（参见第 6 章）来确定哪些变量能够最好地区分出债务重新安排借款人和非债务重新安排借款人。一旦这些重要变量及其相对重要性或权重确定之后，判别函数就能利用目前所观察到的 *DSR*、*IR* 和其他变量的价值来将目前的主权贷款或主权贷款申请者区分为较好或较差两种情况。需要再次指出的是，这种方法与第 6 章中介绍的信用评分模型非常相似。

CRA 统计模型面临的问题

尽管这种方法是金融机构分析国家风险时最常使用的一种方法，但它却面临着诸多问题。这一节我们将分析使用传统的 CRA 模型和方法时，面临的六个主要问题。我们并不是说这些方法不能使用，而是认为金融机构的经理们应该意识到使用此类模型时有可能遇到一些潜在的陷阱。

重要变量的计量 在许多情况下，金融机构的经理所获取的关于某国 *DSR* 或 *IR* 的信息都是过时的，其原因在于数据收集的滞后性以及计量方面的误差。比如，国际清算银行（BIS）会收集各国贷款总额信息，但在许多情况下，这种信息公布之前，时间就已经过去了半年甚至更长。有个例子可以用来说明这样一个问题：花旗集团可能知道目前向印度尼西亚提供了多少贷款，但是它不可能准确地知道，该国与全球其他每一位债权人之间的对外贷款和债务总额达到了多少。

此外，这些计量问题还会因为预测误差而扩大——金融机构的经理们在使用这些统计模型预测未来债务重新安排概率，或者是预测 DSR 和 IR 等重要变量的价值时，会产生误差。

对总体的分类 分析师通常会寻求那些只能区分出债务重新安排国和债务非重新安排国这两种可能结果的变量。在现实中，可能需要作出更细致的区分，比如，需要将只宣布延期偿还利息的国家与宣布本金和利息均要延期偿还的国家区别开来。因此，与因为短期外汇短缺而推迟几个月偿还利息的国家相比，20 世纪 80 年代初期的秘鲁应该被看成是一个风险更高的国家——当时，秘鲁只能将其出口收入中的一小部分用于偿债。

政府风险因素 传统上，CRA 统计信用评分模型只考虑到了一些经济变量。尽管货币供给增长率这样的经济变量，可能与债务重新安排之间存在着很强的联系，但模型并没有很好地考虑到罢工、选举、腐败和动乱等纯粹的政治风险事件。比如，具有强烈民族主义倾向的政治家的当选，可能会降低还款的概率，并增加债务重新安排的概率。同样，有些国家的很大一部分偿债和银行危机问题，都是由于任人唯亲和腐败导致的。

1995 年以来的经济自由度指数（由传统基金会编制）简要反映了全球 160 多个国家的经济自由度。传统基金会将经济自由定义为："除了保护公民自由本身所需的手段之外，政府在商品和服务的生产、分配或消费等方面不存在强迫或限制手段。"[6] 这一指数包括了衡量下列各项内容的指标：贸易政策、政府财政负担、政府对经济政策、货币政策、资本流动和外国投资、银行和金融、工资和物价、财产权、监管和黑市交易等方面的干预。每个国家都在 10 个因素方面获得一个分数（分值在 1~5 之间），同时还能获得一个以各因素的平均分为基础的总体分数。1 分表示该国的政策最有利于经济的自由，5 分表示该国的政策最不利于经济的自由。

反映国家风险的另一个定量指标就是由透明国际（Transparency International）提供的*腐败指数*（Corruption Perceptions Index）。2003 年的腐败指数包括 133 个国家，图 11-2 给出了其中 16 个国家的腐败指数。腐败最轻的国家的得分为 10 分，而腐败最严重国家的得分为 0 分。

资产组合特征 传统的国家风险分析只是孤立地考虑每一个国家。然而，许多面对欠发达国家（LDC）或主权风险的大银行都持有一种 LDC 贷款组合。在资产组合环境下，LDC 主权贷款组合充分分散时所面临的风险要小于 LDC 贷款组合大量集中于非产油国时的风险。具体来讲，有些重要的风险指标变量对众多主权国家的还款概率有着*系统性*的影响，而另一些变量则只会对一个或几个国家产生非系统性的影响，债权人应该对两者加以区

图 11-2 2003 年的腐败指数

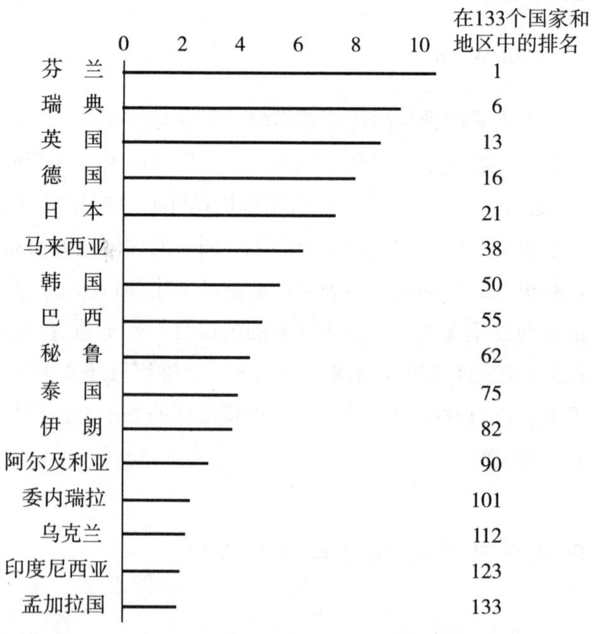

资料来源：Transparency International，October 2003.
www.trasparency.org

6 参见：2004 *Index of Economic Freedom* (Washington，DC：Heritage Foundation，2004)，chap.5，p.50.

分。

解决这一问题的方法之一，就是在资产组合框架下分析主权风险。这种分析方法要区分哪些指标变量会对所有借款人的还款概率产生系统性影响，哪些指标则是与某些国家相关的（即非系统性的）。金融机构的经理真正应该担心的是一些系统性的变量，国为它们的风险不能够通过将贷款组合分散于多个国家来化解掉。相比较而言，非系统性的风险或与某些国家相关的风险则能够被分散掉。我们来看下列模型：

$$X_i = a_i + b_i\overline{X} + e_i$$

式中

X_i = i 国的重要变量或国家风险指标（比如 i 国的 DSR）；

$\overline{X}$ = 债权人提供贷款的所有国家重要风险指标的加权指数（比如以金融机构资产组合中每个国家贷款份额为权重计算出的 DSR）；

e_i = 对每个国家的 X_i 产生影响的其他因素。

以方差表示这个方程式，我们得到：

$$VAR(X_i) = b_i^2 VAR(\overline{X}) + VAR(e_i)$$

总风险 = 系统性风险 + 非系统性风险

从这个方程式中可以看到，一国的总风险或某一风险指标的波动性（比如尼日利亚的 DSR）可以被分解为不可被分散掉的系统性风险（它反映了该国的 DSR 与其他债务国的 DSR 变动的一致性），以及非系统性风险（它只会对尼日利亚这个国家的 DSR 产生影响）。与系统性风险相比，非系统性风险的影响越大，那么这一变量对债权人的重要性越小，因为它可以通过广泛持有 LDC 贷款被分散掉。

L. S. Goodman 发现，在 1970~1983 年间，各国的 DSR 具有很强的系统性特征，出口收入的波动性（VAREX）也是如此。[7] 这意味着，当某个 LDC 国家债务负担与出口收入的比率正在上升时，其他国家也是如此；同样地，当某个债务国商品出口的价格或世界需求大幅下跌时，其他债务国也面临着同样的问题。DSR 具有很高系统性风险的一个可能的原因是，该比率对发达（或债权）国家名义和实际利率的上升具有敏感性。正如第 10 章中介绍过的，国际利率随时间的变化而呈现出正相关。出口变化具有很高的系统性风险的一个可能原因是，商品的价格及世界对商品的需求，一般同时也反映了发达国家的经济状况（比如衰退和扩张）。

相比较而言，货币供给增长率（$\Delta M/M$）和进口率的系统性特征似乎要弱一些。这并不奇怪，因为货币供给的控制和国内准备金的使用，是欠发达国家政府相对可以自由斟酌的变量。因此，当阿根廷选择 50% 的年货币供给增长率时，智利政府可以将年货币供给增长率目标确定为 10%。同样地，阿根廷和智利对进口的需求可能会有很大的差别，重要物资的进口规模在欠发达国家之间也很不一样。使用这种分析可以让金融机构的经理将目光集中于影响欠发达国家主权贷款组合风险的少数几种变量（比如 DSRs 和出口波动性）。

在针对系统性和非系统性风险所进行的另一项研究（此项研究涉及到 1974~1987 年间的 54 个欠发达国家，它将《机构投资者》对一国的评级结果作为风险指标变量）[8] 中，人们发现，不同国家系统性风险和非系统性风险的构成有很大的区别：阿根廷的系统性和非系统性风险则分别为 97% 和 3%，而俄罗斯的分别占 41% 和 59%。这说明，其他条件相同的情况下，金融机构应该持有更多的俄罗斯贷款，而持有较少的阿根廷贷款——但是，金融机构在 2002 年经历的俄罗斯违约事件和 2003 年经历的阿根廷违约事件，使人们对资产组合法的作用，尤其是对金融机构在危机扩散过程中分散系统性主权风险的能力产生了怀疑。最近，风险价值模型被应用到了（荷兰）政府债券组合中。[9] 与第 7 章中介绍的内容一样，这种研究考察的是最坏的情况下（比如 1% 的几率），政府

7　参见：L.S.Goodman，“Diversifiable Risks in LDC Lending：A 20/20 Hindsight View,” *Studies in Banking and Finance* 3(1986)，pp.249-62.

8　参见：M.Palmer and T.B.Sanders，“A Model for Diversifying International Loan Portfolios,” *Journal of Financial Services Research*，1996，pp.359-71.

9　参见：P. J. G. Vlaar，“Value at Risk Models for Dutch Bond Portfolios,” *Journal of Banking and Finance* 24 (2000)，pp.1131-54.

债务组合的总损失额。[10]

动机特征 国家风险分析统计模型在确定变量时，经常没有或很少分析债务人或债权人进行债务重新安排的动机。人们几乎没有考虑这样的问题：欠发达国家寻求债务重新安排的动机或能获得的净利益是什么？金融机构同意债务重新安排的动机或能获得的净利益又是什么？换句话讲，欠发达国家对债务重新安排的需求以及金融机构对债务重新安排的供给是由什么来决定的？可以想像，只有当双方的利益超出成本时，债务重新安排才会发生。下面我们分别来看债务人和金融机构从债务重新安排中获取的利益及承担的成本。

债务人

利 益

- 通过债务重新安排，债务人降低了未来以硬通货向国外债权人还款的现值。这使它可以增加对外国进口品的消费，或提高国内的投资率。

成 本

- 现在进行债务重新安排之后，债务人可能在未来无法进入贷款市场。因此，即使债务人将来遇到了高速增长的投资机会，也将很难或无法获得融资。
- 债务重新安排可能会对债务人的国际贸易产生严重影响，因为债务人将很难获得信用证这样的工具，从而使其贸易成本变得十分高昂。

债权人（金融机构）

利 益

- 一旦发放贷款，债务重新安排这一结果要大大好于债务人的违约。在债务重新安排方式下，作为债权人的金融机构会事先预料到贷款本息遭到的部分现值损失；直接面对违约时，金融机构有可能丧失全部本金以及未来的利息。
- 在重新安排贷款时，金融机构能够将费用以及其他各种抵押和选择权条款写进新的贷款合约中。
- 金融机构可以从欠发达国家贷款组合重新安排所造成的合理损失中获得税收上的好处。

成 本

- 经过债务重新安排之后的贷款，类似于长期债券甚至是股票，因此，这经常会使金融机构陷入某一特定的贷款组合结构中。
- 有大量贷款重新安排的金融机构要受到更严厉的监管。比如，在美国，此类金融机构可能被列到监管当局的问题金融机构名单中。

所有这些相关的经济动机都会对债务重新安排的供给和需求产生影响；然而，我们并不知道，刚才介绍的简单统计模型如何将这一系列复杂的动机考虑进去。这些统计模型至少应该明确地反映出与债务重新安排相关的基本理论。

稳定性 简单的国家风险分析统计模型面临的最后一个问题在于它们的稳定性。某些重要变量能够用来解释过去的债务重新安排，但这并不意味着它们能够对未来进行较好的预测。随着时间的推移，新的变量和动机会对债务重新安排决定产生影响，因此，重要变量的相关权重会发生改变。这说明，金融机构的经理必须不断地对国家风险分析模型进行更新，以囊括全部现有信息，并尽可能确保其最佳预测能力。在如今新的全球环境下，中国和印度这些国家所发生的重大生产技术变革大大促进了贸易和竞争，因此这一点显得尤为重要。

利用市场信息来计量风险：欠发达国家债务的二级市场

20 世纪 80 年代中期以来，纽约和伦敦的大商业银行和投资银行开始为欠发达国家债务的交易设立了一个二级市场。这种交易增长十分迅速：从 1984 年的每年大约 20 亿美元，增加到了如今的 60 亿美元以上。而且，这种交易通常发生在参与交易的金融机构的高收益（或垃圾债券）部门之间。1998 年俄罗斯债务违约后交易降到了 42 亿美元，而且 1999 年厄瓜多尔拖欠布雷迪债券利息之后，这种交易再一次下降（参见下面的介绍）。一些更成功的新兴市场国家让投资者以布雷迪债券换取国内政府

10 风险价值模型也可以用来对国家外汇收入的进行分析——用于评估该国能随冲击或危机的能力。

债券的方案，也对这种交易产生了不利影响（参见下面的介绍）。21 世纪初期，主要特征是新兴市场交易活动的增加及投资者信心的增强，其主要原因在于巴西经济的迅速恢复，墨西哥投资的信用级别的提升，以及俄罗斯成功地进行了债务的重新安排。

这些市场能够提供LDC贷款和其他债务工具的报价，而金融机构的经理则可以利用这些报价来进行国家风险分析。在介绍这种分析方法之前，我们首先要介绍 LDC 贷款市场的结构及发展过程，其中包括决定市场供给和需求的各种因素。

市场结构

LDC 债务二级市场极大地提高了银行和其他金融机构资产负债表中 LDC 贷款的流动性。[11] 下面列出了买卖 LDC 贷款和债务工具的一些市场参与者。

卖　方

- 愿意减记其表内贷款的大金融机构。
- 希望退出 LDC 贷款市场的小金融机构。
- 为了调整其资产组合的国家风险，愿意以一国的 LDC 债务换取另一国的 LDC 债务的金融机构。

买　方

- 寻求债务股权互换或投机的富有投资者、对冲基金、金融机构和公司。
- 通过改变其 LDC 债务的集中导向对其 LDC 资产负债表进行重新安排的金融机构。

如今的主权债务市场

近几年，主权债务市场的结构发生了许多变化。目前，这一市场可分为四个部分：布雷迪债券、主权债券、正常贷款和不良贷款。

布雷迪债券　主权债务市场的第一个（也是最大的一个）组成部分就是布雷迪债券。这些债券是由下列项目构成的：美国及其他国家的金融机构以所持的美元贷款换取相关欠发达国家发行的债券。这些债券的期限比初始贷款承诺的期限更长，而债券最初承诺的息票率（收益率）却低于初始贷款的利率。然而，本金通常要以债券发行国所购买的美国长期国债作为担保，且这些国债要记入专门的第三方代管账户。如果债务国对其布雷迪债券违约，债券的买方可以获得作为抵押物的美国国债。这种以贷款换取债券的债务重新安排计划也叫*债务互换*，它是在美国财政部 1989 年的布雷迪计划以及国际货币基金组织这样的国际机构的支持下建立起来的。一旦银行和其他金融机构以贷款换取债券，这些债券就可以在二级市场出售了。比如，2002 年 3 月，购买巴西 30 年期布雷迪债券的折扣价为其面值的 90.75%，这些债券的本金偿还以美国长期国债作为担保。表 11–2 列出了几个国家布雷迪债券的余额。

表 11–2　2003 年 6 月的布雷迪债券和银行贷款余额（10 亿美元）

国　家	布雷迪债券余额	银行贷款余额
阿根廷	$6.58	$25.05
巴　西	17.78	58.20
保加利亚	2.44	0.82
哥斯达黎加	0.43	3.03
科特迪瓦	2.23	2.22
多米尼加	0.46	2.72
厄瓜多尔	0.00	1.83
墨西哥	1.27	45.69
尼日利亚	1.44	1.99
秘　鲁	2.47	4.23
菲律宾	1.16	12.26
波　兰	2.79	16.81
俄罗斯	0.00	35.32
乌拉圭	0.46	2.08
委内瑞拉	7.67	11.16

资料来源：World Bank Web site，January 2004. www.worldbank.org

11 LDC 贷款的转手发生在某债权人将未来享有的全部本息支付权转让给某个买方时。在早期的大多数市场交易中，贷款被转让给新的当事人之前，买方必须得到债务主权国的认可。其原因在于，债务国担心买方是否会像初始债权人债务重新安排协议中的部分条款那样承诺新的资金交易。然而，目前的大多数债务安排协议取消了债务人（主权国）对新的当事人的认可权。这增加了 LDC 贷款市场的流动性。

主权债券 LDC 债务市场的第二个构成就是主权债券。从 1996 年 5 月开始，随着一些欠发达国家经济及债务状况的好转，几个国家启动了回购其布雷迪债券的项目。比如，2003 年 4 月，墨西哥出售了 25 亿美元的主权债券，从而获取该国回购以美元为面值的布雷迪债券所需的资金。布雷迪债券与主权债券之间的区别在于，前者的价值部分反映了作为其本息担保物的美国长期国债的价值，而后者属于无担保债券，其价格或价值反映了债券发行国的信用等级。以主权债券代替布雷迪债券的国家所得到的好处在于，不必将美国长期国债作为抵押物而“节省”了成本。这种做法的代价在于，此类债券所要求的利差更高。因此，1997 年 6 月，巴西发行 28 亿美元的 30 年期美元债券（标准普尔将此债券评为 BB 级）时的利差（与美国国债相比）几乎达到了 4%。[12] 2001 年 7 月，阿根廷政府债券的利率比美国国债利率高出 15% 以上，同时，J. P. 摩根新兴市场债券指数所显示出的利率比美国国债几乎高出 10%。这反映了阿根廷所面临的严重经济问题，以及这些问题将对其他主权债券市场产生的波及效应。

正常贷款 LDC 债务市场的第三种构成是正常的 LDC 贷款。正常贷款是指原始的或经过债务重新安排之后的主权贷款余额，其特点是主权国家目前能够按承诺向债权人或债务持有者还款。任何折扣都反映出这些国家未来面临着偿债问题。表 11-2 给出了 2003 年 6 月几个国家银行对外贷款的余额。

12 A. Gande 和 D. Parsley 发现，某个国家主权债务的信用评级，会影响到其他国家债务的信用评级及利差。比如，信用每下降一个级别（比如从 BB 级降为 B 级），主权债券的利差就会上升 12 个基本点。然而，有助于提升信用级别的事件，却对主权债券不会产生明显影响（参见："News Spillovers in the sovereign Debt Market," *Journal of Financial Economics*，forthcoming.）。此外，D.Duffie，L. H. Pedersen 和 K. J. Singleton 发现，20 世纪 90 年代和 2000 年，俄罗斯的利差随时间而变化幅度很大（由于政治事件的影响），而且与该国的外汇储备和石油价格负相关。他们的模型表明，1997 年 9 月俄罗斯的主权债券价格可能被高估了（参见："Modeling Sovereign Yield Spreads：A Case Study of Russian Debt," *Journal of Finance* 58 (February 2003)，pp.119-59.）。

不良贷款 LDC 债务市场的第四个也是最后一种构成是不良贷款。不良贷款是指目前的利息或本金支付已经停止的贷款，它们反映了一些国家主权贷款的二级市场价。这些贷款一般会以很大的折扣价进行交易。

LDC 市场价格及国家风险分析

将 LDC 债务的价格与重要变量结合起来之后，金融机构的经理们可以对未来的偿债问题做出预测。比如，在 LDC 债务大量交易的市场上（比如墨西哥和巴西），这些价格反映了市场对此类贷款目前和未来预期现金流的共识，因此，这自然也反映了对此类贷款进行重新安排或被倒债的概率。因为自从 1985 年以来，人们可以获得 LDC 贷款每月的市场价格，所以金融机构的经理可构建一个国家风险分析统计模型，用来分析是哪些重要经济和政治变量或因素导致了二级市场价格的变化。从总体上讲，这需要以这一节前面所讲的一系列主要变量为基础，来对 LDC 债务二级市场价格的周期性变化进行回归分析。表 11-3 给出了 E. Boehmer 和 W. L. Megginson 的研究结果——他们对 32 个月内（从 1985 年 7 月到 1988 年 7 月）10 种 LDC 贷款二级市场价格的驱动因素进行了研究。

正如你所看到的，影响这一时期 LDC 贷款出售价（P）的最重要变量，包括一国的偿债率（TDGNP 和 TDWX）、进口率（NIRES）、债务拖欠额（ARR）以及金融机构针对 LDC 贷款而设立的贷款损失备抵额（USP）。反映秘鲁和巴西债务延期偿还的变量（PDUM 和 BDUM），以及反映债务股权转换计划是否存在的变量也很重要。引人注目的是，债务股权转换计划似乎会压低价格（我们将在本章的附录 A 中更详细地介绍这些计划）。

经理们建立了大致的统计模型之后，就可以利用 β_1、β_2、……β_n 等参数估算值，以及对某一 LDC 国家偿债率和其他重要变量的预测，来推导出 LDC 资产价格的预期变化。也就是说，这种方法使金融机构的经理能够对一些主权债务人的主权风险变化进行预测。

与传统的国家风险预测统计模型一样，这种方法同样也遭到了许多批评。具体的批评包括：模型的参数不稳定；经理们对 DSR 和进口率等变量的计量必定存在误差；以及 LDC 贷款市场并非是一个有效市场等等。

表 11–3　影响二级市场价格的变量

下面是一个近似的回归方程：

$$P_{it}=\beta_1\times \text{Intercept}+\beta_2\times \text{TDGNP}_{it}+\beta_3\times \text{TDEX}_{it}+\beta_4\times \text{NETDS}_{it}+\beta_5\times \text{NIRES}_{it}+$$
$$\beta_6\times \text{INT}_{it}+\beta_7\times \text{ARR}_{it}+\beta_8\times \text{USP}_{it}+\beta_9\times \text{BDUM}_{it}+\beta_{10}\times \text{PDUM}_{it}+\beta_{11}\times \text{CONVDUM}_{it}+\text{U}_{it}$$

式中

P = LDC 二级市场贷款价
TDGNP = 长期债务总额与 GNP 之比
TDEX = 长期债务总额与出口之比
NETDS = 净出口与偿债额之比
NIRES = 净进口与外汇储备之比
INT = 每个月的伦敦银行同业拆放利率（一种短期利率）
ARR = 债务拖欠额
USP = 美国金融机构针对发展中国家的贷款而设立的累计备抵
BDUM = 反映 1987 年 1 月至 12 月间巴西债务延期偿还影响的变量（肯定状态下为 1，否定状态下为 0）
PDUM = 反映整个抽样期内秘鲁是否设立单边偿债限额的变量（肯定状态下为 1，否定状态下为 0）
CONVDUM = 反映所有月份内一国能否遵守与债务股权转换相关的法律

参　数	估算值	*t*-Statistic
Intercept	88.51760	13.47
TDGNP	−18.11610	−4.75
TDEX	−0.10437	−3.57
NETDS	−0.30754	−0.50
NIRES	5.79548	1.28
INT	0.22825	0.30
ARR	−0.00574	−2.68
USP	−0.00100	−13.69
BDUM	−10.92820	−6.61
PDUM	−36.07240	−8.31
CONVDUM	−5.43157	−6.75

自由度：309

调整了的 R^2：0.96

资料来源：E.Boehmer and W.L.Megginson，“Determinants of Secondary Market Prices for Developing Country Syndicated Loans，” *Journal of Finance* 45(1990)，pp.1517-40.

练习题

1. 向外国借款人提供贷款时，要承担哪些风险？请说出理由。
2. 债务重新安排与倒债有什么区别？
3. 贷款债务的重新安排比债券的重新安排更容易，请说出至少四个方面的理由。
4. 投资者可以使用哪三种国家风险分析模型？各种模型是如何设计的？
5. 为了分析信用风险和贷款重新安排的可能性，某金融机构的经理计算出了下列价值和权重。按照这些权重和价值计算出 Z 比率之后，该经理是否有可能批准这项贷款？ Z 比率模型的标准表明：比率在 0.500 以下时，可能不需要进行债务重新安排，比率在 0.700 以上时，有可能需要进行债务重新安排，而比率在 0.500~0.700 之间时，并不能做出准确预测。

变 量	该国价值	权 重
DSR	1.25	0.05
IR	1.60	0.10
INVR	0.60	0.35
VAREX	0.15	0.35
MG	0.02	0.15

6. 传统的国家风险分析模型和方法具有哪些缺陷？为了缓解这些问题，在使用各种估算方法时，应该进行哪些调整？

下列练习题以附录 11A 中的内容为基础。

7. 大通银行向阿根廷提供了 2 亿美元贷款。该贷款在伦敦二级市场交易时的买卖价分别为 91% 和 93%。
   a. 如果大通银行有机会将这笔贷款按 93% 的折扣价卖给某投资银行，那么，与在二级市场出售这笔贷款相比，它的税后节省额是多少？假设税率为 40%。
   b. 反过来，投资银行按 94% 的折扣价将债务卖给准备在阿根廷修建公寓的一家房地产公司。请问投资银行的税后利润是多少？
   c. 房地产公司根据阿根廷政府组织的债务股权互换计划将这笔贷款转换成了比索。美元兑比索的官方汇率为 P1.05/\$1，自由市场汇率为 P1.10/\$1。与按市场汇率直接进行 2 亿美元的投资相比，房地产公司通过债务股权互换计划，在阿根廷投资可以节省多少资金？
   d. 大通银行能够从当地货币债务股权互换本身获得多少好处？该行为什么没有进行这种互换？
8. 贷款重新安排过程中的让步条件指的是什么？
9. 某银行正在重新商谈一笔贷款。贷款本金余额为 5 000 万美元，而且应该分两次还清（每次 2 500 万美元），同时要支付 8% 的利息。新的条款将贷款延长到 5 年，利率确定为 6%，且头 3 年不必偿还本金。本金在最后两年偿还，每年偿还 2 500 万的本金及相应的利息。该银行新旧贷款的资金成本均为 6%，重新商定的贷款要支付 1% 的前期费用。
   a. 银行现有贷款的现值是多少？
   b. 银行重新安排的贷款的现值是多少？
   c. 让步条件对银行有利还是不利？

附录 11A

应对主权风险的方法

在本章的正文中，我们介绍了金融机构的经理们在作出贷款决策之前，可以用来计量主权风险的一些方法和模型。在本章的附录中，我们将对使用四种不同的方法来处理不良主权贷款时的利弊进行分析。这四种方法包括：

1. 债务股权互换。
2. 贷款长期重组（MYRAs）。
3. LDC 贷款二级市场出售。
4. 债券贷款互换。

尽管贷款重组并没有使资产组合发生改变，但其他三种方法从根本上改变了金融机构债权本身的特点——使其从资产负债表中消失了。

在本章的附录中，我们要介绍贷款重组以及债务股权互换的方法。由于我们已经对 LDC 贷款出售和债券贷款互换（比如布雷迪债券与贷款的互换）进行过介绍，因此我们在此只对它们的利弊进行总结。理解每一种方法，尤其是它们各自的利弊是非常重要的，因为金融机构在处理不良主权贷款时可在这种方法中进行选择。

债务股权互换

LDC 贷款出售市场与某些欠发达国家（比如智利和墨西哥）的债务股权互换计划密切相关——因为外部投资者希望在债务国进行股权投资。的确，尽管银行是 LDC 贷款的主要出售方，但主要的购买方都是希望在那些债务国进行长期股权投资或实际投资的人。比如，墨西哥 1985 年的债务股权互换计划，使墨西哥的美元贷款转换成了该国的某些优先投资领域的股权，这些领域包括汽车、旅游和化工。比如，美国运通银行利用墨西哥债务股权互换的机会，在该国修建了七家旅馆。目前债务股权互换的年交易额大约为 100 亿美元。[1]

1 最近利用债务股权互换计划的国家包括：阿根廷、巴西、智利、哥斯达黎加、厄瓜多尔、牙买加、墨西哥、乌拉圭和委内瑞拉。

我们以一个假设的例子来说明金融机构和其他参与者进行债务股权互换的利弊。假设 2003 年 11 月，花旗集团在智利拥有 1 亿美元的贷款余额，而且它可以将这些贷款按 9 100 万美元的价格（即 91%）在二级市场出售。花旗集团出售贷款的好处是，可以将这些贷款从其账户中清除，并且可以将资金用于其他的投资。然而，花旗集团因为这笔贷款而承担了 900 万美元的亏损。如果银行其他的资产是盈利的，那么它可以用其他盈利来抵消这笔亏损。此外，如果公司所得税税率为 34%，那么花旗集团的税后亏损额为：900 万 ×（1 − 0.34）= 594 万美元。

如果花旗集团将这笔贷款以 9 100 万美元的价格卖给美林证券公司，那么，作为做市商的美林公司，可以将这笔贷款按稍高的价格，比如 9 300 万（即面值的 93%），转卖给某一外部购买者。假设 IBM 想在智利建立一家生产计算机的工厂，因此它花 9 300 万美元从美林手中购买了面值为 1 亿美元的贷款，以便为自己在智利的投资融资。因此，美林赚取的利润为 200 万美元（9 300 万美元 − 9 100 万美元），且 IBM 知道智利有债务股权互换计划。这意味着，智利政府允许 IBM 按某一汇率把所购买的 1 亿美元的贷款兑换成当地货币（即比索）。然而，智利政府这么做的前提是，它能够得到某种回报。因此，它可能只愿意按比实际市场汇率低 5% 的汇率将美元兑换成比索。如果自由市场汇率为 1 美元兑 380 智利比索，那么智利政府只会按 1 美元兑 361 比索的汇率将美元兑换成比索。这样，IBM 必须承担所购贷款面值的 5% 的损失；也就是说，IBM 将智利央行的 1 亿美元贷款转换为比索时，它只得到了相当于 9 500 万美元的比索。[2] 请记住，IBM 最初在二级市场购买这笔贷款时只花了 9 300 万美元。因此，它利用债务股权转换计划获得了 200 万美元的净节省。[3] 然而，要指出的是，这 9 500 万美元是以比索来表

2 在实践中，债务股权互换是按官方汇率兑换成比索的。与非官方平行市场私人交易的报价相比，这种官方汇率经常是缺乏吸引力的。

3 也就是说，一般情况下，这种互换方法比直接借取当地货币更廉价。

示的，而且必须投资于智利的股权，比如厂房等设施。一般而言，债务股权互换投资者要经过较长时间后，才能汇回红利（在墨西哥这一时间长达 12 年），而且经常会面临更高的所得税率（在墨西哥为 55%）。此外，他们还面临未来这些资产被没收或国有化的风险，以及比索汇率变化的风险。因此，这 200 万美元的差价收益反映了 IBM 对此类风险的预期。

最后，智利政府从这种债务股权互换计划中得到了什么呢？它按折扣价以当地货币比索偿还了相对昂贵的美元（硬通货）债务。显然，它以 9 500 万美元的比索偿还了面值为 1 亿美元的债务；两者的差异反映了债务股权互换时的官方汇率（361 比索 /$1）与实际汇率（380 比索 /$1）之间的差别。智利政府付出的代价就是要多印刷出 9500 万美元的比索。这会导致本国更高的通货膨胀，同时，IBM 的股权投资，会使外国人在智利拥有和控制的实际资产增加。

在图 11A-1 中，我们描述了贷款出售和债务股权互换之后，最初的 1 亿美元贷款面值在四方当事人之间的分配情况。花旗集团得到了原始贷款面值的 91%；美林得到了 2%；IBM 得到了 2%；智利政府得到了 5%。也就是说，下列三方共同拥有花旗集团所让出的 9% 的面值折扣：投资银行，参与债务股权互换的公司以及互换计划倡导国的政府。

上述例子中一个令人迷惑不解的问题是，花旗集团

图 16A-1　债务股权互换与贷款出售

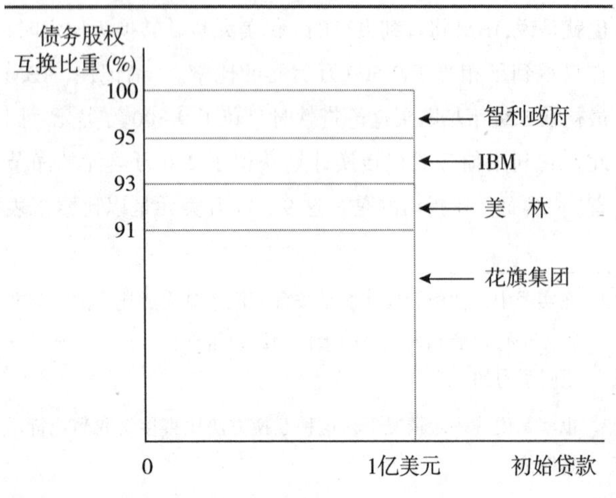

为什么不绕开投资银行和 IBM 直接参与当地货币的债务股权互换。也就是说，花旗银行为什么不直接以自己 1 亿美元的贷款来换取 9 500 万美元的智利股权？问题在于，美国的《联邦储备监管条例 K》禁止美国的银行在海外购买实际股权或者从事商业活动。[4] 如果美国的银行能够购买并持有智利的实际资产，这就可能降低其 LDC 贷款组合重组有可能遭受的损失。然而，需要指出的是，贷款出售直接将不良贷款从资产负债表中清除了，而债务股权互换却只是以表内按比索计价的长期风险股权取代了表内不良贷款。因此，人们并不能确定债务股权互换这种交易是否能改善资产负债表的流动性。

长期重组协议

如果一国不能继续偿还当期贷款，而金融机构却选择继续将贷款留在资产负债表中，而不是将其出售或进行股权或债务互换的话，那么，这笔贷款及其合约条件将根据长期重组协议（MYRA）来进行重新安排。在 MYRA 方面，一个较好的例子就是，1998 年 1 月韩国与其主要的债权人之间达成的协议——该协议对银行和企业提供的 240 亿美元的短期贷款进行了重组（这些贷款将在 1998 年 3 月到期）。其中的许多贷款的利率高达 20%，而期限却在 90 天以内。

与贷款出售、债务股权互换和债务互换一样，在主权贷款重新安排过程中，金融机构面临的一个关键问题在于，它能向债权人做出多大的让步。一般情况下，MYRA 的利弊取决于以下几种因素：

1. 金融机构因贷款重组而向债务人收取的费用。如果由一个大型贷款辛迪加参与协商，那么这种费用可

4　一些特殊的美国银行分支机构（它们被称为《边缘法》公司）可以购买一定限额的股权。此类公司根据 1919 年的《边缘法》而设立，其目的是允许银行为国际交易融资。作为债务股权互换计划的一部分，1987 年美联储准许银行收购 33 个最贫穷 LDC 国家非金融类企业 100% 的股份。遗憾的是，这些国家中的大多数要么没有债务股权互换计划，要么缺乏有吸引力的股权。然而，美国运通银行可作为这方面的一个例子：它通过直接进行债务股权互换，在墨西哥建立了 7 家旅馆。

能会达到贷款面值的 1%。

2. 针对新的贷款收取的利率。新的利率一般会低于原始贷款的利率，其目的是为了减轻债务人的还款压力。以韩国为例，重组后的 1、2、3 年期贷款利率分别为 LIBOR 加 2.25%、LIBOR 加 2.5% 和 LIBOR 加 2.75%。
3. 在新的贷款本息支付之前，可能会有一个宽限期，其目的是让债务人有一定的时间来积累外汇储备，以满足未来债务本息的偿还。在韩国的债务重组中，没有设定宽限期。
4. 贷款期限会延长，一般会使本息的偿还在更长的时间内完成。就韩国而言，重组后的贷款期限为 1~3 年。
5. MYRA 中经常会列入选择权和担保条款，从而使债权人（有时是债务人）能够选择以何种货币来偿还本息，同时这也是为了防止债权人未来面临的违约风险。就韩国的贷款而言，政府为 240 亿美元的还款提供了担保。

上述因素影响力的大小及其相互作用，决定了金融机构 MYRA 让步的程度（净成本）。一般而言，净成本或让步程度可以定义为：

$$\begin{aligned}\text{让步程度} &= \text{原贷款的现值} - \text{重组贷款的现值} \\ &= PV_0 - PV_R\end{aligned}$$

与原始贷款相比，重组贷款的现值越低，金融机构向债务人作出的让步越大，即贷款重组的成本越大。

贷款出售

处理主权债务问题的第三种方法——LDC 贷款出售——已经在本章的前面介绍过了。在此，我们对金融机构出售贷款时的主要利弊进行归纳。金融机构获得的第一个主要好处就是，将这些贷款从资产负债表中清除，因此，可以将资金用于其他的投资。其次，在折价或亏损情况下出售这些贷款的行为表明，金融机构其他表内资产有足够的能力承担这种成本。实际上，一些研究发现，金融机构（在减记和出售贷款之前）宣布增加 LDC 贷款准备的行为会对银行的股价产生积极影响。第三，贷款出售的损失由金融机构与政府共同承担，因为这种损失可以抵扣债权人的税款。

债券贷款互换（布雷迪债券）

第四种方法是债券贷款互换。债券贷款互换的主要好处在于，它将 LDC 贷款转变成了债券这种具有很高的流动性的工具。比如，与大多数欧洲债券一样，金融机构布雷迪债券（此类互换中最常见的债券）的交易和结算也具有以下特点：较低的交易成本，较小的买卖差价以及高效的清算系统。此外，由于有全额或部分抵押担保，这些债券的地位一般要高于同一国家其他的 LDC 贷款或主权债券。以债券换取贷款面临的主要不利之处在于，债券合约期限要更长一些。同时，按美元来衡量，以贷款面值所换取的债务面值通常要更低一些。此外，以美元债务为抵押的做法，对于外汇储备极为有限的 LDC 国家来说，代价是非常高昂的。

第 12 章

流动性风险

导　言

本章我们将分析流动性风险所导致的问题。流动性风险不会直接威胁到金融机构的清偿力，它通常是金融机构日常管理的内容。只有在极端情况下，流动性风险问题才会发展成清偿力风险问题。本章将从金融机构的资产和负债两个方面来确定流动性风险产生的原因。我们要介绍计量金融机构流动性风险的方法，极端流动性风险（比如存款或负债的外流和挤兑）引起的后果，并简要考察为减轻流动性问题和防止存款机构遭受挤兑而设置的监管措施。此外，有些金融机构面对的流动性风险更大一些;存款机构的流动性风险最大，保险公司其次，而共同基金、养老基金和财产事故保险公司的流动性风险相对较小。我们将详细分析导致这种差异的原因。

流动性风险产生的原因

流动性风险来自于资产和负债两个方面。从负债方面看，流动性风险产生于金融机构负债的持有者（比如储户或保单持有者）想要立即兑现其金融债权之时。当金融机构负债的持有者要求提取存款时，它需要借入额外的资金或出售资产来满足提款要求。最具流动性的资产是现金，金融机构使用这种现金资产来向要求提取资金的债权持有者付款。然而，金融机构一般会尽可能减少其现金准备的持有额，因为这些准备不能带来利息收益。为了获得利息收益，大多数金融机构会对流动性较差或期限较长的资产进行投资。尽管大多数资产最终都能够转变成现金，但对某些资产而言，这种转变需要付出高昂的代价——当它需要立即出售时。资产持有者立即出售资产所获得的价格，要大大低于在较长期限内协商出售时所获得的价格。因此，有些资产或许只能按较低的**甩卖价**（fire-sale prices）出售，从而会对金融机构的清偿力构成威胁。同时，除了出售资产之外，金融机构还可以购入或借入额外的资金。

流动性风险产生的第二个原因来自资产方面，即提供表外贷款承诺。当借款人按贷款承诺取款时，金融机构必须立即为表内贷款融资；这就对资产的流动性提出了需求。与负债被提取时一样，金融机构可以通过减少现金资产、出售其他流动性资产或借入额外资金来满足此类流动性需求。

为了了解不同金融机构流动性风险的重要性，下面我们将分析存款机构、保险公司、共同基金和养老基金所面临的流动性问题。

存款机构的流动性风险

负债流动性风险

存款机构的资产负债表中，一般都包含活期存款和其他交易账户等大量的短期负债，而这些资金却投资于期限较长的资产。活期存款账户和其他交易账户合约的持有者有权在任何某一天将其金融债权凭证退还给存款

表 12-1　2003 年 12 月美国银行的资产和负债（单位：10 亿美元）

资　产			负　债*		
现金资产之和	303.6	4.16%	存款之和	4 741.3	70.44%
证券之和	2 135.8	29.25	借入资金	1 569.2	23.31
贷款之和	4 300.3	58.88	其他负债	420.9	6.25
其他资产	563.0	7.71	总负债	6 731.4	
总资产	7 302.7				

* 不包括银行的股本

资料来源：Federal Reserve Board website，January 2004. www.federalreserve.gov

机构，并要求立即按面值获取现金。[1] 因此，无论是持有 1 万美元活期存款余额的个人，还是持有 1 亿美元活期存款余额的公司，均可以要求立即获取现金。技术手段正使这些取款风险复杂化。互联网使储户可以在存款机构之间迅速转移资金，以获取更高的利率。从理论上讲，存款机构的负债中至少包括 20% 的活期存款和其他交易账户，这样它在任何一个营业日都可以随时准备出售等值的资产来支付这笔债务。表 12-1 给出了美国商业银行总的资产负债表。从表中可以看到，存款占负债总额的 70.44%（13.53% 为活期存款，其余的为交易账户）。相比较而言，现金资产只占总资产的 4.16%。从表中还可以看到，借入资金占负债总额的 23.31%。

在现实生活中，存款机构知道通常情况下，每天只有少部分活期存款被提取。大多数活期存款可以作为每天的消费者**核心存款**（core deposit），为金融机构的储蓄和定期存款资金提供了相对稳定或长期的来源。此外，部分存款提取可以被新的存款流入（以及存款机构表内外业务的收益）抵消。存款机构的经理必须对最终的净存款提取额或净存款外流进行监控。[2] 具体而言，随着时间的推移，存款机构的经理一般能够（以较高的准确性）预测出，银行在正常营业日的**净存款外流**（net deposit drain，即存款提取额与存款增加额之差）的概率分布。[3]

我们来看图 12-1 中所给出的两种可能的分布。在（a）图中，净存款外流最大的概率分布点为 5%，即某一营业日，这个存款机构最有可能面临的情况是大约 5% 的净存款提取额。（a）图中的净存款外流，意味着存款机构所获得的新的存款（和其他现金流）无法满足存款的提取。

1　具有此类看跌期权特点的账户包括活期存款、NOW 账户（附带最低余额要求的生息支票账户）和货币市场账户（对最低余额和签发支票次数有限制的支票账户）。我们将在第 13 章对这些账户进行详细介绍。存款机构一般会应客户的要求立即兑现存款账户合约。可是，许多储蓄账户合约赋予存款机构推迟付款的权利——它们要求客户取款之前提前几天告知存款机构，或者是允许存款机构收取利息损失之类的罚金。

2　预料之外的资金注入也是流动性风险的一部分（尽管它不可能导致金融机构的倒闭）。比如，21 世纪初，随着股价下跌，投资者出售了自己的共同基金股份，并将这些资金存入了银行和信用社。由于利率处在历史低位，存款机构面临着这样一个问题，即很难寻找到具有足够吸引力（就投资收益而言）的贷款和证券以将这些资金用于投资。

3　除了可预测的日存款波动之外，还有一些其他的季节性变动，其中的许多都可以大致预测出来。比如，许多零售存款机构在年终和夏季，都面临着比平时更大的存款外流（由于圣诞节和旅游季节的影响）。同时，许多农村存款机构面临的存款循环周期正好与当地的农作物周期相吻合。在农作物的播种和生长季节，存款一般会下降，而到了收获季节，存款就会（随着农产品的销售而）上升。J. H. Gilkeson，J. A. List 和 C. K. Ruff 发现（参见："Evidence of Early Withdrawal in Time Deposit Portfolios," *Journal of Financial Services Research* 15：2 (1999)，pp.103-22.），定期存款的提前支取（期限很短的定期存款除外），也可以在一定程度上作出预测，提前取款的规模与利率的相对变化幅度密切相关。他们还发现，针对提前取款而收取的罚金的多少，也会影响到提前取款的规模。

图 12-1 净存款外流的分布

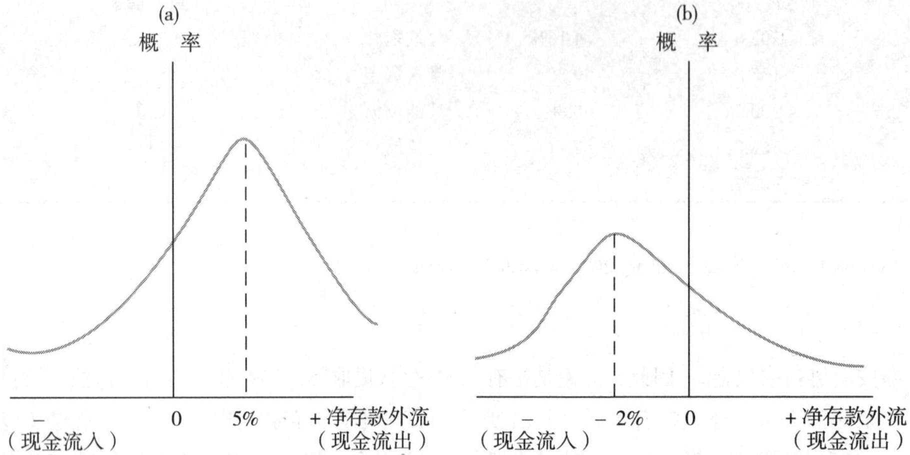

（a）图中的存款机构的平均（或预期）净存款外流为正数，因此其新的存款资金和其他现金流预计无法满足存款的提取。平衡表的负债方正在收缩。表 12-2 描述了一个实际的 5% 净存款外流账户（即按美元衡量存款外流额为 500 万美元）。

如果存款机构的规模要扩大的话，那么，其平均的存款外流状况就应该是：新的存款资金多于存款提取额。因此，净存款外流的最大概率分布点在原点的左边。（b）图中的 –2% 表明，净存款外流的最大概率分布点为 –2%，这是金融机构最有可能获得的净现金流。

存款机构可以通过两种主要方法来管理存款外流：（1）购买流动性管理；（2）储存流动性管理。过去，存款机构的经理们把储存流动性管理作为流动性管理的主要方法。如今，许多存款机构，尤其是可进入货币市场和其他非存款市场获取资金的大银行，都依赖购买流动性（或负债）管理的方法来应对现金短缺风险。我们将在第 13 章更广泛地介绍负债管理的方法。在此，我们只对各种流动性风险管理方进行简要介绍。

购买流动性管理

当需要购买流动性资产时，存款机构的经理会转向联邦基金或回购协议等资金市场——它们是银行同业短期贷款市场。此外，存款机构的经理还可以发行额外的大额定期存单，或者甚至出售一些票据和债券。在上面的例子中，只要筹集到的资金总额达到 500 万美元，表 12-2 中的存款机构就可以完全满足净存款外流所需的资金。但是，这种方法可能代价比较昂贵，因为它要用从货币批发市场上按市场利率所获取的资金，来弥补利率

表 12-2 净存款外流对资产负债表的影响（单位：百万美元）

存款外流前				存款外流后			
资 产		负 债		资 产		负 债	
资 产	100	存 款	70	资 产	100	存 款	65
		借入资金	10			借入资金	10
		其他负债	20			其他负债	20
	100		100		100		100

表 12-3　通过负债管理来调整存款外流（单位：百万美元）

资　产		负　债	
资　产	100	存　款	65
		借入资金	15
		其他负债	20
	100		100

较低的净外流资金。[4] 因此，与资产的收益率相比，购买资金的成本越高，这种流动性管理方法的吸引力就越低。此外，由于这种资金中的大多数都不在存款保险的范围内，因此，如果存款机构面临清偿力困难，其使用会受到限制。表 12-3 给出了存款机构使用购买流动性的管理方法来应对存款外流时的资产负债表。

需要指出的是，**购买流动性管理**（purchased liquidity management）使存款机构在没有改变资产规模和构成的情况下，能够维持 1 亿美元的总资产负债规模——也就是说，针对存款外流所进行的调整完全发生在负债方。换句话讲，购买流动性管理可以阻隔资产负债表中通常的负债外流给资产方造成的影响。这就是近几年金融机构购买流动性管理方法应用的迅速增加，以及与此相关的联邦基金、回购协议和大额定期存单等购买资金市场迅速增长的其中一个原因。（我们将在第 18 章中更加详细地介绍和分析这些工具。）事实上，21 世纪初期，监管当局对存款机构大量使用这些（批发）融资渠道的行为表示了担忧。监管当局指出，20 世纪 90 年代，随着储户越来越多地将资金用于投资（而没有存入存款机构的存款账户），存款机构存款的增长速度赶不上其资产方的贷款（和贷款承诺）的增长速度。一旦发生流动性紧张（比如，由于经济放缓导致的紧张），将很难获得额外的（批发）资金。

储存流动性管理

除了在货币批发市场购买流动性来弥补净存款外流之外，存款机构还可以使用**储存流动性管理**（stored liquidity management）。也就是说，金融机构可以出售部分资产，以利用自己储存的流动性。长期以来，为了满足流动性需求，美国的存款机构在联邦储备系统和自己的金库中储存有现金准备。美联储对银行必须持有的现金准备规定了最低要求。[5] 即使这样，为了满足流动性的需求，存款机构一般还持有超额现金准备。作为一个特例，英国没有正式的中央银行准备金制度，即便这样，英国的银行资产中仍然持有 1% 或更多的现金准备。

表 12-4　存款机构资产负债表的构成（单位：百万美元）

资　产		负　债	
现　金	9	存　款	70
其他资产	91	借入资金	10
		其他负债	20
	100		100

表 12-5　存款外流后的储备资产调整（单位：百万美元）

资　产		负　债	
现　金	4	存　款	65
其他资产	91	借入资金	10
		其他负债	20
	95		95

假设在我们的例子中，存款机构的资产方一般持有 900 万美元的现金（其中 300 万美元是为了满足美联储的最低准备金要求，600 万美元是“超额”现金准备）。我们在表 12-4 中描述了净负债外流之前的状况。当储户提取 500 万美元存款时，存款机构可以直接使用存放在金库、其他存款机构或美联储的超额准备金来满足这种需求。如果 500 万美元存款负债的减少是通过存款机构降低 500 万美元现金资产来满足的，那么其资产负债表将如表 12-5 所示。

4　尽管支票账户没有明确规定利息的支付，但其他交易账户（比如 NOW 和货币市场账户）却有。然而，这些账户所支付的利率一般都缺乏灵活性，不能随市场利率的变化及时调整，而且要低于购买资金的利率（参见第 1 章）。

5　目前，美联储要求存款机构按下列规定持有准备金：活期存款和交易账户持有额在 4 210 万美元以内的按 3% 计算，超出的部分按 10% 计算。4 210 万美元这一数据会随着银行存款的增长而逐年调整，其中的 600 万美元可以免缴准备金（这些数据截止于 2004 年 1 月）。

表 12-6 动用贷款承诺所造成的影响（单位：百万美元）

(a) 之前				(b) 之后			
现 金	9	存 款	70	现 金	9	存 款	70
其他资产	91	借入资金	10	其他资产	96	借入资金	10
		其他负债	20			其他负债	20
	100		100		105		100

表 12-7 动用贷款承诺后的资产负债表调整（单位：百万美元）

(a) 购买流动性管理				(b) 储存流动性管理			
现 金	9	存 款	70	现 金	4	存 款	70
其他资产	96	借入资金	15	其他资产	96	借入资金	10
		其他负债	20			其他负债	20
	105		105		100		100

当存款机构使用现金来作为调整流动性的方法时，其资产方和负债方的规模都会收缩。在本例中，存款机构的资产总额和负债总额均从 1 亿美元降到了 9 500 万美元。存款机构使用储存流动性的代价除了资产规模的下降之外[6]，它还必须在资产负债表中以现金形式持有超额非生息资产。[7]因此，使用现金来满足流动性需求时的代价，就是由于不能将这些资金投资于贷款和其他高收益盈利资产而放弃的收益（或机会成本）。

最后要指出的是，尽管储存流动性管理和购买流动性管理都是应对存款外流的方法，但存款机构可以同时使用这两种方法来满足流动性需求。

资产流动性风险

正如存款外流会导致存款机构的流动性问题一样，借款人动用贷款承诺和其他信用额度时，也会导致流动性问题。近几年，存款机构，尤其是商业银行，极大地增加了自己的贷款承诺——它们认为这些承诺不会被动用。监管当局最近的一项研究发现，银行未动用的贷款承诺与“现有流动性”（比如存款账户和定期存单）之比，从 1994 年的 3.5 倍增加到了 21 世纪初的 11 倍。[8]因此，银行和其他存款机构的贷款承诺余额，已经达到了危险的高度。表 12-5 给出了借款人动用 500 万美元的贷款承诺所造成的影响。结果，存款机构必须为表内新增的 500 万美元贷款进行融资。[9]我们来看表 12-6 中的（a）部分（动用贷款承诺之前的资产负债表）和（b）部分（动用贷款承诺之后的资产负债表）。具体而言，动用贷款承诺意味着存款机构需要立即向借款人提供 500 万美元的贷款（其他资产从 9 100 万美元上升到 9 600 万美元）。这可以通过购买流动性管理来解决（在货币市场额外借入 500 万美元的资金，然后将这些资金借给借款人），也可以通过储存流动性管理来解决（使存款机构的超额现金资产从 900 万美元降为 400 万美元）。我们在表 12-7 中列出了这两种策略。

6 需要指出的是，没有实际证据能够证明存款机构的资产规模与利润之间存在着显著的联系。

7 存款机构可以持有短期国债这样一些流动性很高的生息资产，但它们的流动性仍然低于现金，因此立即出售可能会导致某种金额较小的资本价值损失。

8 参见：“Years of Living Dangerously Set to Haunt Banks,” *Financial Times*, June 4, 2001, p.24.

9 与以零售业务为导向（或消费业务为导向）的小型存款机构相比，拥有更广泛的商业贷款组合的大型存款机构更容易受到这种风险的影响。

存款机构流动性风险的计量

流动性的来源和使用

正如上面介绍过的，存款机构的流动性风险可能来自存款外流或新的贷款需求，以及为满足这些需求，而进行的资产出售或借款。因此，存款机构的经理必须尽可能地计算出每日的流动性状况。其中一种有用的工具就是净流动性报表，它列出了流动性的来源及使用，因此，该表能够对存款机构的净流动性头寸进行计量。表 12-8 给出了美国某一假设的货币中心银行的流动性报表。

存款机构可以通过三种方法来获得流动性资金。首先，它可以以很低的价格风险和交易成本立即出售短期国债这样的流动性资产。[10] 其次，它可以在货币市场（购入资金市场）借到一定限额的资金（这是一个内部准则，它取决于经理对下列事实的判断：购入或借入资金市场可能会给该存款机构设立多大的信用限额）。第三，它可以动用超出监管当局准备金要求的那一部分现金准备。[11] 表 12-8 中存款机构的总流动性来源为 145 亿美元。与此同时，该存款机构的总流动性使用——已经利用的借入或购入资金（比如联邦基金或借入回购协议）以及通过贴现窗口贷款已经从美联储借入的现金——为 70 亿美元。结果，该存款机构的净流动性头寸为正的 75 亿美元。对这些流动性的来源和使用进行每日跟踪并不困难。

表 12-8 中的净流动性头寸，列出了一家假设的货币中心银行的管理层对流动性来源和流动性使用的预期。所有金融机构在其年度和季度报告中，都要提供流动性来源和使用的历史数据。当金融机构的经理处理流动性风险时，过去的流动性来源和使用报表有助于他确定未来的流动性问题的可能出处。

表 12-8　净流动性头寸（单位：百万美元）

流动性的来源	
1. 现金类资产总额	2 000
2. 最大借款限额	12 000
3. 超额现金准备	500
合　计	14 500
流动性的使用	
1. 借入资金	6 000
2. 从美联储借款	1 000
合　计	7 000
总体流动性净额	7 500

同类比率比较

衡量存款机构流动性风险的另一种方法，就是把该存款机构的某些重要比率和资产负债特征（比如贷款与存款之比、借款与总资产之比、贷款承诺与资产之比等等），与本地同等规模的存款机构的情况进行对比。如果贷款与存款和借款与总资产的比率较高，则说明存款机构贷款资金的来源主要依赖于短期货币市场，而不是核心存款。如果存款机构已经达到或正接近于购入资金市场的借款限额的话，那么这意味着未来可能会遇到流动性问题。同样的，贷款承诺与资产之比较高，也表明需要很高的流动性来为非预期的贷款提取融资——与贷款承诺较低的存款机构相比，贷款承诺较高的存款机构经常面临着更大的流动性风险。

10 近几年，随着贷款出售和证券化市场的发展，许多银行将能够立即出售或证券化的贷款资产列入到了流动性来源之中。第 22 章和 23 章将介绍贷款出售和证券化市场的内容。

11 有些银行将净现金流入列入到了自己的流动性来源之中。

流动性指数

衡量流动性风险的第三种方法就是使用**流动性指数**（liquidity index）。这一指数是由美联储的吉姆·皮尔斯（Jim Pierce）设计出来的。它可以用来衡量金融机构的潜在损失，即与正常市场条件下出售资产时的收入相比（由于要仔细搜寻交易对手和确定交易价格，此时的资产出售要花较长的时间），金融机构突然或按甩卖价处理资产时会遭受到的损失。立即甩卖资产的价格（P_i）与公平市场价格（P^*_i）的差别越大，存款机构资产组合的流动性越小。流动性指数可以定义为：

$$I=\sum_{i=1}^{N}\left[(w_i)(P_i/P_i^*)\right]$$

式中 w_i 为金融机构资产组合中每种资产所占的比重：

$$\sum_{i=1}^{N} w_i = 1$$

例 12-1 流动性指数的计算

假设某银行拥有两类资产：50% 的一月期国债以及 50% 的不动产贷款。如果银行必须在今天出售其短期国债，那么它将收到面值的 99%（P_1）。如果它能等到国债到期时（1 个月后）将其出售，它将获得公允市场价，即面值的 100%（P^*_1）。如果银行不得不在今天将不动产贷款出售，那么它将获得面值的 85%（P_2）；月底（即将到期）时，出售不动产贷款则将获得公允市场价，即面值的 92%（P^*_2）。这样，该银行资产组合一个月期的流动性指数价值为：

$$
\begin{aligned}
I &= (1/2)(0.99/1.00) + (1/2)(0.85/0.92)\\
&= 0.495 + 0.462\\
&= 0.957
\end{aligned}
$$

假设不动产市场的低迷使银行只能按面值的 65%（P_2）出售不动产贷款，那么，该银行资产组合一个月期的流动性指数为：

$$
\begin{aligned}
I &= (1/2)(0.99/1.00) + (1/2)(0.65/0.92)\\
&= 0.495 + 0.353\\
&= 0.848
\end{aligned}
$$

一个月期流动性指数下降了，原因在于，不动产贷款立即出售时的价格大大低于月底出售时的公允（足额）市场价。低于公允价值的幅度越大，流动性指数越低，或者说银行面临的流动性风险也就越大。

流动性指数始终位于 0 到 1 之间。我们可以将该存款机构的流动性指数与同类存款机构的流动性指数进行对比。

融资缺口和融资要求

衡量存款机构流动性风险的第四种方法就是确定其融资缺口。正如前面讲过的，尽管活期储户可以随时提取资金，但通常情况下他们不会这么做。从总体上看，大多数活期存款会在银行存放相当长的一段时间，经常会长达两年或两年以上。因此，银行经常会把平均存款基数（包括活期存款在内）作为核心资金来源。这部分资金可以满足银行在一定时期内的平均贷款需求。我们将融资缺口（financing gap）定义为，银行平均贷款与平均（核心）存款之差，即：

融资缺口 = 平均贷款 − 平均存款

如果该融资缺口为正数，那么，银行就必须通过动用现金和流动性资产，以及在货币市场借入资金来进行弥补。因此：

融资缺口 = − 流动性资产 + 借入资金

我们可以将这一关系表示为：

融资缺口 + 流动性资产 = 融资要求（借入资金）

从这一式子中可以看到，**融资要求**（financing requirement，融资缺口与银行流动性资产之和）在流动性管理方面的含义是，核心存款和贷款的规模以及流动性资产的数量，决定了银行对借入或购入资金的需求。具体而言，银行的融资缺口越大，持有的流动性资产越多，那么，它需要在货币市场借入的资金越多，而且由于依赖货币市场所以面临的流动性风险也越大。

表 12-9 中的资产负债表反映了融资缺口、流动性资产和借入资金（融资要求）之间的关系。同时观察下列等式：

融资缺口 + 流动性资产 = 融资要求
（500 万美元）（500 万美元）（1 000 万美元）

融资缺口的增大预示着银行将来可能会遇到流动性问题，因为它可能意味着存款提取的增加（表 12-9 中的核心存款降到 2 000 万美元以下），以及执行贷款承诺导致的贷款增加（贷款超过了 2 500 万美元）。如果银行不降低其流动性资产（继续持有 500 万美元的流动性资产），其经理就必须从货币市场借入更多的资金。随着此类借

表 12-9 银行的融资要求（单位：百万美元）

资产		负债	
贷款	25	核心存款	20
流动性资产	5	融资要求（贷入资金）	10
合计	30	合计	30
		融资缺口	5

款的增加，货币市场上一些有经验的债权人就会对该行的信用状况表示关注。他们会对借款要求更高的风险溢价，或者是对银行借款的展期设立更加严格的信用限额。如果银行的融资要求大大超过这一限额，它就有可能破产。这方面的一个典型例子是，1984 年大陆伊利诺斯银行由于融资要求过大而倒闭。[12] 这种破产可能性警示我们，银行的管理者必须积极从事流动性计划来避免发生此类危机。

BIS 方法：期限梯级分析和事态分析

意识到流动性对存款机构持续生存能力的重要性，2000 年 2 月，国际清算银行（BIS）针对流动性风险（即净资金或融资要求）的计量而设计出了一种期限梯级分析法（Maturity Ladding method）。[13] 首先，流动性的计量涉及到对所有现金流入和现金流出的估计（如表 12-10 中列出的结果）。确定这些数据之后，就可以利用期限梯级模型来对每日或某一期限内的现金流入和流出情况进行比较。随后，可以根据期限梯级分析，来确定每日净资金需求和累积净资金需求。

表 12-10 使用 BIS 期限梯级模型来确定净资金要求（单位：百万美元）

	1 天	1 个月	6 个月
现金流入			
到期资产	10	150	1 500
可出售的非到期资产	12	250	4 000
可获取的存款负债	15	200	2 000
已有的信贷额度	12	100	750
证券筹资能力	5	50	400
	54	750	8 650
现金流出			
到期负债	30	490	4 500
信贷额度承诺和其他或有负债	16	300	2 960
非预期的现金流出	4	10	40
	50	800	7 500
净融资需求	4	（50）	1 150
累积净融资需求	4	（46）	1 104

比如，就表 12-10 中的存款机构而言，一天的超额现金为 400 万美元。然而，下一个月会有 5 000 万美元的累积净现金短缺。存款机构必须立即筹划如何获取额外资金来满足这部分净融资需求。6 个月后，存款机构将拥有 11.04 亿美元的累积超额现金。如果这种预测正确的话，存款机构就需要为这部分剩余资金找到投资场所。

与积极的流动性管理相关的时限一般都较短，其中包括一天之内的流动性管理。然而，适当的时限取决于存款机构的业务特点。依赖于短期资金的存款机构主要对较短期限内的流动性进行管理，比如，国际清算银行建议此类存款机构将管理时限确定为 5 天；对短期资金依赖较少的存款机构，可能会对较长期限内的净资金要求进行积极管理。此外，存款机构应该对较长期限内的流动性头寸进行分析和监控。通常情况下，存款机构会发现存在着巨大的远期资金缺口，因此需要通过调整交易期限来消除未来的资金缺口。

---

12 由于分行业务只能局限于本州之内，总部设在芝加哥的大陆伊利诺斯银行只有很少的核心存款。结果，它只能广泛地依赖联邦基金、回购协议和欧洲美元存款（离岸欧洲货币市场上的大额定期存单）等借入资金。随着这些借款的增加，人们对该银行履行其付款承诺的能力越来越担心——尤其是考虑到组合的恶化时。最终使得几位大的货币市场债权人（比如日本的银行）在大陆伊利诺斯银行的借款到期时，拒绝继续提供借款或对借款展期。随着此类借入资金迅速收回，该银行无法生存下去，并最终被联邦存款保险公司接管。关于大陆伊利诺斯银行倒闭的详细介绍，请参见：I.Swary，"Stock Market Reaction to Regulatory Action in the Continental Illinois Crisis," *Journal of Business* 59 号 (1986), pp.451-73; and L.Wall and D.R.Peterson，"The Effect of Continental Illinois. Failure on the Performance of Other Banks," *Journal of Monetary Economics*，1990，pp.77-99.

13 参见"Sound Practices for Managing Liquidity in Banking Organizations," Basel Committee on Banking Supervision，BIS，Basel，Switzerland，February 2000.

尽管流动性管理通常是在正常情况下进行的，但国际清算银行提醒存款机构也要为异常情况下的流动性管理做好准备。因此，流动性分析涉及到对各种“假定”事态的设想和分析。在每种事态下，存款机构都应该设法了解出现巨额流动性波动的原因。这些事态中，应该包括内部（与银行相关）和外部（与市场相关）因素在内。根据BIS事态分析法（BIS Scenario Analysis），存款机构需要通过对某种事态下各种资产和负债现金流发生概率的估计，来确定这些现金流的出现时间。因此，期限梯级分析法对现金流入和流出时间的判断与事态分析不一样，而且它们的假设条件可能有很大的差别。比如，根据以往的经验，某存款机构可能会认为，在遇到某一次与存款机构相关的融资危机的情况下，自己通过出售部分资产来控制未来现金流的数量和时间的能力，并不亚于正常情况。然而，当发生市场危机时，如果金融机构都不愿意，或者是无力以现金购买流动性较低的资产，那么，存款机构的这种能力将急剧下降。

图12-2形象地描述了各种事态下存款机构流动性的变化过程。人们可以借助于典型的流动性状况图，来将净累积资金剩余或短缺的变化情况与主要事态（比如正常情况、一般市场危机和与存款机构相关的危机）进行比较。存款机构可以利用这种流动性变化图，来进一步分析自己的流动性假设是否具有稳定性以及是否符合实际。比如，在图12-2中，一家高信用等级的银行在正常情况和一般市场危机的情况下，都具有非常好的流动性，但是，在发生与存款机构相关的危机时，它可能会遭遇到流动性危机。相反，一家信用等级较低的存款机构，在发生一般市场危机和与存款机构相关的危机时，都会变得缺乏流动性。由于影响存款机构未来流动性状况的各种因素并不能始终得到准确预测，因此，对用于判断自身融资要求的各种假设进行经常性的分析和改进是十分重要的。

流动性计划

在计量（和处理）流动性风险及其相关成本时，流动性计划是一项十分重要的活动。具体来讲，流动性计划使经理们能够在流动性问题发生之前做出一些重要的优先借款决策。这种远期计划不仅能够降低资金成本（通过利用最优的筹资组合），而且还可以尽可能地减少银行

图12-2 某家高信用等级存款机构在各种市场条件下的累积资金剩余或短缺

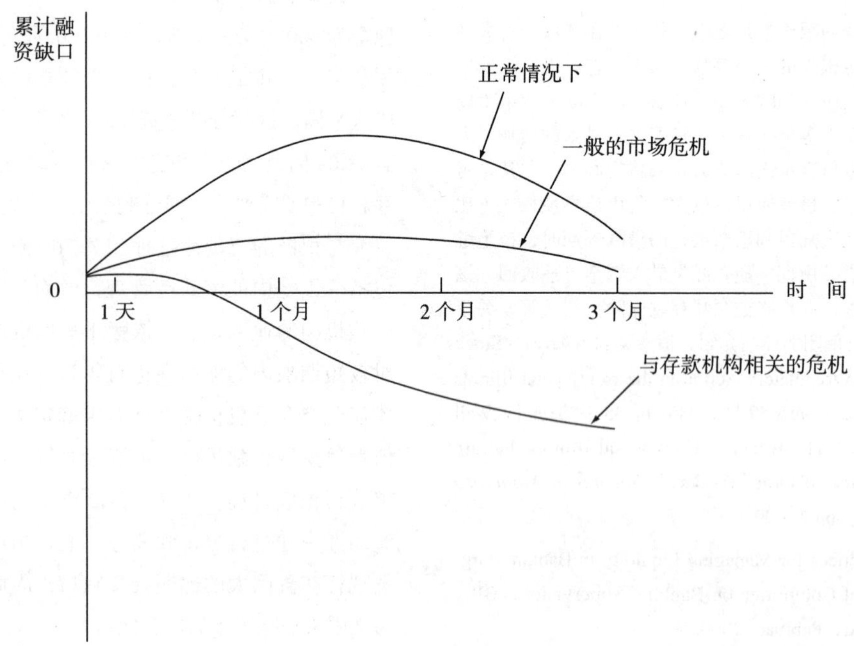

需要持有的超额准备金。

流动性计划由几部分构成。首先是勾划出管理细节和管理责任。流动性危机发生时，应该由关键性的管理人员来负责处理。流动性计划中应该确定，由哪些经理来负责与联邦储备系统、联邦存款保险公司和储蓄机构监管局等监管机构进行沟通。此外，它还要确定管理层应向公众（包括储户）披露的信息内容。流动性计划的第二部分内容是，要详细的列出那些最有可能取款的资金供给者的名单，及其取款规律。比如，危机发生时，共同基金和养老基金从银行和储蓄机构提款的速度，更有可能比往来银行和小企业快。反过来，往来银行和小企业比储户个人取款的速度更快。这使得流动性风险对未来筹资构成的变化结果较为敏感。此外，在圣诞节到来之前的一个季度内，存款机构这样的金融机构会面临严重的季节性取款压力。流动性计划的第三部分是确定未来的各种期限内（一周、一个月、一个季度等）潜在的资金存取规模，以及满足此类取款需求时可以获得的其他私人市场资金来源（比如，其他金融机构和联邦储备系统提供的紧急贷款）。流动性计划的第四部分规定了各个独立分支机构和分行借款的内部限额，以及在每个市场（比如联邦基金、回购协议和定期存单等市场）可以支付的风险溢价的范围。此外，流动性计划还根据各种预期的取款程度，详细规定了资产出售的先后顺序。此类计划来自于银行的资产负债管理委员会，而且应下达给银行的各个关键部门（比如资金部和财务部）——它们在银行负债资金的日常业务活动中起着重要的作用。

现以表 12-11 中的银行为例。数据表明，该银行持有的共同基金、养老基金、往来银行、小企业和个人存款共有 2.5 亿美元。表中还包括了今后一周、一个月和一个季度内的预期平均取款额和最大取款额。银行的流动性计划概括了预期取款发生时的应对措施：首先，银行将利用新的存款来弥补 3 个月内的预期取款需求；其次，银行将出售其投资组合中的证券；第三，银行将从其他金融机构借款；最后，如果有必要的话，银行将从联邦储备系统借款。

流动性风险、非预期存款外流和银行挤兑

在一般情况下，由于存在适当的管理计划，因此，无论是净存款外流还是贷款承诺被执行，都不会给银行带来严重的流动性问题。比如，尽管 12 月和夏季假期时的净取款额很大，但银行可以通过事先持有更多的超额现金准备，或从同业货币市场借取更多的资金，来防范此类季节性影响。

然而，如果发生异常的大规模非预期存款外流，就会引发严重的流动性问题。异常存款外流的发生包括几种原因：

1. 某银行的清偿力不如其他银行而引起人们的担心。
2. 某银行的倒闭增加了储户对其他银行清偿力的担心（传染效应）。
3. 投资者突然愿意持有非银行类金融资产（比如短期国债或共同基金股份），而不愿持有银行存款。

在这几种情况下，突然发生的非预期大规模净存款外流有可能引发**银行挤兑**（bank run），从而最终迫使银行破产。

表 12-11　银行流动性计划中的存款分布及预期取款额（单位：百万美元）

存款来源	**250**		
共同基金	60		
养老基金	50		
往来银行	15		
小企业	70		
个人	55		
预期取款	**平均数额**	**最大数额**	
一周	40	105	
一个月	55	140	
三个月	75	200	
取款资金来源的顺序	**一周**	**一个月**	**三个月**
1. 新的存款	10	35	75
2. 出售投资证券	50	60	75
3. 从其他金融机构借款	30	35	45
4. 从联邦储备系统借款	15	10	5

存款外流和银行挤兑引发的流动性风险

导致银行挤兑风险的核心因素在于活期存款合约的基本特点。具体而言，活期存款合约具有“先到先得”的特点，即储户排队等候的位置决定了他能够从银行取款的数量。具体而言，储户要么得到全额偿付，要么一无所获。[14] 当存款机构的价值低于其存款时，由于只有一部分活期储户能够得到全额偿付（储户都知道这一点），因此存款机构门前的任何排队现象都会鼓励其他储户立即加入进来，即使他们今天并不需要日常消费所需的现金。这样，当看到存款银行排队的人数突然增加时，即使存款机构的核心储户（他们并不真的需要取款来满足消费），也会出于理性而试图立即取出资金。行业观察专栏介绍了发生在新英格兰的银行挤兑事件。

银行挤兑发生之后，净取款需求会上升。刚开始，存款机构会通过降低现金准备、出售流动性或容易出售的资产（比如长期和短期国债）来满足取款需求。随着银行挤兑越来越严重，更多储户会加入取款行列，从而引发流动性危机。具体而言，存款机构会发现很难以任何价格在货币市场借款（即便不是完全借不到）。同时，它已经出售了所有的流动性资产、现金、债券以及所有能够出售的贷款（参见第22章）。存款机构的资产负债表中，可能只剩下缺乏流动性的贷款来满足储户的取款要求。然而，这些贷款只能够按照大大低于面值的折扣价出售。当存款机构需要低价甩卖长期资产以弥补持续的存款外流时，其资产出售的收入很有可能无法满足储户的现金需求。这样，存款机构的流动性问题就会转变为清偿力问题；即存款机构不得不关门。

由于储户抱有“先取款再说”的想法，因此，这会从根本上动摇银行体系的稳定。其原因在于，原本稳健的银行也会因为储户突然的大量取款和流动性需求而被迫陷于破产和倒闭。在传染性挤兑时期或**银行恐慌**（bank panics）时期，情况尤为如此——此时储户对整个银行系统失去了信心，并且开始对所有的存款机构进行挤兑，而并不管其实际资产质量如何。

14 在此，我们假设没有存款保险为存款的支付担保，银行也不能通过贴现窗口借款来满足暂时的资金需求。正如本章后面以及第14章要介绍的，存款保险及贴现窗口的存在会改变人们挤兑银行的动机。

银行挤兑、贴现窗口和存款保险

监管部门意识到了存款合约清偿方面的特点（要么全额偿付，要么一无所获）会使银行体系失去内在稳定性，因此，采用了一些管理方法以缓解银行的流动性问题，并阻止银行挤兑和恐慌的发生。存款保险和贴现窗口就是用于防止流动性风险的两种主要方法。由于银行的传染性挤兑会给整个经济造成严重的影响，政府监管部门为存款机构设立了一些担保项目，以便向存款持有者提供各种程度的银行挤兑保险。具体而言，如果存款持有者认为其债权是完全有保障的，那么，即使银行陷入困境，他们也不会去进行挤兑。这样，存款持有者排队取款时的位置就不会对取款的结果产生影响了。存款保险既能够阻止挤兑，也能够阻止传染性挤兑和恐慌的发生。

除了存款保险之外，按照惯例，中央银行（比如联邦储备银行）会提供贴现窗口服务，以满足银行暂时的流动性需求。联邦贴现窗口提供三种贷款计划：总体稳健的存款机构可以获得初级贷款——贷款期限非常短（通常只有1天），利率高于联邦公开市场委员会确定的联邦基金目标利率；无法申请初级贷款的存款机构可以获得二级贷款——贷款期限非常短（通常只有1天），利率高于初级贷款；美联储的季节贷款项目是为了向小存款机构提供帮助，便于它们对严重的季节性存贷款波动进行管理。获取季节性贷款的金融机构要能够证明，其每一年内的资金需求具有明显的波动。这些存款机构一般设在农村地区和旅游景点。我们将在第14章详细介绍这方面的内容。从所介绍的内容中可以看到，1933年以来，存款保险有效地阻止了银行挤兑的发生，尽管提供存款保险要涉及到其他成本。

人寿保险公司的流动性风险

在金融机构中，并非只有存款机构才面临流动性风险或挤兑问题。与存款机构一样，人寿保险公司也持有现金准备和其他流动性资产，以满足保险业务中的保单终止（退保）和其他营运资本需求。保单提前终止时，保险公司应该向被保险人支付保单的**退保金额**（surrender value）。[15] 在通常的业务过程中，保费收入和保险公司资产组合的收益能够满足保单持有者提前退保所导致的现金外流。与存款机构一样，一般情况下，保费收入与保单持有者的退保金额之差的分布状况是可以预测的。然而，当保费收入不能满足退保需求时，人寿保险公司可以出售部分流动性较好的资产（比如政府债券）。这样，债券可以作为保险公司流动性的一种缓冲或准备。

然而，人们对保险公司清偿力的担心会导致挤兑的发生。此时，新的保费收入枯竭，而已有的保单持有者都将通过提前兑现来终止自己手中的保单。为了满足巨额的现金需求，人寿保险公司将被迫出售其资产组合中的其他资产（比如商业抵押贷款和其他证券），并且很有可能按甩卖价出售这些资产。[16] 与银行的情况一样，资产被迫出售将导致保险公司破产。[17]

财产事故保险公司的流动性风险

财产事故保险公司向某些意外事故造成的不动产损失或人身损害提供保险。与人寿保险公司承保的风险不同，这些风险（及保单）的期限较短，一般是 1~3 年。借助于死亡率统计表，人寿保险单的损失一般都可以推测出来。财产事故损失（比如一些自然灾害造成的损失）几乎是无法预测的。因此，财产事故保险公司需要比人寿保险公司持有更多的流动性资产。此外，财产事故保险合约以及保险费调整的时间间隔一般也更短一些，因此，退保带来的问题并不太严重。财产事故保险公司所面临的最大的流动性风险在于，保单持有者由于受到清偿力风险、定价和市场竞争状况的影响，而取消保险或终止续保。这种情况有可能导致保险公司的保费收入及保费投资收益无法弥补保单持有者的损失。此外，某些灾难的发生（比如 1991 年安德鲁飓风和 1996 年东海岸遭遇的“世纪暴风雪”）会使得巨额的非预期损失成为现实。[18]

共同基金的流动性风险

共同基金向投资者出售股份（负债），同时将所获资金投资于债券和股票这样的资产。共同基金包括开放式和封闭式两种。**封闭式基金**（closed-end funds）发行的股份（负债）数额是固定的，除非发行股份的基金选择回购这些股份，否则市场股份数是不会变化的。正如第 5 章所介绍的，在美国，绝大多数的共同基金都属于**开放式基金**（open-end funds）；也就是说，这些基金向投资者供应的股数是不受限制的。开放式基金还必须随时准备按当期市场价从投资者手中购回以前发行的股份。因此，在某一市场价位（P）下，开放式基金股份的供给是完全富有弹性的。开放式基金随时准备出售新的股份或赎回已有股份的价格就是基金的**净资产价值**（net asset value，即 NAV）。净资产价值等于基金资产的当期或市场价值减去所有累计负债之后，再除以基金股份数。共同基金一方面愿意随时向股东提供流动性，另一方面又将资金投资于股票、债券和其他长期证券，这样，当取款额（即共同基金股份的赎回额）上升到出乎意料的高水平时，它们也会与存款机构一样面临流动性问题。事实上，当投资者对共同基金的净资产价值表示怀疑时，它们就会

15 退保金额一般只占保险合约面值的一部分。退保金额会随着保险基金投资利息（收益）的增加而增加。当提前退保行为实际发生时，保单持有者的收益应纳税。有些保险公司由于出售担保投资合约而遇到了挤兑问题。担保投资合约是投资者和保险公司之间签订的一种合约，它类似于银行的长期固定利率存款。当市场利率上升时，许多投资者会提前取款并将资金用于其他一些收益更高的投资。这给提供此类合约的人寿保险公司带来了流动性和再融资的问题，并且最终将导致人们的取款受到限制。

16 人寿保险公司同时还提供大量的贷款承诺——尤其是在商业不动产领域。因此，与商业银行一样，它们也面临着资产（贷款承诺）流动性风险。

17 州担保计划会阻止保单持有者的挤兑。一般情况下，州担保计划的保护程度和担保价值要低于存款保险。我们将在第 14 章对这些担保计划进行介绍。

18 损失也可能来自长期业务——此时的事故发生在保单有效期内，而损失索赔却是在多年以后才提出来。

表 12-12 存款机构储户和共同基金投资者的挤兑动机

存款机构			共同基金		
资 产		负 债	资 产		负 债
资 产	$90	100 美元的存款（100 位储户，每人存款 1 美元）	资 产	$90	100 美元的股份（100 位股东，每人有 1 美元股份）

受到巨大的流动性挤兑压力。[19] 然而，由于共同基金合约的估价方法与银行存款合约的估价方法有着重要的区别，因此股东对基金的挤兑没有储户对银行存款的挤兑那样积极。具体而言，如果基金被关闭后进行资产清理的话，那么，其资产将按比例分配给股东，而不是像存款合约和保险合约那样采用“先到先得”的做法。

为了说明这种差异，我们可以直接将共同基金投资者的挤兑动机与存款机构储户的挤兑动机进行比较。表 12-12 简要展示了一家开放式基金与一家存款机构的资产负债情况。当储户感到存款机构资产的价值低于其负债价值时，他们就会积极地去挤兑存款机构，以便在别人之前取回存款。以表 12-12 为例，只有排在前 90 位的储户才能收回 1 美元的存款。最后的 10 位将一无所获。

现在来看另一种情况：该共同基金拥有 100 位股东，每位投资 1 美元，总投资额为 100 美元，但共同基金资产的价值为 90 美元。如果这些股东试图兑回他们的股份，那么，谁都不会获得 1 美元。相反，共同基金会以市场价值为基础来对其负债进行估价。投资者兑回基金股份时的价格为：

$$P=\frac{\text{资产价值}}{\text{市场股份}}=\text{NAV（净资产价值）}$$

因此，与面值固定在 1 美元的存款合约不同，共同基金股份的价值反映了其资产价值除以市场股份的变化情况。

在表 12-12 中，每位股东的资产价值为：

$$P=\frac{\$90}{100}=\$0.9$$

19 比如，1997~1998 年新兴市场危机期间，一些专门投资于印尼、泰国等亚洲国家以及俄罗斯的股票基金就遇到了这样的资产价值问题。

也就是说，基金资产价值的亏损是由基金的每位股东按比例分摊的。准确地讲，无论是先来还是后到，基金的每位股东在某一天兑现其股份时所收到的每股净资产价值是相同的。在本例中，净资产价值为 90 美分，意味着每股损失了 10 美分。所有的共同基金股东都知道这一点，并且知道投资者会按比例来分摊资产损失；与从存款机构取款时不一样，从共同基金取款时，排在前面的人并不具有总体优势。

这并不是说，共同基金不会面临流动性风险，而是说存在着这样的一个事实：与存款机构和保险公司不一样，共同基金一般不会因为股东的积极挤兑而面临严重的流动性问题。[20] 这种情况使某些学者认为，存款合约应该按照共同基金或股权合约的方式进行调整。这样也就不需要利用存款保险来抑制银行挤兑了。[21]

20 当共同基金股东突然大规模地兑现股份时，基金经理可能要按甩卖价出售部分流动性较差的债券和股票。比如，1994 年，Piper Jafray（一家基金咨询公司）将自己的 1 000 万美元注入到了 Institutional Government Income 基金，以解决流动性问题。同样，1998 年年底，几家对冲基金（比如长期资本管理公司）在试图对许多资产市场上的大量头寸进行平仓时，也遇到了严重的流动性问题。比如，某些抵押担保证券市场（参见第 23 章）的深度不够，不能吸收对冲基金资产的大规模销售，因此出现了巨大的价格混乱。

21 参见：C. S. Jacklin，“Demand Deposits，Trading Restrictions，and Risk Sharing，” in *Contractual Arrangements for Intertemporal Trade*，ed.E.Prescott and N.Wallace（Duluth：University of Minnesota，1987）. 这种观点通常会遭到如下反驳：由于存款属于货币，而货币是经济系统中的记账单位，如果存款的价值每天都在波动的话，那么股权类合约就会带来一个问题。然而，需要指出的，货币市场共同基金也提供类似于存款的合约。随着其净资产价值的变化，它们解决股份价值波动问题的方法是：将每股的价值确定为 1 美元，但允许个人持有的股份数发生变化，这样，个人所持股份的总价值会随着资产价值的变化而变化，而每股货币市场共同基金的价格却仍然是 1 美元。存款机构的存款也可以采用同样的策略。

练习题

1. 不同类别的金融机构面临的流动性风险大小有何不同？
2. 某存款机构净存款外流的概率分布平均的估计值为 2%，标准差为 1%，请问该存款机构的规模是在扩大还是在减少？请说出理由。
3. 存款机构可以采用哪两种方法来抵消净存款外流对流动性产生的影响？使用每一种方法的利弊分别是什么？
4. 某存款机构的资产负债表如下（单位：百万美元），其净存款外流预计为 1 500 万美元。

资　产		负债和权益	
现　金	10	存　款	68
贷　款	50	权　益	7
证　券	15		
总资产	75	总负债和权益	75

请列出下列情况下该存款机构的资产负债表：

a. 存款机构购买负债来抵消预期的存款外流。

b. 使用储存流动性管理的方法来满足预期的存款外流。

5. 某存款机构 1 000 万美元的资产由 100 万美元的现金和 900 万美元的贷款组成。该存款机构拥有 600 万美元的核心存款，200 万美元的附属债务和 200 万美元的权益。预计这一年的利率上升会引起 200 万美元净的核心存款外流。

a. 存款平均成本为 6%，贷款平均收益为 8%。该存款机构决定减少其贷款组合以抵消这种预期的存款下降。采用这种策略之后，存款机构的利息净收益和规模将受到什么影响？

b. 如果发行新的短期债务的利息成本预计为 7.5%，通过增加生息负债来抵消预期存款外流的做法，将会对利息净收益产生什么影响？

c. 如果存款机构使用增加负债的策略，那么存款外流后其规模是多少？

d. 存款机构流动性管理的哪些动态特征，将进一步支持以生息负债来取代存款外流的策略。

6. 对下列四种流动性风险的计量方法进行定义。请介绍存款机构将如何实施和利用每一种计量方法。

a. 流动性的来源和使用。

b. 同类比率比较。

c. 流动性指数。

d. 融资缺口和融资要求。

7. 某存款机构拥有如下资产组合：存放于美联储的 2 000 万美元准备金，2 000 万美元的短期国债，5 000 万美元的抵押贷款和 1 000 万美元的固定资产。如果资产必须在短期内出售，那么该存款机构将获得短期国债公平市场价值的 99%，以及抵押贷款公平市场价值的 90%。请根据上述信息估算出该存款机构的流动性指数。
8. Plainbank 银行拥有 1 000 万美元的现金及其等价物，3 000 万美元的贷款，以及 1 500 万美元的核心存款。

a. 计算其融资缺口。

b. 其融资要求是多少？

c. 银行每日的流动性管理中将如何使用该融资缺口？

9. 人寿保险公司可以采用哪几层防御措施来防范流动性风险？财产事故保险公司的流动性风险与人寿保险公司有何不同？
10. 某共同基金拥有如下资产组合：4 000 万美元的固定收益证券和市值为 4 000 万美元的股票。如果发生流动性危机且基金可以在 2 天内处理这些资产的话，那么它可以按市值的 90% 出售这些资产。如果在 4 天内处理这些资产，基金将获得 98%。A、B 两位股东分别拥有 5% 和 7% 的股权（股份）。

a. 市场不稳定使股东将其股份返还给基金。如果基金必须在两天内出售全部资产，那么两位股东将分别收回多少资金？如果在 4 天内出售，情况又会如何？

b. 这种情况与银行挤兑有何区别？银行监管当局是如何采取措施来减轻银行挤兑问题的？

第 13 章

负债和流动性管理

导　言

存款机构和人寿保险公司尤其容易遭遇流动性风险（参见第 12 章）。这种风险的本质特征在于，当流动性债权突然被提取（或不能续约）时，金融机构的资产相对而言缺乏流动性。最典型的例子就是银行挤兑：当储户因需要现金而从银行提取债权时，银行却因为其资产相对缺乏流动性而无法满足这些需求。比如，银行可能持有大量不可交易的小企业贷款或不动产贷款组合。

为了降低流动性危机发生的风险，金融机构可以通过对其流动性资产头寸或负债结构进行有效管理，来防止资产负债表受到流动性风险的影响。在现实中，金融机构的经理可以对流动性资产和负债结构进行优化，以此来防止金融机构遭遇流动性风险。本章将介绍金融机构可以使用的各种流动性资产和负债，以及这些资产的风险与收益的权衡问题。除了确保金融机构能应对各种预期和非预期的负债提取之外，持有流动性资产还有另外两个动机：货币政策的实施和税收。本章的结尾分析了与存款机构、保险公司和其他金融机构的负债和流动性风险管理相关的一些具体问题。

流动性资产的管理

流动性资产能够在几乎没有本金损失的情况下，按较低的成本迅速转变为现金（参见第 12 章对流动性指数的介绍）。具体而言，流动性资产在一个活跃的市场上进行交易，因此，即使这种资产的交易额很大，也不会使市场价格发生变化，或者只会使价格产生很小的变化。新发行的短期、中期和长期国债就是流动性资产方面的一些较好的例子。当然，最具流动性的资产是现金。显然，金融机构可以通过大量持有现金、短期和长期国债等资产来降低流动性风险，但是在这种情况下，它们经常会面临着收益或利息损失。由于具有较高的流动性和较低的违约风险，作为其完全无风险特征的反映，此类资产经常只能带来较低的收益。相反，由于不容易销售出去，非流动性资产通常必须承诺额外的收益或流动性风险溢价，以作为对金融机构的补偿，而且这种金融工具一般具有更大的违约风险。

持有较少流动性资产的金融机构，会面临更大的流动性短缺和银行挤兑风险。流动性的过度缺乏会导致金融机构无法满足债务所需的支付，而且在极端情况下会导致破产。它甚至还有可能导致连锁反应，从而对其他金融机构造成不利影响（参见第 12 章）。因此，监管当局经常会向金融机构提出最低流动性资产准备要求。一般情况下，对不同的金融机构甚至不同的国家而言，这些要求的性质和范围是有区别的。这些要求取决于对不同种类金融机构流动性风险的判断，以及与最低流动性资产要求相关的其他监管目标。此外，除了直接确保金融机构满足预期和非预期负债提取的需求之外，监管当局所确定的最低流动性资产要求经常还出于其他两方面的原因，即货币政策的实施和税收。下面我们将介绍这两个原因。

实施货币政策的原因

许多国家设立最低流动性资产准备要求的目的，是为了强化其货币政策。具体来讲，确定流动性准备资产与存款的最低比率，可以限制存款机构（DIs）的扩张能力，并增强中央银行控制货币供给的能力。

准备金比率的下降意味着，存款机构可以持有较少的交易账户（存款）准备（库存现金加上在美联储的准备金存款）。因此，它们能够贷出更大比例的存款，从而增加该国的信贷规模。随着新的贷款的发放以及被用于消费和投资支出，向银行借款者提供消费品和投资品的人在收到这些资金之后，会将其中的一部分重新存入存款机构。接下来，在扣除适当的准备金之后，这些新的存款又被金融机构用来发放额外的贷款，以此类推。这一过程将持续到存款机构的存款已变得足够大，从而愿意按新的（较低的）准备金比率来持有目前的准备金余额。因此，准备金要求的降低，会对存款机构的存款供给以及货币供给带来乘数效应。

相反，准备金比率的提高，意味着存款机构必须根据资产负债表中的交易账户（存款）持有更多的准备金。因此，它们能够贷放出去的存款要比以前更少，从而会使信贷规模下降，并最终导致存款的成倍收缩，以及货币供给的下降。在这种情况下，要求存款机构根据存款而持有最低比率的流动性资产的做法，使中央银行能够对存款的增长以及货币供给（它主要由银行存款构成）等总体宏观调控目标行使更大的控制权。

税收方面的原因

要求存款机构持有最低流动性资产的另一个原因，是迫使其对政府金融证券而不是对私营部门的金融证券进行投资。这样，最低的流动性资产准备要求是政府间接地从存款机构获取额外“税收”的一种方法。尽管这些准备金并不是正式的政府税收，但要求存款机构持有库存现金或在中央银行持有现金准备（此时并不存在利息补偿）[1]的行为，使存款机构将资源转移到了中央银行。[2]实际上，许多中央银行利润的大小取决于**准备金要求“税”**（reserve requirement “tax”）的规模——它可以被看成是中央银行对所管辖的存款机构的征税。如果这些准备金余额的购买力价值受到通货膨胀的侵蚀，那么这种非生息准备金要求造成的税负或成本还会增加。

1　目前，监管当局正考虑通过立法来使存款机构从这些准备金余额中获取较低的利率。

流动性资产组合的构成

金融机构流动性资产组合——尤其是现金和政府债券——的构成，一方面取决于对收益的考虑，另一方面取决于央行对最低流动性资产准备的种类所做出的规定。在许多国家（比如英国），准备金比率中一直都包含了现金和流动性政府债券（比如短期国债）。[3]因此，20% 的**流动资产比**（liquid assets ratio）意味着，存款机构每吸收 5 美元存款，就应该持有 1 美元的现金和政府债券。美国的许多州都对人寿保险公司提出了流动资产比的要求，即要求它们的资产负债表中持有最低限度的现金和政府债券。相反，美国对存款机构提出的最低流动性资产要

2　为了降低准备金要求税造成的损失，Banc Investment Group［Pacific Coast Bankers Bancshares（PCBB）的经纪交易部］最近公布了一个 ATM 融资创新计划，以帮助独立银行从其资产负债表的超额流动性中获取费用收益。这个名为 ATM 现金优势的计划，使独立银行可以将最高限额为 4 亿美元的现金转移到美国的 17 000 多家非银行类 ATM 机上（比如设在便利店、机场和赌场的 ATM 机）。反过来，独立银行获得的费用收益等于联邦基金利率加上一笔可观的利差。除了费用收益之外，参加这项计划的独立银行还可以降低自己根据管理条例 D 所持有的库存现金余额（参见下面的文献）——但要经过美联储审核。这种现金余额的下降，将会降低向美联储所支付的准备金要求“税”。参见：“Program Gives Banks Fees for Supplying ATM Cash,” *The American Banker*, September 22, 2003, p. 7. 此外，有几家银行能提供一些“清理”计划（Sweep programs）。根据这些计划，在每个营业日结束时，资金将自动地从需要缴纳准备金的活期存款转变为无需缴纳准备金的共同基金。此类计划降低了银行的存款，从而也降低了银行的准备金要求和所需的库存现金。

3　英国已不再对银行提出最低准备金要求。

求包括了现金，却没有包括政府债券。因此，政府债券的作用并不大，因为它们既不能作为存款机构的一部分准备金，同时其预期收益也低于贷款。然而，许多存款机构把所持有的政府债券看成是一种有用的**二级或缓冲准备**（secondary or buffer reserve）。在流动性危机期间，当大量现金准备被提取时，这些证券可以在几乎不损失本金价值的前提下迅速转化为现金，因为进行这些资产交易的市场具有一定的深度。

对流动性资产的收益和风险的权衡

为了优化自己所持有的流动性资产，金融机构必须对持有现金时的好处和较低的收益进行权衡。此外，金融机构的经理所做出的选择是一种约束条件下的优化，因为监管当局对流动性资产准备的要求，使资产负债表中的流动性准备资产要保持在最低的限度内。这样，出于谨慎的原因，面临着很小的流动性风险的金融机构只需要持有少量的流动性资产即可。但是，由于监管当局的最低准备金限制，它却不得不持有更多的流动性资产，而不能按对自己最有利的方式来持有流动性资产。

美国存款机构的流动性资产准备管理问题

在这一节，我们要仔细介绍持有流动性资产头寸时对风险和收益的权衡，以及这种头寸所面临的约束。我们将给出，在美联储现行最低准备金要求条件下，美国存款机构流动性管理的一个详细例子。然而，其中的许多问题和权衡方法，很容易被应用于所有面对负债提取风险的金融机构——它们都要遵守监管者所提出的最低流动性资产准备比率。

流动性资产组合优化管理所涉及到的问题，可以通过掌管美国存款机构准备金头寸的现金部经理所面临的问题来加以说明。考虑到美国存款机构面临的监管，我们将集中分析它们对自己的**现金准备**（cash reserve）的管理——按照定义，现金准备包括库存现金（用来满足储户取款需求的钞票和硬币），以及存款机构在美联储所持有的现金存款。根据1933年《证券法》监管条例D的规定，从2004年1月开始，美国的存款机构必须针对净交易账户持有如下"目标"的最低现金准备：

<600万美元	0%
600万美元~4 210万美元	3
>4 210万美元	10

交易账户（transaction account）指账户持有者所持有的如下各种存款：它们可以通过可转让的工具取款，而且可以在每个月通过电话或事先的授权向第三方进行三次以上的支付转移（即活期存款、NOW账户和由信用社提供的股金汇票账户）。美国存款机构的应收活期账户余额以及在途现金，会使交易账户余额下降。

为了计算出准备金目标额，并判断存款机构持有的准备金是否过多或过少，准备金经理需要通过另外的两种信息来管理其准备金头寸。首先，经理计算存款机构存款准备要求的期限是多长？其次，存款机构必须将计算出的准备金要求目标维持多长的期限？

美国准备金体系的复杂性在于，存款机构经理计算准备金目标的期限与维持或达到准备金目标的期限是不相同的。下面，我们将介绍存款机构准备金的计算期限和维持期限。

准备金计算期

为了实现准备金管理目标，美国存款机构的准备金经理必须考虑被划分为为期两周的时间期限。**准备金计算期**（reserve computation period）总是从星期二开始，并于14天后的星期一结束。

需要指出的是，例13-1中计算出的日均准备金目标，依据的是14天净交易账户的平均数，尽管存款机构在这14天中有4天(2个星期六和2个星期日)没有营业。实际上，星期五的存款数使用了三次，而其他营业日的只是使用了一次。这说明存款机构的经理可以采取如下策略：使星期五的存款数额下降，从而在总体上降低存款机构的准备金要求。这一点很重要，因为，所要求的流动性资产准备持有额，有可能会高于存款机构认为为应对预期和非预期存款外流而应该持有的最优水平。

存款机构过去曾经采用过的一种策略，就是在某个

例 13-1　日均准备金的计算

假设 ABC 银行的准备金经理想计算出银行的最低准备金目标。在 14 天内（从 6 月 30 日星期二到 7 月 13 日星期一）的每一个营业日结束时，该经理都知道银行的净交易账户余额。当然，在现实中，只有当两周结束时，经理才能确切地了解这些存款头寸。表 13-1 列出了 ABC 银行的实际净交易账户头寸。

计算出的银行日均最低准备等于两周准备金维持期内日均净交易账户的某一百分比——星期五的余额将结转到星期六和星期日。ABC 银行针对其日均净交易账户（13.507 亿美元）应持有的日均最低准备金可以按以下方法来计算（单位：百万美元）：

日均净交易账户 ×	准备金比率 =	所要求的日均准备金
6.0	0%	0.000
42.1~6.0	3	1.083
1 350.7~42.1	10	130.860
应持有的日均最低准备		131.943

表 13-1　ABC 银行的净交易账户和库存现金余额（单位：百万美元）

	交易金额	减在美国存款机构的存款余额	减在途现金	交易账户净额	库存现金
6 月 30 日（周二）	1 850	240	140	1 470	30
7 月 1 日（周三）	1 820	235	135	1 450	28
7 月 2 日（周四）	1 770	250	120	1 400	24
7 月 3 日（周五）	1 610	260	100	1 250	21
7 月 4 日（周六）	1 610	260	100	1 250	21
7 月 5 日（周日）	1 610	260	100	1 250	21
7 月 6 日（周一）	1 655	250	125	1 280	24
7 月 7 日（周二）	1 650	230	130	1 290	26
7 月 8 日（周三）	1 690	240	130	1 320	25
7 月 9 日（周四）	1 770	275	135	1 360	25
7 月 10 日（周五）	1 820	280	140	1 400	27
7 月 11 日（周六）	1 820	280	140	1 400	27
7 月 12 日（周日）	1 820	280	140	1 400	27
7 月 13 日（周一）	1 785	260	135	1 390	29
合计	24 280	3 600	1 770	18 910	355
日均交易账户净额				1 350.7	25.237

星期五将存款转移到国外（比如将其转移到某一国分支机构），从而使两周内 3 天的实际存款下降；在下一个星期一又将存款转移回来，从而使两周内只有一天的存款上升。这种行为可以有效地降低存款机构资产负债表中 14 天内的平均活期存款（下降额为转移到国外的存款数额乘以 2/14），从而降低应该持有的准备金数额。分析师将这种行为称作**周末游戏**（weekend game）。[4]

存款机构的第二种策略，就是向客户提供“清理账户”。在这种账户中，准备金比率较高的活期存款，可以

4　实际上，周末游戏是银行粉饰门面的一种特例：通过交易来使所报告的存款低于其实际数额。关于银行粉饰门面及其动机，请参见：L. Allen and A.Saunders，“Bank Window Dressing：Theory and Evidence，” *Journal of Banking and Finance* 16 (1992)，pp.585-624.

在星期五被“清理”出客户的账户，而进入能够带来较高利息收益的储蓄账户。星期一（或者是,在许多情况下，当储户需要其活期账户的资金时）这些资金又被清理回来。这种策略的有效结果，将导致存款机构活期存款账户平均余额的下降，从而使得在联邦储备银行持有的法定准备金余额下降。

需要指出的是,这 1.31943 亿美元是最低准备金目标。如果存款机构特别容易遭遇取款风险，其自身的最优或审慎准备金水平高于监管当局所要求的最低水平，那么，它可能会持有高出最低准备金水平的超额准备金。此外，存款机构的经理可能会以政府债券的形式持有一些缓冲准备。在遇到异常巨额的取款时，这些准备可以被迅速变现，以便在银行挤兑的早期采取防范措施。

准备金维持期

我们已经计算出了ABC银行最低的日均准备金要求，然而，我们还要确定银行经理维持 1.31943 亿美元这一日均准备金目标的确切期限。准备金既可以以库存现金的形式存在,也可以以（银行）持有的联邦储备银行存款存在。按照现行的一系列监管法规，在确定应该存入联邦储备银行的准备金余额时,准备金计算期内（在我们的例子中，这一期限为 6 月 30 日至 7 月 13 日）持有的日均库存现金要从该银行的法定准备金中扣除。此外，从准备金计算期的开始到**准备金维持期**（reserve maintenance period）的开始，要相隔 30 天（在准备金维持期内，持有的联邦储备银行存款必须达到或超出法定准备金目标）。就 ABC 银行而言，准备金维持期从 7 月 30 日开始到 8 月 12 日为止（参见图 13-1）。因此，银行的准备金经理能够十分确切地知道，整个准备金维持期内的目标价值是多少。然而，为了使在联邦储备银行的准备金存款达到目标的同时，又不持有过多的超额准备金（因为这部分准备金没有利息收益），该经理仍然面临着一种挑战。

准备金经理了解准备金目标中的现金部分，因为这取决于准备金计算期内银行所持有的平均库存现金（参见表 13-1）。表 13-2 给出了 14 天准备金维持期内（从 7 月 30 日到 8 月 12 日）ABC 银行在联邦储备银行的日存款余额。由于日均库存现金余额为 2 535.7 万美元（参见表 13-1），因此，在联邦储备银行的日均存款目标余额为 1.06586 亿美元（即 1.31943 亿美元 − 2 535.7 万美元 = 1.06586 亿美元）。从本质上看，由于准备金目标中的库存现金部分取决于 14 天准备金计算期内持有的库存现金，因此，准备金维持期内银行可以变动的目标，就是自己在联邦储备银行的准备金存款头寸（在这种情况下，银行将在 14 天维持期内每天按 1.06586 亿美元存款的平均数来持有准备金存款）。

正如上面所说的，目前满足准备金目标的准备金维持期从准备金计算期起始日之后的 30 天开始。由于准备

图 13-1 滞后的准备金要求

准备金计算期

开始													结束
6月	7月												
30	1	2	3	4	5	6	7	8	9	10	11	12	13

准备金维持期

开始													结束
7月		8月											
30	31	1	2	3	4	5	6	7	8	9	10	11	12

表 13-2 准备金维持期内（7 月 30 日 ~8 月 12 日）ABC 银行每日的准备金头寸（单位：百万美元）

日 期	在美联储的存款
7 月 30 日（周四）	98.050
7 月 31 日（周五）	100.000
8 月 1 日（周六）	100.000
8 月 2 日（周日）	100.000
8 月 3 日（周一）	98.004
8 月 4 日（周二）	91.000
8 月 5 日（周三）	102.050
8 月 6 日（周四）	101.000
8 月 7 日（周五）	99.000
8 月 8 日（周六）	99.000
8 月 9 日（周日）	99.000
8 月 10 日（周一）	107.050
8 月 11 日（周二）	154.000
8 月 12 日（周三）	144.050
合 计	1 492.204
日均量	106.586

金计算期为两周时间，因此，准备金维持期在计算期结束 17 天后才开始。监管当局采用这种**滞后准备金记账体系**（lagged reserve accounting system）的目的，是为了便于银行的准备金经理计算其法定准备金余额，并提高总体法定准备金余额信息的准确性。1998 年 7 月之前，监管当局使用的是**即时准备金记账体系**（contemporaneous reserve accounting system）。在这种体系下，满足准备金目标的两周准备金维持期在计算期起始日之后的两天（而不是目前的 30 天）就开始了。这种即时准备金体系带来的结果是，必须在仅有的两天内，确切知道法定准备金的数额。[5] 按上面的例子来看，准备金维持期为 7 月 2 日（星期四）至 7 月 15 日（星期三），因为准备金计算期为 6 月 30 日（星期二）至 7 月 13 日（星期一）。

5 这种体系导致的一个结果是，存款机构倾向于在准备金维持期的最后几天持有更多的准备金，而此时持有准备金的机会成本一般是最高的。准备金需求的不确定性以及少量的交易成本，导致存款机构倾向于在获得准备金需求的最准确信息时（即准备金维持期的最后两天）持有准备金。参见：K. Bartolini，G. Bertola，and A. Prati，"Banks' Reserve Management，Transaction Costs，and the Timing of Federal Reserve Intervention，" *Journal of Banking and Finance* 25 (2001)，pp.1287-1317.

低于 / 高出准备金目标

低于准备金目标

准备金维持期结束时（按照上面的例子，即 8 月 12 日），如果存款机构达不到监管当局所要求的日最低准备金比率——即所持准备金低于法定准备金数额（在我们的例子中，日均法定准备金为 1.31943 亿美元），情况会怎样呢？美联储允许存款机构在免受处罚的情况下，将不超过 4% 的日均差额补齐。因此，如果存款机构准备金目标的短缺额达到 4%，即 4% × 1.31943 亿美元 = 527.8 万美元，那么，它必须在下一个两周的准备金维持期内（8 月 13 日至 8 月 26 日）将这一差额补齐。[6]

如果存款机构在某两周持有的法定准备金不足，那么，它就必须在随后的两周内持有超额准备金。如果准备金短缺超过 4%，存款机构就要受到美联储的各种外在和内在的处罚。外在处罚包括利息处罚——罚息可以比央行贴现率高出 2%；内在处罚包括更频繁的监控、审核和考查——当监管当局认为准备金短缺反映了存款机构经理的不安全和不稳健行为时。只有当存款机构一贯都达不到准备金目标时，监管当局才有可能持这种看法。

达不到准备金目标时，存款机构的经理必须在准备金短缺的内在和外在成本与潜在收益之间进行权衡。具体来看，当存款机构自身的最优或审慎准备金头寸低于监管当局所确定的最低准备金要求，以及（或者）达到准备金要求目标会涉及到高昂的机会成本时，准备金短缺的做法才是有利的。当利率和贷款需求较高，从而放弃未来贷款收益的代价很大时，达到准备金目标的机会成本会很高。

当准备金维持期快要结束时，达不到准备金目标的存款机构可以通过两种主要的方法来达到目标：(1) 出售资产（比如出售一些短期国债之类的缓冲资产）；(2) 在同业市场，尤其是在联邦基金和回购协议市场（将在

6 这说明整个 14 天中可以允许的短缺额为：

1.31943 亿美元 × 0.04 × 14 = 7 388.8 万美元

后面介绍）借入准备金。存款机构的经理可以选择成本最低的方法来弥补准备金的短缺，比如，当联邦基金利率低于出售流动资产的成本时，选择借入联邦基金。然而，如果弥补短缺的成本过高，以及自身的最优准备金数额低于监管当局所要求的准备金数额，那么，经理可能不愿意通过这种方法来获得全部的短缺资金。

这种对成本的考虑，使一些存款机构的经理利用美联储的贴现窗口借入所需的资金，以满足暂时的准备金短缺，因为从贴现窗口借款的成本就是美联储设定的贴现率。过去的贴现率要低于联邦基金和政府债券利率，因此，它可以向准备金维持期即将结束时而面临准备金短缺的存款机构提供非常有吸引力的借款成本。然而，存款机构以前使用的贴现窗口贷款是出于一种需要，而不是从利润方面考虑的——也就是说，只有一些具有清偿能力，但因为季节性取款而面临突然的流动性危机或其他类似的最后贷款者需求的存款机构，才能使用贴现窗口贷款。2003 年 1 月，美联储对其贴现窗口贷款进行了调整：提高了借款成本并放宽了借款条件。通过美联储的初始贷款计划，总体稳健的存款机构可以获得期限很短（一般是隔夜的）贴现窗口贷款，其贷款利率要高于联邦公开市场委员会（FOMC）所确定的联邦基金目标利率。初级贷款可用于各个目的，其中包括为联邦基金的出售提供融资。对总体稳健但不能按合理的条件从金融市场获得临时资金的存款机构而言，初级贷款的期限可以延长到几个星期。在第 14 章，我们将更详细地介绍贴现窗口的作用，尤其是在经济困难时其作为一种资金来源的局限性。

高出准备金目标

持有超额准备金的成本，取决于存款机构对如下问题的看法：自己为满足预期和非预期取款需求而应该持有的准备金水平，是低于还是高于监管者的最低准备金要求。

如果所要求的最低准备高于经理们认为的最优水平，那么，4% 的超额准备金可以结转到下一个准备金周期。美联储允许这笔资金被计算在下一个两周的准备维持期内。除此之外，其他超出最低准备在 4% 以上的那些准备金，就会对存款机构的收益产生不利影响，因为这部分超额准备金（无论是现金还是在央行的存款）没有利息收益[7]，而本应按存款机构的贷款利率贷放出去。比如，如果存款机构向其最优客户提供贷款的利率为 12%，那么，它和自己的股东就会因为持有超额现金准备而承担 12% 的机会成本。

反过来，如果存款机构的经理认为，监管当局所要求的最低准备金水平低于自己为满足预期和非预期取款风险所需的水平，那么，该存款机构持有的准备金就会高出所要求的最低准备金目标。这种做法使存款机构的流动性头寸处在一种谨慎充足的水平。在选择高出准备金目标时，经理必须考虑以成本最低的金融工具来持有这种准备。

因此，尽管有些超额准备金可以以流动性很高的（非生息）现金形式存在，但至少有部分超额准备金头寸可以以短期证券或短期国债等缓冲资产的形式存在（它们有利息收益，但其流动性不如现金）。所持现金和短期国债之间的比重，在较大程度上取决于收益率的差异。

比如，假设贷款利率为 12%，短期国债的利率为 7%，而超额准备金没有利息收益。存款机构以现金或短期国债形式持有超额准备的机会成本（放弃的收益）为：

$$现金的机会成本 = 12\% - 0\% = 12\%$$

$$短期国债的机会成本 = 12\% - 7\% = 5\%$$

因此，短期国债的机会成本要大大低于现金，经理必须在以下两方面进行权衡：一方面，以短期国债的形式持有超额准备，可以节省 7% 的机会成本；另一方面，为满足负债提取或流动性危机的需要而将这些国债出售以获取现金时，也要面临一定的困难。表 13-3 给出了 1990~2004 年 1 月间美国存款机构的超额准备金。由于机会成本的影响，超额准备金始终处在很低的水平。2004 年 1 月，超额准备金为法定准备金的 3.78%。

流动性管理是一把双刃剑

存款机构流动性头寸的管理，在某种程度上类似于

7 正如前面所说的，监管当局目前正在考虑通过立法，让存款机构在美联储的存款能够获得较低的利率。

表 13-3　美国存款机构的准备金和超额准备金（单位：百万美元）

	1990 年 12 月	1995 年 12 月	2000 年 12 月	2004 年 12 月
准备金总额	59 120	56 452	38 537	42 418
法定准备金	57 456	55 162	37 110	40 815
超额准备金	1 664	1 290	1 427	1 603

资料来源：Federal Reserve Board Web site，various dates. www.federalreserve.gov.

一把双刃剑。这是因为，持有太多的流动性资产会使存款机构的利润受到损害，从而也会损害股东的利益。持有过多流动性资产的存款机构经理不可能长期在此职位上做下去。同样地，严重低于准备金目标的经理面临着流动性危机风险的增加以及监管当局的干预。与前一种情况一样，这种经理在存款机构的任期也将是较短暂的。

负债管理

流动性与负债管理密切相关。流动性风险控制的其中一个方面，就是将流动性资产积累到一个审慎的水平；而另一方面在于，存款机构负债结构的管理可以降低为满足负债提取所需的大量流动性资产。然而，负债结构中借入资金的过度使用会导致流动性危机——如果投资者对存款机构丧失信心并拒绝对此类资金进行展期的话。

融资的风险和成本

遗憾的是，建立一个低成本、低取款风险的负债组合，说起来容易但做起来却很难。其原因在于，通常对存款机构而言，那些最容易遭受取款风险的负债（或存款机构的资金来源）也是最为廉价的。这样，存款机构必须对以下两方面进行权衡：一方面，按较低的融资成本吸引负债将面临着较大的负债提取风险；另一方面，融资成本较高的负债却缺乏流动性。比如，活期存款对存款机构而言是成本较低的融资工具，但却可以被随时提取。[8]相反，5 年的定期存单的融资成本较高，但存款持有者在到期之前取款时要承担较重的罚息。

因此，在安排负债（或融资）结构时，存款机构的经理面临着图 13-2 所反映出来的利弊权衡。也就是说，融资成本一般与存款机构资产负债表中负债的期限（即融资风险）负相关。

尽管我们讨论的是存款机构的融资风险，但其他金融机构也面临着同样的利弊权衡。比如，投资银行既可以通过隔夜资金（回购协议和经纪存款）融资，也可以通过票据和债券等长期资金来源融资。金融公司可以在商业票据以及长期票据和债券之间进行选择。

下一节，我们将分析存款机构的经理在通过负债结构选择而积极应对流动性风险时，可以利用的一系列负债。

负债结构的选择

这一节将更详细地分析取款（或融资）风险以及可供现代金融机构的经理使用的各种主要负债的融资成本特征。

图 13-2　融资风险与融资成本

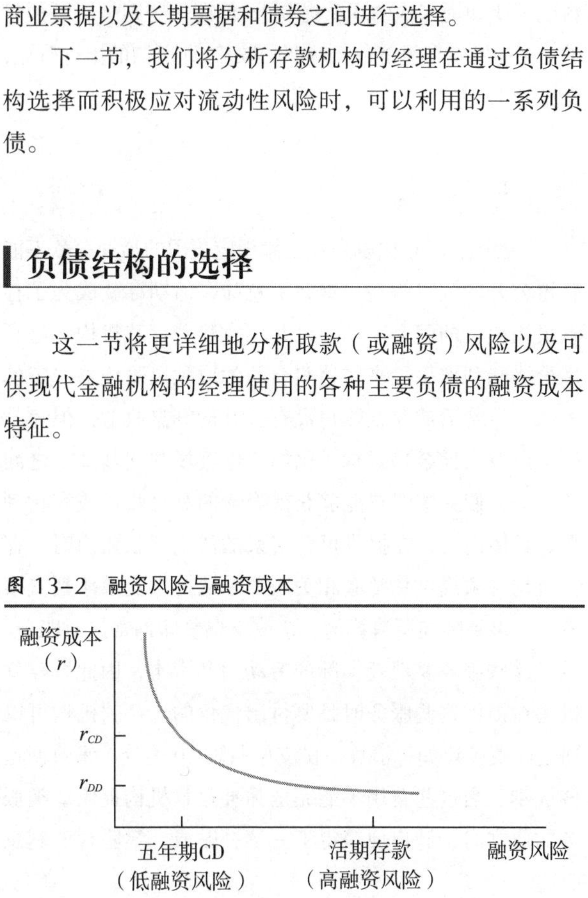

8　储户并非总会行使这种选择权。因此，有些活期存款类似于期限较长的核心存款。

例 13-2 平均隐含利率的计算

假设某存款机构清算一份支票要花费 15 美分，而收取的费用却只有 10 美分。客户从每份支票中获得了 5 美分的补贴。就每个活期存款账户而言，我们可以计算出每一笔服务的隐含收益或平均的隐含利率。比如，存款机构活期存款的平均隐含利率可以这样来计算：

$$平均隐含利率（IIR）=\frac{存款机构每个账户每年的平均管理成本-每个账户每年的平均费用收益}{账户的年均规模}$$

假设：

存款机构每个账户每年的平均管理成本 = \$ 150

每个账户每年的平均费用收益 = \$ 100

账户的年均规模 = \$1 200

那么：

$$IIR=\frac{\$150-\$100}{\$1200}=4.166\%$$

活期存款

取款风险

存款机构的活期存款面临着很高的取款风险。取款有可能随时发生，而且大体上都能被存款机构的经理预料到（比如周末前的现款提取），但有一些则是不可预料的（比如发生在经济危机时期的取款，即所谓的银行挤兑，参见第 12 章）。

成　本

20 世纪 30 年代以来，法律规定美国的活期存款不能获得公开的利息收益。这并不意味，活期存款成为了存款机构免费的资金来源，也并不意味着存款机构无法利用价格和利率手段来对这些合约的取款风险施加一定的控制。尽管活期存款账户没有公开的利息收益，但存款机构以及其他金融机构（比如货币市场共同基金）之间的竞争，使这些账户能够获得隐含的利息收益或实物利息。具体而言，在提供可开支票的活期存款账户时，存款机构必须提供一整套相关服务：从提供支票簿到支票清算，再到随同所清算的支票或支票复印件寄送对账单。由于这些服务要消耗实际的劳动力和资本，因此，存款机构在提供这些服务时是要付出代价的。存款机构可以通过收费（比如每清算一份支票收取 10 美分）来收回这些成本。当这些费用不能完全弥补存款机构提供此类服务的成本时，储户便获得了一笔补贴或一笔隐含的利息收益。

隐含利息的支付，意味着存款机构的经理并非完全没有能力来减轻存款被提取的压力——尤其是当竞争性金融工具的利率正在上升时。比如，存款机构可以降低支票结算费用，而反过来过又会提高储户获取的隐含利息。这些收益属于实物收益或补贴，它们不同于竞争性金融工具所支付的实际美元利息。然而，对储户而言，隐含利息是可以免税的，而公开的利息却是要纳税的。最后要指出的是，活期存款还有一种额外的成本，即存款机构必须在美联储持有无息准备金。

生息支票（NOW）账户

取款风险

1980 年之后，美国银行能够提供支付利息且可以随时提取的支票存款账户，它们被称为**可转让提款指令账户**（negotiable order of withdrawal accounts）或 **NOW 账户**（NOW accounts）。[9] 此类工具与传统活期存款的主要区别在于，它们要求储户在维持某一最低的账户余额时才能获取利息收益。如果最低余额低于某一水平（比如 500 美元），那么账户将被自动转变为活期存款，因此就失去了利息收益。公开支付利息及最低余额要求的存在，使得 NOW 账户的取款风险要低于活期存款。然而，从储户的角度来看，NOW 账户仍然具有很高的流动性。

9 还有一种超级 NOW 账户，其特点与 NOW 账户非常类似，只不过所要求的最低余额要更大一些。

成　本

与活期存款一样，存款机构也能够通过支付隐含利息或费用补贴（比如使收费低于支票清算的全部成本）来影响 NOW 账户的潜在取款能力。然而，金融机构的经理有另外两种影响储户收益的办法。一是调整最低余额要求。如果最低余额要求降低（比如从 500 美元降到 250 美元），那么将会有更多的 NOW 账户能够获取利息收益，因此，这些账户的公开收益和吸引力就会增加。二是对公开支付的利息本身进行调整，比如从 5% 提升为 5.25%。因此，存款机构的经理可以通过三种定价方法来提升或降低 NOW 账户的吸引力，并因此而对取款率施加影响：隐含的利息支付、最低余额要求和公开的利息支付。[10, 11]

例 13-3　利息总收益

假设某位储户在其一年的 NOW 账户中持有如下资金：前 3 个月平均存款为每月 250 美元，接下来的 3 个月的平均存款为 500 美元，而最后 6 个月的平均存款为 1 000 美元。如果最低余额在 500 美元及以上，NOW 账户将支付 5% 的年利率，低于 500 美元则没有利息。储户平均每个月签发 50 份支票，每份支票支付 10 美分的费用，但银行处理每份支票的成本为 15 美分。账户持有者的利息总收益（包括公开和隐含的利息）为：

$$
\begin{aligned}
\text{利息总收益} &= \text{公开利息} + \text{隐含利息} \\
&= \$500 \times 0.05 \times 0.25 + \$1000 \times 0.05 \times 0.5 + (\$0.15 - \$0.10) \times 50 \times 12 \\
&= \$6.25 + \$25 + \$30 \\
&= \$61.25
\end{aligned}
$$

假设最低余额从 500 美元降为 250 美元，且支票服务费用从每份 10 美分降为 5 美分，那么：

$$
\begin{aligned}
\text{利息总收益} &= \$250 \times 0.05 \times 0.25 + \$500 \times 0.05 \times 0.25 + \$1000 \times 0.05 \times 0.5 + (\$0.15 - \$0.05) \times 50 \times 12 \\
&= \$3.125 + \$6.25 + \$25 + \$60 \\
&= \$94.375
\end{aligned}
$$

存折储蓄

取款风险

存折储蓄的流动性一般要低于活期存款和 NOW 账户，其原因有两个：首先，存折储蓄不可签发支票，而且从金融机构取款时通常要出示存折；其次，从法律上讲，存款机构有权将付款或取款需求推迟一个月。这种推迟极少发生，存款机构一般会立即满足提取现款的要求，但它们具有推迟付款的法定权力，从而为经理们提供了重要的取款风险控制手段。

成　本

由于存折储蓄账户不可签发支票，因此其隐含利息收益很小，这样，存款机构的主要成本表现为这些账户的公开利息。最近几年以来，存款机构支付的存折储蓄公开利率一般要高于 NOW 账户。

---

10 作为交易账户，这些存款也要与活期存款一样缴纳相同比率的准备金以及存款保险费。假设 NOW 账户的利率为 5%，准备金比率（R）为 10%，存款保险费为 27 个基本点，且忽略隐含利息，那么提供 NOW 账户的存款机构的边际有效成本为：

$$
\begin{aligned}
\text{有效成本} &= [r_{NOW}/(1-R)] + \text{保费} \\
&= [0.05/0.09 + 0.0027] \\
&= 0.0583 \text{ 或 } 5.83
\end{aligned}
$$

目前，许多银行的存款保险费用为 0（参见第 14 章）。

11 最近的研究表明，客户实际上能够在较大程度上容忍此类价格调整。2001 年针对美国东南部和中西部 500 多位银行客户的市场研究表明，很少有储户会因为存款成本变化而改换银行。比如，支票账户客户的“坚定立场”令人惊讶，他们说，价格上升后没有转向其他银行的原因在于，服务的便利、服务的质量及其与银行职员的关系。在选择购买银行的定期存单时，客户认为利率在其决策中占有 45% 的影响力。然而，在后来的选择中，只有 1/3 的定期存单客户在寻找更好的利率，而且他们之中有 85% 的会继续选择以前的同一家银行。参见：V. Cvsa, A. M. Degeratu, and R. L. Ott-Wadhawan, “Bank Deposits Get Interesting,” *The McKinsey Quarterly*, no.2 (2002), pp.1-5.

货币市场存款账户

取款风险

根据1982年生效的《甘恩—圣哲曼法案》，存款机构可以使用货币市场存款账户（MMDAs）作为控制其总体取款风险——尤其是资金脱媒（disintermediating）以及流向货币市场共同基金（MMMFs）的风险——的又一个负债工具。如果存款机构想要与先锋（Vanguard）和富达（Fidelity）基金提供的货币市场共同基金竞争的话，那么，它们提供的**货币市场存款账户**（MMDAs）就必须具有流动性——但其流动性要低于活期存款和NOW账户。在美国，货币市场存款账户可以签发支票，但每个账户每个月签发支票的次数、每个月事先授权的自动转账次数以及每张支票的最低金额等都要受到限制。比如，某存款机构可能会要求某个货币市场存款账户的客户预先授权转账次数最多不超过6次，而且这6次转账中低于500美元的支票不能超过3份。此外，货币市场存款账户会对储户提出最低余额要求。美联储并不要求货币市场存款账户缴纳法定准备金。与此同时，存款机构支付给货币市场存款账户的利率一般也要高于NOW账户。

成　本

货币市场存款账户的主要成本，就是支付给储户的公开利息。公开利息也是存款机构用来控制取款风险的定价机制。由于货币市场存款账户与货币市场共同基金展开了直接的竞争，因此，存款机构的经理可以通过变动此类账户所支付的利率来影响其净提款率。比如，尽管货币市场共同基金股份获得的利率直接反映了资产组合经理所投资的货币市场标的资产（比如商业票据、银行承兑汇票、回购协议和短期国债等）的收益率，但存款机构的经理支付给货币市场存款账户的利率，却并非直接以货币市场的某种标的资产组合为基础。一般而言，存款机构的经理在调整货币市场存款账户的利率方面有较大的自由决策权，因此，在改变货币市场共同基金和货币市场存款账户的利差方面，也有较大的自由决策权。这种决策权，能够对货币市场存款账户的取款率和取款风险产生直接影响。通过使货币市场存款账户的利率大幅低于货币市场共同基金的做法，将导致货币市场存款账户净取款率的上升。

小额定期存款和定期存单

取款风险

通过合约的设计，定期存款（time deposit）和小额定期存单（CDs）能够降低发行人的取款风险。**小额定期存单**（retail CDs）是指面值在10万美元以下的定期金融工具。小额定期存款的提前支取要支付罚金。尽管这些定期存单的规模、期限和利率都是可以商议的，但大多数存款机构发行的小额定期存单都是标准化的。在没有提前取款的情况下，存款机构能够确切地知道储户持有此类存款资产时，应获取利息和本金的时间，因为本息的支付在合约中有明确的规定。因此，通过改变存款机构向公众出售的定期存款和定期存单的期限，存款机构的经理可以直接控制资金的流入和流出。一般情况下，存款机构提供的定期存款和定期存单的期限在两周到八年之间。

当储户希望在定期存款或定期存单合约到期之前取款时，根据法规，存款机构有权向取款储户收取罚金，比如根据存款期限来扣除几个月的利息。尽管这会给取款带来阻力或交易成本，但当储户急需流动性时，它却不太可能阻止取款的发生。同时，如果储户感到存款机构即将丧失清偿能力，取款就会增加——虽然有罚息，且存款保险金额高达10万美元。尽管如此，在正常情况下，与活期存款和NOW账户等交易账户相比，这些金融工具的取款风险要低一些，因此可以作为控制取款或流动性风险的一种重要的负债管理手段。

成　本

与存折储蓄的成本一样，小额定期存款和定期存单的主要成本也是公开的利息收益。短期存单通常要和短期国债竞争，因此，它们的利率的确定要考虑到短期国债的利率。需要说明的是，购买定期存单的储户要缴纳州和地方利息税，而短期国债投资者却不需要。最后要指出的是，目前提供定期存款和定期存单的银行，无需在央行持有非生息准备金。

大额定期存单

取款风险

大额定期存单（wholesale CDs）是 20 世纪 60 年代初期银行进行的一项合约机制创新，这种机制安排使储户能够在二级市场出售所持有的这些定期存单，而不必与存款机构进行结算。这样，储户可以出售具有一定流动性的工具，而不会给存款机构的流动性风险造成负面影响。因此，这些大额定期存单的独特之处并不在于其最低面值不低于 10 万美元，而在于它们是**可转让金融工具**（negotiable instrunent）。也就是说，它们可以在二级市场上将所有权转让给其他投资者。这说明，如果 IBM 公司从花旗银行购买了 100 万美元的三个月定期存单，一个月之后出现了预料之外的流动性需求，那么它就可以将这种定期存单出售给二级市场上的另一个外部投资者。这并不会对花旗银行形成提前取款的要求。因此，储户可以出售具有一定流动性的工具而不会给存款机构的取款风险带来负面影响。从本质上讲，惟一的取款风险（这种风险可能会很严重）在于，这些大额定期存单到期时，存单持有者不愿意展期和继续进行投资。

成　本

大额定期存单支付的利率要与其他大额货币市场工具（尤其是商业票据和短期国债）展开竞争。这种利率竞争会因为以下两方面的原因而得到强化：首先，此类定期存单市场的投资者（比如货币市场共同基金经理）具有高超的技巧；其次，这些存款不能得到明确的存款保险担保。在这些定期存单的投资中，（每位投资者或每个机构）最高的保险赔付额只有 10 万美元。由于这些定期存单是由不可能倒闭的大存款机构提供的，因此，所要求的信用风险溢价要低于非银行类私营行业提供的同等质量的金融工具（比如商业票据）。此外，定期存单所要求的利息收益率反映了投资者对二级市场的市场深度的判断。近几年以来，随着交易商的退出，定期存单二级市场的流动性似乎下降了。这使存款机构发行此类金融工具的相对成本上升了。[12]

联邦基金

取款风险

上面所讲的这些负债都属于存款负债，它们是存款机构为获取现金而提供的存款合约。然而，存款机构不仅通过提供存款来为其资产融资，而且还可以在各种购买资金市场借入资金。由于这些购买到的资金属于借入资金而不属于存款，因此，它们既不受准备金要求的约束（不同于活期存款和 NOW 账户），也不必向联邦存款保险公司支付保险费（不同于前面所介绍过的所有国内存款）。[13] 联邦基金市场是最大的购买资金市场。虽然拥有超额准备金的存款机构可以将部分超额准备金投资于短期国债和短期证券等生息流动资产，但它们还可以暂时将其借给其他一些正在寻求短期融资的存款机构。进行超额准备金交易的银行同业市场，被称为联邦基金市

12 此外，就目前所考虑的全部负债工具而言（欧洲美元定期存单除外），存款机构都必须向联邦存款保险公司缴纳保险费——费用大小取决于联邦存款保险公司对风险的感受（参见第 14 章）。比如，假设某银行发行了利率为 3.26% 的定期存单，当地方税税率为 8% 时，储户认为持有这种存单与持有利率为 3% 的短期国债是一样的。然而，发行定期存单的银行承担的成本不是 3.26%，而是：

定期存单的实际成本

$$= 3.26\% + 保险费 = 3.26\% + 0.27\% = 3.53\%$$

这里的 27 个基本点是假设的存款保险费的大小。因此，存款保险费提高了存款资金的成本。然而，2004 年，联邦存款保险公司将大多数存款机构的保险费确定为 0，只有那些风险很高的存款机构，才需要支付 27 个基本点的保险费。

13 外国存款不必缴纳存款保险费。然而，根据 1991 年《联邦存款保险公司保险法》，在特殊情况下，出现巨额倒闭且所有存款都在保险范围之内时，联邦存款保险公司会要求幸存下来的大存款机构按其总资产的比率缴纳一笔费用。由于部分资产的融资来自国外负债，因此这就构成了外国存款的一笔隐含保费。

场。在美国，**联邦基金**（federal fund）是指某一存款机构向另一存款机构提供的短期无担保贷款；此类交易中90%以上的都只有1天的期限。购买联邦基金的存款机构将其作为资产负债表中的一项负债，而出售联邦基金的存款机构将其作为一项资产。

对负债融资的存款机构而言，它们不必担心所借入的联邦基金在当天被提取——尽管每个营业日结束时会存在结算风险（参见第9章）。然而，它们也面临着这样的风险：第二天当借款的存款机构想对联邦基金进行展期时，提供贷款的银行可能不愿意这么做。在现实中，这种情况只发生在严重危机时期，比如1984年大陆伊利诺斯银行倒闭时。尽管如此，由于联邦基金属于无担保贷款，因此，出售联邦基金的金融机构，一般会对借款机构设立最大双边限额或贷款上限。这可以限制某银行迅速扩充其联邦基金借款的能力——如果银行的总体负债管理战略中包含这一想法的话。

成　本

购买联邦基金的金融机构要承担的成本就是联邦基金利率。联邦基金利率由联邦基金市场上从事交易的存款机构（主要是一些银行）来决定，而且不同日期以及同一天内的利率都有可能存在很大差别——尽管自1998年7月引入滞后准备金记账体系以来，利率的波动性下降了。

回购协议

取款风险

回购协议（RPs或repos）可以被看成是有抵押的联邦基金交易。在联邦基金交易中，持有超额准备金的存款机构，将联邦基金出售给购买方使用一天。第二天，购买方将偿还联邦基金，并按联邦基金利率支付一天的利息。由于出售联邦基金的存款机构面临着信用风险（作为购买方的存款机构可能无法在第二天偿还联邦基金），因此，卖方会为一天的联邦基金贷款寻求抵押担保。在回购协议交易中，出售资金的存款机构可以从资金购买方获得政府债券作为抵押物。也就是说，购买资金的存款机构暂时以债券换取了现金。第二天，将会出现相反的交易。购买资金的存款机构返还所借的联邦基金以及利息（按回购协议利率计算），同时收回（或购回）自己在交易中作为抵押物使用的债券。

与联邦基金市场一样，回购协议市场也具有很高的流动性。对于需要增加负债及满足取款需求的存款机构而言，回购协议市场也成为了一种灵活的资金来源。此外，与联邦基金一样，这些交易也可以在每天进行展期。在负债管理的灵活性方面，联邦基金和回购协议的主要区别在于，前者的交易可以在营业日内的任何时间达成——只要联邦电子系统还未关闭（参见第9章）。一般情况下，在营业日的晚些时候很难进行回购协议借款，因为提供联邦基金的存款机构必须对借款机构提供的证券抵押物的种类和信用质量表示满意。这种抵押物一般以短期、中期和长期国债以及抵押担保债券的形式存在，然而，其期限和其他特征（比如赎回条款和息票率）不一定能够吸引资金的卖方。在抵押组合资产方面的协商，可能会使回购协议的交易被推迟，从而使这种交易比没有抵押物的联邦基金贷款更难达成。

成　本

由于具有抵押物的特性，回购协议的利率一般要低于联邦基金的利率。同时，回购协议的利率在一天内的波动通常要小于联邦基金利率，其部分原因在于，回购协议一天内的变化幅度要小于联邦基金交易。

其他借款

虽然联邦基金和回购协议一直是主要的借入资金来源，但存款机构也在使用其他众多的借款来源，以增强其负债管理的灵活性。下面我们将简要地介绍这些内容。

银行承兑汇票

银行经常会将表外信用证转变为表内银行承兑汇票（BAs），其做法是在信用证持有者要求承兑时进行贴现（参见第8章）。此外，这些银行承兑汇票随后可以在货币市场上转售给投资者。因此，二级市场上银行承兑汇票的出售成为了另一种融资来源。

商业票据

尽管作为分支机构的存款机构本身并不能发行商业票据，但其控股母公司却可以。也就是说，花旗集团可以发行商业票据，但是花旗银行却不行。这使得控股公司拥有的存款机构（在美国，它们大多是一些大银行）又有一种新的融资来源。具体而言，当作为分支机构的存款机构自身发现资金紧张时，它可以利用其控股公司发行商业票据后转移过来的资金。事实上，花旗集团是美国商业票据市场上最大的发行者之一。需要指出的是，转移给存款分支机构的资金要缴纳法定准备金，从而降低了以这种方法作为普通融资来源的吸引力。

中期票据

为了寻求更稳定且取款风险低的资金来源，有些存款机构开始发行中期票据——大多为 5~7 年。这些票据更具吸引力，因为它们既不需要缴纳法定准备金，也不必支付存款保险费。

贴现窗口贷款

正如前面所介绍的，面临暂时流动性危机的存款机构，可以按贴现率从央行的贴现窗口借款。我们将在第 14 章中详细介绍贴现窗口的内容。

美国存款机构的流动性和负债结构

通过分析美国的银行的一些资产负债表数据，我们来对前面的内容进行一个总结。表 13-4 列出了联邦存款保险公司承保的美国的银行 2004 年（1 月）和 1960 年的流动性和非流动性资产结构。我们之所以以 1960 年为参照标准，是因为随后的 1961 年被人们公认为是银行积极管理其负债的开端——此时花旗银行创造出了大额定期存单。

显然，1960 年以来，传统的流动性资产对非流动性资产的比重下降了：2004 年现金与债券之和占这些银行表内资产的 32.7%，而 1960 年这一比重为 52%。然而，可能也有人认为，这种比较会误解和夸大银行流动性资产的下降，因为在过去的 30 年里，银行贷款本身的流动性正极大地提高。正如我们将在第 27 和 28 章中要介绍的，已有越来越多的存款机构贷款正在被证券化或者在二级市场出售。这从根本上改变了银行贷款资产组合缺乏流动性的状况，并使这些贷款如今更类似于债券。贷款组合的流动性越高，银行就越不需要持有大量传统的流动性资产（比如现金和债券）来作为防范非预期负债提取

表 13-4　1960 年和 2004 年 * 联邦存款保险公司承保的商业银行的流动性和非流动性资产（%）

资　产	1960 年	2004 年		
		所有银行	大银行 **	小银行
现　金	20%	4.2%	3.5%	4.8%
政府和机构债券	24	14.7	12.9	16.4
其他债券 +	8	13.8	13.9	13.8
贷　款 ++	46	59.8	60.2	59.4
其他资产	2	7.5	9.5	5.6
	100%	100%	100%	100%

*　截至 2004 年 1 月。

\+　其他债券 = 州和地方政府债券、抵押担保债券和其他债券。

++　贷款 = 工商业贷款、抵押贷款、消费贷款和其他贷款。

**　大银行指资产总额在 10 亿美元以上的银行（共 423 家）。

小银行指资产总额在 10 亿美元及以下的银行（共 7 389 家）。

资料来源：Federal Reserve Board Web site，www.federalreserve.gov.

风险的缓冲储备。

从表 13-4 中还可以看到，小银行持有的流动性资产（35%）要多于大银行（30.3%）。与小银行相比，大银行更容易进入购买资金和资本市场，这是导致两者差异的主要原因。

表 13-5 给出了 1960 年和 2004 年 1 月银行的负债构成。该表的最显著特征是，银行从取款风险较高的资金来源——交易账户（活期存款和 NOW 账户）以及小额储蓄和定期存款账户——转向了供给能够被较好控制的账户或融资工具，比如负债管理账户。具体来看，交易账户及小额储蓄和定期存款账户之和所占的比重从 1960 年的 90% 降到了 2004 年 1 月的 51.0%。与此同时，大额定期存单和定期存款加借入资金（联邦基金、回购协议和其他借入资金）所占的比重，从 1960 年的 2% 上升到了 2004 年的 41.1%。这一时期，银行之间以及银行与其他金融机构之间在资金需求方面的竞争的加剧，导致了表 13-5 中的负债结构变化。当然，银行是为了降低取款风险而在有意识地管理负债。正如图 13-2 所反映的，取款风险和融资成本之间经常存在着利弊权衡关系。存款机构试图通过更多地依赖借入资金和大额资金来降低取款风险的做法，使自己的利息费用增加了。

从表 13-5 中还可以看到，2004 年小银行使用的交易账户与小额定期存单和定期存款之和（51.6%），要高于大银行的（50.3%）。与流动资产的管理一样，由于小银行（与大银行相比）购买资金和进入资本市场的能力相对较弱，因此它们必须在资产负债表中持有更多的存款负债。

最后要指出的是，过分依赖借入资金本身是一种风险较高的策略。尽管当借入资金市场的债权人对借款的存款机构有信心时，会使取款风险下降，但是，当人们感到该存款机构存在风险时，就会突然导致到期的联邦基金、回购协议贷款及大额定期存单和其他购入资金无法展期。过分依赖大额定期存单和其他购入资金而导致存款机构倒闭的一个最好的例子就是，1984 年大陆伊利诺斯银行的倒闭——有 80% 以上的借入资金来自大额债权人。因此，在总体负债管理策略方面，过度依赖借入资金与过度依赖交易账户和存折储蓄一样有害。所以，在对取款风险和融资成本进行权衡时，最好的策略是做到负债组合的充分多样化。

保险公司的负债和流动性风险管理

保险公司可以利用多种渠道来满足流动性需求。保险公司需要流动性来满足所出售保单的保险索赔以及非预期的退保。因此，这些保险合约代表的是保险公司未来的一笔潜在负债。在理想状态下，保险公司的流动性管理要做到新的和已有的保险合约带来的保费收入，能够满足已售出的保险合约索赔的资金需求。然而，某一时刻（比如预料之外的严重飓风季节）的众多索赔，有

表 13-5 1960 年和 2004 年 * 联邦存款保险公司承保的商业银行的负债结构（%）

资　产	1960 年	2004 年 所有银行	2004 年 大银行 **	2004 年 小银行
交易账户	61%	8.6%	7.1%	10.1%
小额定期存单和定期存款	29	42.4	43.2	41.5
大额定期存单和定期存款	0	13.9	7.5	20.2
借入资金和其他负债	2	27.2	31.8	22.7
银行资本	8	7.9	10.4	5.5
	100%	100%	100%	100%

* 截至 2004 年 1 月。

** 大银行指总资产超过 10 亿美元以上的银行。
小银行指总资产在 10 亿美元及以下的银行。

资料来源：Federal Reserve Board Web site，www.federalreserve.gov.

可能迫使保险公司按低于公允市场价值的条件来出售资产。

保险公司可以通过销售风险不同的合约来降低其流动性风险。比如，财产事故保险公司可以将保险分散于各种不同的灾害，比如，21 世纪初，最大的两家财产事故保险公司（以保费收入来衡量）持有 18 种不同的保险合约——从医疗事故（占全行业保费收入的 17.9%）到房主综合险（占全行业保费收入的 33.9%）。[14]

另一方面，保险公司也可以通过下列方法来满足流动性需求：持有具有一定流动性的资产来弥补索赔的支出。政府和公司债券及股票，一般都可以在金融市场按接近公允市场价值的条件迅速出售掉，从而可以在保费不足时用于支付保单的索赔。比如，2003 年，人寿和财产事故保险公司有大约 80% 的资产是以政府债券和公司债券的形式持有。

其他金融机构的负债和流动性风险管理

证券公司、投资银行和金融公司等其他金融机构，也有可能遇到流动性风险——如果它们依赖短期融资（比如商业票据或银行贷款），但投资者却不愿意对这些资金进行展期时。证券公司的融资主要来源于回购协议、银行可赎回贷款[15]以及证券出售。这些金融机构的流动性管理要求它们具有以下能力：手头有足够的现金和其他流动性资金来承销（购买）优质发行者所发行的新证券，然后将这些证券转售给其他投资者。负债管理还要求投资银行或证券公司能够充当一位做市商，这就要求它为自己资产组合中的证券存货融资。金融公司主要通过商业票据和长期债务来进行资产的融资。此类金融机构的流动性管理要求它们能及时地为具有一定信用等级的贷款需求和贷款承诺融资。

1989 年 Drexel Burnham Lambert 的倒闭较好地说明了证券公司所面临的流动性挑战。整个 20 世纪 80 年代，通过向投资者承诺充当垃圾债券二级市场交易商，该公司获得了这一市场的大部分业务。这样，投资者更愿意购买这些垃圾债券，因为 Drexel 公司提供了一种默许担保：如果投资者需要出售这些债券的话，它将按市场价买回或是找到另一位买主。可是，1989 年的垃圾债券市场经历了严重的困难，由于经济陷入衰退，它们的价格下降了。Drexel 公司充满垃圾债券的资产组合引起了人们对其信用地位的严重关注，从而使债权人拒绝向其至关重要的短期商业票据融资继续提供资金。结果，Drexel 公司宣布破产。Drexel 的突然倒闭清楚地表明，对证券公司的稳健性而言，能够利用短期购入资金是非常关键的。

14 参见：*Best's Review*, August and November 2003.

15 银行可赎回贷款意味着，债权银行能够在发出通告后的很短时间内将贷款资金从投资银行收回。

练习题

1. 金融机构大量持有流动性资产的利弊是什么？国债为什么被看作是较好的流动性资产？
2. 金融机构的负债和流动性风险管理问题，与其资产和负债的相对期限有什么关系？
3. 下面是 A、B 两家银行的资产情况（单位：百万美元）。两者的资金来源都是 1.2 亿美元存款和 2 000 万美元的股权。请问哪家银行的流动性更强？哪家银行的利润可能会更高？

A 银行的资产		B 银行的资产	
现金	10	现金	20
国债	40	消费贷款	30
商业贷款	90	商业贷款	90
总资产	140	总资产	140

4. 流动性资产准备要求如何促进货币政策的实施？准备金要求如何成为存款机构的税收负担？
5. City 银行估计自己在 14 天准备金计算期的日均存款需

求余额为2.25亿美元，14天维持期内在美联储的日均存款余额为1 100万美元，计算期之前两周内的日均库存现金余额为700万美元。

a. 根据2004年生效的法规，准备金维持期内，这些活期存款余额的日均准备金持有额是多少？

b. 该行在准备金维持期内的日均准备金持有额是多少？

c. 如果该行在两周准备金维持期内的每个星期五将2 000万美元的存款转移到自己的离岸机构，那么此时的日均准备金要求是多少？

6. 下面的活期存款和在美联储的现金准备，是某银行在滞后准备金记账体系下计算其准备金要求（百万美元）时的记录。

	周一	周二	周三	周四	周五
	10日	11日	12日	13日	14日
活期存款	200	300	250	280	260
在美联储的准备金	20	22	21	18	27

	周一	周二	周三	周四	周五
	17日	18日	19日	20日	21日
活期存款	280	300	270	260	250
在美联储的准备金	20	35	21	18	28

	周一	周二	周三	周四	周五
	24日	25日	26日	27日	28日
活期存款	240	230	250	260	270
在美联储的准备金	19	19	21	19	24

	周一	周二	周三	周四	周五
新的一个月	1日	2日	3日	4日	5日
活期存款	200	300	250	280	260
在美联储的准备金	20	22	21	18	27

	周一	周二	周三	周四	周五
	8日	9日	10日	11日	12日
活期存款	280	300	270	260	250
在美联储的准备金	20	35	21	18	28

	周一	周二	周三	周四	周五
	15日	16日	17日	18日	19日
活期存款	240	230	250	260	270
在美联储的准备金	20	35	21	18	28

	周一	周二	周三	周四	周五
	22日	23日	24日	25日	26日
活期存款	200	300	250	280	260
在美联储的准备金	19	19	21	19	24

计算期内的日平均库存现金估计为200万美元。

a. 该行准备金维持期内的日均法定准备金水平是多少？

b. 该行符合法定准备金的规定吗？

c. 结转下一计算期的法定准备金是多少？

d. 如果该行的年平均融资成本为8%，这会对该准备金周期内的损益表产生怎样的影响？

7. 融资成本与融资（或取款）风险之间存在着什么样的联系？

8. 某金融机构估计自己的活期存款的年度成本如下：每个账户的管理成本为140美元，账户平均规模为1 500美元，平均每个账户每月的支票处理次数为75次，支票清算成本为0.10美元，每份支票向客户收取0.05美元的费用，平均每个客户每月的收费为8美元。

a. 该金融机构活期存款的隐含利息成本为多少？

b. 如果该金融机构必须在美联储平均持有8%的活期存款法定准备金，那么，其活期存款的隐含利息成本是多少？

c. 如果不考虑准备金要求，应该将支票清算费用确定为多少时，才能使隐含利息成本降为3%？

9. 货币市场共同基金与货币市场存款账户的成本有什么不同？两者之间的利差在货币市场存款账户取款风险的管理中起什么作用？

10. 保险公司主要可以采用哪些方法来降低自己所面临的流动性风险？

第 14 章

存款保险和其他负债担保

导　言

第 12 章分析了金融机构面临的流动性风险，第 13 章介绍了可供金融机构更好地管理这些风险的方法。出于对金融机构资产质量和清偿能力的担忧，储户和人寿保单持有者之类的负债持有人（以及共同基金股东——只不过其担忧要少一些）会积极地进行挤兑，即从金融机构取出所有的资金。正如第 12 章所介绍的，挤兑的积极性会因为银行、储蓄机构和保险公司为满足负债提取所采用的先到先得的规定而得到强化。因此，排在队列前面的存款和负债持有者享有优先取款权。

尽管对不健全的金融机构的挤兑并非一定是一件坏事（这可以对经理和所有者的行为带来约束），但这也要面临一定的风险：对不健全的金融机构的挤兑具有传染性，从而波及到稳健或经营状况很好的金融机构。在发生传染性挤兑或恐慌的情况下，负债持有者就不会去对金融机构的好坏做出区分了，而是尽快设法将其负债转变为现金或安全的证券。传染性挤兑会对地区、全国甚至国际性的信贷供给和货币供给产生极大的紧缩作用。

此外，金融机构的传染性挤兑还会对社会福利产生严重影响。比如，对银行的严重挤兑会对各种金融机构的储蓄水平产生负面影响，并且因此会阻碍个人将财富转移到将来、以防范年老时遭遇疾病和收入下降等重大风险的能力。考虑到对财富、货币供给和信贷所造成的影响，对金融服务企业进行监管的政府部门采用了一些担保计划，以阻止挤兑发生——通过向负债持有者提供不同程度的破产保护。具体而言，即使金融机构遇到危机，如果负债持有者认为其债权完全安全可靠，那就不存在挤兑的动机。负债持有者在排队时的先后顺序不再对其取款产生影响。监管当局向负债持有者提供的担保或保险计划阻止了挤兑的发生，从而也阻止了传染性挤兑和恐慌的发生。

联邦政府支持的保险计划包括：面向银行和储蓄机构的联邦存款保险公司（FDIC，设立于 1933 年）、面向证券公司的证券投资者保护公司（SIPC，设立于 1970 年）和面向私人的养老金担保公司（PBGC，设立于 1974 年）。此外，由于人寿和财产事故保险公司要接受各州而不是联邦政府的监管，因此它们大多数都能得到各州所设立的担保基金的担保。

本章将对面向银行和储蓄机构的联邦存款保险基金的内容进行介绍，其中首先要介绍的是，这些保险或担保基金的历史，以及此类基金所经历的一些问题（其中有一次倒闭事件）。然后，我们将分析：可以利用哪些方法来降低存款机构所承担的风险，从而降低以存款保险向储户赔付的概率。我们还将分析美联储的贴现窗口对存款保险所具有的（一定限度的）替代作用。其他担保计划，包括面向保险公司、证券公司和养老基金的担保计划，也是本章要分析的内容。

银行和储蓄担保基金

1930~1933 年银行业恐慌（当时大约有 10 000 家银行倒闭）发生后，联邦存款保险公司于 1933 年诞生。商业银行个人储户的最初保险额为 2 500 美元，但从 1934 年后提高了 6 次，到 1980 年时提高为 10 万美元。1945~1980 年期间，商业银行存款保险发挥了显著的作用：没有出现银行挤兑和恐慌，单个银行倒闭的次数也很少（参见图 14-1）。然而，从 1980 开始，银行倒闭的次数增加了，到了 10 年之后的 1990 年，一共有 1 039 家银行倒闭，其中 1988 年倒闭的最多，达到了 221 家。这一倒闭数字实际上要多于 1933~1979 年倒闭数之和。此外，这一时期的每一次倒闭给联邦存款保险公司造成的损失，一般都要大于 1933~1979 年的损失总额（主要是一些小银行的倒闭）。随着 20 世纪 80 年代银行倒闭次数和损失的上升，联邦存款保险公司的资金（来源于银行支付的保费以及这些保费的再投资收益）开始迅速下降。当所得保费以及保费再投资建立起来的准备金无法弥补倒闭的索赔时，保险基金就会丧失清偿力。1991 年初，联邦存款保险公司的资金来源实际上已经枯竭，此时它被准许从美国财政部借款 300 亿美元。尽管如此，1991 年底它仍然有 70 亿美元的赤字。面对这一危机，国会于 1991 年 12 月通过了《联邦存款保险公司改进法》(FDICIA)，以便对银行保险基金进行调整，并防止其有可能出现的破产。

从 1991 年开始，联邦存款保险基金的资金状况发生了急剧的改变，而且银行倒闭数也下降了——部分原因在于，银行达到了创记录的利润水平。具体而言，截至 2004 年 1 月，联邦存款保险公司银行保险基金（BIF）的准备额达到了 335 亿美元。2003 年，只有两起银行倒闭。2002 年有 10 起倒闭，2000 年有 6 起倒闭。在这些近期的银行倒闭中，最大的一起是 2001 年 7 月伊利诺斯 Superior 银行的倒闭。最初预计这次倒闭将给联邦存款保险公司造成 10 亿美元的损失。然而，2001 年 12 月，银行所有者同意向联邦存款保险公司支付 4.6 亿美元的罚金，以避免因为银行倒闭而遭遇管理失误的惩罚。这次倒闭最后给联邦存款保险公司造成的损失为 4.28 亿美元。目前，联邦存款保险公司银行保险基金的准备金比保险存款额高出 1.31%。

联邦储蓄贷款保险公司（FSLIC）负责向储蓄协会（以前被称作储蓄贷款协会）提供保险；其他储蓄机构（比如互助储蓄银行）通常会选择从联邦存款保险公司而不是从联邦储蓄贷款保险公司获得保险。与联邦存款保险公司一样，直到 20 世纪 70 年代末期，联邦储蓄贷款保险基金都比较正常。从 1980 年开始，随着越来越多的储蓄机构的倒闭及被迫关闭或合并，该基金的财源很快就枯竭了。1989 年 8 月，国会通过了《金融机构改革、复苏和巩固法》

图 14-1 各个年份的银行倒闭数（1934~2003 年）

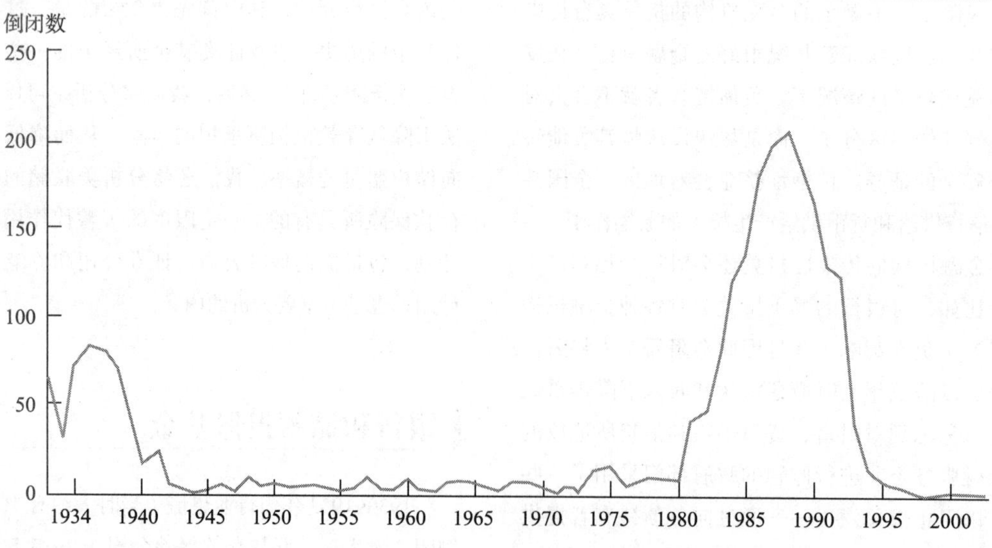

资料来源：FDIC reports and statistics on banking. www.fdic.gov

图 14-2　联邦存款保险公司、银行保险基金和储蓄协会保险基金

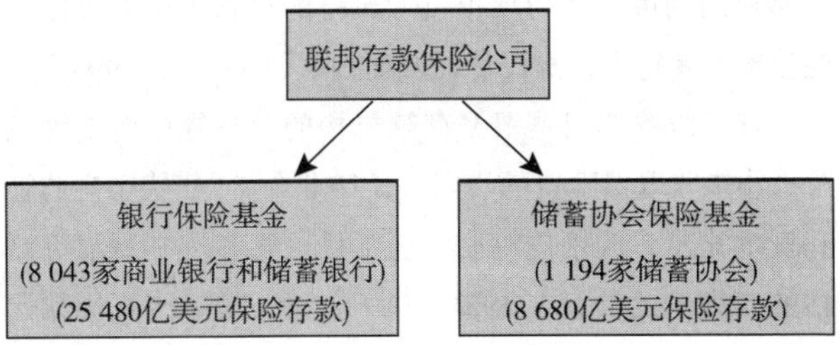

资料来源：FDIC，Quarterly Banking Profile，September 2003. www.fdic.gov.

表 14-1　BIF 和 SAIF 的合并

银行数据	BIF	SAIF	合并后的基金
基金会员银行数	8 043	1 194	9 905
保险存款（10 亿美元）	2 548	868	3 416
保险基金数据			
基金余额（10 亿美元）	33.46	12.19	45.65
准备率 *	1.31%	1.40%	1.34%

* 准备率为现有准备占全部保险存款的百分比。

资料来源：FDIC，Quarterly Banking Profile，September 2003. www.fdic.gov.

（FIRRES），该法主要考虑到储蓄机构行业危机的加深以及联邦储蓄贷款保险公司清偿能力的不断丧失。这一法案使储蓄协会基金得到完全调整，并将其管理权转移给了联邦存款保险公司。[1] 与此同时，针对储蓄协会设立的保险基金经过调整变成了储蓄协会保险基金（SAIF）。目前，联邦存款保险公司分别管理着储蓄协会保险基金和商业银行基金——目前被称为银行保险基金（BIF）。（截至 2003 年 9 月，储蓄协会保险基金拥有 122 亿美元的准备金，相当于保险存款的 1.40%）。1996~2003 年间，储蓄协会保险基金的存款机构会员中只有 5 家倒闭了。图 14-2 给出了联邦存款保险公司的组织结构，以及这些基金截至 2003 年 9 月时的相关信息（包括参与保险的存款机构的数量和以美元计价的保险存款价值）。

以 20 世纪 90 年代银行和储蓄机构的业绩为基础，再加上经济的强劲有力，《联邦存款保险公司改进法》及《金融机构改革、复苏和巩固法》似乎成功地帮助存款机构强化了金融地位。这些法规是否能继续发挥作用（尤其是在面临重大经济下滑时）还有待观察。其中一种观点认为，这些法规今后的成功取决于银行监管当局贯彻法律意图的政治意愿，甚至要以降低监管当局自身的自由决策权为代价。[2]

2001 年 4 月，联邦存款保险公司建议，将银行保险基金和储蓄协会保险基金合并为一家所谓的存款保险基金。联邦存款保险公司认为，银行保险基金和储蓄协会保险基金提供的服务是一样的。然而，只要存在着两个独立的基金，就有可能使银行和储蓄机构之间在保费和竞争力方面存在着差别。此外，由于并购和银行实力的扩展，许多机构都同时拥有 BIF 保险存款和 SAIF 保险存款。具体来看，目前有 40% 以上的 SAIF 保险存款是由商业银行持有的。投保机构分别跟踪其 BIF 和 SAIF 存款而产生的成本，可以通过两家基金的合并而消除。这一建议已于 2003 年初在美国众议院获得通过，并成为了 2003 年《存款保险改革法》的一部分。2004 年初，该议案正等待美国参议院的决策。表 14-1 列出了 BIF 与 SAIF 合并有可能带来的影响（截至 2003 年 9 月）。

存款基金丧失清偿力的原因

关于存款机构保险基金丧失经济清偿能力的原因，至少存在着两种（并非一定独立的）观点。此外，有些因素能够较好地解释联邦储蓄贷款保险公司在 20 世纪 80 年代的倒闭，而无法解释联邦存款保险公司的（濒临）倒闭，这主要是因为，前者的倒闭比后者面临的财务问题要严重得多。

1　此时，联邦储蓄贷款保险公司已不存在。

2　这种观点包括要求全面实施市场价值会计，并提高所有的资本充足率标准（参见第 20 章），使其达到与竞争者（未投保银行和储蓄机构）面临的市场约束水平更加一致。参见：G.J.Benston and G.G.Kaufman，"FDICA after Five Years，" *Journal of Economic Perspectives*，Summer 1997，pp.139–58.

金融环境

有一种观点认为，破产的原因在于20世纪80年代的几次外部事件或冲击，给美国银行和储蓄机构造成了不利影响。首先是1979~1982年利率的急剧上升。这次利率上升，对那些以短期存款为长期固定利率抵押贷款融资的储蓄机构产生了严重的负面影响。其次是石油、房地产和其他商品价格的暴跌——这尤其给美国西南部的石油、汽油和农业贷款带来了损害。最后是国内外金融服务竞争的加剧，使20世纪80年代银行和储蓄机构经营权的价值受到了侵蚀（参见第16~18章）。

道德风险

另一种观点认为，这些金融环境的影响只不过起到了催化剂的作用，而并不是危机的原因。危机的根源在于存款保险本身，尤其是保险合约的部分特征。尽管1980年前的存款保险抑制了储户和其他负债持有者对银行的挤兑，但它同时也解除或降低了对储户的约束力。存款保险使存款机构能够按接近无风险利率的条件借款，因此，只要它们愿意，就可以从事高风险的资产投资。存款机构所有者及其经理们知道，被保险的储户不会通过取款或要求存款利率风险溢价来积极地限制这种行为，其原因是在于，当存款机构倒闭时，他们能够从联邦存款保险公司获得全额赔偿。在这种情况下，20世纪80年代石油、汽油和房地产贷款的亏损，可以看成是银行利用存款保险合约带来的风险低估或风险扭曲所产生的结果。鼓励而不是抑制冒险行为的保险业务被认为**道德风险**（moral hazard）。[3] 这是因为，在有存款保险的情况下，由于债务持有者无需对存款机构（借款者）的行为进行监控，一家杠杆比很高的银行会非常积极地从事高风险投资，比如在其贷款业务方面。

在缺乏储户约束的情况下（见下面的解释），监管当局将存款机构承担的风险通过下列某种方法纳入到了定价之中：一是根据存款机构承担的风险来收取公开的存款保险费；二是通过对存款机构的风险活动进行限制和监控来收取**隐含保费**（implicit premium）。这可以用来代替储户的约束，因为承担过大风险的存款机构将直接或间接地为其行为付出代价。然而，从1933年到1993年1月1日，监管部门是根据存款机构的存款规模而不管风险大小来收取保险费的。同时，20世纪80年代也是监管和资本充足率放松的时期，而不是监管和资本要求更严格的时期。此外，在1981~1984年间，联邦储蓄贷款保险公司核查员的数量及对银行的核查次数实际上是下降了。[4] 最后要指出的是，对资本严重短缺银行的限期整改和关闭措施直到1992年底才施行（参见第15章）。

3 道德风险的准确定义是，被保险人（在此指的是银行）的特点或环境使保险人（联邦存款保险公司）有可能遭受的损失。

4 L. J. White 指出了20世纪80年代储蓄机构监管的总体薄弱。核查次数从1980年的3 210次下降到1984年的2 347次，且每10亿美元资产的核查员人数从1980年的5.41次降为1984年的2.4次。参见：L. J. White，*The S and L Debacle* (New York：Oxford University Press，1991)，p.89.

恐慌的防范与道德风险

关于20世纪80年代银行和储蓄机构保险基金的倒闭，其中的原因大多关注于道德风险上。存款机构所有者承担风险后的亏损越小，他们过分进行风险资产投资的积极性越高。当风险资产投资或赌博行为获得回报时，存款机构所有者就会获得意外的利润。然而，如果他们失败，作为保险人的联邦存款保险公司就要承担大部分亏损——考虑到存款机构所有者（与普通公司所有者一样）承担的是有限责任。这就导致了“只赢不输”的局面。

需要指出的是，即便没有存款保险，存款机构所有者或股东的有限责任也始终会激励他们以损害固定收益债权人（比如储户和债务持有者）的利益来进行风险投资。存款机构和其他企业的区别在于，存款保险定价不合理所导致的风险行为激励因素。也就是说，当风险行为不能通过存款保险费获得**精算师公允定价**（actuarially fairly priced）时，存款机构的股东就会更加积极地承担更大的风险。

然而，尽管存款保险定价的不合理有可能加重存款机构的风险行为，但存款保险有效地阻止了1930~1933年存款机构的恐慌和挤兑事件在战后的出现（参见图

14-1）。换句话讲，存款保险在很大程度上确保了信贷和货币体系的稳定。

这说明在理想状态下，监管当局在设计存款保险合约时，应该在道德风险与存款机构的恐慌情绪或挤兑风险之间进行权衡。比如，保险公司向所有储户提供 100% 的保险能够使挤兑的概率降为 0，但这在很大程度上又有可能鼓励某些存款机构的道德风险行为。[5] 另一方面，非常有限的存款保险可能会激励挤兑行为和恐慌情绪，但道德风险行为本身将会减少。

20 世纪 80 年代，储户享有广泛的存款保险，这导致储户对存款机构所有者和经理们的风险行为缺乏监控和限制的积极性，从而使存款机构的挤兑风险水平较低，但道德风险水平较高。通过对存款保险合约进行调整，有可能使存款机构的道德风险有较大的降低，但却不会使挤兑风险大幅度提高。从某种程度上讲，这就是制定 1991 年《联邦存款保险公司改进法》（FDICIA）以及储户优先法规（包含在 1993 年《综合预算调节法》中）时要达到的目标（将在本章的后面介绍）。

对存款机构风险行为的控制

为了降低道德风险行为，可以通过三种方法来对存款保险进行调整：

1. 加强股东约束。
2. 加强储户约束。
3. 加强监管者约束。

具体而言，通过调整保险合约的特点而改变储户和监管者的行为，就可以直接或间接影响到存款机构所有者和股东的承担风险的积极性。在联邦存款保险公司清偿能力问题发生后，1991 年通过的《联邦存款保险公司改进法》就是为了强化所有这三个方面的约束。

股东约束

保险费

想使股东的风险行为代价更为高昂，其中的一个办法就是将联邦存款保险公司的保险费与存款机构的风险状况挂钩。下面我们将介绍如何这样做，其中包括 1993 年以来联邦存款保险公司所采用的以风险为基础的保费计划。

相关理论　1993 年之前，联邦存款保险公司存款保险合约的一个主要特点就是，向所有银行和储蓄机构收取统一的存款保险费。具体来看，每家存款机构每年根据其国内存款的某一固定比率，向联邦存款保险公司支付一笔固定的保险费。[6] 1989 年之前，国内存款保险费按 0.0833% 的比率缴纳。随着联邦存款保险基金的不断耗减，保险费的水平被提高过几次，但是其缺乏风险敏感性的特点并未得到改变。到了 1993 年，存款机构支付的保险费提高到其国内存款的 0.23%，几乎为 1988 年的三倍。

为了探究统一的或以存款规模为基础的保费计划为什么不能够约束存款机构的风险行为，我们来看表 14-2 中所给出的国内存款规模相同的两家银行。A、B 两家银行都有 1 亿美元的国内存款，而且（1993 年）将向联邦存款保险公司支付相同的保险费（0.0023 × 1 亿美元 = 23 万美元 / 年）。然而，它们的风险行为是完全不同的。A 银行具有很大的风险，因为它将所有资产都投资于房地产贷款。B 银行几乎没有什么风险，它将所有资产投资于短期国债。我们在图 14-3 中给出了两家银行不同资产风险下的保险费费率。

在图 14-3 中可以看到，根据 1993 年之前的统一保费计划，A、B 两家银行将依照国内存款规模而缴纳相同的存款保险费。对统一保费计划提出批评的人认为，联

5　事实上，对 60 多个国家存款保险计划的研究表明，明确的存款保险一般不利于银行体系的稳定，尤其是在银行利率不受监管且监管力量较弱的情况下。具体而言，存款保险鼓励存款机构向高风险、高收益的项目融资。然而，当道德风险受到更多的限制，而且存在更有效的审慎监管时，存款保险带来的负面影响是有限的。这反过来会提升银行体系的稳定性。参见：A. Kunt and E. Detragiache, "Does Deposit Insurance Increase Banking System Stability? An Empirical Investigation," Working Paper, World Bank, June 2000.

6　在现实中，保险费是每半年缴纳一次。

表 14–2 统一的存款保险费和风险行为

A 银行				B 银行			
资 产		负 债		资 产		负 债	
房地产贷款	100	国内存款	100	短期国债	100	国内存款	100

资料来源：FDIC，Quarterly Banking Profile，September 2003. www.fdic.gov.

图 14–3 保险费费率与风险的关系

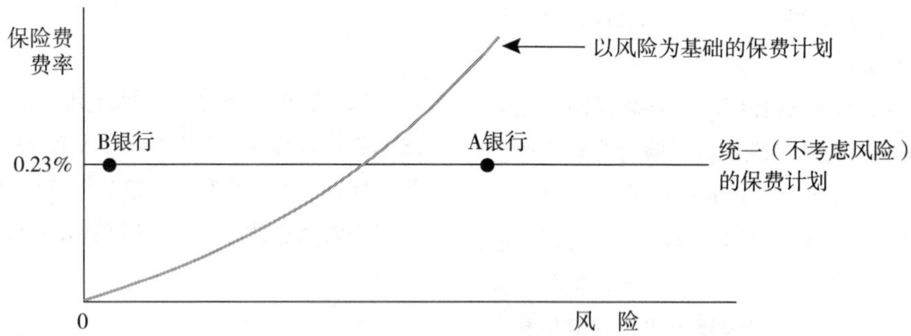

邦存款保险公司的行为应该更类似于一位私营财产事故保险人。根据通常的财产事故保险费确定原则，风险越高，保险人收取的保费越高。这就意味着，风险较低的参保者（比如 B 银行）一般不需要向风险较高的参保者（比如 A 银行）提供补贴，从而与 1993 年前的联邦存款保险公司保费定价方法不同。如果保费随着银行的风险而增加，那么，银行承担风险的积极性就会下降。因此，最终的目标是要像精算师那样对风险进行公平定价（类似于私营财产事故保险人所使用的方法），以及使得保费能够反映保险人提供存款保险时的预期私人成本或损失。

需要说明的是，有人反对以精算师公允风险为基础的保费计划。他们认为，如果出于社会福利的考虑，存款保险人的行为必须区别于财产事故保险公司这样的以成本最小化为目标的私营保险人，那么，向银行和储蓄机构提供某些补贴是合情合理的。请不要忘记，联邦存款保险公司是一个准政府机构，对银行市场稳定性和储户福祉等更广泛的考虑，理应超出对私人成本最小化的考虑而且认为这些补贴是必须的。其他一些学者认为，如果在完全竞争的银行体系中采用精算师公允保费，那么银行业本身将无利可图。换句话讲，银行想要盈利的话，某些补贴是必须的。然而，尽管美国的银行业具有竞争性，但它有可能在某种程度上偏离了完全竞争模式。

精算师公允保险费的计算[7] 经济学家们提出了几种计算公允存款保险费的方法。追求成本最小化的保险人（比如联邦存款保险公司），可以根据这些方法来收取保费。其中的一种方法认为，保险费等于预期的损失程度乘以存款机构倒闭时的亏损频率（考虑到了其他因素的影响）。这与财产事故保险行业的保费确定方法是完全一样的。可是，最常用的一种方法是**存款保险期权定价模型**（option pricing model of deposit insurance，即 OPM）。它把联邦存款保险公司提供的保险业务看成是一种出售看跌期权的行为，即以存款机构（存款保险购买者）的资产为基础而卖出看跌期权。我们在图 14–4 中描绘出了这种期权定价模型的理念。

在这一框架下，联邦存款保险公司向存款机构收取保险费 0*P*，同时向其存款（0*D*）提供保险。如果存款机构运行良好，其资产价值高于 0*D*，且净值为正数，那么它将继续经营下去。这样，联邦存款保险公司不用支付保险赔款，从而将获得存款机构支付的保险费（0*P*）。如果存款机构丧失清偿能力——或许是由于一组业绩较差的或风险较高的资产组合造成的，那么，其资产价值将降到 0*D* 之下（比如降为 0*A*），其净值将成为负数，这时

7 这一节中包含了一些更深的内容，可以根据课程的要求进行取舍。

图 14-4　作为看跌期权的存款保险（$0D$ = 存款机构的存款；$0A$ = 存款机构的资产；$0P$ = 存款机构支付的保险费）

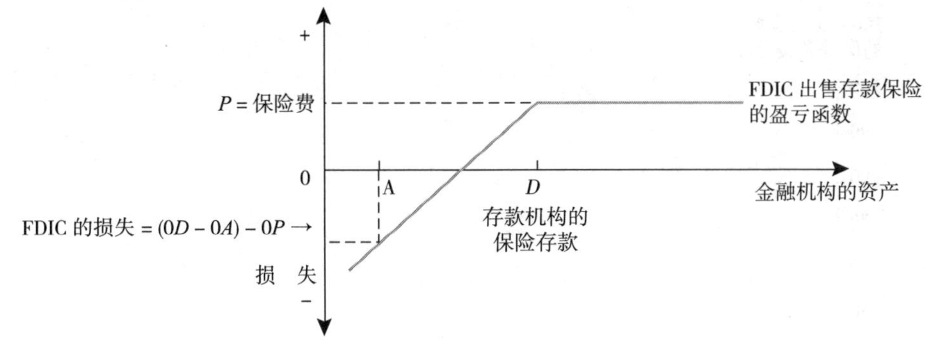

其所有者将“把银行交还给”联邦存款保险公司。在这种情况下，联邦存款保险公司将向保险储户支付金额为 $0D$ 的资金，并对存款机构资产（$0A$）进行清理。结果，联邦存款保险公司承担的破产（净值为负数）损失为:（$0D - 0A$）与存款机构所支付的保险费（$0P$）之差。

如果以这种简单的欧式看跌期权来进行估价的话，那么联邦存款保险公司提供存款保险的成本，将随着存款机构资产风险水平（σ^2_A）和杠杆比（D/A）的增加而增加。也就是说，精算师公允保费（$0P$）等于看跌期权费，而且应该与资产风险（σ^2_A）和杠杆比（D/A）正相关。[8] 图 14-5 给出了某期权定价模型的平均公允保费估计值——以 1989~1994 年间的 300 家银行为基础。1991 年后平均公允保费的下降，反映了此后银行资产波动的下降以及银行杠杆比风险的改善。

尽管从理论上看，期权定价模型是一种设计精巧的工具，但它却很难在实践中加以利用——尤其是因为存款机构资产的价值（A）和资产的风险（σ^2_A）都无法直接观察到。尽管这些变量的价值可以从存款机构的股权价值及股权价值的波动性中获取（参见第 6 章中对 KMV 模型的介绍），但只有 300 家存款机构的股份在三家主要的交易所（美国股票交易所、纳斯达克交易所和纽约股票交易所）进行交易——然而，一共有 9 200 多家存款机构（8 000 家为 BIF 承保机构，1 200 家为 SAIF 承保机构）。尽管如此，期权模型分析框架仍然是有用的，因为它表明，杠杆比和资产质量（或风险）都是任何存款保险定价模型中要考虑的重要因素。

下面，我们将对联邦存款保险公司 1993 年 1 月采用的风险存款保险费定价方法进行分析。这种方法与银行的杠杆比和资产质量都有着直接的联系。

风险保险费的实施　《联邦存款保险改进法》要求联邦存款保险公司从 1994 年 1 月 1 日开始确立风险保险费计算方法。目前，联邦存款保险公司依据下列因素来确定保险费：联邦存款保险公司还可以向承保机构的风险提供不超过 10% 的再保险，并利用再保险价格来确定被保险人的保险费。

1. 资产的不同类别和集中度。

8　在默顿的论文（An Analytic Derovation）中，存款保险担保的价值被看成是与布莱克—斯科尔斯模型中时间为 T 的欧式看跌期权的价值相同的（T 代表从现在到确定下一次保险费的时间）：

$$0P(T) = De^{-rT}\varphi(X_2) - A\varphi(X_1)$$

式中：

$$X_1 = \{\log(D/A) - (r + \sigma^2_A/2)T\}\ \sigma_A\sqrt{T}$$

$$X_2 = X_1 + \sigma_A\sqrt{T}$$

φ 为标准正态分布。

其他作者对默顿的许多假设进行了泛化，其中包括：（1）允许部分存款保险（Ronn and Verma，“Pricing Risk-Adjusted Deposit insurance”）；（2）在 D < A（即改变容忍程度）而不是 D=A 时行使期权（参见：Ronn and Verma’，and Acharya and Dreyfus，“Optimal Bank Reorganization”.）；（3）考虑到监管成本（参见：R. C. Merton，“On the Cost of Deposit Insurance When There Are Surveillance Costs，” *Journal of Business* 51 (1978)，pp.439–52.）；（4）将欧式期权改为美式期权，即可以在保险合约有效期内的任何时间行使期权（Merton，“On the Cost”）。

图 14–5 期权定价模型估算出的平均存款保险负债

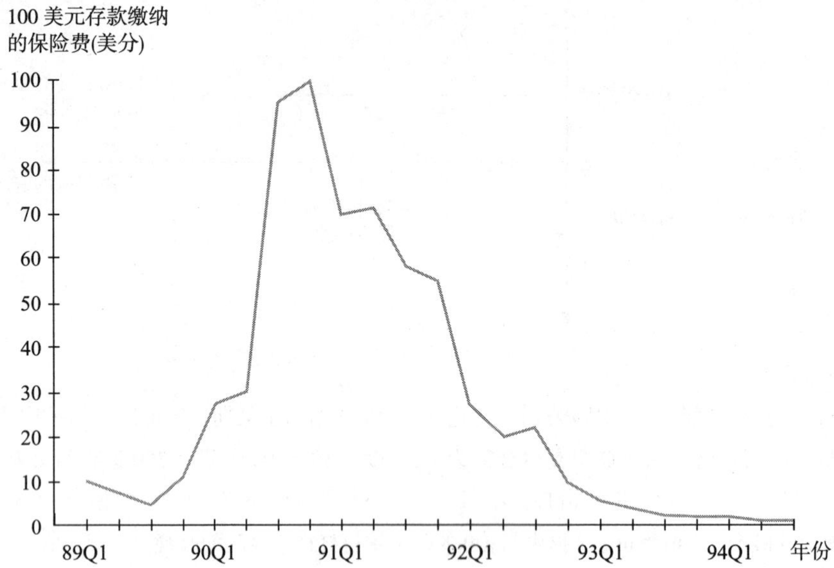

资料来源：Federal Reserve Bank of San Francisco，Newsletter 95–08，1995

2. 负债的不同类别和集中度——担保负债、无担保负债、或有负债、非或有负债等。
3. 影响损失概率的其他因素。
4. 存款保险人的收益需要。具体而言，在基金准备占被保险存款之比没有超过 1.25% 时，不能削减保险费。从 1996 年开始，BIF 和 SAIF 均突破了这一目标水平。

联邦存款保险公司于 1993 年 1 月 1 日首次引入了**风险存款保险计划**（risk-based deposit insurance program）。根据这一项计划（它被应用于所有参与存款保险的机构），银行或储蓄机构的风险将依据资本充足率和监管情况来进行排序。也就是说，排序结果将部分取决于监管部门对资产质量、贷款标准和其他营运风险的判断。由于每个方面都有三个类别，因此，某家银行或储蓄机构将被列在 9 种组合的某一种组合中。从表 14–3 的（a）部分可以看到最初的保费结构。

最好的存款机构（第一种组合中的那些资本十分充足且稳健经营的机构），支付的年保险费为存款额的 0.23%，而最差的存款机构要支付 0.31%。尽管最好的和最差的存款机构之间 0.08% 的保费差异是朝着风险定价迈出的第一步，但人们普遍认为，如此小的差别并不能对存款机构的风险进行有效的保险定价。在引入风险保费之时，联邦存款保险公司估计：12 000 多家被保险的商业银行和储蓄银行中，大约 75%（占贷款银行数的 51%）支付的是最低保费；2 300 家被保险的储蓄机构中，60%（大约占全部储蓄存款机构数的 43%）支付的是最低保费。只有大约 220 家银行（占所有被保险商业银行和储蓄银行的 2%）和 160 家储蓄机构（占全部被保险储蓄机构的 7%）支付的是 31 美分这一最高保费。1993 年的平均存款保险费费率为 0.232%。然而，联邦存款保险公司（及其所承保的银行和储蓄机构）清偿能力状况的改善使保险费大幅下降。存款保险费的结构在 1996 年（BIF 承保的存款机构）和 1997 年（SAIF 承保的存款机构）进行了调整——参见表 14–3 中的（b）部分内容。结果，2003 年 9 月，有 91.8% 的 BIF 承保机构和 91.5% 的 SAIF 承保机构都是支付的法定最低保费（此费率已降为 0），而平均存款保险费率为 0.0026%。[9]

9 从 1997 年 1 月开始，所有被保险的银行还必须支付 0.013% 存款费，以帮助偿还联邦存款保险公司在 20 世纪 90 年代进行业务重组时所发行的债券，即所谓的融资公司（FICO）债券。

表 14-3　存款保险费负担的变化

(a) 1993 年 1 月 1 日起生效的存款保险费结构			
监管群体的分类			
资本类别	**稳健**[1]	**监管关注**[2]	**严重监管关注**[3]
资本十分充足[4]	0.23%	0.26%	0.29%
资本充足[5]	0.26%	0.29%	0.30%
资本不足[6]	0.29%	0.30%	0.31%
(b) 1997 年 1 月 1 日起生效的存款保险费结构			
监管群体的分类			
资本类别	**稳健**[1]	**监管关注**[2]	**严重监管关注**[3]
资本十分充足[4]	0	0.03%	0.17%
资本充足[5]	0.03%	0.10%	0.24%
资本不足[6]	0.10%	0.24%	0.27%

说明：表中数据为保险费费率。

1. 财务稳健，只有少数缺点。
2. 如果缺点得不到纠正，有可能给基金带来重大风险。
3. 如果不采取有效的纠正措施，很有可能给基金造成损失。
4. 总风险资本≥ 10%，第一档风险资本≥ 6%，第二档杠杆比≥ 5%。
5. 总风险资本≥ 8%，第一档风险资本≥ 4%，第二档杠杆比≥ 4%。
6. 存款机构不能满足资本十分充足或资本充足的标准。

资料来源：Office of the Comptroller of the Currency，January 1993 and January 1997.

2001 年 4 月联邦存款保险公司提出的存款保险改革建议　21 世纪初，联邦存款保险公司发现，现行存款保险制度中有几个缺陷需要纠正。其中的一个缺陷就是，现行制度并不能对风险进行有效的定价。根据当时的法规，只要保险基金准备占保险存款之比高于 1.25%——所谓的规定准备率（designated reserve ratio，即 DRR），联邦存款保险公司就不能向资本十分充足和信用级别很高的存款机构收取保险费。结果，（正如上面所提到的）20 世纪 90 年代末期和 21 世纪初期，所有被保险银行中，90% 以上的都不用支付存款保险费。联邦存款保险公司认为，无论保险基金的准备金水平如何，都应该根据风险收取固定的保险费。

联邦存款保险公司所建议的其中一种风险计量方法，就是使用统计信用评分模型。这种模型利用考核等级、财务比率和部分市场信号（对大银行而言）作为输入信息来预测银行的倒闭率。表 14-4 给出了联邦存款保险公司所建议的评分模型。每一家存款机构都将根据自身的下列风险因素而获得一个分数：骆驼评级（监管部门对存款机构总体风险的评价）、资本比率、利润率、不良贷款、拥有的其他不动产（ORE）与总资产之比、核心融资比率、流动性比率和资产增长速度。随后这个分数可以用于对所有存款机构的评价，并取代现行的矩阵组合。比如，利用该评分模型，可将位于第一种组合的存款机构（参见表 14-3 中的现行方案）分解为如下三种不同的风险种类：

类别 Ia+：3 分以下

类别 Ia：4 分或 5 分

类别 Ia-：6~11 分

通过对第一组（最优的）存款机构组合进行这样的分解之后，该行业中 92% 的机构就再也不会支付相同的保费费率（0）了。联邦存款保险公司的建议只将资本十

表 14-4 利用评分模型进行存款保险定价

评分依据	得分范围	最大分值
骆驼评级 =1	0	
骆驼评级 =2	1	
骆驼评级 =3	4	
骆驼评级 =4	15	
骆驼评级 =5	50	50
权益与资产比 > 12%	0	
权益与资产比 = 6%~12%	1	
权益与资产比 < 6%	14	14
净收益与总资产比 > 1.25%	0	
净收益与总资产比 = 0.65%~1.25%	1	
净收益与总资产比 = 0~0.65%	2	
净收益与总资产比 < 0	10	10
不良贷款与总资产比 < 1%	0	
不良贷款与总资产比 = 1%~3%	2	
不良贷款与总资产比 > 3%	10	10
ORE 与总资产比 < 1%	0	
ORE 与总资产比 = 1%~3%	2	
ORE 与总资产比 > 3%	6	6
非核心融资与总资产比 < 15%	0	
非核心融资与总资产比 = 15%~30%	1	
非核心融资与总资产比 > 30%	3	3
流动性资产与总资产比 > 50%	0	
流动性资产与总资产比 = 30%~50%	1	
流动性资产与总资产比 < 30%	2	2
资产增长率 < 40%	0	
资产增长率 > 40%	5	5
总分		100

资料来源：FDIC Web site，April，2001，www.fdic.gov.

分充足的 A 级存款机构分解成了三个类别（即 la+，la，la-）。由于数量相对较少，其他 8 种组合中的存款机构（其余 8% 的存款机构）并没有进行分解。表 14-5 给出了这种评分模型估算出的费率，表 14-6 则是根据 2000 年底的数据计算出的被估算的存款机构的分布状况。从这一方法中可以看到：仍然处于风险最低（la+）类别的机构占 42.7%（它们应支付的存款保险费费率为 0.01%）；有 26.5% 的机构处在 la 这个新的类别中（它们应支付的存款保险费费率为 0.03%）；有 23.0% 的机构处在 la- 这一类别（它们应支付的存款保险费费率为 0.06%）。风险最

表 14-5 以修正后的 la 类别为基础估算出的保险费费率（100 美元存款应缴纳的美分）

	监管分类				
	A*			B	C
资本类别	la+	la	la-		
资本十分充足	1	3	6	12	25
资本充足	N/A	12	N/A	25	30
资本不足	N/A	25	N/A	30	40

* 只有资本十分充足的 A 级银行才被分成了三类（即 la+，la，la-）。

资料来源：FDIC Web site，April，2001，www.fdic.gov.

表 14-6 修正后的 la 类别中的存款机构分布

	监管分类				
	A*			B	C
资本类别	la+	la	la-		
资本十分充足	4 233 （42.7%）	2 634 （26.5%）	2 282 （23.0%）	485 （4.9%）	70 （0.7%）
资本充足	N/A	172 （1.7%）	N/A	25 （0.3%）	11 （0.1%）
资本不足	N/A	4 （0.0%）	N/A	2 （0.0%）	6 （0.1%）

* 只有资本十分充足的 A 级银行才被分成了三类（即 la+，la，la-）。

资料来源：FDIC Web site，April，2001，www.fdic.gov.

大的存款机构将承担每年 0.4% 的存款保险费费率。截至 2004 年初，所提出的《存款保险改革法》已经得到了美国众议院的批准，且正在等待美国参议院的表决。

资本要求的提高及更严格的倒闭规则

降低股东冒险积极性的第二种方法就是：要求更高的资本比或更低的杠杆比（这样股东的风险投资将会对其产生更大的利害关系），以及实施更为严格的存款机构倒闭规则。存款机构所有者积极从事风险交易所带来的道德风险，会随着其资本或净值的逐步耗尽以及杠杆比的上升而加大。对于 20 世纪 80 年代从事经营的储蓄机构而言，由于它们几乎没有账面股本且净值为负数，因此，其所有者拥有巨大的冒险动机。

由于表现出了过度的**资本宽容**（capital forbearance），监管当局未能关闭这些存款机构。从短期看，这种宽容

可以为保险基金节省一些资产清理成本。从长远看，这种行为将使经营有问题的银行或储蓄机构的所有者能够继续积极扩张并承担更多的风险，以期望巨额回报能使局面发生扭转。这种战略有可能会加大保险基金未来的负债以及存款机构资产清理的成本。现在我们看到了这样一个事实：成本的大量增加是 20 世纪 80 年代监管当局在储蓄机构推行资本宽容政策所导致的实际结果。

正如我们将在第 15 章中介绍的，风险成本要求制度规定那些从事更大的表内外风险、市场风险、信用风险、营运风险和利率风险的银行和储蓄机构，必须持有更多的资本。因此，风险资本制度可以对风险存款保险费制度提供支持，因为它会增加存款机构股东从事风险活动的成本。[10] 此外，1991 年的《联邦存款保险公司改进法》力求通过引入**限期整改**（prompt corrective action）计划来大力强化监管当局对存款机构股东的约束力。这一计划为银行和储蓄机构设立了五个资本区间，随着资本比率的下降，监管当局的强制行为会越来越严厉。在这种有赏有罚的方式下，当银行或储蓄机构的资本下降到某一账面值水平（且大于 0）时，即当它出现严重的资本不足时（目前对存款机构而言是指资本与资产比为 2%），就要在 90 天内被破产接管人接管。

由于资本账面值近似于实际净值或资本的市场价值，这种方法给存款机构所有者的风险行为带来了额外的成本，因此强化了对股东的约束。这种方法还增强了存款机构所有者和监管当局（比如联邦存款保险公司）在风险业务方面的共同保险行为。

20 世纪 80 年代中期以来，越来越多的观察家建议，除了普通股之外，还应该利用次级债务（subordinate debt，即 SD）来加强对美国存款机构的总体市场约束力（既有股东的约束，也有未担保债务持有者的约束）。作为对此项考虑的回应，1999 年的《金融服务现代化法案》责成美联储及美国财政部对下列问题进行研究，并向国会报告下列问题，即要求所有或部分存款机构在其资本中持有一部分次级债务的做法是否恰当可行？

在它们的报告中[11]，这些机构得出的结论是，可以利用次级债务政策的设计来不同程度地达到五个目标。首先，如果存款机构发行次级债务的预期成本与债务持有人对存款机构风险的感受直接相关的话，那么，次级债务就可以使直接的市场约束得到改善。对更高的融资成本的预期，将对存款机构的过度冒险行为产生抑制作用。其次，如果存款机构债务的二级市场价格与其风险直接相关的话，那么次级债务就能使间接的市场约束力得到增强。此外，如果存款机构的监管者把二级市场收益率的上升看成是存款机构风险增加的信号，并采取行动来纠正风险的增加，那么它们就能够对存款机构施加间接约束。第三，法定次级债务将促进存款机构的透明度及信息披露行为，因此，可以直接和间接地促进市场约束。第四，次级债务的发行还可以加大存款机构资本缓冲的规模，从而向联邦存款保险人（比如联邦存款保险公司）提供保护。当存款机构倒闭时，只有在存款保险人获得全额补偿后，次级债务持有者才能收回自己的资金。最后，次级债务将降低存款机构监管部门对有问题的存款机构的容忍程度。由于当存款机构倒闭时，次级债务持有者将在存款保险人之后收回资金，因此，他们会积极督促监管部门对有问题的存款机构采取限期整改措施。

关于法定次级债务的数额，存在着两种不同的意见。一种意见认为，次级债务融资可以占风险加权资产的 2%；另一种意见要求有更多次级债务融资——一般认为应占资产账面值或风险加权价值的 4%~6%。21 世纪初，几乎所有大型存款机构发行的次级债务都在其资产账面值的 1% 以上。尽管人们同意，发行法定次级债务的政策有可能强化市场约束，提高安全性和稳健性，但美联储和美国财政部在 2000 年的报告中声称，在对大型存款机构实行法定次级债务要求之前，它们需要收集更多的证据。因此，目前并没有一个最终的规定。

10 假设银行新股本的筹资成本比存款更加昂贵。

11 参见："The Feasibility and Desirability of Mandatory Subordinated Debt," Board of Governors of the Federal Reserve and U.S.Department of the Treasury，December 2000.

储户约束

对风险较大的存款机构进行约束的另一种更为间接的方法就是，创造一种具有更大的储户约束力的环境，储户可以要求更高的存款利率和存款风险溢价，也可以调整他们愿意持有的风险较大的存款机构的存款额。

批评家们认为，在目前的存款保险法规下，保险储户或未保险储户都没有足够的积极性去约束风险较大的存款机构。为了理解这些观点，我们来看在现行保险存款合约的规定下，被保险储户和未保险储户所面临的风险。

保险储户

1933 年引入存款保险合约时，每位储户的保险额为 2 500 美元。这一最高保险额逐步增加到了 1980 年的 10 万美元。这 10 万美元的上限涉及到储户的受益权益和存款资金的所有权。在实践中，通过对银行或储蓄机构的存款资金进行某种方式的调整，储户的存款保险额可以达到 10 万美元保险上限的许多倍。想了解这一点，我们来看表 14-7 中个人可以利用的不同种类的存款所有权。

表 14-7 存款所有权类别

个人所有，比如简单的支票账户。
共同所有，比如夫妻储蓄账户。
可撤销信托——此时的受益人是财产赠与者的一位符合条件的亲属，而且财产赠与者可以改变或取消信托。
不可撤销信托——此时的受益权益不可更改或取消。
雇员福利计划权益——此类权益是既得的，因此不能被更改或取消。
公共单位，即联邦、州和市政账户。
公司和合伙制。
非公司制与联营。
个人退休账户（IRAS）。
基奥账户。
高级管理者账户。
银行代理或信托账户。

资料来源：U. S. Department of the Treasury, "Modernizing the Financial System ; Recommendations for Safer More Copetitive Banks," Washington, DC, February 1991.

每一类别都可以累积到 10 万美元这一存款保险上限——这是每家银行的保险上限。我们通过一个例子来看，储户如何通过采用某些策略来提升保险水平。

例 14-1 保险存款的计算

一对已婚夫妇有一个女儿，且夫妇俩都在银行拥有**个人退休账户**（individual retirement accounts, IRAs）和**基奥**（Keogh）私人养老金计划。这个家庭可以将保险上限提高到 80 万美元：丈夫个人存款账户、妻子个人存款账户、夫妻共同存款账户、女儿信托存款账户、丈夫个人退休账户、丈夫基奥账户、妻子个人退休账户、妻子基奥账户。如果以这种方式将所有权扩大，一个家庭的保险限额可以迅速接近或超过 100 万美元。

请注意，这种保险上限是针对每一家银行或储蓄机构的。富人和机构投资者可以利用**存款经纪商**（deposit brokers）将其资金按最高限额分散于许多存款机构之中。这样，他们所有的存款都获得了明确的保险。比如，拥有 100 万美元存款的一位富人，可以雇用一位像美林这样的存款经纪商，把 100 万美元分成 10 个 10 万美元后，存入 10 家不同的银行。20 世纪 80 年代，经纪存款最大的买家就是不能或是只能有限度地进入借入资金市场的高风险银行，这些高风险银行通过支付比稳健银行更高的利率来吸引经纪存款。实际上，银行持有较大比重的经纪存款成为了其未来倒闭的一个早期预警信号。储户和基金经纪商都不用担心这些资金的风险，因为，银行倒闭时，每一笔 10 万美元及其所带来的利息都能获得全部保险。

1984 年，联邦存款保险公司和联邦储蓄贷款保险公司提出了一个联合决议，目的是拒绝向存款经纪商的投资提供保险。经过广泛的国会听证之后，这一决议最终被否决了。然而，国会于 1989 年通过了《金融机构改革、复苏和巩固法》(FIRREA)。该法案规定，达不到资本标准的被保险存款机构不能接受经纪存款，也不能通过提供大大高于通行利率的做法来吸引存款。1991 年《联邦存款保险公司改进法》(FDICIA) 正式认可了这些限制措施——它只允许资本位于第一个区间的银行和储蓄机构接受经纪存款。根据限期整改计划，这就意味着这些存款机构的总风险资本比率要在 10% 以上。不在这一区间的存款机构一般不能接受经纪存款，除非它们从联邦存款保险公司得到特殊许可。这些限制措施从 1992 年 6 月起生效。

《联邦存款保险公司改进法》并没有对 10 万美元的储户存款保险上限进行调整。虽然降低保险上限能够鼓励储户对风险较大的存款机构进行监督并加以挤兑，但这同时也会增加存款机构倒闭的数量和发生恐慌的概率。因此，虽然联邦存款保险公司降低每位储户的存款保险额可以获得一定好处，但它同时也要考虑到这种做法会增加存款机构倒闭的概率以及倒闭所带来的资产清理成本。这表明，确定每位储户在每家存款机构的最优保险上限并非一件易事。

2001 年 4 月，联邦存款保险公司建议，存款保险额应该指数化，以便维持其实际价值。从 1980 年（当时的保险额上限升到了 10 万美元）到 2001 年，存款保险额的实际价值已经下降了一半。没有倡导临时增加存款保险额这一做法（这是 1934 年以后采用的方法），联邦存款保险公司提出了一个更加系统化的方法：通过指数化体系来维持保险额的实际价值。指数化（比如与消费物价指数挂钩）能够增强可预测性，并降低保险费支出突然大幅度上升的可能性。存款机构所有者及储户都能够更准确地预测保险额增加的时间及影响，这反过来又可以降低与保险额变动相关的财务计划风险。联邦存款保险公司建议，保险额调整的最大时间间隔为 5 年（而且不允许下降），调整的必要条件是保险额的实际价值降到了已有保险额的 80% 以下。虽然联邦存款保险公司在自己 2001 年的报告中首次提出将保险额增加到 13 万美元，但它同时声称恰当的保险额还有待探讨，并且将由国会最终决定。2004 年，作为 2003 年《存款保险改革法》参与者的美国众议院批准将存款保险额增加到 13 万美元，并且要求每 5 年对保险上限调整一次，以反映消费物价指数的变化。美国参议院还未对这项议案进行投票，但它正在考虑另一项议案——该议案没有要求立即将保险额提高到 10 万美元以上。

未保险储户

存款保险的主要目的是，阻止存款机构挤兑和恐慌的发生。另一个相关的次要目的就是，保护信息不太灵通的小储户——防止他们因为存款机构倒闭时未能及时排队取款而遭受财富损失。根据现行的存款保险合约，信息不太灵通的小储户指的是存款额不超过 10 万美元的储户。如果存款机构倒闭，存款额在 10 万美元以上且消息更为灵通的大储户将面临着风险——至少从理论上讲是如此。这样，那些未保险的大储户会对存款机构的风险更加敏感，并且会力求对风险更大的存款机构进行约束——其方法是要求更高的存款利息，否则就会完全提取存款。到目前为止，解决存款机构倒闭的方式证明了如下事实的存在：无论是小额储户还是大额储户，他们经常都能够完全避免损失的发生。大银行发生危机时尤其如此，因为，它们被人们看成是**太大而不能倒闭**（too big to fall）。换句话讲，它们规模太大，监管部门不可能对其进行破产清理，原因在于，一是担心保险基金的大量流失，二是担心系统性的挤兑会涉及到其他大银行。因此，尽管未保险储户一般会因为储蓄机构和小银行的倒闭而遭受损失，但大银行倒闭时，监管当局所采用的解决方法一般都会不言而喻地向其提供 100% 的存款保险。因此，尤其是对大银行而言，大额储户和小额储户都没有足够的积极性来对其风险施加市场约束。

为了理解这些观点，我们来看 1991 年《联邦存款保险公司改进法》通过之前存款机构倒闭的主要处理方法。我们还要介绍下列内容：1992 年后《联邦存款保险公司改进法》所要求的方法以及 1993 年《综合预算调节法案》中的储户优先法规，一方面使未保险储户和债权人的风险加大，另一方面也降低了联邦存款保险公司在解决倒闭问题时的成本。

《联邦存款保险公司改进法》之前的倒闭解决方法　《联邦存款保险公司改进法》通过之前，有三种解决倒闭的方法：偿还法、购买与接管法、公开援助法。1991 年《联邦存款保险公司改进法》通过之前，联邦存款保险公司不得不对存款机构的资产进行清理，即**偿还法**（payoff method）——除非联邦存款保险公司认为有成本更低的方法。在这种方法下，选择的关闭政策较少考虑必要的

表 14-8 联邦存款保险公司解决存款机构倒闭所采用的不同方法的统计数（1986~2003 年）

	1986~2003 年清算的银行		银行保险基金估计的损失		清算时的资产纪录		损失占资产的比重 *	被清算银行的平均资产规模
	银行数	（%）	（百万美元）	（%）	（百万美元）	（%）		（百万美元）*
清算类别								
偿还与转移								
存款偿还	80	6%	1 653	5%	4 887	2%	34%	52.9
存款转移	154	12	3 036	9	11 134	5	27	72.3
小　计	234	18	4 689	14	16 021	7	29	68.5
收购与接管								
所有银行	291	23	9 802	31	72 120	31	14	247.8
保险存款	100	8	3 478	11	24 283	10	14	242.8
清洁收购及其他	613	47	12 259	38	105 664	45	12	172.4
小　计	1 004	78	25 539	80	202 067	86	13	201.3
援助交易	54	4	1 860	6	16 914	7	11	313.2
合　计	1 292	100%	32 008	100%	235 002	100%	14%	181.9

说明：样本所包含的是1986~2003年被清算的银行，它们是由银行保险基金所承保的商业银行和储蓄银行。资产价值是指被清算时的记录。

* 数据为各种解决方法的平均数。

资料来源：Congressional Budget Office analysis based on Federal Deposit Insurance Company，*Failed Bank Cost Analysis*，1985−1995；and FDIC Historical Statistics，1996−2003. www.fdic.gov.

资产清理成本，因此与实际的最低清算成本政策（在所有关闭方法中，挑选出成本最低的方法）不同。直到《联邦存款保险公司改进法》通过之后，联邦存款保险公司才要求采用最低成本清算法。此外，1991 年之前，低于清算成本的方法有可能被推翻，因此，如果其继续营业被看成是当地社区所必须的，存款机构会以某种重组的形式继续开展经营。《联邦存款保险公司改进法》也取消了这一必要条件。

接下来，我们将更详细地分析联邦存款保险公司所使用的三种主要的破产解决法。同时，我们还要分析《联邦存款保险公司改进法》和 1993 年储户优先法规是如何影响联邦存款保险公司的策略变化，以及（更重要的是）这些变化对加强储户约束有可能带来的影响。

偿还法（资产清理法）。从历史上看，偿还法曾经解决了大多数小存款机构的倒闭问题——由于这种情况下无法完成并购，或并购成本太高，或者是由于存款机构给社区造成的损失只会给当地带来很小的社会成本。在偿还法下，监管当局对存款机构的资产进行清理并全额偿还保险储户（保险存款的偿还）。监管当局还可以将这些存款完全转移到另一家当地存款机构（保险存款的转移）。利用表 14-8 中的数据，可以对 1986~2003 年这两种偿还法的相对规模进行比较。1993 年以前进行资产清理时，未保险储户和联邦存款保险公司（它接管了保险储户的债权）按比例分享已倒闭存款机构资产的剩余价值。然而，1993 年储户保护法规通过之后，联邦存款保险公司和国内未保险储户的求偿权，要优先于外国未保险储户以及向同业市场提供联邦基金的债权人。这使联邦存款保险公司的负债有可能降低。

从例 14-2 中，我们可以清楚地看到，如果总是采用偿还法来解决存款机构倒闭的话，那么未保险储户将有

表 14-9 已倒闭银行的资产负债表（单位：百万美元）

资　产		负　债	
资产	80	保险存款	50
（清理价值）		国内未保险存款	50
	80		100

例 14-2 利用偿还法解决银行的倒闭

为了了解使用偿还法（资产清算）时哪些人会受益，哪些人有可能遭受损失，我们来看表 14-9 中一个简单的银行倒闭的例子。倒闭银行资产清理的价值只有 8 000 万美元。它未清偿的小额保险储户（每位储户的资产都在 10 万美元以内）债务为 5 000 万美元，未保险国内储户（每笔资产都在 10 万美元以上）的债务为 5 000 万美元。倒闭银行的净值为负的 2 000 万美元。

银行关闭时，保险储户完全获得了 5 000 万美元的偿付。[1] 联邦存款保险公司对 8 000 万美元的资产进行了清算，并且将其按平等的（或按比例的）方法，分配给了未保险的国内储户。由于联邦存款保险公司和未保险的国内储户各拥有 50% 的存款资产，因此它们在银行资产清理时分别得到了 4 000 万美元。

该行 2 000 万美元的净值损失将在三方当事人或三方债权人之间进行如下分配：[2]

	损失（百万美元）
保险储户	0
联邦存款保险公司	10
国内未保险储户	10
	20

银行 2 000 万美元的净值损失，由联邦存款保险公司和国内未保险储户按比例分摊。[3]

1 在保险存款转移法下，存款将完全转移到另一家本地银行，而不是进行全额偿付。

2 在本例中，我们未列出股权的价值以及外国未保险储户和债权人的价值。其原因在于，他们的求偿权要低于上述三方当事人（联邦存款保险公司、保险储户和未保险的国内储户），因此银行倒闭时，他们的债权价值已降为 0。

3 在保险存款转移法下，当已倒闭银行的保险存款被转移到另一家银行并进行资产清理时，获得保险存款的银行有时会根据所获新储户的价值，来向联邦存款保险公司支付一笔费用。此类费用将使联邦存款保险公司的资产清理成本下降。

很强的积极性来对存款机构的风险行为进行监控。他们还可以要求更高的存款风险溢价，以及（或者）从风险较大的银行收回存款，以此来约束银行所有者。

虽然监管者经常使用偿还法，但这种方法大多用于储蓄机构和小银行的倒闭（参见表 14-8 中这些存款机构的相对较小的平均资产规模）。大银行倒闭时，监管者经常会使用下面要介绍的第二种和第三种关闭方法。我们将清楚地看到，这些方法对未保险储户的约束要小得多。

购买与接管法 从表 14-8 中可以看到，一共有三种类型的**购买与接管**（purchase and assumption，P&A）解决办法。《联邦存款保险公司改进法》通过之前，最常使用的一种方法就是传统的“清洁”购买与接管法；从 1987 年开始，监管部门尝试过整体银行购买与接管法。1992 年以后（《联邦存款保险公司改进法》通过之后），联邦存款保险公司在越来越多的倒闭案中使用了保险存款购买与接管法。在传统的清洁购买与接管法下，由一家实力更强的稳健存款机构来购买和接管倒闭存款机构的保险和未保险存款，以及剩余的优质资产（大多是一些证券）。倒闭机构的总存款与其优质资产价值之差，由联邦存款保险公司的资金注入（要减去作为收购方的存款机构愿意支付的接管费用）来弥补。大银行的倒闭使用的是银行整体购买与接管法。在这种方法下，所有资产（无论好坏）都要转移，因此，能够降低联邦存款保险公司的初始资金注入。但是，作为收购方的银行日后（有一定时间限制）可以将收回的不良资产，退还给联邦存款保险公司。保险存款购买与接管法将在本章的后面介绍，原因在于《联邦存款保险公司改进法》通过之后，这种方法极大地改变了未保险储户所承担的风险。

表 14-10 传统的清洁购买与接管交易（单位：百万美元）

资产		负债		
优质资产	80	保险存款	50	
			→	稳健银行（收购方）
FDIC 资产	20	未保险储户	50	
	100		100	

例 14-3 购买与接管法下倒闭银行的资产清理与偿还

为了了解传统的清洁购买与接管法的操作方法，以及在这种方法下谁将会承担亏损，我们来看将购买与接管法应用于前面偿还法（资产清算）例子中的同一家银行时的情况（参见表 14-10）。清洁购买与接管法将所有储户，包括保险和未保险的（国内和国外）储户，以及其他负债全部转移给并购银行。因此，保险储户和未保险储户都不会受损。全部 2 000 万美元的损失由联邦存款保险公司承担：倒闭银行与并购银行合并前，由联邦存款保险公司注入资金来清理倒闭银行的不良资产（注资时要扣除从并购银行获得的费用）。[1]比如，由于佛罗里达的市场增长较快，以及并购一家银行及其现有分行的成本要低于设立全新的分行，纽约的一家银行可能会通过支付一笔费用来收购佛罗里达的一家濒临倒闭的银行。

1 近几年，监管部门通过拍卖来选择并购银行。然而，支付最高并购费的银行并不一定能够获胜；联邦存款保险公司还要考虑竞标者的信用等级。比如，拍卖中一家信用等级较低的银行收购一家倒闭的银行后，有可能在未来变成一家问题更大的银行。

在传统的清洁收购与接管法下，三方当事人的亏损情况可以归结为：

	损失（百万美元）
保险储户	0
保险储户	10
联邦存款保险公司	10
	20（减去并购费）
	总计 20

显然，在清洁收购与接管法下，未保险大额储户实际上成为了保险储户。

公开援助法　监管部门使用的第三种关闭方法就是**公开援助**（open assistance）（参见表 14-8）。当特大存款机构倒闭时（比如 1984 年资产为 360 亿美元的大陆伊利诺斯银行的倒闭和 1987 年资产为 110 亿美元的得州第一城市银行的倒闭），很难找到（即便不是完全找不到）一家稳健的大型存款机构来进行购买和接管。此外，监管部门担心小型往来存款机构会因为大型存款机构的关闭而受到损害，以及大储户和大投资者会因为使用偿还法而对美国所有的大型存款机构丧失信心。公开援助可以采用本票、净值凭证、现金和注入股权等方式。公开援助的其中一个例子就是，1987 年 9 月，联邦存款保险公司将 8.7 亿美元委托给由 Robert Abboud 牵头的投资者集团后，由其掌控了得州第一城市银行。然而，不关闭和清理有问题的存款机构的行为，给其他大型存款机构的未保险大额储户发出了一个十分不好的信号：他们的存款是安全的，而且监管部门不会让大型存款机构倒闭。也就是说，大型存款机构的所有未保险大额储户，实际上不言而喻地获得了 100% 的保险，因此，这就降低了储户的监控和市场约束责任。[12]大型存款机构的未保险储户所获得的这种不言而喻的担保通常被称为“太大而不能倒闭”的担保。

1987 年，《银行平等竞争法》导致了一种新的公开援助方式——所谓的过渡银行（bridge bank）——的产生。第一共和银行（337 亿美元）和 MCorp 银行（154 亿美元）就是过渡银行的两个例子。在这种情况下，联邦存款保险公司接管这些银行并经营其业务，直到银行被出

12 比如，大陆伊利诺斯银行最后重组时，所有储户都得到了保护。联邦存款保险公司接管了大量的问题贷款，并向该行注入了 10 亿美元的新资本，其中部分资本直接转变成了所有者权益。通过享有倒闭银行的股权，与外部股权所有者一样，联邦存款保险公司也有可能从该行业绩的改善中获得好处。实际上，通过几起公开援助项目，联邦存款保险公司已经或将要拥有长期期权或认股权，而这将使其能够分享到银行业绩改善所带来的（任何）股价上涨的好处。然而，在这种情况下，未保险大额储户实施市场约束的积极性也消失了。

售。过渡银行的经营可能长达 5 年。严格地讲，过渡银行就是政府所经营的银行。

《联邦存款保险公司改进法》通过之后的倒闭解决方案

在经历了联邦存款保险公司赤字的不断增长之后，1991 年《联邦存款保险公司改进法》试图将被保险存款机构倒闭的成本更多地转移给未保险储户，从而通过要求更高存款利率和改变存款地点的方法提高他们对存款机构进行监督的积极性。《联邦存款保险公司改进法》要求联邦存款保险公司采用**最低成本清算**（least-cost resolution，LCR）策略。在使用 LCR 策略时，联邦存款保险公司要根据现值对不同的倒闭清算方法进行评价，并记录在决定使用某种方法时采用的假设条件（参见表 14-11）。这些决定要接受政府审计监管机构——会计总署——的审计。

然而，最低成本清算法的使用存在着一个非常重要且颇有争议的例外。具体来看，当大型存款机构的倒闭有可能威胁到整个金融体系时，就可以使用**系统风险例外**。此时采用的方法要对保险储户和未保险储户提供全面保护。这似乎使得 1991 年以前广泛使用的方法——让存款机构的未保险大额储户享有"太大而不能倒闭"的担保——能够在《联邦存款保险公司改进法》通过之后得以延续。然而，该法案对这种系统风险例外的使用环境进行了限制。只有当美联储的多数（2/3）理事以及联邦存款保险公司向财政部长提出建议，并且财政部长在与美国总统磋商后表示同意时，这种例外才可以使用。此外，这种拯救大型存款机构的成本必须由所有其他存款机构共同承担，其方法是根据它们的存款规模（包括其本国、外国存款及借入资金，但不包括次级债务）收取额外的存款保险费。由于大型存款机构拥有更多的外国存款和借入资金，因此将来对大型存款机构进行拯救时，它们将比小型存款机构缴纳更多的保险费（每一美元资产缴纳的保险费更多）。

表 14-11 《联邦存款保险公司改进法》对最低成本清算的要求

联邦存款保险公司必须：

- 利用实际的贴现率计算并比较其现值成本，以分析和评价所有可能的清算方法。
- 根据评估选择成本最低的方法。
- 记录评估内容以及作为评估基础的假设条件，其中包括在利率、资产保险率、资产持有成本和或有负债等方面的假设。
- 将这些记录至少保留 5 年。

尽管如此，即使在更严格的方式下，仍然有人担心这种"太大而不能倒闭"（TBTF）的担保方式的持久性。随着越来越多的银行和金融服务企业的合并，有理由相信，越来越多的金融机构都有可能获得 TBTF 担保。[13] 1984 年大陆伊利诺斯银行倒闭后，货币监理署为"太大而不能倒闭"的银行确立了一个资产标准。根据这一标准，有 11 家银行可以获得 TBTF 保护。但是，根据这一相同的资产标准（在考虑通货膨胀之后），我们发现，如今这一资产标准大约为 420 亿美元。截至 2004 年，已有 31 家银行的资产超过了这一数额。

如果不考虑系统风险例外的话，那么，最低成本清算策略将要求联邦存款保险公司所使用的方法，能够使大多数倒闭成本由未保险储户来承担。为了达到这一目的，联邦存款保险公司在解决 1991 年之后的几起倒闭案时，更多地采用了**保险储户转移法**（insured depositor transfer，IDT）或"扣减"法（haircut）。在保险储户转移清算方法下，被关闭存款机构的保险存款，通常会全部转移给当地社区的另一家存款机构，并由后者代表联邦存款保险公司向储户直接还款。相反，未保险储户必须向倒闭存款机构的接管者提出赔偿要求，并与联邦存款保险公司一起从接管者手中分享资产清理所获得的收入。这通常会给未保险储户带来一笔损失（一笔所谓的扣减额）。比如，在 1992 年的 122 起倒闭案中，联邦存款保险公司对其中的 60 起采用了扣减法，这种方法给未

13 实际上，有人认为，美联储动员各银行提供 35 亿美元资金来拯救长期资本管理（LTCM）对冲基金的行为，就是一次 TBTF 拯救活动，因为，该基金之所以能继续经营，主要是由于它在资本市场和衍生市场的风险规模（名义值）超过了 12 500 亿美元。在此，所担心的是，如果允许长期资本管理公司以巨额亏损来清理其头寸的话，那么，将有几家向其提供过资金的银行出现倒闭，或者是在对亏损进行冲销后出现严重的资本不足。还有一些人认为，从传统上看，这并不是一次真正的 TBTF 拯救行动，因为没有政府资金的直接涉足。

图 14-6 存款机构倒闭时未保险储户所受到的保护状况（1986~2003 年）

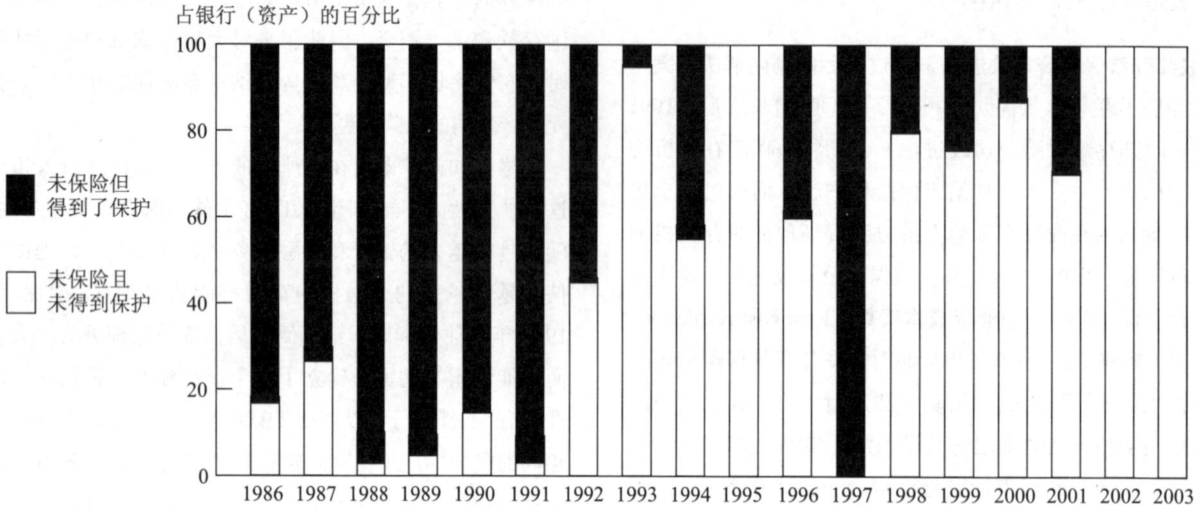

资料来源：Federal Deposit Insurance Corporation website，Historical Statistics，various issues. www.fdic.gov.

保险储户造成的初始损失在 13%~69%。扣减额的大小，在很大程度上取决于联邦存款保险公司对倒闭存款机构资产价值的估计。1992 年，未保险储户承担的扣减额达 8 000 万美元。从图 14-6 中可以看到，1986 年以来，未保险储户所受到的保护越来越低（因此要承担扣减额）。下面我们将介绍一种简单的 IDT 方法或扣减法。这有助于我们将这种新方法的成本与前面讲过的其他方法（比如传统的收购与接管以及偿还法）进行比较。

从下面这个简单的例子中可以看到，未保险储户要承担全部损失，因此他们现在比以前有更大的积极性来对存款机构所有者的行为进行监控，其方法是通过利率和存款数额来对存款机构进行市场约束。

例 14-4 利用保险存款转移法（IDT）对倒闭银行进行资产清理

在表 14-12 中，倒闭银行只有 8 000 万美元的优质资产可用于偿还保险储户和未保险储户各自 5 000 万美元的存款债务，见表中的（a）部分。[1] 根据 IDT 法，见表中的（b）部分，联邦存款保险公司在向并购银行转移 8 000 万美元资产的同时，还要转移整个 5 000 万美元的小额保险存款，以及 5 000 万美元未保险存款中的 3 000 万美元。[2] 请注意，未保险储户获得的保护仅为倒闭银行资产的估计值与其保险存款之差。实际上，未保险储户要承担 2 000 万美元的初始存款扣减额（即占倒闭银行存款资产价值的 20%）。保险储户转移之后，未保险储户在并购银行拥有 3 000 万美元存款，同时对倒闭银行被接管的 2 000 万美元的不良资产拥有求偿权。只有作为接管者的联邦存款保险公司能够从 2 000 万美元的不良资产中收回一部分价值时，未保险储户的损失才会低于 2 000 万美元。

使用 IDT 方法时，三方当事人的损失可归纳为：

损失（百万美元）		
保险储户	=	0
联邦存款保险公司	=	0
未保险储户	=	20

1 也就是说，其净值为负的 2 000 万美元。

2 与收购与接管法不同，此时它不会在倒闭银行被并购之前向其注入资金。

表 14-12　保险储户转移清算法（单位：百万美元）

(a) 倒闭银行				(b) 保险储户转移				
资　产		负　债		资　产		负　债		
优质资产	80	保险存款	50	优质资产	80	保险储户	50	与稳健
		未保险存款	50			未保险储户	30	→银行合并
	80		100		80		80	

监管约束

如果股东和存款持有者的约束不能降低银行和储蓄机构的道德风险，就可以通过法规要求监管部门迅速采取行动，并且以一种更为一致和更易预测的方式限制存款机构的冒险行为。为了加强股东和储户的约束，联邦存款保险公司认为，1991 年以来有两个薄弱的监管领域需要强化：（1）核查的频率和程度；（2）对资本不足银行的宽容。针对这些弱点，《联邦存款保险公司改进法》中制定了一些重要的条款。

核　查

首先，《联邦存款保险公司改进法》要求改进存款机构的会计准则，其中包括逐步转向以市场价值来衡量资产和负债。这将提升核查者对存款机构的净值状态进行非现场监督的能力，而且也符合对存款机构的实际净值进行监督的要求（参见第 3 章和第 4 章）。其次，从 1992 年 12 月开始，《联邦存款保险公司改进法》要求每年对每家存款机构进行现场核查。第三，由于必须进行独立审计，私人会计师在监督存款机构的业绩方面会发挥着更大的作用。这种情况类似于英国——英国 1987 年《银行法》要求提升私人审计师的作用，以支持监管部门的核查者。

资本宽容

资本区间限期整改措施的引入（参见第 15 章），以及监管者对每一资本区间所要求的必要的措施（包括关闭银行），意味着监管政策正朝着规则化而不是自由决策的方向发展。这些规则明确要求监管部门采取某种方法，即使他们出于自身利益或其他原因而不愿意这么做。这种规则的缺点在于，如果政策有误，那么错误的政策所带来的影响会更大。[14]

美国之外的存款保险制度

全球范围内越来越多的国家采用了存款保险制度。许多国家的制度向储户提供的保护程度都与美国的不同。[15] 由于欧洲建立了统一的银行体系和资本市场，欧共体（于 1999 年底）设立了一个面向所有本地银行的单一存款保险制度。这一保险指令规定欧洲共同体国家存款账户的最高保险额为 20 000 欧洲货币单位。但是，为了鼓励储户对银行进行监督，还规定了 10% 的免赔额。欧共体存款保险制度的基本思想是，使各成员国的银行在同等条件下开展经营。

日本也于 1971 年设立了存款保险制度。20 世纪 90

14 在货币政策领域也存在着同样的观点。一些主张以规则为基础的人（比如货币论者米尔顿·弗里德曼）认为，应该以货币供给增长率不变来制定政策。然而，大多数中央银行却愿意在货币政策措施（比如公开市场业务）的时机和力度方面有自由决策权。

15 A. Demirgüc 和 E. J. Kane 得出的结论是，在制度不健全的环境下，设计出的存款保险措施一般都会增加未来银行业危机发生的概率及严重性。对制度不健全的国家而言，采用明确的存款保险措施至多只能在很短的时间内促进金融业的发展。从长远看，这将更有可能通过下列方式来破坏市场约束：降低银行的清偿能力；毁灭实际的经济资本；增加金融业的脆弱性；阻碍金融业的发展。参见："Deposit Insurance around the Globe: Where Does It Work?" *Journal of Economic Perspectives* 16 (2002), pp.175-95.

年代末期和21世纪初期，日本银行业经历的情况，类似于20世纪30年代和80年代的美国银行和储蓄机构，即呆账和银行倒闭都达到了创记录的水平。在1992~2002年的10年间，日本银行不良贷款的冲销额超出了6 500亿美元。截至2003年，这些银行资产负债表中的不良贷款仍然在4 000亿美元以上。日本存款保险基金受到的影响也类似于20世纪80年代的美国：准备金迅速下降，因此缺乏处理危机的能力。这些问题使政府的“拯救”力度超过了5 000亿美元，而且直到2005年4月，所有的银行存款都得到了保护。[16] 日本的监管部门声称，从2005年4月开始，每个储蓄账户的最高保险额只有1 000万日元（合9 1000美元）。

贴现窗口

存款保险与贴现窗口

前面几节介绍了一个设计周全的存款保险制度是如何实施股东约束、储户约束和监管部门约束的。这种制度能够阻止对存款机构的挤兑和防止银行系统中出现严重的流动性问题，同时还不会促使被保险机构从事大量的道德风险行为。究竟《联邦存款保险公司改进法》（和储户优先法规）是否能够通过对风险进行准确定价来阻止除极端道德风险之外的其他风险，这只能等待时间去检验。然而，在美国经济衰退期间及衰退之后的2001年和2002年，近8 000家银行中，只有13家倒闭，这初步说明该法规是有效的。《联邦存款保险公司改进法》无疑增强了存款机构所有者、未保险储户以及监管部门对存款机构风险的监控。因此，《联邦存款保险公司改进法》所做出的调整，是对以往的存款保险合约的巨大改进。可是，存款保险并非是监管部门可以用来缓和银行流动性风险的惟一方法。中央银行通过贴现窗口充当最后贷款人则是另一种方法。

16 参见：“Net Effect,” *The Economist*, November 10, 2001, pp. 68–69.

贴现窗口

从传统上看，美联储这样的中央银行一直在向存款机构提供**贴现窗口**（discount window）贷款，以满足其短期的流动性需求。比如，假设在准备金要求期即将结束时，某存款机构遇到了意料之外的存款外流而不能达到其准备金目标，此时，它就可以从央行的贴现窗口借款。同样地，由于农作物种植周期而引起的短期季节性的流动性需求，也可以通过贴现窗口贷款来满足。一般情况下，存款机构获得这些贷款的方式是，将短期优质票据（比如短期国债和银行承兑汇票）拿到央行去贴现。对此类证券进行贴现时的利率叫贴现率；贴现率是由央行来确定的。

传统上，美国的央行一直让贴现率低于市场利率，比如联邦基金隔夜拆借利率（参见表14–13）。然而，贴现贷款余额通常都很小，原因在于美联储禁止存款机构使用贴现窗口贷款为联邦基金的出售和资产扩张融资。可是，2003年1月，美联储对贴现窗口贷款进行了调整：提高借款成本的同时，放宽了借款条件。具体来看，美联储的贴现窗口目前提供三种贷款方案。*初级贷款*一般面向稳健的存款机构，其期限很短（通常为隔夜拆借），利率要高于联邦公开市场委员会（FOMC）所确定的联邦基金目标利率。对于大体稳健的存款机构而言，初级贷款可以延长几个星期。不符合初级贷款条件的存款机构可以获得二级贷款。二级贷款的期限很短，一般都是隔夜拆借，并且利率要高于初级贷款。二级贷款用于对流动性需求的支持，其使用前提在于，存款机构能够及时向市场化的融资渠道转变或能够有序地解决自身的问题。二级贷款不可以为借款者资产的扩张提供融资。美联储的季节性贷款方案，是为了帮助小型存款机构管理其存贷业务中巨大的季节性波动。年内资金需求存在明显的重复波动格局的存款机构，可以获得季节性贷款。符合

表14–13 贴现率和联邦基金利率之间的差别

	1990年	1994年	2000年	2004年（1月）
联邦基金	8.10%	4.21%	6.40%	0.98%
贴现窗口	6.98%	3.60%	5.73%	2.00%

资料来源：Federal Deposit Insurance Corporation website, various issues. www.fdic.gov.

这种条件的金融机构，一般都位于农村或旅游区。在季节性贷款方案下，借款者可以在需要季节性贷款的时期从贴现窗口获得期限较长的资金，这样它们就可以在当年的其余时间持有较少的流动性资产，并且能够将更多的资金用于本地贷款。

经过调整之后，向稳健的银行提供贴现窗口贷款的利率，要比联邦基金利率高出 1%（而不是更低）。这些调整并不是为了改变美联储使用贴现窗口来实施货币政策的目的，而是为了在大幅度提高贴现率的同时，使贴现窗口贷款变得更容易。通过增加银行对贴现窗口资金的使用，美联储希望这样还可以降低联邦基金市场的波动性。这些调整还使稳健银行可以从美联储借款，而不必考虑是否可以获得私人资金。以前，美联储要求借款者证明自己不能从私营部门获得资金，这使得贴现窗口借款带有不光彩的意味。经过调整之后，美联储将向所有银行提供贷款，只不过补贴成分已不复存在。

尽管美联储对贴现窗口贷款政策进行了调整，但出于几方面的原因，存款机构的贴现窗口贷款并不像存款保险那样，能够阻止挤兑和恐慌的发生。第一个原因在于，存款机构从贴现窗口借款时，需要有优质的流动性资产作为担保物。即将倒闭且流动性极度缺乏的存款机构，不可能以这种资产来进行贴现。第二个原因在于，与存款保险不同，贴现窗口借款并非是自动的。也就是说，贴现窗口贷款是由央行来决定的。第三，贴现窗口贷款是为了向本质上具有清偿能力的存款机构提供临时流动性，而不是为了向丧失清偿能力的存款机构提供长期支持。[17] 具体来讲，贴现窗口贷款在任何 120 天内的使用时间都不能超过 60 天，除非联邦存款保险公司和存款机构的主要监管都确认该存款机构还能延续下去。在经过监管部门批准后，贷款期限可以再次延长 60 天。最后，向资本不足且最终倒闭的存款机构提供贴现窗口贷款，都需要美联储按所增加的亏损向联邦存款保险公司进行补偿——原因在于有问题的存款机构的经营时间不必要的延长了。[18] 因此，在作为一种流动性稳定机制方面，贴现窗口只能部分取代而不能完全取代存款保险。

其他的担保计划

正如第 12 章所介绍的，其他金融机构也会遭遇流动性危机和负债持有者的挤兑。为了阻止这种挤兑，并保护小额债权持有者，其他金融服务业中也存在担保计划。下面我们将介绍这些计划的内容，以及它们与存款保险的相同点和不同点。

全国信用社管理局

全国信用社管理局（NCUA）是一个独立的联邦机构，它负责全美 1 万家信用社的执业许可、监管、核查和保险。通过自己的保险基金——全国信用社保险基金（NCUIF），全国信用社管理局向投保的信用社提供上限为 10 万美元的存款保险担保。该基金的准备金全部来自信用社会员支付的保险费。保险额和保险费的确定，一般类似于联邦存款保险公司。实际上，2003 年《存款保险改革法》中所列出的关于保险额和保险费的调整，同样也适用于全国信用社保险基金担保的信用社。

由于信用社所持资产中，约有 30% 的为政府债券，而住房抵押贷款所占比重相对较低，因此，它们比其他储蓄机构（比如储蓄协会）经历的危机要少。此外，40% 以上的信用社资产属于小额消费贷款，通常都低于 1 万美元。所以，信用社的信用风险分散化程度很高，这也会降低它们的破产风险。

财产事故保险公司和人寿保险公司

人寿保险公司和财产事故保险公司均由各州监管。与银行和储蓄机构不同，不存在面向人寿或财产事故保险人的联邦担保基金。20 世纪 60 年代，大多数州开始倡导为本州出售保险的企业设立州担保基金。到 1991 年，

17 需要说明的是，所有这三种原因都是美国监管部门确立监管法规时带来的结果。如果监管部门和政治家们想要利用贴现窗口来替代存款保险的话，那么，他们有权对这些限制放松。

18 在实践中，当接受贴现窗口贷款的银行最终倒闭时，美联储将遭受到利息损失的惩罚。

所有的州都设立了此类基金。这些州担保基金在几个方面与存款保险存在着重要区别。首先，尽管这些项目获得了州保险监管部门的资助，但它们实际上是由私营保险公司自身来进行经营和管理的。

其次，与储蓄协会保险基金和银行保险基金不同（在这两个基金中，联邦存款保险公司设立了一个永久性的准备基金，其方法是要求存款机构支付的保险费高于倒闭清算时的赔付），保险行业并不存在此类永久性的担保基金，其中惟一例外的是，纽约州设立了财产事故和人寿保险担保基金。这意味着，只有当某一保险公司倒闭后，其他幸存的保险公司才向担保基金缴款。

第三，为保护已倒闭保险公司的保单持有者，幸存的保险公司必须缴纳的款项在各州之间大不相同。在未设立永久性担保基金的州，每家幸存的保险公司通常会根据自己在本州的保险费收入来按比例缴款。这笔款项要么在已倒闭的保险公司进行资产清理时，用于向小额保单持有者的赔付，要么作为一笔注资，来使已倒闭的保险公司被并购时具有吸引力。各州对小额保单持有者的定义一般是不相同的，其范围在10万美元到50万美元之间。

最后，由于不存在永久性基金，而且每年按比例的缴款通常都有一个法定的上限（一般为保费收入的2%），因此小额保单持有者时常不能及时获得退保资金，其他债务的偿付也不能及时借助于担保基金来完成。这与存款保险完全不同——在存款保险中，被保险储户一般可以立即获得其债权的赔付额。

因此，保险行业担保基金的私有性，其永久性准备金的缺乏，以及较低的年度缴款额，说明它们不能像银行和储蓄机构保险基金那样向债权人提供可靠的保护。所以，尽管存在着此类担保基金，但当保单持有者感觉到保险公司存在资产质量问题或保险销售问题时，他们会非常积极地去进行挤兑。

证券投资者保护公司

自从1970年《证券投资者保护法》获得通过以及证券投资者保护公司（SIPC）成立以来，证券公司客户在防范破产风险方面得到了特定的和有限的保护。从总体上讲，客户按比例分享证券公司资产清理的收益，而证券投资者保护公司则承担剩余的求偿权——每个客户的最高限额为50万美元。自从诞生以来，证券投资者保护公司对两万家证券交易商和经纪商中出现的倒闭或停业事件（大约占1%）进行了处理。截至2003年，为了使大约62.2万投资者的139亿美元资产得以收回，证券投资者保护公司动用了5.31亿美元的资金。这些被处理的证券公司中，大多数的客户都不到1 000人，其中最大亏损发生在Bell and Beckwith倒闭时——涉及到6 500名客户（以及3 170万美元的赔偿）。因此，与银行和保险基金的损失相比，证券投资者保护公司的损失一般都很小。1970年以来，证券投资者保护公司提起了304起法律诉讼，其中有120起涉及到刑事诉讼。到目前为止，总共有273项起诉移交到了联邦或州法院，其中有242人被定罪。2002年年底，公司基金的储备为12.6亿美元，保险费费率统一确定为每位会员150美元。然而，随着股票和债券市场波动性的增加，以及十分复杂的衍生工具的增长，有些人对该基金的充足性感到担忧。

养老金担保公司

1974年，根据《雇员退休收益保障法》（ERISA）而设立了养老金担保公司（PBGC）。目前，养老金担保公司向4430多万劳动者的退休金提供保护，同时还拥有3.1万个保险养老计划资助者。1974年之前，私营企业雇员的养老金只能从企业资产中获得非常有限的担保。养老金担保公司的设立，可以使养老金免受企业养老金计划资金的不足所造成的风险。

练习题

1. 什么是传染性挤兑？传染性挤兑有可能对社会福利造成哪些严重的危害？各种类型的金融机构面临着相同的传染性挤兑风险吗？
2. 联邦存款保险为什么有助于缓解银行挤兑问题？美国的存款机构还可以获得哪些其他的安全保护？
3. 1989 年《金融机构改革、复苏和巩固法》使联邦存款保险公司和联邦储蓄贷款保险公司发生了哪些重大变化？
4. 以风险为基础的保险计划，为什么能够解决金融机构过度冒险的道德风险问题？存款保险中的精算师公允保费，始终能与竞争性银行体系相一致吗？
5. 为了帮助联邦存款保险公司设立风险存款保险费制度，《联邦存款保险公司改进法》提出了哪 4 项指导原则？自从 1993 年风险存款保险计划实施以来，存款保险费的水平发生了怎样的变化？原因是什么？
6. 在解决倒闭时，有哪三种类型的收购与接管法（P&A）？
   a. “清洁” P&A 和 “银行总体” P&A 有何区别？
   b. 与解决倒闭时的偿还法相比，清洁 P&A 对待未保险储户的方法有何区别？
   c. 为什么公开援助法会强化 “太大而不能倒闭” 所提供的担保？
7. 在存款机构倒闭的解决方面，1991 年《联邦存款保险公司改进法》有哪些主要特点？
   a. 什么叫最低成本清算（LCR）策略？
   b. 什么情况下，在使用 LCR 这种存款机构倒闭解决方法时可以使用系统风险例外？
   c. 要想使系统风险例外的使用获得批准，必须采取哪些步骤？
   d. 实施这项例外对经济系统中的其他存款机构有什么意义？
8. 某银行拥有 5 500 万美元的保险存款和 4 500 万美元的未保险存款，其资产价值只有 7 500 万美元。采用下列倒闭解决方法时，保险储户、未保险储户和联邦存款保险公司的损失分别是多少？
   a. 使用偿还法。
   b. 使用收购与接管法，且没有收购费用。
   c. 使用收购与接管法，且有 500 万美元的收购费用。
   d. 使用收购与接管法，且有 2 500 万美元的收购费用。
   e. 使用保险储户转移法。
9. 利用美联储的贴现窗口来阻止银行挤兑的效果为什么要小于存款保险？

第 15 章

资本充足率

导 言

为了确保生存，金融机构的经理需要防范自己的机构遭受破产风险，即避免遭遇会使本机构倒闭的巨额风险。防范破产和倒闭风险的主要手段就是金融机构的资本，这就导致了资本的首要功能的产生，即：

1. 以足够的能力化解非预期损失，以激励公众的信心，并使得金融机构能够持续经营下去。

此外，资本还能够防止非股权债务持有者——尤其是那些未能获得联邦存款保险公司这样的外部担保人担保的债务持有者——遭受损失。这就导致了了资本的第二个功能的产生：

2. 在遭遇破产清算时，向未保险储户、债券持有者和债权人提供保护。

当金融机构倒闭时，联邦存款保险公司这样的监管机构不得不进行干预，以保护被保险的债权人。金融机构的资本能够向保险基金、从而最终向那些承担保险基金破产损失的纳税人提供保护。这就导致了资本的第三个功能的产生。

3. 保护金融机构保险基金以及纳税人。

目前，每项政府存款保险基金都是资金充裕的。通过持有资本及降低破产风险，金融机构不必缴纳更多的保险费。此类保险费来自金融机构的纯收益。因此，资本的第四个功能如下。

4. 使金融机构所有者不必缴纳更多的保险费。

最后，与其他企业完全一样，股权或资本也是金融机构的一个重要资金来源。具体而言，尽管受到监管约束，金融机构在为新的项目和业务扩张融资时，可以在债务和股权之间进行选择。因此，影响一般企业资本结构选择的一些传统因素——比如债务利息的税收抵扣以及倒闭或破产的私人成本——也会对金融机构的资本决策产生影响。这就导致了资本的第五个功能的产生：

5. 为金融行业及其他实际投资提供资金，以确保能够提供金融服务。[1]

在下面各部分的内容中，我们将集中分析资本在降低破产风险方面所具有的前四个功能，尤其是如何借助资本充足率来达到这些目标。具体而言，我们要仔细考察金融机构所有者、经理及监管者所使用的不同的资本充足率指标，以及人们赞成和反对各种指标的理由。随后，我们将分析美国监管部门以及国际清算银行（BIS）这样的国际监管机构目前及过去针对存款机构、证券公司和保险公司所提出的资本充足率要求。本章的附录 15A 介绍了计算资本恰当规模的一些基础知识及复杂的方法，即根据国际清算银行目前提出的银行信用风险内部评级计量模型（将于 2006 年采用），来计算恰当的资本规模。

1 还可以加上第六个功能。该功能将集中于资本监管对资产增长率的限制作用。

资本与破产风险

资　本

为了理解资本如何使金融机构免遭破产风险，我们必须对资本进行更准确的定义。问题在于，资本有许多定义：经济学家对资本的定义不同于会计师，反过来，会计师对资本的定义又不同于监管部门。具体来看，经济学家将金融机构的资本或所有者权益定义为资产和负债的市场价值之差。这一差额也被称为金融机构的**净值**（net worth）。尽管这是资本的经济含义，但监管部门却认为，有必要采用在某种程度上不同于经济净值的资本定义。金融机构经济净值的概念，实际上就是一种市场价值会计概念。除投资银行业之外，监管部门所定义的资本以及所要求的杠杆比，都是全部或部分以历史或**账面值**（book value）会计概念为基础的。

首先，我们将分析经济资本或净值在阻隔 . 信用风险和利率风险这两类主要风险方面的作用。随后，我们将对市场价值概念和账面值概念进行比较。由于资本账面值概念，实际上会对金融机构的真实清偿能力状况产生扭曲，因此，它可能会对经理、所有者、负债持有者和监管部门产生误导。我们还要仔细分析，尽管这种经济价值存在透明度方面的问题，而且财务会计准则委员会制定了一些规则（比如 FASB 第 115 号公告），金融机构的监管部门为什么还要依赖账面值这一概念。

资本的市场价值

为了了解经济净值或权益如何避免金融机构面临的风险，我们来看下面的一个例子。表 15-1 是一个简单的资产负债表，表中金融机构所有的资产和负债都采用了**逐日盯市法**（mark-to-market basis），以当期的**市场价值**（market value）来表示的。在逐日盯市或市场价值方式下，该金融机构经济上具有清偿能力，因此，如果它在目前进行资产清理的话，并不会给储户或监管部门带来破产损失。我们来看金融机构的两种典型的风险——信用风险和利率风险——对其净值的影响。

资本的市场价值与信用风险

在表 15-1 中，金融机构拥有 2 000 万美元的长期贷款。假设由于经济衰退，几位借款人遇到了现金流问题，因此不能按承诺履行还款计划。贷款的当期以及预期现金流的下降，使得该金融机构贷款组合的市场价值降到了 2 000 万美元以下。假设这些贷款的实际价值仅为 1 200 万美元（这是金融机构目前在二级市场出售这些贷款时所获得的价格），这就意味金融市场贷款组合的市场价值从 2 000 万美元降到了 1 200 万美元。表 15-2 是调整后的资产负债表市场价值。

800 万美元的贷款损失（市场价值）作为金融机构净值的损失，出现在资产负债表中的负债方。也就是说，资产价值的损失要从权益所有者的资本或净值中扣除。正如你所看到的，负债持有者（储户）能够完全得到保护，因为其债权的总市场价值仍然为 9 000 万美元。情况就是如此，因为从法律上讲，债务持有者对金融机构资产的求偿权要优先于权益持有者。因此，权益持有者要首先承担资产组合损失。事实上，在我们的例子中，只有当贷款组合损失超过 1 000 万美元（这是该金融机构最初的净值）的时候，负债持有者才会受到损害。我们来看一次更大的信用风险冲击：贷款组合的市场价值从 2 000 万美元降为 800 万美元，即有 1 200 万美元的损失（参见表

表 15-1　金融机构以市场价值衡量的资产负债表（单位：百万美元）

资　产		负　债	
长期证券	80	负债（短期浮动利率存款）	90
长期贷款	20	净　值	10
	100		100

表 15-2　贷款价值下降后金融机构以市场价值衡量的资产负债表（单位：百万美元）

资　产		负　债	
长期证券	80	负　债	90
长期贷款	12	净　值	2
	92		92

15-3)。

这笔较大的损失使得该金融机构丧失了清偿力：目前其资产的市场价值（8 800万美元）要低于其负债的价值（9 000万美元）。所有者净值完全被冲消了（从1 000万美元降到了负的200万美元），从而使得净值为负数。结果，负债持有者受到了损害，但并不严重。具体而言，1 200万美元贷款组合损失中的前1 000万美元是由权益持有者来承担的。只有当权益持有者完全损失后，负债持有者才开始承担损失。在本例中，负债持有者对金融机构债权的经济价值从9 000万美元降到了8 800万美元，即损失了200万美元（2.22%）。在丧失清偿力并对剩余的8 800万美元的资产进行清理之后，储户将从每一美元中获得88/90，即存款的97.77%。请注意，在这里我们忽略了存款保险。

如果该金融机构的净值较大（比如上例中的净值为1 500万美元而不是1 000万美元），那么，当损失为1 200万美元时，负债持有者能完全得到保护。从这个例子中可以清楚地看到，净值或资本可以作为一笔保险基金，来防止负债持有者（比如储户）遭受破产风险。相对于其资产而言，金融机构净值的规模越大，负债持有者和负债担保者（比如联邦存款保险公司）获得的破产保护或保险越大。这就是监管部门在评估金融机构的破产风险和确定风险存款保险费时，要关注资本要求（比如净值与资产之比）的原因。

资本的市场价值与利率风险

我们来看表15-1中利率上升之后资产负债表的市场价值。正如我们在第3章中介绍的，利率上升将使得金融机构长期固定收益证券和贷款的市场价值下降，而浮动利率证券的市场价值一般不会受影响——如果立即进行重新估价的话。假设利率上升使金融机构长期证券投资的市场价值从8 000万美元降为7 500万美元，而且其长期贷款的市场价值从2 000万美元降为1 700万美元。由于假设所有的存款负债都是短期浮动利率存款，因此，其市场价值仍然为9 000万美元。

利率冲击发生后，资产负债表的市场价值如表15-4所示。金融机构市场价值800万美元的损失，再次通过其净值的下降（从1 000万美元降为200万美元）在负债方得到了反映。因此，与信用风险的增加一样，利率的不利变化所造成的资产价值损失也是首先由权益持有者来承担的。只有当资产市场价值的下降超过1 000万美元的时候，对金融机构资产享有优先求偿的负债持有者才会受到不利影响。

这些例子表明，资产负债表的市场价值，能够从经济上准确地反映净值的状况，因此，能够准确地反映金融机构的清偿力地位。信用风险和利率风险冲击给资产的市场价值造成的损失，直接由权益持有者承担，因为这些损失要从金融机构的权益价值中扣除。只要所有者的资本或权益适当或者足够的大，那么负债持有者（以及向负债持有者的债权提供担保的监管部门）就可以免受破产风险的影响。换句话讲，如果监管者在金融机构的经济净值降为零之前将其关闭，那么，无论是负债持有者，还是向负债持有者的债权提供担保的监管部门，都不会遭受损失。所以，许多学者和分析师都主张，针对所有的金融机构使用市场价值会计和市场价值资本关闭法则，尤其是考虑到资本账面值法则与20世纪80年代储蓄协会的灾难性事件相关时。

比如，财务会计准则委员会（FASB）第115号公告要求“待售”证券进行逐日盯市。相反，对负债方却没有提出逐日盯市的要求。如果不与监管者的法规相违背，那么这就要求，当利率上升时，金融机构的资本（净值）

表15-3 贷款组合价值大幅下降后金融机构的资产负债表（单位：百万美元）

资产		负债	
长期证券	80	负债	90
长期贷款	8	净值	−2
	88		88

表15-4 利率上升后金融机构资产负债表的市场价值（单位：百万美元）

资产		负债	
长期证券	75	负债	90
长期贷款	17	净值	2
	92		92

头寸必须下调。可是，正如本章后面所介绍的，1994 年 12 月，存款机构的监管部门允许银行作为一个例外，即不要求银行根据证券所造成的资本损失而调整其净值状况，因此，这再次表明它们宁愿选择资本账面值法则。其理由在于，如果采用市场价值法则，那么当利率突然大幅上升时，监管部门就将被迫关闭过多的存款机构。

资本的账面值

我们将资本的市场价值或经济净值，与资本的账面值或账面净值进行一下比较。正如后面要介绍的，金融机构的监管部门使用最多的，是账面值资本和以账面价值为基础的资本法则。在表 15–5 中，我们使用的是与表 15–1 相同的资产负债表，只不过假设现在的资产和负债都是它们的历史账面值。

在表 15–5 中，8 000 万美元的长期证券和 2 000 万美元的长期贷款，均反映了这些资产的历史或初始账面值，也就是说，它们反映了贷款发放以及债券购买时（这可能发生在许多年以前）的价值。同样地，负债方 9 000 万美元的负债也反映了其历史成本，而现在的净值或权益则代表股东资产的账面值而不是其市场价值。比如，金融机构资本的账面值——资产和负债的账面值之差——通常由以下四部分构成：

1. 股票的面值。金融机构所发行的普通股的面值（通常为每股 1 美元），乘以所发行的股票数。
2. 股票盈余价值。最初发售时，公众购买普通股或股票所支付的价格（比如为每股 5 美元）与股票面值之差，再乘以所发行的股票数。
3. 留存收益。过去的利润中未用于支付股息的累积价值。由于这些收益可以用于支付股息，因此它们是金融机构所有者权益的一部分。

表 15–5　金融机构资产和负债的账面值（单位：百万美元）

资产		负债	
长期证券	80	短期负债	90
长期贷款	20	净　值	10
	100		100

4. 贷款损失准备。来自于留存收益的一种特殊准备，用于弥补资产组合预期的和实际的损失。贷款损失准备反映了金融机构的管理层对贷款组合损失的一种估计。尽管税法会影响到这种准备的规模，但它实际上是由金融机构的经理们来确定的。

因此，资本的账面值等于股票的面值与股票盈余、留存收益和贷款损失准备之和。以表 15–5 这个例子的结构来看，资本的账面值为 1 000 万美元，然而，权益（资产和负债的市场价值之差）的账面值总是不等于其市场价值。权益账面值和市场价值的这种不相等，可以通过考察账面值会计方法下，相同的信用和利率风险对金融机构的资本状况所造成的影响来加以理解。

资本的账面值与信用风险

假设 2 000 万美元贷款中的一部分不能按期偿还。我们假定表 15–2 中现金流的重新估价使贷款组合的市场价值立即从 2 000 万美元降到 1 200 万美元，即市场价值损失 800 万美元。相反，在历史账面值会计方法下——比如按照公认的会计准则（GAAP），金融机构对其资产负债表中贷款损失的确认时间有较大的自由决策权，因此，在这种损失给资本造成的影响方面也有较大的自由决策权。事实上，为了努力向储户和监管部门展示更好的形象，金融机构完全可以尽力避免对不良资产价值的冲减。如果经理们认为确认这些损失将威胁到其工作岗位时，这种行为是可想而知的。只有来自监管部门（比如银行、储蓄机构和保险公司的核查员）的压力，才能迫使不良资产的价值得到确认和冲抵。比如，近几年，对财产保险公司的现场核查已经减少到了每三年一次，而对资产负债表信息的非现场分析已经减少到了每 18 个月一次。虽然对存款机构的现场核查更加频繁，但在贷款账面价值的冲抵方面仍然存在着一种拖延的趋势。国际上一个较好的例子就是，日本的银行在确认 1996~2000 年期间的贷款损失（这些损失来自于亚洲金融危机以及日本国内经济衰退的影响）时所表现出的拖延现象。据保守估计，截至 2000 年年底，日本的银行呆账总额估计超过了 32 万亿日元，但大多数呆账都按原始账面值而记录在资产负债表中。此外，即使核查员宣布贷款已不符合标准，

表 15-6 金融机构权益账面价值中扣减贷款损失所造成的影响（单位：百万美元）

资产		负债	
长期证券	80	负 债	90
长期贷款	17	权益（从贷款损失准备中扣除 3 个单位的损失）	7
	97		97

但它们一般都按账面价值停留在资产负债表中。不良贷款只需要扣减 50%，只有完全的损失才要求从金融机构的权益中全部扣除。

假设在我们的例子中采用历史账面价值会计方法，迫使金融机构确认其贷款组合的损失为 300 万美元而不是 800 万美元。这 300 万美元的损失将从 1 000 万美元的股东权益账面价值中扣除。严格地讲，这 300 万美元的资产损失将从权益中的贷款损失准备部分扣除。表 15-6 是新的账面值资产负债表。

资本的账面值和利率风险

尽管账面值会计体系认可信用风险问题（只不过是部分确认，而且通常有较长的自由决策时滞），但它在利率风险影响的确认方面，却存在着更严重的失误。

以我们的市场价值会计为例（见表 15-4），利率上升使长期证券和贷款的市场价值下降 800 万美元，从而使净值的市场价值从 1 000 万美元降为 200 万美元。在账面值会计方法下，所有的资产和负债都反映了它们的初始购买成本，因此利率的上升对资产、负债的价值或者说对权益的账面值，都没有影响。也就是说，资产负债表没有发生变化：表 15-5 反映了利率上升之前以及上升之后的情况。以储蓄机构为例，20 世纪 80 年代初期，尽管利率急剧上升，但它们仍然按历史账面值来报告长期固定利率抵押贷款，因此，它们的资本账面值仍然为正数。然而，按照市场价值净值方法，它们的抵押贷款的价值要大大低于其资产负债表中的账面值。事实上，该行业中有超过半数的机构丧失了经济清偿能力——其中许多已经严重丧失了清偿能力。

权益市场价值和账面值之间的差异

金融机构资本的账面值与其实际的经济（市场）价值之间的偏离程度取决于多种因素，尤其是：

1. 利率的波动性。利率的波动性越大，两者的差异越大。
2. 核查与法规的执行力度。现场和非现场的核查越频繁，以及核查员 / 监管部门对不良贷款冲销执行得越严格，两者的差异就越小。

在现实生活中，对公开上市的大型金融机构而言，即使该机构本身没有对资产负债表逐日盯市，我们也能够较好地了解账面价值（*BV*）和市场价值（*MV*）之间的差异。具体而言，在一个有效的资本市场上，投资者可以根据推测出的金融机构资产和负债的价值，来对股票进行估价。这种估价以金融机构当期和未来预期的净收益或股息流量为基础。金融机构的股价反映了这种估价，因此也反映了其流通股的市场价值。因此，每股权益的市场价值为：

$$MV = \frac{\text{权益所有者股份的市场价值}}{\text{股份数}}$$

相反，金融机构每股权益的历史或账面价值（BV）为：

$$BV = \frac{\text{股权面值} + \text{盈余价值} + \text{留存收益} + \text{贷款损失准备}}{\text{股份数}}$$

MV 与 *BV* 之比常被称为**市值与账面值之比**（market to book ratio），它反映了股市投资者所认为的金融机构权益资本市场价值，与其资产负债表中资本账面值之间的差异。这一比值越低，资本账面值对资本市场投资者所认为的金融机构的实际权益或经济净值的高估越严重。

既然存在着这种差异，监管部门和金融机构为什么仍然反对采用市场价值会计方法呢？正如上面所指出的，财务会计准则委员会这个最重要的会计准则机构已经建议采用市场价值会计，而且证券交易委员会也同意这种做法。

反对市场价值会计的理由

反对市场价值（*MV*）会计的第一个理由是，这种方法很难实施。对于其资产负债表中拥有大量不可交易资产（比如小额贷款）的小型商业银行和储蓄机构来说，尤其如此。当无法准确地决定资产的市场价格或价值时，逐日盯市肯定会有误差。与这种观点不同的人认为，使用不可交易资产的市场估价所导致的误差，仍然有可能小于使用初始账面价值或历史价值所导致的误差，因为市场价值方法并不要求所有资产和负债都是可以交易的。只要资产或负债当期和预期现金流以及恰当的贴现率是可以确定的，那么，大致的市场价值总能被推算出来（参见附录 6A 中所介绍的信用计量模型）。此外，随着贷款出售和资产证券化业务的增长（参见第 22 和 23 章），更多种类的贷款都能获得市场参考价。

反对市场价值会计的第二个理由是，它给金融机构的收益——因此也给金融机构的净值——带来了不必要的波动，因为在这种会计方法下，账面上的资本收益和资产损失都将进入金融机构的损益表中。批评者认为，如果金融机构实际上准备将这些资产持有到期，那么它们就可以自由决定，是否将未实现的资本收益和损失加以报告。保险公司和金融机构的经理们声称，在许多情况下，他们的确会将贷款和其他资产持有到期，因此，实际并未让资本收益或损失成为现实。此外，监管当局认为，采用市场价值会计时，他们可能要根据《联邦存款保险公司改进法》所规定的限期整改措施而过早地关闭银行（参见本章后面的介绍）——尤其是当利率只是暂时出现在大幅度上后再次下降时，证券的资本损失又会迅速转变为资本收益（比如，正如许多事实所表明的，如果利率是均值回归的）。反对这种说法的人认为，如今金融机构正越来越多地进行资产的交易、买卖和证券化，而不是将其持有到期。此外，如果利率变化所带来的资本收益和损失得不到反映，那么，这就意味着金融机构的权益不能反映其实际的利率风险。

反对市场价值会计的第三个理由是，金融机构不愿面对长期的资产风险，比如抵押贷款和工商业贷款风险——如果这些资产必须不断地按市价计算来反映信用质量和利率的变化的话，金融机构就要面临风险。比如，从第 3 章中可以看到，长期资产的利率敏感性要大于短期资产。人们担心，市场价值会计可能会影响到金融机构作为贷款者和监督者的特殊功能，而且甚至有可能导致重大的信用紧缩（或加重信用紧缩）。在反对市场价值会计的三个理由中，对担心小企业融资和经济增长状况的监管部门而言，这可能是最具说服力的。

在讨论了金融机构资本的账面值和市场价值计量方法的优缺点之后，我们应该指出的是，金融机构的许多监管部门已经选择了某种形式的账面值会计标准来计量金融机构的资本充足率。证券交易委员会（SEC）是一个主要的例外。与纽约交易所和其他主要的证券交易所一样，证券交易委员会要求证券公司、零售经纪商和专业交易商对资本或净值的计量，一律使用市场价值会计规则。

下面，我们将考察主要的金融行业应遵守的资本充足率规则：(1）商业银行和储蓄机构；(2）证券公司；(3）人寿保险公司；(4）财产事故保险公司。由于目前这些行业的许多资本充足率规则都大不相同，因此，与所有行业采用统一的市场价值会计规则相比，如今美国金融业朝着金融综合企业（或全能银行）发展的合并浪潮可能会面临更大的困难。尽管如此，目前存在着一种明显的趋势，即银行、储蓄机构和保险公司（包括寿险和财险公司）等都在朝着风险资本规则这一方向发展。在本章的后面，我们将更详细地介绍这一趋势。

商业银行和储蓄机构的资本充足率

实际的资本规则

1991 年《联邦存款保险公司改进法》规定银行和储蓄机构采用完全相同的资本要求。尽管存在着一些较小的差异，但就资本要求而言，这两个行业已达到了相互平等的水平。在这种情况下，我们将集中分析商业银行最近的资本要求的演化过程。

1988 年以后，美国的商业银行面临着两种不同的资本要求：一是资本与资产（杠杆）比；二是风险资本比——这一比率反过来又可以进一步分解为，第一档资本风险比和总资本（第一档资本加第二档资本）风险比。下面我们将更详细地介绍这些内容。

资本与资产比（或杠杆比）

资本与资产比或**杠杆比**（leverage ratio）计量的是银行的主要或核心资本之账面值与其资产账面值之比。这一比率越低，银行的杠杆性越高。主要资本或核心资本为银行的普通股（账面值）加上限制性的累积永久优先股，以及合并分支机构权益账户中的少数权益。

1991 年《联邦存款保险公司改进法》通过之后，银行资本充足率的评价结果取决于其杠杆比（L）属于表 15-7 中杠杆比这一栏（第三栏）内五个目标中的哪一种。杠杆比可以表示为：

$$L=\frac{核心资本}{资产}$$

如果银行的杠杆比达到或超过了 5%，那么，其资本是十分充足的；如果达到或超过 4%，其资本是比较充足的；如果低于 4%，则说明资本不足；如果低于 3%，则说明资本明显不足；如果为 2% 或者更低，则说明资本严重不足。1995 年以来，银行业资产中有不到 0.5% 的被列入到资本不足这一类别。这与 1990 年第四季度（即 1989~1991 年经济衰退时期）资本不足的资产达 31.3% 形成了鲜明的对比。正如行业观察专栏中所介绍的，尽管美国经济下滑，而且美国商业银行的不良贷款增加，但 21 世纪初银行积累的资本却达到了创记录的水平。事实上，2003 年第三季度，该行业的权益资本与总资产之比为 9.12%。

对应于每一个资本区间都有一套强制性的措施，以及一套监管部门可以斟酌使用的措施。这样做是为了使最低资本要求得到贯彻执行，并限制监管部门对资本水平最低的银行所表现出的宽容。分析师们责怪，正是此类宽容以及监管部门的自由决策，才导致了 20 世纪 80 年代储蓄机构大量倒闭和联邦储蓄贷款保险公司（FSLIC）的倒闭，以及 1991 年联邦存款保险公司真正丧失了清偿能力，从而给纳税人带来了巨大损失。

根据《联邦存款保险公司改进法》的要求，从 1992 年 12 月 18 日开始，监管部门必须对资本位于第一个区间（即资本十分充足这一类别）之外的银行采取具体的行动，即**限期整改措施**（prompt corrective action，即 PCA）。更重要的是，当银行资本与资产的账面值之比（杠杆比）为 2% 或者更低时，就必须指定一位破产接管者。[2] 也就是说，在账面值比率降到 0 之前，银行就必须被接管。

遗憾的是，在计量资本充足率方面，杠杆比面临着三个问题：

1. *市场价值*。即使杠杆比降到 2% 以下时银行被关闭，但 2% 的资本与资产账面之比也可能意味着市场净值为一个巨大的负数。也就是说，这并不能确保储户和监管部门（包括纳税人）免受损失。20 世纪 80 年代，许多储蓄机构因为资本账面值较低而关闭时，其市场净值在 −30% 以下。
2. *资产风险*。由于杠杆比中的分母为资产总额，因此，它完全没有考虑到资产总额中各种不同资产在信用

2 诚然，这里存在着一些漏洞，而且经理和股东也可能会利用一些拖延手法，尤其是通过法律诉讼。在关闭银行方面的自由决策权的丧失也是银行监管部门反对财务会计准则委员会第 115 号公告（前面介绍过）的原因之一。

表 15-7 限期整改措施中的资本分类

区间	(1) 总风险比		(2) 第一档风险比		(3) 杠杆比		资本指令及其他
1. 资本十分充足	≥ 6%	和	≥ 6%	和	≥ 5%	和	没有要求调整任何资本比率的资本指令
2. 资本比较充足	≥ 8%	和	≥ 4%	和	≥ 4%	和	没有达到资本十分充足的要求
3. 资本不足	< 8%	或	< 4%	或	< 4%		
4. 资本明显不足	< 6%	或	< 3%	或	< 3%		
5. 资本严重不足	≤ 2%	或	≤ 2%	或	≤ 2%		

资料来源：Federal Reserve Board Governors，September 10，1993. www.federalreserve.gov.

风险、利率风险和其他风险方面的差异。

3. 表外业务。尽管银行的表外业务有了大幅度的增长，但却没有提出相应的资本要求，以防范此类或有资产和负债有可能带来的破产风险。

风险资本比率

考虑到上面所讲的简单的资本资产比所具有的缺陷，美国的银行监管者正式同意与国际清算银行（BIS）的其他会员国一道，将两种新的风险资本比率用于所有被管辖的商业银行。根据人们熟知的**巴塞尔协议**（Basel Agreement，现在被称为巴塞尔协议Ⅰ），1993 年 1 月 1 日，国际清算银行逐步采用了风险资本比率，这些比率被完全采用。1993 年巴塞尔协议明确将各种资产（包括表内和表外）所具有的不同信用风险，纳入到了资本充足率的计算过程中。1998 年修订后的巴塞尔协议在计算风险资本时，还以信用风险附加的形式（在 8% 的基础上附加）考虑到了市场风险的状况。2001 年，国际清算银行公布了一份参考文件，即“新巴塞尔资本协议”，建议确定资本要求时要考虑营运风险（于 2006 年底生效），并对 1993 年协议中的信用风险评估方法进行了改进。

新巴塞尔协议（也称巴塞尔协议Ⅱ）由相互支持的三大支柱构成（参见图 15-1 的描述）。这三大支柱能够共同保证金融体系的安全稳健。第一大支柱包括监管部门在信用风险、市场风险和营运风险方面的最低资本要求。市场风险的计算与 1998 年采用的方法一样——在第 5 章中介绍过。在 2001 年的草案中，国际清算银行针对信用风险和营运风险问题提出了一系列可以选择的办法。信用风险的计量有两种选择：一是标准化的方法（将在下面介绍），二是内部评级（IRB）方法——参见附录 15A。标准化方法与 1993 年协议中的规定类似，只不过更具有风险敏感性。采用内部评级方法时，银行可以依照自身对借款人信用的估计，来评价自己资产组合的信用风险（使用自己的内部评级体系和信用评级模型）——但要严格遵守评价程序和信息披露标准。计算营运风险有三种不同的方法：基本指标法、标准化法和高级计量法。我们曾在第 9 章中简要介绍过这些方法，下面将进行更详细的介绍。

国际清算银行的第二大支柱强调，以监管程序作为最低资本要求的补充。具体而言，国际清算银行设计了一套程序。通过该程序，监管部门能够确保每家银行拥有一个健全的资本充足率内部评价体系，同时确保银行的资本目标与其具体的风险状况和控制环境相适应。国际清算银行的第三大支柱，对资本结构、风险和资本充足率方面的信息披露作出了详细的规定，这种信息披露要求使市场参与者能够对银行的风险状况和资本充足率等关键信息作出评判。

目前，监管部门既要求银行遵守传统的资本比率，又要求银行遵守巴塞尔协议Ⅰ中的风险资本比率。与简单的资本资产比（杠杆比）不同，这些风险资本充足率指标的计算十分复杂。它们的主要创新之处在于，通过在这些资本充足率的分母中使用风险调整资产，来区分资产负债表中各种资产风险的大小，并对表外金融工具的内在风险进行确认。从大体上讲，这些资本比率以银行表内外业务的市场价值，反映了其信用风险状况。此外，针对市场风险和营运风险还必须有额外的资本扣减。

图 15-1　巴塞尔协议Ⅱ中资本监管的三大支柱

支柱 1	支柱 2	支柱 3
监管部门最低资本要求的计算 1. 表内和表外信用风险（标准化方法与内部评级方法） 2. 市场风险（标准化方法与内部评级方法） 3. 营运风险（基本指标法、标准化法和高级计量法）	以监管作为第一大支柱的补充，并使第一大支柱下计算出最低资本要求得到贯彻执行	要求按规定披露资本结构、风险和资本充足率等信息，以增加金融机构的透明度，并加强市场即投资者的约束

在度量银行风险资本比率时，每一种风险都以其资本作为衡量标准。

资　本

银行资本被分为两档：第一档和第二档。第一档是主要资本或核心资本；第二档是附属资本。银行持有的资本总额为第一档与第二档资本之和。第一档（核心）资本和第二档（附属）资本的定义列在表15–8中。

第一档资本　第一档资本与银行股权的账面值密切相关，它反映了银行所有者缴纳的核心资本。从大体上看，第一档资本等于普通股账面值与永久（无到期日）优先股和银行在附属机构持有的少数权益之和再减去商誉。商誉是一项会计记录，它反映了某家银行收购其他银行或附属机构时，支付的金额高出市场价值的那一部分款项。

第二档资本　第二档资本是指一系列的次级资本来源。它包括银行贷款损失准备（最高限额为风险调整资产的1.25%），以及一定限额的各种可转换债务工具和附属债

表15–8　银行控股公司合格资本的简要定义

构成	最低资本金要求
核心资本（第一档）	不低于加权风险资产的4%
普通股	无限制
限定性的累积和非累积永久优先股	不超过普通股、少数权益和限定性的永久优先股之和的25%
合并附属机构权益账户中的少数权益	各家机构要避免使用不符合第一档资本要求的少数权益
减：商誉*	
附属资本（第二档）	第二档资本总额不能超过第一档资本的100%+
贷款和租赁损失备抵	不超过加权风险资产的1.25%
永久优先股	第二档中无限制
混合资本工具、永久债务和强制性可转换证券	第二档中无限制
次级债务和中期优先股（初始加权平均期限不低于5年）	附属债务和中期优先股占第一档资本额的比不超过50%；它们到期时可摊销为资本+
重估准备（股权和房屋）	不包括在内；鼓励各家机构公开这方面的信息；为便于国际比较应该采用逐项评估的方法；对资本状况进行总的评估时会考虑这一项因素
扣除额（从第一档和第二档之和中扣除）	
在非合并附属机构的投资	
银行之间相互持有的资本证券	一般而言，总投资中的一半从第一档资本中扣除，另一半从第二档中扣除++
监管当局所规定的其他扣除（比如与其他附属机构或合资机构相关的扣除）	采取逐项扣除的办法或按正式规定扣除
资本总额（第一档+第二档－扣除额）	不低于加权风险资产的8%

* 1988年3月12日前银行控股公司账册上的商誉可以免于扣除。

+ 可以超过限额，但超过限额的部分不能作为资本。

++ 如果附属机构的风险较大，那么从第一档资本中扣除的数额会更大。

资料来源：Federal Reserve Board Governors，Press Release，January 1989，Attachment Ⅱ .

务工具。

首先，我们将分析，在目前采用的 BIS 方法（巴塞尔协议Ⅰ）下，这种资本如何被用于信用风险的缓冲。然后，我们将使用巴塞尔协议Ⅱ中提出的 BIS 标准化方法（2006 年生效），来详细分析这种资本在缓冲信用风险方面的作用。我们还要仔细考察巴塞尔协议Ⅱ为防范银行的市场和营运风险而规定的资本附加。

信用风险调整资产

根据目前的（巴塞尔协议Ⅰ）以及所建议的（巴塞尔协议Ⅱ）资本充足率规则，风险调整资产代表了风险资本比率中的分母。**信用风险调整资产**（credit risk-adjusted asset）由以下两部分构成：（1）表内信用风险调整资产；（2）表外信用风险调整资产。

要满足资本充足率要求，银行持有的资本总额（第一档核心资本与第二档附属资本之和）占信用风险调整资产的比率不能低于 8%。也就是说，**总风险资本比**（total risk-based capital ratio）可以这样计算：

$$\text{总风险资本比} = \frac{\text{资本总额（第一档加第二档）}}{\text{信用风险调整资产}} \geqslant 8\%$$

此外，资本总额中的第一档核心资本也有一个最低标准。第一档（核心）资本比［Tier I（core）capital ratio］可以这样计算：

$$\text{第一档（核心）资本比} = \frac{\text{核心资本（第一档）}}{\text{信用风险调整资产}} \geqslant 4\%$$

也就是说，在 8% 的总风险资本比率中，银行必须至少持有 4% 的核心资本或主要资本。[3] 储蓄机构的经营也必须满足这些比率的要求。信用社的最低资本比率取决于各州的情况。

除了用于衡量银行资本的充足性之外，风险资本比率（与传统的杠杆比结合起来后）也可以用于《联邦存款保险公司改进法》中的限期整改措施对银行资本状况的分类：资本十分充足，资本比较充足，资本不足，资本明显不足，资本严重不足。与简单的杠杆比一样，总风险资本比和第一档风险资本比所划分出的五个区间——见表 15-7 中的第一栏和第二栏——可以用来衡量资本充足率，以及监管部门必须采取哪些强制性措施和其他一些自由斟酌措施。[4] 表 15-9 对这些监管措施进行了归纳。

风险资本比的计算

巴塞尔协议Ⅰ中的表内信用风险调整资产

按照目前的 BIS 风险资本计划（巴塞尔协议Ⅰ），每家银行都必须将自己的资产归入下列四类信用风险中的某一类别中：0%、20%、50% 或 100%。表 15-10 列出了主要的类别以及属于各种类别的资产。该表的主要特征是：现金、美国所有国债（短期、中期和长期）以及 GNMA（政府国民抵押贷款协会）抵押担保证券（政府机构提供担保的抵押贷款证券化集合资产）等都属于无风险资产。20% 风险级别中包括美国机构担保证券、市政普通债务债券、FHLMC 和 FNMA 抵押担保证券和银行同业存款。[5] 50% 这一级别中包括普通住房抵押贷款和其他市政（收入）债券。最后，所有其他表内资产（比如工商业贷款、消费贷款、信用卡贷款、办公用房和其他资产等）都属于 100% 的风险类别。计算银行的信用风险调整资产时，我们以各类资产的美元价值乘以适当的风险权重。

3 8% 与 4% 之间的差额由非核心资本或其他资本来充当；请参见表 15-8 中的内容。

4 有人认为，资本充足率规则实际上可能会促使存款机构选择一些加大风险的资产组合。从直觉上看，导致这一结果的理由在于，在强制性的资本要求下，今后一个单位的新增股权对存款机构会更有价值。如果发行新股成本过大，那么，增加今后股权价值惟一可能的做法就是提高今日的风险，希望高风险投资能带来更高的收益，从而使今后权益价值中留存收益部分得以提高。因此，有些人认为，较大的最低资本限额要求只会扩大而不会降低存款机构的破产风险（比如，如果高风险投资没有获得利润，而是导致了巨额亏损时）。参见：J.Blum，“Do Capital Adequacy Requirements Reduce Risks in Banking?” *Journal of Banking and Finance* 23 (1999)，pp.755-71.

5 联邦住房抵押贷款公司（FHLMC）和联邦国民抵押贷款协会（FNMA）属于准政府机构，或政府担保抵押贷款证券化机构（关于这些机构的更详细介绍，请参见第 23 章）。

表 15-9 1991 年《联邦存款保险公司改进法》限期整改措施的主要内容

区 间	强制措施	自由斟酌措施
1. 资本十分充足		
2. 资本比较充足	1. 禁止经纪存款（联邦存款保险公司批准的除外）	
3. 资本不足	1. 停止股息和管理费支出 2. 要求制定资本恢复计划 3. 限制资产的增长 4. 收购、设立分行及开展新的业务要接受审批 5. 禁止经纪人存款	1. 命令调整资本结构 2. 限制分支机构之间的交易 3. 限制存款利率 4. 限制某些其他业务活动 5. 可以采取其他一些更好的限期整改措施
4. 资本明显不足	1. 与区间 3 的措施相同 2. 命令调整资本结构 * 3. 限制分支机构之间的交易 * 4. 限制存款利率 * 5. 限制管理层的收入	1. 可以采取区间 3 中的任何一项自由斟酌措施 2. 如果没有提交或实施整改方案，或者是没有按命令调整资本结构，那么，就应该指定监护人或破产监管人 3. 如果需要的话，可以采用区间 5 中的任何一项措施
5. 资本严重不足	1. 与区间 4 的措施相同 2. 在 90 天内指定破产监管人或监护人 * 3. 如果资本严重不足之后的 1 年内还处于区间 5，那么就应该指定破产监管人 4. 停止次级债务的偿还 * 5. 限制某些其他的业务活动	

* 如果主要的监管部门认为这种措施达不到限期整改的目的，或者是其他条件已经得到满足的话，那么，这种措施将被取消。

资料来源：Federal Reserve Board Governors，September 10，1993.

例 15-1 根据巴塞尔协议 I 计算表内信用风险调整资产

以表 15-11 中的资产负债表为例，银行表内资产的风险调整价值（根据巴塞尔协议 I）为：

$$\sum_{i=1}^{n} w_i a_i$$

式中

w_i = 第 i 种资产的风险权重

a_i = 表内第 i 种资产的美元（账面）价值

因此，

表内信用风险调整资产

= 0（8+13+60+50+42）+ 0.2（10+10+20）+ 0.5（34+308）

+ 1（10+55+75+390+10+108+22）= 8.49 亿美元

尽管表内资产直接的账面价值为 12.15 亿美元，但其信用风险调整价值为 8.49 亿美元。

表 15-10　巴塞尔协议 I 中表内风险资本标准概况

风险类别
第一类（权重为 0%） 现金、联邦储备银行存款余额、美国国债、经济合作与发展组织（OECD）国家的政府债券以及部分美国机构债券。
第二类（权重为 20%） 在途现金；美国和经济合作与发展组织国家的银行同业存款以及担保债权，经济合作与发展组织国家之外的部分银行存款和政府债券；普通债务市政债券、部分抵押担保证券、美国财政部担保的债权和部分其他政府债券。
第三类（权重为 50%） 完全以首要留置权为担保的住房（1~4 个家庭）贷款，其他（收入）市政债券。
第四类（权重为 100%） 以上未列出的所有其他表内资产，包括向私营实体和个人的贷款，除经济合作与发展组织国家之外的部分政府债权和银行债权，实际资产以及在附属机构的投资。

资料来源：Federal Reserve Governors presss release，January 1989，Attachment Ⅲ．

表 15-11　按巴塞尔协议 I 列出的银行资产负债表（单位：百万美元）

权　重	资　产		负债 / 权益		资本级别
0%	现金	8	活期存款	150	
	美联储存款余额	13	定期存款	500	
	短期国债	60	定期存单	400	
	长期国债	50	购买联邦基金	80	
	长期政府机构债券（GNMAs）	42			
20%	在途现金	10	可转换债券	15	第二档
	长期政府机构债券（FNMAs）	10	次级债券	15	第二档
	市政债券（普通债务债券）	20			
50%	大学公寓债券（收入债券）	34	（不受限定的）永久性优先股	5	第二档
	住房（1~4 个家庭）抵押贷款	308			
100%	向美洲银行贷款（AA+ 级）	10			
	商业贷款（AAA- 级）	55	留存收益	10	第一档
	商业贷款（A 级）	75	普通股	30	第一档
	商业贷款（BB+ 级）	390	（受限定的）永久性优先股	10	第一档
	商业贷款（CC+ 级）	10			
	第三世界贷款（B+ 级）	108		1 215	
	房屋和设备	22			
N/A	贷款损失准备	（10）			第二档
	资产总额	1 215			
表外业务：					
100%	向一家美国大公司（BB+ 级）提供 8 000 万美元的 2 年期贷款承诺				
	向一家美国公司（BBB 级）签发 1 000 万美元的备用信用证作为直接信用担保				
	向一家美国公司（BBB- 级）签发 5 000 万美元的商业信用证				
50%	一笔名义值为 1 亿美元的 4 年期利率互换（定息与浮息互换），重置成本为 300 万美元				
	一笔价值为 4 000 万美元的两年期欧洲美元合约，重置成本为 -100 万美元				

巴塞尔协议Ⅱ中的表内信用风险调整资产

对最初的巴塞尔协议的一个主要批评在于，每项风险权重取决于借款者所属的总的类别（即是主权国家、银行还是公司）。比如，根据巴塞尔协议Ⅱ，所有的公司贷款的风险权重都是100%，而不管借款公司的信用风险如何。通过对信用风险权重进行更细致的划分，巴塞尔协议Ⅱ中的标准化方法使监管部门的资本要求与影响银行风险的关键因素更为一致。具体而言，风险权重通过参考外部评级机构（比如标准普尔）的评级结果而进行了细化。这样，与目前的协议（巴塞尔协议Ⅰ）相比，巴塞尔协议Ⅱ中的标准化方法所计算出的资本比率应该能更准确地反映出存款机构所面临的实际经济风险。

根据巴塞尔协议Ⅱ中提出的风险资本计划（于2006年实施），每家银行都要将自己的资产归入下列五类信用风险之中的某一类：0%、20%、50%、100%或150%。表15-12列出了主要的类别以及各个类别所属的资产。该表的主要特点是，风险为0的资产除了巴塞尔协议Ⅰ所列出的那些资产之外，还包括被标准普尔评定为AA-级及其以上的主权贷款。现在，20%的级别中包括：标准普尔信用评级在A+到A-之间的主权贷款，以及信用评级达到或超过AA-的银行同业贷款和公司贷款。现在，50%的级别中包括：标准普尔信用评级在BBB+到BBB-之间的主权贷款，以及信用评级在A+到A-之间的银行同业贷款和公司贷款。现在，100%这一级别中只包括：标准普尔信用评级在BB+到B-之间的主权贷款，以及信用评级在BBB+到B-之间的银行同业贷款和信用评级在BBB+到BB-之间的公司贷款。最后，信用评级低于B-的主权贷款和银行同业贷款，以及信用评级低于BB-的公司贷款，都属于150%这一风险类别。

想计算出银行的信用风险调整资产，我们同样要以各类资产的美元价值乘以其相应的风险权重。

表15-12 巴塞尔协议Ⅱ中表内风险资本标准概况

风险类别
第一类（权重为0%） 现金，联邦储备银行存款余额，美国国债，经济合作与发展组织国家的政府债券，部分美国机构债券，以及标准普尔评级为AA-及其以上的主权贷款。
第二类（权重为20%） 在途现金，美国和经济合作与发展组织国家的银行同业存款以及担保债权，经济合作与发展组织国家之外的部分银行存款和政府债券，普通债务市政债券，部分抵押担保证券，美国财政部担保的债权和部分其他政府债券， 标准普尔信用评级在A+到A-之间的主权贷款，标准普尔信用评级达到或超过AA-的银行同业贷款和公司贷款。
第三类（权重为50%） 完全以首要留置权为担保的住房（1~4个家庭）贷款，其他（收入）市政债券，标准普尔信用评级在BBB+到BBB-之间的主权贷款，标准普尔信用评级在A+到A-之间的银行同业贷款和公司贷款。
第四类（权重为100%） 标准普尔信用评级在BB+到B-之间的主权贷款，信用评级在BBB+到B-之间的银行同业贷款，信用评级在BBB+到BB-之间的公司贷款，以上未列出的所有其他表内资产，包括向私营实体和个人的贷款、除经济合作与发展组织国家之外的部分政府债权和银行债权、实际资产以及在附属机构的投资。
第五类（权重为150%） 标准普尔信用评级低于B-的主权贷款、银行同业贷款和证券公司贷款，信用评级低于BB-的公司贷款。

资料来源：Federal Reserve Board of Governors press release，January 1989，Attachment Ⅲ；and Bank for International Settlements，"The New Basel Capital Accord，" January 2001.www.federalreserve.gov www.bis.org.

例 15-2 根据巴塞尔协议 II 来计算表内信用风险调整资产

表 15-13 是根据巴塞尔协议Ⅱ的风险权重分类后的银行资产负债表。根据巴塞尔协议Ⅱ，该银行表内资产的信用风险调整价值为：

表内资产信用风险调整价值
= 0（8+13+60+50+42）+ 0.2（10+10+20+10+55）+ 0.5（34+308+75）+1（390+108+22）+ 1.5（10）
=7.645 亿美元

表内资产直接的账面价值为 12.15 美元，但根据巴塞尔协议Ⅰ及巴塞尔协议Ⅱ，银行的信用风险调整价值分别为 8.49 亿美元和 7.645 亿美元。巴塞尔协议Ⅱ调整了对待主权贷款、同业贷款和公司贷款的方法，即利用信用评级机构对借款人信用等级的评价来增强标准化方法对风险的敏感性。从我们的例子中可以看到，这种做法的结果是，银行表内资产信用风险加权价值的下降。

表 15-13 按巴塞尔协议 II 列出的银行资产负债表（单位：百万美元）

权 重	资 产		负债 / 权益		资本级别
0%	现 金	8	活期存款	150	
	美联储存款余额	13	定期存款	500	
	短期国债	60	定期存单	400	
	长期国债	50	购买联邦基金	80	
	长期政府机构债券（GNMAs）	42			
20%	在途现金	10	可转换债券	15	第二档
	长期政府机构债券（FNMAs）	10	次级债券	15	第二档
	市政债券（普通债务债券）	20			
	提供给美洲银行的 AA+ 级贷款	10			
	AAA- 级商业贷款	55			
50%	大学公寓债券（收入债券）	34	（不受限定的）永久性优先股	5	第二档
	住房（1~4 个家庭）抵押贷款	308	留存收益	10	第一档
	A 级商业贷款	75	普通股	30	第一档
100%	BB+ 级商业贷款	390	（受限定的）永久性优先股	10	第一档
	B+ 级第三世界贷款	108		1 215	
	房屋和设备	22			
150%	CCC+ 级商业贷款	10			
N/A	贷款损失准备	（10）			第二档
	资产总额	1 215			第二档
表外业务：					
100%	向一家美国大公司（BB+ 级）提供 8 000 万美元的 2 年期贷款承诺				
	向一家美国公司（BBB 级）签发 1 000 万美元的备用信用证作为直接信用担保				
	向一家美国公司（BBB- 级）签发 5 000 万美元的商业信用证				
50%	一笔名义值为 1 亿美元的 4 年期利率互换（定息与浮息互换），重置成本为 300 万美元				
	一笔价值为 4 000 万美元的两年期欧洲美元合约，重置成本为 −100 万美元				

表外业务的信用风险调整价值

表内资产信用风险调整价值是资本比的分母中的一个组成部分，另一个组成部分是银行表外（OBS）业务的信用风险调整价值。这些表外业务代表了对存款机构的或有债权，而不是实际债权（参见第9章）。因此，监管法规并不要求以这些业务的全部面值来持有资本，而是要求以这些证券可能会给存款机构带来的表内信用风险等值额来持有资本。所以，在计算这些表外业务的信用风险调整资产价值时，我们首先要将它们转换成**信用等值额**（credit equivalent amount），即与表内业务信用风险等值的金额。然后，表外业务信用风险调整价值的计算涉及到对这些业务进行一些初始分类。比如，信用证这样的或有合约或担保合约的信用风险或信用风险调整资产金额的计算，与远期外汇合约、远期利率合约、期权合约和互换合约的信用风险调整资产金额的计算是不相同的。我们首先介绍担保类合约及或有合约等表外业务的信用风险调整资产价值，然后介绍衍生或市场合约的信用风险调整资产价值。

表外或有担保合约的信用风险调整资产价值

巴塞尔协议Ⅰ 请看表15-14中相应的转换系数。[6]需要指出的是，根据巴塞尔协议Ⅰ，银行签发的直接代替信用担保的备用信用证所具有的转换率为100%。同样地，销售与回购协议以及有追索权的资产出售也具有100%的转换率。与履约相关的备用信用证和期限在1年以上的未动用贷款承诺，具有50%的转换率。其他贷款承诺——那些期限不超过1年的贷款承诺——由于不会给银行带来信用风险，因此其信用转换率为0。然而，巴塞尔协议Ⅱ建议，从2006年起这一转换率将升至20%。与贸易相关的标准信用证和所售出的银行承兑汇票具有20%的转换率。

6 这里所说的“相应的”是指监管部门要求银行使用的一些系数，它们与或有资产（期权）估价模型中使用的转换系数是不相同的。事实上，监管部门不是根据此类估价模型来推导表15-14中的转换系数的。

表15-14 巴塞尔协议Ⅰ和Ⅱ所规定的表外或有合约或担保合约的转换系数

不包括在资产负债表中的销售和回购协议以及有追索权的资产出售（100%）
作为直接信用担保的备用信用证（100%）
与履约相关的信用证（50）
初始期限在1年以上的贷款承诺的未使用部分（50%）*
商业信用证（20%）
银行承兑汇票的转让（20%）
其他贷款承诺（10%）

* 建议从2006年起执行，初始期限在1年以内的贷款承诺的未使用部分的转换率为20%。根据巴塞尔协议Ⅰ，这种承诺的风险权重为0。

资料来源：Federal Reserve Board of Governors press release，January 1989，Attachment Ⅳ.

巴塞尔协议Ⅱ 除了初始期限不超过1年的贷款承诺之外（其转换系数为20%），巴塞尔协议Ⅱ将表外价值转换成表内信用等值额的方法是一样的。可是，表外或有担保合约的风险权重与银行从事自营业务时的权重是相同的。因此，用于向表内资产分配信用风险权重的信用评级结果（列在表15-12中），同时也被用于了这些表外业务信用风险权重的分配（比如，向某一CCC级的交易对手签发商业信用证会使风险权重达150%）。在我们的例子中，由于每一份或有担保合约涉及到的美国公司的信用级别都在BBB+到BB-之间，因此，每笔业务分配的风险权重为100%（与巴塞尔协议Ⅱ中的权重是一样的）。所以，银行表外或有业务和担保的信用风险调整价值还是6 000万美元。

表外市场合约或衍生工具的信用风险调整资产价值 除了从事表外或有业务和担保业务之外，现代金融机构还大量从事期货、期权、远期、互换、利率上限和其他衍生证券合约等表外业务的买卖，以达到利率和外汇管理以及套期保值的目的；同时，它们还替自己的客户买卖这些产品（参见第8章）。这些交易中的任何一种都有可能使金融机构面临**交易对手信用风险**（counterparty credit risk），即当面临实际或潜在的巨大交易亏损时，交易对手（或合约的另一方）有可能违约的风险。这种违约意

例 15-3　表外或有合约或担保合约信用风险调整资产的计算

为了理解如何将表外业务纳入到风险比率中，我们可以将例 15-1 中的银行所使用的表 15-11 的内容进行扩展。假设除了其资产负债表中拥有 8.49 亿美元的信用风险调整资产之外，该银行还有下列表外或有业务或担保业务：

1. 向美国大企业（BB+ 级）提供了 8 000 万美元的 2 年期贷款承诺。
2. 向某一美国企业（BBB 级）提供 1 000 万美元的备用信用证作为直接信用担保。
3. 向某美国企业（BBB- 级）签发 5 000 万美元的商业信用证。

我们按照两个步骤来计算出这些表外业务的风险调整资产价值。

第一步：将表外价值转换成表内信用等值额

在第一步中，我们以表外业务的面值乘以表 15-14 中所给出的转换系数（CF），以计算出信用等值额。

表外业务	面值		转换系数		信用等值额
2 年贷款承诺	8 000 万	×	0.5	=	4 000 万
备用信用证	1 000 万	×	1.0	=	1 000 万
商业信用证	5 000 万	×	0.2	=	1 000 万

因此，贷款承诺、备用信用证和商业信用证信用等值额分别为 4000 万美元、1000 万美元和 1000 万美元。这些转换系数将表外业务转换成了等值信用或表内业务。

第二步：赋予表外信用等值额一个风险类别

在第二步中，我们以相应的风险权重乘以信用等值额。根据巴塞尔协议Ⅰ，每种情况下的相应风险权重取决于表外业务标的证券的交易对手是谁（比如市政当局、政府或公司）。比如，如果被担保的标的证券交易对手是发行普通债务（GO）债券的市政当局，而某银行签发表外备用信用证向这种市政普通债务债券的信用风险提供担保，那么，这时的风险权重为 0.2。可是，如果像我们的例子中的那样，被担保的交易对手为某一私营机构，那么，各种情况下，相应的风险权重均为 1。请注意，如果交易对手为中央政府，那么风险权重将为 0。在我们的例子中，相应的风险权重为：

表外业务	信用等值额		风险权重（w_j）		风险调整资产
2 年贷款承诺	4 000 万	×	1.0	=	4 000 万
备用信用证	1 000 万	×	1.0	=	1 000 万
商业信用证	1 000 万	×	1.0	=	1 000 万
					6 000 万

银行表外或有或担保业务的信用风险调整资产价值为 6 000 万美元。

味着金融机构不得不按照（可能是）不太有利的条件，重新进行市场交易来取代此类合约。

按照风险资本比率规则，场内衍生证券合约（比如芝加哥交易所的场内期权合约）和场外金融工具（比如远期合约、互换合约、利率上限和下限合约等）之间有着重大的差别。场内衍生合约的信用或违约风险几乎为 0，因为当交易对手对其债务违约时，交易所自身会完全承担交易对手的债务。然而，在场外双边合约交易市场上，却并不存在这种保证。因此，对银行的大多数期货和期权等表外交易都没有资本要求，但对大多数的远期、互换、利率上限和下限合约等却都有资本要求。

与或有合约或担保合约一样，表外市场合约风险调整资产价值的计算，也需要采用一种两步计算法（巴塞尔协议Ⅰ和Ⅱ都是这样规定的）。首先，我们要计算出转换系数，以获得信用等值额。其次，我们以相应的风险权重乘以信用等值额。

第一步，将表外价值转换成表内信用等值额。我们首先将所有场外互换、远期和其他衍生合约的名义值或面值转换成信用等值额。信用等值额本身被分解为潜在风险和现有风险两部分。即：

表外衍生证券交易的信用等值额（$）
= 潜在风险（$）+ 现有风险（$）

潜在风险（potential exposure）部分反映了合约对手将来违约的信用风险。这种违约发生的概率取决于利率（对利率合约而言）和汇率（对汇率合约而言）未来的波动性。英格兰银行和美联储在进行了大量的模拟后发现，汇率的波动性远大于利率的波动性。因此，表 15–15 中所列出的外汇合约的潜在风险转换系数要大于利率合约。同时可以看到，两类合约中都是期限越长，潜在的信用风险越大。

除了计算表外市场工具的潜在风险之外，银行还必须计算该金融工具的**现有风险**（current exposure）。这一风险反映了交易对手目前违约时进行合约替换的成本。银行计算此类替换成本或现有风险的方法是，以同类合约现有的利率（汇率）或价格取代初始合约中的利率（汇率）或价格，并按现有的利率（汇率）或价格条件重新计算出所有当期和未来的现金流。银行通过对所有未来现金流的贴现，得出按当期现值所计量的合约替换成本。如果合约替换成本为负数（即交易对手违约时，银行可以从合约替换中获利），那么，监管法规则要求将替换成本确定为 0。如果替换成本为正数（即交易对手违约时，银行将因为合约替换而遭受损失），那么这一价值就将用于对现有风险的计量。由于互换和远期合约在某种程度上具有独特之处，因此，在计算现有风险时，银行的管理信息系统要完成大量的电脑处理业务。实际上，小银行可能会利用专业化的服务公司来完成这项任务。

第二步，确定表外信用等值额的风险类别。将现有和潜在风险额相加，计算出每份合约的信用等值额之后，我们就将这一美元值乘以某一风险权重，以计算出表外市场合约最终的信用风险调整资产金额。

巴塞尔协议Ⅰ 根据巴塞尔协议Ⅰ，相应的风险权重均为 0.5 或 50%。即：

表 15–15 计算利率和外汇合约潜在风险时的信用转换系数

剩余期限	（1）利率合约	（2）汇率合约
1.1 年以内	0	1.0%
2.1~5 年	0.5%	5.0%
3.5 年以上	1.5%	7.5%

资料来源：Federal Reserve Board of Governors press release，Augest 1995，Attachment Ⅱ.

表外市场合约的信用风险调整价值
= 信用等值总额 ×0.5（风险权重）

巴塞尔协议Ⅱ 正如上面所说的，巴塞尔协议Ⅰ将这些合约总信用等值额的风险权重确定为 50%。巴塞尔协议Ⅱ认为，这些表外业务给金融机构带来的风险更大，因此将其风险权重确定为 100%。根据巴塞尔协议Ⅱ，这 550 万美元信用等值额的风险权重为 100%。因此，这些表外衍生合约的信用风险调整价值为 550 万美元。

根据巴塞尔协议Ⅰ计算出的总信用风险调整资产

根据现行的巴塞尔协议Ⅰ以及例 15–1 至例 15–4 中的计算结果，该银行的总的风险调整资产为下列几项之和：表内信用风险调整资产（8.49 亿美元）、表外或有和担保业务的风险调整价值（6 000 万美元）、表外衍生合约的风险调整价值（275 万美元）——9.1175 亿美元。

根据巴塞尔协议Ⅱ计算出的总信用风险调整资产

根据于 2006 年年底生效的巴塞尔协议Ⅱ，总信用风险调整资产为 8.3 亿美元（表内业务 7.645 亿美元，加上表外或有和担保业务风险调整价值 6000 万美元，再加上表外衍生合约风险调整价值 550 万美元）。

例 15-4　表外市场合约信用风险调整资产价值的计算

假设例 15-1 和例 15-3 中的银行进行过如下交易：在互换市场进行了一笔期限为 4 年、名义值为 1 亿美元的利率套期保值交易（定息与浮息互换）；签订了一笔价值为 4 000 万美元的两年远期外汇交易合约（参见表 15-11）。

第一步

我们按如下方法计算出每笔业务或每份合约的信用等值额：

					潜在风险 + 现有风险				
合约类型（剩余期限）	名义本金	×	潜在风险转换系数	=	潜在风险	替换成本	现有风险	=	信用等值额
4 年期定息与浮息互换	1 亿美元	×	0.005	=	**50 万美元**	300 万美元	**300 万美元**		**350 万美元**
2 年期远期外汇合约	4 000 万美元	×	0.050	=	**200 万美元**	−100 万美元	**0 万美元**		**200 万美元**

4 年期定息与浮息利率互换的名义值（合约面值）为 1 亿美元。由于这是一份长期（期限为 1~5 年）利率市场合约，因此，将其面值乘以 0.005 后，可以得出潜在风险或信用风险等值额为 50 万美元，见表 15-15 中的第（2）栏。我们将该潜在风险与这份合约给银行带来的替换成本（现有风险）相加。替换成本反映了互换交易对手违约时，银行不得不按目前的利率，签订一份新的 4 年期定息与浮息互换协议所涉及到的成本。假设目前的利率不太有利，按现值衡量，替换现有未到期合约的成本为 300 万美元。因此，利率互换总的信用等值额（现有风险加潜在风险）为 350 万美元。

下面我们来看面值为 4 000 万美元的外汇远期（两年）合约。由于该外汇合约的期限在 1~5 年的范围内，故潜在（未来的）信用风险为 4 000 万美元 ×0.050，即 200 万美元，参见表 15-15 中的第（2）栏。然而，这笔业务的替换成本为负的 100 万美元。也就是说，在这个事例中，如果交易对手违约，我们的银行实际上会获利。究竟交易对手为什么会在有利的情况下违约，这一点我们并不清楚。可是，监管当局不可能让银行从交易对手的违约中获利，因为这样会激励各种恶意的冒险行为。因此，在我们的例子中，现有风险必须确定为 0（如表中所示）。所以，该合约的潜在风险（200 万美元）与现有风险（0）相加，得出的总信用等值额为 200 万美元。由于银行只有两份表外衍生合约，将两个信用等值额相加，就可以得到该行表外市场合约全部的信用等值额：350 万 +200 万 =550 万美元。

第二步

下一步是以相应的风险权重乘以全部的信用等值额。具体来看，为了计算出银行表外衍生或市场合约的风险调整资产价值，我们将以相应的风险权重（根据巴塞尔协议Ⅰ，这一风险权重均为 0.5，即 50%）乘以信用等值额：

表外衍生合约的信用风险调整资产价值
= 550 万美元（信用等值额）×0.5（风险权重）
= 275 万美元

根据巴塞尔协议Ⅰ进行冲抵后的表外衍生工具的信用风险调整资产价值[7,8]

对上面的方法进行批评的人认为，这种方法忽视了风险的相互冲抵。作为对这种批评的反应，美联储采纳了国际清算银行提出的一个建议：只要银行的双边冲抵合约明确规定，交易对手具有按不同合约冲抵后的单一金额进行结算的法律责任，那么，银行就可以对表外衍生合约进行冲抵。这一规定已于1995年10月1日生效。只要银行在此类合约中明确地做出规定，那么新的规则就要求对双边冲抵合约中的净的现有风险和净的潜在风险进行估算。净的现有风险加上净的潜在风险，等于总信用等值额。

根据规则，净的现有风险为所有正的和负的替换成本（即每份衍生合约的市场价值）之和。如果替换成本之和为正数，那么，净的现有风险就是这一数额。如果它为负数，那么净的现有风险为零。净的潜在风险可以通过对前面所估算出的总潜在风险进行调整后获得：

$$A_{net} = (0.4 \times A_{gross}) + (0.6 \times NGR \times A_{gross})$$

式中 A_{net} 代表净的潜在风险（即未来潜在信用风险的调整额），A_{gross} 为每份合约潜在风险之和，NGR为净的现有风险与总现有风险之比。0.6为冲抵所导致的潜在风险下降额。[9]

我们可以使用前面（冲抵前）相同的例子，来反映冲抵对总信用等值额的影响。在此，我们假设两份合约都是与同一交易对手签订的。

合约类型（剩余期限）	潜在风险	替换成本	现有风险
4年定息与浮息利率互换	50万美元	300万美元	300万美元
2年远期外汇合约	200万美元	-100万美元	0万美元

A_{gross} = 250万美元；
净的现有风险 = 200万美元；
现有风险 = 300万美元

净的现有风险为替换成本的代数和，即300万美元加上负的100万美元等于200万美元。总潜在风险（A_{net}）为单个潜在风险之和（= 250万美元）。利用下面的公式可以计算出净的潜在风险：

A_{net} = (0.4 × A_{gross}) + (0.6 × NFR × A_{gross})
NGR = 净的现有风险 / 现有风险 = 2/3
A_{net} = (0.4 × 250万) + (0.6 × 2/3 × 250万)
= 200万美元
总信用等值额 = 净的潜在风险 + 净的现有风险
= 200万 + 200万 = 400万美元
表外市场合约的风险调整资产价值
= 总信用等值额 × 0.5（风险权重）
= 400万 × 0.5
= 200万美元

由此可以看到，冲抵使得信用风险调整资产的价值从275万美元降为200万美元。

总风险资本头寸的计算

计算出存款机构的风险加权资产之后，最后的一步就是计算出第一档资本以及总风险资本比率。

利率风险、市场风险和风险资本

从监管部门的角度来看，只有当存款机构不会遭受到过度的利率或市场风险的影响时，信用风险资本比才发挥了应有的作用。原因在于，风险资本比只考虑到了银行资本的充足率，其目的是满足表内外信用风险的需要。它并没有直接考虑到利率风险（有效期限不匹配）和市场（交易）风险有可能导致的破产风险。

为了应对这些批评，1993年美联储（与国际清算银行一道）针对利率风险和市场风险提出了额外的资本要求建议。正如第5章介绍的，从1998年开始，存款机构必须在8%的风险资本比之外计算一个附加风险资本比，

---

7 这部分涉及到更专业的知识，可以根据课程要求加以取舍，但这并不会影响到本章内容的连续性。

8 根据巴塞尔协议Ⅱ，表外信用衍生合约的冲抵是第二大支柱中的内容（即由监管当局来决定）。起初，曾提出来了一个具体的冲抵方法（"W"因子）。

9 美联储最初建议的比率为五五开，但在听取公众意见后，将其降为四六开。

例 15-5　银行总风险资本头寸的计算

从表 15-11 和表 15-13 中可以看到，银行第一档资本（留存收益、普通股和限定性的永久优先股）总额为 5 000 万美元；第二档资本（可转换债券、附属债券、无限定的永久优先股和贷款损失准备）总额为 4 500 万美元。因此，第一档和第二档资本总和为 9 500 万美元。

现在，我们可以根据现行的（巴塞尔协议Ⅰ规定的）风险资本要求，以及所建议的（巴塞尔协议Ⅱ规定的）风险资本要求来计算该银行总的资本充足率：

巴塞尔协议Ⅰ

$$\text{第一档（核心）资本比} = \frac{5\,000\text{ 万美元}}{9.1175\text{ 亿美元}} = 5.48\%$$

巴塞尔协议Ⅱ

$$\text{第一档（核心）资本比} = \frac{5\,000\text{ 万美元}}{8.3\text{ 亿美元}} = 6.02\%$$

以及

巴塞尔协议Ⅰ

$$\text{总风险资本比} = \frac{9\,500\text{ 万美元}}{9.1175\text{ 亿美元}} = 10.42\%$$

巴塞尔协议Ⅱ

$$\text{总风险资本比} = \frac{9\,500\text{ 万美元}}{8.3\text{ 亿美元}} = 11.45\%$$

两个资本充足率公式所计算出的这些比率之所以有差异，是由于巴塞尔协议Ⅱ对待主权贷款、银行同业贷款和公司贷款的方法有改变。具体而言，通过对信用风险权重进行更细致地划分，巴塞尔协议Ⅱ使监管资本要求与银行风险中的关键性成分更为一致。风险权重通过参照外部信用评级机构的评级结果而得到了改进。本例银行的资产组合中，持有许多的低风险、高信用级别的贷款。根据巴塞尔协议Ⅰ，这些贷款的信用风险权重均为 100%。然而，根据巴塞尔协议Ⅱ，低风险、高信用等级贷款的风险权重更低（20% 和 50%），以表明它们给银行带来的风险更低。因此，与目前采用的巴塞尔协议Ⅰ相比，我们的银行按照所建议的巴塞尔协议Ⅱ计算出信用风险调整资产要低一些。需要指出的是，如果银行拥有较高比重的低等级贷款，那么，根据巴塞尔协议Ⅱ计算出的信用风险调整资产，会高于根据巴塞尔协议Ⅰ计算出的结果。这样的银行需要持有更多的资本，以满足最低风险比率的要求。

由于所要求的第一档最低资本比（参见表 15-7）为 4%，最低风险资本比为 8%，所以，本例中银行的资本按照两个资本比率公式计算出的结果，都超出了最低要求。[1]

1　进行冲抵后，总信用风险调整资产比将分别为 9 500 万美元 / 9.11 亿美元，即 10.43%（根据巴塞尔协议Ⅰ），以及 9 500 万美元 / 8.29 亿美元，即 11.46%（根据巴塞尔协议Ⅱ）。

以反映自己所面临的市场风险。存款机构可以利用两种方法来计算附加资本比的大小：（1）利用监管部门所建议的标准化模型；（2）利用存款机构自己的内部市场风险模型。到目前为止，还没有针对利率风险而提出正式的附加资本比要求，尽管 2001 年，国际清算银行曾经仿照 1993 年的初始建议提出过一个将来的利率风险资本比框架。

营运风险和风险资本

在 2001 年提出了的资本充足率规则修正案中，国际清算银行建议针对营运风险提出附加资本要求。在此建议之前，国际清算银行曾经认为，银行的营运风险可以通过 8% 的信用风险调整比得到较好的解决。然而，近几年越来越明显的营运风险，促使监管部门建议为信用风险和营运风险设立单独的资本要求。正如上面所说的，目前国际清算银行认为，营运风险对存款机构很重要，因此，存款机构有必要花费一定的资源来对此类风险进行量化，并将其单独纳入到自己的总体资本充足率的分析之中去。2001 年和 2003 年巴塞尔委员会参考文件提出了三种具体的方法（建议 2006 年采用）。存款机构可以通过这些方法计算出的资本来防范营运风险的影响：基本指标法、标准化法和高级计量法。

基本指标法从总体上要求银行以 12% 的总监管资本来应对营运风险的需要。12% 这一目标来源于对全球范围内大银行现有行为所进行的广泛调查。为了达到这一目标，基本指标法关注的是银行的总收益，即净利润（欧洲人称之为增值额）。这一数额等于银行的利息收益净额加上非利息收益净额。

总收益 = 利息收益净额 + 非利息收益净额

根据国际清算银行的计算，如果一家银行持有某一部分（阿尔法）的总收益作为营运风险资本——这里的阿尔法（α）被确定为 17%~20%，那么它就会获得足够的营运风险资本，从而使这部分资本占所有风险（即信用风险、市场风险和营运风险）总监管资本持有额的 12%。比如，按照基本指标法：

营运资本 = α × 总收益

或

= 0.2× 总收益

基本指标法面临的问题是，它过于集成或过于“综合”，也就是说，它没有对具有不同营运风险的各个业务领域进行区分（比如，零售经纪商的支付与结算业务可能会有着非常不同的营运风险状况）。[10]

为了对银行不同业务的营运风险进行更细致地分类，同时保留一种基本的综合方法，国际清算银行提出了第二种营运资本计算方法。这第二种方法——标准化法——将业务活动分成了八个主要的领域（如表 15-16 所示）。在每一业务领域内都有一个反映存款机构该领域业务活动规模的综合性指标（定义为贝塔，β）。这一指标与某一特定业务所报告的总收益相关。它大体上代表了各项业务营运风险的大小。资本要求额的计算方法是，以每项业务的 β 值乘以该项业务的指标后再进行求和。β 值反映了各项业务对一般银行的重要性。β 值由监管部门确定，

表 15-16 国际清算银行的标准化方法使用的业务类别

业务类别	指 标	资本系数
公司金融	总收益 *	β_1 = 18%
交易与销售	总收益	β_2 = 18%
零售银行业务	总收益	β_3 = 12%
商业银行业务	总收益	β_4 = 15%
支付与结算	总收益	β_5 = 18%
代理服务与托管	总收益	β_6 = 15%
零售经纪业务	总收益	β_7 = 12%
资产管理	总收益	β_8 = 12%

* 这项指标指的是特定业务所报告的总收益。

资料来源：Bank for International Settlements，“Working Paper on the Regulatory Treatment of Operational Risk,” September 2001. www.bis.org.

并且是根据部分样本银行的行业平均数计算出来的。

假设公司金融这项业务的 β 系数为 18%，而银行在该业务方面的总收益（业务指标）为 3 000 万美元。那么，这项业务本年度的资本要求额为：

$$\text{资本}_{\text{公司金融}} = \beta \times \text{银行}_{\text{公司金融}}\text{业务的总收益}$$
$$= 18\% \times 3\,000\ \text{万}$$
$$= 540\ \text{万美元}$$

总资本要求的计算方法是，先计算出八类业务的监管资本总和，然后计算出这一总和在三年内的平均数。[11]

第三种方法——高级计量法——使各银行可以依靠内部数据来达到监管资本要求。目前正在开发的方法大体上有三种：内部计量法、损失分布法和记分牌法。

内部计量法的计算以下列框架为基础：将银行的营运风险分解到不同的业务及营运风险计量事件之中去。为了鼓励银行采用更高级的营运风险计量指标，营运风险资本的目标被确定为，基本指标法和标准化模型水平的 75%。也就是说，0.75 × 12% = 9% 的银行总监管资本。就特定的一组业务和风险类别而言，银行需要有三组数

10 第二个问题在于，这项 α 意味着营运风险与总收益是成正比的。这忽视了有可能存在的规模经济效应。这种效应将使两者的关系变成非线性的（非等比例的），也就是说，α 可能会随着银行利润和 / 或规模的增长而下降。

11 巴塞尔委员会收集的营运风险损失数据（2003 年 3 月）——以 19 个国家的 89 家银行为基础——表明，大约 61% 的营运亏损事件发生在零售银行业务领域，其平均的亏损额为 79 300 美元。同时，只有 0.9% 的营运亏损事件发生在公司金融领域，但其平均亏损额却达到了 646 600 美元。

据：营运风险指标（EI，由监管部门提供）、代表亏损事件发生概率的数据（PE）以及此类事件发生时的损失额（LGE）。这三项之积就是某一营运风险业务领域（比如公司金融）的预期损失 E（L）（参见图 15–2）。也就是说：

$$E(L_i) = EI_i \times PE_i \times LGE_i$$

式中

i = 业务领域

由于资本是为了防止银行因过度或非预期亏损［$U(L_i)$］而倒闭，因此 $E(L_i)$ 要乘以一个被称为伽玛（γ_i）的系数。该系数将某一业务预期损失的估计值转换成一笔资本要求（K_i），而这一笔资本至少能够弥补行业中一般情况下所发生的 99.9% 的亏损。因此：

$$K_i = E(L_i) \times \gamma_i$$

利用同样的方法，将不同业务领域的风险相加，就可以得到总的营运风险资本要求。遗憾的是，这种方法很难应用于不太容易量化的营运风险领域（比如欺诈领域）。

损失分布法与内部计量法在一个方面有所不同：损失分布法直接估算出 99.9% 的非预期损失，而不需要通过假设预期损失和非预期损失之间的关系来估算非预期损失。因此，在损失分布法中，不需要确定伽玛系数（γ_i）。

在记分牌法下，银行要确定企业或业务层面的初始营运风险资本水平，然后随时间的变化利用“记分牌”对这些金额进行调整，以便了解不同业务的基本风险状况及风险控制环境。记分牌使资本计算具有一定的前瞻性。也就是说，它们能反映风险控制环境的改善——这种改善能够降低未来营运风险损失的频率及强度。

计量营运风险的这三种方法正在逐步完善。随着新标准的实施（2006 年），存款机构将开始使用基本指标法，而且随着它们开发出更完善的营运风险计量体系，存款机构会更加积极地转向其他各种方法，因为高级计量法所涉及到的营运风险资本要求（8%），要低于标准化法或基本指标法下的要求（12%）。

对风险资本比的批评

风险资本要求，是为了通过以下四个方面来对简单的杠杆比进行改进：（1）将信用风险、市场风险和营运风险纳入到资本充足率的决定中去；（2）对资产的信用风险差异进行更系统的区分；（3）将表外风险考虑进来；（4）将同样的资本要求应用于全球所有主要的存款机构（和银行业务中心）。遗憾的是，在达到这些目标的过程中，风险资本要求面临着几种理论和应用上的缺陷：

图 15–2　高级计量法中的营运风险内部计量法

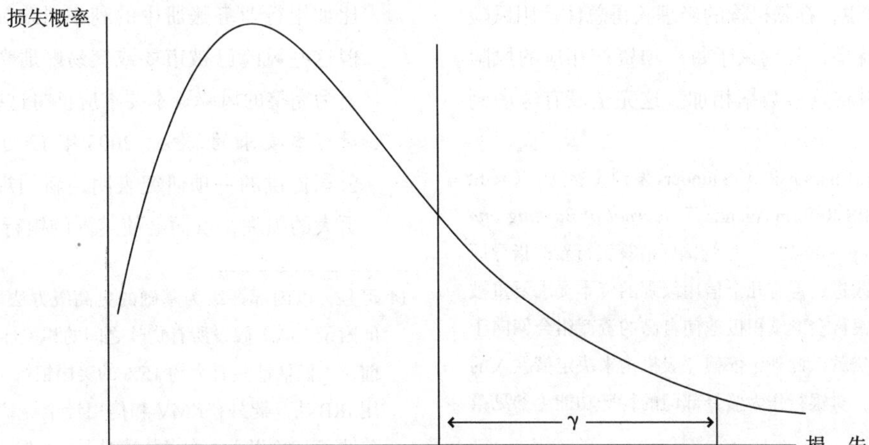

1. *风险权重*。人们并不清楚，巴塞尔协议Ⅰ（或巴塞尔协议Ⅱ）中的四类（或五类）风险权重，在多大程度中反映了实际的信用风险状况。比如，按照巴塞尔协议Ⅱ，商业贷款的风险权重在 20% 到 150% 之间。严格地讲，这些相对权重意味着某些商业贷款的风险是其他贷款的 4.5 倍。
2. *以外部信用评级机构为基础的风险权重*。尽管巴塞尔协议Ⅱ建议，在信用风险计量方面对巴塞尔协议Ⅰ进行改进——以五种不同的风险权重（其结果取决于贷款的信用等级）来取代主权贷款、同业贷款和商业贷款所使用的单一的（100%）风险权重，然而，人们并不清楚，这些风险权重是否能够准确地衡量借款者个人的相对（或绝对）信用风险。此外，人们经常指责标准普尔和穆迪的评级结果滞后于而不是领先于商业周期。这样，资本要求可能会在经济衰退时期达到高峰，而此时银行却最不容易满足资本要求。[12]
3. *资产组合的特点*。国际清算银行的计划大多忽视了信用风险组合的分散化机会。正如我们在第 7 章中所介绍的，当资产的收益呈负相关或不是完全正相关时，金融机构可以通过分散化来降低其资产组合的风险。从总体设计上看，巴塞尔协议Ⅰ和巴塞尔协议Ⅱ（标准化模型）所提出的资本充足率计划，实际上属于线性风险计量方法，这些方法忽视了各种资产信用风险之间和资产集群信用风险之间（比如住房抵押贷款和商业贷款之间）的相关性或协方差。[13] 也就是说，存款机构的经理获得总体信用风险指标的方法就是，分别赋予每一项资产相应的风险权重之后，再将这些数据相加。这完全没有考虑到资产风险之间——不同交易对手（或风险权重）之间——的协方差。[14]
4. *存款机构的特殊性*。赋予私营部门的商业贷款（无论风险高低）以较高信用风险权重的做法，会使存款机构提供此类贷款的积极性低于持有其他资产的积极性。这会降低存款机构向这些企业贷款的规模，降低存款机构的监控力度，而且还有可能给经济带来负面外部效应。这样，银行的一项特殊功能——提供贷款——将会被削弱。这种影响是人们非常关注和容易引起争议的。事实上，人们认为，导致 20 世纪 90 年代初信用紧缩及银行资产组合再次从商业贷款转向证券的部分原因，就在于商业银行贷款的风险权重要高于证券。
5. *过度复杂*。由于复杂性的增加，巴塞尔协议Ⅱ会极大地提升监管成本。新的风险管理系统的设计和实施显然会涉及到巨额成本，而所获得的好处有可能是微弱的。初始计算表明，与使用标准化法相比，使用内部评级法计算营运风险的大多数银行最终都要有更高的资本准备。换句话讲，这种最高级的方法，不仅十分复杂，而且未必能够带来人们所预期的各种好处。美国的货币监理署称，所提出的协议的“极度”复杂性，使得一些担心巴塞尔协议Ⅱ的美国人的主张得到了强化。
6. *其他风险*。虽然市场风险被纳入到了 1998 年的风险资本要求之中，而且营运风险将于 2006 年被纳入，但国际清算银行的计划还没有考虑到其他一些风险，比如银行业务账册中的利率风险和流动性风险——但这些风险已被市场或交易账册考虑进去了。一个更为完整的风险资本要求应该将这些风险考虑进去。
7. *对资本要求的影响*。2003 年 12 月，联邦存款保险公司提供的一项研究表明，新的规则不仅不能防范更大的损失，反而会使美国的银行现有的资本下降。

---

12 E. I. Altman、S. T. Bharath 和 A. Saunders 发现（参见："Credit Ratings and the BIS Reform Agenda," *Journal of Banking and Finance*, 2002, pp. 909-22.），尽管国际清算银行新的指导原则比最初的有所改进，但有几个信用级别的资本要求要重被低估了。因此，银行会继续积极地使自己的资产组合偏向于信用等级较低的贷款。此外，依赖评级机构来决定借款人的信用风险的行为，对银行作为监督部门的特殊功能（参见第 1 章）提出了疑问。

13 资产组合理论假设，资产风险和表外风险之间是相互独立的。

14 可是，以内部评级为基础的更高级方法（IRB——参见本章的附录 15A）假设所有贷款之间的相关性为 10% 或 20%。目前，人们估计只有大约 15% 的美国银行（一些大银行）会使用 IRB 法。此外，KMV 和信用计量等私人模型一般认为相关性在 10% 以下。大多数情况下，它们发现相关性在 0~5%，这说明分散化的潜能要高于 IRB 法所做出的假设。

该研究发现，第一档核心资本要求将从巴塞尔协议Ⅱ之前的大约 5% 的水平下降为 2.5%~4% 的水平，而后者一般都低于美国的监管者所认为的安全水平。此外，美国的小银行抱怨，所提出的银行标准不公平。没有巴塞尔协议Ⅱ所要求的风险评价体系的小银行，必须遵守现有的标准化方法，而这意味着它们有可能要持有更多的资本。

8. 竞争。美联储称，巴塞尔协议Ⅱ将首先被应用于积极从事国际业务的银行。因此，美国的监管部门首先会将新规则应用于少数几家美国银行。此外，在美国，巴塞尔协议Ⅱ不会应用于证券公司或投资银行。在欧洲，巴塞尔协议Ⅱ将被纳入欧盟法律中，并应用于所有的银行和投资公司，而不是仅应用于积极从事国际业务的银行。这样，美国和欧洲的银行将采用不同的标准，从而使美国银行贷款的（监管）成本从理论上讲要低一些。此外，由于不同的银行制度在税收、会计和安全保障方面存在着差异，因此，8% 的风险资本要求并没有为所有银行创造出一个公平的竞争环境。这偏离了计划倡导者的目标。比如，日本和美国在会计、税收和安全保障等规则方面存在着很大的不同，因此这会极大地影响到两国风险资本比率的可比性。
9. 第二大支柱对监管部门的要求过高。巴塞尔协议Ⅱ的第二大支柱，要求监管部门能够做出许多非常敏锐的判断，而监管部门可能没有能力这么去做。对于发展中国家的监管部门而言，这一问题尤为突出。如果严格执行第二大支柱，监管部门就有可能遭受到过多的批评。

其他金融机构的资本要求

证券公司

与银行和储蓄机构的监管部门所采用的账面值资本规则不同，证券交易委员会 1975 年的规则 15C3-1 为经纪商和交易商所确定的资本要求，接近于市场价值会计规则。从本质上讲，经纪商和交易商必须每天计量其净值的市场价值，并确保其净值与资产之比不低于 2%：

$$\frac{净值}{资产} \geqslant 2\%$$

根本的想法是，如果经纪商和交易商被迫按近似的市场价值清理所有的资产，2% 的资本缓冲应该能够偿付所有客户的债务，比如客户在证券公司持有的经纪账户。

具体而言，为了计算出资本净值，经纪商和交易商首先要计算出账面资本或账面净值（资产和负债账面值之差），然后再进行几次调整：（1）扣除所有不能立即变现的资产，比如固定资产；（2）扣除不能公开上市或公开出售的证券。此外，交易商还必须进行其他扣减，以便反映资产潜在的市场价值波动。比如，净资本规则要求非流动股份的扣减可以高达 40%，而债券的扣减幅度一般为 0~9%。最后，还要针对未实现的损益、次级债务、合约承诺、递延税、期权、商品与商品期货以及某些担保债务等进行其他的调整。

因此，经纪商和交易商必须对账面净值进行重大调整，以获得近似的市场净值。这一市场净值与资产比不能低于 2%。

人寿保险公司

1993 年，人寿保险行业采用了一个风险资本模型。尽管该模型与银行和储蓄机构采用的模型在性质上是相同的，但其应用更广泛，因为它还包含了所有其他类型的风险（见本章后面的介绍）。虽然资本要求是由各州实施的，但全国保险委员会（NAIC）的建议却对其产生了重大影响。下面我们介绍 NAIC 模型的内容。

该模型首先要确定人寿保险公司所面临的四种风险：

$C1$ = 资产风险
$C2$ = 保险风险
$C3$ = 利率风险
$C4$ = 业务风险

$C1$：资产风险

资产风险反映了人寿保险公司的资产组合所面临的

风险。从本质上看，它的计算方法类似于存款机构的信用风险调整资产：以信用风险权重乘以表内资产的美元值或面值。表 15-17 列出了人寿和财产事故保险公司相关资产的风险权重。根据表中的数据，拥有 1 亿美元普通股的保险公司需要持有 3 000 万美元的风险资本，而拥有 1 亿美元的 BBB 级公司债券的保险公司只需要持有 100 万美元的风险资本。

C2：保险风险

保险风险包含了**死亡风险**（mortality risk）和**疾病风险**（morbidity risk）所造成的不利影响。人寿保险公司可以根据死亡表来准确地了解被保险人在某一年份死亡的概率。然而，像艾滋病这样的传染病会对这些预测产生重大干扰。因此，保险公司会对现有的储备水平进行调整，并以某一保险风险系数乘以得出的数额。意外事故和健康保险（它包括了疾病风险）也要进行类似的计算。

表 15-17 部分资产的风险资本（RBC）系数

资 产	保险公司	
	人寿	财产事故
债 券		
美国政府债券	0.0%	0.0%
NAIC 1：AAA~A*	0.3	0.3
NAIC 2：BBB	1.0	1.0
NAIC 3：BB	4.0	2.0
NAIC 4：B	9.0	4.5
NAIC 5：CCC	20.0	10.0
NAIC 6：已违约或即将违约	30.0	30.0
住房抵押贷款（全部贷款）	0.5⁺	5.0
商业抵押贷款	3.0⁺	5.0
普通股	30.0	15.0
优先股—在 NAIC 同类债券系数之上增加：	2.0	2.0

* 包括机构债券和大多数担保抵押债券。

⁺ 抵押贷款的系数针对的是信用较好的贷款。这些系数将根据公司违约相对于同行业中的情况进行调整。

资料来源：Salomon Brorhers，Insurance Strategies，Augest 2，1993.

C3：利率风险

利率风险在一定程度上反映了负债的流动性，以及利率变化时负债被提取的概率和难易程度。比如，保险公司发行的担保投资合约（GICs）与银行的长期、固定利率存款有着相似的特点，而且经常对利率变化高度敏感。正如第 12 章所介绍的，过去几年内，缺乏流动性的问题导致了几家保险公司的破产。就利率风险而言，保险公司必须将负债分为三种风险级别：低风险（0.5% 的风险资本要求）、中等风险（1% 的资本要求）以及高风险（2% 的资本要求）。

C4：业务风险

我们在第 14 章中介绍过，各州都建立了担保基金。某保险公司倒闭时，这些基金会向幸存下来的保险公司收取费用，以便向倒闭的公司提供部分赔偿。因此，业务风险的资本要求就是州担保基金对潜在风险的最大估计值（每家幸存的保险公司要按人寿和年金保险费的 2%，以及健康保险费的 0.5% 持有资本准备）。同时，与公司相关的欺诈和诉讼风险也需要缴纳额外的资本。

计算出 $C1$、$C2$、$C3$ 和 $C4$ 之后，人寿保险公司的经理就可以根据下列公式来计算风险资本指标（RBC）：

$$RBC = \sqrt{(C1 + C3)^2 + C2_2} + C4$$

所计算出的 RBC 为人寿保险公司的最低资本要求。保险公司会将这一风险资本指标与实际持有的资本和盈余（总资本）相比较：

$$\frac{\text{资本与盈余总和}}{\text{风险资本（RBC）}}$$

如果这一比率大于 1，那么，人寿保险公司的经理就达到或超出了最低资本要求。如果这一比率小于 1，那么，经理就要接受监管当局的审查。

财产事故保险

财产事故（PC）保险公司的资本要求与人寿保险行业的风险资本（1993 年由 NAIC 提出）非常相似，只不

表 15-18　总风险资本（RBC）的计算

风　险	业务类别	说　明
R0	资产	在财产事故保险分公司的投资（普通股和优先股）
R1	资产	固定收益资产
R2	资产	权益——包括普通股和优先股（在财产事故保险分公司的除外）以及不动产
R3	信贷	可收回的再保险和其他应收款
R4	承保	损失和损失调整费用（LAE）准备再加上增长附加
R5	承保	承保保费加上增长附加
$RBC = R_0 + \sqrt{R1^2 + R2^2 + R3^2 + R4^2 + R5^2}$		

资料来源：Salomon Brorhers，Insurance Strategies，Augest 2，1993.

过前者有六类（而不是四类）风险，其中包括三类单独的资产风险。不同资产的风险权重列在表 15-18 中。某些领域（尤其是普通股）的风险权重要低于人寿保险公司，这是因为，财产事故保险公司在这类资产方面的风险相对较小。表 15-18 给出了这六种不同的风险以及风险资本（请将它与人寿保险公司的资本和盈余总额相比

表 15-19　某财产事故保险公司的风险资本（RBC）要求

风　险	说　明	风险资本要求（百万美元）
R0	在财产事故保险分公司的投资	10
R1	固定收益	5
R2	普通股	10
R3	信贷	10
R4	储备	40
R5	保费	25
	计算协方差前的总资本要求	100
$RBC = 10 + \sqrt{5^2 + 10^2 + 40^2 + 25^2} = 59.5$		

较）的计算公式。

计算风险资本时，假设风险 R1~R5 之间是相互独立的——也就是说，相关系数为 0，但假设在人寿保险分公司的投资（风险 R0）与 R1~R5 这几部分的净风险完全相关。如果财产事故保险公司的资本和盈余总额，超过了所计算出的风险资本，那么就可以认为该保险公司的资本是充裕的。比如，假设某一财产事故保险公司的资本和盈余总额为 6 000 万美元，而所计算出的风险资本为 5950 万美元（如表 15-19 所示），那么，其资本与风险资本之比大于 1（即 6000/5950 = 1.008），所以资本是充裕的。

练习题

1. 列举并简要介绍金融机构资本的五个重要功能。
2. 与非金融机构相比，监管部门为什么对金融机构持有的资本数量更加关注？
3. 资本的经济定义和账面值定义之间有什么区别？
   a. 经济价值会计方法如何确认信用和利率风险造成的不利影响？
   b. 账面值会计方法如何确认信用和利率风险造成的不利影响？
4. 某金融机构拥有下列资产负债表——所有资产和负债均为市场价值（百万美元）。

资　产		负债和权益	
利率为 6% 的 4 年期国债（半年付息 1 次）（面值为 12 美元）	10	利率为 5% 的 2 年期次级债务（面值为 25 美元）	20
年利率为 7% 的 3 年期 AA 级债券（面值为 15 美元）	15		
年利率为 9% 的 5 年期 BBB 级债券（面值为 15 美元）	15	权益资本	20
总资产	40	总负债和权益	40

a. 根据 FASB 第 115 号公告，如果利率上升 30 个基本点，会对权益资本（净值）造成怎样的影响？国债的持有是为了用于交易；其他资产都将持有到期。

b. 根据 FASB 第 115 号公告，金融机构的损益表和资产负债表将如何对资产市值的变化进行调整？

5. 与权益的账面值相比，权益的市场价值为什么能够较好地衡量金融机构承担损失的能力？

6. National Bank 拥有如下资产负债表（百万美元），且没有表外业务。

资　产		负债和权益	
现金	20	存款	980
短期国债	40	次级债券	40
住房抵押贷款	600	普通股	40
其他贷款	430	留存收益	30
总资产	1 090	总负债和权益	1 090

a. 杠杆比是多少？

b. 第一档资本比是多少？

c. 总风险资本比是多少？

d. 该银行应归入哪一个资本类别中？

7. 阐述表外或有担保合约风险调整价值的计算方法。

a. 对或有担保合约的信用等值额进行区分的理由是什么？

b. 对信用等值的风险权重进行区分的理由是什么？

8. Third Fifth Bank 拥有以下资产负债表（百万美元）——括号中的数为风险权重。

资　产		负债和权益	
现金（0%）	20	存款	130
抵押贷款（50%）	50	次级债务（> 5 年）	5
消费贷款（100%）	70	权益	5
总资产	140	总负债和权益	140

此外，该银行还有 2000 万美元的商业备用信用证和 4000 万美元的 10 年期外汇远期合约（合约盈利 100 万美元）。

a. 根据巴塞尔协议的定义，该银行的表内风险调整资产是多少？

b. 表内外资产的总资本要求是多少？

c. 该银行有足够的资本满足巴塞尔协议的要求吗？其资本的余缺额是多少？

9. 某证券公司拥有如下资产负债表（百万美元）：

资　产		负债和权益	
现　金	40	期限为 5 天的商业票据	20
债　券	300	债　券	550
股　票	500	信用债券	300
其他资产	60	权　益	30
总资产	900	总负债和权益	900

债券的息票率为 6%，20 年后到期，交易收益率为 8%，股票的市场价值等于其面值，其他资产指建筑物和设备（目前估价为 8 000 万美元）。该公司有 100 万份流通股，每股价格为 35 美元。请问该公司符合证券交易委员会的 15C3-1 规则的要求吗？

10. 某人寿保险公司估算出了每一风险类别的资本要求：资产风险（$C1$）= 500 万美元，保险风险（$C2$）= 400 万美元，利率风险（$C3$）= 100 万美元，业务风险（$C4$）= 300 万美元。

a. 该人寿保险公司的风险资本要求是多少？

b. 如果该公司持有的资本和盈余总额为 900 万美元，那么它能满足最低资本要求吗？

c. 它需要增加多少资本才能满足最低资本要求？

11. 某财产事故保险公司对各种风险类别的必要准备估计如下（百万美元）：

风　险	说　明	RBC 准备
$R0$	财产事故分公司投资	2
$R1$	固定收益	3
$R2$	普通股	4
$R3$	再保险	3
$R4$	损失调整费用	2
$R5$	承保保费	3
合　计		17

a. 根据全国保险委员会所推荐的模型，风险资本准备是多少？

b. 如果公司目前的资本为 700 万美元，要满足最低资本要求，它应该持有的盈余是多少

附录 15A

计量信用风险调整资产的内部评级法

本章的正文介绍了巴塞尔协议Ⅱ所要求的、计量信用风险调整资产价值的标准化法。如果银行贷款有足够数量的内部信用风险级别，且银行的借款人大多没有获得主要信用评级机构的评级，那么，该银行就可以不采用标准化法，而（根据监管部门的批准）采用两种内部评级（IRB）法（基础法和高级法）中的一种来计算信用风险调整资产的资本要求。根据 IRB 法，每项资产单独的资本要求结果取决于五个主要的变量。也就是说，一般情况下，对资产 i 而言：

$$资本要求\ i=f(PD_i,\ LGD_i,\ R_i,\ EAD_i,\ M_i)$$

式中

PD_i= 借款人 i 一年的违约概率

LGD_i= 借款人 i 违约时的损失

R_i= 借款人 i 与其余资产组合的相关性

EAD_i= 违约风险额（美元）

M_i= 贷款期限

根据基本法估算公司风险、同业风险和主权风险时，银行自身要估算出与某一借款人级别相关的一年违约概率（*PD*），同时要依赖监管规则来估算其他风险成分。在获得监管当局批准后，银行可以使用高级法。在这种方法下，银行要使用自身对其他三种风险的估计值：违约损失（*LGD*）、违约风险（*EAD*）和期限（*M*）。在两种模型中，*R* 都是由监管部门确定的。

在两种 IRB 资本要求计算方法下，都要为不同的贷款计算出标准的风险权重（BRWs）。在基本法下，银行要根据以往的经历，计算出每一信用级别的预期（平均）违约概率（*PD*），以获得 BRW。然后，在已知贷款违约损失（根据国际清算银行的假设，无担保贷款为 50%，动产抵押贷款为 45%）、有效期限（*M*）以及相关系数（*R*）（10%~20%）的情况下，银行可以为每笔公司贷款计算出一个单独的 BRW 和 RW（风险权重）。在标准法下，可以利用下列公式（它能计算出 99.9% 的违约风险）来计算出每笔贷款的 BRW：

$$\text{BRW}=12.5\times\text{LGD}\times\text{M}\times\text{N}\,[(1-\text{R})-0.5\times\text{G}(\text{PD})+(\text{R}/(1-\text{R})\,0.5\times\text{G}(0.999)] \quad (\text{A1})$$

式中

$$\text{M}=1+0.047\times[(1-PD)/\text{PD}^{0.44}] \quad (\text{A1})$$

$$\text{R}=0.10\times[(1-\exp^{-50\text{PD}})/(1-\exp^{-50})]+0.20\times[1-(1-\exp^{-50\text{PD}})/(1-\exp^{-50})] \quad (\text{A3})$$

而且贷款的风险权重（RW）为：

$$\text{RW}=(\text{LGD}/50)\times\text{BRW} \quad (\text{A4})$$

请注意，在基本法模型中，如果贷款无担保，那么，LGD 则为 50%（这样 LGD/50=1）。然而，如果贷款由动产或应收款作为抵押担保，那么 LGD/50 这一比率就会小于 1（比如 45/50 或 40/50），从而使贷款的总风险权重下降。公式 A3 中的“exp”这一符号代表的是自然指数函数；N（x）为某一标准正态累积分布函数（即均值为 0、一级方差≤ x 的正态随机变量的概率），G（z）为某一标

表 15A-1　IRB 基本法下的资本要求

违约概率（PD）	资本要求
0.03%	1.40%
0.10	2.7
0.25	4.3
0.50	5.9
0.75	7.1
1.00（巴塞尔协议Ⅰ）	8.0
1.25	8.7
1.50	9.3
2.00	10.3
2.50	11.1
3.00	11.9
4.00	13.4
5.00	14.8
10.00	21.0
20.00	30.0

准正态随机变量的标准正常累积分布函数的反函数（即 x 这一值使得 N（x）= z）。公式 A2 代表监管者所确定的期限因子 M。相关系数 R 可以利用公式 A3 来计算，其范围在 0.20（最低的 PD 值）到 0.10（最高的 PD 值）之间。

LGD 反映了以占最初贷款价值的百分比表示的损失程度，而 RW 则反映了贷款的总体风险权重或资本要求。[1]

1 比如，1% 的 PD 对应于 8% 的资本要求和 100% 的风险权重［（100%/8%）× 8% = 100%］。同样地，20% 的 PD 对应于 30% 的资本要求和 375% 的风险权重［（100%/8%）× 30%］。

需要指出的是，按照巴塞尔协议Ⅰ，针对所有贷款的 8% 的资本要求对应于（一年）1% 的违约概率（PD）。因此，按照巴塞尔协议Ⅰ，PD 小于 1 的贷款通常“缴纳了”太多的资本，而 PD 大于 1 的贷款则“缴纳了”太少的资本。表 15A-1 反映了违约概率对资本要求的影响——根据 IRB 基本法并假设 LGD 为 50%。

使用高级法时，银行输入（利用自己的数据）每位借款人的四种变量值：PD_i、EAD_i、M_i 和 LGD_i。第五种变量由监管者凭借公式 A3 来确定。

第16章

业务分散化

导　言

美国金融体系一直都是按照分业经营的方式来构建的。监管方面的障碍和限制，时常会妨碍金融服务行业某一领域中的金融机构将自己的业务扩展到其他领域。这与在德国、瑞士和英国从事经营的金融机构形成了对照——在这些国家，一个更加**全能化的金融机构**（universal FI）体系使每个金融服务组织都能够提供更为广泛的银行、保险、证券和其他金融服务。然而，花旗银行和旅行者合并后组建成花旗集团（当时为全球的第三大全能银行或金融联合大企业）的事实表明，美国监管障碍的重要性正在逐步下降。此外，1999年《金融服务现代化法案》（将在下面介绍）的通过，使金融服务企业之间的障碍加速瓦解。实际上，随着美国以及全球金融服务业合并步伐的加快，我们将看到越来越多的以全球为导向的巨型综合金融服务企业的产生。它们将在一种新的风险环境下开展经营，同时也需要一些新的管理策略来处理这些风险。表16-1列出了全球规模最大（按资产衡量）的一些金融服务企业（截至2003年）。

首先，本章分析了美国金融机构长期以来局限于某些金融服务业所带来的问题和风险，以及像花旗集团这样的业务扩张有可能带来的好处。其次，本章分析了美国和其他国家的银行、保险公司和证券公司在业务扩张方面所面临的法规限制，以及最近几年对这些法规所进行的许多调整。本章还分析了一国的金融部门和实际（商业）部门在业务扩张方面所面临的不同障碍。第三，本章分析了让美国金融机构业务更加全能化（目前的趋势似乎如此）的利弊。

表16-1　全球最大的10家银行（单位：10亿美元）

	资产总额
花旗集团（美国）	1 097.2
瑞穗金融集团（日本）	1 080.8
瑞银集团（瑞士）	851.7
三井住友银行（日本）	844.8
德意志银行（德国）	795.3
东京—三菱银行（日本）	781.1
汇丰控股（英国）	759.2
J.P. 摩根大通（美国）*	758.8
巴黎银行（法国）	744.9
HVB 集团（德国）	724.8

* J. P. 摩根大通和第一银行于2004年初宣布将要合并。合并后的银行将上升为全球第三大银行。

资料来源：The Banker，July 2003. www.thebanker.com.

业务分割的风险

长期以来，由于业务分散化受到限制，美国的金融服务企业一直面临着收益和风险问题。不难理解，业务扩张限制对商业银行的影响最大。比如，由于法规将银行的经营范围限制在存款和贷款等传统业务领域，因此，它们的资产和负债都越来越容易遭受到来自非银行业务的竞争。具体而言，事实证明，**货币市场共同基金**（money market mutual funds，MMMF，一种类似于支票账户的存款业务，有很高的流动性，价值稳定且收益较高）已经成为了银行存款和交易账户业务强有力的竞争对手。1972 年，货币市场共同基金的资产几乎为 0，但 2003 年年底，其资产就增加到了 20 720 亿美元以上，此时，商业银行的小额定期存款和货币市场账户大约为 22 910 亿美元。此外，到目前为止，银行还受到了人寿保险行业年金增长所带来的威胁。年金是一项储蓄业务，它在许多方面与银行定期存单有着相同的特点。21 世纪初，固定和可变年金每年的销售额大约为 2 500 亿美元。[1]

就资产方面言，银行的工商业贷款正面临着商业票据市场（它是大中型企业短期融资的另一个来源）迅速增长的日益强大的冲击。比如，1988 年 1 月，工商业贷款规模为 5 650 亿美元，商业票据的规模为 3 800 亿美元；2003 年 12 月，工商业贷款为 8 790 亿美元，而商业票据的规模却达到了 12 654 亿美元。另外，面临较少管制的金融公司也正在逐步获取更大的企业信贷市场份额。2003 年 12 月，金融公司的企业信贷占银行工商业贷款的比重大约为 35%。

这些发展趋势意味着，银行经营范围狭窄的许可证的价值已经下降。具体而言，业务限制阻碍了金融机构对一系列金融服务进行优化的能力，从而有可能迫使金融机构从事一系列风险更大的业务——比业务完全分散化条件下的风险更大。

业务限制还阻碍了金融机构的经理们进行灵活调整的能力——根据消费者对金融服务需求的变化而进行调整，以及根据技术和相关创新所造成的成本变化而进行调整。对美国金融服务业的主要法规，以及对美国金融机构为克服这些法规的影响而采取的办法（最引人注目的措施就是 1999 年《金融服务现代化法案》的通过）进行更细致的介绍之后，我们将更详细地分析业务分散化程度提高所带来的利弊。

1 年金是一种合约：合约购买者事先进行一次或多次支付之后，可以在将来某一时期获得固定的或可变动的现金流。这些工具一般都有避税的功能。正如下面要介绍的，最高法院在 1996 年认可了银行销售这些工具的合法性。

美国金融服务行业的分业经营

商业银行业务和投资银行业务

1863 年以来，美国在调整商业银行和投资银行的关系方面经历了几个阶段。简单地讲，**商业银行业务**（commercial banking）是指吸收存款和发放商业贷款的业务；**投资银行业务**（investment banking）是指证券的承销、发行和分销业务。早期的立法（比如 1863 年的《国民银行法》）禁止国民执业商业银行从事公司证券业务（比如公司债券和股票的承销和分销业务）。可是，随着美国的工业化以及公司融资需求的增长，花旗银行（如今的花旗集团）这样的大银行通过设立州执业分行从事承销业务的方法绕过了这种限制。到了 1927 年，这些附属银行为大约 30% 的公司证券发行提供了承销业务。就在这一年，作为国民银行监管部门的货币监理署放松了对国民银行证券承销业务的控制，从而使得它们能够从事更大市场份额的证券承销业务。

1929 年股市崩盘之后，美国陷入了严重衰退，而且在 1930 年到 1933 年间有大约 10 000 家银行倒闭。1932 年设立的一个调查委员会（Pecora 委员会）开始调查股市崩盘的原因。最终，委员会认为，其主要原因在于银行的证券业务，以及商业银行业务和投资银行业务混合经营必然带来的舞弊及利益冲突。这次调查结论导致了一项新的法律，即 1933 年《银行法》或《格拉斯—斯蒂格尔法》的诞生。

《格拉斯—斯蒂格尔法》力求将商业银行业务（吸收存款和发放商业贷款）和投资银行业务（股票、债券和其他证券的承销、发行与分销）严格区分开来。该法律的第 16 和 21 条，对银行和证券公司直接从事对方业务的能力进行了限制，而第 20 和 32 条则对两者通过单独设立的分支机构间接从事此类业务的能力进行了限制。然而，在主要的证券承销方面，该法律规定了三个例外。首先，商业银行可以继续承销短期、中期和长期国债的发行。因此，J. P. 摩根大通这样的大商业银行，如今在政府债券拍卖方面与高盛这样的证券公司进行着激烈的竞争。其次，商业银行可以继续从事市政普通债务（GO）债券的承销。[2] 第三，商业银行可以继续从事各种（包括公司和非公司的）债券和股票的私募发行业务。在**私募发行**（private placement）中，银行努力为新证券的发行找到一家大的机构买主或机构投资者，比如，另一家金融机构。在这种情况下，银行以中介的身份收取一笔费用。相反，在证券的公开发行业务中，银行一般直接充当交易主体，承销一部分证券的发行。这种交易主体地位——比如在**包销**（firm commitment underwriting）中的地位——涉及到下列交易行为：按某一价格从发行者手中购买到证券，然后将这些证券按稍高一点的价格转卖给公众。如果这些证券无法卖掉，那么，承销商就有可能遭受重大损失。所以，法律对证券的私募发行和公开发行进行了区分（银行可以参与前一项业务，而不能参与后一项业务）。

在 1933~1963 年的大多数时间里，商业银行和投资银行似乎一般都愿意严格遵守《格拉斯—斯蒂格尔法》的规定。可是，在 1963~1987 年，银行向下列业务限制提出了挑战：市政收入债券承销，商业票据承销，贴现经纪业务，开放和封闭式共同基金的管理与咨询，抵押担保证券的承销，以及年金的销售。[3] 在大多数情况下，法院最终都对银行的这些业务表示了支持。

由于法院的理解使《格拉斯—斯蒂格尔法》受到了重创，并且事实上使得该法律的效力下降，因此，1987 年 4 月联邦储备委员会允许商业银行控股公司（比如花旗银行的母公司花旗集团）设立单独的**第 20 条款分支机构**（Section 20 affiliate），以此作为投资银行。通过这些第 20 条款分支机构，银行控股公司开始从事自己所有不合法或灰色的证券业务，比如商业票据承销，抵押担保证券承销和市政收入债券承销。[4] 从图 16–1 中可以看到美洲银行控股公司及其银行和第 20 条款分支机构（即投资银行）之间的组织结构。

2 市政普通债务债券由州、市或地方政府发行。这种债券的本息偿还由地方政府的全部信用（即全部税收收入）作为担保。

3 市政收入债券比市政普通债务债券的风险更大，因为前者的本息只能由所建项目的收入来担保。其中的一个例子就是，如果债券是为一段新的高速公路建设融资，那么，道路通行费收入就是债券本息的担保。

4 后来增加的许可业务包括 1989 年的公司债券承销和 1990 年的公司股票承销。

图 16–1 银行控股公司及其银行和第 20 条款分支机构

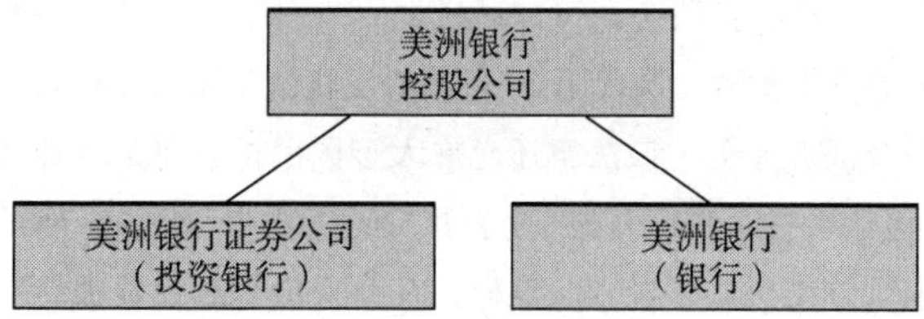

从法律角度看，这些第 20 条款分支机构并没有违反《格拉斯—斯蒂格尔法》的第 20 条——该法律条款规定，银行的证券分支机构从该法律所禁止的证券承销业务中获取的收益不能超过其总收益的 50%。也就是说，第 20 条款分支机构的主要收益不能来自许可的证券业务。为了避免法律上的挑战，美联储最初将这部分收益确定在一个非常保守的水平，即不超过总收益的 5%（后来又相继提升到 10% 和 25%）。

1997 年，情况发生了重大改变：美联储和货币监理署采取措施，扩大了银行控股公司的业务许可范围。具体来讲，美联储允许商业银行直接并购已有的投资银行，这样商业银行不再需要通过设立全新的第 20 条款分支机构来从事投资银行业务了。

这项措施导致了 1997~2000 年间几家商业银行和投资银行之间的并购。在每一起并购案中，银行都声称其中的一个并购动机就是，希望在分割投资银行业务和商业银行业务的法律发生改变的同时，建立起自己在证券行业的地位。导致这些并购的其他动机包括：扩展业务机遇；利用规模和范围经济效应来降低总成本，并对相关并购中商业银行和投资银行各自的基本客户进行整合。2001~2003 年，由于股市及美国经济的下滑，此类并购减少了。

最后，在意识到上面所讲的银行和证券公司多年以来的“自我”管制松动之后，美国国会通过了《金融服务现代化法案》，该法案消除了《格拉斯—斯蒂格尔法》在商业银行业务和投资银行业务之间设立的障碍。[5]《金融服务现代化法案》被认为是近 70 年以来金融机构监管方

5《金融服务现代化法案》还降低了商业银行业务、投资银行业务和保险业务之间的障碍（参见下面的内容）。

面的一项最大改革，它导致了“金融服务控股公司”的产生——这些控股公司可以通过设立 4（k）（4）（E）条款证券分支机构（取代第 20 条款分支机构）来从事银行业务及证券业务。该法案还允许大型国民银行将某些业务（包括某些证券承销业务）直接交给受货币监理署监管的银行分支机构来经营。这样，在商业银行和投资银行业务经历了近 70 年的部分或完全分离之后，1999 年的《金融服务现代化法案》为美国全能金融机构（它们类似于 1933 年之前的金融机构以及如今存在于其他许多国家的金融机构）的设立打开了方便之门。

银行业务和保险业务

1999 年《金融服务现代化法案》通过之前，银行与保险业务的相互交叉受到了十分严格的限制。一个引人注目的例外就是 1998 年旅行者集团与花旗银行的合并（合并为花旗集团）。从某种意义上讲，这次合并最终促成了 1999 年《金融服务现代化法案》的通过。保险业务可以分为财产事故保险（住房保险、汽车保险）和人寿 / 健康保险（定期人寿保险）两种类别。此外，我们还必须对下列两种业务进行区分：一是银行以代理人身份出售其他金融机构的保险单获取费用收益；二是银行作为保险销售方而直接承担销售风险的损失。一般情况下，保险代理业务的风险大大低于保险销售业务有可能带来的损失。某些类别的保险（比如信用人寿保险、抵押贷款保险和汽车保险）通常与银行的信贷业务有着自然的协同关系。

1999 年《金融服务现代化法案》产生之前，银行在销售任何类别的保险时，都要受到非常严格的限制。比如，国民银行不能提供信用人寿险、意外事故险、健康险和失业险。此外，它们只能在不超过 5 000 人的小镇充当保险代理人（尽管它们可以利用分布于全美各地的经营点来销售保险）。还有，1956 年《银行控股公司法》（及其 1970 年的修正案）以及 1982 年《甘恩—圣哲曼存款机构法》，对银行控股公司设立资本独立的保险分支机构的行为和保险公司兼并银行的行为，都有着非常严格的限制。许多州还对州执业银行的保险业务进行了相当严格的限制。有几个州（最引人注目的是特拉华州）通过了宽松法律，允许州执业银行提供财产事故保险和人寿保险方面的保险销售业务和经纪业务。这促使大通银行这样的大型银行控股公司进入特拉华州，并建立了拥有自身保险分支机构的州执业银行附属机构。

银行成功应对法律挑战的一个领域就是年金业务。1986 年，万国银行（1997 年与美洲银行合并）开始出售年金，因此遭到了保险公司提出的诉讼。与此同时，许多其他银行也开始销售年金。1995 年，最高法院认为银行销售年金的业务是合法的，其理由是，年金应该被看成是投资业务而不是保险业务。据估计，年金的销售将使银行的年利润大约增加 10 亿美元。

20 世纪 80 年代初，一些保险公司和企业开始寻求间接从事银行业务的方法。这就是设立**非银行类银行**（nonbank bank）的组织方法。1956 年《银行控股公司法》将银行定义为一种吸收活期存款并提供工商业贷款的机构，并严格限制保险公司或企业兼并此类银行。保险公司可以通过下列做法来绕过这一限制：购买一家提供全面服务的银行，然后将其活期存款和商业贷款业务取消。这就将该银行转变成了一家非银行类银行。1987 年，国会通过《银行公平竞争法》（CEBA），以阻止非银行类银行钻法律的空子。通过将银行重新定义为享受存款保险的金融机构，从而在根本上阻止了以前的做法。这意味着 1987 年之后设立的非银行类银行必须放弃存款保险，从而使其难以吸收到存款。尽管 1987 年之前设立的非银行类银行可以不受《银行公平竞争法》的管辖，但其业务增长速度面临着一个上限。[6] 保险公司也找到了绕过这项法律的一个方法，即设立联邦执业储蓄机构。事实上，根据 1968 年的《储蓄贷款控股公司法》（与《银行控股公司法》正相对应），任何企业或保险公司都可以并购一家储蓄机构。

1998 年花旗银行和旅行者集团的合并，导致了美国最大的金融服务联合大企业的产生，这向限制银行与保险公司联姻的《银行控股公司法》提出了巨大挑战。旅

6 具体而言，1987 年 3 月 5 日之前设立的非银行类银行可以继续经营，但在该法案通过后的 1 年内，其资产增长率不得超过 7%。同时，那些可以继续经营的非银行类银行只能继续从事 1987 年 3 月之前所从事的业务，而非银行类银行及其附属公司的跨市场业务要受到限制。

行者集团的主要业务是保险（人寿和财产事故保险），而花旗则主要从事银行业务（两者都在从事证券业务：花旗通过自己的第 20 条款分支机构，而旅行者则通过自己以前并购的 Smith-Barney 和所罗门兄弟公司）。根据《银行控股公司法》，美联储正式批准这种并购的最长期限可达 5 年。1998 年 9 月，这项并购得到了美联储最初的许可。（发生战略转变后，花旗集团于 2002 年将旅行者所属的大多数财产事故保险部门出售了。）

1999 年的《金融服务现代化法案》完全改变了保险业的状况（它自然也认可了花旗和旅行者的合并）：该法案允许银行控股公司设立从事保险销售业务的分支机构，同时也允许保险公司设立附属商业银行和附属证券公司——通过设立金融服务控股公司（FSHC）。这项法案通过之后，银行再也不用因为要克服自己在保险销售业务方面的限制而在某些州（比如得克萨斯和罗得岛）进行法律诉讼了。实际上，到 2002 年为止，已有一半以上的美国银行在销售保险产品，保险佣金和保费之和创下了 34.9 亿美元的记录。保险行业对该法案表示欢迎，因为它迫使从事保险业务的银行（在保险业务方面）与保险公司一样，在相同的州监管法规下开展经营。根据新的法律，从事商业银行业务、投资银行业务和保险业务的金融服务控股公司将接受各个职能部门的监管。这意味着，控股公司的银行业务将受到银行监管部门（比如美联储、联邦存款保险公司和货币监理署等）的监管，其证券业务将受到证券交易委员会的监管，其保险业务将受到最多 50 个州的保险监管部门的监管（因为保险的监管是不由联邦层次的机构来完成的）。

商业银行业务和商业活动

1863 年的《国民银行法》，对国民执业银行（全国最大的银行）直接购买企业股权而进入商业活动领域的行为进行了严格的限制。《国民银行法》的条款规定，国民银行只能在法规的许可下参与非银行类分支机构的业务活动。银行只能从事与“银行业务相关的”商业活动，即使如此，这些商业活动也只能通过服务公司或附属公司来完成。然而，当借款人处于危机状态时，银行有更广泛的权力去获取股权。在这种情况下，国民银行获取公司股票的权力不受限制，并且持有这些股票的最长期限可达 10 年。

虽然国民银行直接持有股票的行为从 1863 年开始就受到了限制，但对银行控股公司商业活动的限制却是一种较新的现象。具体而言，针对 1956 年《银行控股公司法》的修正案（1970 年）要求银行控股公司在修正案出台后的 10 年内，将那些与银行不相关的附属机构剥离出去。当修正案在国会获得通过时，银行控股公司大约拥有 3500 家从事商业活动的附属机构（包括公用设施企业、运输企业和从事制造业的企业）。然而，1999 年年底之前，银行控股公司可以不经监管部门批准，而持有任何企业 4.9%（上限）的股票（享有投票权的股票）。[7]

1999 年《金融服务现代化法案》改变了对金融服务控股公司所有权的限制。隶属于金融服务控股公司的商业银行，现在可以在满足下列两个条件的情况下，对非金融企业行使控制权。首先，这项投资的期限是有限的。法律没有规定一个明确的时限，而只是说这项投资可以“持有一段时间，以保证能够按照合理的金融条件销售或处置这项（资产）”。其次，银行不能积极地参与所投资的企业的管理活动。尽管如此，目前大多数银行的资产负债表中都很少见到有公司股票或股权。

非银行类金融服务企业和商业活动

与银行业务和证券业务、保险业务、商业活动之间的障碍相比，非银行类金融服务企业和一般企业之间的障碍通常要小得多。事实上，最近几年，非银行类金融服务企业和一般企业很容易进入和退出各种非银行类金融服务领域。比如，1997 年旅行者集团并购了所罗门兄弟，而一年前它还并购了美邦银行（Smith Barney）。曾经发生过各种其他主要的非银行类金融服务并购和剥离，其中许多都涉及到象 Sears Roebuck 、施乐和 Gulf and Western 这样的企业。

然而，重要的是，1999 年《金融服务现代化法案》规范了金融服务行业（商业银行、保险、投资银行）和

7 根据《银行控股公司法》，控制权的定义是，控股公司在某附属银行或分支机构的股权超过了 25%。

图 16-2 银行扩张进入非银行业务时所采用的不同组织形式

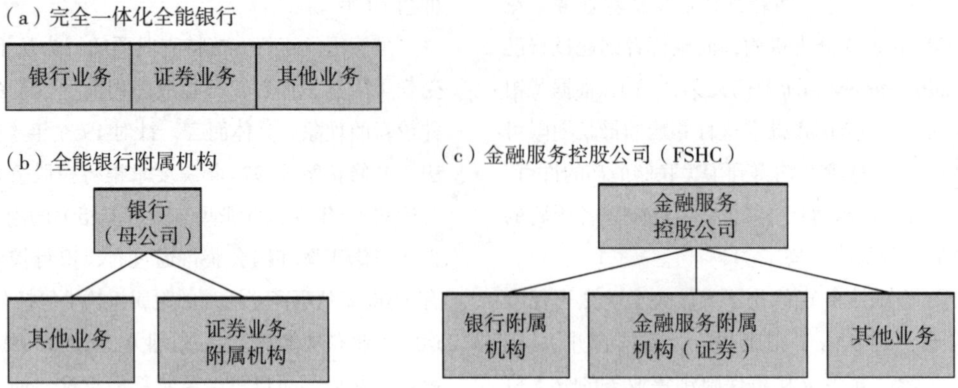

商业活动之间的关系。具体来讲，目前金融服务控股公司被明确要求金融资产占所持有资产的比重至少要达到85%（即商业活动资产或实际资产最多只占15%）。超过上限的任何非金融资产（业务）都有至少10年的豁免期限（该期限还可以延长5年）。尽管如此，许多金融服务企业最终都要出售（剥离）自己的部分实际资产和业务。

与业务分散化相关的问题

无论是过去还是现在，银行业务向证券、保险或商业活动的扩张都会导致相同问题的产生。这些问题包括：

1. 安全与稳健问题。
2. 规模经济和范围经济问题。
3. 利益冲突问题。
4. 存款保险问题。
5. 监管问题。
6. 竞争问题。

在这一节，我们将以银行涉足证券业务为例分析这些问题。

请看图16-2中，使银行和证券业务相结合的三种不同组织结构。图中的（c）给出的是金融服务控股公司的结构，我们将在这种组织形式下分析刚才提到的6个问题。这是大多数银行根据《金融服务现代化法案》扩张进入非银行业务领域时会采用的形式。

在图16-2中，（a）图描述的是完全一体化的全能银行，此时，银行和证券业务通过某一组织的不同部门来完成。德国的大银行（比如德意志银行）一般会采取这种方式来从事证券业务。（b）图描述的是全能附属机构模式。在这种模式下，银行通过拥有独立的证券分支机构从事证券业务。英国的巴克莱银行和加拿大的多伦多Dominion银行一般都采用这种方式来从事证券业务。这也是1997年货币监理署允许美国国民执业银行扩张进入非银行业务时可以采用的模式。

需要指出的是，（c）图所示的金融服务控股公司模式下的银行与非银行业务一体化程度，要大大低于完全一体化全能银行模式和全能银行附属机构模式。比如，在全能银行附属机构模式下，银行在证券附属机构直接持有股权。相反，在金融服务控股公司模式下，银行和证券附属机构都是独自拥有股本的公司；它们之间的联系在于，持有其股权的是同一家母公司——金融服务控股公司（比如美洲银行）。[8]

安全与稳健问题

关于商业银行从事证券业务及其有可能对它们的安

8 一般而言，完全一体化全能银行模式的好处在于，可以更灵活地使用资源，并且能使商业银行和投资银行业务充分融合。人们认为其缺陷在于，垄断更严重，而且有可能带来更大的利益冲突。

全稳健产生的影响，存在着两个关键性的问题：证券承销业务的风险有多大？如果某证券分支机构发生亏损，那么这会使关联银行倒闭吗？

证券承销业务的风险

想知道证券承销业务的风险，就必须理解证券包销发行的机制。在**包销发行**（firm commitment offering）方式下，承销商直接从发行公司购买证券（比如按每股 99 美元的价格），然后按稍高一点的价格（比如每股 99.50 美元）将其转售给一般的公众或市场。承销商的买入价（99 美元）与公开销售价（99.50 美元）之差，用于补偿其向外部投资者出售证券的自营交易风险，以及与承销业务相关的管理和分销成本。在我们给出的 0.5 美元差价这个简单的例子中，承销商从承销业务中可以获取的最大收入为所发行的股票数乘以 0.50 美元。因此，如果发行 100 万股，那么承销的最大毛收入为 0.5 美元乘以 100 万，即 50 万美元。需要注意的是，一旦开始按招股说明书中规定的价格公开发行股票，那么承销商就不可以在发行期内提高价格。在本例中，承销商不能够将价格涨到 99.5 美元以上，即使它确信市场对该股票的估价更高一些。[9]

承销的价格上涨收益一般有一个上限，但其价格下降风险却没有下限，而且有可能会很大。价格下降的风险来自于承销商高估公开发行价，从而使公开发行价高于外部投资者的估价。结果，承销商将无法在发行期内销售这些股票，而不得不降低价格以处理掉未销售的股票库存，因为这些库存股票通常是通过出售商业票据或回购协议来进行融资的。在本例中，如果承销商不得不将发行价降为 99 美元，那么承销的总收入将为零，因为这与支付给股票发行公司的价格相等。任何低于 99 美元的价格都会带来亏损。比如，假设发行价只有 97 美元，那么承销商的亏损为 2 美元乘以 100 万，即 200 万美元。

多种原因可能会导致承销商在承销业务中遭受巨大亏损或打击。首先是直接高估了市场对股票的需求。其次是，在确定发行价格和力求将证券销售给公众的短时期内，各种证券的整体价值有可能大幅下降。

9　发行期一般最长为 10 个营业日。

证券分支机构遭受亏损是否会引起银行倒闭

主张银行扩展证券业务的人认为，上述问题的答案是否定的——只要附属银行能够与证券分支机构的风险问题充分隔绝开来。正如前面所说的，在金融服务控股公司结构中，银行是依法独立于证券分支机构的一个企业。从图 16-3 中可以看到，银行只与其证券分支机构有间接联系——通过同时拥有银行和证券分支机构控股权的控股公司。然而，如果没有防火墙或监管障碍来阻隔银行遭受此类损失，那么，即使这种间接联系也会使人们担心，证券分支机构的亏损将威胁到银行的安全性（参见图 16-3）。

控股公司证券分支机构的亏损至少会通过三种方式对银行产生危害。首先，通过要求银行提供超高的股息和费用，控股公司或许能从银行吸取资本和资金（这就是所谓的资金向上转移）。然后，控股公司可以将这些资金向下转移，以避免濒临倒闭的证券公司破产。结果，银行的实力会因为证券分支机构的原因而削弱。目前，美联储会对银行支付给控股公司所有者的股息进行密切监控，而且必须限制银行的股息支付——如果按照限期整改计划，银行的资本不足的话（参见第 15 章）。同时，1982 年《联邦储备法案》的 23B 条款对银行支付给控股公司的管理费和其他服务费用进行了限制，即它们不能超过正常市场条件下提供此类服务时的费用。

银行有可能受到损害的第二个原因在于，分支机构之间的贷款。比如，控股公司可能会促使银行向证券分支机构提供贷款，而使其能继续经营下去，尽管这种贷款的风险极大。为了防止这种情况产生，《联邦储备法

图 16-3　防火墙对银行的保护

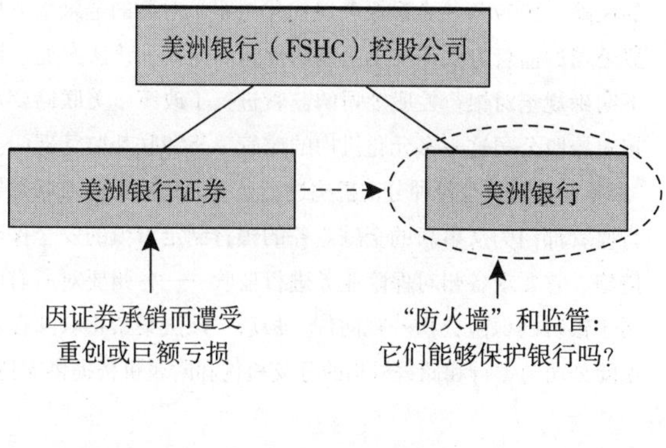

案》将银行提供给任何一家非银行分支机构的贷款限定在银行资本的10%以内。如果某银行的资本大约为其资产的5%，那么，分支机构的贷款限额就是银行资产的0.05×0.1，即0.5%。1997年之前的防火墙措施是，禁止银行向其证券分支机构提供任何贷款。[10]

银行有可能受到影响的第三个方面在于信心的连锁反应问题。具体而言，在控股公司及其分支机构的管理质量方面，某家证券分支机构的困难可能会向金融服务行业的消费者和投资者传达一个负面信息。这种负面信息会激励大额储户和投资者（按第14章所讲过的方式）从银行取款。如果银行及其证券分支机构使用同样的名称和标志（一般情况下，它们都是如此），那么这种银行挤兑就更有可能发生。[11]

显然，证券附属机构遭受的重大损失，有可能威胁到附属银行的安全性和清偿力，尤其是遭受信心方面的影响时。然而，对于控股公司中与证券附属机构有间接联系的银行而言，至少存在着两种相反的（降低风险的）影响。第一种影响就是**业务分散化好处**（product diversification benefit）。与业务专业化的银行相比，业务充分分散化的金融服务企业（金融服务控股公司），有可能在长时间内享受到更稳定的收入和利润流量。当需求和成本变动使某一业务领域的收入下降时，其他业务领域（比如证券或保险）有可能出现相反的需求和成本变动，从而会使控股公司的收入增加。支持者认为，控股公司更稳定和更分散化的收入流量可以作为一种强化力量而使附属银行的资本充足。

在学术上，有几项实证研究分析了银行业务分散化所带来的好处，其方法是分析业务分割的金融企业或行业的会计收益的相关性，以及企业的股市回报的相关性。从本质上讲，这些相关性越低，业务分散化的潜在利益越大，银行收入流量的变异系数（COV）——标准差除以均值——越小。其他研究分析了业务分散化对银行倒闭风险（ROF）的潜在影响，并模拟了银行和非银行合并（MS）给银行风险造成的影响。

除了业务分散化有可能带来的风险下降的好处之外，通过在地域上使自己的收入流量分散，控股公司还可以获得额外的风险降低的好处——当筹集债务和股权的成本在地域上不具备完全相关性时（参见第17章）。

规模经济和范围经济效应

与银行涉足证券和其他非银行业务相关的第二个问题在于，有可能产生额外的规模经济和范围经济效应。正如第9章所介绍的，对资产规模在250亿美元以上的金融企业而言，似乎存在着获取规模经济的机会。然而，大多数研究发现，成本方面的范围经济效应似乎微乎其微，尽管大型金融机构有可能获得收入方面的范围经济效应。不可否认，1977年以前，对银行及其第20条款分支机构在融资、管理和跨市场业务方面所进行的约束，严重限制了范围经济效应及相关的收入和成本协同效应的发挥。1997年，尤其是1999年之后，随着约束的解除以及金融服务控股公司能在更大范围内从事业务活动，美国的金融服务企业将获得更大的范围经济效应。

利益冲突

银行进入其他金融服务领域的第三个方面的问题（一个核心问题）在于，有可能引发的利益冲突。事实上，对利益冲突的担忧是1933年《格拉斯—斯蒂格尔法》获得通过的一个主要原因。所引发的两个主要问题是：（1）银行向证券业务的扩张有可能带来利益冲突；（2）这种激励环境会使潜在的冲突变为实际的冲突。

六种潜在的利益冲突

商业银行、投资银行和保险公司业务融合所引发的利益冲突，在整个21世纪初期的美国金融服务市场上表

---

10 证券分支机构向银行出售资产的交易也包括在内。

11 意识到允许银行扩展其证券业务有可能给银行体系带来更大的风险，1999年《金融服务现代化法案》对新的金融服务控股公司的监管方式作出了明确的规定。比如，该法案通过以下明确规定对银行控股公司的监管进行了改革：美联储要承担对控股公司这一多元化机构的监管；州和联邦监管部门要“根据职能”来对各种分支机构进行监管。该法案要求联邦银行监管部门为从事新的金融业务的银行制定审慎的安全保障措施。它要求各州对保险业务进行监管——各州要对所有附属于银行的保险公司一视同仁。最后，该法案禁止联邦存款保险公司向银行和储蓄机构的分支机构和附属机构提供支持。

现非常突出。几起高度引人关注的违法事件以及投资者信心的丧失，震动了华尔街和金融服务行业。在这一节中，我们将讨论监管部门和学界所认为的六种最普遍的潜在利益冲突。

推销者的利益 批评者认为，当银行有权推销非银行业务时，银行的雇员在向其客户提供交易建议时将不再保持中立。相反，他们在推销本银行的业务时，享有推销者利益，这通常会损害客户的利益。比如，2002 年，花旗集团接受了证券监管部门的调查——监管部门正在调查以下事实是否存在：花旗集团的股票研究是否带有某种目的；花旗集团是否通过与公司和公司高层管理人员的非法交易而自己赢得了利润丰厚的承销业务。同样的，高盛也接受了调查，其原因是它的两位电信行业分析师发送的电子邮件——在邮件中，他们如实谈到了这样的问题：2000 年中期，尽管通信行业的股价急剧下跌，但对投资银行业务的考虑却使他们向人们推荐了许多通信业股票。最后，有几家商业银行和投资银行（比如瑞士信贷第一波士顿）被指控向公司的高管和董事“私下分配”（spinning）首次公开发行的股票，以诱使他们向金融机构所属的商业银行提供公司业务。

蒙骗信托账户 假设某银行正在承销某种证券，但却无法将它们公开发行出去。为了避免有可能遭受到的损失，该银行可能会将这些无人购买的证券“塞给”自己的信托部管理的信托账户（它可以自由决定该账户的投资）。比如，一位联邦法官将 Albriond Capital 的首席信息官，同时也是一位货币经理 Alan Bond 送进了监狱，原因是他被指控将赚钱的交易划入自己的经纪账户，同时将赔钱的交易强行塞入自己客户的账户。

破产风险转移 假设某企业还有一笔贷款未偿还给银行，但银行私下了解到该企业的信用或破产风险增加了。在获得这种秘密信息的情况下，银行会努力诱使企业发行债券：由银行的证券分支机构承销债券后，再将其卖给不知情的公众。然后，发行债券的收入就可以用来偿还银行的贷款。这样，银行可以将自己面对的借款企业的信用风险，转移给了信息不太灵通的外部投资者，同时，证券分支机构还可以赚取一笔承销费。比如，由于像安然和世界通信这样高度引人关注的破产事件的发生，2002 年 J.P. 摩根大通和花旗集团就面临了几起与资金交易有关的投资者诉讼案。投资者称，因为其借贷关系，银行在将这些公司的债券卖给公众时就已经知道或应该知道这些公司存在问题。

第三方贷款 为了确保承销顺利进行，银行可能会向作为第三方的投资者提供廉价贷款，但隐含的条件是，这笔贷款要用于购买银行的证券分支机构所承销的证券。

搭 售 银行可能会利用其信贷权力来向客户强行推销或“搭售”自己证券分支机构所提供的业务。比如，如果客户不同意由银行的证券分支机构来做证券承销业务，银行就会以贷款限制相威胁。21 世纪初，J. P. 摩根大通将大量资金注入了通信企业。它并不是为了通过这些贷款本身来赚大钱，而是指望从这些企业送来的投资银行业务中获取丰厚的回报。

信息转移 在充当贷款人的过程中，银行可能会接触到关于自己客户或竞争者的某些内部信息。银行可以利用这些信息来确定价格，或者是帮助自己的分支机构推销所发行的证券。这种信息也可以从证券分支机构流向银行。当在并购业务中涉及到新的证券发行和贷款时，就有可能遇到这种冲突。J. P. 摩根大通和花集团就遇到过这种情况：2001 年安然公司试图与 Dynegy 的合并遭到失败时，这两家金融机构都是主要的咨询者以及牵头银行。两家金融机构都拥有庞大的资产负债规模，并自豪地称自己既能为合并提供贷款，也能为合并提供咨询。然而，当 Dynegy 从合并中退出时（它称未能获得与这笔交易相关的足够信息，而且随后得知，多年以来安然隐瞒了几十亿美元的债务并夸大了自己的利润），这两家金融机构因为要从一笔棘手的交易中退出，而无力进行自我吹嘘了。最后，安然于 2001 年 12 月宣布破产，J. P. 摩根大通和花旗集团都因为向安然贷款而分别损失了 8 亿 ~9 亿美元。

潜在利益冲突及其在实际中的使用

毫无疑问，这些冲突本身看上去是非常难以处理的。

然而，需要记住的是，它们在被人们利用时，会受到特定的和一般的措施的限制与牵制。其中的许多冲突都只是潜在的，而不可能成为实际的利益冲突。具体来讲，许多冲突（比如搭售和第三方贷款）违反了现行的银行监管法规。[12] 同时，大多数银行的内部限制措施或**防火墙**（Chinese Walls）会禁止内部信息的转移，以防止它们有可能与客户的最优利益发生冲突。此外，向信息不太灵通的公众出售债券以支付贷款的行为，有可能导致针对承销商的法律诉讼——当投资者发现自己受损时。[13]

更一般地来讲，只有三种情况下的利益冲突才能被利用。首先，银行服务市场缺乏竞争，因此银行对客户拥有垄断权（比如在贷款方面）。其次，客户与银行之间的信息流不完全或不对称，这样，银行相对其客户拥有信息上的优势。第三，银行不看重自己的声誉。利用利益冲突的行为一旦被发现，就会受到市场和监管部门的严厉惩罚。然而，正如上面讲过的，最近几年，有些银行（比如以前的万国银行）遭遇了一些法律诉讼，其原因在于它们推销业务时夸大其词和公布信息时不充分这样的一些等同于利益冲突的行为。

存款保险

反对业务扩张的传统理由在于，银行从存款保险获得的公开和隐含的保护，使得银行比其他金融服务企业具有竞争优势（参见第 14 章）。比如，由于不超过 10 万美元的银行存款可以获得公开的存款保险，因此银行可以按补贴后的较低成本利率获得资金，而传统的证券企业却不能这样。这会使银行将这种低成本以廉价贷款的方式转移给自己的分支机构。然而，由于《金融服务现代化法案》允许其他金融服务企业（比如美林）设立能提供存款保险的银行，因此，这种公开的补贴优势大多已不存在了。然而，与传统的证券企业相比，银行从事证券业务时，还存在一种间接的存款保险优势。这种优势的存在是因为，银行监管部门认为某些大银行太大而不能倒闭（TBTF），从而会鼓励这些机构去承担过大的风险，比如为争取新的证券发行而报出过于冒险的承销价。这种情况将限制传统投资银行的承销份额，尤其是当它们似乎不能获得这种担保时——这可以从 Drexel Burnham Lambert 1990 年 2 月的倒闭中看到。结果，只要 TBTF 担保下的拯救有可能存在，那么这种担保就会给银行带来某些不公平的竞争优势。

监　管

目前，大多数拥有广泛的非银行附属机构的银行控股公司，都面临着一种不断扩展的多层次监管结构。随着银行证券业务的进一步扩展，这种结构有可能妨碍对利益冲突和过分冒险等行为的监控。具体来讲，就 J. P. 摩根大通这样的金融服务控股公司而言，主要的监管者是美联储。就其银行附属机构而言，要同时接受货币监理署（它向国民银行颁发执业许可证）、美联储和联邦存款保险公司的监管。就其证券附属机构而言，主要的监管部门是证券交易委员会——尽管美联储也有一些监管权。人们并不清楚，从公共政策角度来看，这种复杂的、相互交叉的监管结构是否具有效率。[14] 情况就是如此，因为这既会造成监管资源的浪费，也会导致不必要的官僚之争。此外，协调方面的问题会削弱监管效率，尤其是在经济下降时期。因此，随着银行证券经营权的进一步扩大，可以考虑将所有的监管权力交由某一家监管机构来承担。

竞　争

最后一个问题涉及到银行业务扩张对投资银行业务竞争所带来的影响。在证券承销方面，有三个主要原因使人们相信银行业务的扩张将会促进竞争。有一个原因使人们认为情况相反，即银行业务的扩张会提高市场集中度和商业银行对消费者的垄断权。

12 根据《克莱顿法》《谢尔曼反托拉斯法》和《银行控股公司法》中的一些规定，强制性搭售是违法的。

13 比如，承销商会因为没有在新的发行说明书中公开信息而被指控玩忽职守。

14 在银行可以向保险业务扩展的情况下（比如像花旗集团那样），还将面临着消除（大多数）联邦银行监管法规和州保险监管法规之间所存在差异的问题。

促进竞争

认为银行证券业务的扩张会促进竞争的理由有三个。

让更多的小企业进入资本市场　大多数大投资银行都设在纽约和美国东北部。结果，位于中西部和西南部的美国小企业，比东北部同等规模的企业更难进入全国资本市场。因此，地区和跨地区银行借助证券分支机构而介入证券承销业务的做法，有可能使小企业扩展进入全国资本市场。

更低的佣金和费用　证券承销业务竞争的加剧，将降低承销商所获取的差价。也就是说，它将使得支付给发行企业的发行竞标价与证券的市场转售价之间的差别缩小。通过提高承销商的竞标价，有可能增加发行企业的证券发行收入。（有人认为，银行扩展其市政债券承销业务时，就产生了这种影响——尽管在这一点上还存在着争议。）最近几年，投资级债券承销的差价从 1986 年的大约 78 个基本点，下降到了 2000 年的 36 个基本点。同样地，股票承销的差价从 1986 年的 334 个基本点，下降到了 1996 年的 224 个基本点。然而，随着 21 世纪初股市不景气，这种差价又上升到了 395 基本点。21 世纪初，银行证券分支机构在新的债券和股票承销业务中，所占份额几乎为 60%。事实上，2003 年花旗集团的证券分支机构所罗门美邦，是投资级债券市场上最大的承销商，其承销业务比最强有力的竞争对手摩根士丹利多 1 480 亿美元，且远远超出了美林——在 20 世纪 90 年代的大多数时间里，美林这家投资银行都是最大的证券承销商之一。一些实证研究表明，债券承销差价下降的部分原因在于，银行证券分支机构进入该市场后所带来的证券承销竞争的加剧。

减轻对新的证券发行价的低估　承销商面临的最大风险就是，导致新的发行价大大高于市场对该证券的估价。也就是说，当承销商高估新的发行价时，就有可能遭受亏损。在这种情况下，承销商会努力低估新的发行价：让公开发行价（OP）低于证券在二级市场交易时的价格（P）。投资银行可以通过价格低估来获利，因为价格低估可以在不影响固定承销差价的前提下，提高证券销售的概率。也就是说，对承销商而言，每股 93 美元和 93.5 美元的买卖差价（0.5 美元）所带来的总收入（总差价），与每股 97 美元和 97.5 美元的买卖差价（0.5）所带来的总收入（总差价）是一样的。两者主要的差别在于，较低的发行价（即 93 美元而不是 97 美元）会增加投资者对股票的需求，以及迅速向公众出售全部证券的概率。承销商和外部投资者都可以从价格低估中获利；受损的是发行证券的企业，因为它所获得的收入要低于较高发行价（它反映了更为准确的市场估价）能够带来的收入。在本例中，发行者每股只获得了 93 美元，而不是 97 美元。因此，发行价被低估，是发行企业所承担的额外的证券发行成本。对美国新证券发行或首次公开发行(initial public offering，IPO）价格低估的实证研究表明，被低估的幅度为 8%~48%（结果取决于所选取的样本和起始时间）。[15] 相反，再次发行（secondary issues）的价格低估在 3% 以内。[16]

如果 IPO 被低估的一个主要原因在于现有投资银行之间竞争的缺乏，那么银行的介入和竞争就会降低价格的低估程度，并增加企业发行新的证券的收入。然而，许多经济学家认为，垄断权并不是新的发行价被低估的主要原因；在他们看来，价格低估反映了信息不完全条件下，必须支付给投资者和投资银行的一种风险溢价。也就是说，价格低估是由于发行者拥有信息优势而产生的一种风险溢价——发行者更了解自己企业的证券和资产的真实质量。如果是这样的话，那么，只有当银行进入证券承销业的行为能够降低发行者和投资者之间的信息不完全程度时，才有可能降低价格低估的程度。考虑到银行作为委托监督者的专业化职能（参见第 1 章），我们有理由相信这一点。

---

15 参见 A.Saunders 对大约 20 项价格低估研究所进行的分析："Why Are So Many Stock Issues Underpriced?" Federal Reserve Bank of Philadelphia，*Business Review*，march-April 1990，pp.3-12。

16 参见：C.F.Loderer，D.P.Sheehan，and G.B.Kadler，"The Pricing of Equity Offerings，" *Journal of Financial Economics*，1991，pp.35-35。

阻碍竞争效应

尽管短期内银行的进入可以促进竞争，但从长远看，人们仍然十分担心有可能存在的阻碍竞争的行为。无论按资本还是资产来衡量，大银行都是大证券公司（或保险公司）的许多倍。短期内大银行会积极争取业务，试图迫使传统的投资银行从业务中退出。如果获得成功，那么，它们将拥有准寡头地位，市场集中度将上升，而且从长远来看，投资银行服务的价格不会下降，反而会上升。这种长期结果将超出短期内促进竞争所带来的所有好处。

练习题

1. 业务分割如何使金融机构的风险下降？它又如何使金融机构的风险增加？
2. 业务分割如何降低金融机构的盈利能力？业务分割如何提高金融机构的盈利能力？
3. 美国某家大银行的第 20 条款分支机构正准备从事公司证券承销业务，且预计将获得 500 万美元的收入。目前它从事的是美国国债和市政普通债务债券的承销，每年可获得 4 000 万美元的费用收入。
   a. 该银行符合现行法律对第 20 条款分支机构的收入所做出的规定吗？它符合 1999 年之前的法律规定吗？
   b. 该银行准备增加私募业务，并预计可以获得 1 100 万美元的收入。它符合收入方面的规定吗？
   c. 如果它准备通过增加公司证券承销业务来获得 1 100 万美元的收入，那么它符合规定吗？如果不符合，那么它应该采取什么措施来保证自己符合规定？
4. 1999 年《金融服务现代化法案》允许银行在非金融类企业拥有控制权。这种所有权会受到哪两种限制？
5. 1999 年《金融服务现代化法案》对金融服务控股公司的结构做出了哪些限制？
6. 如果按 12.45 美元的买价和 12.60 的卖价发行 1200 万股股票，承销商在代销和包销方式下可能获取的最大费用收入分别是多少？可能承受的最大亏损是多少？代销佣金为 75 个基本点。
7. 某家第 20 条款分支机构同意为一位客户承销债务发行。它建议采用包销发行的方式发行 10 万股股票。银行在发行日向其客户报出的买卖差价为 \$97~\$97.50。
   a. 如果所有发行的股票都卖掉，那么总的承销费为多少？如果只有 60% 的股票被卖掉，结果如何？
   b. 为了防止在发行日只有 60% 的股票被卖掉，银行向发行企业建议将股价定为 95 美元。它预计报出的买卖差价为 \$95~\$95.40，而且发行的股票可以全部卖掉。从金融机构的角度来看，如果它希望将第一次报出 97 美元买价时剩余的 40% 的股票卖掉，哪个报价更好一些？
8. 控股公司组织形式下的证券分支机构的倒闭，会通过哪三种方式来对银行产生负面影响？美联储试图通过哪些方法来防止这几种情况下银行和分支机构之间防火墙的破裂？
9. 关于业务分散化对银行倒闭风险的影响，一些实证研究所得出的结论是什么？
10. 人们认为，哪六种利益冲突有可能阻碍银行向金融服务领域扩张的能力？
11. 金融机构在从商业银行业务扩展到其他金融服务领域的过程中，会因为哪些法律、制度和市场条件而有可能减少对利益冲突的利用？

第 17 章

国内地域分散化

导　言

正如业务扩张一样，地域扩张也能使金融机构降低风险并增加收益。地域扩张有几个方面的内容，比如，它们可能是在某一州内、某一地区或外国市场参与国际业务。扩张既可以采用设立新的营业处或分支机构的方式，也可以采用并购另一家金融机构的方式。本章将分析，金融机构的经理们利用国内地域扩张（尤其是并购）这种风险管理战略时，有可能面临的利弊。随后的第 18 章，将分析国际或跨国扩张的内容。具体而言，我们将分析目前美国的金融服务企业进行大规模并购（这种并购极大地改变和整合了美国的金融体系）的根本原因。此外，我们将通过一些证据来证明，成本和收入协同效应以及其他市场和与企业相关的因素对地域扩张的影响。

国内扩张

在美国，金融机构国内地域扩张的行为一直受到监管法规的限制。相比而言，像通用汽车、IBM 和西尔斯这样的企业在全国各地设立**新的机构**（de novo offices）、工厂或分厂的行为，是不会受到特殊监管法规的禁止的。某企业收购其他企业（只要它不是银行）的行为也不会被禁止。尽管证券公司和保险公司在扩张其国内业务方面，面临着相对较少的限制，但其他金融机构（尤其是银行）却面临着一种复杂且不断变化的规则和监管系统的影响。虽然这些监管会限制业务扩张，但它们也会给金融机构盈利的增加带来潜在的机遇。具体来讲，监管会创造出地方性的非竞争市场，新进入者有可能获取这种垄断所带来的经济租金。因此，对大多数创新型金融机构而言，监管既能造成成本负担，也会带来盈利机会。这样，监管既能抑制，也能强化人们从事地域扩张的积极性。

此外，影响企业扩张和并购决策的经济因素，也有可能影响到金融机构的决策。两组主要的因素包括成本和收入协同效应，以及与企业或市场相关的优势，比如被并购企业员工的专业技能及市场份额。因此，地域扩张（无论是通过并购、设立分支机构还是设立新的机构）取决于一系列因素，其中包括：

1. 监管和监管体系。
2. 成本和收入协同效应。
3. 与企业或与市场相关的因素。

我们首先来看第一个因素（监管）是如何对设在美国的金融机构的地域扩张产生影响的。具体而言，我们首先简要地介绍保险公司和储蓄机构所面临的限制，然后，我们将更仔细地分析监管对商业银行的影响。

影响地域扩张的监管因素

保险公司

保险公司是由各州来监管的。在一个州设立一家分支机构后，保险公司通常就有机会在该州的所有地方销售保险，而且经常可以通过电话促销和直接销售在全国推销自己的业务。然而，为了有效地提供金融服务，它时常需要在当地市场设立一家具体的营业地点。为了满足这一要求，保险公司在其他各州设立了分支机构和营业处。这通常比较容易，因为州监管当局对设立新的分支机构的初始资本要求都比较低。所以，大多数的大保险公司几乎在美国各州都设有具体的营业处。

储蓄机构

1989 年之前，储蓄机构设立分支机构或进行地域扩张（无论是州内扩张，还是州际间的扩张）的权力，是由联邦住房贷款银行委员会来监管。1989 年之后，根据 1989 年《金融机构改革、复苏和巩固法》(FIRREA)，设立分行的权力由储蓄机构监管局来决定。从历史上看，所执行的政策是，联邦执业储蓄机构不能跨州设立分行。20 世纪 80 年代，此类约束被大幅度放宽。1982 年《甘恩—圣哲曼法》和 1989 年《金融机构改革、复苏和巩固法》，都允许稳健的银行和储蓄机构跨州并购即将倒闭的储蓄机构之后，再把它们作为独立的附属机构加以经营，或者是把它们转变为分支机构。最后，1992 年，储蓄机构监管局宣布，它将允许所有联邦执业储蓄机构跨州设立分支机构。截至 1993 年，跨州储蓄机构控制的资产占全部储蓄机构资产的 25%，而且它们跨州设立了 1 200 家分支机构。表 17-1 对储蓄机构跨州设立分支机构监管的放松以及并购业务监管的放松进行了总结。

表 17-1 储蓄机构地域扩张限制的放松

1982 年	《甘恩—圣哲曼法》允许储蓄机构通过并购州外倒闭的其他储蓄机构来设立跨州分支机构。
1989 年	根据 1989 年《金融机构改革、复苏和巩固法》的规定，由储蓄机构监管局（OTS）来负责对联邦执业储蓄机构跨州业务进行监管，并允许控股公司并购稳健的储蓄机构。清算信托公司负责倒闭储蓄机构的清算——有时会超越各州在分支机构业务方面做出的法律规定。
1992 年	储蓄机构监管局允许所有的联邦执业储蓄机构跨州设立分支机构。

资料来源：S.Cebonoyan et al., unpublished Working Paper, University of Mary Iand, School of Business, Baltimore, 1998.

商业银行

对州内银行业务的限制

20 世纪初，大多数的美国银行都是只有一个营业处的**单一银行**（unit bank）。通信的改善以及客户的需求，导致了 20 世纪初的 20 年内银行分支机构的大量涌现。这种发展趋势遭到了小型单一银行和大型货币中心银行越来越多的反对。规模很小的单一银行感觉到它们的零售业遭受到了规模较大的分行的竞争威胁。货币中心银行则担心失去宝贵的往来业务，比如支票清算和其他支付业务。结果，有几个州对银行在本州设立分行的资格进行了限制。事实上，有些州对州内分行业务本身下达了禁令，因此有效地将银行限制在单一的状态。随着时间的推移，各州十分缓慢地放松了对州内分行业务的限制。

对州际银行业务的限制

1997 年之前，对州际银行业务起着决定性影响的是，在 1927 年获得通过并于 1933 年修订之后的《麦克法登法》。《麦克法登法》及其修正案对国民执业银行和州执业银行的分行业务实施了同样的限制。由于各州一般会禁止州执业银行从事州际银行业务，因此，国民执业银行也同样被禁止从事这种业务。[1]

从 1927 年到 1997 年（参见后面的内容），由于《麦克法登法》禁止州际银行业务，银行的跨州业务主要是依赖设立附属机构而不是分行来完成的。为了达到目的，有些大银行设立了**多重银行控股公司**（multibank holding company，即 MBHC），它是一家母公司，通常会并购一家以上的银行以直接作为自己的附属机构。尽管 20 世纪

1 可以说，与传统的看法相反，《麦克法登法》实际上扩大了国民执业银行的地域扩张权，因为该法案通过之前，国民执业银行的主要监管机构甚至对其州内分行业务都是加以限制的。

初已经出现了多重银行控股公司，但 1927 年对州际分行业务的限制促进了银行并购的发展。到 1950 年为止，大约有 47 家多重银行控股公司成立，其中许多都在两个或两个以上的州拥有银行。[2]

1956 年，国会意识到多重银行控股公司的发展有可能给州际银行业务带来漏洞，因此在《银行控股公司法》的基础上通过了《道格拉斯修正案》。这项法律只允许多重银行控股公司，依照某个州的法律并购设在本州的目标银行。由于各州禁止州际银行并购业务，这实际上就限制了多重银行控股公司发展——直到地区银行协议的出现及扩展（参见后面的内容）。多重银行控股公司于 1956 年之前设立的跨州附属机构，都可以**有豁免权**（grandfathered）。也就是说，它们允许继续保留这些机构。（在这方面，其中的一个例子就是第一州际银行。）

1956 年《道格拉斯修正案》的通过，并没有完全堵塞住州际银行业务方面有可能存在的漏洞。因为修正案只涉及到了多重银行控股公司的并购，它使得**单一银行控股公司**（one-bank holding company，即 OBHC）仍然有可能进行地域扩张。单一银行控股公司是一家母公司。该控股公司拥有一家附属银行和几家其他的非银行附属机构。通过创设一家单一银行控股公司，并跨州设立非银行类附属机构来出售消费融资、租赁和数据处理等金融服务，一家银行几乎等同于在从事州际银行业务。当然，以这种方式从事州际银行业务，比直接设立分行或全能附属机构要昂贵得多。尽管如此，单一银行控股公司的业务扩张，很好地证实了 Kane 所说的监管辩证法：堵死一条地域扩张之路，只会使银行去利用其他的漏洞——只要银行认为这么做能够获得净收益。单一银行控股公司的发展速度非常之快，从 1956 年的 117 家发展到了 1970 年的 1318 家，其中包括在被并购银行所在的州及其他各州所设立的各种金融和非金融类附属机构。比如，有些单一银行控股公司甚至在连锁超市和铁路系统拥有所有权。

意识到银行通过创新又在州际银行业务的限制方面找到了漏洞，1970 年国会又制定了法律。1970 年《银行控股公司法修正案》有效地将单一银行控股公司可以从事的经营范围限定为“与银行业务密切密切的”非银行业务——这些业务由美联储在该法案的 4（C）（8）条款中加以定义。此外，1970 年之后，对非银行附属机构的并购要获得美联储的批准。起初，该法案只允许从事包括消费融资和信用卡在内的六种非银行业务。此外，附属机构所从事的与银行并非密切相关的业务要在 1980 年之前剥离出去。因此，《银行控股公司法修正案》通过的 1970 年，可能是美国州际银行业务的低谷时期。此后，五个方面的发展变化导致了州际银行业务限制措施的实际消亡。下面我们将介绍这几种发展变化。

地区和国民银行公约 通过制定一项法律来利用 1956 年《道格拉斯修正案》所存在的漏洞，缅因州于 1978 年带头消除了州际银行业务所受到的限制。这项漏洞之所以存在，是因为法律禁止银行的跨州并购——除非直接获得了被并购的目标银行所在州的许可。为了增加就业和促进金融业的发展，缅因州制定了法律，允许其他州的银行进入本州以及并购当地银行，即使缅因州的银行不能在其他州开展此类并购业务。这项全国范围内非互惠的银行并购法律，使得缅因州的银行业资产大量被州外银行控股公司并购。事实上，到了 1988 年，缅因州大约 85% 的银行资产由花旗银行（现在的花旗集团）这样的州外银行机构所持有。

20 世纪 80 年代初期，新英格兰地区的其他州努力以缅因州为榜样施行了自己的**州际银行公约**（interstate banking pact）。然而，这些法律通常具有更大的限制性，因为它们只允许某一地域范围（比如某一州规定为新英格兰地区）的银行以并购的方式进入它们的银行市场。具体而言，一般不允许纽约和加里福尼亚的银行在本州开展并购。这些具有更大限制性的地区协议，导致了人们对其合法性的关注。但是，当康涅狄格州的限制性法律的合法性在 1984 年遭到纽约的花旗银行挑战时，美国最高法院认可了其合法性。

到了 1994 年，除夏威夷之外的所有其他州都通过了某种形式的州际银行法律或公约。州际银行法律可以分为三大类别：

全国性的（N）。全国性的法律允许州外银行并购州

2 到 1990 年为止，已有 157 家州际多重银行控股公司。这种增长反映了地区银行公约的影响。

内目标银行，即使并购者所在的州不赋予被并购目标所在州的银行同样的并购权。

全国互惠性的（*NR*）。只有当并购者所在的州同时允许其他州的目标银行进入该州并购时，并购者才能收购目标银行。银行资产大量集中的某些州（比如纽约和加利福尼亚）制定了这样的法律。

地区互惠性的（*RR*）。这些地区银行公约允许某一地区（包括几个州）的银行在互惠的基础上并购某个州的银行，也就是说，只要本州银行能够并购地区协议中其他州的目标银行，那么，其他州的目标银行也可以并购本州的银行。比如，威斯康星州的地区互惠性法律允许依阿华、伊利诺斯、印第安娜、肯塔基、密西根、明尼苏达、密苏里和俄亥俄等州的银行进入本州进行并购的同时，这些州同样也要允许威斯康星州的银行进入它们的市场参与并购。

收购有问题的银行 跨州收购即将倒闭或有问题的银行，是突破州际银行业务障碍的第二种方法。在1982年《甘恩—圣哲曼法》获得通过、联邦储蓄贷款保险公司已经倒闭以及联邦存款保险公司的储备业已枯竭的情况下，监管部门更多地依赖跨州并购来解决银行破产问题。比如，1987年，化学银行（它自己已经被J. P. 摩根收购）收购了得克萨斯商业银行，并在得克萨斯州的银行市场拥有了立足点。借助于得克萨斯商业银行，化学银行于1993年1月并购了已倒闭的得州第一城市银行所属的大多数银行。此外，1982年《甘恩—圣哲曼法》除了允许银行并购银行之外，还允许银行并购储蓄机构。通过这种方法，花旗银行在加利福尼亚和弗罗里达这样一些正在成长的银行市场上，进行了对储蓄机构的并购。最后，1989年8月，《金融机构改革、复苏和巩固法》的通过，使得银行的跨州并购权扩展到了稳健的储蓄机构。

非银行类银行 消除州际银行业务障碍的第三种方法就是设立非银行类银行（在第16章中介绍过）。1987年之前，美国的大银行可以并购一家提供全方位服务的州外银行，剥离其商业贷款业务后，将其作为非银行类银行来依法从事专门的消费融资业务。[3] 然而，1987年的《银行公平竞争法》（CEBA）有效地堵住了这一漏洞——尽管已有的非银行类银行获得了豁免权。

不受《银行公平竞争法》约束的，还有设在犹他州的产业贷款公司（ILCs）。产业贷款公司由通用电气、美林和必能保等非银行类公司拥有。它们向信用级别较低的公司（银行不愿意向它们提供贷款）提供高利率贷款。尽管设在犹他州，产业贷款公司几乎可以直接通过邮件和其他电子手段在全部50个州开展业务。产业贷款公司由犹他州进行监管，其存款可以获得联邦存款保险公司的保险。但是，产业贷款公司既不会受到美联储、也不会受到货币监理署的监管。在犹他州开展业务的非银行类银行，可以像商业银行那样从事经营，但却不会像它们那样受到监管。结果，产业贷款公司所经营的资产，从1995年年底的29亿美元，上升到了2003年的1150亿美元（由51家产业贷款公司持有），而犹他州商业银行2003年的工商业贷款总额为8710亿美元。为了限制新的（从2003年10月1日起）非银行类银行的机构设置权和业务经营权，2004年3月，美国众议院以绝对优势通过了一项法律，要求任何银行机构从金融服务中获取的收入都不能低于自身收入的85%。这项法律有效地禁止了沃尔玛这样的企业以某种可利用的方式来经营自己的银行。

单一银行控股公司业务的扩张 1970年后，越来越多的银行可以通过设立州外非银行附属机构来收到与州际银行业务几乎完全相同的效果。比如，1994年，设在明尼阿波利斯的一家银行控股公司——Norwest Corporation——在49个州拥有抵押贷款附属机构，同时在46个州拥有770多家消费贷款附属机构。此外，尽管1970年《银行控股公司法》修正案的4（C）（8）条款规定，银行控股公司只能从事“与银行业务密切相关的”业务活动（这些业务由美联储来规定），但许可的业务种类从1970年的只有6种上升到了1998年的近60种。

1994年《里格—尼尔州际银行和分行效率法》 人们早

---

3 为了使1956年《银行控股公司法》能够对多重银行控股公司的并购活动进行限制，银行被定义为接受活期存款并提供工商业贷款的机构。通过剥离银行的商业贷款业务，就可以使银行转变为在州际银行业务方面不受限制的非银行类银行。

表 17-2 1994 年里格—尼尔州际银行和分行效率法所涉及到的关键日期

日 期	事 项	概 况
1994 年 9 月 24 日至 1997 年 5 月 31 日	提前选择州际银行合并和分行收购业务	各州可以“提前选择”让州际合并交易（包括分行收购业务）于 1997 年 6 月 1 日前实施。
	选择退出州际银行合并	各州可以“选择退出”，以完全禁止州际合并业务。
法律生效后的任何时间	选择新设州际分行业务	各州可以明确允许外州银行在自己的辖区内设立分行。
法律生效 1 年之后	州际银行业务	银行控股公司可以收购位于各州的银行。各州无权选择退出。然而，并购机构占全国存款的比重不得超过 10%，占所进入的州的存款比重不得超过 30%。
1997 年 6 月 1 日及其以后	州际银行合并	各州的银行都可以合并，除非某个州已于 1997 年 6 月 1 日之前选择退出了州际合并业务。
	州际分行的收购	银行可以收购另一个州已有的分行——只要该州法律许可。

资料来源：Office of the Comptroller of the Company.www.occ.treas.gov.

已认识到，通过多种银行控股公司进行全国业务扩张的做法，可能比通过分行业务高昂许多。在多重银行控股公司中，每家银行都要设立独立的机构和董事会，而且还很难获得与分行业务相同的经济和金融一体化水平。此外，日本、德国、法国和英国等大多数主要的银行业务竞争国，都有全国性的分行业务。

1994 年秋季，美国国会通过了一项州际银行法，允许美国及设在美国的外国银行通过下列方法开展州际分行业务：将州外附属银行整合为分行网络，以及并购银行或银行的各个分行。（这些新的分行业务的经营权从 1997 年 1 月 1 日生效。）尽管该法律没有提及银行是否有权在其他州设立新的分行（完全由各州的法律来决定是否允许设立新的分行），但是，按照新的法律，纽约的一家银行（比如花旗银行）可以收购加里福尼亚某一银行的一家分行（比如旧金山美洲银行的一家分行）。

《里格—尼尔法》的真正意义在于，它使全面州际银行业务（设立新的分行除外）于 1997 年在美国成为了一个现实。关于《里格—尼尔法》的其他一些细节包含在表 17-2 中。[4] 分行业务限制的放松，以及对地域扩张有可能带来的成本、收益和风险利益的认识（将在下面介绍），引发了美国银行体系中的大规模合并浪潮。

影响并购地域扩张的成本和收入协同效应

金融机构是否会通过并购方式来进行地域扩张的一个原因在于，各项监管措施对并购机会的限定情况。其他原因涉及到对并购的潜在成本和收入协同效应（以及相关的风险分散化利益）的利用。下面我们对这些潜在利益进行分析。

成本协同效应

银行合并的一个普遍原因在于，可以通过规模经济效应、范围经济效应和管理效率——常被称为 **X 效率**[5]（X efficiencies），因为它们很难量化——来获得潜在的成本协同效应。比如，1996 年，大通曼哈顿和化学银行合并后

4 限制设立新的分行的理由在于，保护小型社区银行的许可证价值。如果只能通过并购来设立分行，那么与大银行可以设立新的分行相比，小银行的许可证价值会更大一些。

5 X 效率是指那些并非直接来自于规模经济和范围经济的成本节省效应。这些成本节省通常是由高超的管理技巧和其他难以量化的管理因素所带来的。到目前为止，在银行的实证分析中，尚不明确这些效率包含了哪些因素。

导致了（当时）全美最大银行的产生，其资产达3 000亿美元。据估计，这次合并带来的年成本节省额将达到15亿美元。这种节省来自于某些业务的合并以及多余成本的消除，其中包括从分布于35个州和51个国家的所有75 000名职员中削减大约12 000个岗位。同样的，2000年末，设在密尔沃基的Firstar以187亿美元并购位于明尼阿波利斯的U.S.Bancorp后，估计每年可以降低2.06亿美元的总费用支出（这笔费用相当于并购前两者费用之和的5%）。据估计，费用的节省来自于关闭业务重叠的分行以及解雇职员。最后，2001年，第一联合银行以146亿美元收购了美联银行。通过对250~300家分行的合并，以及削减大约7 000个职位，这两家北卡罗莱纳银行的合并预计可以使年度费用降低8.9亿美元。

虽然上面提到的这些合并都是一些引人注目的**超级合并**（megamergers）的例子，但它们实际上仍然是相同或密切相关的银行市场的合并。相比较而言，1998年BancOne（现为Bank One）与第一芝加哥银行以及万国银行与美洲银行的的纯粹银行合并，显然是为了地域扩张而进行的（它们几乎没有地域上的重合）。比如，BancOne和第一芝加哥合并的一个主要目的就是，强化在全国的业务分布以及增强信用卡业务方面的规模经济效应。合并之前，BancOne和第一芝加哥分别为第三和第五大信用卡公司。合并后，它们成为了当时的第二大信用卡银行（仅次于花旗银行集团），拥有4 000万个账户和超过560亿美元的贷款余额。人们同时认为，新银行信用卡业务规模的扩大，使它能够在计算机技术的创新方面进行更大规模的投资。

在一项综合研究中，Berger和Humphrey利用1981~1989年的数据分析了超级合并（他们将其定义为，并购方和目标银行的资产之和在10亿美元以上）所带来的成本节省。他们几乎没有发现有可能获得规模和范围经济利益的证据。事实上，他们发现，成本的节省与管理效率（X效率）的改进相关。他们的研究有三个主要的发现。首先，并购方的管理效率一般要优于被并购银行。其次，对57起超级并购的分析表明，只有明显的X效率，而其他好处却很小。第三，（或许出人意料的是）市场重叠合并（比如大通与化学之合并）所带来的成本节省程度，显然并不比地域扩张合并（比如美洲银行与万国银行的合并）更大。从总体上看，他们并没有发现，人们时常所称的大规模（30%左右）的成本协同效应这种促进此类合并的因素。[6]

在Rhoades后来所进行的9项超级合并研究中（其中有7项发生在1990年之后）发现了大规模的成本节省效应。具体而言，9项合并中有4项显示出了巨大的成本效率（与未合并的同类银行相比），有7项显示出了资产收益率的巨大改进。引人注目的是，在没有获得成本效率的合并中，主要问题来自于对数据处理和营业系统的整合。Houston、James和Ryngaert对1985~1996年间的大银行合并进行了考察。他们发现，在大多数最近的合并中，成本节省是所获得的主要好处，而且管理成本节省的预测结果会对资本市场的可信度产生巨大影响。[7]

通过对1993~1998年间7 000多家美国银行成本和利润效率的估算，Berger和De Young考察了地域扩张对银行效率的影响。他们发现，地域范围和银行效率之间既存在正相关，也存在负相关。母公司能够在一定程度控制其分支机构的效率，但这种控制力会随着实际距离的延长而减弱。一般而言，与距离相关的影响较弱，因此，结果表明，更有效率的银行可以将有效的方法传授给其分支机构，从而克服距离所带来的任何影响。研究结果表明，有些银行只能在某一区域从事有效经营，而其他一些银行则可以在全国、甚至全球范围内从事有效经营。[8]

最后，G. DeLong和M. M. Cornett等人发现，那些业务活动和地域范围较为集中的银行所获取的资产回报率，要大大高于业务或地域活动较为分散的银行。这些

---

6 参见：A. Berger and D. B. Humphrey, "Megamergers in Banking and the Use of Cost Efficiency as an Antitrust Defense," *The Antitrust Bulletin* 37 (1992), pp.541-600。

7 参见：S. A. Rhoades, "The Efficiency Effects of Bank Mergers：An Overview of Case Studies of Nine mergers," *Journal of Banking and Finance* 22, no.3(1998), pp.273-92；and J. F. Houston, C. M. James, and M. D. Ryngaert, "Where Do Merger Gains Come From? Bank Mergers from the Perspective of Insiders and Outsiders," *Journal of Financial Economics* 60 (2001), pp.285-331。

8 参见：A. N. Berger and R. DeYoung, "The Effects of Geographic Expansion on Bank Efficiency," *Journal of Financial Services Research* 19 (2001), pp.163-84。

研究结果得出的结论是，集中化的合并使银行能够从事相同的业务（无论是业务类别相同，还是地域范围相同）。因此，它们增加了获取更大成本效率的机会，以及集中并购方已有市场力量和品牌影响力的机会。相反，在分散化的合并中，并购银行的业务种类与目标银行不同。这些合并要求并购银行将业务扩展到新的领域，并将资源应用于现有业务领域之外。[9]

收入协同效应

支持收入协同效应的理由来自于三个方面。首先，在一个正在成长的市场上并购一家银行可以带来收入的增加。比如，尽管 J. P. 摩根和大通曼哈顿于 2000 年合并为 J. P. 摩根大通银行时，人们估计可以带来 15 亿美元的成本节省，但是，两家机构的 CEO 都声称，合并的成功集中在收入增长方面。这次合并使 J. P. 摩根众多的业务与大通广泛的客户群结合起来了。这次合并使大通银行的业务急剧增加（大通银行过去一直想努力通过小额交易来建立自己的业务），并且使其在投资银行和公司银行业务正迅速增长的欧洲有了更大的表现。当 J. P. 摩根大通随后并购第一银行时，分析师们称赞这次结合既能降低费用，也能提供收入增长潜力（两种不同的经营模式结合所带来的结果）。

其次，如果目标机构资产和负债的信用级别、利率水平和流动性风险等特征与并购方的不同，那么，并购银行的收入流量将更为稳定。比如，20 世纪 80 年代，不动产贷款组合显示出了非常强烈的地域周期。具体而言，先是美国西南部不动产价值的下跌，然后，依次是西北部和加利福尼亚的下跌——其时滞较长且各不相同。因此，与并购方和目标方专门在某一地区从事业务相比，地域分散化的不动产组合的风险会大大降低。一些研究结果证实了地域扩张能够带来风险分散化的好处。[10]

第三，通过扩张进入非完全竞争市场，能够获得收入增加的机遇。也就是说，银行可以发现并从地域上进入那些有可能存在经济租金的市场，但是，这种进入又不会被监管者看成有可能是反竞争的。可以说，J. P. 摩根大通和第一银行合并的最大潜在利益就是，合并后两个系统的分行网络没有重叠，因而有可能促进收入的多样化。合并后的新银行在 17 个州有分行业务，且占联邦保险存款的比重为 8.3%。

认可并购的指导原则

由于像 J. P. 摩根大通和第一银行这样的地域扩张，会被人们看成是金融机构垄断权的提高，因此，监管者可能会阻止这种合并，除非合并带来的潜在效率不能通过其他合理的方式来获得。最近几年，反垄断法及其指导原则的最终行使权由美国司法部掌握。具体而言，司法部为并购活动是否能被认可制定了指导原则，其依据是并购发生后市场集中度有可能出现的增加，但刚才所提到的成本效率可以作为例外。

这些并购指导原则的基础是市场集中度指标，即所谓的赫芬达尔—赫希曼指数（HHI）。该指数的计算方法是，先求出每家企业所占市场份额的百分比的平方，然后将这些平方后的数相加。因此，当某家企业的市场份额为 100% 时，HHI 为：

$$HHI = (100)^2 = 10\,000$$

同样地，当市场上存在无穷多的规模相等的企业时，

$$HHI = 0$$

因此，HHI 必然位于 0 到 10 000 之间。

9 参见：G. L. DeLong，“Gains from Focusing versus Diversifying Bank Mergers，” *Journal of Financial Economics* 59(2001)，pp.221-52；G. L. DeLong，“Does Long-Term Performance of mergers Match Market Expectations? Evidence from the U.S.Banking Industry，” Working Paper，City University of New York，2002；and M. M. Cornett，G.Hovakimian，D. Palia，and H.Tehranian，“The Impact of the Manager-Shareholder Conflict on Acquiring Bank Returns，” *Journal of Banking and Finance* 27(2003)，pp.103-31。

10 参见：M. Levonian，“interstate Banking and Risk，” Federal Reserve Bank of San Francisco，*Weekly Letter* 94-26(1994)；W. Lee，“The Value of Risk Reduction to Investors，” unpublished Research Paper 9312，Federal Reserve Bank of New York，1993；and P.S.Rose，“The Diversification and Cost Effects of Interstate Banking，” *The Financial Review* 13(May 1996)，pp.431-51。

例 17-1 计算并购所导致的市场集中度指数的变化

假设某一市场上三家银行市场份额如下：

A 银行 = 50%

B 银行 = 46%

C 银行 = 4%

合并之前市场的集中度指数为：

$$HHI = (50)^2 + (46)^2 + (4)^2 = 2\,500 + 2\,116 + 16 = 4\,632$$

因此，根据司法部的指导原则，该市场是高度集中的。假设 A 银行想并购 C 银行，这样，并购后的市场份额为：[1]

A + C = 54%

B = 46%

并购后的市场集中度指数为：

$$HHI = (54)^2 + (46)^2 = 2\,916 + 2\,116 = 5\,032$$

因此，并购后市场集中度指数的增幅或变化额（ΔHHI）为：

$$\Delta HHI = 5\,032 - 4\,632 = 400$$

由于增幅为 400，超出了司法部指导原则所规定的 100 这一标准，且该市场高度集中，因此并购会遭到反对。

1 在此，我们考虑的是市场内部并购对市场集中度指数的影响。市场之间的并购可以采用同样的方法来计算。

合并是否会遭到司法部指导原则的反对，取决于合并后的 HHI 水平。正如从表 17-3 中所看到的，司法部将集中的市场定义为合并后的 HHI 达到 1 800，比较集中的市场定义为 1 000~1 800，不集中的市场定义为 1 000 以下。无论在集中的市场，还是在比较集中的市场，合并后 HHI 的增幅在 100 或 100 以上的，都有可能遭到反对。[11]

将市场集中度指数用来解释银行和金融服务业时，会面临两个问题。首先，与金融服务业市场相关的地域范围是什么？是全国、地区还是城市？其次，一旦市场被划定，我们将银行、储蓄机构和保险公司的业务活动看成是独立的，还是看成是在同一金融市场上的竞争？换句话讲，市场的机构范围由什么来决定？在金融服务业中，传统的做法是根据职能或业务标准进行划分，因此商业银行是不同于储蓄银行和其他金融服务的一个独立的市场。此外，相关的市场区域通常被定义为高度集中于本地的区域：标准城市统计区（SMSAs）或乡村地区（SMSAs 之外的地区）。遗憾的是，在地域和业务范围均大幅扩展的情况下，这种定义已经越来越不符合要求了。实际上，市场集中度指数的使用应该更加依赖于地区或全国的市场业务，并且应该包括一个广泛的金融服务企业市场的定义。因此，最近几年，美联储在计算银行市场的集中度指数时，经常会包括一半的储蓄机构存款。

11 在实践中，只有当银行业的变化幅度超出 200 时，才有可能遭到反对。这是因为，一般人们认为银行业比大多数的行业更具有竞争性。请参见司法部的《横向并购指导原则》。

引人注目的是，比较不同规模银行的市场集中度时，银行的并购浪潮使小银行（规模在 1 亿美元以下）占全国资产的份额从 1984 年的 16.1% 降到了 2003 年的 2.6%，而大银行（规模在 100 亿美元以上）的相对份额，从 1984 年的 34.5% 上升到了 2003 年的 72.9%。中型银行（规模在 1 亿美元到 100 亿美元之间）的相对市场份额也下降了：从 1984 年的 49.4% 降为 2003 年的 24.5%（参见表 17-4）。然而，即使大银行资产的集中度上升了，但美国大银行的百分比份额，仍然大大低于加拿大和欧洲当地市场上的大银行所占的市场份额。因此，美国大银行的并购仍将继续获得司法部以及其他监管机构的批准。

影响地域扩张决定的其他市场和企业因素

除了监管以及成本和收入协同效应之外，其他因素也会对并购决定产生影响。比如，参与并购的金融机构可能会对另一地区某一潜在目标金融机构的清偿能力和资产质量表示关注。因此，影响并购决定的重要因素包

表 17–3　1982 年司法部横向并购指导原则

并购后的市场集中度	HHI 的水平	HHI 变化的百分比以及并购遭到反对的可能性
高度集中	大于 1 800	大于 100：有可能遭到反对
		50~100：取决于其他因素 *
		小于 50：不会遭到反对
比较集中	1 000~1 800	大于 100：有可能遭到反对；会考虑其他因素 *
		小于或等于 100：不会遭到反对
不集中	小于 1 000	无论有多大幅度的增加都不会遭到反对

* 在决定是否反对一项并购时，司法部除了要考虑合并后的市场集中度以及集中度的变化幅度之外，还要考虑下列因素的情况：市场准入的难易；业务的特点及其出售条件；关于具体交易的市场信息；买方市场特征；市场上企业的行为以及市场表现。[关于这些因素的详细解释，请参见 1982 年司法部并购指导原则中的Ⅲ（B）和Ⅲ（C）两部分内容。]

资料来源：Department of Justice，Merger Guidelines，1982.

表 17–4　1984~2003 年美国银行资产的集中度

	2003 年				1984 年			
	机构数	占总数的百分比	资产（10 亿美元）	占总额的百分比	机构数	占总数的百分比	资产（10 亿美元）	占总额的百分比
所有参加联邦存款保险公司的商业银行	7 769		7 602.5		14 483		2 508.9	
1. <1 亿美元	3 911	50.3%	200.7	2.6%	12 044	83.2%	404.2	16.1%
2. 1 亿 ~10 亿美元	3 434	44.2	910.0	12.0	2 161	14.9	513.9	20.5
3. 10 亿 ~100 亿美元	341	4.4	947.3	12.5	254	1.7	725.9	28.9
4. ≥ 100 亿美元	83	1.1	5 544.5	72.9	24	0.2	864.8	34.5

资料来源：General Accounting Office，*Interstate Banking*，GAO/GGD，95-35，December 1994，p.101；and FDIC Quarterly Banking Profile，December 2003.

括目标金融机构的杠杆比或资本比、损失准备及其资产组合中的不良贷款的数量。

Beatty、Santomero 和 Smirlock 的早期研究反映了这种检测类型。他们分析了有可能影响银行并购吸引力的因素，并且确定了大约 13 种因素或变量，其中许多都是与银行相关的。具体来讲，他们对 1984~1985 年的 149 起银行并购案进行了分析：他们通过并购银行愿意向目标银行支付的**并购溢价**（merger premium）的大小来衡量并购的吸引力。从理论上讲，我们通过目标银行股票的购买价与其账面值之比，即市值与账面值之比，来衡量这种溢价。

所分析的变量、它们的平均值以及它们对并购溢价的预期影响方向等内容，都列在表 17–5 中的（a）部分，回归分析结果列在（b）部分。正如你所看到的，13 个变量中有 6 个是与银行相关的变量（它们反映了银行的质量），有 3 个是监管变量（它们反映了进入目标银行市场的难易程度）。从（b）部分中可以看到，在相对缺乏竞争中并购管理水平很高的银行时，支付的并购溢价最高。

在对分析并购竞标溢价（目标银行股票的购买价与其账面值之比）决定因素的几项研究进行考察时，Darius Palia 发现了一些支持 Beatty、Santomero 和 Smirlock 观点的证据。[12] 具体来讲，其他的实证研究证实了下列事实的

12 参见：D. Palia，"Recent Evidence of Bank Mergers，" *Financial Markets*，*Instruments*，*and Institutions* 3，no.5(1994)，pp.36-59；and E. Brewer Ⅱ，W. E. Jackson Ⅲ，J. A. Jagtiani，and T. Nguyen，"The Price of Bank Mergers in the 1990s，" Federal Reserve Bank of Chicago，Economic Perspectives 24，no.1(2000)，pp.2-24.

表 17–5 银行并购溢价的决定因素

（a）变量的定义及预期的关系

	变量	定义	平均值	预期关系
银行变量	TREAS	美国国债投资与总资产之比	0.203	–
	LNTOAST	净贷款与总资产之比	0.482	?
	PROV	贷款损失备抵与净贷款之比	0.007	+
	CHARGOFF	贷款冲销额与净贷款之比	0.008	–
	ROEQ	净收入与权益资本之比	0.091	+
	CAPDEV	贷款损失备抵加权益资本与资产之比再减去	0.030	–
监管变量	UNIT	并购银行位于实行单一银行制度的州为 1，否则为 0	0.276	+
	MULTI	州法律允许设立多重银行控股公司为 1，否则为 0	0.002	?
	ELECT	州法律允许在整个州开展电子银行业务时为 1，否则为 0	0.397	–
市场结构变量	MS	银行总存款与市场总存款之比，即银行的市场份额	0.179	+
	HERF	目标银行市场的集中度指数	0.253	+
其他变量	PURCH	购买被并购的银行时为 1	0.609	?
	COMB	以现金和股份进行并购时为 1	0.166	?

（b）银行并购溢价回归分析的结果 *

溢价	=	1.927	+	– 0.771TREAS[+]	–	0.574 LNTOAST[+]	+	10.438 PROV
		（9.27）		（–2.76）		（–1.96）		（1.41）
	–	6.684CHARGOFF	–	1.786CAPDEV[+]	+	0.510ROEQ[+]	+	0.096 UNIT[+]
		（–1.08）		（–1.76）		（2.10）		（1.66）
	–	0.506MULTI	–	0.061 ELECT	–	0.306MS[+]	+	0.392HERF[+]
		（–1.26）		（–1.19）		（–1.66）		（1.70）
	–	0.176PURCH[+]	–	0.171 COMB[+]				
		（–2.85）		（–2.2）				
R^2= 0.121	观察数 = 264					F–statistic =2 .68[*+]		

* 下面括号中的 F–statistic 是对相关系数的估计。

[+] 变量的相关系数或 10% 的统计显著性检验。

资料来源：R. P. Beatty，A. M. Santomero，and M. L. Smirlock，"Bank Merger Premiums：Analysis and Evidence，" *The Salomon Center Monograph Series on Economics and Finance*，New York University，1987.Reprinted by permission.

存在：（1）在监管约束更严的州，并购溢价更高；（2）目标银行贷款组合的质量越高，并购溢价越高。Palia 还得出了如下结论：目标银行的增长率对并购溢价几乎没有影响，而目标银行的利润率和资本充足率对并购溢价的影响结果是很不确定的。近几年，Brewer、Jackson、Jagtiani 和 Nguyen 发现，20 世纪 90 年代，业绩较好的目标银行（按权益回报和资产回报来衡量）获得的竞标价更高；资本与存款之比越低，并购银行愿意支付的竞标价越高；目标银行的贷款与资产之比越高以及银行的规模越大，竞标溢价越高；《里格—尼尔法》通过之后的价格更高一些。

地域扩张的成功

一系列的监管和经济因素会影响到地域扩张对金融机构经理的吸引力。这一节将对市场扩张并购的成功进行一些实证分析。这种分析至少可以从两个层面展开：首先，当州际银行并购的消息宣布时，投资者会做出怎样的反应？其次，当州际银行并购发生后，能从总体上获得预期的效率和利润上的好处吗？对并购消息影响的研究和并购后业绩的研究，一般都能够证明，美国的商业银行能够从国内地域扩张中获得好处。

投资者的反应

投资者不一定会对金融机构的并购消息作出正面反应。比如，J. P. 摩根和大通宣布合并后，J. P. 摩根大通的每股股价从 1999 年的 3.46 美元降到了 2002 年的 1.67 美元。研究者对银行和非银行的并购进行过几项研究，目的是为了分析并购消息对并购竞价方和目标企业股份的影响。这些研究衡量了消息所带来的影响，即股市投资者对并购消息的反应。具体而言，经常学家一直在关注并购消息的公布是否会给竞标或目标企业带来有利的**异常回报**（abnormal return）——高于正常水平的风险调整股票回报。与一般的企业不一样（这方面的研究通常发现，只有目标企业的股东方能够借助大量有利的异常回报从并购消息中获得好处），对银行业的研究发现，有时并购银行和目标银行都会获利。比如，Cornett 和 Deo 对 1982~1986 年间的州际并购建议进行了研究。他们发现，有时并购消息公布的当天，并购银行的股东获得了 0.65% 的异常回报，而目标银行的股东获得了 6.08% 的异常回报。他们还发现，下列情况下并购银行的回报更高：目标银行所在的州有更严格的法律限制国内其他银行进入，以及目标银行不是一家破产的银行。Desai 和 Stover 以及 James 和 Weir 的研究还发现，即使州内并购也会给并购银行的股东带来巨大的异常回报。最近，Becher 发现，1990~1997 年的银行并购，给目标银行和并购银行都带来了有利的异常回报。Kane 对 20 世纪 90 年代中期的银行超级并购进行了考察。他发现，当目标银行为某一大银行，而且它与并购银行位于同一个州时，作为并购方的大银行将获得好处。这项好处有可能来自于以下事实：超级并购创造出来的银行更有可能让监管部门感到它太大而不能倒闭。然而，其他一些研究（比如 Hawawini 和 Swary 的研究）发现，并购银行的回报会受到不利影响。

并购后的业绩

尽管并购消息公布时，人们预期利润和业绩会因为州际地域扩张而得到改善，但这种并购完成之后，实际上获得成功了吗？比如，在并购第一芝加哥银行后，第一银行的每股盈利从 1999 年的 3.45 美元降为 2002 年的 2.77 美元。Cornett 和 Tehranian 对大银行并购完成之后的业绩进行了考察（分别针对的是发生在 1982~1987 年间的并购，以及 1990~2000 年间的并购）。以营业现金流（扣除折旧、商誉、长期债务利息和税款之前的收益）与资产之比作为衡量业绩的标准，并且发现并购银行的业绩在银行业平均水平之上。他们发现，优秀的业绩来自于这些银行在下列各方面能力的改善：(1) 吸引贷款和存款；(2) 提高雇员的劳动生产率；(3) 提高资产增长速度。此外，就 1990~2000 年的并购而言，他们发现：大银行并购后的业绩改善要大于小银行的并购；业务集中的并购所带来的业绩改善要大于分散化的并购；地域集中的并购所带来的业绩改善要大于地域分散的并购；1997 年全国银行业务体系建立后的业绩改善更大一些。最后，他们发现，银行并购后的业绩改善，来自于增加收入以及降低成本的业务活动。然而，在这些并购案中，尽管也出现了成本的下降，但收入的增加十分明显。两项研究都发现，消息公布时期的股票异常回报与并购完成后经营业绩的变化密切相关。Stiroh 和 Strahan 对下列并购后的银行业绩进行了研究：这些银行所在州的监管法规，允许开展州内和州际银行业务。他们的研究发现，管制放松之后，随着经营较好的银行进入以前受到保护的市场，业绩较差的银行受到了更大的压力。他们发现，管制放松之后，银行对资产的控制发生了大幅度的变化（从业绩较差的银行转向业绩较好的银行）。他们得出的结论是，管制放松带来的一个明显好处就是，资产转向了更好的银行。[13]

---

13 参见：M. M. Cornett and H.Tehranian, "Changes in Corporate Performance Associated with Bank Acquisitions," *Journal of Financial Economics* 31(1992), pp.211-34；K. J. Stiroh and P. E. Strahan, "Competitive Dynamics of Deregulation：Evidence from U.S.Banking," *Journal of money, Credit, and Banking* 35, no.5(2003), pp.801-28；and M. M Cornett, J. J. McNutt, and H. Tehranian, "Performance Changes Around Bank Mergers：Revenue Enhancements Versus Cost Reductions," Working Paper, 2004.

练习题

1. 地域分散化限制会对金融机构的盈利能力造成怎样的影响？
2. 《甘恩—圣哲曼法案》及《金融机构改革、复苏和巩固法案》是怎样鼓励州际银行业务的扩张的？
3. 20 世纪 90 年代初期，单一银行和货币中心银行为什么会反对银行设立分行的业务？
4. 什么是非银行类银行？哪项法律允许设立非银行类银行？非银行类银行对州际银行业务的进一步发展起到了什么作用？
5. 银行并购经常会带来难以量化的好处（即所谓的 X 效率）以及难以量化的成本（即所谓的 X 无效率）。请在这两个方面各举一个例子。
6. 金融机构从地域扩张中有可能获得哪三种收入协同效应？
7. 什么叫市场集中度指数（HHI）？如何计算和解读这一指数？
8. 司法部被要求对由以下四家金融机构所组成的市场上的并购活动进行评估：

银 行	资 产
A	1 200 万美元
B	2 500 万美元
C	1.02 亿美元
D	300 万美元

   a. 现有市场的 HHI 为多少？
   b. 如果 A 银行并购 D 银行，这将对市场集中度产生怎样的影响？
   c. 如果 C 银行并购 D 银行，这将对市场集中度产生怎样的影响？
   d. 司法部可能会对这两项并购申请做出怎样的反应？
9. 自从 1984 年以来，小银行资产的比重在下降，大银行资产的比重在上升，而中型银行资产的比重没有变化。请问导致这种现象的合理原因是什么？
10. 对银行并购以及并购后的业绩进行研究所得出的结论是什么？这些结论与非银行并购研究的结论有什么不同？
11. 影响金融机构并购的一些与企业相关的重要财务因素是什么？
12. 银行从地域扩张中能够获得哪些好处？

第 18 章

国际地域分散化

导　言

许多金融机构都可以做到国内地域的分散化，但只有一些很大的金融机构才渴望将地域分散化扩展到国外。本章将分析金融机构经营许可全球化的最新趋势，并考察这种地域扩张有可能给收益与风险关系带来的利弊。虽然有些国家（比如美国）的金融机构目前正在尽可能地快速扩展国际业务，但其他国家（尤其是日本）的金融机构却在收缩它们的国际业务。因此，金融机构国际业务扩张的程度，成了金融机构总体风险管理的一部分内容。

全球及国际扩张

金融机构至少可以借助三种方法来建立全球和国际业务：(1) 由国内业务处向外国客户提供金融服务，比如 J. P. 摩根大通银行的纽约营业处向巴西的某个制造商提供一笔贷款；(2) 通过设在外国的分行、代理行或代表处向当地客户出售金融服务，比如，J. P. 摩根大通银行通过设在巴西的分行向巴西客户提供贷款；(3) 借助于国外的附属机构向当地客户提供金融服务，比如，J. P. 摩根大通银行收购一家巴西银行后，再利用这家完全由自己所有的银行向巴西客户提供贷款。需要指出的是，这三种扩展全球业务的方法并非相互排斥的，金融机构可以同时使用这三种方法来扩大其业务的规模和范围。

近几年，美国的银行、保险公司和证券公司都将业务扩展到了国外——经常是通过分行和附属机构。与此同时，到目前为止，外国金融机构进入美国金融市场的速度也在加快。2002 年年底，在全球范围内，对外资产在其总资产中所占比重在 50% 以上的银行有 15 家。表 18-1 列出了全球业务比重最大的几家银行。没有哪一个国家在全球业务最多的 30 家银行中占有支配地位。在全球业务最多的 30 家银行中，加拿大拥有 5 家，爱尔兰、荷兰和美国各拥有 3 家，而奥地利、西班牙、瑞士和英国各拥有 2 家。严重的经济衰退以及贷款呆账的不断扩大，导致日本银行未能进入这一排名之中——尽管按资产规模来看，它们是全球最大的银行。

下面我们将集中介绍全球银行业务的增长情况。首先我们要介绍美国银行向外国市场扩张的情况，以及促进这种扩张的因素，然后我们将介绍外国银行向美国的扩张。

表 18–1　最大的全球银行

银行	所属国	海外业务所占百分比 *
1. 美国运通银行	美　国	80.9%
2. 渣打银行	英　国	79.2
3. 瑞银集团	瑞　士	76.8
4. Investec	南　非	74.2
5. 瑞士信贷集团	瑞　士	72.9
6. 德意志银行	德　国	64.4

* 海外业务指的是银行海外持有的资产所占的百分比。

资料来源："Top 50 Global Banks," *The Banker*, February 2003. www.thebanker.com.

表 18-2 1980~2003 年间美国银行外国营业处的资产（单位：10 亿美元）

	1980 年	1990 年	1995 年	2000 年	2003 年
总资产	1 091.4	1 901.5	2 530.1	4 311.4	4 961.7
国内资产	768.7	1 559.3	1 962.8	3 576.3	4 157.3
外国资产	353.8	410.7	666.3	735.1	804.4
C&I 贷款（国内）*	173.8	326.1	356.8	647.2	514.3
C&I 贷款（国外）	109.4	103.6	125.5	189.2	127.6
不动产贷款（国内）	108.9	387.2	486.1	955.5	1 211.2
不动产贷款（国外）	6.7	26.6	27.2	32.0	33.4
个人贷款（国内）	67.1	151.9	207.0	302.1	329.1
个人贷款（国外）	6.4	17.2	30.6	44.3	64.1

* 工商业贷款。

资料来源：*Federal Reserve Bulletin*，various issues，Table 4-20.

设在外国的美国银行

20 世纪初期，一些美国银行（比如 J. P. 摩根大通）在国外设立了营业处，但美国银行海外业务的主要发展阶段是在 20 世纪 60 年代初期，即 1964 年的《海外直接投资控制法》通过之后。这项法律限制了美国国内银行向想从事对外投资的美国企业提供贷款。该法律最终被废止了，但它却促使美国银行在国外设立营业处，以便向在其他国家的美国客户提供融资和其他业务。这种海外美元的融资和借贷活动导致了一个市场的产生，即我们现在所称的*欧洲美元市场*。**欧洲美元交易**（Eurodollar transaction）指的是发生在美国之外的所有美元交易。比如，在美国国内账户之外的银行交易（经常是借助于海外分行或附属银行来完成的）就属于欧洲美元交易。[1] 表 18-2 列出了 1980~2003 年美国银行海外业务的总规模，以及这些附属银行所从事的各种贷款活动的规模。

鼓励美国银行对外扩张的因素

尽管对于欧洲美元市场的最初发展和美国银行在海外设立相关分行和附属银行来说，对外贸易的监管是原动力，但是，其他监管和经济因素也对美国海外银行业务的增长产生了影响。下面我们对这些因素进行分析。

美元成为国际交换媒介 二战以后国际贸易的发展以及美元成为国际交换媒介，促进了外国企业和投资者对美元的需求。解决这一问题的简便方法就是，由美国银行的外国营业处来调节美国与外国之间的美元资金的流动。如今，欧洲美元市场上的许多交易都来源于与贸易相关的交易。[2] 然而，随着欧元这种新的货币于 2002 年 1 月诞生，美元作为“国际交换媒介”的重要性很有可能会下降，尤其是在主要的欧洲企业的交易方面。

对政治风险的考虑 新兴市场国家的储户对政治风险的考虑，使得大量的美元流出这些国家。这些美元资金通常都流入了美国设在开曼群岛和巴哈马（这里有非常严格的银行保密法规）的分行和附属银行。由于有些国家的保密法规有可能导致洗钱以及为恐怖主义活动提供资金，美国政府于 2001 年实施了美国《爱国法》，该法律禁止美国银行向在任何国家都没有实际营业场所的外国银行（所谓的空壳银行）提供银行服务。该法案还将外国腐败列入一系列的罪行中，从而可以针对它在美国提起洗钱诉讼。同时，联邦当局有权调用国外银行的美国往来账户记录。此外，该法案还使国外银行美国往来账户中的存款资金与美国其他账户的存款资金一样，要遵

1 也就是说，欧洲美元交易的定义要比“在欧洲的交易记录”更广泛。事实上，通常美国之外的任何美元存款都属于欧洲美元交易。

2 近几年，美元对日元和欧元的贬值，削弱了美元作为国际交换媒介的作用。

守相同的民事罚没规则。最后，该法案要求美国的银行改进其日常审核工作，以防止洗钱的发生。

银行违反美国《爱国法》的行为遭到了巨额的罚款及严厉的惩处。比如，2004 年哈德森联合银行同意支付 500 万美元，以了结针对下列事件所进行的调查：它的某一分行是否未能对往来银行业务的账户进行监控。调查人员发现，在 16 个月的时间里（一直到 2003 年 11 月该银行关闭与国际客户往来业务），通过哈德森联合银行设在南美和加勒比地区的分行而流动的可疑资金达 10 多亿美元。该分行未能按《爱国法》的规定来"了解自己的客户"。最近的 2004 年 4 月，联邦官员加强了对里格斯银行的调查。调查针对的是该行对外国账户大额现金交易的处理，而且，所关注的焦点是该行未能对十几起巨额的提款行为（从长期在沙特阿拉伯工作的大使的个人账户转入华盛顿）进行恰当的报告。当时，联邦调查局和财政部的两个机构（货币监理署和金融犯罪惩处网络）正在对里格斯银行的沙特账户和其他国际交易进行调查。此外，监管当局还准备对里格斯银行提出新的要求，而且还要实施其他惩罚。

国内监管的限制及国外监管的放松　1999 年《金融服务现代化法案》通过之前，美国的银行在国内证券、保险和商业活动等方面都面临着严厉的限制。然而，作为少数例外，联邦储备监管法规也允许美国的银行在其他国家从事外国所允许的银行业务——即便这种业务在美国得不到许可。比如，设立外国附属银行的美国银行可以从事不动产租赁业务，充当一般的保险代理人，并从事外国公司证券的承销与交易（业务上限为 200 万美元）。国外的业务监管法规也鼓励美国银行的对外扩张。比如，2003 年末，中国的银行监督管理委员会宣布了一项综合改革计划，这预示着政策措施将从限制海外竞争转向对其表示谨慎的欢迎。这项计划扩大了外国银行在中国的经营范围，包括：将国外单个投资者在中国金融机构的所有权上限从 15% 提升到了 20%，扩展外国分行经营人民币业务的城市范围，并且放宽了对外国分行的资本要求。Whalen 最近进行的一项研究[3]表明，在这些非银行业务所带来的收入流中，有许多都和（美国）国内银行业务的收入存在着较低的相关性，或者是存在着负相关。也就是说，国际业务扩张似乎可以为美国的银行带来重要的收入—风险分散化效应。

技术和通信的改进　长途通信和其他通信技术（比如国际支付系统 CHIPS）的改进，以及大型金融机构私人通信网络的发展，使得美国的金融机构（母公司）可以在成本不断下降的情况下拓展国外业务，并对其进行实时监控。此类业务扩张成本的下降，使得金融机构可以在更广泛的国际范围设立营业处。

阻碍美国银行对外扩张的因素

有一些因素可能会阻碍国际业务的扩张。下面我们对这些因素进行分析。

资本约束　国际清算银行（BIS）的资本要求改革计划（2006）将提高作为贷款担保的资本金的要求。下列两种情况下的资本金要求将会提高：向经济合作与发展组织（OECD）之外的主权国家提供贷款，但该国的信用级别低于 B 级；向信用级别低于 AA- 级的经济合作与发展组织国家提供贷款（也就是说，按照国际清算银行目前的风险资本体系的要求，只有信用级别在 AA- 之上的经济合作与发展组织国家，才能使风险权重为 0——参见第 15 章）。

新兴市场面临的问题　其他作为新兴市场的国家（比如 1997 年和 1998 年的韩国、泰国和印度尼西亚），以及最近（21 世纪初）的阿根廷所面临的问题，使得许多美国银行对传统外国市场之外的业务扩张很谨慎。[4] 即使监管环境正在改善，但美国的银行仍然更为谨慎。

竞　争　20 世纪 90 年代，美国银行的海外业务面临着来自日本银行的激烈竞争。日本银行的竞争优势，来自于

3　参见：G.Whalen，"The Securities Activities of the Foreign Subsidiaries of U.S.Banks：Evidence of Risk and Returns，" White paper 98-2，OCC，Washington，D.C.February 1998.

4　其中一个突出的例外就是，2000 年花旗集团以 125 亿美元收购墨西哥的第二大银行——Grupo Financiero Banamex-Accival。花旗集团相信，墨西哥的经济和银行体系将得到恢复，同时它还希望使用墨西哥这家银行的品牌，来向美国日益增加的拉美裔人口提供服务。

大量成本较低的国内储蓄存款，国内金融市场管制松动的步伐较缓，以及较大的银行规模。比如，在20世纪90年代的大多数时间里，日本在全球最大的10家银行（按资产排名）中都占居了9个席位。尽管规模大并不一定意味着利润高[5]，但是，较大的规模使银行有更大的能力将业务分散到海外，并通过在部分地区大幅削减费用和利差来吸引业务。然而，20世纪90年代末以及21世纪初，随着日本经济陷入萧条和日本银行呆账的迅速增加，欧洲的银行成为了美国银行的主要竞争对手。

能够提高欧洲银行竞争地位的，是欧共体（EC）第二项银行指令的通过。这项指令导致了欧洲单一银行市场的产生，以及单一货币（欧元）在欧洲多数国家被采用。根据这项指令，欧洲的银行可以在整个欧共体范围内设立分行和开展并购业务——也就是说，它们拥有统一的欧共体通行证。[6]虽然第二项银行指令要等到1992年年底之后才能全面生效，但它早在1988年就已经公布出来了。结果，欧洲的银行之间出现了跨国并购的浪潮，这就好比1994年《里格—尼尔法》通过和实施之后，州际分行业务限制解除所引发的美国国内并购浪潮。此外，几家欧洲银行还结成了战略联盟，从而使零售银行客户可以通过联盟中成员银行的任何一家分行来设立新的账户、获取账户信息和向第三方进行支付。欧洲银行业中这种更大范围的合并，给欧洲批发市场上的美国及其他外国银行带来了更激烈的竞争，从而使得它们更难进入欧洲零售市场。

设在美国的外国银行

正如美国银行能够扩张进入外国市场获利一样，外国银行也一直认为美国是一个有吸引力的市场。下面我们将介绍在美国经营业务的外国银行。

组织形式

外国银行可以通过五种主要的形式进入美国市场。组织形式的选择结果取决于银行本国的监管法规以及银行的风险管理战略。

附属银行 外国附属银行有自己的资本和执业许可，它可以和美国国内任何一家银行一样开展业务，既可以进入零售市场，也可以进入批发市场。

分 行 作为母公司的银行，可以通过分行来直接进入外国或美国的银行市场。因此，分行要依赖其母公司银行（比如日本的三井住友银行）来提供资本支持。一般而言，分行可以进入美国的批发、零售存款市场以及融资市场。

代理行 代理行是一种限制性的进入方式。这种组织形式只能参加批发和货币市场的资金借贷交易（即代理行不能吸收存款）。纽约协议公司是代理行的一种特例，它既有代理行的功能，也有有限的投资银行功能。

边缘法公司 边缘法公司（Edge Act Corporation）是美国国内银行（1919年后）和外国银行（1978年后）可以使用的一些特殊的组织形式。这些银行专门从事与国际贸易相关的银行交易或投资。

代表处 虽然代表处在美国没有存款和贷款账户记录，但它可以作为一个提供贷款业务的机构为自己国内的母公司银行获取贷款业务。代表处是外国银行进入美国时所受限制最大的一种组织形式。[7]

---

5 实际上，关于规模大并不一定与高利润相关，Credit Lyonnais就是一个较好的例子。1995年春季，法国政府为拯救该银行，而不得不将不良贷款转移到了一家新设立的机构。此外，近几年，日本的大多数银行都面临着严重的不良贷款问题，这会进一步降低它们的对外扩张倾向。

6 过去，非欧共体银行在成员国直接设立分行的业务不受第二银行指令的管辖，而受各成员国法律的管辖。目前，所有欧共体国家都允许外国银行设立分行。

7 还需要指出的是，1981年以来存在于美国的国际银行设施（International Banking Facilities，IBF）。它们是只能向外国（非美国）客户吸收存款和发放贷款的特殊中介。因此，它们实际上是在美国国内开展经营的离岸银行。它们大多设在纽约、伊利诺斯和加利福尼亚，而且一般都不受美国银行监管法规和税收法规的管辖。

对设在美国的外国银行的监管

1978 年之前，进入美国的分行和代理行大多从各州获得经营许可。这样，它们的准入、监管等几乎完全是各州的责任。随着 1978 年《国际银行法》(IBA) 的通过，以及后来的《外国银行监管改进法》(FBSEA，为 1991 年 12 月《联邦存款保险公司改进法》的第二项内容) 的通过，联邦监管部门对外国银行在美国的经营有了越来越大的控制权。

1978 年《国际银行法》

国际银行法诞生之前　1978 年《国际银行法》通过之前，相对于大多数本土银行而言，经过各州许可进入美国的外国代理行和分行既有一些竞争优势，也有一些竞争劣势。一方面，作为州执业机构，它们不受美联储的准备金要求、审计和检查等方面的约束；不受州际分行业务方面的限制 (《麦克法登法》)；不受公司证券承销业务方面的限制 (《格拉斯—斯蒂格尔法》)。然而，它们不可以利用美联储的贴现窗口 (即最后贷款者服务)；不可以直接进入联邦电子系统，因此也就不可以进入联邦基金市场；不可以享受联邦存款保险公司提供的存款保险服务。

由于它们不能利用存款保险，这实际上就阻止了它们进入美国的零售银行业务市场以及享有该市场的存款。结果，1978 年之前，设在美国的外国银行大多集中从事批发银行业务。

《国际银行法》诞生之后　国内外银行在联邦法规方面所面临的不同待遇，以及国内银行针对这种不公平所进行的游说，促使国会于 1978 年通过了《国际银行法》。《国际银行法》最根本的监管理念是**国民待遇** (national treatment)，该理念试图使美国银行市场上的外国银行和本国银行能够在相同条件下展开公平竞争。根据《国际银行法》的规定，当外国银行在全球范围内的资产超过 10 亿美元时，就必须按照美联储的要求持有一定数量的准备金；同时，外国银行还必须接受美联储的业务审核，遵守《麦克法登法》和《格拉斯—斯蒂格尔法》。《国际银行法》针对后面的这两项法律制定了一条重要的免责条款：1978 年之前在美国设立的外国银行仍然可以保留它们"不合法的"州际分行以及证券业务，即州际业务和证券业务方面的限制只对 1978 年后进入美国的外国银行有效。

实际上，《国际银行法》加速了外国银行业务在美国的扩张。导致这一结果的主要原因在于，《国际银行法》首次使外国银行可以利用美联储的贴现窗口、联邦电子系统和联邦存款保险公司的保险服务。比如，对联邦存款保险公司服务的利用，使外国银行可以从事零售银行业务。仅在 1979 年这一年，外国银行就收购了四家美国大银行，它们分别是克拉格 (Crocker) 银行、北美国民银行、Union Planters 银行和海丰银行 (Marine Midland)。

1991 年《外国银行监管改进法》(FBSEA)　随着外国银行资产在美国的增长，人们表示出了这样两种担心：一是外国银行业务占美国银行业市场份额的比重迅速上升；二是对许多外国机构的监管缺乏力度。有三件事集中反映了外国银行监管力度的缺乏。第一是国际信贷商业银行 (BCCI) 的倒闭——该银行是一个十分复杂的国际化组织，其营业地点分别设在中东、开曼群岛和卢森堡，而且在美国的两家大银行拥有未公开的股份。没有一家母国监管机构对国际信贷商业银行进行合并监管，这一点在其倒闭之后很快就表现出来了——当时发现了大量的欺诈、内部贷款和洗钱活动。第二是意大利的国民劳动银行 (Banca Na Zionale del Lavoro) 设在亚特兰大的代理行，在未经批准的情况下向萨达姆·侯赛因的伊拉克签发了 10 亿美元的信用证。第三是设在纽约的希腊国民抵押银行美国代表处违规吸收存款资金。

这些事件以及相关的一些担心导致了 1991 年《外国银行监管改进法》的通过。制定这项法律的目的，是要将设在美国的外国银行置于联邦管辖范围内，尤其考虑到这些外国机构以前是通过获取各州的经营许可而进入美国市场的。该法律所包含的五项主要内容，大大提高了联邦银行监管部门对设在美国的外国银行的监管权：

1. 市场准入——按照《外国银行监管改进法》的规定，目前外国银行在美国设立附属机构、分行、代理行或代表处时，必须获得美联储的批准。无论是新设机构的进入，还是收购进入，都要获得批准。想获得美联储批准的机构必须符合几项标准，其中有两项标准是强制性的：首先，外国银行必须以合并监管为基础，接受母国监管部门的全面监管；其次，当美联储对申请进行评估时，母国监管部门必须提供所需的全部信息。设立这两项标准的目的，是为了避免信息披露不充分以及统一监管力度的缺乏（国际信贷商业银行的倒闭与此相关）。

2. 机构关闭——《外国银行监管改进法》同时授权美联储在下列情况下关闭外国银行：母国监管不得力，违背美国的法律或从事违反安全稳健原则的业务活动。
3. 业务审核——美联储有权对包括代表处在内的每家外国银行机构进行业务审核。而且每年至少要对每家分行或代理行审核一次。
4. 存款吸收——只有能够获得联邦存款保险公司保险的外国附属机构，才能吸收限额在 10 万美元以内的小额存款。《国际银行法》的条款允许外国分行和代理行获得联邦存款保险公司的保险，而上述规定实际上是对该条款打了折扣。
5. 业务权限——从 1992 年 12 月 19 日开始，外国银行州执业分行和代理行的业务活动范围都不能超出联邦执业分行。

总之，《外国银行监管改进法》大大提高了美联储对外国银行的监管权限，并且使外国银行进入美国市场面临的监管成本上升。事实上，该法案通过后的两年内，联邦银行监管部门针对在美国经营的外国银行采取了 40 次正式的执法行动。在一起最严重的事件中，日本的大和银行被责令停止在美国经营银行业务。这家银行被迫关闭的原因在于，该行的一位债券交易商遭受了 10 亿美元的亏损，但该行的管理层却隐瞒此事长达 6 个星期以上，而未向美国的监管者报告。1996 年 1 月，大和在美国的银行资产被出售给了日本的住友（Sumitomo）银行；1996 年 2 月，大和银行向美国当局支付了 3.4 亿美元，以了结针对自己的指控。这件事给出了一个强烈信号，即当局将对银行的错误采取强硬立场。最近的 2001 年 11 月，美国的联邦和州银行监管部门责令印度的 State Bank 支付 750 万美元的罚金，其原因在于，该行设在纽约、芝加哥和洛杉矶的分行明显存在着一些违背安全稳健原则的行为。

国际扩张的利弊

上面介绍了影响美国银行对外地域扩张和外国银行对美国地域扩张的历史及最新发展趋势。在此，我们对单个金融机构为获取额外收益或更好地分散风险而进行国际扩张的利弊作一个总结。

国际扩张的好处

国际扩张可以带来六个主要的好处：

收入和风险的分散化

与国内地域扩张一样，金融机构的国际业务也有可能促进其收入流风险的分散化。在许多情况下，国内金融业务的收入流与该国的经济状况有着紧密的联系。因此，世界经济的一体化程度越低，国际扩张的收入分散化潜力越大。比如，21 世纪初，花旗集团仅凭在马来西亚的 3 家分行以及一个强有力的营销计划，就成为了该国最大的抵押贷款者之一。尽管具有保护主义倾向的法律阻止外国银行开设新的分行，但花旗集团采用了相应的对策：激进的营销策略、强有力的客户服务，以及主动上门的推销队伍。最后的结果是，当美国经济经历萧条时，花旗集团在迅速成长的马来西亚抵押贷款市场所占的份额上升到了 8%。事实上，21 世纪初期，当花旗集团最大的国内竞争对手 J.P 摩根和美洲银行因为超级并购而抢占媒体头条的时候，自己却采用了一种业务国际化的战略。21 世纪初，花旗集团的目标是为增加利润而迅速将自己的消费银行业务扩展到海外，并将国内的竞争对手（它们正在开始采用一种把公司和消费银行业务合并的战略）甩在后面。如果金融机构能够从事国内不允许、且与国内业务相关性较低或呈负相关的业务，那么，国际扩张还可以使风险降低。

规模经济

由于存在规模经济效应，金融机构有可能通过将其业务扩展到国外来降低自己的平均营运成本。

创 新

如果金融机构将创新业务的销售从国内扩展到国外，那么它就能获得额外的收益。比如，像证券化、利率上限、利率下限和期权等由美国金融机构创新出来的复杂金融产品，就可以在当地竞争者较少的国外新市场上销售。有人认为，美国的证券公司在日本支配地位之所以处于上升态势，其原因在于，与日本国内的证券公司相比，前者具有懂得风险管理技巧和使用衍生工具等比较优势。然而，20 世纪 90 年代后期，许多美国证券公司因为在亚洲和俄罗斯市场从事交易而遭受了巨额亏损，这使人们对这种比较优势的大小产生了怀疑。

资金来源

通过国际扩张，金融机构可以尽可能多地获得最廉价的资金来源。考虑到国内和国际批发银行业务十分微薄的利润率，这一点尤为重要。同时，国际扩张还可以降低每个市场的资金短缺（信贷配给）风险。

客户关系

国际扩张还使金融机构可以与本国的跨国公司建立联系，并满足它们的服务需求。事实上，决定外国金融机构增长速度的一个根本因素，就是金融机构母国以全球为导向的跨国公司在对外直接投资和对外贸易方面的增长速度。

避开监管

由于国内的监管措施（比如业务限制和准备金要求等）会给金融机构的经营带来约束或税收负担，因此，在监管税较宽松的国家寻求业务，就可以降低金融机构的净监管负担，并提高其潜在的净利润率。

国际扩张的弊端

下面是国际扩张的三种主要的弊端：

信息和监管成本

尽管全球扩张使金融机构有可能更好地分散自己的地域风险，但某些领域（比如贷款领域）的绝对风险水平有可能会很高，尤其是当金融机构不能以最优的方式进行分散时。比如，金融机构可能并没有在贷款有效边界上选择一个贷款组合（参见第 7 章）。海外业务的风险可能会更大，因为外国市场上的监控和信息收集成本通常会更高一些。比如，日本和德国的会计准则，与美国企业使用的公认会计准则（GAAP）有很大的不同。此外，语言、法律和文化等方面的问题，会给国际业务带来额外的交易成本。最后，由于监管环境是由当地来控制的，而且监管法规使每个市场上的净成本各不相同，因此，一个真正全球化的金融机构必须掌握每个市场上的各种规则和监管法规。

国有化和财产没收

当金融机构的业务扩张是通过在当地进行固定资产的投资来建立分行或附属银行时，那它就面临着政治风险，即政府的更替可能会使这些固定资产被国有化。此外，当国外金融机构的储户因为国有化而遭受损失时，他们会向美国国内的金融机构而不是向实施国有化的政府提出法律赔偿。

固定成本

设立国外机构的固定成本可能会十分高昂。比如，一家美国金融机构准备在东京银行市场设立某一组织形式，它要面对比纽约高得多的房地产价格。即使金融机构选择收购已有的日本银行，而不是选择设立新的业务处来进入日本市场，相关的费用有可能会更高，因为按市盈率来收购日本股权时，会涉及到巨额的成本（尽管日本的银行有严重的贷款问题，而且日经指数最近下降了）。如果进入外国市场的预期业务量及收益不确定，那么，对这些相关成本的考虑会变得更加重要。1986 年英国监管放松的“全面改革”（big bang）发生之后，美国的并购交易未能实现预期利润就是一个较好的例子：由于进入市场的固定成本以及维持竞争地位的成本很高，美国的银行未能实现其收入预期。

练习题

1. 金融机构可以通过哪三种方式来建立国际或全球业务？
2. 至少说出鼓励美国银行全球业务扩张的四种因素，并对其进行解释。
3. 哪些因素使日本的银行在国际业务的竞争中长期（一直持续到了 20 世纪 90 年代中期）拥有巨大的优势？在一个竞争性的市场上，较大的规模具有哪些优势？较大的规模必然会带来较高的利润率吗？
4. 列举并探讨外国银行进入美国市场的各种方法。什么叫国际银行设施？
5. 1978 年《国际银行法》（IBA）的核心理念是什么？
   a. 这项法律通过之前，外国银行相对本地银行具有哪些优势和劣势？
   b.《国际银行法》对外国银行提出了哪些要求？
   c.《国际银行法》有可能对外国银行在美国的业务增长速度产生怎样的影响？原因是什么？
6. 是哪些事件导致了 1991 年《外国银行监管改进法》（FBSEA）的出台？这项法律的主要目标是什么？
7.《外国银行监管改进法》的主要内容是什么？它是如何鼓励与母国监管部门的合作的？它对美联储和外国银行会产生什么影响？
8. 金融机构国际扩张的主要好处是什么？请解释各种好处是如何影响金融机构的经营业绩的。
9. 全球扩张面临着哪些困难？各种困难将如何对金融机构的经营业绩产生负面影响？

第 19 章

期货和远期交易

导　言

第 8 章介绍了金融机构表外业务的增长情况，这种增长中的大部分来自于期货和远期交易这样的衍生合约。尽管大量的衍生合约反映的是大银行和其他大金融机构的交易活动，但是，各种规模的金融机构都在使用这些工具进行资产与负债风险的套期保值，来降低不利事件对净值风险的影响。正如本章所介绍的，衍生合约（比如期货和远期）使金融机构有可能利用它们来对自己的利率风险、外汇（FX）风险、信用风险，甚至是像飓风这样的灾害风险进行管理（或套期保值）。实际上，2002 年末，前美联储主席艾伦·格林期潘称赞了衍生市场的发展，并称这种发展是 21 世纪初期美国经济能够抵御异常冲击的重要原因之一。

金融机构不仅可以通过持有表外合约来对自己的风险（利率和信用风险等）进行套期保值，它们还可以充当这些合约的交易对手（收取一笔费用），以便其他的（金融和非金融）企业对自己的表内风险进行套期保值。

金融机构和非金融类企业所使用的衍生合约的迅速增长引起了人们的争论。批评者指责，衍生合约所包含的潜在损失有可能成为现实，从而会不断地困扰其持有者，尤其是大量从事这种交易的银行和保险公司。正如本章以及随后的两章将要介绍的，如果使用得当，衍生合约可以用于套期保值（或降低金融机构的风险）。然而，如果使用不当，衍生合约也会增加金融机构的破产风险。最近一些与金融机构、企业和市政当局（比如信孚信托和爱尔兰联合银行）相关的丑闻，导致了对衍生合约会计（报告）要求的强化。具体而言，从 2000 年开始，财务会计准则委员会（FASB）要求所有衍生合约都要逐日盯市，并规定损益额必须立即在金融机构和其他企业的财务报表中得到反映。此外，正如行业观察专栏所介绍的，对 2003~2004 年利率变化方向的缺乏把握，使得银行对衍生合约的使用更为谨慎。

在本章，我们将介绍期货和远期合约在管理金融机构的利率风险、外汇风险和信用风险方面的作用，以及它们在自然灾害发生时套期保值方面的作用。首先，我们将远期和期货合约与即期合约进行一下比较。然后，我们将详细介绍，如何利用远期和期货合约来对利率风险、外汇风险、信用风险和灾害风险进行套期保值。期权合约和互换合约的内容，将分别在第 20 章和第 21 章中介绍。

远期和期货合约

为了理解远期和期货合约的本质特征，我们可以将它们与即期合约进行一下比较。在图 19-1 中，我们以债券为标的金融证券，展示了这三种合约各自的时间轴。

即期合约

即期合约（spot contract）达成之后，资产的卖方同意立即交付资产以换取现金，而买方则同意支付现金以

图 19-1 合约的时间轴

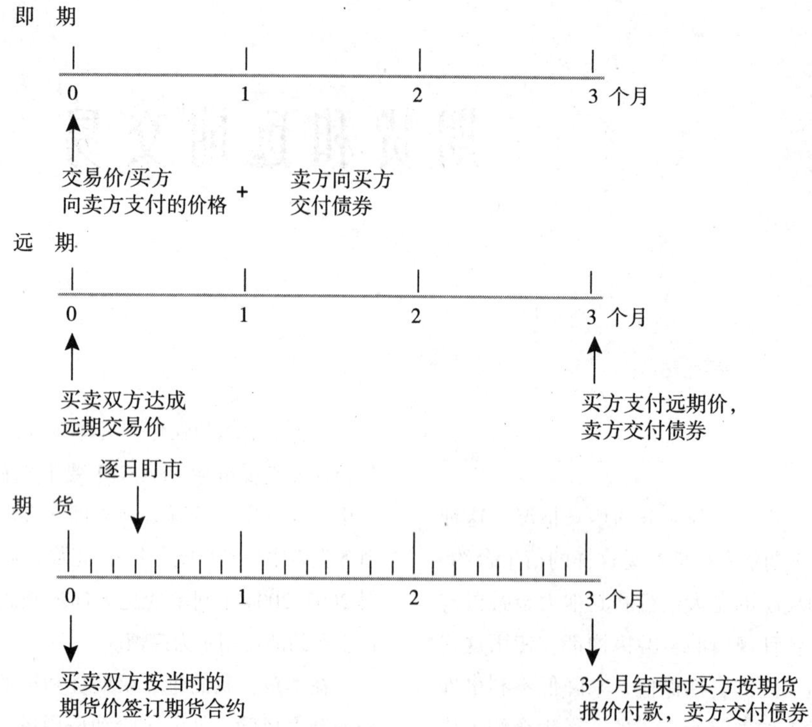

换取该项资产。[1]因此，即期合约的独特之处在于现金与证券的立即交换，即人们通常所说的"一手交钱，一手交货"。如果20年期债券的即期报价为97美元，这就意味着买方必须立即向卖方支付97美元，以便从卖方手中获得面值为100美元的20年期债券。

远期合约

远期合约（forward contract）达成时，买卖双方规定在将来某一时期按事先约定的价格进行资产和现金的交换。比如，在20年期债券的3个月远期合约中，买卖双方在交易的当天确定好了交易的价格和数量，但是，债券与现金的交付（交换）要等到3个月之后。如果交易达成时的远期价格为债券面值的97%，那么，3个月之后，卖方向买方交付100美元的20年期债券的同时，可以从买方手中获得97美元。这是买方必须支付的价格，也是卖方必须接受的价格——无论这三个月内（从合约签订到债券的交付）20年期债券的即期价格发生怎样的变化。

期货合约

期货合约（futures contract）一般是在有组织的交易所达成的。交易达成时，期货合约的买卖双方承诺，在将来某一天按事先确定的价格进行某一固定数量的资产和现金的交换。因此，期货合约与远期合约非常相似。两者间的差别表现在价格方面：远期合约的价格在整个合约有效期内都是固定的（3个月后按债券面值的97%结算），而期货合约的价格却是**逐日盯市**（marked to market）。这就意味着，随着合约未来价格的改变，期货合约的价格及合约持有者的账户每天都要得到调整。因此，在这种逐日盯市结算方式下，买卖双方之间每天都

1 严格来讲，实际的结算和交割要在债券市场即期合约达成之后的1~2天内进行。股票市场上的交割及现金结算一般要在即期合约达成后的第3个营业日进行，即采用所谓的T+3结算制。

会发生实际的现金结算。这与远期合约是有区别的：远期合约买卖双方之间的现金结算，只能在合约到期时进行。[2]

远期合约与利率风险套期保值

为了了解远期合约在防范金融机构利率风险方面的作用，我们来看一个**简单套期保值**（naive hedge，利用远期或期货合约直接对现货资产进行逐一的套期保值）的例子。假设某金融机构资产组合经理的资产负债表中，持有 20 年期、面值为 100 万美元的政府债券。初始状态下，这些债券的市场价值为其面值的 97%，即市场价值总额为 97 万美元。假设该经理得到的预测结果为：利率水平将在 3 个月内上升 2%，即从目前的 8% 上升为 10%。经理明白，如果利率变化的预测是正确的，那么，利率的上升将导致债券价格的下降，其债券资产组合将承受资本损失。在阅读了本书第 18 章的内容之后，经理对有效期限的内容十分熟悉，因此，他计算出这种 20 年期债券的有效期限恰好为 9 年。这样，经理可以根据第 4 章的有效期限公式，预测出资本损失即债券价值的变化（ΔP）：[3]

$$\frac{\Delta P}{P} = -D \times \frac{\Delta R}{1+R}$$

式中

ΔP = 债券的资本损失 = ?

P = 债券的初始价值 = \$970 000

D = 债券的有效期限 = 9 年

ΔR = 收益率变化的预测结果 = 0.02

$1+R$ = 1 与 20 年期债券当期收益之和 = 1.08

$$\frac{\Delta P}{\$970\,000} = -9 \times \left(\frac{0.02}{1.08}\right)$$

$$\Delta P = -9 \times ¤\,970\,000 \times \left(\frac{0.02}{1.08}\right) = -\$161\,667.67$$

这样，金融机构的资产组合经理，有可能会因为债券价格的变化而遭受 161 667.67 美元的资本损失——损失率（$\Delta P/P$）为 16.67%，即债券的价格将从面值的 97% 降为面值的 80.833%。为了弥补这种损失（实际上可以使资本损失的风险降为 0），经理可以进行表外套期保值交易，比如，利用 3 个月的远期合约出售面值为 100 万美元的 20 年期债券。假设初始状态下，资产组合经理能够找到一位愿意在 3 个月后按债券面值 97% 的价格购买 20 年期的债券买主。

现在，我们来看，如果这种令人沮丧的预测结果（利率上升 2%）成为现实的话，金融机构的资产组合经理会面临着怎样的结局。所持债券的价值下降了 16.67%，从而造成的资本损失为 161 667 美元。然而，利率上升之后，经理可以按面值的 80.833% 购买 100 万美元的 20 年期债券（共花费 808 333 美元），然后将这些债券交付给远期合约的买方。请记住，远期合约的买方承诺按债券面值的 97% 购买 100 万美元的债券，即花 970 000 美元购买 100 万美元的债券。这样，资产组合经理从远期交易中获得了一笔利润：

\$970 000（远期合约的买方付给卖方的价格）

− \$808 333（为了与远期合约的买方交割，3 个月后在即期市场购买债券的成本）

= \$161 667

正如你所看到的，表内损失（161 667 美元）正好被出售远期合约所带来的表外收益（161 667 美元）所抵消。事实上，无论利率变化幅度有多大，表内的损失（收益）都能被远期合约所带来的部分或全部收益（损失）所抵消。实际上，套期保值的成功并不取决于经理们准确预测利率变化的能力。相反，进行套期保值的原因正是由于不能对利率变化进行准确的预测。即使金融机构的经理们不能准确预测利率的变化，他们也可以利用套期保值来防范利率变化的风险。这样，金融机构的净利率风险为 0，或者按照金融界的说法，它对自己资产的利率风险进行了**免疫**（immunized）。

---

2 除了逐日盯市之外，远期和期货的另外两个区别在于：（1）远期合约是具体商定的，而期货合约是标准化的；（2）远期合约是双边合约，因此面临着交易对手违约的风险；而期货合约的违约风险很低，因为期货交易所保证对交易对手的信用风险或违约风险损失进行赔偿。

3 为简便起见，在此我们忽略了与凸性相关的问题。

利用期货合约进行利率风险套期保值

尽管有些人的确是在利用远期合约对部分利率风险进行套期保值（比如，提供抵押贷款之前，保险公司和银行通常会利用远期利率协议进行套期保值），但大多数金融机构都在利用期货合约进行微观层次的套期保值（名为单项套期保值）或宏观层次的套期保值（名为总体套期保值）。在分析期货合约之前，我们首先对单项和总体套期保值之间的差异进行一下解释。

单项套期保值

当金融机构利用期货或远期合约对某项特定资产或负债的风险进行套期保值时，我们就称它是在进行**单项套期保值**（microhedging）。比如，我们前面曾介绍过一个简单的单项套期保值的例子（对资产组合风险的保值）：金融机构的经理希望完全消除利率上升对该机构债券组合价值的影响。在负债的单项套期保值方面，我们来看这样一个例子：为了锁定资金成本，防止短期利率有可能上升而带来的风险，金融机构出售定期存单或短期国债期货合约。在单项套期保值中，金融机构经常会尽可能地使远期或期货合约中用于交割的标的资产与套期保值资产（或负债）的头寸相等。在前面给出的例子中，资产组合与远期合约标的交割证券（20 年期债券）的价值正好相等。然而，这种情况是不现实的，因为两者经常不能完全相等，所以，一般情况下会出现部分“无法套期保值的”风险，即人们所说的**基差风险**（basis risk）。这部分风险产生的原因主要在于，随着时间的变化，金融机构套期保值资产或负债的价格，与远期或期货合约的价格并非完全相关。

总体套期保值

总体套期保值（macrohedging）是指金融机构的经理希望利用期货或其他衍生证券，来对整个资产负债表的有效期限缺口进行套期保值。这与单项套期保值不同。采用单项套期保值时，金融机构经理首先要确定具体的资产和负债，然后再利用单项期货合约和其他衍生合约来对这些个别风险进行套期保值。需要指出的是，总体套期保值和单项套期保值可能会导致完全不同的策略和结果。具体而言，总体套期保值将资产组合看成是一个整体，并且考虑到了各项资产和负债利率敏感性或有效期限之间的相互冲抵情况。这样得出的总体期货头寸，与金融机构的经理在没有考虑到这种冲抵效应或资产组合效应的情况下，仅仅就单项资产和负债进行逐项套期保值时的状况是很不相同的。

日常套期保值和选择性套期保值

日常套期保值（routine hedging）是指金融机构通过出售大量的期货合约来抵消整个资产负债表或每一项资产和负债的现货头寸的利率风险，从而使自己的利率或其他风险尽可能地降到最低。比如，就像下面要介绍的，通过对有效期限缺口进行整体套期保值就能达到这一目的。然而，由于降低风险的同时，也会降低预期收益以及股东财富，因此并非所有的金融机构经理都想这样去做。事实上，只有当利率变化的方向和大小很难把握，从而使经理们愿意通过舍弃回报来换取对这种风险的套期保值时，他们才会采用这种策略。从图 19–2 中可以看到，预期收益和风险之间的利弊关系，以及完全套期保值时的最低风险组合。[4]

大多数金融机构并没有选择完全套期保值的头寸，而是选择了承担一部分利率风险、信用风险及外汇风险，原因在于它们作为金融机构拥有自己的比较优势（参见第 1 章）。其中的一种可能就是，金融机构对自己的证券组合进行**选择性套期保值**（hedge selectively）。比如，在决定期货交易的头寸之前，金融机构的经理可能会对未来的利率作出预期。结果，该经理可能会有选择地对自己的一部分表内交易进行套期保值。与此同时，金融机构的经理也可以决定不保值，或者甚至是通过出售比现货头寸更多的期货来进行过度套期保值，尽管监管部门可能会认为这是一种投机行为。因此，完全套期保值的

---

4 这里的最低风险组合之所以不为 0，是因为基差风险使完全套期保值无法完成。如果没有基差风险，就有可能存在无风险头寸。

图 19-2　套期保值对风险和预期收益的影响

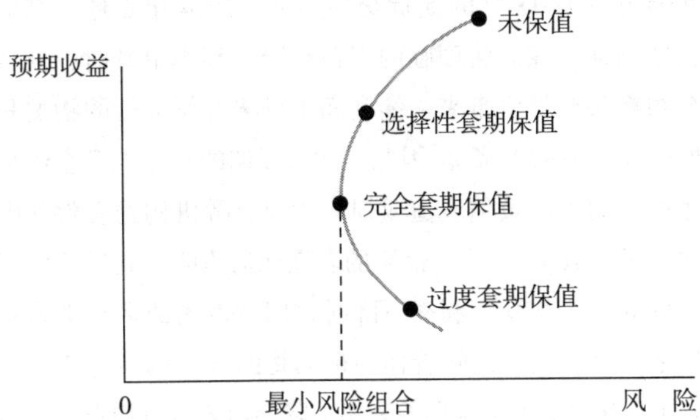

头寸以及最低的风险组合是其中的一种选择，其选择结果在一定程度上取决于管理者对利率变化的预期、管理者的目标以及套期保值的收益—风险利弊权衡特征。最近，金融机构进行选择性套期保值，有可能是为了在即期资产价格变化和期货价格变化之间进行套利。

期货总体套期保值

总体套期保值中，金融机构应该买卖的期货合约数量取决于其利率风险的大小和方向，以及对这种风险进行完全或选择性套期保值时的利弊权衡。从第 4 章中可以看到，金融机构净值的利率风险，直接与其资产规模和杠杆调整有效期限缺口相关。也就是说：

$$\Delta E = -[D_A - kD_L] \times A \times \frac{\Delta R}{1+R}$$

式中

ΔE = 金融机构净值的变化

D_A = 其资产组合的有效期限

D_L = 其负债组合的有效期限

k = 金融机构的负债与资产之比（L/A）

A = 金融机构资产组合的规模

$\frac{\Delta R}{1+R}$ = 利率的变化

风险最小化期货头寸

只有通过构建如下期货头寸，金融机构的经理才能达到对表内风险进行完全套期保值的目的：如果利率像上面的例子中所说的那样，上升 1% 之后到达 11%，金融机构的经理就可以从期货头寸中获得一笔收益，从而正

例 19-1　计算利率上升时金融机构净值的变化

为了了解期货如何对正的或负的资产组合有效期限缺口进行完全套期保值，我们来看下面的金融机构：

$D_A = 5$ 年

$D_L = 3$ 年

假设金融机构的经理从经济预测部门得到的信息是，下一年的利率预计将从 10% 上升到 11%。即：

$\Delta R = 1\% = 0.01$

$1 + R = 1.10$

金融机构的初始资产负债表为：

资产（百万美元）	负债（百万美元）
$A = 100$	$L = 90$
	$E = 10$
100	100

这样，$k = L/A = 90/100 = 0.9$。

金融机构的经理需要计算，如果利率上升的预测成为现实，金融机构的净值（E）有可能遭到多大的损失。正如第 4 章中介绍过的：

$$\Delta E = -[D_A - kD_L] \times A \times \frac{\Delta R}{1+R}$$

因此

$$\Delta E = -(5 - 0.9 \times 3) \times \$100 \times \frac{0.01}{1.1} = -2.091(\text{百万美元})$$

如果利率预测结果正确，那么金融机构将有 209.1 万美元的净值损失。由于金融机构最初的净值为 1 000 万美元，因此，这 209.1 万美元的损失几乎占其初始净值的 21%。从本例中可以清楚地看到，利率上升有可能对金融机构及其破产风险带来很大的威胁。

好抵消 209.1 万美元的净值损失。

利率上升时，期货合约的价格将会下跌，原因在于它的价格反映了合约交割时的标的债券的价值。利率上升时，债券价格的下降额度取决于其有效期限。因此，可以预计，20 年国债期货合约的价格，将比 3 个月国债期货合约的价格具有更大的利率敏感性，这是因为前者的期货价反映了合约到期交割时 20 年期国债的价格。所以，期货合约价格的敏感性取决于用来进行合约交割的标的债券的有效期限，即：

$$\frac{\Delta F}{F} = -D_F \frac{\Delta R}{1+R}$$

式中

ΔF = 期货合约价值（美元）的变化

F = 初始期货合约的价值（美元）

D_F = 用于期货合约交割的债券（比如息票率为 8% 的 20 年期国债）的有效期限

ΔR = 预期利率变化

$1+R = 1 +$ 当期利率水平

上式可以改写为

$$\Delta F = -D_F \times F \times \frac{\Delta R}{1+R}$$

等式的左边（ΔF）反映了利率变化时期货头寸的损益状况。

为了更清楚地了解损益价值（美元），我们可以将期货合约的初始美元头寸 F 分解为两部分：

$$F = N_F \times P_F$$

即期货头寸的美元价值取决于所买卖合约的数量（N_F），以及每份合约的价格（P_F）。购买期货合约时，N_F 为正数，出售期货合约时 N_F 为负数。

期货合约的规模是相同的。因此，期货交易所卖出的长期国债期货的最小面值单位为 10 万美元。也就是说，一份长期国债期货（$N_F = 1$）就等于 10 万美元。短期国债期货出售时的最小单位更大一些：一份短期国债期货（$N_F = 1$）等于 100 万美元。报纸上登载的每种合约的报价，指的是 100 美元面值的标的债券交割价。从图 19-3 中可以看到，2004 年 3 月 18 日这一天，2004 年 6 月到期的长期国债期货合约的报价为 $115^{10}/_{32}$，这就说明买方购买 1 份合约必须支付 115 312.50 美元。[5]图 19-4 描述了 2004 年 3 月 18 日的期货交易头寸（2004 年 6 月交割的长期国债）随后将面临的损益状况。利率上升时，期货合约空头交易将带来一笔利润（意味着作为标的物的长期国债价值的下降）。因此，如果预期的利率上升会给金融机构的资产负债表造成损失（即金融机构的有效期限缺口为正数），那么，恰当的套期保值策略就是进行期货市场的空头交易。利率下降时，期货市场的多头交易将带来一笔利润（意味着作为标的物的长期国债价值的上升）。[6]因此，如果预期的利率下降会给金融机构资产负债表造成损失（即有效期限缺口为负数），那么恰当的套期保值策略就是进行多头交易。

如果到期时（2004 年 6 月），长期国债期货合约的报价为 $115^{10}/_{32}$，买方将向卖方支付 115 312.50 美元，而期货的卖方将向买方交付一份面值为 10 万美元、息票率为 8% 的 20 年期国债。在现实中，期货合约的卖方在长期国债期货合约交割时，除了可以交付息票率为 8% 的 20 年期国债之外，还可以交付一些其他的国债。如果只能以一种债券进行交割，那么，就有可能出现短缺或挤压市场，从而使空头方或卖方很难完成交割。实际上，卖方拥有众多可供选择的交割方式。除了交付息票率为 8% 的 20 年期债券之外，卖方还可以交付到期期限在 15 年以上的一系列债券。通常情况下，有 25 种不同的债券可以符合交割条件。当所交付的债券不是 20 年期的标准债券时，期货合约买方的支付金额是根据某一**转换因子**（conversion factor）计算出的另外一个价格——转换因子

---

5 实际上，期货价格每天都在变化，因此，在从合约签订到合约到期的这段时间内，买方或卖方每天都有可能面临收益或损失。后面将对这种逐日盯市的特点进行分析。需要指出的是，金融机构可以出售更晚到期的长期国债期货合约。然而，尽管合约的未来期限可以长达 2 年，但期限较长的合约一般交易较少，因此，这种长期合约相对缺乏流动性。

6 请注意，如果利率变化方向与预期相反，那么期货头寸就会带来损失。也就是说，如果利率上升、期货价格下跌，那么多头套期保值者就会亏损。同样地，如果利率下降、期货价格上升，那么空头套期保值者就会亏损。然而，这种亏损可以从现货市场头寸的盈利中得到弥补。因此，套期保值者仍然可以获得保护。

图 19-3　利率期货合约

利率期货合约

	OPEN	HIGH	LOW	SETTLE	CHG	LIFETIME HIGH	LIFETIME LOW	OPEN INT
Treasury Bonds (CBT)-$100,000; pts 32nds of 100%								
Mar	117-04	117-10	116-15	116-25	−21	117-26	101-00	28,546
June	115-23	115-31	114-31	115-10	−21	116-15	104-00	522,017
Sept	113-28	114-15	113-19	113-29	−21	114-30	101-25	11,850
Est vol 216,969; vol Wed 258,838; open int 562,788, −2,710.								
Treasury Notes (CBT)-$100,000; pts 32nds of 100%								
Mar	117-18	117-22	117-05	117-08	−15.5	117-31	106-29	47,574
June	16-045	116-09	115-20	15-255	−16.0	16-185	107-13	1,257,280
Est vol 680,136; vol Wed 732,007; open int 1,318,731, +13,896.								
5 Yr. Treasury Notes (CBT)-$100,000; pts 32nds of 100%								
Mar	115-02	15-035	114-25	114-27	−10.5	19-215	09-145	45,394
Est vol 254,899; vol Wed 286,275; open int 1,005,955, +13,094.								
2 Yr. Treasury Notes (CBT)-$200,000; pts 32nds of 100%								
Mar	08-022	08-022	08-005	08-012	−2.0	08-045	106-02	25,304
Est vol 20,836; vol Wed 25,977; open int 176,294, −1,371.								
30 Day Federal Funds (CBT)-$5,000,000; 100 - daily avg.								
Mar	...	...	...	98.995	...	99.160	98-47	46,584
Apr	99.00	99.00	99.00	99.00	...	99.17	89.96	95,607
May	99.00	99.00	99.00	99.00	...	99.79	98.40	58,336
July	98.98	98.98	98.97	98.98	...	98.98	98.20	64,430
Aug	98.94	98.95	98.94	98.95	...	98.95	98.24	15,103
Sept	98.90	98.92	98.90	98.92	...	98.93	98.22	19,557
Oct	98.88	98.88	98.86	98.88	...	98.88	98.58	12,092
Nov	98.79	98.82	98.79	98.81	...	98.83	98.37	8.552
Dec	98.73	98.75	98.73	98.73	−.01	98.75	98.63	201
Est vol 15,968; vol Wed 16,471; open int 367,835, +494.								
10 Yr. Interest Rate Swaps (CBT)-$100,000; pts 32nds of 100%								
June	114-13	114-22	114-03	114-06	−19	115-04	109-06	38,871
Est vol 833; vol Wed 835; open int 38,872, +543.								
10 Yr. Muni Note Index (CBT)-$1,000 x index								
Mar	107-07	107-11	107-04	107-05	−13	107-24	99-21	1,162
Est vol 124; vol Wed 163; open int 3,004, −15.								
Index: Close 107-05; Yield 4.118.								

	OPEN	HIGH	LOW	SETTLE	CHG	YIELD	CHG	OPEN INT
1 Month Libor (CME)-$3,000,000; pts of 100%								
Apr	98.90	98.90	98.90	98.90	...	1.10	...	21,868
May	98.90	98.90	98.90	98.90	...	1.10	...	11,457
June	98.88	98.88	98.88	98.88	...	1.12	...	23,235
July	98.86	98.87	98.86	98.86	...	1.14	...	31,776
Aug	98.82	98.82	98.82	98.82	−.01	1.18	.01	87,903
Est vol 4,093; vol Wed 4,541; open int 349,461, +664.								
Eurodollar (CME)-$1,000,000; pts of 100%								
Apr	98.87	98.88	98.87	98.88	...	1.12	...	85,224
May	98.86	98.87	98.86	98.86	...	1.14	...	35,817
June	98.83	98.85	98.83	98.84	...	1.16	...	876,378
July	98.80	98.80	98.80	98.80	−.01	1.20	.01	14,001
Sept	98.70	98.74	98.68	98.70	−.01	1.30	.01	881,589
Dec	98.46	98.49	98.44	98.46	−.03	1.54	.03	738,811
Mr05	98.19	98.21	98.13	98.16	−.04	1.84	.04	541,141
June	97.86	97.87	97.80	97.82	−.05	2.18	.05	398,581
Sept	97.54	97.55	97.47	97.49	−.05	2.51	.05	337,331
Dec	97.26	97.25	97.19	97.20	−.06	2.80	.06	241,323
Mr06	97.04	97.04	96.95	96.96	−.07	3.04	.07	211,567
June	96.78	96.79	96.72	96.74	−.07	3.26	.07	147,497
Sept	96.57	96.58	96.51	96.53	−.07	3.47	.07	154,596
Dec	96.37	96.38	96.31	96.32	−.08	3.68	.08	123,503
Mr07	96.20	96.21	96.14	96.15	−.08	3.85	.08	103,626
June	96.03	96.05	95.97	95.99	−.08	4.01	.08	79,357
Sept	95.88	95.90	95.81	95.83	−.08	4.17	.08	73,086
Dec	95.69	95.74	95.65	95.67	−.08	4.33	.08	60,833
Mr08	95.54	95.61	95.52	95.54	−.07	4.46	.07	45,208
June	95.41	95.47	95.38	95.41	−.08	4.59	.08	50,190
Sept	95.29	95.34	95.26	95.28	−.08	4.72	.08	35,215
Dec	95.17	95.22	95.13	95.15	−.08	4.85	.08	34,646
Mr09	95.08	95.08	95.02	95.04	−.08	4.96	.08	15,403
Dec	94.72	94.73	94.70	94.73	−.07	5.27	.07	5,844
Dc10	94.39	94.42	94.35	94.39	−.07	5.61	.07	3,852
Est vol 793,815; vol Wed 944,786; open int 5,347,589, +49,467.								

资料来源：*The Wall Street Journal*，March 18，2004，p.B6. Reprinted by permission of The Wall Street Journal，

图 19-4　长期国债期货头寸的损益状况（2004 年 3 月 18 日）

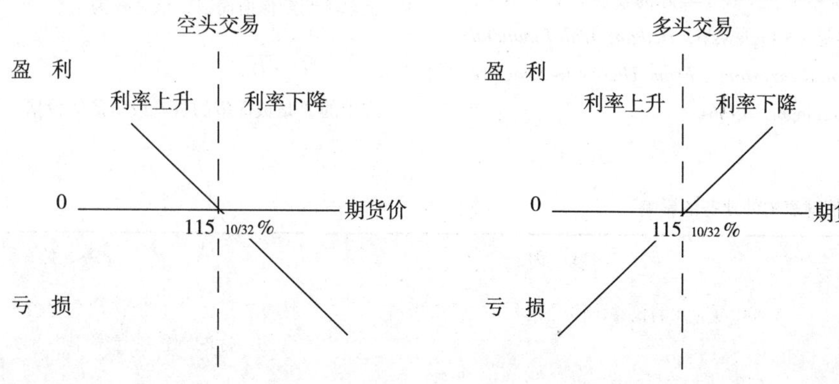

的计算方法是收益为 8% 的交割债券的价格除以债券的面值。假设面值为 10 万美元、息票率为 6%（半年付息一次）的 18 年期国债的收益为 5.5%，这样，债券的公允现值大约为 105 667 美元。债券的转换因子为 1.057（即 105 667 美元 /100 000 美元）。这就意味着买方向卖方的支付额为转换因子 1.057 乘以所公布的期货 115 212.50 美元，即期

货价为 121 885.31 美元。[7]

现在，我们就能计算出，金融机构对表内利率风险进行总体套期保值时，需要买入或卖出的期货合约数量。我们已经证明：

1. *表内损失*。当利率上升时，金融机构的净值损失等于：

$$\Delta E = -(D_A - kD_L)A \times \frac{\Delta R}{1+R}$$

2. *表外期货的收益*。出售期货获得的表外收益为：当期货价格下降时，期货合约的买方会向卖方（在此为金融机构）进行赔偿。因此，当期货价格下降时，金融机构会获得好处。

$$\Delta F = -D_F(N_F \times P_F)\frac{\Delta R}{1+R}$$

完全套期保值指的是购买或出售一定数量的期货合约（N_F），从而使利率上升时的表内净值损失正好被表外期货买卖的收益（ΔF）抵消，即：

$$\Delta F = \Delta E$$

将相应的表达式代入上式中：

$$-D_F(N_F \times P_F)\frac{\Delta R}{1+R} = -(D_A - kD_L)A \times \frac{\Delta R}{1+R}$$

将等式两边的 $\Delta R/(1+R)$ 同时去掉：[8]

$$D_F(N_F \times P_F) = (D_A - kD_L)A$$

求解 N_F（将要出售的期货数量）：

$$N_F = \frac{(D_A - kD_L)A}{D_F \times P_F}$$

附录 19A 推导了单项套期保值时计算应买入或卖出的期货合约数量的公式。[9]

空头套期保值

预计利率将要上升时，金融机构将进行期货合约的空头交易。也就是说，如果利率上升，金融机构的表内净值会遭受损失，因此，它想通过出售适量的期货合约来对自己的净值进行套期保值。

从例 19-2 中可以看到，当 $D_A > kD_L$ 时，通过卖出长期国债期货或欧洲美元期货，我们就能对金融机构的表内利率风险进行套期保值。一般情况下，需要出售的长期国债合约要少于需要出售的欧洲美元合约——在我们的例子中，前者为 249 份，而后者为 948 份。这说明，仅仅从交易成本来看，金融机构一般会选择使用长期国

7 在实践中，卖方会利用交割上的选择权：挑选最廉价的债券用于交割——这种债券的转换因子（以 8% 的收益为基础）与交割债券的实际价格（它反映了实际的收益水平）相比，是最为有利的。请参见：S.Figlewski, *Hedging With Financial Futures for Institutional investors*：*From Theory to Practice* (Cambridge, MA：Ballinger, 1986).

8 在此假设现货资产头寸的利率变化与期货头寸的利率变化正好相等，即不存在基差风险。后面会将这种假设条件放宽。

9 就单项套期保值而言，该公式为：

$$N_F = \frac{D \times P}{D_F \times P_F}$$

式中的 P 是被保值的资产或负债的价格，D 为其有效期限。

表 19-1 总体套期保值对表内外业务的影响

	表 内	表 外
套期保值开始（$t=0$）	1 000 万美元的权益价值受到利率上升的影响	按 9.7 万美元的价格出售 249.59 份长期国债期货合约。标的国债的息票率为 8%。
套期保值结束（$t=1$）	资产和负债利率上升 1%。 表内损失： $\Delta E = -(5-0.9\times3)\times\$1\,000\text{万}\times\frac{0.01}{1.1}$ $=-\$209.1\text{万}$	买入 249.59 份长期国债期货（对期货头寸平仓）。 期货保值的实际收益： $\Delta F = -9.5\times(-249.59\times\$9.7\text{万})\times\frac{0.01^{*}}{1.1}$ $=-\$209.1\text{万}$

* 假设没有基差风险，且没有对合约进行“取整数”。

例 19-2　利用空头交易来对利率风险进行整体套期保值

根据求解 N_F 的公式，我们可以得出例 19-1 中的金融机构应该出售的期货头寸（N_F）——此时，如果利率上升，该金融机构的表内净值损失（ΔF）为 209.1 万美元。在上述例子中：

$D_A = 5$ 年

$D_L = 3$ 年

$k = 0.9$

$A = 1$ 亿美元

假设即将到期的期货合约的标的债券（以息票率为 8% 的 20 年期债券为标准）报价为面值的 97%，最小合约规模为 10 万美元，交割债券的有效期限为 9.5 年。即：

$D_F = 9.5$ 年

$P_F = 9.7$ 万美元

将这些数据代入求解 N_F 的表达式中，现在我们就可以计算出需要出售的期货合约数量：[1]

$$N_F = \frac{(5-0.9\times 3)\times 10\text{亿}}{9.5\times 9.7\text{万}} = \frac{2.3\text{亿}}{92.15\text{万}} = 249.59\text{份应售合约}$$

由于金融机构不可能出售合约的某一部分，因此，合约数应该去掉小数后，取一个近似的整数，即 249 份合约。[2]

接下来，我们将证明，金融机构出售 249 份长期国债期货合约后，的确可以在利率突然从 10% 上升到到 11% 时（即 1% 的利率变化）获得套期保值。

表内损失

正如上面所介绍的，当利率上升 1% 时，金融机构的表内净值损失（ΔE）为：

$$\Delta E = -(D_A - kD_L)A\times\frac{\Delta R}{1+R}$$

$$-209.1\text{万} = -(5-0.9\times 3)\times 1\text{亿}\times\frac{0.01}{1.1}$$

表外收益

如果利率上升 1%，期货头寸的价值变化为：

$$\begin{aligned}\Delta F &= -D_F(N_F\times P_F)\\ &= -9.5(-249\times \$9.7\text{万})\left(\frac{0.01}{1.1}\right)\\ &= 208.6\text{万美元}\end{aligned}$$

如果金融机构在长期国债期货市场出售 249 份期货合约，那么表外期货头寸的下降额（ΔF）为 208.6 万美元。对卖方而言，这种期货合约价值的下降是一种有利的现金流，因为按照逐日盯市的方法，买方会在期货价格下降时向卖方提供补偿。这样，当期货合约的价格下降时，就会有一笔现金从买方的保证金账户流入卖方的保证金账户。[3] 因此，作为期货卖方的金融机构，将获得一笔金

1　关于这一公式的进一步分析，请参见：Figlewski，*Hedging with Financial Futures*，and E.Brewer，"Bank Gap Management and the Use of Financial Futures." Federal Reserve Bank of Chicago，*Economic Perspectives*，March-April 1985.。还需要指出的是，如果金融机构交付的债券不是 20 年期的标准债券，那么，还必须以适当的转换因子（c）来乘以 P_F。如果 $c = 1.19$，那么，$P_F = 97\times 1.19$ = 面值的 115.43%，且每份合约的结算价为 115 430 美元。

2　往下而不是往上取整数，是出于技巧上的考虑。准备出售的合约数应该能使利率风险降到最低。当套期保值量稍微减少而不是稍微增加时，金融机构面对的风险水平是相同的，但是它却可以获得稍高一点的回报（参见图 19-2）。

3　通过一个逐日盯市的例子，我们可以了解期货合约价格下跌时卖方将如何获益。假设在第一天卖方签订了一份 90 天的合约，交割对象是 20 年期国债，期货价为 $P = 97$ 美元。第二天，由于利率上升，期货合约（现在它还有 89 天到期）的收盘价为 96 美元。逐日盯市要求，前几天签订的所有期货合约的价格都必须按每晚的收盘（结算）价格表示出来。因此，合约价降为面值的 96%。但是，当价格从 97 美元降为 96 美元时，买方必须按 1% 的面值向卖方提供补偿。所以，如果合约面值为 10 万美元，那么，当天买方向卖方支付的现金流为 1 000 美元。请注意，如果价格上升为 98 美元，那么卖方就必须补偿买方 1 000 美元。这种逐日盯市的做法将一直持续到期货合约到期为止。如果在合约有效期内，其价格大多是在下跌，那么，卖方就可以从期货头寸中获得正的现金流。正是这种累积的现金流能够抵消表内净值的损失。

额为 2 086 000 美元的收益。结果，表内和表外的净损益为：

$$\Delta E + \Delta F = -209.1\text{万} + 208.6\text{万} = -5\,000\text{美元}$$

剩余的这一点权益或净值净亏损（5 000 美元）表明，金融机构不可能获得完全的套期保值（即使没有基差风险），因为它需要将期货合约数 249.59 的小数部分省去后简化为 249。表 19–2 对这笔套期保值交易的关键内容进行了总结（假设没有对期货合约数简化后取整数）。

假设不是使用 20 年期国债期货，而是使用 3 个月的欧洲美元期货进行套期保值，我们可以利用相同的公式来求解 N_F：

$$N_F = \frac{(D_A - kD_L)A}{D_F \times P_F} = \frac{(5 - 0.9 \times 3) \times \$1\text{亿}}{D_F \times P_F}$$

假设 P_F 为面值的 97%，即每份合约为 97 万美元（欧洲美元期货的最小合约规模为 100 万美元），且 $D_F = 0.25$［3 个月欧洲美元存款（用于合约交割的贴现工具）的有效期限］为了便于比较，在此我们假设的是相同的期货价（97 美元）。当然，这两种期货合约的实际价格是有很大差别的（参见图 19–3）。，那么：

$$N_F = \frac{(5 - 0.9 \times 3) \times \$1\text{亿}}{0.25 \times \$97\text{万}} = \frac{\$2.3\text{亿}}{\$24.25\text{万}}$$

$N_F = 948.45$ 份应售合约

去掉小数部分后取近似整数，$N_F = 948$。

债期货。[10]

基差风险问题

由于现货债券和期货债券在不同的市场进行交易，因此，影响表内现货资产组合价值的收益变化 $\Delta R / (1 + R)$，与影响期货合约标的债券价值的收益变化 $\Delta R_F / (1 + R_F)$ 是不相同的。也就是说，现货和期货价格或价值的变化并非完全相关。这种完全相关的不存在被称为基差风险。在前面的内容中，我们简单地假设不存在基差风险，即 $\Delta R / (1 + R) = \Delta R_F / (1 + R_F)$。

基差风险来自两方面的原因。首先，被保值的表内资产或负债与期货合约的标的证券并不相同。比如，在例 19–2 中，我们是以有效期限为 9.5 年、到期期限为 20 年的长期国债期货在对金融机构的整个表内利率风险进行套期保值。金融机构各种表内资产和负债的利率，与 20 年期国债的利率的变化并非完全相关（即一对一的变化）。基差风险产生的第二个原因是，即期利率与期货利率的变化存在着差异。由于即期证券（比如政府债券）与期货合约（比如政府债券期货合约）在不同的市场上进行交易，因此，即期利率的变化与期货利率的变化是不相同的（即它们并非完全相关）。

在考虑到利率波动性的大小，以及期货市场价格波动性相对于即期或现货市场价格波动性的大小之后，为了计算出风险最小化时应该买入或卖出的期货合约数 N_F，我们再来看金融机构的表内利率风险：

$$\Delta E = -(D_A - kD_L)A \times \frac{\Delta R}{1 + R}$$

以及它的表外期货头寸：

$$\Delta F = -D_F(N_F \times P_F) \times \frac{\Delta R_F}{1 + R_F}$$

10 然而，其他方面的考虑也很重要，尤其是准备将期货合约持有到期时，金融机构需要考虑用于交割的证券是否容易获得，以及是否有可能出现供给短缺或市场挤压。对这种流动性的考虑有利于选择欧洲美元。然而，当利率变化时，表内净值的损失和出售期货的收益是同时发生的；因此，交割并不是一个问题。事实上，由于采用逐日盯市的方法，金融机构的经理可以通过一项正好相反的交易来将期货头寸平仓。也就是说，当初出售了 100 份期货合约的经理可以在任何一天买入 100 份期货合约而将头寸平仓。由于逐日盯市具有这样一些独特性，所以，所售合约的逐日盯市价格与当日任何新的合约的购买价是相等的。

例 19–3　存在基差风险时的利率风险总体套期保值

我们假设例 19–2 中的 $br = 1.1$，这就意味着，即期贴现率［$\Delta R/(1+R)$］每变化 1%，期货市场交割债券的利率变化应为 1.1%，也就是说，期货价格比即期市场价格的利率敏感性更大。求解 N_F，我们得到：

$$N_F = \frac{(5-0.9\times 3)\times 1亿}{9.5\times 9.7万\times 1.1}$$
$$= 226.9 份合约$$

即 226 份合约——去掉小数部分之后。但是，当我们假设现货和期货市场的利率变化相等时［$\Delta R/(1+R) = \Delta R_F/(1+R_F)$］，计算出的合约为 249 份。与忽略基差风险相比，现在我们需要较少的合约，这是因为期货利率和价格的波动性更大，因此，与以前假设 $br = 1$ 相比，现在只需要较少的合约就能够得到相同的 ΔF（期货头寸价值）变化。需要指出的是，如果期货利率或价格的波动性小于现货利率或价格，那么我们出售的合约就应该多于 249 份，这样才能使期货头寸的收益与表内净值的损失相等，即 $\Delta E = \Delta F$。

令：

$$\Delta E = \Delta F$$

并求解 N_F，我们得到

$$N_F = \frac{(D_A - kD_L)\times A\times \Delta R/(1+R)}{D_F\times P_F\times \Delta R_F/(1+R_F)}$$

以 br 代表期货合约标的债券的利率相对于即期市场资产和负债利率变化的敏感性，那么，$br = [\Delta R_F/(1+R_F)]/[\Delta R/(1+R)]$。这样，应该购买或出售的期货合约为：

$$N_F = \frac{(D_A - kD_L)\times A}{D_F\times P_F\times br}$$

该式子与前面式子的惟一区别在于，它考虑到了基差风险（br）——基差风险反映了期货价（收益）与即期债券价格（收益）变化不同步的程度。

对利率和其他风险进行套期保值时，金融机构必须面对的一个重要问题就是，如何估算出，作为前面公式中的一项调整额的基差风险。其中一种方法就是观察目前的 $\Delta R/(1+R)$ 与 $\Delta R_F/(1+R_F)$ 之间的比率。由于这只是其中的一个观察值，因此，金融机构最好是通过调查两种利率过去的相关行为，来分析两者之间的关系。我们可以对即期利率变化引起的期货利率变化进行普通的最小二乘线性回归分析。通过这种回归分析得出的相关系数，就可以估算出两种利率随时间变化的同步性。在下面介绍如何计算外汇期货套期保值的基差风险时，我们将更详细的分析这种回归方法。[11]

外汇风险套期保值

金融机构既可以利用远期和期货来防范利率变化所带来的损失，也可以用它们来进行外汇风险套期保值。

远期套期保值

在第 10 章中，我们分析了金融机构如何利用远期合约来降低外汇资产和负债组合不匹配所引起的汇率波动风险。这一章，我们来考虑一个简单的例子：金融机构通过美元来筹集所有的负债，并将自己一半的资产投资于英镑贷款，而另一半则投资于美元贷款。下面是它的资产负债表：

资产		负债	
美元贷款（\$）	1 亿美元	美元定期存单	2 亿美元
英镑贷款（£）	1 亿美元		

所有资产和负债的到期期限和有效期限均为 1 年。由于金融机构的英镑资产为净多头，它面临着如下的风

11 采用这种简单的有效期限缺口方法来决定 N_F 时，面临的另一个问题是收益曲线是水平的。我们可以通过使用非水平收益曲线的有效期限计算方法（参见第 4 章）来将这种条件放宽。

图 19-5 通过出售英镑远期对英镑资产多头进行套期保值

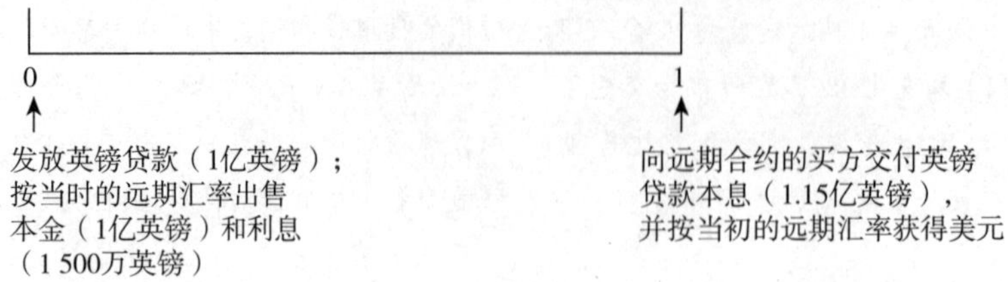

险：贷款期内英镑对美元贬值，这样，英镑贷款（加上美元贷款）的收入不能满足美元定期存单到期时的付款要求。此时，金融机构将不得不以自己的净值来弥补这种亏损，其破产风险将会增加。

从第 10 章中可以看到，在年初时，金融机构按已知的远期汇率将英镑贷款的本息收入在 1 年的远期市场出售之后，它就可以防止随后一年内英镑对美元的汇率变化给自己的英镑贷款头寸带来损失。图 19-5 描述了利用远期交易来对英镑贷款（1 亿英镑）进行套期保值的策略。

期货套期保值

金融机构不仅可以利用外汇远期合约，而且还可以利用外汇期货合约来进行外汇风险套期保值。我们来看这样的一个例子：美国的某一金融机构希望对一年期英镑贷款的本金（1 亿英镑）和利息（1 500 万英镑）进行套期保值，以防止随后一年内英镑对美元贬值的风险。假设金融机构希望于 2004 年 3 月 18 日对这笔贷款进行套期保值。当天，市场有两种英镑期货合约：一种合约于 2004 年 6 月到期（“近期”合约），另一种合约于 2004 年 12 月到期。因此，金融机构不能利用当天的期货市场来进行期限较长（1 年）的套期保值交易。期限最长的期货合约只有 9 个月（2004 年 12 月）。因此，金融机构使用期货进行套期保值时要对合约进行展期。考虑到交易展期的成本以及未来期货合约价格的不确定性，金融机构一般更愿意选择远期或互换交易来进行期限较长的套期保值。

然而，如果金融机构还是想通过期货市场来进行完全套期保值，那么它应该出售多少份期货合约呢？这个问题的答案是：它出售英镑期货合约所带来的利润，应该能够弥补英镑对美元贬值给英镑贷款组合所造成的汇率损失。需要考虑的情况有两种：

1. 一年内英镑对美元期货价的变化幅度预计正好等于英镑对美元即期价的变化幅度。也就是说，期货价与即期的变化完全相关，因此没有基差风险。
2. 尽管期货价和即期价预计会朝着同样的方向变化，但两者并非完全相关（存在基差风险）。

最后要指出的是，在这个例子中，我们忽略了逐日盯市的利息收入效应。在现实生活中，作为卖方的金融机构从期货头寸中获取的 575 万美元，是在这一年中逐步积攒起来的。因此，这笔现金流可以按当时的短期美元利率进行再投资，从而带来超过 575 万美元的现金流。在这种情况下，预料到这种利息收入之后，作为套期保值者的金融机构，可以适当减少所出售的合约。低于 1 840 份的应售合约的数量，取决于保值期内短期利率的水平和变化轨迹，以及逐日盯市所带来的现金流的预期变化趋势。一般情况下，短期利率水平越高，金融机构的经理通过这种方式而削减的**套期保值**（tail the hedge）就越多。

套期保值比率的估算[12]

从前面的例子可以看到，对汇率风险进行完全套期保值时应出售的外汇期货合约数，极大地依赖于对英镑和美元即期汇率变化（ΔS_t）与期货价格变化（Δf_t）之间相关性的预期。如果：

$$h = \frac{\Delta S_t}{\Delta f_t} = \frac{\$0.05}{\$0.05} = 1$$

12 这部分内容较为复杂。可以根据课程要求的难易加以取舍，但这并不会影响本章内容的连续性。

例 19-4 即期和期货价完全相关时的外汇风险套期保值

2004 年 3 月 18 日，《华尔街时报》给出如下报价：

S_t = 即期汇率（\$/£）：每英镑兑 1.8057 美元

f_t = 近期（2004 年 6 月）期货价（\$/£）：每英镑兑 1.7916 美元

假设金融机构按 15% 的利率发放了 1 亿英镑贷款，并且希望进行完全套期保值，以防止这一年英镑贬值导致贷款收益的美元价值下降。同时假设金融机构的经理得到的预测是，1 年后的即期和期货价分别为：

$S_t + 1 = \$ 1.7557/ £1$

$f_t + 1 = \$ 1.7416/ £1$

因此，在这一年内，

$\Delta S_t = -5$ 美分

$\Delta f_t = -5$ 美分

如果经理相信英镑对美元贬值的这一预测结果，那么，正确的完全套期保值策略就是，在 2004 年 3 月 18 日出售 1.15 亿英镑的期货合约，以便对 1.15 亿英镑的预期贷款收益进行保值。在此，我们假设金融机构的经理不断地对期货头寸进行展期，并于 2005 年 3 月 18 日退出期货市场。

每份英镑期货合约的规模为 6.25 万英镑。因此，应该售出的期货数（N_F）为

$$N_F = \frac{1.15\text{ 亿英镑}}{6.25\text{ 万英镑}} = \frac{\text{多头的规模}}{\text{英镑期货合约的规模}}$$

$$= 1\,840\text{ 份应售合约}$$

下面，我们来看，如果即期和期货价格按预期的大小和方向发生变化，金融机构出售 1 840 份英镑期货合约后资产多头（英镑贷款）的损失能否从期货收益中得到弥补。

英镑贷款的损失

以美元衡量的英镑贷款损失为

（英镑本金 + 利息）$\times \Delta S_t$

1.15 亿英镑 ×（\$ 1.8057/ £ − \$ 1.7557/ £）= 575 万美元

也就是说，如果这一年英镑的即期价从 \$1.8057/ £贬值为 \$1.7557/ £，那么以美元衡量的英镑贷款收入将减少 575 万美元。

期货合约的收益

期货合约的收益为

$(N_F \times 6.25\text{ 万}) \times \Delta f_t$

（1.840 × 6.25 万）×（\$1.7916/ £ − \$1.7416/ £）= 575 万美元

出售 1 840 份期货合约（每份合约为 6.25 万英镑）之后，如果期货价从 2004 年 3 月 18 日合约交易开始时的 \$1.7916/ £，下降为 2005 年 3 月 18 日期货交易结束时的 \$1.7416/ £，那么卖方就可以赚得 575 万美元。这 575 万美元的现金流来自期货合约的逐日盯市。当期货价格下降时，由于采用逐日盯市，英镑期货合约的买方会降低合约的价格（\$/ £）。但是，卖方一定会从买方的保证金账户中获得差价（合约初始价与合约新的较低市场价之差）补偿。因此，在这一年中，买方每购买 1 英镑的期货就应该向卖方补偿 5 美分的差价：即 \$1.7916/ £1 减去下降后的 \$1.7416/ £1，总差价为：5 美分 × 合约数量（1 840）× 每份英镑合约的规模（62 500）。需要指出的是，2005 年 3 月 18 日，借款人偿还英镑贷款的本息时，作为英镑期货卖方的金融机构，将通过买入 1 840 份相同的合约来终止自己的 1840 份空头合约。这样实际上就使得期货头寸的所有净现金流都在这一天终止。

则说明没有基差风险。即期和期货预期变化的绝对额相等，现货头寸的外汇风险应该与出售外汇期货的套期保值额相等。当存在基差风险时，即期和期货汇率的预期变化不完全同步：

$$h = \frac{\Delta S_t}{\Delta f_t} = \frac{\$0.05}{\$0.03} = 1.66$$

例 19-5 外汇风险套期保值——假设即期和期货价不完全相关（存在基差风险）

我们假设金融机构的经理认为，英镑对美元的即期汇率和期货合约价的下降幅度并非正好相等。相反，对一年后的预测结果是：

$$S_t+1=\$1.7557/£$$
$$f_t+1=\$1.7616/£$$

因此，预计随后的一年中：

$$\Delta S_t=-5\text{ 美分}$$
$$\Delta f_t=-3\text{ 美分}$$

这意味着英镑对美元的期货价的下降幅度，要大于即期价的下降幅度。这种基差风险产生的原因在于，即期和期货合约是在不同的市场进行交易的，它们有着不同的供给和需求函数。在这种情况下，虽然期货和即期价一般都是高度相关的，但这一相关系数通常会小于1。

由于期货价和即期价的变化并非始终完全同步，这就使金融机构的经理在试图利用英镑期货对1.15亿英镑的多头交易进行套期保值时，面临着一个问题。假设金融机构的经理忽略如下事实：即期英镑对美元的预期贬值幅度，要大于英镑期货，并继续认为出售1 840份合约是最佳的套期保值方法，那么，一年后，该经理就会对结果感到异常惊讶，并且会让他感到沮丧。为了了解这一点，我们来看新的环境下（一年内英镑对美元即期汇率的下降幅度比期货的下降幅度多出2美分），现货资产头寸的亏损和期货头寸的收益。

英镑贷款的损失

这一年英镑即期价值预期下降5美分将导致的损失为

1.15亿英镑 ×（\$1.8057/£ − \$1.7557/£）
= 575万美元

期货头寸的收益

期货头寸的预期收益为

（1 840× £62 500）×（\$1.7916/£ − 1.7616/£）
= 345万美元

因此，金融机构的净亏损为

净亏损 = 英镑贷款的损失 − 英镑期货的收益
净亏损 = 575万 − 345万
净亏损 = 230万美元

此类亏损将从金融机构的利润中扣除，从而自然会影响到它的净值或权益。因此，金融机构的经理必须考虑到期货价格相对于即期汇率变化的敏感性较低这样一个事实，并使出售的合约数多于1 840份，从而对英镑贷款的风险进行完全套期保值。

为了了解出售的合约数需要增加多少，我们必须知道即期汇率的敏感性比期货价大多少。以 h 代表 ΔS_t 与 Δf_t 之比：

$$h=\frac{\Delta S_t}{\Delta f_t}$$

那么，在我们的例子中：

$$h=\frac{\$0.05}{\$0.03}=1.66$$

也就是说，即期汇率的敏感性比期货价多出66%，或者换句话讲，期货价每变化1%，即期汇率就会变化1.66%。[1]

当即期和期货价格并非完全相关时，金融机构的经理可以使用 h 这一比率——**套期保值比率**（hedge ratio）——来解决这样的问题：应该出售多少份期货合约，才能对英镑多头进行套期保值。具体而言，h 的价值说明，资产每多头1英镑，就应该出售1.66英镑的期货合约。为了弄清楚这一点，我们来比较金融机构英镑贷款资产多头的损失与它出售英镑期货合约的收益。

英镑贷款的损失

与前面一样，金融机构的损失为

1.15亿英镑 ×（\$1.8057/£ − \$1.7557/£）
= 575万美元

1 当然，这始终可以用另一种方式来表达：从总体上讲，即期价格变化1%，期货价只会变化0.6%。

英镑期货头寸的收益

考虑到即期汇率比期货价格更加敏感（从套期保值比率 h 可以看到），我们可以计算出需要出售的期货合约数（N_F）为

$$N_F = \frac{资产多头 \times h}{期货合约的规模}$$

$$N_F = \frac{1.15\ 亿英镑 \times 1.66}{6.25\ 万英镑} = 3\ 054.4\ 份合约$$

去掉小数取整数后，为 3 054 份合约。出售 3 054 份英镑期货的预期收益为

$$(3\ 054 \times 6.25\ 万英镑) \times (\$1.7916/£ - \$1.7616/£)$$
$$= 573\ 万美元$$

英镑贷款损失与英镑期货收益之间的 2 万美元差额，是由于对合约取整数造成的。

此时，金融机构出售的期货数必须比无基差风险时更多一些。

遗憾的是，如果没有良好的预见性，我们无法准确地知道未来一定时期内汇率和期货价将发生怎样的变化。然而，如果我们能够知道准确的结果，那么，我们就根本用不着去进行套期保值交易了！因此，计算 h 的通常方法是，观察最近以来 ΔS_t 和 Δf_t 的相对趋势，并根据过去的这种趋势对未来的 h 作出适当的预测。估算过去联系的一种方法，就是对最近的即期价格变化和期货价格变化进行普通的最小二乘回归分析。[13]

我们来看图 19-6。在此，我们根据假设标出了，200X 年英镑和美元即期汇率的月度变化（ΔS_t）与期货价格月度变化（Δf_t）之间的关系。这样，我们有了从 1 月到 12 月的 12 个观察值。为了便于说明，我们在图 19-6 中注明了第一个观察值（1 月的观察值）。1 月份，英镑对美元的即期汇率上升了 4.5 美分，而英镑对美元的期货上升了 4 美分。因此，1 月份英镑升值了，但是即期汇率上升的幅度大于期货价的上升。在其他的一些月份——从图 19-6 中散点可以看到，期货价的上升要大于即期汇率的上升。

根据普通的最小二乘回归，可以得出代表这些月度观察值的最优直线——它使得 ΔS_t 的观察值与其预测值（由最优直线来决定）之间的方差之和为最小。最优直线由截距 α 与斜率 β 来反映。即：

$$\Delta S_t = \alpha + \beta \Delta f_t + u_t$$

式中的 u_t 为回归残差（ΔS_t 的实际价值与最优直线的预测值之差）。

根据定义，回归方程的斜率 β 等于

$$\beta = \frac{\mathrm{Cov}(\Delta S_t, \Delta f_t)}{\mathrm{Var}(\Delta f_t)}$$

也就是说，即期汇率和期货价变化的协方差除以期货价格变化的方差。假设随着时间的推移，ΔS_t 和 Δf_t 的变化是完全同步的。那么：

$$\mathrm{Cov}(\Delta S_t,\ \Delta f_t) = \mathrm{Var}(\Delta f_t)$$
$$且\ \beta = 1$$

如果即期汇率的变化大于期货价，那么，$\mathrm{Cov}(\Delta S_t,\ \Delta f_t) > \mathrm{Var}(\Delta f_t)$ 且 $\beta > 1$；反过来，如果将来即期汇率的变化没有期货价敏感，那么 $\mathrm{Cov}(\Delta S_t,\ \Delta f_t) < \mathrm{Var}(\Delta f_t)$ 且 $\beta < 1$。

此外，从理论上讲，β 值（所估算出的回归直线的斜率）代表的是，使即期资产和期货合约总体风险最小化的套期保值比率（h）。[14] 更简单地讲，我们可以使用回归模型估算出的 β，来代替金融机构经理要使用的 h（套

13 计算 h（套期保值比率）时，我们可以使用最近的即期和期货价格变化之比。然而，这意味着我们是在根据 ΔS_t 和 Δf_t 变化的一个观察值在估算套期保值比率。这就是市场参与者通常更偏爱回归模型（它使用的是过去的许多观察值）的原因。

14 关于这方面的证明，请参见：L. H. Ederington, "The Hedging Performance of the New Futures Markets," *Journal of Finance* 34 (1979), pp.157-70.

图 19-6 200X 年即期汇率和期货价格的月度变化

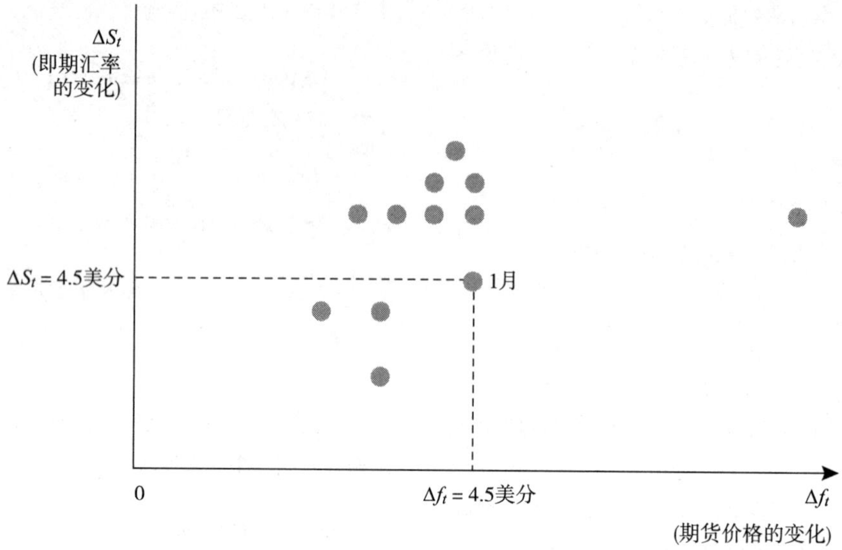

期保值比率）。比如，假设我们使用 200X 年 ΔS_t 和 Δf_t 的 12 年观察值，来估算普通最小二乘回归方程式（图 19-6 中的最优直线方程式），得出的回归方程式为：

$$\Delta S_t = 0.15 + 1.2\Delta f_t$$

因此：

$$\alpha = 0.15$$
$$\beta = 1.2$$

利用 $\beta = 1.2$ 作为使资产组合风险最小化的套期保值比率 h，我们就可以计算出，前面的金融机构为防止 1.15 亿英镑贷款遭受汇率损失，而应该出售的期货合约数：

N_F =［英镑资产的多头 $\times\beta$（根据以往数据估算出的套期保值比率 h）］/ 一份英镑期货合约的规模
= 2 208 份合约

因此，根据 ΔS_t 和 Δf_t 过去的关系而对其未来年份所做的最优预测结果表明，金融机构应该出售 2 208 份合约。

金融机构的经理对使用这种方法来决定适当套期保值比率的信心，取决于回归直线与观察值分布的吻合程度。测量回归直线吻合度的标准指标就是 R^2 ——它代表 ΔS_t 和 Δf_t 相关系数的平方：

$$R^2 = \rho^2\left[\frac{Cov(\Delta S_t, \Delta f_t)}{\sigma_{\Delta S_t} \times \sigma_{\Delta f_t}}\right]^2$$

方括号中的这一项就是相关系数的统计学定义。如果即期汇率的变化（ΔS_t）和期货价的变化（Δf_t）完全相关，那么：

$$R^2 = \rho^2 = (1)^2 = 1$$

且 ΔS_t 和 Δf_t 之间的所有观察值都位于一条直线上。相反，如果 $R^2 = 0$，则表明 ΔS_t 和 Δf_t 之间完全不存在统计联系。

由于我们是在使用期货合约对即期资产头寸的损失风险进行套期保值，因此，回归的 R^2 是对期货合约**套期保值效果**（hedging effectiveness）大小的度量。较低的 R^2 意味着，我们不太相信回归得出的斜率 β 代表了实际的套期保值比率。当 R^2 接近于 1 时，我们会更加相信，按照既定套期保值比率（h）的估计使用期货合约，就能对现货资产的风险头寸进行套期保值。

利用期货和远期进行信用风险套期保值

从第 7 章中可以看到，通过将自己的贷款组合分散于不同的借款人、不同的行业和不同的地区，金融机构就可以将贷款组合的借款人相关风险（或非系统风险）的大多数分散掉。当然，金融机构经理分散风险的能力部分取决于他所管理的贷款组合的规模。因此，使借款人相关风险分散掉的潜能，会随着金融机构规模的扩大而增加。

然而，近几年所开发出来的一些新的类别的衍生工具（包括远期、期权和互换），使得金融机构能够更好地对自己的信用风险进行套期保值。信用衍生工具可以同时用于单项贷款和债券，以及贷款和债券组合资产的套期保值。信用衍生市场的出现虽然较晚，但它却已经拥有了一个较好的声誉，即可以对公司的债务问题作出早期预警。这些新的衍生工具的出现是非常重要的，因为更多的金融机构是因为信用风险、而不是利率或外汇风险倒闭的。下面我们将介绍信用远期合约的内容。第 20 章和第 21 章将分别介绍信用期权和信用互换。

信用远期合约和信用风险套期保值

信用远期合约（credit forward）是一种远期协议。在确定贷款利率并发放贷款之后，可以通过信用远期来防止贷款违约风险的上升（借款人信用等级的下降）。信用远期的买方通常是保险公司，卖方通常是银行。信用远期协议要以金融机构的借款人发行的某种债券作为参考（benchmark），由此来确定一个信用差价（高于无风险利率的一笔风险溢价，以作为对违约风险的补偿）。比如，假设发放贷款时，某银行的借款人的参考债券的信用等级为 BBB。此外，发放贷款时，与相同期限的美国国债相比，参考债券有 2% 的利差或信用差价（这一差价代表了 BBB 级债券的违约风险）。为了防止借款人信用风险的上升，银行在发放贷款时，签订（出售）了一份信用远期合约。我们以 CSF 代表信用远期合约签订时的信用差价（相对于美国国债利率而言，在本例中为 2%）。表 19–1 对这份信用远期合约的支付状况进行了描述。在表 19–1 中，CST 为信用远期合约到期时（比如，发放贷款和签订信用远期合约一年之后）债券的实际信用差价；MD 为 BBB 级参考债券的修正有效期限；A 为远期协议的本金。

从信用远期协议的支付状况来看（参见表 19–2），信用远期的买方（保险公司）承担了借款企业参考债券违约风险增加而带来的风险，而信用远期的卖方（作为贷款者的银行）则避免了借款人违约风险增加带来的风险。也就是说，如果借款人违约风险的增加使远期协议到期时，市场对借款人的参考债券所要求的信用差价 CS_T 大于当初远期合约中规定的差价 CS_F（即 $CS_T > CS_F$），那么，信用远期的买方就会向信用远期的卖方（银行）支付如下一笔金额：$(CS_T - CS_F) \times MD \times A$。比如，假设 BBB 级债券和美国长期国债之间的信用差价在这一年内从 2% 升到了 3%，BBB 级参考债券的修正有效期限（MD）为 5 年，合约规模 A 为 1 000 万美元。那么，信用远期合约给卖方（银行）带来的收益为 500 万美元［(3% − 2%) × 5 × 1 000 万美元］。这笔款项可以用来弥补借款人违约风险增加而造成的贷款市场价值的损失。然而，如果这一年内借款人的违约风险和信用差价下降，信用远期的卖方将向买方支付的金额为：$(CS_F - CS_T) \times MD \times A$。（可是，正如下面要分析的，作为远期合约卖方的银行所面临的最大损失是有限的。）

表 19–2　信用远期的支付状况

远期协议到期时的信用差价	信用差价的卖方（银行）	信用差价的买方（交易对手）
$CS_T > CS_F$	获得信用差价： $(CS_T - CS_F) \times MD \times A$	支付信用差价： $(CS_T - CS_F) \times MD \times A$
$CS_T > CS_F$	支付信用差价： $(CS_F - CS_T) \times MD \times A$	获得信用差价： $(CS_F - CS_T) \times MD \times A$

图 19-7 银行利用信用远期合约进行贷款套期保值所面临的结果

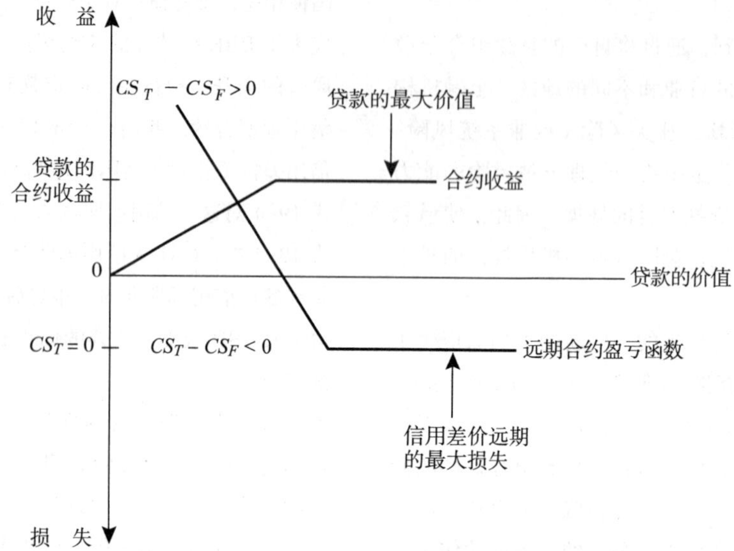

图 19-7 描述了银行利用信用远期合约进行贷款套期保值所面临的结果。如果贷款的违约风险上升，贷款的市场价值或现值就会比保值初期的要低。然而，银行通过出售信用远期合约对违约风险的变化进行了套期保值。假设借款人参考债券的信用差价也增加了（这样 $CS_T > CS_F$），银行将依据远期合约获得（$CS_T - CS_F$）$\times MD \times A$。如果参考债券的一些特征（即信用差价的变化、修正有效期限和本金价值等）与向借款人提供的银行贷款的特征一样，那么，表内亏损就能完全从信用远期的（表外）收益中得到弥补（在本例中，50 万美元的贷款市场价值损失，将从出售信用远期合约而获得的 50 万美元收益中得到弥补）。

如果违约风险没有上升而是下降了（这样，$CS_T < CS_F$），那么，出售远期合约的银行将向信用远期的买方（保险公司）支付：（$CS_F - CS_T$）$\times MD \times A$。然而，银行的这笔支付也是有限的，其最大限额发生在 CS_T 降为 0 的时候，即 BBB 级债券的违约差价降为 0，或者说，借款人最初的 BBB 级债券被看成是与长期国债的违约风险相同（换句话讲，参考债券的信用差价或利差不可能低于无风险利率的利差）。在这种情况下，信用远期的最大损失［（$CS_F - 0$）$\times MD \times A$］与贷款最大收益（回报）的上限正好相等（相互抵消）。熟悉期权交易的人都知道（参见第 6 章的介绍），当银行提供一笔贷款时，它好比是卖出了一份看跌期权。出售信用远期的盈亏状况类似于购买看跌期权（参见第 20 章）。

期货合约与灾害风险

近几年，芝加哥期货交易所（CBOT）引入了灾害保险期货和期权合约。本章介绍灾害保险期货的内容，灾害保险期权的内容在下一章介绍。灾害期货的核心思想是，允许财产事故保险人对严重飓风造成的巨额亏损（比如 2004 年 9 月袭击佛罗里达的一系列飓风，导致的直接财产损失超过了 250 亿美元）进行套期保值。由于灾害事件将使保险损失与保费收入之比（即所谓的损失比）上升，因此，灾害期货合约的收益直接与损失比相关。具体而言，结算时，期货买方的收益等于期货合约的名义值（25 000 美元）乘以保险人的实际损失比。假设期货合约到期时的损失比为 1.5，这说明作为套期保值者的保险公司将获得 $1.5 \times 25\,000$ 美元 = 37 500 美元。同时假设 3 个月前的市场预期损失比只有 0.8，这样，保险人购买期货合约的支出为 $0.8 \times 25\,000$ 美元 = 20 000 美元。由于实际损失超出了预期损失，保险人从每份合约中得到的利润为 37 500 美元 − 20 000 美元 = 17 500 美元。期货合约带来的这些利润可以用于弥补飓风保险合约的巨额支出。

期货和远期监管政策

衍生合约交易要接受三种层次的监管。首先，衍生合约的监管部门要规定金融机构“可以从事的业务活动”。其次，规定了可以从事的业务活动之后，从事这些业务活动的机构还要接受监管。第三，监管部门要通过评估金融机构的资本充足率，以及这些资本要求监管法规能否完全得到的贯彻执行，来判断每家金融机构的总体稳健性。证券交易委员会（SEC）和商品期货交易委员会（CFTC）通常被看成是“职能上的”监管部门。证券交易委员会对在全国证券交易所进行交易的所有证券——其中包括几种场内衍生合约——进行监管。证券交易委员会对衍生合约的监管措施包括：价格报告要求、反操纵监管、头寸限制、审计路径要求，以及保证金要求。商品期货交易委员会对所有的场内衍生证券交易拥有独家管辖权，因此，它要对全国所有的期货交易所，以及所有的期货和期货期权进行监管。商品期货交易委员会的监管包括：针对交易商的最低资本要求，报告和透明度要求，反欺诈和反操纵监管，以及针对清算所提出的最低标准。

主要的银行监管部门——美联储、联邦存款保险公司和货币监理署——也针对银行的期货和远期交易发布了统一的指导原则。这些指导原则要求银行：（1）针对自己的套期保值业务设立内部指导原则；（2）设立交易限额；（3）向股东和外部投资者披露会对银行风险产生实质影响的巨额合约头寸。总之，监管部门的政策是鼓励使用期货进行套期保值，同时反对利用其进行投机，尽管在实践中很难对两者加以区分。

2000 年 1 月 1 日，会计准则的主要监管部门（财务会计准则委员会）要求所有金融机构（和非金融类企业）在其财务报告中反映出自己衍生交易头寸当日的市场价值。这意味着，金融机构必须立即确认此类合约的损益，并向股东和监管部门披露这些损益。此外，企业还必须说明，它们是在使用衍生合约对相关的业务风险进行套期保值，还是仅仅在从事敞口（风险）头寸交易。

最后，正如第 15 章所指出的，场内期货合约不受风险资本要求的约束；相反，场外合约有可能受到资本要求的约束。在其他条件相同的情况下，风险资本要求会鼓励使用期货合约，而不鼓励使用远期合约。

练习题

1. 金融机构对衍生合约的滥用导致了哪些监管后果？
2. 什么叫简单套期保值？金融机构如何利用简单套期保值来防范风险？
3. 某金融机构持有面值为 1 000 万美元的 15 年期债券，该债券的价格为面值的 104%，到期收益率为 7%。该债券的有效期限为 8 年，且金融机构准备两个月后将其出售。金融机构的市场分析师预测，销售时的利率将为 8%。由于其他大多数分析师都预测利率不会变化，因此，15 年期债券的两个月远期合约可以按面值的 104% 的价格进行交易。金融机构希望通过适当的远期交易来防范预期的利率变化风险。请问，远期交易的头寸应该是多少？请证明，如果利率像预测的那样上升 1%，金融机构的损失将从套期保值中得到弥补。
4. 息票率为 8% 的 20 年期国债正按面值出售，这种国债的有效期限为 10.292 年。该债券每半年付息一次，且可以用于长期国债期货合约的交割。
   a. 该债券的修正有效期限是多少？
   b. 如果市场利率上升 50 个基本点，这种长期国债的价格会受到什么影响？
   c. 如果你按面值的 95% 出售了一份长期国债期货合约，而利率上升了 50 个基本点，请问，你的期货头寸的价值会发生多大变化？

d. 如果你按面值购买了这种债券，并出售了期货合约，那么，利率上升后你的套期保值交易的净值是多少？

5. 从金融机构的角度来看，单项套期保值和总体套期保值有什么区别？为什么金融机构采用总体套期保值比采用一系列的单项套期保值更有效？

6. Tree Row 银行拥有 1.5 亿美元资产、1.35 亿美元负债、1 500 万美元的权益。资产的有效期限为 6 年，负债的有效期限为 4 年。市场利率为 10%，该行希望以长期国债期货合约来对资产负债表进行套期保值。目前长期国债期货合约的报价为面值的 95%——标准标的债券是息票率为 8% 的 20 年期国债。

a. 要进行正确的总体套期保值，该行应该进行期货合约的多头还是空头交易？

b. 需要出售多少份合约，该行才能达到完全套期保值？

c. 请证明，当市场利率上升 100 个基本点或下降 50 个基本点时，期货头寸的变化能够弥补表内现货头寸的变化。

d. 如果银行以市场价为面值的 98% 的短期国债期货合约来进行套期保值，那么，它必须出售多少份期货合约，才能对资产负债表进行完全套期保值？

e. 在长期和短期国债期货合约之间进行选择时，银行还应该考虑哪些问题？

7. 什么叫基差风险？基差风险是怎么产生的？

8. 下面是某家金融机构的资产负债表（单位：百万美元）：

资 产		负 债	
有效期限 = 10 年	950	有效期限 = 2 年	860
		权益	90

a. 该金融机构的有效期限缺口是多少？

b. 该金融机构的利率风险有多大？

c. 该金融机构如何利用期货和远期合约来进行总体套期保值？

d. 如果利率相对上升 1%，即 $\Delta R/(1+R)=0.01$，那么，该金融机构的权益价值会受到怎样的影响？

e. 假设金融机构在（c）部分的总体套期保值中使用市价为 96% 的长期国债期货，假设所有利率相对上升 1%，即 $\Delta R/(1+R)=0.01$，那么该金融机构的期货头寸会受到怎样的影响？假定用于交割的长期国债的有效期限为 9 年。

f. 如果该金融机构想进行完全的总体套期保值，那么它需要使用多少份长期国债期货合约？

9. 假设某金融机构拥有 2.5 亿美元的资产和 2 亿美元的负债。资产的有效期限为 6 年，负债的有效期限为 3 年。期货合约的价格为 11.5 万美元，有效期限为 5.5 年。

a. 如果 $br=1.1$，进行完全套期保值需要多少份期货合约？

b. 如果 $\Delta R_f/(1+R_f)=0.099$，预期的 $\Delta R/(1+R)$ 为多少？

10. 某金融机构正准备对 1 亿美元 1 年期瑞士法郎（Sf）贷款的汇率风险进行套期保值。目前即期汇率为 \$ 0.60/Sf。目前 1 年瑞士法郎期货合约的交易价为 \$ 0.58/Sf。瑞士法郎期货的标准合约单位为 12.5 万瑞士法郎。

a. 金融机构担心的是瑞士法郎升值，还是瑞士法郎的贬值？

b. 它应该购买还是出售期货合约来对外汇风险进行套期保值？

c. 如果过去即期价变化与期货价变化的回归分析估算出的斜率为 1.4，它应该购买或出售多少份期货合约？

d. 如果它在年底收回 1 亿瑞士法郎的本金，年底时的瑞士法郎即期价为 \$ 0.55/Sf，远期价为 \$ 0.5443/Sf，请说明金融机构是如何做到套期保值的。

11. 如果参考债券（长期国债）和借款企业债务的信用差价下降 50 个基本点，购买 2000 万美元信用远期合约（其修正有效期限为 7 年）的收益是多少？

12. 为了防止飓风季节遭受损失，某财产事故保险公司购买了灾害期货合约。购买合约时，市场预期损失比率为 0.75。在对一场严重的飓风进行理赔之后，该保险公司实际承担的损失比率为 1.35。请问，保险公司从每份期货合约（合约面值为 25 000 美元）中获得的收益是多少？

附录 19A

期货单项套期保值

附录内容见本书网址：www.mhhe.com/saunders5e

第 20 章

期权、利率上限期权、利率下限期权和领式期权

导　言

金融机构既可以使用众多的远期和期货合约进行套期保值，也可以更为广泛地使用各种期权业务，其中包括场内期权、场外期权、以证券为基础的期权、利率上限期权、利率下限期权和领式期权。与我们从期货合约中看到的一样，金融机构也可以使用期权合约来防范非预期的利率变化、信用风险和外汇风险等所带来的净值损失。近几年来，不仅期权业务的范围扩大了，而且期权的使用也增加了。然而，期权合约也会给金融机构带来巨额损失。

本章首先分析四种基本的期权交易策略：购买看涨期权、出售看涨期权、购买看跌期权和出售看跌期权。然后，我们将从经济和监管的角度，分析金融机构选择购买和出售期权合约的原因。接下来，我们集中介绍如何使用固定收益或利率期权来防范利率风险。我们还要探讨期权在防范外汇和信用风险以及灾害风险方面的作用。最后，本章将详细介绍利率上限期权、利率下限期权和领式期权的内容。正如第 19 章中介绍过的期货和远期一样，金融机构不仅可以通过持有期权、利率上限期权、利率下限期权和领式期权等合约来防范自身的风险，而且还可以通过持有这些合约来充当其他（金融类和非金融类）企业的交易对手（获取一笔费用），以便它们对自己的表内风险进行套期保值。

期权的基本特征

金融机构可以使用四种基本的期权交易策略来对利率风险进行套期保值。在介绍这四种期权交易的特点时，我们将以利率变化为基础来分析其盈亏状况。具体而言，我们将对债券期权进行分析。与一般情况下债券价格和利率的关系一样，债权期权的盈亏价值也与利率变化相关。

购买债券看涨期权

图 20-1 反映了第一种交易策略（购买债券看涨期权）时的盈亏状况。**看涨期权**（call option）的买方有权（但并没有义务）按事先确定的执行价或履约价（X）购买某种标的证券（债券）。与此同时，看涨期权的买方必须向卖方先期支付一笔看涨期权费（C）。这笔期权费要立即从看涨期权买方的现金账户中扣除。如果标的债券执行价的上涨幅度超过期权费，买方就有可能获得利润。如果债券的价格从未高于 X，那么，看涨期权的买方将不会去行使期权（即当债券的市场价值低于 X 时，按 X 这一价格购买债券）。在这种情况下，期权合约到期后自动失效。期权的买方承受的损失为 X，但不会涉及到其他的现金流。

从图 20-1 中可以看到，如果标的债券价格上升到 B，看涨期权的买方的盈利为 π——债券价格（B）减去期权执行价（X）和看涨期权费（C）之后的差额。如果债券价格上升到 A，看涨期权的买方能够做到盈亏平衡，这是

因为行使看涨期权的利润（$A-X$）与所支付的看涨期权费（C）正好相等。

图 20-1 中的债券看涨期权具有两个重要的特点：

1. 随着利率的下降，债券价格上升，而且看涨期权的买方就会获得巨大的利润。利率下降的幅度越大，债券价格上升的幅度越大，行使期权获取的利润越多。
2. 随着利率的上升，债券价格下降，而且看涨期权买方面临的损失就会上升。如果利率的上升使得债券的价格低于执行价 X，看涨期权的买方没有义务去行使期权。因此，买方的损失仅限于当初购买看涨期权时先期支付的一笔期权费（C）。

因此，预期利率下降时，就应该购买看涨期权。请注意，与利率期货不同（随着利率水平的变化，利率期货的价格与损益变化是对称的），债券看涨期权的损益并不是随着利率的变化而呈现出对称性变化（参见第 19 章）。

出售债券看涨期权

第二种交易策略是出售债券看涨期权。出售债券看涨期权时，卖方将获得一笔前期费用或期权费（C），但必须准备按执行价（X）将标的债券出售给期权的买方。出售债券看涨期权时的盈亏状况反映在图 20-2 中。

这一盈亏函数具有两个重要特征：

1. 当利率上升且债券价格下降时，看涨期权卖方的收益或利润有可能增加。看涨期权的买方不太可能去行使期权（行使期权将迫使期权的卖方按执行价出

图 20-1　债券看涨期权买方的盈亏函数

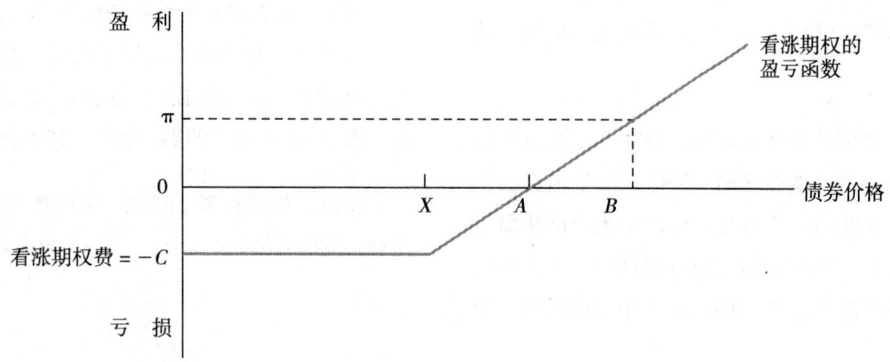

图 20-2　出售债券看涨期权的盈亏函数

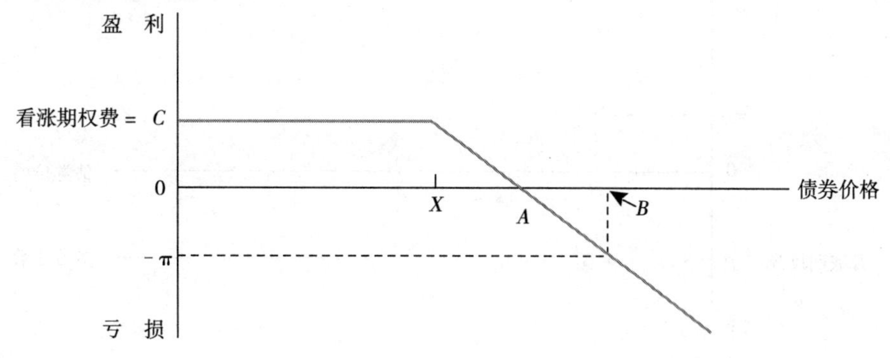

售标的债券）。然而，最大利润为交易前期向期权买方收取的看涨期权费（C）。

2. 当利率下降且债券价格上升时，卖方遭受损失的可能性会增加。看涨期权的买方将行使期权，从而迫使期权的卖方出售标的债券。从理论上讲，由于债券价格的上升是无止境的（但在到期日，其价格必须回到与面值相等），这部分损失可能会非常巨大。

因此，预期利率上升时，就应该出售看涨期权。然而，对此应该加以小心，因为利润有限，而亏损则是无限的。从图 20-2 中可以看到，当利率下降使得债券的价格上升到 B 时，期权的卖方将损失 π。

购买债券看跌期权

第三种策略是购买债券看跌期权。债券**看跌期权**（put option）的买方有权（但没有义务）按事先规定的执行价（X）将标的债券卖给期权的卖方。为了获取这种选择权，看跌期权的买方要支付给卖方一笔期权费（P）。图 20-3 反映了看跌期权的买方可能面临的盈亏状况。请注意以下两点：

1. 当利率上升且债券价格下降时，看跌期权买方从行使期权中获利的可能性增加。因此，如果债券的价格降到 D，看跌期权的买方就可以按此价格从债券市场购买债券，然后按较高的执行价格（X）出售给看跌期权的卖方。这样，从图 20-3 中可以看到，扣除看跌期权费（P）之后，买方还可以获利 πp。
2. 当利率下降且债券价格上升时，看跌期权买方亏损的可能性会增加。如果利率上升使债券的价格高于执行价 X，看跌期权的买方并不需要去行使期权，因而其最大损失仅局限于前期缴纳的看跌期权费（P）。

因此，预期利率上升时，就应该购买看跌期权。

出售债券看跌期权

第四种策略是出售债券看跌期权。在这种交易中，卖方可以获得一笔期权费（P），但如果看跌期权的买方选择行使期权（卖出债券），卖方应随时按执行价（X）买入债券。图 20-4 反映了出售债券看跌期权的盈亏函数。请注意以下两点：

1. 当利率下降且债券价格上升时，卖方获利的可能性会上升。看跌期权的买方不太可能去行使期权，因此不会强迫期权的卖方购买标的债券。然而，买方的最大收益仅限于看跌期权费（P）。
2. 当利率上升且债券价格下跌时，看跌期权的卖方有可能承受巨大的损失（比如，如果债券的价格降到如图 20-4 所示的 D，那么，损失会达到 $-\pi p$）。

所以，预期利率下降时，应该卖出看跌期权。然而，这种交易的利润是有限的，但损失可能是无限的。

图 20-3　购买债券看跌期权的盈亏函数

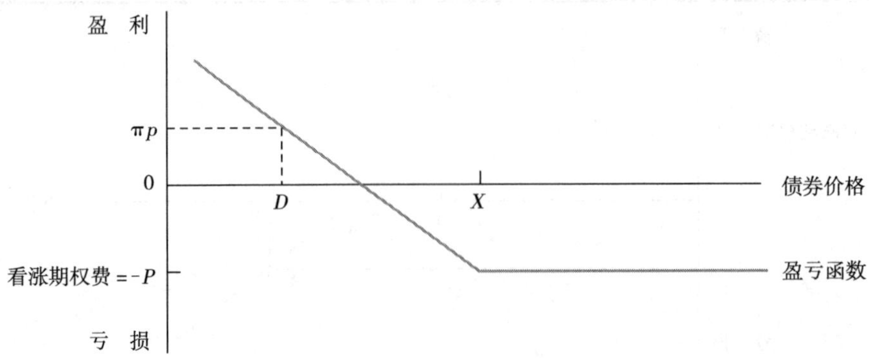

购买和出售期权

许多小的金融机构只局限于购买期权合约，它们并不出售期权合约。导致这种情况有两个方面的原因：一是经济方面的原因，另一个是监管方面的原因。然而，从后面的内容可以看到，像货币中心银行这样的大型金融机构经常会买入和卖出期权合约，其中包括利率上限期权、利率下限期权和领式期权等复杂的利率期权合约。

不愿意出售期权的经济原因

卖出期权时的潜在收益是有限的，但其亏损却是无限的。尽管这种风险可以通过大量出售期限不同的合约和（或）对标的债券组合进行套期保值来进行冲销，但是，卖方面对的损失风险仍然有可能是十分巨大的。为了理解这一点，请看图 20–5：某金融机构的债券组合多头，它想通过出售债券看涨期权来消除利率上涨给债券带来的风险。

要指出的是，出售看涨期权可以防止利率下降和债券价格上升给金融机构带来的风险；也就是说，债券价值的增加正好与出售看涨期权的损失相抵消。当出现相反的情况，即利率上升时，金融机构出售看涨期权的盈利可能不足以弥补其债券的损失。这是因为出售每份看涨期权的最大收益是有限的——它等于期权费收入（C）。

图 20–4 出售债券看涨期权的盈亏函数

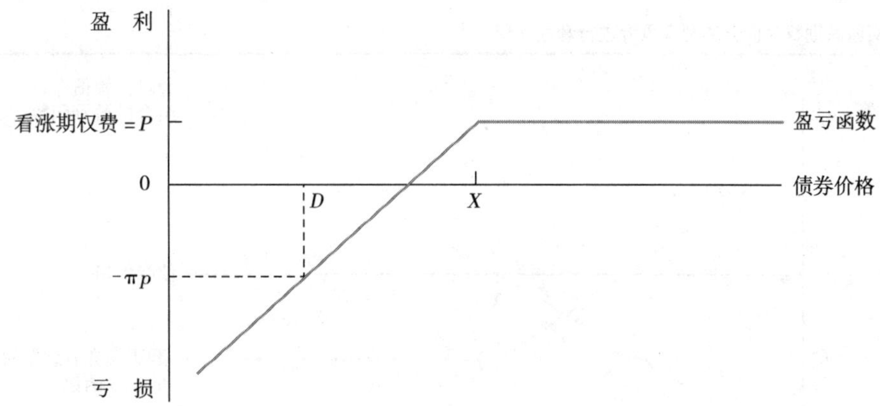

图 20–5 通过出售看涨期权对债券的利率风险进行套期保值

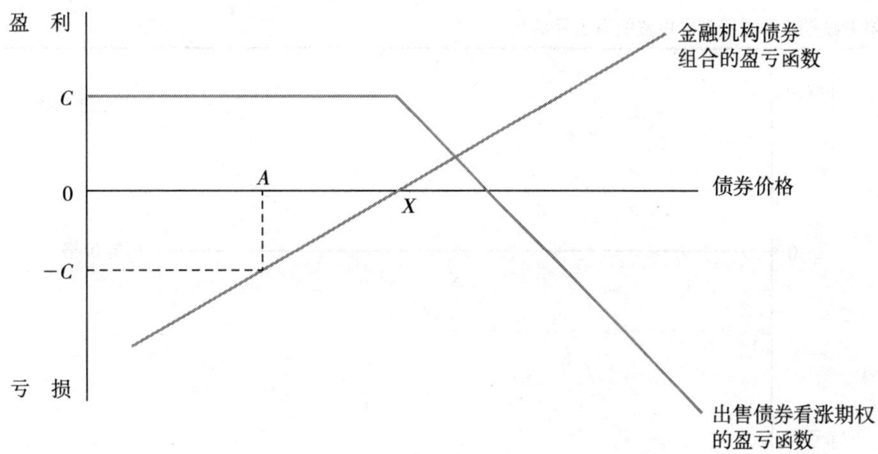

如果债券价值的下降幅度大于期权费收入（图 20–5 中 A 点左边的情况），金融机构就不能以出售期权的盈利来冲消债券相应的资本价值损失。

相反，对金融机构的经理而言，通过购买债券看跌期权来防范风险的做法却有更大的吸引力。图 20–6 描述了债券的总盈亏状况及购买债券看跌期权的盈亏状况。这种情况下，债券遭受的任何损失（利率上升和债券价值下跌的损失）都会从购买看跌期权的盈利中获得弥补（图 20–6 中 X 点左边的情况）。如果利率下降，债券价值上升，购买看跌期权所带来的损失仅限于所支付的期权费（X 点右边的情况）。图 20–7 给出了净的盈亏状况，即债券的盈亏与期权的盈亏之差。

请注意：

1. 购买看跌期权将利率上升后的最大损失限定在了一定范围内，同时使盈利有所下降，其下降幅度为债券价格风险保险的成本（即看跌期权费），但仍然存在盈利的可能。
2. 在债券多头情况下，购买债券看跌期权时的盈亏函数类似于购买看涨期权（请比较图 20–1 和图 20–7）。

监管方面的原因

监管方面的原因也使金融机构宁愿购买期权，而不愿出售期权。监管部门认为，出售期权，尤其是出售**无担保期权**（naked options，这种期权不是明确针对某种标的资产或负债而进行的套期保值交易）是有风险的，因

图 20–6 通过购买看跌期权对债券的利率风险进行套期保值

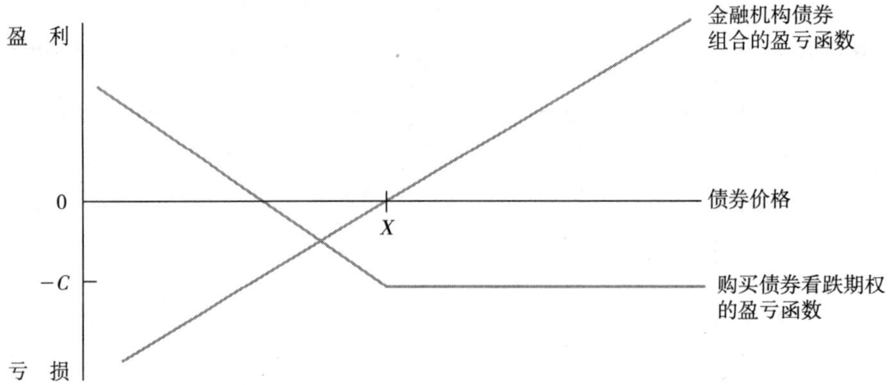

图 20–7 购买债券看跌期权和进行债券投资的净盈亏函数

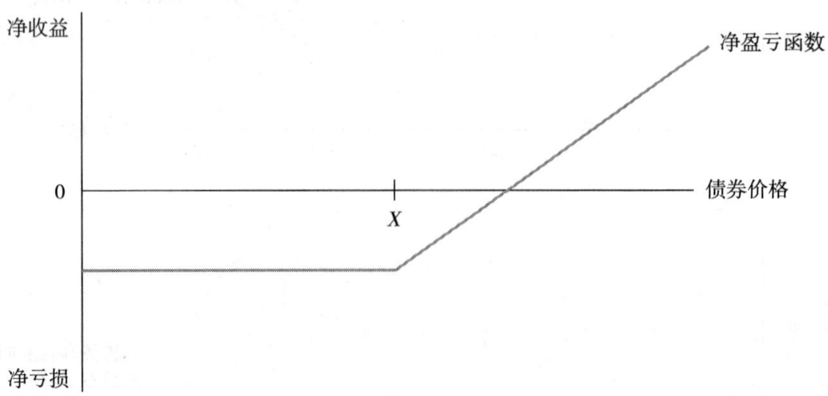

图 20-8　通过购买期货合约来对债券的利率风险进行套期保值

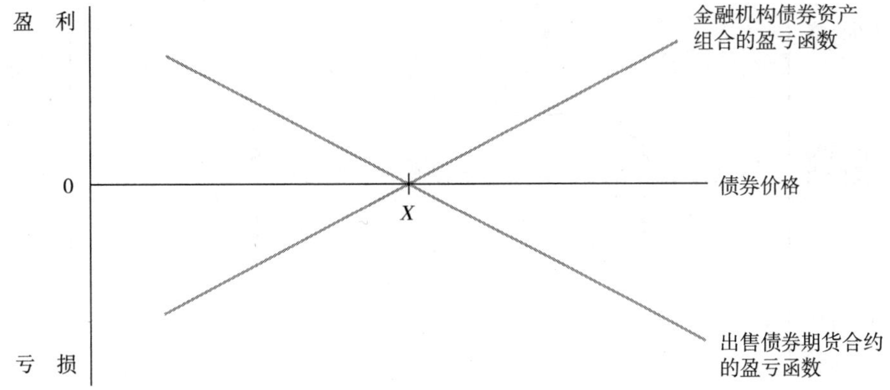

为此类交易的潜在损失是巨大的。事实上，银行监管部门禁止银行在某些风险管理领域使用出售看跌或看涨期权的交易。

期货套期保值与期权套期保值

为了了解期货和期权套期保值方面的一些差别，我们可以将图 20-8 中所描述的盈亏状况（期货合约的盈亏状况）与图 20-6 中所描述的盈亏状况（购买看跌期权的状况）进行一下比较。无论利率上升还是下降，期货合约套期保值的收益和亏损都是对称的。换句话讲，在图 20-8 中，如果利率的上升导致金融机构债券的价值出现损失（X 点左边的部分），那么，它从期货合约中所获得的收益会抵消这部分损失。如果利率的下降使金融机构债券的价值增加（X 点右边的部分），那么，期货合约的损失会抵消这部分增加的价值。

相比较而言，看跌期权合约的套期保值能完全抵消损失，不过只能抵消部分收益——无论利率上升还是下降，期权套期保值的收益和损失都是不对称的。也就是说，在图 20-6 中，如果金融机构债券的价值由于利率上升而出现损失（X 点左边的部分），期权合约的收益能够抵消这部分损失。然而，如果利率下降使得金融机构债券的价值增加（X 点右边的部分），那么这部分增加值的减少幅度仅限于金融机构所损失的一笔固定期权费（因为此时金融机构将不会去行使期权）。因此，当利率变化对表内证券不利时，期权套期保值能够防止金融机构遭受价值损失；然而，与期货套期保值不同，当利率变化对表内证券有利时，期权套期保值并不会完全抵消价值的增加。所以，许多金融机构更愿意选择期权类合约，而不太愿意选择期货和远期类合约。

债券和债券组合的套期保值方法[1]

从前面的介绍中可以看到，当金融机构的投资组合中持有部分债券时，为何可以通过购买债券看跌期权来防范潜在的利率风险。在这一节，我们通过一个简单的例子来介绍购买看跌期权进行套期保值方法，以及金融机构的经理如何计算出债券看跌期权的公允期权价值。

计算期权的公允价值时，可以采用两种不同的模型：二项式模型和布莱克—斯科尔斯模型。布莱克—斯科尔斯模型给出了看涨和看跌期权估价的一个闭型解（closed-form solution）。本章的附录 20A 告诉我们，如何用布莱克—斯科尔斯模型来计算期权的价值。尽管能很好地应用于股票，但布莱克—斯科尔斯模型用于债券期权估价时却面临着两个主要问题。首先，它假设短期利率不变，但一般情况下并非如此。其次，它假设标的资产收益的

1　这一节的内容较为复杂。可以根据课程的难度加以取舍，但这并不会影响到本章内容的连贯性。

图 20–9 债券价格的方差

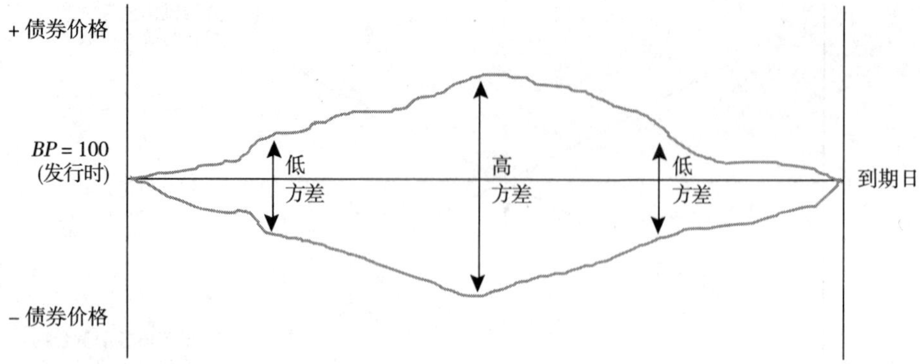

方差不变。[2] 将布莱克—斯科尔斯公式应用于债券的困难在于，债券的价格从发行到到期期间的变动情况。[3] 这种行为可以从图 20–9 中看到——在此，债券按面值发行，即债券的发行价等于其面值的 100%。如果利率下降，债券的价格会上升到 100% 以上；如果利率上升，债券的价格会降到 100% 以下。可是，随着债券逐步到期，无论哪种价格变化轨迹，都将最终达到债券面值 100% 这一水平——债券发行者在债券到期时支付的本金。由于这种**收敛于平价**（pull-to-par）的作用，债券价格的方差会随时间的变化而变化；起初会上升，然后会随着债券的到期而下降。下面我们通过一个简单的二项式框架来分析债券看跌期权套期保值的方法。

利用二项式模型进行债券期权保值

假设某金融机构的经理购买了一种面值为 100 美元的零息债券，债券期限正好是两年。两年后零息债券到期时，其持有者可以按面值获得 100 美元。假设该经理购买这种零息债券的价格为面值的 80.45%，这意味着，债券到期时，金融机构从这笔投资中得到的年到期收益率（R_2）为：

$$BP_2 = \frac{100}{(1+R_2)^2}$$

$$80.45 = \frac{100}{(1+R_2)^2}$$

$$(1+R_2)^2 = \frac{100}{80.45}$$

2 计算看跌和看涨期权价格的布莱克—斯科尔斯公式为：

$$P = Xe^{-rT}N[-D+\sigma\sqrt{T}] - SN[-D]$$

$$C = SN[D] - Xe^{-rT}N[D-\sigma\sqrt{T}]$$

式中

S = 标的资产的价格

X = 执行价

T = 距期权到期日的时间

r = 即期无风险利率

$$D = \frac{\ln(S/X) + (r+\sigma^2/2)T}{\sigma\sqrt{T}}$$

ln [.] = 自然对数

σ = 基础资产的波动性

N[.] = 累计正态分布函数，即从标准正态分布中随机抽取的一个价值低于括号中价值时的概率。

3 一些修正后的布莱克—斯科尔斯模型考虑到了方差的不稳定。它们当中包括了 Merton 模型（它允许方差随时间的变化而变化）、Ball 和 Tourous 模型［它允许债券的价格随机变化——方差起初增加，随后下降（布朗桥方法）］，以及 Schaefer–Schwartz 模型（它假设收益的标准差与债券的有效期限成正比）。请参见：R.C.Merton，"On the Pricing of Corporate Debt：The Risk Structure of Interest Rates，" *Journal of Finance* 29 (1974)，pp.449–70；C. Ball and W. N. Tourous，"Bond Price Dynamics and Options，" *Journal of Financial and Quantitative Analysis* 18 (1983)，pp.517–31；and S.Schaefer and E.S.Schwartz，"Time Dependent Variance and the Pricing of Bond Options，" *Journal of Finance* 42 (1987), pp.1113–28.

$$R_2 = \sqrt{\frac{100}{80.45}} - 1 = 0.115 - 11.5\%$$

假设第 1 年结束时，利率突然上升了。结果，为寻求更高的投资收益，储户们提取了存款。为了应对突然的存款提取，金融机构的经理不得不在第 1 年年底出售尚未到期的两年期债券。正如第 12 章介绍过的，国债是金融机构重要的流动性资源。由于第 1 年年底利率突然上升，金融机构的经理不得不按较低的价格来出售这种债券。

假设购买债券时，一年期贴现债券的当期收益率（R_1）为 10%。同时，假设第一年年底时，一年期的利率（r_1）预计将上升为 13.82%，金融机构的经理能够将还有一年到期的零息债券按下列价格（BP）卖掉：

$$BP_1 = \frac{100}{(1+r_2)^2} = \frac{100}{1.1382} = \$87.86$$

另一方面，如果 1 年期利率上升为 12.18%，该经理可以将这种一年后到期的债券按下列价格出售：

$$BP_1 = \frac{100}{(1+r_2)^2} = \frac{100}{1.1218} = \$89.14$$

在这些等式中，r_1 代表的是未来一年期利率上升的两种可能结果。[4] 也就是说，

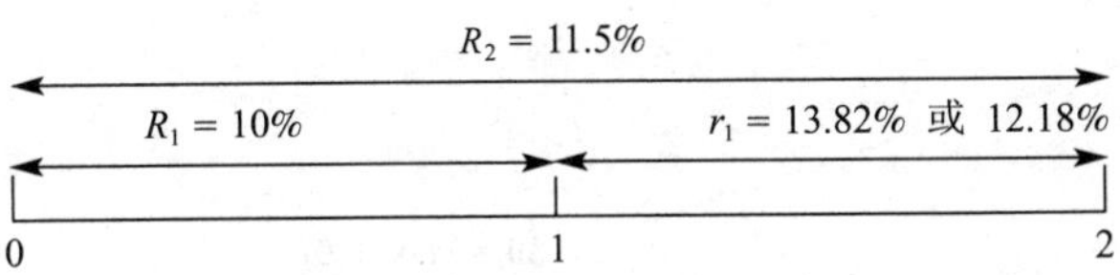

假设经理认为一年后的一年期利率（r_1）为 13.82% 或 12.18% 的可能性相等。这就意味着一年后的一年期利率预计为：

$$[E(r_1)] = 0.5 \times 0.1382 + 0.5 \times 0.1218 = 0.13 = 13\%$$

因此，债券第一年年底的预期售价为：[5]

$$E(P_1) = \frac{100}{1.13} = \$88.5$$

假设金融机构的经理想确保债券的售价为面值的 88.5%。否则，金融机构就必须寻求其他代价非常高昂的流动性来源（比如，金融机构可能要从中央银行的贴现窗口借款，并因此而承担直接和间接的罚金——参见第 14 章）。为了确保年底时获得不低于 88.5 美元的债券出售价，金融机构可以采用的一种办法就是，在初期按 88.5 美元的执行价（1 年后生效）购买债券看跌期权。年底时，如果债券的交易价低于 88.5 美元（比如为 87.86 美元），金融机构可以行使期权：将债券交给期权的卖方，而期权的卖方则必须向金融机构支付 88.5 美元的价格。然而，如果债券的交易价高于 88.5 美元（比如为 89.14 美元），金融机构不必行使期权，相反，它可以将债券在公开市场按 89.14 美元的价格出售。

金融机构的经理将要重新计算初期购买这种看跌期权或债券保险时，应该支付的公允期权费。图 20-10 给出了零息债券两年内（从购买到出售）可能出现的价格变化路径（即二项树或点阵图）。[6] 金融机构的经理按 80.45 美元的价格购买了两年后到期的债券。由于预计利率将上升，剩余期限为 1 年的债券的交易价为 87.86 美元和 89.14 美元的概率各为 50%。请注意，在 $t = 1$（还剩

4　如一年期债券下一年的利率等于本年的利率，即 $R_1 = r_1 =$ 10%，那么，这种债券的售价为 $BP_1 = \$90.91$。

5　本例中所假设的利率与目前期限结构条件下的无套利定价相等。［请参见：T. S. Y. Ho and S. B. Lee, "Tem Structure Movements and Pricing Interest Rate Contingent Claims," *Journal of Finance* 61 (1986), pp.1001–29］。换句话讲，利率预期理论认为下列关系必然成立：

$$(1+R_2)^2 = (1+R_1) \times (1+E(r_1))$$

不难验证，将本例中的利率 $R_1 = 10\%$，$R_2 = 11.5\%$ 和 $E(r_1) = 13\%$ 代入等式之后，该等式仍然成立。同时，这两个利率（价格）意味着一年期利率现在的波动性为 6.3%，也就是说，根据二项式模型，$\sigma = 1/2 \ln[r_u/r_d]$，因此，$\sigma = 1/2 \ln[13.82/12.18] = 0.063$，即 6.3%。

6　这个例子来自于：R. Litterman and T. Iben, "Corporate Bond Valuation and the term Structure of Credit Spreads," *Journal of Portfolio Management*, 1989, pp.52–64.

图 20-10 两年期零息债券价格的二项式模型

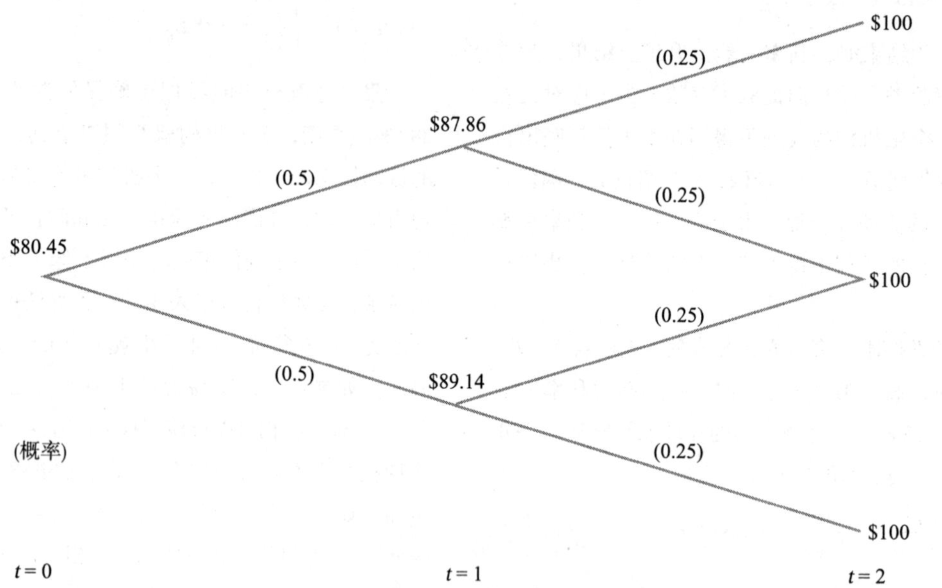

图 20-11 两年期零息债券看跌期权的价值

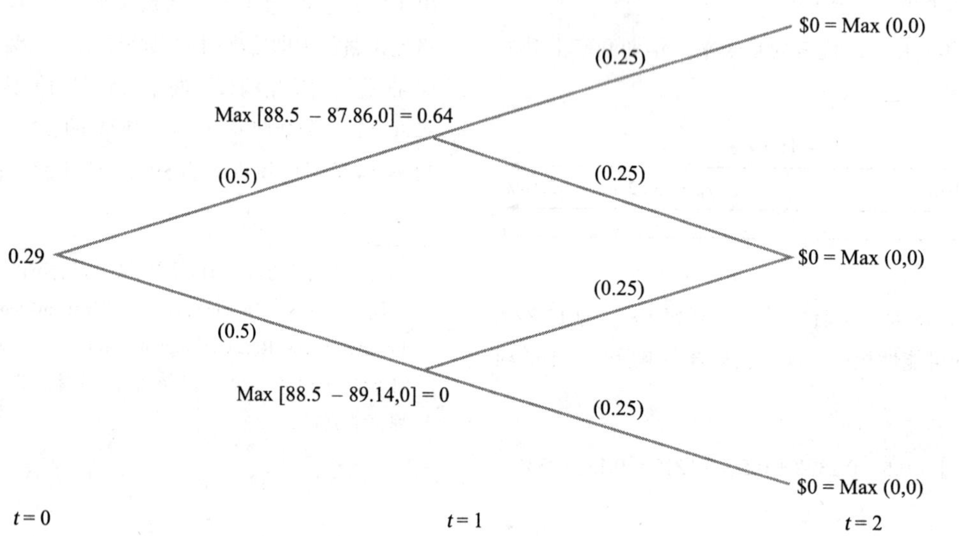

1 年到期）和到期日（$t = 2$）之间，债券的价格一定会向面值靠拢；即所有价格变化路径都必须在到期日达到 100 美元。

图 20-11 给出了期权的价值。图中的期权只能在第一年年底（$t = 1$）时才能被行使。如果剩余期限为一年的零息债券的交易价为 87.86 美元，那么 $t = 1$ 时，期权的价值为 88.5 − 87.86 = 0.64 美元。如果债券的交易价为 89.14 美元，那么期权就没有价值，因为债券可以在公开市场按照高于执行价（88.5 美元）的价格出售。这就表明 $t = 1$ 时，期权的价值为：

$$0.5 \times 0.64 + 0.5 \times 0 = \$0.32$$

可是，金融机构分析期权的价值以及支付看跌期权费的时间为 $t = 0$，即行使期权的一年之前。因此，金融机构的经理愿意支付的公允看跌期权费价值（P）为购买期权的预期收益的贴现价值。由于现在一年期的利率（R_1）为 10%，因此

$$P = \frac{\$0.32}{1 + R_1} = \frac{\$0.32}{1.1} = \$0.29$$

即期权费 P 大约为每购买 100 美元的债券期权需要支付 29 美分。

此外，很容易看到，随着利率波动性的增加，期权也变得越来越具有价值。从理论上讲，随着波动的增加，二项树图形的分支越来越分散。比如，假设一年期利率上升为 14.82%，而不是 13.82%，那么，在一年期利率上升为 14.82% 的情况下，一年期零息债券的价格为 87.09 美元（$t = 1$），而期权的价值为 \$88.5 − \$87.09 = \$1.41（$t = 1$）。因此，在执行价相同（\$88.5）的情况下，看跌期权的价值（P）为：

$$P = \frac{0.5 \times 1.41 + 0.5 \times 0}{1.1} = 64\text{ 美分}$$

请注意期权定价理论中有一个人们熟悉的结果：

$$\frac{\delta P}{\delta \sigma} > 0$$

即看跌期权的价值会随着标的资产收益率变化的增加而增加。

实际的债券期权

我们通过一个简单的例子，介绍了金融机构如何使用债券期权来防范利率变动后负债被提取及资产被出售时的风险。在现实中，金融机构可以广泛从事各种场外（OTC）和场内期权交易。利率期权可以在芝加哥期权交易所（CBOE）上市交易。然而，这些合约的交易十分少见。比如，2004 年 3 月 18 日，短期利率期权的**未平仓合约**（open interest，未结清的看涨和看跌期权合约）只有 217 份。在实践中，大多数纯粹的债券期权都是在场外进行交易的。这并不是因为人们不去使用利率或债券期权——尽管未平仓合约较少，而是因为人们更愿意把利率期货期权作为套期保值的方法。关于这些**期货期权**（futures options）的交易（即这种期权合约在行使期权时，需要以期货合约作为基础资产来进行交割），请看图 20-12 中所给出的 2004 年 3 月 18 日（星期四）的交易情况。一般而言，人们之所以愿意选择债券或利率期货期权，而不愿意选择以债券为标的资产的期权，是因为前者既具有普通看涨和看跌期权所拥有的盈亏不对称特点，同时还具有流动性强、无信用风险、交易标准化和逐日盯市等特点。

具体而言，当金融机构购买债券期货看跌期权进行套期保值时，如果利率上升且债券价格下跌，那么，金融机构可以行使看跌期权：将债券期货合约按执行价交付给卖方——但此时的执行价要高于期货交易所目前的债券期货交易的成本。期货价本身反应了标的交割债券（比如息票率为 8% 的 20 年期国债）的价格——参见图 20-12。这样，期货期权的盈利，可以抵消金融机构资产组合中直接持有债券而遭受的市场价值损失。如果利率下降且债券和债券期货价格上升，期货期权的买方将不会行使看跌期权，因此，期货看跌期权的损失仅限于所支付的看跌期权费。所以，在 2004 年 3 月 18 日，如果金融机构按 117 美元的执行价购买了 10 万美元的 20 年期国债期货看跌期权（2004 年 6 月到期）且没有行使期权，那么，金融机构的损失为 262/64% 的看跌期权费，即 10 万美元的一份合约要损失 2 968.75 美元。然而，金融机构标的债券组合市场价值的上升将弥补这一部分损失。与第 19 章所介绍的期货头寸不一样，当利率下降时，期权的潜在收益仍然存在，因此，金融机构可以利用期货看跌期权来防范利率风险。下一节我们将介绍这些内容。

利用期权进行表内利率风险套期保值

从前面简单的例子中可以看到，债券期权如何用于资产组合中标的债券头寸利率风险的套期保值。接下来，我们来看如何确定看跌期权头寸，以便对表内总体利率风险进行套期保值；换句话讲，我们要分析总体套期保值，

图 20-12 利率期货期权（2004 年 3 月 18 日）

Interest Rate

STRIKE CALLS-SETTLE PUTS-SETTLE

T-Bonds (CBT)

$100,000; points and 64ths of 100%

Price	Apr	May	Jun	Apr	May	Jun
115	0-54	1-46	2-13	0-34	1-26	1-57
116	0-24	1-14	1-45	1-04	1-58	2-25
117	0-09	0-53	1-18	1-53	2-33	2-62
118	0-03	0-35	0-61	2-47	3-14	3-40
119	0-01	0-22	0-44	...	...	...
120	0-01	0-13	0-31	...	...	5-10

Est vol 43,594;
Wd vol 42,376 calls 21,923 puts
Op int Wed 357,398 calls 413,632 puts

T-Notes (CBT)

$100,000; points and 64ths of 100%

Price	Apr	May	Jun	Apr	May	Jun
115	1-00	1-34	1-54	0-13	0-47	1-03
116	0-24	0-61	1-17	0-37	1-09	1-30
117	0-06	0-34	0-53	1-19	1-47	2-02
118	0-01	0-17	0-32	2-14	...	2-45
119	0-01	0-08	0-18	...	...	3-30
120	...	0-04	0-10	...	...	...

Est vol 158,759 Wd 158,543 calls 120,182 puts
Op int Wed 1,166,258 calls 1,222,764 puts

5 Yr Treas Notes (CBT)

$100,000; points and 64ths of 100%

Price	Apr	May	Jun	Apr	May	Jun
11400	0-09	0-31	0-46	0-31	0-54	1-04
11450	0-02	0-20	0-33	...	...	...
11500	0-01	0-11	0-23	...	...	...
11550	0-01	0-06	0-15	...	...	...
11600	...	0-03	0-09	...	...	...
11650	...	0-02	0-06	...	...	...

Est vol 34,573 Wd 10,626 calls 19,813 puts
Op int Wed 172,925 calls 518,654 puts

30 Day Federal Funds (CBT)

$5,000,000; 100 minus daily average

Price	Mar	Apr	May	Mar	Apr	May
988750	.122	.127	.122	.002	.002	.002
989375	.062	.065	.065	.002	.002	.005
990000	.002	.007	.010	.007	.007	.015
990625	.002	.002	...	...	...	...
991250	.002	...	.002	...	...	.132
991875	...	...	...	...	...	...

Est vol 410 Wd 11,175 calls 300 puts
Op int Wed 163,010 calls 161,971 puts

STRIKE CALLS-SETTLE PUTS-SETTLE

Eurodollar (CME)

$ million; pts. of 100%

Price	Apr	May	Jun	Apr	May	Jun
9850	3.40	...	3.47	0.00	0.05	0.07
9875	1.00	1.10	1.17	0.10	0.20	0.27
9900	0.02	0.07	0.10	...	...	1.70
9925	...	...	0.02	...	...	4.12
9950	...	...	0.00	...	...	...
9975	...	...	0.00	...	...	...

Est vol 276,654;
Wd vol 134,553 calls 520,901 puts
Op int Wed 3,568,321 calls 3,950,481 puts

1 Yr. Mid-Curve Eurodlr (CME)

$1,000,000 contract units; pts. of 100%

Price	Apr	May	Jun	Apr	May	Jun
9725	5.85	...	6.52	0.15	0.47	0.85
9750	3.60	4.15	4.60	0.40	0.95	1.40
9775	1.80	2.40	2.92	1.10	1.70	2.22
9800	0.62	1.17	1.62	2.42	...	3.42
9825	0.17	...	0.72	...	...	...
9850	0.05	...	0.27	...	...	7.05

Est vol 71,710 Wd 28,000 calls 37,835 puts
Op int Wed 730,247 calls 727,189 puts

2 Yr. Mid-Curve Eurodlr (CME)

$1,000,000 contract units; pts. of 100%

Price	Jun	Sep	Dec	Jun	Sep	Dec
9625	6.05	5.72	5.50	1.15	2.95	4.75
9650	4.20	4.20	4.15	1.80	3.90	5.90
9675	2.65	2.90	...	2.75	5.10	...
9700	1.52	...	2.20	...	...	...
9725	...	1.20	...	...	...	...
9750	...	...	0.92	...	...	...

Est vol 2,350 Wd 6,530 calls 3,080 puts
Op int Wed 60,547 calls 20,705 puts

Euribor (LIFFE)

Euro 1,000,000

Price	Apr	May	Jun	Apr	May	Jun
97750	0.32	0.32	0.32	...	...	0.00
97875	0.19	0.20	0.20	...	0.00	0.01
98000	0.08	0.09	0.11	0.01	0.02	0.04
98125	0.02	0.04	0.05	0.07	0.09	0.10
98250	0.00	0.02	0.02	0.18	0.20	0.20
98375	...	0.00	0.01	0.30	0.31	0.31

Vol Th 270,614 calls 46,921 puts
Op int Wed 5,303,386 calls 1,809,827 puts

Euro-BUND (EUREX)

100,000; pts. In 100%

Price	Apr	May	Jun	Apr	May	Jun
11500	1.26	1.52	1.75	0.02	0.28	0.51
11550	0.81	1.16	1.40	0.07	0.42	0.66
11600	0.43	0.85	1.10	0.19	0.61	0.86
11650	0.18	0.59	0.84	0.44	0.85	1.10
11700	0.06	0.38	0.62	0.82	1.14	1.38
11750	0.01	0.24	0.45	1.27	1.50	1.71

Vol Th 48,047 calls 34,758 puts
Op int Wed 505,506 calls 589,281 puts

Currency

Japanese Yen (CME)

12,500,000 yen; cents per 100 yen

Price	Apr	May	Jun	Apr	May	Jun
9300	1.51	1.94	2.24	0.59	1.02	1.32
9350	1.23	1.68	1.97	0.81	1.26	1.55
9400	1.00	1.44	1.72	1.08	1.52	1.80
9450	0.79	...	1.52	1.37	...	2.10
9500	0.61	...	1.34	1.69	...	2.42
9550	0.48	0.90	1.18	2.06	...	2.75

Est vol 1,940 Wd 1,596 calls 1,006 puts
Op int Wed 21,813 calls 17,559 puts

Canadian Dollar (CME)

100,000 Can.$, cents per Can.$

Price	Apr	May	Jun	Apr	May	Jun
7400	...	...	1.84	0.30	...	0.81
7450	0.98	...	1.53	0.45	...	1.00
7500	0.69	1.01	1.25	0.66	0.98	1.22
7550	0.48	0.80	1.03	0.95	1.27	1.50
7600	0.34	...	0.85	1.31	...	1.82
7650	0.24	...	0.69	...	...	2.15

Est vol 188 Wd 127 calls 175 puts
Op int Wed 9,077 calls 4,985 puts

British Pound (CME)

62,500 pounds; cents per pound

Price	Apr	May	Jun	Apr	May	Jun
1800	3.08	4.09	4.63	1.16	2.17	2.72
1810	2.50	...	...	1.58	...	...
1820	2.00	3.00	3.56	2.08	3.08	3.64
1830	1.64	2.55	3.10	2.72	...	4.18
1840	1.28	2.17	2.69	3.36	4.25	4.76
1850	1.00	1.83	2.31	4.08	...	5.38

Est vol 1,559 Wd 377 calls 53 puts
Op int Wed 9,050 calls 3,590 puts

Swiss Franc (CME)

125,000 francs; cents per franc

Price	Apr	May	Jun	Apr	May	Jun
7850	1.57	...	2.29	0.47	...	1.19
7900	1.25	1.69	2.00	0.65	1.09	1.40
7950	0.96	1.42	...	0.86	1.32	...
8000	0.73	1.19	1.50	1.13	1.59	1.90
8050	0.55	...	...	1.45	...	...
8100	0.40	...	1.10	1.80	...	2.49

Est vol 145 Wd 9 calls 7 puts
Op int Wed 1,010 calls 2,094 puts

Euro Fx (CME)

125,000 euros; cents per euro

Price	Apr	May	Jun	Apr	May	Jun
12250	1.92	...	3.10	0.96	...	2.14
12300	1.63	2.31	2.83	1.17	1.85	2.37
12350	1.37	...	...	1.41	...	...
12400	1.14	1.83	2.35	1.68	2.37	2.89
12450	0.94	...	2.13	1.98	...	3.17
12500	0.76	1.42	1.92	2.30	2.96	3.45

Est vol 7,717 Wd 1,551 calls 2,278 puts
Op int Wed 28,166 calls 28,727 puts

资料来源：*The Wall Street Journal*，March 19，2004，p.B6.Reprinted by permission of *The Wall Street Journal*，© 2004 Dow Jones & Company，Inc.All rights reserved worldwide.

图 20–13　金融机构通过购买看跌期权来进行利率风险套期保值

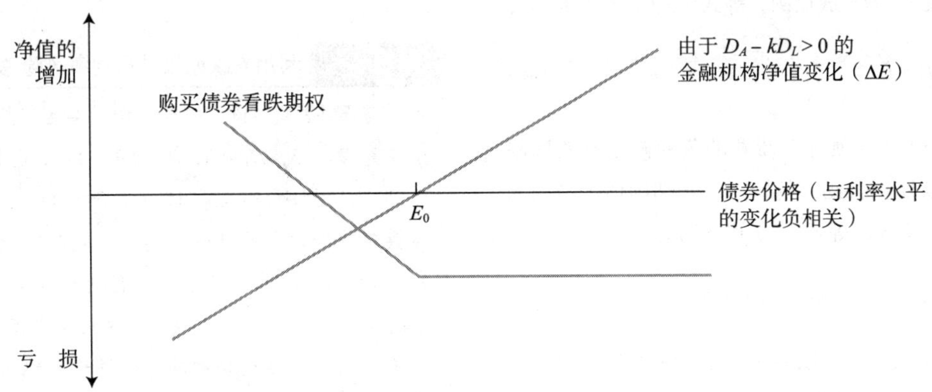

而不是单项套期保值。

从第 3 章中可以看到，金融机构净值的利率风险可以表示为：

$$\Delta E = -(D_A - kD_L) \times A \times \frac{\Delta R}{1+R}$$

式中

ΔE = 金融机构净值的变化

$(D_A - kD_L)$ = 金融机构的有效期限缺口

A = 金融机构资产的规模

$\frac{\Delta R}{1+R}$ = 利率变化的幅度

k = 金融机构的杠杆比（L/A）

假设金融机构的经理希望能够确定，为防范利率上升风险应该购买的看跌期权的最优数量。利率上升时，如果金融机构的有效期限缺口为正数（参见图 20–13），它就会遭受表内净值损失。在此情况下，金融机构的经理会购买看跌期权。[7] 也就是说，金融机构的经理希望持有看跌期权头寸所带来的利润，正好能弥补利率变化所造成的净值损失［图 20–3 中的 E_0 为金融机构的初始权益（净值）头寸］。

假设 ΔP 为长期国债看跌期权头寸的价值变化总额。这一数额可以分解为：

$$\Delta P = (N_p \times \Delta p) \tag{1}$$

式中，N_p 代表应购买的长期国债看跌期权合约数（合约面值为 10 万美元）（这正是我们要求解的数），Δp 代表面值为 10 万美元的每一份长期国债看跌期权合约的价值变化。

每份合约的价值变化（Δp）还可以进一步分解为：

$$\Delta p = \frac{dp}{dB} \times \frac{dB}{dR} \times \Delta R \tag{2}$$

需要对这种分解进行一些说明。第一项（dp/dB）表示的是标的债券价值变化 1 美元所引起的看跌期权价值的变化。这一项被称为期权的得尔塔系数（δ），且其价值在 0~1 之间。就看跌期权而言，得尔塔为负数，因为债券价格上升时，看跌期权的价值会下降。[8] 第二项（dB/dR）表示的是，利率上升一个基本点所引起的债券市场价值的变化，这一项（一个基本点引起的价值变化）与有效期限相关。具体而言，从第 9 章中我们了解到：

$$\frac{dB}{B} = -MD \times dR \tag{3}$$

7　反过来，利率下降时，有效期限缺口为负数的金融机构将承担表内净值损失。在这种情况下，金融机构的经理希望通过购买看涨期权所获收益抵消利率变化造成的净值损失。

8　就看涨期权而言，得尔塔为正数，因为当债券价格上升时，看涨期权的价值会上升。在推导过程中，我们只考察看跌期权合约的套期保值（即金融机构的有效期限缺口为正数，且预期利率上升）。就看涨期权合约的套期保值而言（即金融机构的有效期限缺口为负数），下面的推导只涉及到一个变化，即得尔塔的符号相反（从负号变为正号）。

即利率发生微小变化时，债券价格变化的百分比与债券的修正有效期限（*MD*）成比例。等式（3）可以变形为：

$$\frac{dB}{dR}=-MD\times B \quad (4)$$

因此，*dB*/*dR* 这一项等于债券的负的修正有效期限（*MD*）乘以看跌期权合约标的资产（长期国债）当期的市场价值（*B*）。这样，等式（2）可改写为：

$$\Delta p=[(-\delta)\times(-MD)\times B\times\Delta R] \quad (5)$$

式中 ΔR 代表利率变化（即以基本点表示的利率变化值）。由于从第 4 章中我们已经得知：$MD=D/(1+R)$，因此，我们可以将（5）式改写为：

$$\Delta p=\left[(-\delta)\times(-D)\times B\times\frac{\Delta R}{1+R}\right] \quad (6)$$

所以，看跌期权头寸的总价值变化（ΔP）为：[9]

$$\Delta P=N_p\times\left[\delta\times D\times B\times\frac{\Delta R}{1+R}\right] \quad (7)$$

括号中的这一项表示的是利率变化时，一份面值为 10 万美元的长期国债看跌期权的价值变化，而 N_p 代表的是看跌期权合约的数量。

为了防范净值风险，我们要求利率上升时表外看跌期权的盈利（ΔP）正好能弥补表内净值的损失（$-\Delta E$）。即：[10]

$$\Delta P=-\Delta E$$

$$N_p\times\left[\delta\times D\times B\times\frac{\Delta R}{1+R}\right]=[D_A-kD_L]\times A\times\frac{\Delta R}{1+R}$$

等式两边同时约去 $\Delta R/(1+R)$，我们得到

$$N_p\times[\delta\times D\times B]=[D_A-kD_L]\times A$$

求解 N_p（应购买的看跌期权合约数），我们得到：[11]

例 20-1 利用看跌期权进行利率风险总体套期保值

与第 19 章的情况一样，假设某金融机构的资产负债表为 $D_A=5$，$D_L=3$，$k=0.9$，$A=1$ 亿美元。随后 6 个月内，预计利率将从 10% 上升为 11%，从而使得金融机构的净值亏损 209 万美元。同时假设看跌期权的 δ 为 0.5（这说明期权接近于有利价状态），看跌期权合约标的债券的有效期限 $D=8.82$，面值为 10 万美元的长期国债（期权合约的标的资产）现行的市场价值 $B=97\,000$ 美元。求解应购买的看跌期权合约数 N_p：

$$N_p=\frac{\$230\,000\,000}{[0.5\times8.82\times\$970\,000]}=\frac{\$230\,000\,000}{\$427\,770}$$
$$=537.672 \text{ 份合约}$$

如果金融机构适当降低套期保值合约数，那么这一数额为一整数——537 份合约。如果利率从 10% 上升为 11%，金融机构看跌期权的价值变化为：

$$\Delta P=537\times\left[0.5\times8.82\times\$97\,000\times\frac{0.01}{1.1}\right]=209 \text{ 万美元}$$

正好能弥补表内净值损失。

金融机构购买这些看跌期权的期权费总成本为，每份看跌期权合约的价格（期权费）乘以看跌期权合约的数量：

$$\text{成本}=N_p\times \text{每份看跌期权合约的期权费}$$

假设长期国债看跌期权近期合约的期权费报价为面值的 2.5%，即每份看跌期权合约（面值 10 万美元）的期权费为 2 500 美元，那么，对有效期限缺口进行总体看跌期权保值的成本为：

$$\text{成本}=537\times\$2\,500=\$1\,342\,500$$

仅为 130 万美元出头。请记住，所假设的金融机构的总资产为 1 亿美元。

---

9 请注意，由于看跌期权的得尔塔系数和债券的有效期限均为负数，因此，两者之积为正数。这样，在求解 N_p 的等式中，这两个负号都未出现。

10 请注意，由于

$$\Delta E=-(D_A-kD_L)\times A\times\frac{\Delta R}{1+R}$$

所以：$-\Delta E=+(D_A-kD_L)\times A\times\frac{\Delta R}{1+R}$

11 就看涨期权套期保值而言，该公式为：

$$N_C=\frac{[D_A-kD_L]\times A}{-[\delta\times D\times B]}$$

图 20–14　通过购买看跌期权对金融机构有效期限缺口的利率风险进行套期保值

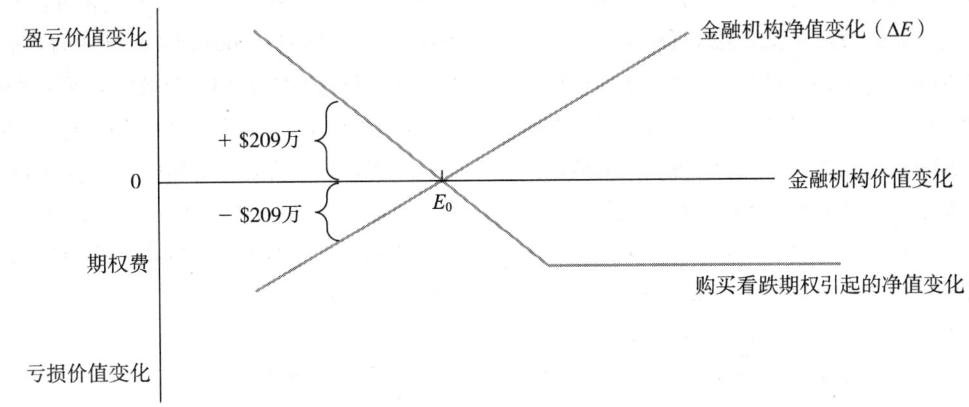

$$N_p = \frac{[D_A - kD_L]\times A}{-[\delta \times D \times B]} \tag{8}$$

图 20–14 归纳出利率上升 1% 所引起的金融机构总体价值的变化，以及看跌期权市场套期保值所发生的相反变化。如果利率上升的预测是准确的，那么金融机构的有效期限缺口将使净值下降 209 万美元。这一下降金额将从金融机构所持看跌期权头寸所带来的 209 万美元盈利中得到弥补。可是，如果利率上升，由此而带来的净值增加却不会被价外看跌期权价值的下降而抵消。

基差风险

重要的一点是，我们必须再次认识到，在前面的例子中，金融机构之所以能够对利率风险进行完全套期保值，是因为我们假设基差风险为 0。也就是说，我们假设表内利率变化等于期权合约标的债券的利率变化，[即 $\Delta R/(1+R)=\Delta R_b/(1+R_b)$]。正如第 19 章所介绍的，基差风险的存在意味着金融机构必须调整所持有的期权合约数，以便考虑到期权标的证券（即长期国债）的利率变化，与金融机构套期保值资产或负债即期利率变化之间的相对关系。

考虑到基差风险的情况下，确定利率风险套期保值应购买的看跌期权合约数的公式为：

$$N_p = \frac{(D_A - kD_L)\times A}{\delta \times D \times B \times br}$$

例 20–2　有基差风险时的看跌期权总体套期保值

参照例 20–1。假设基差风险 br 为 0.92（即期权标的债券的利率变化为被保值的表内即期利率变化的 92%）。在例 20–1 中，不存在基差风险，对债券头寸的利率风险进行套期保值所需的看跌期权合约为 537.672 份。引入基差风险，并假设 $br = 0.92$：

$$N_p = \frac{\$2.3\text{ 亿}}{0.5\times 8.82\text{ 年 }\times \$97\,000\times 0.92}$$

$$= 584.4262\text{ 份看跌期权合约}$$

需要有更多的看跌期权合约才能对利率风险进行套期保值，其原因在于，期权合约标的债券的利率变化与所持表内资产（债券）的利率变化不同步。

式中 br 代表期权合约标的债券利率（R_b）的波动性，与金融机构表内债券利率（R）的波动性之间的相对关系。即，

$$br = \frac{\dfrac{\Delta R_b}{1+R_b}}{\dfrac{\Delta R}{1+R}}$$

利用期权进行外汇风险套期保值

与金融机构利用债券期权或债券期货期权来对债券

多头的利率风险进行套期保值一样，人们还可以利用期权来对外汇资产多头或空头的汇率风险进行单项套期保值。为了理解这一点，我们假设某金融机构于2004年3月购买了一笔加拿大元（C$）资产（即加拿大元资产为多头）。这笔加元资产是期限为1个月的短期国债，2004年4月到期时能获得1亿加元。由于金融机构的负债以美元计价，因此，它希望对外汇风险进行套期保值，以防止随后一个月内加元的贬值。假设加元现行的汇率$0.7531/C$1将出现下降，那么以美元来衡量，金融机构的加元短期国债投资就将遭受损失。比如，如果加元从2004年3月的$0.7531/C$1贬值为2004年4月的$0.7350/C$1，那么到期时1亿加元资产的价值只有7 350万美元，而不是3月份购买国债时预期的7 531万美元。如果汇率贬值幅度足够大，那么金融机构就有可能无法偿付用于短期国债融资的美元负债。为了防范这种风险，金融机构可以按$0.740/C$1的执行价购买1个月期的加元看跌期权，这样，如果一个月后汇率的确降为$0.7350/C$1，那么金融机构的经理就可以将短期国债到期时的1亿加元收益交付给期权的卖方。那么，金融机构将获得7 400万美元，而不是月底按公开市场即期汇率出售加元时的7 350万美元。如果未来1个月加元实际升值了，或者是未贬值到$0.740/C$1以下，期权将自动过期，金融机构将在即期外汇市场出售1亿加元，并购买美元（参见图20-15）。

与债券一样，金融机构可以购买外汇期货合约看跌期权来对这种外汇风险进行套期保值。图20-12给出了在芝加哥商品交易所（CME）交易的外汇期货期权合约。2004年3月18日，2004年4月到期的外汇期货看跌期权的执行价为$0.74/C$1，金融机构要支付的期权费成本为$0.0030/C$1。由于每份加元期货合约的面值为10万加元。因此，每份合约的期权费成本为300美元。如果我们忽略基差风险问题，即不考虑美元对加元即期汇率和期货期权汇率的不完全相关，那么应购买的最佳的期货期权合约数为：

$$\frac{1\text{亿}}{10\text{万}}=1\ 000\text{份合约}$$

其期权费总成本为30万美元。

利用期权来防范信用风险

期权也可以用来防范金融机构的信用风险。与防范利率风险相比，用期权来防范信用风险是一种较新的现象。尽管金融机构在从事媒介业务时，总是愿意承担部分信用风险（即利用其比较优势来承担这种风险），但是，期权使它们能够对风险水平进行选择性调节。在第19章我们介绍过，金融机构可以通过出售信用远期合约来进行适当的信用风险保值。除了使用信用远期进行套期保值之外，金融机构至少还可以通过两种信用期权衍生工

图 20-15 通过购买加元看跌期权来防范外汇风险

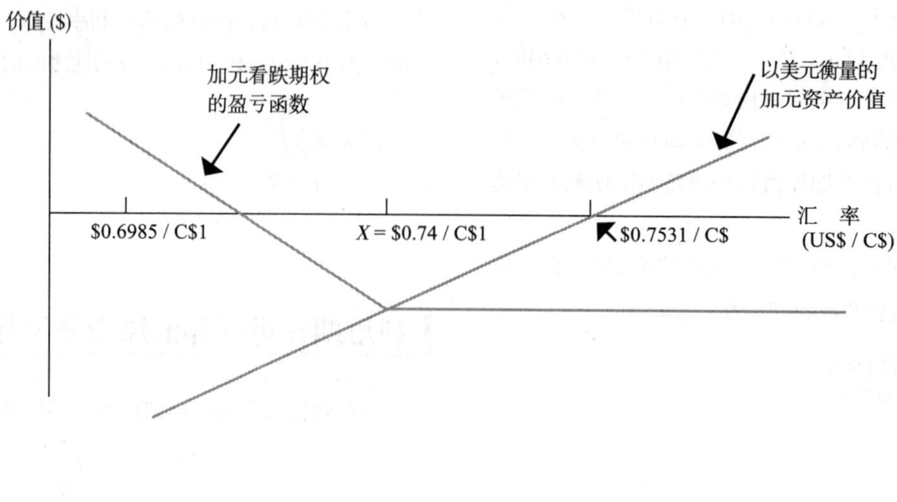

具来进行表内信用风险的套期保值。

当借款人的某种参考债券的（违约）风险溢价或利差超出某一执行差价（S）时，**信用差价看涨期权**（credit spread call option）的收益就会增加。担心借款者的贷款风险上升的金融机构，可以购买信用差价看涨期权来防范信用风险的上升。

图 20–16 描述了信用差价的变化，对金融机构资本价值及其信用差价看涨期权盈亏状况的影响。当金融机构借款人的信用差价增加时，贷款的价值会下降，因此金融机构的净值也会下降。可是，如果参考债券的信用风险特征（即信用差价变化）与金融机构贷款的信用风险特征相同，那么表内净值损失就可以从信用差价看涨期权的收益中得到弥补。如果金融机构的贷款所要求的信用风险差价下降（或许是由于贷款期内借款人的信用质量改善了），金融机构贷款的价值及净值就会上升（上升幅度有一个最高限额），但是，信用差价看涨期权将自动过期。因此，金融机构的最大损失为信用期权所要求的（看涨）期权费，而这笔费用可以从贷款组合资产市场价值的收益中获得弥补（这可以从金融机构净值的增加中看出来）。

贷款违约时（信用风险上升的极端情况），**数字违约期权**（digital default option）会按某一规定的金额进行赔付。从图 20–17 中可以看到，金融机构可以购买违约期权来为其资产组合中的某一笔（或几笔）贷款的面值提供保护。贷款发生违约时，期权的卖方会按违约贷款的面值向金融机构进行赔付。然而，如果贷款能够按协议偿还，违约期权就将自动过期。因此，金融机构购买违约期权的最大损失为支付给期权卖方的期权费（成本）。

图 20–16　通过购买信用差价看涨期权来防范信用风险

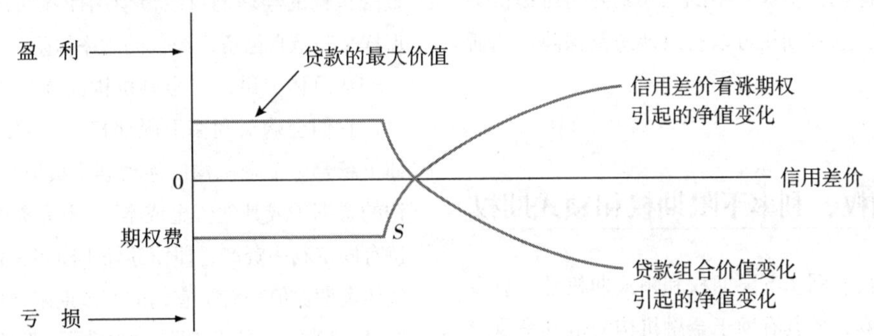

图 20–17　通过购买数字违约期权来防范信用风险

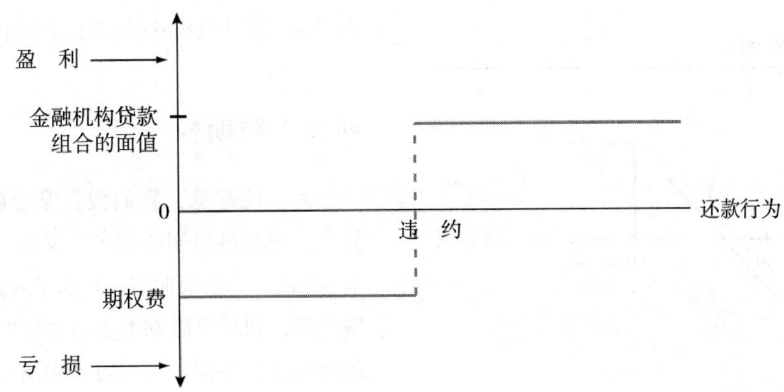

利用差价看涨期权来防范灾难风险

1993 年，为了便于财产事故保险公司防范飓风这样的灾难所带来的意料之外的巨额损失风险，芝加哥期货交易所（CBOT）引入了**灾难差价看涨期权**(catastrophe-call spread)。这种交易的基本思路可以从图 20-18 中看到。支付一笔期权费后，保险公司可以对某一范围内的损失率进行防范（请记住，损失率是所遭受的损失除以承保保费）。在图 20-18 中，保险公司购买差价看涨期权来对损失率在 50%~80% 之间的灾难保险风险进行套期保值。如果损失率最终在 50% 以下（或许是由于飓风季节较为温和的缘故），保险公司将损失期权费。如果损失率在 50%~80% 之间，它就会获得一笔随损失率不断增加的收益。如果损失率超出 80%，期权卖方支付给买方（保险公司）的金额为 80% 这一上限。Cummins、Lalonde 和 Phillips 详细考察了灾难损失指数期权在防范佛罗里达飓风损失中的作用。1998 年在佛罗里达从事经营的财产保险公司一共有 264 家，根据其中的 255 家公司所提供的数据，他们发现，这些期权可以有效地防范保险公司所面临的灾难风险。

利率上限期权、利率下限期权和领式期权

利率上限期权、利率下限期权和领式期权是具有多种用途的衍生证券，尤其有助于金融机构防范利率风险以及客户个体所面对的风险。购买**利率上限期权**（cap）意味着买入一种或一系列的利率看涨期权。具体而言，

图 20-18 灾难差价看涨期权

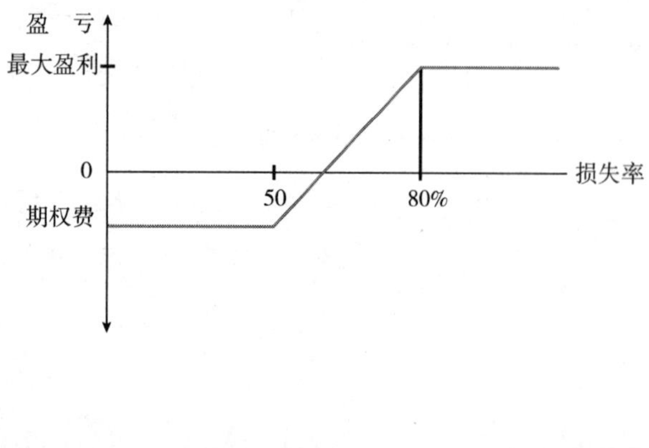

在收取一笔前期期权费后，如果利率的上升超出了上限，利率上限期权的卖方（通常是一家银行）会向买方（比如另一家金融机构）提供补偿。因此，购买利率上限期权类似于购买防范利率（过度）上升的保险。利率上限期权协议可以有一个或多个期权行使日。

购买**利率下限期权**（floor）意味着买一种利率看跌期权。在收取了一笔前期期权费后，如果利率的下降超出了下限，利率下限期权的卖方会向买方提供补偿。与利率上限期权一样，利率下限期权协议也可以有一个或多个期权行使日。

领式期权（collar）是指金融机构同时从事利率上限期权和利率下限期权交易，比如购买利率上限期权的同时，出售利率下限期权。这种想法的产生在于，金融机构既要防范利率上升的风险，又要为利率上限期权的成本融资。要达到这一目的，其中的一种方法就是出售利率下限期权，并以其期权费收入来支付购买利率上限期权的期权费。因此，这三种场外工具属于特殊形式的期权；金融机构的经理们可以像使用债券期权和债券期货期权那样来防范自己资产组合的利率风险。

从总体上讲，当金融机构面临利率上升造成的损失时，它们会购买利率上限期权。通常，这种情况发生在如下场合：金融机构以浮动利率负债［比如与 LIBOR 挂钩的票据（或其他资金成本）］来为资产融资的同时，又持有固定利率资产，即债券处于净多头状态，或者说（以整体套期保值来看）它们的有效期限缺口为：$D_A - kD_L > 0$。反过来，金融机构购买利率下限期权发生在下列场合：它们拥有成本固定的债务和浮动利率（收益率）的资产，且其债券处于净空头状态，即 $D_A - kD_L < 0$。最后，当金融机构担心利率的过度波动，同时又想为利率上限期权或利率下限期权头寸融资时，它们就会购买领式期权。

利率上限期权

为简便起见，我们假设某金融机构在时间为 0 时，从另一家金融机构购买了名义值为 1 亿美元、最高利率为 9% 的利率上限期权。收取了对方支付的一笔前期期权费之后，利率上限期的卖方要随时准备向购买期权的金融机构进行补偿——当协议中所指定的利率指数在规定

图 20-19 假设的利率变化路径

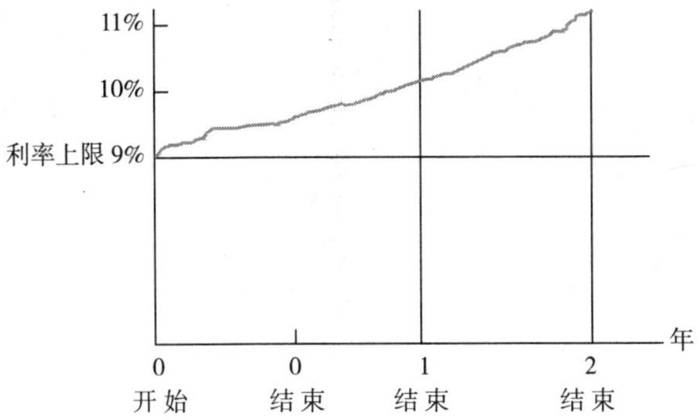

图 20-20 假设的利率变化路径

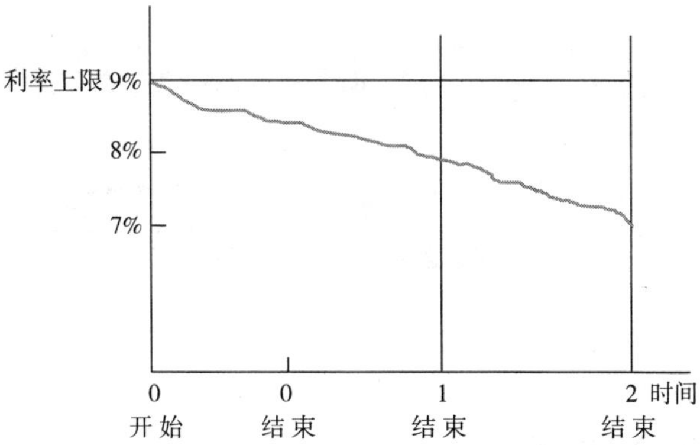

日期高出 9% 这一利率上限时。这能有效地将金融机构的浮动利率负债转化为固定利率负债。在这个例子中，我们假设金融机构在时间为 0 时购买上限期权，行使期权日为 1 年和 2 年之后。也就是说，从交易开始到最后的行使期权日，该利率上限期权有 3 年的期限，行使期权日分别为第 1 年年底和第 2 年年底。[12]

因此，如果第 1 年年底和第 2 年年底期权行使日的利率均高于 9%，利率上限期权的买方就会要求卖方支付两笔现金。在实践中，利率上限期权的行使日一般都与负债偿还日（比如，浮动利率票据的付息日）密切吻合。图 20-19 给出了其中一些可能的情况。

在图 20-19 中，利率上限期权的卖方必须按表 20-1 中所示的金额向买方付款。在这种情况下，购买利率上限期权的金融机构在期权有效期内获得（未贴现的）300 万美元，以弥补负债融资成本的上升或债券 / 资产组合市场价值的损失。然而，图 20-19 中的利率只是其中一种可能的情况。我们来看图 20-20 给出的另一种可能的利率变化路径。这种情况下，行使期权日的利率低于 9%：第 1 年年底为 8%，第 2 年年底为 7%。因此，利率上限期权的卖方不会向买方付款。这个例子清楚地表明，购买利率上限期权类似于购买利率看涨期权：价外期权将自动过期，因为当利率低于上限时，利率上限期权的卖方不会向买方付款。从理论上讲，购买这种利率上限期权就像购买一种复杂的利率看涨期权或债券价格看跌期权：这种交易拥有一个执行价或执行利率，但却有两个期权行使日——第 1 年年底和第 2 年年底。

表 20-1 利率上限期权的支付金额

年 底	利率上限	实际利率	利 差	卖方向买方支付
1	9%	10%	1%	100 万美元
2	9	11	2	200 万美元
合 计				300 万美元

金融机构的经理面临的问题是，要在利率不确定的情况下，计算出这种 9% 的利率上限期权的公允价值。比如，金融机构的经理并不知道第 1 年底时的利率是 10%，还是 8%。同样地，经理也不知道第 2 年年底时的利率是 11%，还是 7%。无论如何，以购买利率上限期权的方式进行利率风险保险时，金融机构的经理必须向卖方支付一笔前期费用，即期权费。下面，我们将根据前面计算债券期权费的二项式模型，来计算利率上限期权费的公允价值。

图 20-21 是时间为 0 时，签订利率上限期权合约的二项树。该期权的行使日在第 1 年年底和第 2 年年底。利率通常在每个周期开始时确定，并于每个周期结束时支付利息。利率上限期权目前（时间为 0）的价值或公允期权费为第 1 年年底和第 2 年年底行使期权的现值之和：

公允期权费

$= P$

= 期权第 1 年的现值 + 期权第 2 年的现值

12 起始年结束时，没有必要行使期权（即有三个行使期权日），因为起始年的利率在当年开始时就已经确定了。

图 20-21 9% 的利率上限期权

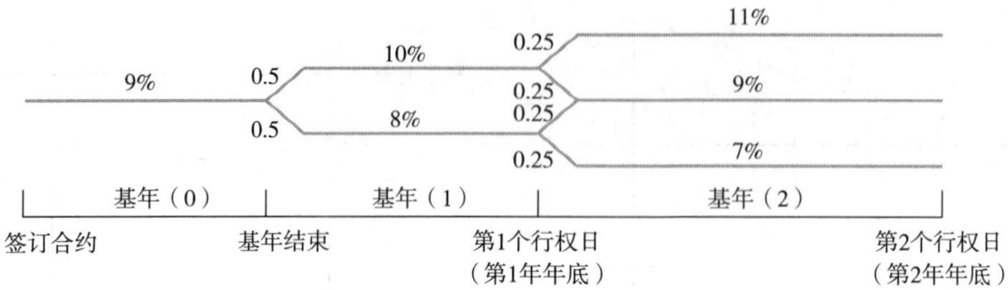

例 20-3 计算利率上限期权的期权费

期权第 2 年的现值

第 2 年结束时有 3 种可能的利率：11%、9% 和 7%。由于执行价为 9%，因此如果现实中的利率为 9% 或 7%，利率上限期权对买方而言就没有价值。换句话讲，价外期权将自动过期。只有当第 2 年年底的利率为 11% 时，买方行使期权的行为才具有价值。利率为 11% 时，利差为 11% − 9% = 2%。可是，由于第 2 年年底利率上升为 11% 的概率只有 25%，这种利差的预期价值为

$$0.25\times 2\% = 0.5\%$$

因此，就 1 亿美元的利率上限期权而言，第 2 年年底的预期支付金额为 50 万美元。然而，为了按目前的美元计算出期权费的公允值，第 2 年年底的预期现金流要贴现为现在（时间为 0）的价值：

$$PV_2=\frac{50\text{ 万}}{1.09\times 1.1\times 1.11}=37.57\text{ 万}$$

式中的 9%、10% 和 11% 分别是时间为 0、1、2 时的一年期期贴现率。因此，第 2 年年底期权的公允现值为 37.57 万美元——如果利率上限期权的面值为 1 亿美元的话。

期权第 1 年的现值

第 1 年年底利率有两种可能：上升到 10% 或下降为 8%。如果利率降为 8%，9% 的利率上限期权对买方就没有价值。然而，如果利率升为 10%，这样第 1 年年底就会出现 1% 的正利差。可是，预期的 1% 的利差出现的概率只有 0.5——因为这是从时间为 0 到第 1 年年底这段时间，利率从 9% 上升为 10% 的概率：

$$0.5\times 1\% = 0.5\%$$

以美元衡量，由于利率上限期权的面值为 1 亿美元，因此，第 1 年年底期权的预期价值为 50 万美元。为了计算出第 1 年年底行使利率上限期权的现值（时间为 0 时的价值），这笔预期现金流要按适当的一年期贴现率折算成初期的价值。即：

$$PV_1=\frac{50\text{ 万}}{1.09\times 1.1}=41.7\text{ 万}$$

即 41.7 万美元——如果利率上限期权的面值为 1 亿美元。因此，金融机构购买这种利率上限期权时愿意支付的公允期权费为：

$$\begin{aligned}\text{利率上限期权费} &= PV_1+PV_2\\ &=41.7\text{ 万}+37.57\text{ 万}\\ &=79.27\text{ 万美元}\end{aligned}$$

也就是说，依照这个简单的二项式模型所假设的利率情况，金融机构购买这种利率上限期权时，支付给卖方的期权费不能高于 79.27 万美元，即不高于期权合约面值的 0.7927%。

利率下限期权

利率下限期权指的是某一种或一系列的利率看跌期权。金融机构的经理购买利率下限期权的原因在于担心利率的下降。或许金融机构是在以固定利率为负债融资，并且持有浮动利率资产；或许，金融机构的某种债券处于空头，这样，利率下降后当它必须以更高的债券价格来平衡头寸时，就会遭受损失。从总体套期保值的角度来看，金融机构面临的有效期限缺口为资产的有效期限小于负债的杠杆调整有效期限（$D_A - kD_L < 0$）。关于购买利率下降期权的盈亏状况，请参见图 20-22 中的例子。

在这个简单的例子中，利率下限为 4%，且买方向卖方支付一笔前期期权费。如果利率上限期权可以被看成是一种复杂的利率看涨期权的话，那么利率下限期权就可以被看成是购买一种复杂的利率看跌期权。在我们的例子中，利率下限期权有 2 个期权行使日：第 1 年年底和第 2 年年底。

如果实际的利率变化路径与图 20-22 中的情况相同，

图 20-22　4% 的利率下限期权

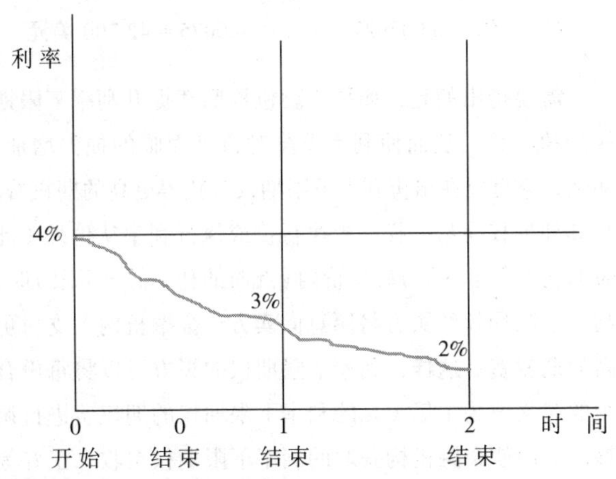

表 20-2　假设的利率下限期权的支付金额

年　底	利率上限	实际利率	利　差	卖方向买方支付
1	4%	3%	1%	100 万美元
2	4	2	2	200 万美元
合　计				300 万美元

卖方向买方的付款就是表 20-2 中所给出的结果。然而，由于期权的买方并不能确定实际的利率变化路径——利率有可能没有下降反而上升了，因此，这种盈利只有某种可能性。也就是说，买方要使用一种模型（类似于利率上限期权的二项式模型）来计算初期应事先支付的公允期权费。

领式期权

如果金融机构的经理非常厌恶风险，而且非常担心利率波动性的增加给自己的资产组合带来风险，那么，他可以想办法防范金融机构遭受这种利率波动性增加所带来的损失。防范这种风险的方法之一，就是同时购买利率上限期权和利率下限期权。这种交易通常被称为领式期权。图 20-23 描述了领式期权基本的风险防范特征——金融机构购买了 9% 的利率上限期权和 4% 的利率下限期权。

图 20-23 中的阴影部分代表的是利率上限和下限期权处于有利价（价内）状态时的利息支付区间（> 9% 或 < 4%），这是期权的买方将有可能从利率上限或下限期权的卖方获得的付款额。如果利率位于 4%~9% 这一区间，领式期权的买方就不能从卖方获得补偿。此外，买方必须支付两笔前期期权费：一笔给利率上限期权的卖方，另一笔给利率下限期权的卖方。很明显，购买领式期权类似于同时购买了一种复杂的看跌和看涨债券期权，即所谓的跨式期权。

领式期权的另外一种更常见的用途，就是替购买利率上限期权的成本进行融资。在前面面值为 1 亿美元的利率上限期权交易中，公允期权费（pc）为 79.27 万美元，即为利率上限期权面值（NV_C）的 0.7927%。也就是说，利率上限期权的成本（C）为：

$$\begin{aligned} C &= NV_C \times pc \\ &= 1\text{亿} \times 0.007927 \\ &= 79.27\text{万美元} \end{aligned}$$

为购买到这种期权，金融机构必须向其卖方先期支付一笔美元。

许多大金融机构面临的利率上涨风险要大于利率下

图 20-23 领式期权的盈亏状况

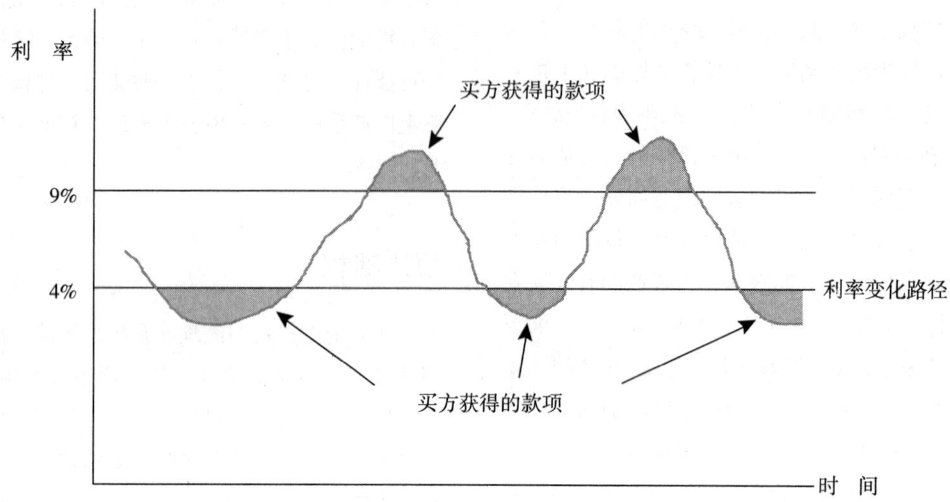

跌的风险——或许是由于它们严重依赖于利率敏感性负债这种资金来源，因此，它们同时会设法出售利率下限期权，以便为购买利率上限期权融资。[13] 这样，它们能获得前期收入；而这笔利率下限期权费则可以用于购买利率上限期权的成本支出或期权费支出。然而，它们要放弃利率下降有可能带来的好处。事实上，当利率下降时，利率下限期权更有可能被执行，因此，金融机构必须向利率下限期权的买方进行补偿。

在金融机构购买了利率上限期权并出售利率下限期权之后，其利率上限期权的净成本为：[14]

$$C = (NV_c \times pc) - (NV_f \times pf)$$

C = 利率上限期权的成本 - 利率下限期权的收益

式中

NV_f = 利率下限期权面值

pf = 利率下限期权的期权费费率

领式期权成本的计算

假设上面的例子中，金融机构在购买利率上限期权的同时，按 0.75% 的期权费率出售了面值为 1 亿美元的两年期利率下限期权。此时，购买利率上限期权先期支付的净成本降为：

$$C = 1 \text{亿} \times 0.007927 - 1 \text{亿} \times 0.0075 = 42\,700 \text{美元}$$

需要指出的是，如果金融机构愿意提升利率下限期权的执行价，从而使利率下降时自己面临的损失增加，那么，它可以在出售利率下限期权时获得更高的期权费。与其他期权交易一样，当执行价或执行利率从价外（此时的利率高于下限）转向价内（此时的利率低于下限）时，利率下限期权的买方将愿意向卖方（金融机构）支付更高的期权费。这样，利率上限期权的买方可以将每份合约的名义值为 1 亿美元的利率下限期权的期权费进行调整，从而使金融机构获取的利率下限期权费收入正好等于所支付的利率上限期权费。

$$C = 1 \text{亿} \times 0.007927 - 1 \text{亿} \times 0.007927$$
$$C = 0$$

当 $pc = pf$ 时，购买利率上限期权并出售利率下限期权的交易，可以使得购买利率上限期权的净成本降为 0。

13 在这种情况下，出售利率下限期权类似于出售某一种收费业务。

14 参见：K. C. Brown and D. J. Smith，"Recent Innovations in Interest Rate Risk Management and the Reintermediation of Commercial Banking." *Financial Management* 17(1988)，pp.45–58。

图 20-24 价内利率下限期权和价外利率上限期权

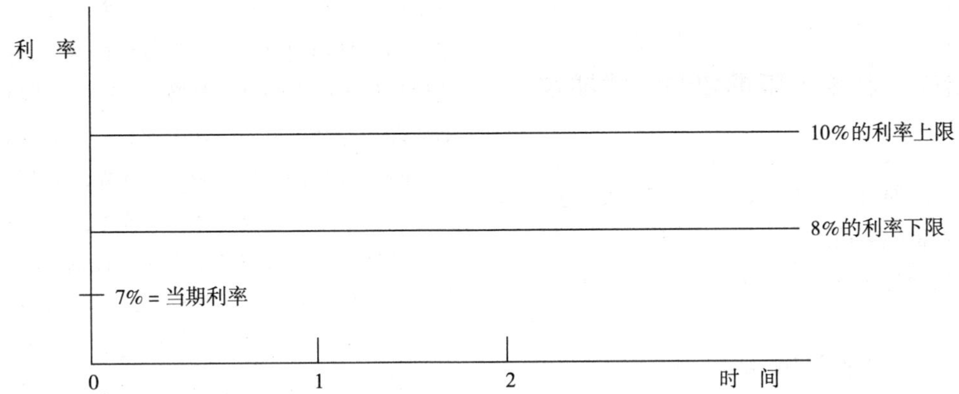

事实上，如果利率上限期权的买方购买十分不利的上限期权，并出售十分有利的下限期权（如图 20-24 所示），那么购买利率上限期权的净成本实际上有可能成为负数。在图 20-24 中，当期利率为 7%，而利率上限为 10%。因此，利率必须上升 3%，上限期权的买方才能在第 1 年年底获得一笔付款。相反，8% 的利率下限已经比现行利率 7% 高出 1%。如果利率在第 1 年年底时仍为 7%，卖出利率下限期权的金融机构就将损失 1% 的名义值。

如果购买价外利率上限期权的期权费为 0.7927%，而出售价内利率下限期权的期权费为 0.95%，那么，购买上限期权的（净）成本为：

$$C = (NV_c \times pc) - (NV_f \times pf)$$
$$= 79.27\text{ 万} - 95\text{ 万}$$
$$= -15.73\text{ 万美元}$$

提高利率下限期权的执行利率之后，其期权费可以使利率上限期权的融资成本为 0——尽管其名义本金与利率上限期权的名义本金不相等。换句话讲，利率下限期权协议和利率上限期权协议的名义值不一定要相等（$NV_c = NV_f = 1$ 亿美元）。

假设购买价外利率上限期权的期权费为 0.7927%，而出售价内利率下限期权的期权费为 0.95%。金融机构的经理想知道，需要出售的利率下限期权的名义本金（或合约规模）为多少，才能使购买 1 亿美元利率上限期权的前期净成本为 0。也就是说，

$$C = (NV_c \times pc) - (NV_f \times pf) = 0$$
$$= 1\text{ 亿} \times 0.007927 - NV_f \times 0.0095 = 0$$

求解 NV_f：

$$NV_f = \frac{1\text{ 亿} \times 0.007927}{0.0095} = \frac{NV_c \times pc}{pf} = 8\ 344\text{ 万美元}$$

显然，利率下限期权的期权费费率越高，为获取足够的期权费收入以满足购买利率上限期权的前期期权费支出所需的利率下限期权的名义值就越低。一般情况下，想获得购买利率上限期权的全部资金（$C = 0$），期权费费率和名义值之间的关系应该是：[15]

---

15 正如本章前面介绍过的，金融机构可以利用看跌期权来对头寸缺口进行总体套期保值。从经济上看，利率上限期权相当于利率看涨期权或债券看跌期权。然而，主要区别在于利率上限期权是一种拥有多个期权行使日的复杂期权。比如，在我们给出的计算利率上限期权公允期权费的简单模型中，存在着两个期权行使日：第 1 年年底和第 2 年年底。可是，我们已经讲过，整个利率上限期权的价值可以被分解为第 1 年（年底）的价值和第 2 年（年底）的价值。由于两者的期限不同，因此，它们都有各自的得尔塔系数（δ）。所以，利率上限期权的总价值变化（ΔC）为：

$$\Delta C = N_c \times \{[\delta_1 \times (D_1 \times B)] + [\delta_2 \times (D_2 \times B)]\} \times \Delta R/(1+R)$$

这里的 N_c（面值为 10 万美元的利率上限期权合约数）可以这样来计算：

$$N_c = \frac{(D_A - kD_L) \times S}{[\delta_1 \times (D_1 \times B)] + [\delta_2 \times (D_2 \times B)]}$$

$$\frac{NV_f}{NV_c}=\frac{pc}{pf}$$

利率上限期权、利率下限期权和领式期权的信用风险

购买利率上限期权、利率下限期权和领式期权进行套期保值的一个重要特征在于，有可能出现信用风险——场内期货和期权交易并不涉及到这种风险。由于它们是有多个执行日的场外合约，因此，这些交易工具的买方面临着一定程度的交易对手信用风险。为了了解这一点，我们来看刚才介绍过的利率上限期权的例子。假设第1年年底利率上升为10%的时候，利率上限期权的卖方对100万美元的应付款违约。买方不仅无法从价内期权中获得收益，而且还有可能失去第2年年底的付款。总之，第1年的违约意味着，利率上限期的买方必须按第1年年底而不是初期时利率上限或期权费来对第2年（以及随后年份）的合约进行替换。这时的上限利率，可能远不如最初的利率上限合约中的利率更为有利（第1年年底时的利率水平可能会更高）。此外，在替换初始合约时，买方还要承担交易成本和签约成本。由于利率上限期权协议的期限一般都很长（有时会长达10年），因此，只有那些资信最好的金融机构，才有可能在不用提供外部担保（比如备用信用证）的情况下出售和经营巨额的利率上限及下限期权。正如下一章要介绍的，由于其合约的长期性以及其场外交易的特点，互换也面临着同样的信用风险。

练习题

1. 期权的用途与远期或期货合约的用途有何不同？
2. 回答下列问题：
   a. 当利率下降时，如何利用债券看涨期权和债券看跌期权来获利？通过图示验证你的答案。
   b. 资产负债表处于何种状况时，金融机构可以利用债券期权来防范资产负债所面临的利率下降风险？
   c. 金融机构是应该利用看涨期权还是应该利用看跌期权来防止利率的下降？
3. 某金融机构希望使用债券期权来对债券组合的利率风险进行防范。
   a. 出售看涨期权能否防范利率下降的风险？
   b. 出售看涨期权能够对利率下降风险进行完全套期保值吗？请说出理由。
   c. 购买看跌期权为什么能够使利率上升时的债券组合损失下降？
   d. 通过画图来对比以下两种情况时的盈亏状况：一是购买债券看涨期权；二是在进行债券投资的同时，购买债券看跌期权。
4. 从监管角度考虑，金融机构为什么很少出售看跌期权？
5. 使用布莱克—斯科尔斯期权定价模型进行债券期权估价时，会面临哪些问题？向面值收敛指的是什么？
6. 某养老基金的经理预计两年后要购买息票率为8%的20年期国债。假设利率只在每年年底变化一次：上升1%或下降1%，且两者出现的概率相等。两年后购买的国债将每半年付息一次。目前这种国债按面值出售。
   a. 养老基金的经理面临着哪种利率风险？
   b. 该经理如何使用期权交易来防范利率风险？
   c. 20年期国债第1年年底和第2年年底的价格可能是多少？
   d. 画图描述两年期内的价格变化过程。
   e. 如果面值为10万美元、息票率为8%的20年期国债期权（包括看涨和看跌期权）的执行价为101，请问第1年年底和第2年年底期权头寸的（内在）价值可能是多少？
   f. 画图描述可能的期权价值。
   g. 期权费是多少？（使用8%的贴现率进行计算）
7. 在防范利率风险时，人们为什么更愿意选择利率期货期权，而不太愿意选择现货期权？
8. 期权的得尔塔系数（δ）指的是什么？

9. 某金融机构拥有息票率为 8% 的 1 亿美元 6 年期欧洲美元债券。此债券目前按面值交易，且有效期限为 5 年。金融机构希望使用得尔塔系数为 -0.625 的长期国债期权来对这笔债券组合进行套期保值。长期国债期权标的资产的有效期限为 10.1 年，目前的市场交易价为面值（10 万美元）的 96.157%。每分看跌期权的期权费为 3.25 美元。
   a. 需要有多少份债券看跌期权，才能对债券组合进行套期保值？
   b. 如果利率上升 100 个基本点，看跌期权保值交易预期的盈亏是多少？
   c. 债券组合的市场价值预计会发生怎样的变化？
   d. 进行套期保值的总成本是多少？
   e. 画图描述可能产生的盈亏。
   f. 当利率变化达到多大幅度时，套期保值的收益才会与其成本正好相等？
   g. 当利率变化达到多大幅度时，债券组合的盈利才会与套期保值的成本正好相等？
   h. 对利率变化后债券组合套期保值的收益、损失和成本情况进行总结。
10. 某共同基金准备在 2 个月后购买 1 000 万美元的 20 年期国债。这些债券的有效期限为 11 年。共同基金担心随后的 4 个月内利率会发生变化，并准备利用 2 个月的长期国债期货期权进行套期保值。执行价为 105 的 2 个月看涨期权的报价为 1-25，相同期限和相同执行价的看跌期权的报价为 2-09。看涨期权的得尔塔系数为了 0.5，看跌期权的得尔塔系数为 -0.7。用于交割的长期国债目前的价格为 108-08 美元（第 100 美元的面值），其修正有效期限为 9 年。
   a. 该共同基金应该购买哪种期权？
   b. 它应该购买多少份期权合约？
   c. 这些期权合约的成本是多少？
   d. 如果利率上升或下降 50 个基本点，作为标的债券的长期国债的价格会受到怎样的影响？
   e. 如果利率上升或下降 50 个基本点，套期保值交易的价值会受到怎样的影响？
   f. 画图描述套期保值交易的结果以及作为标的债券的长期国债的即期市场价值。
   g. 利率变化必须达到多大幅度，才能使套期保值交易的价值变化能够正好抵消长期国债价值的变化？
11. 某金融机构提供的一笔可能在 6 个月后被提取 1 000 万瑞士法郎的贷款承诺。即期汇率为 \$0.60/Sf1。
   a. 金融机构面临的是美元升值还是贬值的风险？
   b. 如果它决定用瑞士法郎进行套期保值，它是应该购买还是应该出售瑞士法郎期货？
   c. 如何 6 个月后的即期汇率为 \$0.64/Sf1，贷款被提取时需要的美元是多少？
   d. 现在可以按 \$0.61/Sf1 购买到 6 个月的瑞士法郎期货合约。如果金融机构使用 1 000 万瑞士法郎的期货合约进行套期保值，那么 6 个月结束时所需的美元净额是多少？假设付款时（即到期日）的期货价与即期价相等。
   e. 如果它决定使用期权进行保值，那么应该购买看涨期权还是看跌期权？
   f. 执行价为 \$0.61/Sf1 的看涨和看跌期权目前的售价分别为 0.02 美元和 0.03 美元。如果金融机构利用期权而不是期货进行套期保值，6 个月后所需要的美元净额是多少？
12. 在什么样的资产负债情况下，可以出售利率下限期权来为利率上限期权融资？什么情况下，可以出售利率上限期权来为利率下限期权融资？
13. 某金融机构购买了 2 亿美元的利率上限期权（即利率看涨期权），利率上限为 9%，期权费为面值的 0.65%。它还可以按 0.69% 的期权费购买到 2 亿美元的利率下限期权（即利率看跌期权）——利率下限为 4%。
   a. 如果利率上升为 10%，金融机构将获得多少补偿？扣除期权费后的净收益是多少？
   b. 如果金融机构同时购买了利率下限期权，且利率上升到 11%，其净收益是多少？如果利率降为 3%，其净收益是多少？
   c. 反过来，如果金融机构出售利率下限期权，当利率上升到 11% 时，其净收益是多少？利率降为 3% 时，结果如何？
   d. 根据上面给出的期权费，它应该出售多少利率下限期权，才能够补偿购买利率上限期权所需的资金？

附录 20A

布莱克—斯科尔斯期权定价模型

附录内容见本书网址：www.mhhe.com/saunders5e

第 21 章

互换交易

导　言

近几年，互换市场增长很快。2003 年，美国商业银行互换合约的名义值规模高达 41.2 万亿美元。商业银行和投资银行是主要的市场参与者——充当交易商和套期保值者。保险公司只是近年才开始将互换作为套期保值策略，但是，它们对这个市场的兴趣正在迅速增加。为了获取费用收益，互换业务的交易商可以充当中介或第三方而将互换建立起来，或者为互换组建一个场外二级市场。互换市场的快速增长，使监管当局对涉足这一市场的银行所面临的信用风险感到担忧。这种增长是导致国际清算银行所倡导的风险资本充足率改革出台的原因之一。此外，近几年，特种互换产品（比如“反向浮息”互换）的增长引起了巨大的争议——尤其是在奥兰治县破产以及向出售互换业务的商业银行和投资银行提起法律诉讼之后。的确，奥兰治县破产所带来的法律成本及声誉损害是非常巨大的。

按交易量的多少来排序，五种类型的互换依次为利率互换、货币互换、信用互换、商品互换和股权互换。[1] 尽管互换的标的资产会发生变化，但互换协议的基本原理是相同的：交易各方以更有利的方式对资产或负债的现金流进行重组。下面我们将介绍两种主要的互换——利率互换和货币互换——在金融机构风险防范方面的作用。随后，我们将对最新的以及增长最快的一种互换——信用互换——进行考察。

1　还有一种叫互换期权。在这种交易中，期权的买方支付一笔前期期权费后，享有在将来某一时间按事先确定的条件（比如 10% 的固定利率）签订互换协议的权利。

利率互换

在全球互换市场上，**利率互换**（interest rate swap）所占的比重最大。从理论上讲，利率互换是交易双方所达成的一系列的远期利率合约。[2] 因此，它使金融机构可以防范长期（有时长达 15 年）的风险。依赖期货或远期合约进行这种长期保值交易时需要对合约展期，而互换交易则减少了这种需要。

在互换交易中，**互换的买方**（swap buyer）同意在结算日定期向**互换的卖方**（swap seller）支付固定利率。反过来，互换的卖方同意在相同的结算日定期向互换的买方支付浮动利率。支付固定利率的一方（按惯例，即互换的买方）一般在固定利率付款方面拥有比较优势；支付浮动利率的一方（按惯例，即互换的卖方）一般在浮动利率付款方面拥有比较优势。在这项交易中，支付固定利率的金融机构是为了将自己的浮动利率负债转变成固定利率负债，以便更好地和自己的固定利率资产相匹

2　参见：C. W. Smith，C. W. Smithson，and D. S. Wilford，*Managing Financial Risk* (Cambridge，MA：Ballinger Publishing，1990)。比如，一笔 4 年期的互换业务（每年互换一次）会在互换双方之间产生 4 次净现金流。从本质上看，这笔交易类似于签订了 4 份远期利率协议：1 年、2 年、3 年和 4 年期的远期协议各一份。

配。与此同时，支付浮动利率的金融机构是想将自己的固定利率负债转变为浮动利率负债，以便更好的和自己的浮动利率资产相匹配。

为了说明金融机构如何利用互换交易来防范利率风险，我们来看一个简单的例子。假设有两家金融机构。第一家是某货币中心银行（Money Ceter Bank，即 MCB）。它的 1 亿美元资金不是来源于短期存款，而是来源于按 10% 的固定年息票率所发行的中期（4 年期）票据（参见表 21–1）。就其资产方面而言，该银行以伦敦银行同业拆放利率（LIBOR）为基础发放了工商业（C & I）贷款。正如第 6 章介绍过的，目前，银行大多以伦敦银行同业拆放利率或货币市场联邦基金利率为基础来发放大额工商业贷款。

由于拥有浮动利率贷款和固定利率负债这种资产负债结构，该货币中心银行的有效期限缺口为负数：其资产的有效期限小于其负债的有效期限。

$$D_A - kD_L < 0$$

银行消除这种风险的其中一个办法就是，减少其负债的有效期限或利率敏感性：将它们转变成浮动利率负债，以便更好地与自己资产组合的有效期限特征相匹配。银行可以通过表内或表外业务来进行这种调整。在表内业务方面，银行可以与贷款一样，再以伦敦银行同业拆放利率为基础（比如以 LIBOR 加上 2.5% 的利率），吸纳 1 亿美元的短期存款。这些存款资金可用于偿还中期票据。这就降低了银行资产和负债之间的有效期限缺口。此外，银行还可以从事表外交易：出售利率互换——作为支付浮动利率的一方来签订互换协议。

表 21–1 货币中心银行的资产负债表

资 产	负 债
工商业贷款（利率以 LIBOR 为基础）= 1 亿美元	中期票据（固定的息票率）= 1 亿美元

表 21–2 储蓄银行的资产负债表

资 产	负 债
固定利率抵押贷款 = 1 亿美元	短期 CDs（1 年）= 1 亿美元

这笔互换业务中的另一方是一家储蓄机构（储蓄银行）。该银行拥有 1 亿美元的固定利率抵押贷款长期投资。储蓄银行的资金来源于短期（平均有效期限为 1 年）的定期存单（参见表 21–2）。这些存单到期时，必须按当时的市场利率展期。

这样，储蓄银行的资产负债表的结构正好与货币中心银行相反：即，

$$D_A - kD_L > 0$$

储蓄银行可以这样来消除风险：将短期浮动利率负债转变为固定利率负债，以便更好地与自己的长期资产相匹配。在表内业务方面，储蓄银行可以（比如按 12% 的利率）发行与抵押贷款期限相同（或相近）的长期票据。出售这些票据的收益可以用于偿还定期存单和降低有效期限缺口。此外，储蓄银行也可以购买利率互换——作为支付固定利率的一方来签订互换协议。

图 21–1 定息与浮息互换

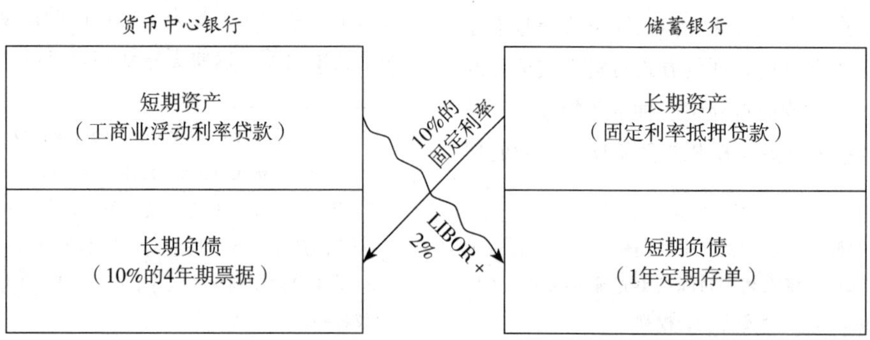

例 21-1　利率互换的预期现金流

假设互换的名义值为 1 亿美元（相当于货币中心银行中期票据的发行额），互换期限为 4 年——与银行中期票据负债的期限相同。这些中期票据负债的年利息成本为 10%。货币中心银行面临的问题是，市场利率下降（资产收益率也因此下降）时，其资产的浮动收益可能无法弥补这些利息支付成本。相反，如果市场利率上升，储蓄银行抵押贷款资产组合的固定收益有可能无法弥补定期存单的利息成本。因此，一种可行的互换协议将规定，储蓄银行按 1 亿美元的互换名义值向货币中心银行每年支付 10% 的固定利息，从而使其能够完全弥补发行中期票据的利息支出。反过来，货币中心银行每年要以 1 年期的 LIBOR 为基础向储蓄银行支付利息，用于弥补其再融资（再次发行一年的定期存单）的成本。假设目前的 1 年期 LIBOR 为 8%，且货币中心银行同意在每年年底向储蓄银行支付的利息为 1 年期的 LIBOR 加上 2%。[1] 我们在图 21-1 中描绘出了这笔定息—浮息互换交易的过程；两家金融机构预期的净融资成本列在表 21-3 中。

互换之后，货币中心银行将自己的 4 年期固定利率付款转变成了浮动利率付款，从而与自己资产的浮动收益相匹配。此外，通过利率互换，货币中心银行实际的融资成本为 LIBOR 加 2%。根据我们的假设，如果货币中心银行要进入债务市场的话，那么，它需要支付的利率为 LIBOR 加 2.5%（互换使其节省了 0.5% 的利息成本）。与此同时，储蓄银行将自己的浮动利率付款转变成了固定利率付款——外加一笔"小额的"浮动利率（CD 利率 − LIBOR），从而与自己资产的收益类似。根据我们的假设，如果储蓄银行要进入债务市场的话，那么，它必须支付 12% 的利息（互换使其节省的利息为：4% + CD 利率 − LIBOR）。

1　在此，我们自然假设这些利率为双方防范利率风险的最低成本。比如，LIBOR + 2% 为货币中心银行将固定利率负债转变为浮动利率负债的最低成本。

货币中心银行和储蓄银行的资产负债状况和利率风险正好相反，这为双方的利率互换提供了必要条件。这种互换协议可以由双方直接达成。然而，还有一种可能，即以某家金融机构（另一家商业银行或投资银行）作为经理商或代理商来完成交易：它在收取一笔费用的情况下撮合双方的交易，或者是完全充当交易中介——承担信用风险，并确保以互换协议为基础的现金流能够得到实现。在以自营商和代理商的身份进行交易时，这家金融机构会在中介费之外再收取一笔信用风险溢价。但是，金融机构在互换交易中面临的风险要比提供贷款时的风险稍低一些（参见本章后面的介绍）。从理论上讲，当第三方金融机构完全充当互换交易的中介时，它实际上是在签订两个不同的互换协议：一个是与货币中心银行签订的，另一个是与储蓄银行签订的。

为简便起见，我们来看一个**简单的**（plain vanilla）定息—浮息互换：作为经纪商或代理人的第三方中介只是将利率风险相反的两家金融机构撮合在一起，以签订一份互换协议或合约。

需要注意的是，在例 21-1 中，如果没有违约 / 信用风险的话，那么只有货币中心银行才真正得到了完全套期保值。这是因为，每年年底它从储蓄银行得到的 10% 的利息，能够满足 10% 的承诺息票收益的支出——而不管其浮动利率资产的收益有多少。反过来，储蓄银行按 LIBOR 加 2% 获得浮动利率付款。然而，很有可能的是，储蓄银行支付其存款负债的定期存单利率，并不与货币中心银行支付的 LIBOR 指数化利率完全同步变化。也就是说，这份互换合约使储蓄银行面临着基差风险。这种基差风险可能来自两方面。首先，随着时间的变化，定期存单的利率不一定正好与 LIBOR 的变化同步，这是因为前者由国内货币市场决定，后者由欧洲美元市场决定。其次，储蓄银行定期存单的信用 / 违约风险溢价可能会随着时间的变化而增加；这样，比 LIBOR 高出 2% 的利差

表 21-3 利率互换后的融资成本（单位：百万美元）

	货币中心银行	储蓄银行
表内融资的现金流出	−10% × 100	−（CD 利率）× 100
互换现金的流入	10% × 100	（LIBOR + 2%）× 100
互换现金的流出	−（LIBOR + 2%）× 100	−10% × 100
净现金流	−（LIBOR + 2%）× 100	−（8% + CD 利率 − LIBOR）× 100
获取浮动利率债务的成本	LIBOR + 2.5%	
获取固定利率债务的成本		12%

可能无法弥补储蓄银行的资金成本。储蓄银行可以通过下列方法来进行更好的保值：即要求货币中心银行按美国国内定期存单利率而不是按 LIBOR 来向自己支付浮动利息。在这种情况下，货币中心银行可能会索要额外补偿，因为它要承担基差风险。它的资产收益将受到 LIBOR 变化的影响，而它的互换支付额却是与美国定期存单利率挂钩的。

在分析这种互换时，人们必须对以下两方面加以区分：一是初始状态（现在）的定价是如何确定的。换句话讲，在签订互换协议时如何确定以（10% 的）固定利率来换取（LIBOR + 2%）浮动利率；二是互换交易实际实现的现金流。正如本章附录 21A 所介绍的，互换开始时的公允定价取决于市场对未来短期利率的预期，而互换所实现的现金流则取决于互换合约有效期内实际的市场利率（在此为 LIBOR）。

利率互换实际产生的现金流

为满足交易方的要求，互换可以随时调整或修改，其做法是一方向另一方支付一笔补偿费用（通常为一笔前期费用），以此换取非标准化的协议——**场外互换**（off-market swap）协议。对标准化互换交易的放宽包括使用特殊的利率条款和利率指数，以及允许互换的名义值发生变化。

比如，在刚才介绍的例子中，4 个年度互换日的名义值都固定在 1 亿美元。然而，在互换协议有效期内，互换的名义值是可以增加或减少的。如果某一交易方有大量的抵押贷款投资（比如例题中的储蓄银行），且抵押贷款的偿还采用的是**完全分期摊还**（fully amortized）——抵押贷款组合的年现金流和月现金流代表了本息的偿还，且每次的还款额都是固定的（参见第 23 章），那么，这

例 21-2 实际现金流的计算

我们假设在合约的 4 年有效期内利率（LIBOR）的实际变化轨迹为

年 底	LIBOR
1	9%
2	9
3	7
4	6

货币中心银行向储蓄银行支付的浮动利息取决于：

（LIBOR + 2%）× 1 亿美元

相反，储蓄银行每年向货币中心银行支付的固定利息为：10%×$ 1 亿。我们将 4 年内双方的实际现金流归纳在表 21-4 中。第 1 年和第 2 年，储蓄银行从互换中获得的净收益都是 100 万美元。现金流的增加抵消了高利率环境下其定期存单融资成本的上升——也就是说，储蓄银行对利率上涨的风险进行了保值。反过来，第 3 年和第 4 年利率下降时，货币中心银行获得了净收益；因此，它对利率下降的风险进行了保值。从互换中获取的现金流抵消了货币中心银行资产组合浮动收益的下降。从总体上看，货币中心银行的净收益为 100 万美元（名义值）；其实际收益为这笔美元的现值。

图 21–2　票据发行中的反向浮息互换

种交易条件的灵活性是很重要的。固定利率抵押贷款开始的几年内，利息的偿还通常要大于本金的偿还，随着抵押贷款的到期，还款额中的利息部分会不断下降。储蓄银行可以通过签订抵押互换来对分期摊还的抵押贷款组合进行保值：让互换的名义值与抵押贷款组合本金的偿还额同步下降。

另一种特殊的利率互换就是反向浮息互换（inverse floater）。这是大金融机构为票据融资交易而设计出的一项业务，其目的是要降低各个政府机构的融资成本。这种业务安排给诸如参与互换交易的市政当局和公司之类的投资群体带来了许多问题。

图 21–2 给出了票据反向浮息互换交易的过程。在这种交易过程中，政府机构按 7% 减去 LIBOR 这一息票率［即（反向）浮动息票］向投资者发行票据（比如发行额为 1 亿美元）。这种息票的新颖之处在于，当市场利率下降（因此 LIBOR 较低）时，投资者的息票收益会很大。与金融机构交易商（比如 J. P. 摩根大通银行）签订互换协议后，政府机构便将这种差价负债（7% – LIBOR）转变成了 LIBOR 负债。实际上，政府机构发行 1 亿美元票据的成本为 LIBOR 加上与互换相关的费用。

这些票据很显然会给投资者带来风险。如果 LIBOR 为 2%，那么投资者的息票收益为 7% – 2% = 5%。如果投资者能按与 LIBOR（即本例中的 2%）相近的利率借款的话，那么，这一差价收益将是很可观的。可是，我们来看利率上升后的情况会怎样。如果 LIBOR 从 2% 上升到 8%，承诺的息票收益就变成了 7% – 8% = –1%。由于支付的息票收益不可能为负数，因此，投资者实际获得的息票收益为 0。可是，如果投资者为购买票据而按 LIBOR 借款的话，那么此时的资金成本为 8%。因此，投资者要面临巨大的负利差和亏损。

通过互换进行总体套期保值

在第 19 章和第 20 章中，我们介绍了以有效期限模型，来估算金融机构有效期限缺口保值所需最优期货和期权合约数的方法。这一方法也可以用来估算最优互换合约数。比如，某金融机构的经理希望知道，要对总体风险进行套期保值需要多少份 10 年（或 5 年）期的互换合约。互换合约最优的名义值应该使利率变化后，表外互换合约的收益正好能够抵消表内净值的损失。

假设金融机构（比如某储蓄机构）的有效期限缺口为正数，因此，当利率上升时，它会面临净值风险：

$$\Delta E = -(D_A - kD_L) \times A \times \frac{\Delta R}{1+R} > 0$$

正如上面介绍过的，储蓄机构可以通过利率互换来支付固定利息，并收取浮动利息来寻求保值。可是，存在着多种期限不同的互换合约。正如下面所看到的，利率互换的名义值将取决于互换合约的期限（有效期限）。假设金融机构的经理选择 10 年期的互换协议来保值。

按价值衡量，10 年期的互换协议可以被看成是债券价值的等价物，也就是说，从形式上看，10 年期互换的固定利率付款等同于 10 年期国债的固定利率付款。同样，10 年期互换协议浮动利率付款（年度付款额）可以被看成是债券浮动息票收益（每年根据 LIBOR 重新定价一次）的等价物。这样，利率上升时（$\Delta R/(1+R)$）互换价值的变化（ΔS）将取决于 10 年期债券与 1 年期债券相对的利率敏感性——按有效期限来衡量，即取决于（$D_{10} - D_1$）。[3] 一般而言，

$$\Delta S = -(D_{\text{fixed}} - D_{\text{float}}) \times N_S \times \frac{\Delta R}{1+R}$$

式中

3　尽管到期时不必交换债券的本金，但这并没有关系，因为从理论上讲，本金的收付价值正好相互抵消了。

ΔS = 互换合约市场价值的变化

$(D_{fixed} - D_{float})$ = 与互换的期限和息票收益相同的固定利率政府债券与浮动利率政府债券的有效期限之差

N_S = 互换合约的名义值

$\frac{\Delta R}{1+R}$ = 利率的变化

请注意，只要 $D_{fixed} > D_{float}$，那么，当利率上升时，固定利率付款的市场价值（现值）的下降幅度，就将大于浮动利率付款的市场价值（现值）的下降幅度。按市场价值（或现值）来衡量，利率上升时，固定利率支付者将获利；利率下降时，固定利率支付者将受损。

为了计算出互换合约最优的名义值[4]，我们令：

$$\Delta S = \Delta E$$

即，我们让利率上升时，表外互换合约的收益正好能够抵消表内净值的损失。将 ΔS 和 ΔE 的价值代入上式：

$$-(D_{fixed} - D_{float}) \times N_S \times \frac{\Delta R}{1+R} = -(D_A - kD_L) \times A \times \frac{\Delta R}{1+R}$$

等式式两边相约

$$(D_{fixed} - D_{float}) \times N_S = (D_A - kD_L) \times A$$

求解 N_S

$$N_S = \frac{(D_A - kD_L) \times A}{D_{fixed} - D_{float}}$$

尽管从逻辑上讲，购买较少的合约更有利——因为这会节省交易费用和其他相关的保值成本，但是，这种好处会被以下事实抵消：互换的期限越长，交易对手违约的风险或信用风险会更大（将在本章的后面介绍）。

4 请注意，金融机构是希望通过互换来防止利率上升的。因此，它愿意支付固定利息并收取浮动利息。在互换交易中，当金融机构支付固定利息时，我们称它为“购买互换”。因此，本例中我们要计算的是金融机构应该购买的最优合约数。

表 21-5 互换保值交易的表内外影响

	表 内	表 外
保值开始时（$t=0$）	权益面临利率上升的风险	出售利率互换
保值结束时（$t=1$）	资产和负债的利率均上升 1%	购买利率互换
表内损失：		利率互换的收益：
$\Delta E = -(5-0.9\times3)\times1$ 亿 $\times(0.01/1.1)$ = −209 万美元		$\Delta S = (7-1)\times 38\ 333\ 333 \times (0.01/1.1)$ = 209 万美元

例 21-3 计算互换总体套期保值的名义值

假设 $D_A = 5$，$D_L = 3$，$R = 0.9$，$A = 1$ 亿美元。同时假设 10 年期固定利率国债（其息票率与互换的固定利率相同）的有效期限为 7 年，而浮动利率债券（每年重新定价一次）的有效期限为 1 年：

$$D_{fixed} = 7 \text{ 以及 } D_{float} = 1$$

那么：

$$N_S = \frac{(D_A - kD_L) \times A}{D_{fixed} - D_{float}} = \frac{2.3\text{ 亿}}{7-1} = \$38\ 333\ 333$$

如果每份合约的规模为 10 万美元，那么，金融机构应该签订的互换合约为 \$38 333 333/\$100000 = 383.33 份，去掉小数部分后为 383 份。表 21-5 对这项保值交易的主要内容进行了归纳——假设长期国债最初的利率为 10%，并预计利率将上升 1%。从表中可以看到，209 万美元的表内净值损失，正好被表外互换保值交易的收益抵消了。

如果金融机构从事的是期限更长的互换（比如 15 年的互换），从而 $D_{fixed} = 9$，$D_{float} = 1$，那么互换合约的名义值将降为：2.3 亿 /（9 − 1）= 2 875 万美元。如果每份互换合约的规模为 10 万美元，金融机构则应该签订 287 份互换合约。

货币互换

互换这种长期合约除了可以用于防范利率风险之外，还可以用于金融机构外汇风险的防范。下面我们来看一个简单的例子，即如何利用**货币互换**（currency swap）来防范外汇资产和负债不匹配时的外汇风险。

定息与定息货币互换

假设美国某金融机构所有的固定利率资产都以美元为面值，其部分资产组合的投资来自所发行的 4 年期（中期）英镑票据：发行额为 5 000 万英镑，年息票率固定在 10%。与此相反，英国某金融机构的全部资产均以英镑为面值，部分资产的投资资金来源于所发行的 4 年期（中期）美元票据：发行额为 1 亿美元，年息票率固定在 10%。

这两家金融机构面临着相反的外汇风险。美国的金融机构面临的风险在于今后 4 年内美元对英镑的贬值——这将使它偿还英镑票据本息时的成本上升。另一方面，英国的金融机构面临的风险在于美元对英镑的升值——这将使它在利用英镑资产的现金流偿还 4 年期、1 亿美元票据的本息时更为困难。

两家金融机构可以利用表内或表外业务来对风险进行套期保值。假设英镑兑美元的汇率固定在 \$2/ £1。就表内业务而言，美国的金融机构可发行 1 亿美元的 4 年期

例 21–4　固定利率货币互换的预期现金流

如果不进行表内调整，英国和美国的金融机构可以签订一份货币互换协议。根据这份协议，英国的金融机构每年向美国的金融机构支付一笔英镑，用于英镑票据本息的偿还；而美国的金融机构每年向英国的金融机构支付一笔美元，用于美元票据本息的偿还。[1] 图 21–3 和表 21–6 对这笔货币互换进行了归纳。通过这种互换，英国的金融机构将固定利率的美元负债转变成了固定利率的英镑负债，从而能够更好地和自己的英镑资产组合所带来的固定利率现金流相匹配。同样的，美国的金融机构将固定利率英镑负债转变成了固定利率美元负债，从而能够更好地与自己的美元资产组合所带来的固定利率现金流相匹配。此外，两家金融机构采用互换后支付的利率要低于表内调整时的利率。两家机构在对汇率风险进行套期保值时，实际获取资金的成本为 10%。如果进入金融市场融资，它们将为此而支付 10.5% 的利率。在进行现金流的交换时，双方一般都约定按交易刚开始时的固定汇率来计算。[2] 在本例中，汇率固定在 \$2/ £1。

1　在货币互换协议中，一般都包括本金和利息的支付。（利率互换协议中，一般只包括利息的支付。）其原因在于，本金和利息都面临着外汇风险。

2　与利率互换一样，这一汇率反映了合约双方对将来汇率变化的预期。

图 21–3　固定利率货币互换（英镑对美元）

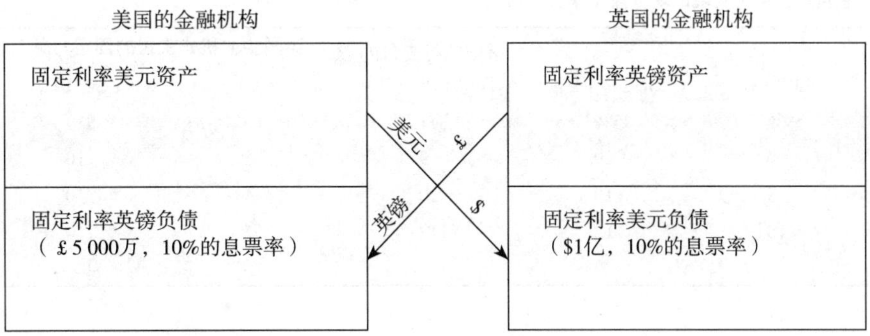

表 21-6　固定利率货币互换的融资成本（单位：百万）

	美国的金融机构	英国的金融机构
表内融资的现金流出	−10%× £ 50	−10%×$100
互换现金的流入	10%× £ 50	10%×$100
互换现金的流出	−10%×$100	−10%× £ 50
净现金流	−10%×$100	−10%× £ 50
发行美元票据的利率	10.5%	
发行英镑票据的利率		10.5%

票据（比如按 10.5% 的利率）。发行票据所获资金可以用于偿还 5 000 万英镑的 4 年期票据。同样地，英国的金融机构可以发行 5 000 万英镑的 4 年期票据（比如按 10.5% 的利率），并使用发行票据所获资金来偿还 1 亿美元的 4 年期票据。两家金融机构都进行了表内交易，因此，它们再也不会面临两种货币之间汇率变化的风险了。

在例 21-4 中，两者的负债都要支付 10% 的固定利率。这并不是定息与定息货币互换协议的必要条件。比如，假设美国金融机构票据的年息票率为 5%，而英国金融机构票据的息票率为 10%，那么，在随后的 4 年内，美国金融机构每年的互换支付额（美元）不会发生变化，而英国金融机构每年支付的英镑将减少 250 万英镑（500 万美元）。这一差额可以通过下列方式进行弥补：由英国金融机构向美国金融机构支付一笔前期费用——这笔费用反映了两项固定现金流的现值之差；或者是，由英国金融机构每年向美国金融机构支付一笔金额，从而使定息与定息货币互换参与者支付额的净现值之差为 0。同时要指出的是，如果汇率与互换协议中的约定（$ 2/ £1）不同，总有一方会遭受损失，因为交易的某一方原本可以按更有利的汇率来签订协议。具体而言，如果互换有效期内美元对英镑升值，互换协议对美国金融机构来说将更加昂贵。可是，如果互换有效期内美元贬值，英国金融机构将发现协议越来越昂贵。

将前面所介绍的定息—浮息互换与货币互换相结合，我们还可以得到定息—浮息货币互换——这是对到目前为止，我们所介绍的两种简单互换交易的一种综合。

定息与浮息货币互换

表 21-7　定息与浮息货币互换的融资成本（单位：百万）

	美国的金融机构	英国的金融机构
表内融资的现金流出	−10%× £50	−（LIBOR + 2%）×$100
互换现金的流入	10%× £50	（LIBOR + 2%）×$100
互换现金的流出	−（LIBOR + 2%）×$100	−10%× £50
净现金流出	−（LIBOR + 2%）×$100	−10%× £50
美元浮动利率债务的利率	LIBOR + 2.5%	
英镑固定利率债务的利率		11%

表 21-8　定息与浮息货币互换所实现的现金流（单位：百万）

年　份	LIBOR	LIBOR + 2%	美国银行支付的浮动利息（$）	英国金融机构支付的固定利息（£）	英国金融机构支付的固定利息（$2/ £1）	美国金融机构的净支付额（$）
1	9%	11%	$11	£5	$10	$+1
2	7	9	9	5	10	−1
3	8	10	10	5	10	0
4	10	12	112	55	110	+2
净支付总计						$+2

例 21–5 定息与浮息货币互换的融资成本

假设美国金融机构主要持有以美元为面值的短期浮动利率资产。它的资产组合中的部分融资来源于按 10% 的固定年息票率所发行的 5 000 万英镑的票据。相反，英国金融机构主要持有以英镑为面值的长期固定利率资产，且资产组合中的部分融资来源于 1 亿美元的短期欧洲美元定期存单，存单的利率为 1 年期的 LIBOR 加上 2% 的溢价。结果，美国的金融机构同时面临着利率风险和外汇风险。具体而言，如果美元的短期利率下降，且美元对英镑贬值，该金融机构在按承诺支付英镑票据的固定息票收益和本金时就会面临问题。因此，它希望将自己的固定利率英镑负债转变成浮动利率美元负债。英国金融机构也面临着利率风险和外汇风险。如果美国的利率上升以及美元对英镑升值，英国金融机构将发现，它很难以固定利率英镑资产组合的现金流，来支付美元定期存单承诺的息票收益和本金。因此，它希望将自己的短期浮动利率美元负债转变成固定利率英镑负债。

两家金融机构都可以通过调整表内业务来防范利率和汇率风险。美国金融机构可以发行 1 亿美元的浮动利率短期债务（比如按 LIBOR 加 2.5% 的利率），并以发行收益来偿还已有的 5 000 万英镑的 4 年期票据。英国金融机构可以发行 5 000 万英镑的 4 年期票据（比如按 11% 的利率），并使用发行收益来偿还 1 亿美元的短期欧洲美元定期存单。通过调整表内融资，两家金融机构均可以对利率风险和外汇风险进行保值。我们还是假设英镑对美元的汇率为 $ 2/ £1。

与此同时，每家金融机构都可以通过定息与浮息货币互换来达到负债转换的目的。一种可行的互换方法是，每一年，两家金融机构按某一事先确定的英镑对美元的汇率（假设为 $ 2/ £1）来交换付款额。英国金融机构支付固定利率英镑，以弥补美国金融机构英镑票据发行的成本；美国金融机构支付浮动利率美元，以弥补英国金融机构美元票据发行的成本。表 21–7 计算出了预期的融资成本。通过定息与浮息货币互换，两家金融机构都对利率风险和外汇风险进行了保值，而且按照低于表内调整的利率达到了目的。美国金融机构互换后的净融资成本 LIBOR 加 2%，而它在债务市场筹资的成本为 LIBOR 加 2.5%；英国金融机构互换后的融资成本为 10%，而它的表内再融资的成本为 11%。

表 21–8 中，根据第 2 栏的实际 LIBOR 利率，我们列出了合约双方相关的付款金额。互换合约有效期内实际产生的现金流为，美国金融机构向英国金融机构支付 200 万美元的名义差额。

信用互换

最近几年，各种互换交易中增长最快的是一些能够使金融机构较好防范其信用风险的业务。主要原因在于两个方面。首先，与利率风险和外汇风险相比，信用风险仍然更有可能导致金融机构的倒闭。其次，信用互换使金融机构能够在保持与客户的长期信贷关系的同时，不必完全承担由这种关系所带来的信用风险。事实上，前美联储主席艾伦·格林斯潘认为，在 21 世纪初的经济衰退时期，信用互换市场的存在使银行系统能够维持自己的实力。他认为，信用互换使银行能够有效地将大部分的公司贷款组合风险转移出去。[5] 比如，银行通过信用互换对通信公司巨额的风险进行了保值。然而，他同时也认为，这些衍生证券容易引发过度投机，因此需要通过监管和私营部门的行动来加以管束。

下面我们将介绍两种类型的信用互换：（1）总收益互换；（2）纯信用互换。随后，我们要分析与互换交易本身相关的信用风险问题。

5 这种风险中的大部分都被本国和外国的保险公司和再保险公司吸纳了。

总收益互换

尽管金融机构耗费了大量的资源，试图对贷款有效期内借款人信用风险的预期变化进行评估和定价，然而，有些时候，借款人的信用状况（信用质量）会在贷款条件确定以及贷款发放之后，突然出现恶化。总收益互换（total return swap）是指，以支付某一固定或浮动利率债务的利息来换取某一金额贷款或债券的总收益（本息价值的变化）。

请注意，通过种方式防范信用风险之后，金融机构一方面可以维持与巴西企业的客户关系（或许还可以向该企业出售其他金融服务来获得费用收益），另一方面又不必承担大量的信用风险。此外，由于巴西的贷款仍然留在金融机构的资产负债表中，因此，巴西企业甚至都

例 21-6 总收益互换现金流的计算

假设某金融机构按 10% 的固定利率向巴西的某家制造企业提供了 1 亿美元的贷款。如果企业的信用风险在贷款期内突然上升，贷款的市场价值以及金融机构的净值均会下降。该金融机构可以通过签订总收益互换协议来防范借款人信用风险的上升。按照互换协议，该金融机构同意按某一固定年利率（f）外加巴西（以美元计价的）政府债券市场价值的变化额来支付一笔总收益（这些债券价值的变化反映了该企业所在国发生的政治和经济事件，因此，与巴西借款企业的信用风险相关）。同时，这些债券的面值货币与贷款一样（均为美元）。反过来，该金融机构每年按市场浮动利率（比如 1 年期的 LIBOR 利率）收到付款。图 21–4 和表 21–9 描述了该金融机构总收益互换所导致的现金流。

根据总收益互换，该金融机构同意按某一固定年利率和保值期内巴西的（美元）债券市场价值的资本收益或资本损失来付款。在图 21–4 中，P_0 和 P_T 分别代表互换开始和结束时债券的市场价值。如果巴西债券的价值在保值期内下降（$P_0 > P_T$），该金融机构向交易对手支付的金额就会减少（有可能为负数）——支付额为互换的固定利息减去债券的资本损失。[1] 比如，假设互换开始时，巴西的（美元）债券处于平价状态（$P_0 = 100$）。互换结束时或互换支付日，由于巴西的国家风险的上升，巴西债券二级市场的价值为 90（$P_T = 90$），假设总收益互换中规定的固定付款利率（$\bar{f}$）为 12%，那么，该金融机构向互换交易对手的支付额为，12% 的固定利率减去 10%（巴西债券的资本损失），即总额为 2%；同时，该金融机构将从互换交易对手那里收到一笔浮动利率付款（比如 LIBOR = 11%）。因此，该债权金融机构互换的净收益为 9%（11% – 2%）乘以互换合约的名义本金。这部分收益可用来补偿巴西企业贷款市场价值的损失。表 21–9 描述了交易的现金流。

这样，如果巴西债券的价值因为政治或经济因素的影响而下降，该金融机构就可以从总收益互换中获得好处。假设巴西企业的信用风险因为当地经济状况而恶化，那么，该金融机构将以总收益互换的收益来弥补其表内巴西贷款的损失。

1 一般情况下，总收益互换会将资本损益的支付安排在互换结束时。然而，的确也存在另外的一种安排，即资本损益的支付在互换的每一个计息期结束时进行。

图 21–4 总收益互换的现金流

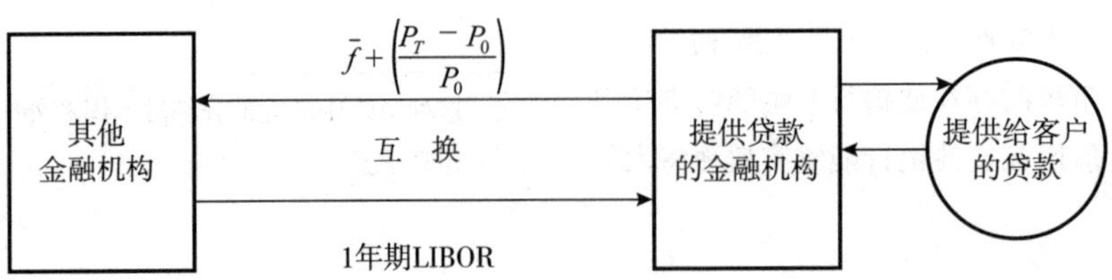

表 21-9　总收益互换的现金流

	整个互换期内每年的现金流	金融机构的额外支付	总收益
提供贷款的金融机构 从互换中获得的现金流	1 年期 LIBOR （11%）	—	1 年期 LIBOR （11%）
其他金融机构 从互换中获得的现金流	固定利率（$\bar{f}$） （12%）	$P_T - P_0$ （90 − 100）	$\left[\bar{f} + \frac{P_T - P_0}{P_0}\right]$
		净收益	$\left(12 + \frac{90-100}{100} = 12\% - 10\% = 2\%\right)$ 9%

图 21-5　纯信用互换

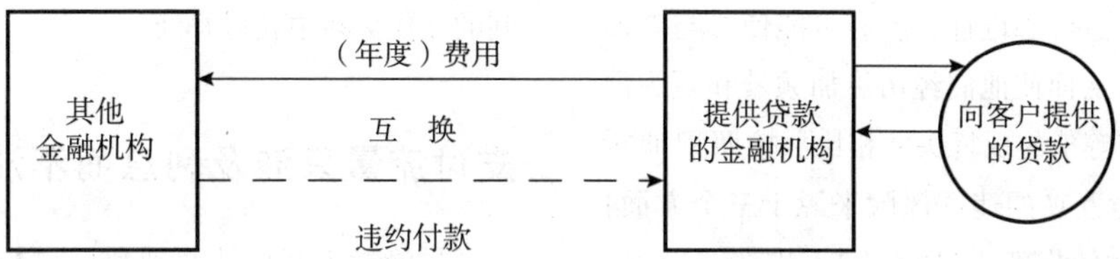

不知道自己的贷款被进行了套期保值。如果金融机构力求通过出售全部或部分贷款来降低风险，情况就发生了变化（参见第 22 章）。最后要指出的是，本例中的互换并没有完全对信用风险进行保值。具体而言，由于巴西企业美元贷款的信用风险与巴西的国家风险［它可以通过巴西的（美元）债券价格反映出来］并不完全相关，因此，存在着基差风险。[6]

纯信用互换

虽然总收益互换可以用于信用风险的防范，但是这种交易包含了一定成分的利率风险和信用风险。比如，在表 21-9 中，如果 LIBOR 因为美联储货币政策的影响而发生改变，总收益互换的净现金流也会发生改变，即便标的贷款（和债券）的信用风险并没有发生变化。

为了将总收益互换的“利率”敏感性因素去掉，有人设计出了另外的一种所谓的**“纯”信用互换**（“pure” credit swap）。在这种情况下，正如图 21-5 所示，提供贷款的金融机构将向作为交易对手的另一家金融机构（在每一个互换周期）支付一笔固定的费用或付款额（类似于保险费）。如果金融机构债权人的贷款没有违约，它将不会从交易对手获得任何补偿。可是，如果贷款违约，作为交易对手的金融机构将支付一笔违约付款来弥补这种违约损失——违约付款通常等于初始贷款的面值（比如 P_0 = \$100）减去违约贷款的二级市场价值（比如 P_T = \$40）。也就是说，作为交易对手的金融机构将要支付的金额为 $P_0 - P_T$（即本例中为 \$60）。[7] 因此，纯信用互换类似于购买信用保险或长期信用期权。

6　在许多互换中，是以贷款（而不是像本例中的债券）的总收益来换取 LIBOR 这样的浮动利率付款。在这种情况下，f 等于发放贷款时所有费用，而［$(P_T - P_0) / P_0$］则反映了贷款出售二级市场上的经纪商 / 交易商对贷款市场价值变化的估计。贷款二级市场的内容将在第 22 章中介绍。

7　尽管纯信用互换类似于违约期权（比如第 20 章中介绍的数字违约期权），但两者之间存在着一个重要的差别：互换支付的费用（或期权费）发生在整个互换有效期内，而违约期权的全部费用（保险费）是在交易一开始就已经支付完毕。

互换交易的信用风险问题

场外互换市场的增长，是导致1993年1月国际清算银行实施风险资本要求的一个主要原因（参见第15章）。人们担心的是，在场外的长期互换交易中处于不利地位的交易对手，可能会通过违约来阻止目前和将来要承担的损失。因此，国际清算银行针对存款机构所持有的利率互换和货币互换（最近又增加了信用互换等其他互换交易）提出了资本比率要求。许多分析人士认为，这些资本要求会阻碍互换市场的发展，因为它们可以被看作针对市场参与者的一种成本或税负。

监管部门和市场参与者都对信用风险有了更深的认识。如果交易没有经过细心设计，就有可能使参与者面临意想不到的风险，从而使他们经历更加频繁和更为严重的损失——与持有等值的现货头寸相比。按照穆迪投资服务公司的定义，互换的违约风险来源于三个方面：（1）利息或本金支付的拖延或遗漏；（2）破产或接管；（3）廉价交易——借款人向债权人提供一种新的证券，但其价值已经缩水，或者是互换交易商故意帮助借款人规避违约。美林和J. P. 摩根大通都是互换市场上十分活跃的参与者（交易中介）；比如，它们同时充当了互换的定息方和浮息方的担保对手。想要成功的完成这项任务并维持住市场份额，参与者越来越需要拥有很高（即便不是最高）的信用级别。

这导致了下列问题的产生：互换交易的信用或违约风险与贷款的信用或违约风险有没有区别？实际上，互换信用风险与贷款信用风险之间存在着三个主要的差别。这些差别使互换信用风险通常要大大低于贷款的信用风险。下面我们对这些区别进行讨论。

互换交易的冲抵

导致互换信用风险下降的其中一个因素就是互换付款额的冲抵。在每一个互换支付日，交易的一方要按固定利率付款，另一方则要按浮动利率付款。然而，一般情况下，各方会计算出两笔付款的差额，然后由一方向另一方支付这笔差额。付款的冲抵意味着交易有利方所面临的违约风险仅限于两笔付款的差额，而不是整个固定或浮动利率付款额本身。此外，当双方相互之间有大量未到期合约时，它们一般会进行合约的交叉冲抵。这种名为替代冲抵（netting by nacation）的方法（在美国通常是指签订总冲抵协议的方法），进一步降低了合约对一方有利而对另一方不利时的潜在亏损风险。然而，需要指出的是，替代冲抵还没有完全得到各国法律的检验。比如，20世纪90年代，英国的一些市政当局与英国和美国的商业银行和投资银行进行了互换交易。由于某些互换合约出现了巨额亏损，这些市政当局不再进一步履行付款行为。英国高等法院对市政当局的违约表示了支持，并声称市政当局从事的互换业务从一开始就不在其管辖范围内。然而，这种情况并没有能够阻止市政当局从有利的互换交易中获得好处。

支付流量只涉及利息而不涉及本金

尽管货币互换涉及到利息和本金的交换，但是，利率互换只涉及到根据某一名义本金所计算出的利息的交换。这表明利率互换的违约风险要低于普通的贷款——后者的本金和利息都面临着信用风险。

备用信用证

当互换交易双方的信用地位不同，其中一方认为另一方存在着巨大的违约风险时，信用等级较差的一方可能需要从信用等级较高（AA级）的第三方金融机构购买一份备用信用证（或其他形式的履约担保书）。这样，一旦出现违约，提供备用信用证的一方将代替违约方支付与互换交易相关的款项。此外，人们正越来越多的要求信用等级较低的交易对手提供抵押，以防止违约风险。这种抵押有助于抑制互换中的违约。[8]

---

8 市场参与者（比如国际互换交易商协会）正在考虑的一个解决办法是，使用抵押来对互换合约进行逐日盯市——就好比期货的逐日盯市一样，以防止信用风险的不断累积。请记住，一份互换合约类似于一系列的远期合约。Arthur Andersen的调查表明，互换抵押物的价值大约为69亿美元，而互换的净重置价值为779亿美元。（参见："A Question of Collateral," *Euromoney*, November 1995, pp.46-49）。

练习题

1. 请说出互换与远期合约之间的相似之处。
2. 互换产生之前，金融机构就已经在利用远期、期货和期权合约防范风险。既然金融机构已经拥有了这些套期保值工具，它们为什么还需要互换交易？
3. 说出互换的买方与互换的卖方之间的区别。双方各自在哪个市场拥有比较优势？
4. 某保险公司拥有 5 000 万美元的浮动利率债券。债券的收益为 LIBOR + 1%，这些贷款的融资来源于成本为 10% 的 5 000 万美元固定利率担保投资合约。某金融公司拥有 5 000 万美元、固定利率为 14% 的汽车贷款。这些贷款的融资来源于按 LIBOR + 4% 的浮动利率发行的 5 000 万美元的定期存单。
   a. 保险公司面临着怎样的风险？
   b. 金融公司面临着怎样的风险？
   c. 如果双方签订互换协议，各方希望获得什么样的现金流？
   d. 互换交易中的买方和卖方分别是哪家公司？
   e. 画图反映互换协议相关现金流的流向。
   f. 每笔付款现金流的合理金额或相关利率是多少？
5. 某商业银行拥有 2 亿美元的浮动利率贷款，贷款的收益为短期国债利率加 2% 的利差。这些贷款的融资来源于成本为 9% 的 2 亿美元固定利率存款。某储蓄银行拥有固定利率为 13% 的 2 亿美元抵押贷款，贷款的融资来源于 2 亿美元的浮动利率（短期国债利率加 3% 的利差）定期存单。
   a. 每家金融机构面临着哪种类型的利率风险？
   b. 提出一种互换方案，使每家金融机构拥有相同类别的资产和负债现金流。
   c. 证明这项互换对双方来说是可行的。
   d. 这项互换的安排会面临哪些实际困难？
6. 某金融机构拥有 5 亿美元的资产（有效期限为 9 年）和 4.5 亿美元的负债（有效期限为 3 年）。该金融机构想利用互换——6 年有效期限的固定利率付款和 2 年有效期限的浮动利率付款——来对其有效期限缺口进行保值。如果该金融机构要通过总体套期保值来有效防止利率变化对权益价值的影响，其最优的互换金额是多少？
7. 根据下列资产负债表信息（单位：百万美元）设计出一项防范利率风险的互换保值交易。

资　产		负债和权益	
利率敏感性资产	50	利率敏感性负债	75
固定利率资产	150	固定利率负债	100
		净值	25
资产总计	200	负债和权益总计	200

利率敏感性资产按 91 天国债利率加 150 个基本点在每个季度定价一次。固定利率资产在 5 年后到期，年利率为 9%。利率敏感性负债按 91 天国债加 100 个基本点在每个季度定价一次。固定利率负债两年后到期，年利率为 7%。目前，91 天国债的利率为 6.25%。
   a. 银行目前的利息净收益是多少？如果短期国债利率上升 150 个基本点，银行利息净收益将发生多大的变化？
   b. 银行的再定价缺口或融资缺口是多少？如果利率上升 150 个基本点，根据再定价模型计算出银行利息净收益的变化。
   c. 本例中如何利用互换来防范利率风险？
8. 请看下列定息与浮息资产的货币互换：5%（年息票率）固定利率美元债券（100 万美元），按 LIBOR 年率计算的浮动利率债券（150 万瑞士法郎）。目前的 LIBOR 为 4%，互换的面值为 150 万瑞士法郎。即期汇率为：Sf1.5/$1。
   a. 假设即期汇率不变，年底时的现金流是多少？按即期汇率计算出的互换净现金流是多少？
   b. 如果 1 年远期汇率为 Sf1.538/$1，互换交易年底的净现金流是多少？假设 LIBOR 不变。
   c. 如果 LIBOR 上升到 6%，互换交易年底的净现金流是多少？请按远期汇率来分析。
9. 什么叫总收益互换？
10. 纯信用互换与总收益互换有什么区别？纯信用互换与数字违约期权有什么区别？

附录 21A

利率互换的定价

本附录将介绍互换协议签订时的公允定价。与许多金融理论一样，在确定定息与浮息互换的利率时，也存在着重要的无套利条件。最重要的无套利条件是：固定利率支付方（互换的买方）预期支付的现金流的现值，等于浮动利率支付方式（互换的卖方）预期支付的现金流的现值：

预期的定息付款的现值 = 预期的浮息付款的现值

如果这种无套利条件不成立，一方通常必须向另一方支付一笔前期费用作为补偿——这笔费用等于两笔预期现金流的现值之差。

互换的定息支付额通常是根据美国新发行的（当期）中长期国债的收益曲线来定价的。因此，如果 4 年期国债目前的收益率为 10%，那么，10.25%（买价）和 10.35%（卖价）的报价就意味着，充当互换交易商的商业银行或投资银行愿意按 10.25% 的合约利率来购买互换或成为互换的定息支付方；同时，它也愿意按较高的（10.35% 的）固定利率来充当互换的另一方（成为定息的接收者）。10 个基本点的利差为交易商充当互换中介的报酬。正如前面所介绍的，在充当中介时，金融机构的报酬要弥补互换交易中承担的信用风险，以及搜寻成本和中介成本。下面，我们将通过一个例子来详细介绍如何进行互换交易的定价。

互换交易定价实例

根据一些简单的假设，并利用无套利条件下的国债收益曲线，我们给出一个互换交易定价的例子。通过这个例子，我们能够了解，为什么互换协议的预期现金流会与实际的或现实中的现金流不同。这个例子还告诉我们，当收益曲线斜率为正时，互换协议的定息支付方（互换的买方）为什么会面临着固有的信用风险。

假设在一份 4 年期的互换协议中，定息支付者在每年的年底付款。同时假设利率在每一年的年初决定。[1] 也就是说，

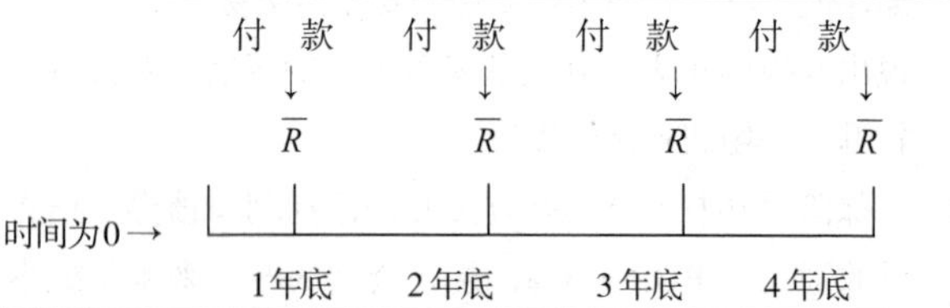

由于这是一份 4 年期互换协议，因此，定息支付者事先知道每年应支付的年利率：

$$\overline{R}_1 = \overline{R}_2 = \overline{R}_3 = \overline{R}_4 = \text{固定利率}$$

假设 R 的定价依据的是目前发行的 4 年期国债面值收益曲线——参见图 21A-1。假设新发行的 4 年期国债目前的收益率为 10%，且每年的固定利率互换付款按 10% 计算：

$$R_i = 10\% \qquad i = 1,\ \cdots\cdots,\ 4$$

为了简便，在此我们忽略了这样一个事实，互换市场的利率通常要高于国债的利率。如果无套利条件成立，那么这些固定付款的现值必然要等于浮息支付者每年预期支付的可变现金流。如果我们假设利率预期理论成立，那么，我们就可以根据国债收益曲线推导出未来的 1 年期利率（付款额）。具体而言，我们希望获得：

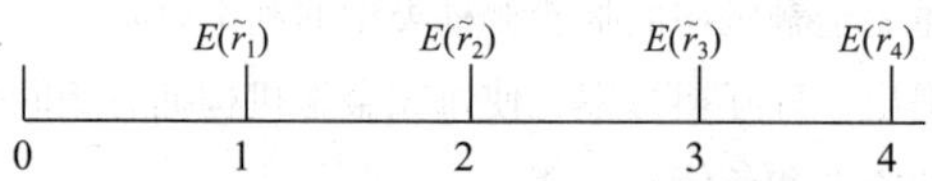

这里的 $E(\tilde{r}_i)$ 代表今后 4 年中，每年年底预计要支付的 1 年（远期）利率。

要计算出将来的这些 1 年远期利率并不十分容易。首先，我们要根据长期国债面值收益曲线计算出零息贴现债券的即期收益曲线；然后，我们根据这种零息收益

[1] 情况并非始终如此。另外，在实践中，目前的许多互换是根据 LIBOR 收益曲线来定价的（反映了超出国债信用风险的部分溢价）。

曲线推导出将来的 1 年远期利率。之所以要推导出零息贴现收益曲线，是因为这种收益曲线反映了今后 4 年内（债券）每笔付款的时间价值。遗憾的是，息票债券的到期收益率是零息债券贴现收益时间价值的一个复杂的加权平均数。具体而言，息票债券的到期收益率，是使该债券的承诺现金流与其价格相等的内在收益率或一次性付款利率（收益率）。这种收益率与货币的时间价值并不完全吻合。比如，假设每年支付一次息票收益，那么 4 年期国债 10% 的到期收益率为 1~4 年期零息贴现债券到期收益率的复杂平均数。

为了了解这一点，我们来看 4 年期息票面值国债的现金流：

$$100 = P_4 = \frac{10}{(1+R_4)} + \frac{10}{(1+R_4)^2} + \frac{10}{(1+R_4)^3} + \frac{10}{(1+R_4)^4}$$

以及这种面值国债的到期收益率——由于 R_4 = 10%，因此：

$$P_4 = \frac{10}{1.1} + \frac{10}{(1.1)^2} + \frac{10}{(1.1)^3} + \frac{10}{(1.1)^4} = 100$$

从理论上讲，这种息票债券可以被分解成 1 年、2 年、3 年和 4 年期的零息债券后分别加以出售。这就好比美国财政部目前通过本息分离国债项目来创造出零息债券一样。[2] 也就是说，

$$\begin{aligned} P_4 &= \frac{10}{(1+R_4)} + \frac{10}{(1+R_4)^2} + \frac{10}{(1+R_4)^3} \\ &\quad + \frac{10}{(1+R_4)^4} \text{（息票债券的价值）} \\ &= \frac{10}{(1+d_1)} + \frac{10}{(1+d_2)^2} + \frac{10}{(1+d_3)^3} \\ &\quad + \frac{10}{(1+d_4)^4} \text{（各种零息债券的价值之和）} \end{aligned}$$

等式中的第一种关系代表了整个息票债券的价值，而第二种关系则代表了分别卖给不同投资者的 4 种分离债券（10、10、10 和 110）的价值。4 年中每次付款的时间价值或必要的贴现收益分别为 d_1、d_2、d_3 和 d_4。此外，这个等式告诉我们，4 年期息票债券整体出售时的到期收益率（R_4）等于 4 种不同零息债券的贴现率 d_1、d_2、d_3 和 d_4（d_i 为不同年份一次性付款债券的贴现收益，i = 1，2，3，4）的复杂平均数。

$$P_1^D = \frac{10}{(1+d_1)}$$
$$P_2^D = \frac{10}{(1+d_2)^2}$$
$$P_3^D = \frac{10}{(1+d_3)^3}$$
$$P_4^D = \frac{10}{(1+d_4)^4}$$

且 $P_4 = \sum_{i=1}^{4} P_i^D$

P_i^D 代表 4 种分离债券或零息债券的市场价值。无套利条件要求 4 份零息债券的价值之和与 4 年期息票国债整体出售时的价格（P_4）相等。

为了推导出收益曲线所决定的未来的 1 年远期利率，我们需要计算出 d_1、d_2、d_3 和 d_4 这些贴现率本身的价值。

求解贴现收益曲线

我们使用一种远期迭代法（forward iteration）来计算贴现收益。通过图 21A-1 中的长期国债收益曲线，我们可以看到 1 年期面值息票国债目前的收益率为 8%。

$$P_1 = \frac{108}{(1+R_1)} = \frac{108}{1.08} = 100$$
$$R_1 = 8\%$$

由于 1 年期息票债券的剩余期限正好是 1 年，因此，只有最后的一笔本（100）息（8）付款，其价值正好等于 1 年期零息债券年底的一笔付款。所以，根据定义，无套利条件下：

$$R_1 = d_1 = 8\%$$

一旦计算出 d_1，我们就可以继续通过远期迭代法计算出 d_2。具体而言，从面值息票收益曲线中，我们可以看到，2 年期生息债券的收益率为 9%。

$$P_2 = \frac{9}{(1+R_2)} + \frac{109}{(1+R_2)^2} = \frac{9}{(1.09)} + \frac{109}{(1.09)^2} = 100$$
$$R_1 = 9\%$$

2　这里是按每年的息票收益进行分离的，而国债是按每半年的息票进行分离的。在实践中，另外的一个主要差别是，最后一次的息票收益（10）是与面值（100）分开出售的，尽管两者在同一时间支付且时间价值相同。

图 21A–1 长期国债的面值收益曲线

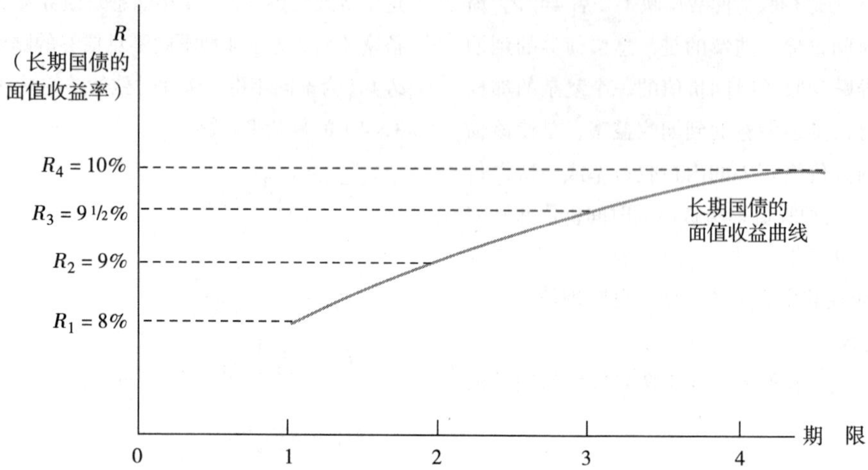

息票债券和零息债券之间的无套利条件意味着

$$P_2 = \frac{9}{(1.09)} + \frac{109}{(1.09)^2} = \frac{9}{(1 + d_1)} + \frac{109}{(1 + d_1)^2} = 100$$

由于我们已经计算出 $d_1 = 8\%$，因此，我们可以直接求 d_2

$$100 = \frac{9}{(1.08)} + \frac{109}{(1 + d_1)^2}$$

$$d_2 = 9.045\%$$

同样，我们从目前的面值国债收益曲线中看到 3 年期生息债券的收益率为 9.5%。根据无套利条件：

$$P_3 = \frac{9.5}{(1 + R_3)} + \frac{9.5}{(1 + R_3)^2} + \frac{9.5}{(1 + R_3)^3}$$

$$= \frac{9.5}{(1 + d_1)} + \frac{9.5}{(1 + d_2)^2} + \frac{9.5}{(1 + d_3)^3} = 100$$

$$R_3 = 9.5\%$$

我们可以根据下面的等式来计算出 3 年期零息债券的收益率 d_3：

$$100 = \frac{9.5}{(1.08)} + \frac{9.5}{(1.09045)^2} + \frac{109.5}{(1 + d_3)^3}$$

由于已经计算出 d_1 和 d_2，因此，$d_3 = 9.58\%$。

最后，我们来计算出 4 年期零息债券的贴现率（d_4）：

$$P_4 = \frac{10}{(1 + R_4)} + \frac{10}{(1 + R_4)^2} + \frac{10}{(1 + R_4)^3} + \frac{10}{(1 + R_4)^4}$$

$$= \frac{10}{(1 + d_1)} + \frac{10}{(1 + d_2)^2} + \frac{10}{(1 + d_3)^3} + \frac{10}{(1 + d_3)^4} = 100$$

$$R_4 = 10\%$$

我们可以根据下面的式子来计算出 d_4，

$$100 = \frac{10}{(1.08)} + \frac{10}{(1.09045)^2} + \frac{10}{(1.0958)^3} + \frac{10}{(1 + d_4)^4}$$

由于已经求出 d_1、d_2 和 d_3，因此，$d_4 = 10.147\%$。

在图 21A–2 中，我们同时给出了所推导出的零息贴现债券收益曲线与息票面值收益曲线。正如你所看到的，推导出的零息收益曲线的斜率要大于息票债券收益曲线。这一数学关系的结果来自依据长期国债面值收益曲线所推导出的无套利零息收益曲线。这一结果也可以从直觉上得到解释。请记住，从理论上讲，R_4（= 10%，为 4 年期息票债券的到期收益率或内在收益率）可以被看作 4 份连续到期的 1 年期零息债的贴现率（d_1、d_2、d_3 和 d_4）的复杂加权平均数。由于 R_4（= 10%）高于 d_1（= 8%）、d_2（= 9.045%）和 d_3（= 9.58%），因此，如果 R_4 为每个零息贴现率的加权平均数，那么 d_4（= 10.147%）就必须高于 R_4（10%）。同样的理由可以用来解释为什么 $R_3 < d_3$ 和 $R_2 < d_2$。

可是，需要指出的是，如果息票收益曲线为一条水平线，那么各种期限下都有 $R_i = d_i$。如果息票收益曲线斜率为负，那么贴现或零息收益曲线将位于息票收益曲线的下方（与斜率为正时的理由正好相反）。现在我们可以根据零息收益曲线，计算出未来的 1 年期浮动利率。

我们假设浮动利率付款在每年年底进行，且付款额取决于每年年初所确定的 1 年期利率。我们可以根据零

图 21A-2　贴现收益曲线和面值收益曲线

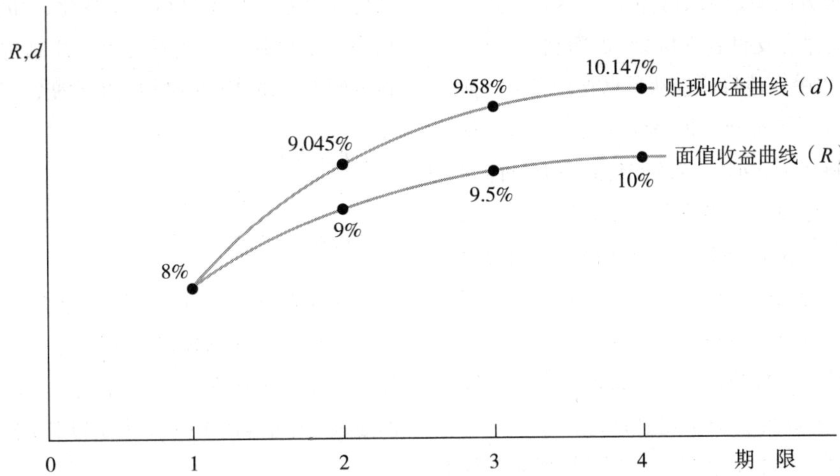

息债券的收益曲线推导出未来的 1 年远期利率——它们反映了每年年底互换交易预期的浮息支付额。

计算互换协议应有的远期利率 / 浮动付款利率

第 1 年年底的付款利率

第 1 年年底的预期付款利率 $E(\tilde{r}_1)$，应该等于 1 年期贴现债券目前的 1 年期利率——因为期末所支付的浮动利率取决于年初所确定的或预期的利率。也就是说，所预期的 1 年浮动利率等于目前的 1 年期贴现率

$$E(\tilde{r}_1) = d_1 = 8\%$$

第 2 年年底的付款利率

为了确定第 2 年年底的付款利率，我们必须计算出第 2 年的预期利率或远期利率。这一利率反映了第 2 年年底的预期付款。我们知道，无套利条件要求[3]

$$(1+d_2)^2 = (1+d_1)(1+E(\tilde{r}_1))$$

也就是说，持有 2 年期零息债券的到期收益率，必须等于目前持有 1 年期零息债券的预期收益与第 2 年购买新的 1 年期零息债券的预期收益之积。对上式进行整理后得到

$$1+E(\tilde{r}_2) = \frac{(1+d_2)^2}{(1+d_1)}$$

由于我们已经计算出 $d_2 = 9.045\%$，$d_1 = 8\%$，因此我们可计算出 $E(\tilde{r}_2)$，

$$1+E(\tilde{r}_2) = \frac{(1.09045)^2}{(1.08)}$$

$$E(\tilde{r}_2) = 10.1\%$$

第 3 年年底的付款利率

采用同样的方法

$$1+E(\tilde{r}_3) = \frac{(1+d_3)^3}{(1+d_2)^2}$$

将零息债券收益曲线中的 d_2 和 d_3 代入式中

$$1+E(\tilde{r}_3) = \frac{(1.0958)^3}{(1.09045)^2}$$

$$E(\tilde{r}_3) = 10.658\%$$

第 4 年年底的付款利率

根据同样的方法

$$1+E(\tilde{r}_4) = \frac{(1+d_4)^4}{(1+d_3)^3} = \frac{(1.10147)^4}{(1.0958)^3}$$

$$E(\tilde{r}_4) = 11.866\%$$

3　根据纯粹的利率预期理论。

图 21A–3 给出了浮动利率支付者未来每一年的预期支付额，以及互换买方的固定利率支付额。尽管定息支付方第 1 年预计要向浮息支付者支付 2% 的净利差 [$\overline{R}-E(\tilde{r}_2)$]，但第 2~4 年中，他将分别从浮息支付者（互换卖方）那里获得 0.1% 、0.658% 和 1.866% 的净收益。这说明，当收益曲线斜率为正时，定息支付者只有可能在互换协议的前几年向浮息支付者支付更多款项，而在后来的几年都会从浮息支付者或卖方那里获得更多的现金流。因此，定息支付者面临的风险在于，如果利率预期成为现实，浮息支付者可能会在互换协议结束时因为净付款人的身份而违约。这种情况下，互换的买方只有按将来不利的市场条件来替换原有的互换协议。

最后要指出的是，在本附录中，我们是根据无套利条件来比较互换协议的预期现金流的。如果利率的期限结构在互换协议签订后发生变化，那么现实中的 1 年期利率（及付款额）就不会等于浮息付款者的预期利率。在本例中，如果期限结构发生改变，那么就会有：

$$r_2 \neq E(\tilde{r}_2)$$
$$r_3 \neq E(\tilde{r}_3)$$
$$r_4 \neq E(\tilde{r}_4)$$

这里的 r_2、r_3 和 r_4 分别为第 2 年、第 3 年和第 4 年新发行的 1 年期贴现债券实际的 1 年期利率。当然，正如本章第一节所介绍的，此时浮息支付者必须根据实际的或现实中的利率而不是预期利率来付款。

图 21A–3 互换交易中固定利率和预期浮动利率的支付

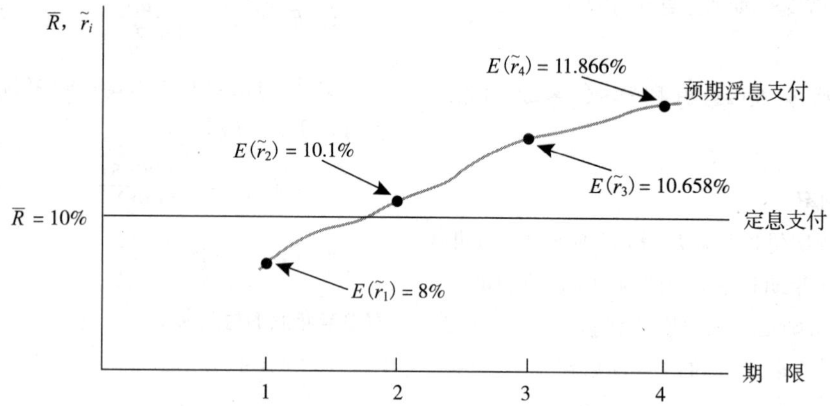

第 22 章

贷款出售和其他信用风险管理方法

导　言

长期以来，银行和其他金融机构一直依赖一些合约机制控制贷款的信用风险。这些机制包括：(1）向风险较大的借款者收取更大的利差和更多的贷款费用；(2）对风险较大的借款者设定借款限额；(3）要求银行对风险借款者的资产享有优先求偿权（以资产作为抵押物）；(4）在风险不同的借款者之间进行分散化交易；(5）针对风险借款者的行为制定更严格的限制性条款，比如对资产出售所获收入的使用进行限制，以及对股息支付进行限制等等。这些用于控制或管理信用风险的传统方法已经在第 6~7 章中进行了介绍。

此外，在第 19~21 章中，我们介绍了这样一项内容：人们正在越来越多地使用远期、期权和互换市场等信用衍生工具来进行信用风险管理，比如，使用数字看跌期权来控制单项贷款或贷款组合的信用风险。另外，金融机构正越来越多地要求借款者对自己的风险进行套期保值，尤其是当金融机构向借款者发放浮动利率贷款时。利率上升时，浮动利率借款者的利息偿还负担会越来越重。然而，如果借款者利用衍生市场对利率上涨风险进行了保值（比如，通过出售利率期货或过利率互换来支付固定利率并收取浮动利率），那么他就能够更好地满足向金融机构作出的付款承诺。这样，金融机构的信用风险就会下降。

本章以及下一章中关于证券化的内容，介绍了贷款出售和其他各种新的方法（比如设立优质银行和呆账银行的方法）所起的作用——金融机构的经理们正在越来越多地使用这些方法控制信用风险。虽然贷款出售已经存在许多年了，但其使用（通过从资产负债表中清除已有的贷款）正在被更多的人看作另一种有价值的工具——金融机构的经理可以通过它来对资产组合的信用风险进行管理。在本章，我们首先对贷款出售市场进行一个总体介绍。我们要对各种贷款出售进行定义和分析，并对贷款的买方和卖方进行归纳。随后，我们将分析银行和其他金融机构出售贷款的原因，以及阻碍和鼓励贷款出售业务发展的各种因素。本章的最后介绍了外国的贷款购买与出售的内容。

贷款出售

100 多年来，金融机构一直在相互出售贷款。实际上，大多数**往来银行业务**（correspondent banking）都与下列交易有关：因为贷款规模过大，小金融机构无法将其记入资产负债表中（出于贷款集中性风险或资本充足性方面的原因），所以，它要把其中的一部分贷款出售给与自己有长期贷款往来业务关系的大银行。反过来，大银行也经常向小银行出售部分贷款（名为参与凭证）。尽管这一市场已经存在许多年了，但其发展一直比较缓慢。20 世纪 80 年代初期，这一市场进入了高速发展时期，原因主要在于杠杆收购和并购融资所导致的**高杠杆交易贷款**［highly leveraged transaction（HLT）loans］的急速增加。具体而言，美国银行出售的贷款从 1980 年的不到 200 亿美元，上升到了 1989 年的 2 850 亿美元。1990~1991 年的经济衰退导致的信用危机使得杠杆收购和并购活动减少，因此，1990~1994 年的贷款出售规模也出现了巨额下降——1994 年贷款出售的规模大约降到了 200 亿美元。

20 世纪 90 年代末，贷款出售的规模又开始迅速增加，部分原因在于经济的扩张以及并购交易的复苏。比如，据从事贷款市场研究的公司（贷款估价公司）报告，1999 年的交易额超过了 790 亿美元。由于金融机构出售廉价贷款（交易价低于面值的 90% 的贷款），21 世纪初，贷款出售继续增加到了近 1 200 亿美元。在经济放缓的影响下，廉价贷款出售（distressed loan sales）占整个贷款出售的比重，从 1999 年的 11% 迅速上升到了 2001 年的 35%，以及 2002 年的 42%。2003 年，随着美国经济的改善，廉价贷款出售所占的比重回落到了 40%。

这些贷款交易中的许多都采用了辛迪加的形式，涉及到许多银行的参与。比如，2003 年贷款估价公司曾报告，J. P. 摩根大通为全球二级贷款市场上最主要的辛迪加组织者，它参与了 620 项交易，交易额达 5 670 亿美元。然而，在这些贷款交易中，J. P. 摩根大通涉及到的风险金额只有 2 830 亿美元。J. P. 摩根大通、花旗集团（4 960 亿美元）、美洲银行（2 920 美元）、巴克莱银行（2 630 亿美元）和汇丰银行（2 420 亿美元）为 2003 年全球最大的 5 位贷款二级市场辛迪加组织者。

银行贷款出售市场

贷款出售的定义

银行贷款出售（bank loan sale）是指金融机构在提供贷款之后，再将贷款以有追索权或无追索权的方式卖给某一外部购买者。比如（一个较罕见的例子），Greenpoint 金融公司 2003 年发放的抵押贷款超过了 339 亿美元。到年底时，该公司将这些贷款中的 333 亿多美元出售给了二级市场投资者。

如果贷款以无追索权的方式出售，那么，金融机构不但可以将贷款从自己的资产负债表中清除，而且当贷款最终无法收回时，它也不承担任何付款责任。表 22-1 中的 A 表给出了金融机构出售 2 000 万美元贷款前后的资产负债状况。贷款的买方(而不是发放贷款的金融机构）承担了全部的信用风险。可是，如果贷款的出售是有**追索权**（recourse）的，某些情况下，买方可能会将贷款退还给出售贷款的金融机构；因此，金融机构面临着一项或有信用风险负债。表 22-1 中的 B 表显示了金融机构的资产负债状况，其中包括贷款出售所产生的表外或有负债。在实践中，大多数的贷款出售都是无追索权的，因为严格来讲，只有当贷款的买方对金融机构不享有未来

表 22-1　金融机构出售 2 000 万美元贷款前后的资产负债表（单位：百万美元）

A 表：无追索权的贷款出售							
贷款出售之前				贷款出售之后			
资　产		负债 / 权益		资　产		负债 / 权益	
现金资产	10	存　款	90	现金资产	10	存　款	90
				贷　款	70		
贷　款	90	权　益	10	新的投资	20	权　益	10
	100		100		100		100
B 表：有追索权的贷款出售							
贷款出售之前				贷款出售之后			
资　产		负债 / 权益		资　产		负债 / 权益	
现金资产	10	存　款	90	现金资产	10	存　款	90
				贷　款	70		
贷　款	90	权　益	10	新的投资	20	权　益	10
	100		100		100		100
				表外：贷款出售（或有负债）			20

的信用风险求偿权时，贷款才能从资产负债表中被清除。重要的是，贷款出售不会导致新的证券（比如转手证券、担保抵押债券和抵押担保债券等——参见第 23 章的介绍）的产生。因此，贷款出售是一种原始的证券化方式：它创造出了一种使贷款所有权直接转移给贷款买方的二级贷款市场。

贷款出售的种类

美国的贷款出售市场可以分为三个部分：其中两部分涉及到国内的贷款出售交易，而另一部分涉及到新兴市场的贷款出售交易。在第 11 章介绍主权风险时，我们已经全面介绍了新兴市场的贷款出售业务，在此，我们集中介绍美国国内的贷款出售市场。

传统的短期市场

在传统的短期市场上，金融机构出售的通常为 1~3 个月的短期贷款。这一市场与商业票据（由企业发行）有类似的特征——在期限和规模方面存在着相似之处。然而，与具有相同信用级别的商业票据相比，贷款出售的收益率通常要高出 1~10 个基本点。尤其要指出的是，贷款出售市场（借助于这一市场，金融机构在向公司发放短期贷款后再将贷款出售）与美国 1 000 家左右的大公司的商业票据发行业务（直接发行或通过交易商发行）极为相似。短期贷款出售市场的主要特征包括：

贷款以借款企业的资产作为担保。
贷款所面向的是投资级或更高信用级别的借款者。
贷款的期限较短（不超过 90 天）。
贷款的收益与商业票据利率密切相关。
贷款出售的最小单位为 100 万美元。

1984 年高杠杆交易贷款市场和新兴贷款市场出现之前，传统的短期贷款是贷款出售市场的主体。商业票据市场交易的增长（有 2 万多家公司可以涉足这一市场），以及银行（通过第 20 条款证券分支机构）承销商业票据的能力的提升（参见第 16 章），也削弱了这一市场的重要性。

高杠杆交易贷款的出售

随着并购以及杠杆收购（其资金来源于高杠杆交易）的增加，尤其是在 1985~1989 年间，一种新的贷款出售市场产生了。其中的一项指标可以反映出高杠杆交易的增长情况：从 1987 年 1 月到 1994 年 9 月，贷款估价公司报告的并购交易达 4 122 起；这些并购交易使新的高杠杆交易贷款总额大约达到了 5 935 亿美元。

在高杠杆交易贷款的特征方面经常存在着一些争议。然而，1989 年 10 月，美国的三家联邦银行监管机构将其定义为：(1) 与收购、兼并或资本结构调整相关；(2) 使公司的负债增加一倍，并且使杠杆比高于 50%，使杠杆比高于 75% 或者是被辛迪加代理人称为高杠杆交易。高杠杆交易贷款主要可以分为两类：非廉价贷款（买价在贷款面值的 90% 以上）和廉价贷款（买价在贷款面值的 90% 以下，或者是借款人已经违约）。

几乎所有的高杠杆交易贷款都具有以下特征：

它们属于长期贷款。
它们以借款企业的资产作为担保（通常享有优先担保权）。
它们的期限较长（通常为 3~6 年）。
它们采用的是浮动利率，其利率以伦敦银行同业拆借利率、优惠利率或定期存单利率为基础（一般比上述利率高出 200~275 个基本点）。
它们能从特约条款中获得严格的保护。

然而，各种高杠杆交易贷款在交易规模、付息日期、基础利率和提前还款等方面一般都存在着很大的差别。在发放贷款之后，某些高杠杆交易借款者（比如梅西百货公司和 El Paso 电气公司）经历了不同时期的**财务危机**（financial distress）。因此，人们一般把高杠杆交易贷款市场分为廉价贷款市场和非廉价贷款市场。

大约有 100 家银行和证券公司以经纪商或经纪交易商（不太常见）的身份为这一债务市场提供造市服务，其中包括贝尔斯登、加拿大帝国银行（CIBC）、普天寿证券公司（Prudential Securities）和高盛。这些金融机构大多将这种债务的交易看作类似于垃圾债券的交易。

贷款出售合约的种类

参与凭证和转让凭证是买卖双方之间进行交易的两种基本贷款出售合约。目前的贷款出售交易主要由转让凭证构成。

参与凭证

贷款参与凭证（participations in loan）的特点是：

- 凭证持有者（买方）不属于基础信贷协议的交易方，因此，贷款被出售之后，贷款卖方和借款人之间的原始合约仍然存在。
- 贷款买方只能够对贷款合约条款的变动行使部分控制权。凭证持有者仅对贷款合约的实质性变动（比如利率或抵押物的变动）具有投票权。

从经济角度看，贷款参与凭证的这些特点使得购买者面临着双重风险：一是面对借款者的风险，二是面对贷款出售者（金融机构）的风险。具体来讲，如果出售贷款的金融机构倒闭，外部交易方所购买的贷款参与凭证可能会成为一种无担保的金融机构债务，而不是一笔真正意义上的买卖交易——假如贷款的买卖双方之间存在着某种明确的或不言而喻的追索权。反过来，借款者针对倒闭金融机构（卖方）的债权可以从自己向金融机构的贷款中扣除，从而使未清偿贷款余额下降，并对贷款参与凭证的买方产生不利影响。由于面临着这些风险，贷款买方需要承担双重的监控成本。

转让凭证

由于参与凭证涉及到监管成本和风险等问题，因此，美国国内市场上 90% 以上的贷款出售都是通过转让凭证来完成的。**转让凭证**（assignment）的主要特点是：

- 贷款出售后，全部所有权被转让，这意味着贷款的买方对借款者直接拥有债权。
- 美国国内贷款的转让一般要根据统一商法来进行（以证明所有权的转让是合法的）。

尽管出售贷款转让凭证时的所有权通常比较明确，但是，贷款的合约条款经常会限制卖方对购买者范围的选择。比如，贷款合约可能会要求代理金融机构或借款者对贷款出售表示认可。贷款合约可能还会规定只能将贷款出售给某类金融机构，比如，净值或净资产规模能够满足某些条件的机构。（代理金融机构将所偿还的本息支付给贷款辛迪加集团中的各个债权人。）

从目前的发展趋势来看，初始贷款合约对转让凭证的限制已经很少了。美国国内以及新兴市场上的贷款出售均呈现出这种趋势。销售状况最好的贷款，是那些在转让时对买方没有做出限制的贷款。即便如此，人们还必须注意浮动利率和固定利率贷款转让之间的区别。就浮动利率贷款而言，大多数的转让都发生在对贷款进行再定价的那一天（一年会有 2~4 次），原因在于代理金融机构计算和交付应计利息的过程非常复杂——尤其是考虑到浮动利率具有不同的计息基础（比如，以联邦基金利率为基础，以长期国债利率为基础，或者是以 LIBOR 为基础）。此外，固定利率贷款转让中**应计利息**（accrued interest）支付的不统一（交易日、转让日和付息日的差别），也使得这一市场的复杂性和摩擦加剧。此外，虽然代理金融机构会对贷款的初始所有者进行完整的记录，但它并不能始终对贷款所有权的变更以及交易后的相关转让进行及时更新。这就意味着借款者、代理金融机构和贷款的买方，一般很难确保现有的贷款持有人按时获得本息偿还。最后要指出的是，贷款的买方通常需要核实初始贷款合约，并充分了解借款者违约时自己对贷款抵押物的所有权状况。

由于合约问题、交易摩擦和成本等因素的影响，部分贷款出售需要长达 3 个月的时间才能完成；据报道，有 50% 的贷款出售最终无法完成交易。许多情况下，放弃合约的原因在于，市场价格偏离了最初达成的条件，因此，交易对手会寻找理由来拖延贷款出售交易，或者是最终拒绝达成交易。

贷款购买者和贷款出售者

贷款购买者

出于监管和战略上的考虑，在众多潜在的贷款购买者中，一些人只会对其中的某一市场感兴趣。具体而言，购买廉价的高杠杆交易贷款的群体正越来越专业化，它们包括投资银行、对冲基金和**秃鹰基金**（vulture fund）。

投资银行　投资银行是高杠杆交易贷款最主要的购买者，其原因在于：（1）对这些贷款进行分析时，所使用的投资技巧与从事垃圾债券交易所需的投资技巧相似；（2）在承销原始垃圾债券和高杠杆交易时，投资银行经常会与高杠杆交易借款者发生密切的联系。因此，大投资银行（比如瑞士信贷第一波士顿、美林和高盛）是这一市场上信息较为灵通的代理人——它们既可以通过充当做市商来获取信息，又可以针对价格变化进行短期交易来获取信息。

秃鹰基金　秃鹰基金是专门投资于廉价贷款的对冲基金，其投资计划一般并不包括如何去帮助面临生存危机的企业。它们包括由乔治·索罗斯和 Sam Zell 这样的冒险家所管理的基金。此类投资可能是主动的，尤其是对于那些想通过购买贷款而在重组交易中获利的人而言。这种交易会给贷款购买者带来巨大的重组收益。反过来，此类贷款也可能属于被动投资，比如为了实现廉价证券资产的分散化而购买高收益证券。许多秃鹰基金实际上是由投资银行来管理的。

秃鹰基金通常给人们的感觉是，在廉价购买贷款之后，它们会迫使企业重组，即迅速获得企业被分解的价值：以 50% 的投资价轻易换取 70% 的利润。因此，秃鹰基金的名声通常都不太好。这种不好的声誉可能源于：银行在重组中寻求的是贷款本金的收益，而秃鹰基金寻求的是资本投资的回报。也就是说，秃鹰基金是受交易驱动的，而不是以客户关系为基础的。与银行不同，秃鹰基金对于建立和维持与相关企业的长期客户关系这样的决策并不太感兴趣。尽管如此，它们还是为投资者和债权人提供了一种退出策略，并使得资产能够有序地流动。

就非廉价的高杠杆交易市场和美国传统的国内贷款出售市场而言，存在着五种主要的购买者：国内其他银行、外国银行、保险公司和养老基金、封闭式银行贷款共同基金以及非金融类公司。

国内其他银行　银行同业贷款出售是传统市场交易的核心，而且以前一直围绕着往来银行业务和地区银行业务（分行业务）所受到的限制（比如 1927 年的《麦克法登法》、1956 年的《银行控股公司法》及其 1970 年修正案）而展开。对全国范围内银行业务的限制，通常使银行的贷款资产组合既不能在地域上做到分散化，又不能在借款者方面做到分散化。小银行经常向自己的往来银行（大银行）出售贷款参与凭证，以提高地域和借款者分散化的程度，同时避免监管法规对单个借款者贷款集中率所规定的最高限额（向单个借款者提供的贷款不能超出银行资本的 10%）。这种交易也可以按相反的方式进行，即由大银行向小银行出售参与凭证。

然而，传统的同业市场正在萎缩，其原因至少表现在三个方面。首先，随着银行市场竞争的加剧以及一体化的不断加强，传统的往来银行业务关系正在瓦解。其次，人们对交易对手风险和道德风险的关注增加了（比如，20 世纪 80 年代初期，Penn Square 这家小银行向大陆伊利诺斯这家较大的往来银行出售了一些不良贷款）。第三，随着 1994 年《里格—尼尔州际银行和分行效率法》的通过，阻碍全国银行业务的障碍大多被清除了。然而，一些小银行发现，对其贷款资产组合的分散化而言，贷款出售市场具有很大的作用。

外国银行　外国银行仍然是美国国内贷款的主要购买者。近几年，它们购买了 40% 以上的贷款。由于分行业务涉及到高昂的成本，因此，贷款出售市场的存在，使得外国银行无须以高昂的成本设立全国性的银行网络，就可以对美国的贷款资产组合进行较好的分散化管理。然而，再一次兴起的资产**紧缩**（downsizing），尤其是日本的银行资产紧缩（参见第 18 章），使这种需求开始收缩。

保险公司和养老基金　由于要遵守流动性及信用等级（或投资级别）方面的限制，像安泰（Aetna）这样的保险公司和养老基金成为了长期贷款的主要购买者。

封闭和开放式银行贷款共同基金　这些杠杆共同基金（比如美林初级市场基金）诞生于 1988 年，它们投资于美国国内的银行贷款。尽管它们可以在二级市场购买所转售的贷款，但是，由于费用收入的吸引，一些大基金也进入了初级辛迪加贷款市场。换句话讲，这种共同基金参与了商业银行的贷款融资业务。与此同时，共同基金也获得了一笔费用收益或部分利息收益。事实上，一些货币中心银行（比如 J. P. 摩根大通银行）一直积极鼓励封闭式基金参与初级辛迪加贷款。

非金融类公司 有些公司也会购买贷款，但是这些业务主要限于美国和欧洲大型公司所属的金融服务机构（比如通用电气资本公司和 ITT 金融公司），而且此类业务占美国国内贷款的比重在 5% 以内。[1]

贷款出售者

美国国内贷款及高杠杆交易贷款的出售者包括：大型货币中心银行、外国银行、投资银行以及美国政府和政府机构。

大型货币中心银行 绝大多数贷款出售都是由一些大型货币中心银行来完成的。近几年，由于高杠杆交易贷款的增加（大型货币中心银行在提供高杠杆交易贷款方面起着重要作用），以及不动产贷款出售的增长，贷款出售方面的市场集中度一直在上升。近几年，大型货币中心银行直接地或通过组建“优质银行与呆账银行”的方法，参与了大额（不动产）贷款的出售。

优质银行与呆账银行 呆账银行（bad bank）是为了清理不良贷款组合资产而设立的特殊渠道。设立呆账银行的主要目的是，通过使优质贷款［放在“优质银行”（good bank）中］和呆账贷款（放在“呆账银行”中）相分离，来达到资产价值的最大化。以前的呆账银行例子包括：Grant Street 国民银行（由梅隆银行设立）、国民贷款银行（由化学银行设立）以及国民资产银行（由第一州际银行设立）。[2] 比如，梅隆银行减记了面值为 9.41 亿美元的不动产贷款，并将其以 5.77 亿美元的价格卖给了一个专门设立的呆账银行附属机构——Grant Street 国民银行。这个专门设立的呆账银行的融资来源于所发行的债券以及普通股和优先股。呆账银行的经理们会获得一些股份（次级优先股），以作为一种激励手段，从而使其在出售从梅隆银行所购贷款时能够获取最大价值（也就是说，使市场转售价值高于 5.77 亿美元）。

表 22-2 描述了优质银行将不良贷款卖给呆账银行附属机构的情况。在 A 表中，优质银行出售贷款之前的资产负债表内拥有 9.5 亿美元的不良贷款、25 亿美元的优质贷款和 5 亿美元的现金资产。这些资产来源于 25 亿美元的存款、7.5 亿美元的购入资金和 7 亿美元的权益。如果 B 表中的呆账银行以 5.8 亿美元（发行债券、优先股和普通股而获取的收入）来购买这些不良贷款，优质银行就可以将这些贷款从自己的资产负债表中清除——同时要承担 3.7 亿美元的权益损失（即 9.5 亿美元的贷款面值，减去出售贷款所获得的 5.8 亿美元）。出售贷款所获得的收入然后被用于偿还购入资金，从而使其余额下降为 1.7 亿美元（即 7.5 亿美元减去 5.8 亿美元）。呆账银行的资产负债表中现在拥有面值为 9.5 亿美元的贷款（花 5.8 亿美元购买到的）。这些贷款可以被重组或处理掉。如果这些贷款所带来的收益高于 5.8 亿美元，呆账银行的普通股股东就会获得额外的收益——以股息的形式或将其用于回购债券或优先股。

与贷款银行自己持有（并最终出售）这些贷款相比，通过设立呆账银行来出售贷款的做法将具有更大的价值，其理由至少表现在五个方面：

1. 呆账银行的设立，使得不良资产处于贷款专家的掌控之下。
2. 一旦不良贷款从资产负债表中清除掉，优质银行的声誉会得到提高，而且它进入存款和资金市场的能力一般也会得到改进。
3. 由于呆账银行没有任何短期存款，即它是一个自偿性实体（self-liquidating entity），它可以为不良资产找到一个最优的处置策略，因为它不必过分担心流动性需求。
4. 就梅隆的呆账银行而言，与经理们签订的合约，可以最大限度地激励他们从贷款出售中获取更大的价

1 作为债权—股权互换的一方，非金融类公司是新兴市场贷款出售交易的主要买主（参见第 11 章）。

2 这种方法在美国之外也得到了使用。比如，1998 年，印度尼西亚政府采用了设立优质银行与呆账银行的方法，以此解决国内银行业面临的呆账危机。21 世纪初，日本通过这种方法使不良贷款与其他银行资产分离开来。

表 22-2 优质银行与呆账银行在贷款出售前后的资产负债表（单位：百万美元）

A 表：优质银行

贷款出售之前				贷款出售之后			
资 产		负债 / 权益		资 产		负债 / 权益	
现金资产	500	存 款	2 500	现金资产	500	存 款	2 500
贷 款				贷 款			
正常贷款	2 500	购入资金	750	正常贷款	250	权 益	170
不良贷款	950	权 益	700	不良贷款	0		300
	3 950		3 950		3 000		3 000

B 表：呆账银行

贷款出售之前				贷款出售之后			
资 产		负债 / 权益		资 产		负债 / 权益	
现金资产	600	债 券	300	现金资产	10	债 券	300
贷 款	0	优先股	100	贷 款	70	优先股	100
		普通股	200			普通股	200
	600		600		600		600

值。

5. 这种优质银行与呆账银行体系降低了优质银行资产价值的信息不对称性，即所谓的柠檬问题（lemons problem），因此有可能增加优质银行对风险厌恶投资者的吸引力。

外国银行 就外国银行充当贷款出售者而不是购买者而言，它们出售的这些贷款来自分行网络（比如日本设在加利福尼亚地区的银行），或者是利用美国的贷款出售市场来出售自己国家的贷款。美国贷款出售市场上（尤其是高杠杆交易市场上）最主要的一位做市商，是荷兰的一家金融机构——ING 银行。

投资银行 投资银行（比如贝尔斯登）以两种方式来充当贷款出售者：承担部分做市功能（将所发行的贷款出售），或者是主动充当交易者。另外，这些贷款出售一般只限于大额高杠杆交易。

美国政府及政府机构 近几年，美国政府及政府机构对贷款出售表现出了越来越大的兴趣。这主要是受到了 1996 年通过的《联邦债务回收改进法》的促进——该法律授权联邦机构将不良和违约贷款资产出售。住房和城市发展部也开始大量出售公寓抵押贷款了。不过，到目前为止，出售贷款最多的政府机构是清算信托公司（RTC）。从 1989 年设立到 1995 年年底解散，清算信托公司通过合并、关闭或接管等方式，对 700 多家有问题的储蓄机构进行了处理。就美国的工商业贷款出售市场而言，清算信托公司提供的业务并不太多，其原因在于它所出售的大部分都是不动产资产（比如公寓抵押贷款）。清算信托公司后来更倾向于将优质贷款和不良贷款打包出售给拍卖市场上的竞标者。比如，在 1995 年 4 月 21 日的拍卖中，它向出价最高的竞标者打包销售了 29 种不同的商业资产（这些资产分别位于新泽西、纽约和宾夕法尼亚），其市场价值总额估计达 750 万美元。在这种资产打包拍卖中，竞标者只有 4 天的投标时间。

银行和其他金融机构出售贷款的原因

在本章的开头，我们曾经讲过，金融机构出售贷款的其中一个原因，就是为了更好地管理自己的信用风险。贷款出售清除了资产负债表中的资产（及信用风险），而且使金融机构能够更好地获得资产分散化效应。然而，除了信用风险管理之外，一些经济和监管方面的原因也促使金融机构出售贷款。下面对此进行介绍。

准备金要求

监管方面的一些要求，比如必须存入中央银行的非生息准备金以一种税负的形式增加了贷款资产组合的融资成本。一些监管负担（比如法定准备金要求）促使银行将贷款从资产负债表中清除，即以无追索权的方式将贷款出售给外部投资者。贷款的清除使得银行的资产和存款减少，因此，也使得它们必须持有的存款准备金减少。

费用收益

金融机构通常可以将提供贷款（以及随后出售贷款）的费用收益作为当期收益来报告，然而，直接提供贷款获取的利息收益只能随着时间的推移而加以累计。因此，按照目前的会计准则，金融机构在提供贷款之后，马上将其卖掉就可以提高自己的报告收益。

资本成本

与准备金要求一样，资本充足率要求也是金融机构的一种负担——只要所要求的资本金超出了金融机构自身所认为的合理限度。就税负而言，债务是比股权资本更廉价的资金来源。因此，正在设法满足资本（K）和资产（A）比率要求的金融机构，可以通过降低资产（A）而不是增加资本（K）的办法来提高这一比率（参见第15章）。贷款出售就是能够紧缩或降低资产，并提高资本资产比率（K/A）的一个办法。

流动性风险

除了信用风险和利率风险之外，持有表内贷款还会加剧金融机构资产总体流动性的缺乏。由于金融机构的负债一般都具有很高的流动性，因此，这种流动性缺乏给金融机构带来了一个问题。当储户突然提取自己的存款时，金融机构资产流动性的缺乏会使其面临十分有害的流动性问题。为了缓解流动性问题，金融机构的管理层可以将自己的部分贷款卖给外部投资者。这样，贷款出售市场导致了贷款二级市场的产生，从而极大地提高了金融机构表内贷款资产的流动性。

阻碍未来贷款出售发展的因素

近几年来，贷款出售市场经历了几次兴衰（参见上面的内容）。然而，尽管贷款出售是一种有价值的信用风险管理手段，但是，仍有一些因素会影响（包括促进和阻碍）这一市场未来的发展。首先我们来分析阻碍这一市场发展的因素。

进入商业票据市场的能力

1987年第20条款分支机构诞生之后，大银行在直接承销商业票据（和其他证券）方面享有了更大的权力。它们再也不会遭遇证券公司提起的法律诉讼了——证券公司控告银行的承销业务违反了《格拉斯—斯蒂格尔法》。1999年，随着《金融服务现代法案》的通过，以及《格拉斯—斯蒂格尔法》的废除，银行需要以承销或出售短期贷款来部分代替商业票据承销业务的做法，就显得更加不重要了。此外，越来越多的中小企业也正在直接进入商业票据市场。因此，它们在短期融资方面对银行贷款的依赖性下降了。

客户关系的影响

随着金融机构的合并以及金融业业务范围的扩大，今后的客户关系有可能比如今变得更为重要。由于贷款客户（借款者）把金融机构出售自己的贷款看成是金融机构对自己价值的利空反应此外，在贷款出售后的一段时间内，那些贷款已被出售的借款者的申请破产的情况也会明显增加。这一研究结果证明了如下假设：贷款出售的消息会带来负面影响。，当已有的和潜在的客户将业务转向别处时，金融机构的收入可能会受到损害。

法律上的问题

一些法律上的问题也会阻碍贷款市场，尤其是廉价的高杠杆交易贷款市场的发展。具体而言，尽管金融机构一般都属于有担保的债权人，但是，如果陷入破产，金融机构的这种地位可能会受到其他债权人的攻击。比如，已经有人针对 Revco、Circle K、Allied Stores 和 RTR Nabisco 等借款者的担保债权人提起了**欺诈性转让**（fraudulent conveyance）诉讼。如果这种法律行动获得支持，那么卖给某一方的贷款就有可能被认为是非法的。此类法律诉讼是减缓廉价贷款市场发展的其中一个因素。事实上，在最近的许多高杠杆交易贷款的出售中，贷款购买者都要求享有退还权：如果根据《统一欺诈性转移法案》而判定交易具有欺诈性，那么就可以按购买价将贷款退还给卖方。此外，在贷款的过程中，如果债权金融机构表现得更像一位股权所有者，而不像一位外部债权人,那么就会产生另一种与危机企业有关的风险。比如，金融机构可能会涉足企业的日常管理，参与战略投资和资产出售决策。这就有可能使人们认为，金融机构的贷款应该被看作是股权，而不应该被看作是担保债务。也就是说，金融机构的贷款可能会处于次级求偿权的地位。

促进未来贷款出售发展的因素

至少有六个因素可以促进未来贷款出售交易额的增加——但这些因素中并没有包括贷款出售所具有的信用风险“套期保值”价值。

国际清算银行的资本要求

国际清算银行的风险资本规则的存在及针对这些规则提出的改革（参见第 15 章），意味着银行将继续拥有出售商业贷款的强烈愿望：将这些贷款出售给其他金融机构和投资者，可以压缩其资产负债规模并提升其资本比率。

市场价值会计

证券交易委员会和财务会计准则委员会（FASB）一直倡导金融服务企业以市场价值会计取代账面值会计（参见第 15 章）。此外，针对利率风险和市场风险的资本要求也使银行正朝着市场价值会计方法转变（参见第 5 章）。资产价值逐日盯市的趋势将使银行贷款更类似于证券，因此，使得它们更易于出售和交易。

资产经纪业务和贷款交易

大型货币中心银行和投资银行对交易以及交易收益的更为重视，表明贷款出售市场仍将受到极大的关注，其原因在于这一市场的价格波动性很大，因此有可能获取较大的交易利润。大多数高杠杆交易贷款都采用的是浮动利率，因此其基础价值在很大程度上不会受到利率水平波动的影响（与长期国债这样的固定收益证券不同）。然而，许多这样的贷款都有较低的信用等级和较长的期限,从而使它们的信用风险有可能出现较大的波动。因此，与某危机企业 8 年期的高杠杆交易贷款相比，AAA 级企业三个月短期担保贷款未来信用风险的波动性不会太大。这就意味着，投机级企业贷款的交易对金融机构始终具有吸引力——它们会利用其专业化的信用监控技巧来充当资产交易者的角色，而不会去充当这一市场上的资产转换者角色。

政府贷款的出售

随着 1996 年《联邦债务回收改进法》的通过，以及联邦政府部门继续压缩资产规模，政府及政府机构的贷款出售在未来很有可能会增加。

信用评级

对所出售贷款进行“信用评级”已经成为了一种越来越明显的趋势。与债券不同，贷款的信用评级并不仅仅只反映了借款企业财务上的稳健性。比如，贷款抵押物的价值有可能使贷款的信用级别比标准的债券评级结果高出一个类别。随着贷款评级的增加，贷款对二级市场购买者的吸引力也有可能增加。

外国银行贷款的购买和出售

21 世纪初，日本的银行账户中拥有 12 000 亿美元以上的不良贷款，这使廉价贷款的出售面临着一个巨大的潜在市场。事实上，几家商业银行和投资银行已经为购买这些不良贷款准备好了资金。比如，2003 年，高盛宣布要以 93 亿美元资金购买日本第二大银行三井住友（SMFG）的不良贷款。这笔资金代表了如此规模的不良贷款资产首次被转移给了一家不受日本政府所控制的实体。人们对这笔交易表示了密切关注，因为它使银行不仅能够将不良贷款从其资产负债表中清除，而且仍然能够控制公司重组的进程。

练习题

1. 从买方和卖方的角度来看，有追索权贷款出售和无追索权贷款出售之间有什么区别？
2. 某银行按 8% 的年利率发放了一笔 1000 万美元的三年期贷款。本金在第三年年底偿还。
   a. 该银行以 8.5% 的利率将这笔贷款按有追索权的方式出售。这笔贷款出售价是多少？
   b. 该银行可以选择按 8.75% 的贴现率将这笔贷款按无追索权的方式出售。这笔贷款的出售价是多少？
   c. 如果银行预计这笔贷款的违约率为 0.5%，那么它应该按有追索权还是无追索权的方式出售贷款？如果贷款违约，银行将不能获得任何本息支付。
3. 与发行相同期限和相同规模的商业票据相比，贷款出售的收益为什么要更高一些？
4. 什么叫高杠杆交易？联邦监管当局对高杠杆交易是如何定义的？
5. City Bank 发放了一笔 200 万美元的 10 年期高杠杆交易贷款，贷款年利率为 10%，本金将在到期日偿还。
   a. 如果目前具有相同风险的贷款的市场利率为 12%，那么该银行出售这笔贷款将获得多少收入？
   b. 此种风险贷款目前二级市场的报价为：买价 88 美分（1 美元），卖价 89 美分（1 美元），请将这笔贷款的报价折算成实际价格。
   c. 这些价格反映出这笔贷款是廉价贷款还是非廉价贷款？请说出理由。
6. 贷款转让的达成会面临哪些困难？
7. 除了信用风险管理之外，金融机构出售贷款还有哪些其他的原因？
8. 阻碍未来贷款出售市场发展的因素有哪些？请对它们加以分析。
9. 某金融机构正准备购买 500 万美元的贷款，以使自己现有资产的平均有效期限从 3.5 年增加到 5 年。目前它拥有的总资产为 2000 万美元，其中 500 万美元为现金（有效期限为 0），1500 万美元为贷款。所有的贷款都采用公平定价。
   a. 假设它使用现金购买贷款，如果贷款的有效期限为 7 年，那么它应该购买贷款吗？
   b. 要想使平均有效期限上升为 5 年，它应该购买有效期限为多少年的贷款资产？
10. 除了防范信用风险之外，还有哪五种因素有可能促进未来贷款出售的发展？请分析每种因素的影响。

第23章

证券化

导　言

除了期货、远期、互换和贷款出售之外，金融机构还可以利用**资产证券化**（asset securitization）——将贷款和其他以证券为担保的资产集中并打包出售——来对其利率风险缺口进行套期保值。此外，证券化方法还有如下作用：使金融机构的资产组合更具有流动性；提供一种重要费用收入来源（当金融机构为所售资产充当还款服务中介时）；有助于降低资本要求、准备金要求和存款保险等监管措施所带来的税收负担。因此，截至2003年年底，在所有住房抵押贷款中，有63%以上的都被证券化了，而1980年这一比重还不到15%。

本章要详细考察证券化在改进金融机构的风险与收益关系方面的作用。我们要介绍三种主要的资产证券化形式（或手段），并对其特点进行了分析。资产证券化的主要形式包括：转手证券、担保抵押债券（CMO）和抵押担保债券。第22章介绍了一种较原始的资产证券化方式——贷款出售。在这种方式下，贷款被出售给了其他投资者且没有新的证券的产生。此外，尽管所有三种形式的证券化均起源于不动产贷款市场，但是，这些方法目前正被应用于除抵押贷款之外的其他贷款，比如，信用卡贷款、汽车贷款、助学贷款和工商业贷款，等等。

转手证券

金融机构经常将自己的抵押贷款和其他资产集中起来，以转手证券的形式让投资者享有这些集合资产所带来的权益。虽然金融机构资产负债表中，许多不同种类的贷款和资产目前都已被证券化了，但是，证券化的产生却是政府资助计划（其目的是为了提高住房抵押市场的流动性）的产物，这些计划以间接资助的方式促进了美国房产市场的发展。

正因为如此，我们首先将分析政府资助的住房抵押贷款证券化。抵押担保转手证券的产生与三家政府机构或政府资助企业直接相关。这三家机构分别为：政府国民抵押贷款协会（Government National Mortgage Association，简称GNMA，俗称吉利美）、联邦国民抵押贷款协会（Federal National Mortgage Association，简称FNMA，俗称房利美），以及联邦住房抵押贷款公司（Federal Home Loan Mortgage Corporation，简称FHLMC，俗称房地美）。

政府国民抵押贷款协会（GNMA）

政府国民抵押贷款协会又叫“吉利美”，它是1968年从联邦国民抵押贷款协会中分离出来的。GNMA是一个政府所属的机构，其主要作用有两个：一是资助商业银行、储蓄机构和抵押贷款银行之类的金融机构发行抵押担保证券；二是向抵押担保证券的投资者提供担保，以保证所资助债券的本息能及时得到支付。换句话讲，GNMA提供的是**按期还款保险**（timing insurance）。本章的后面我们将更详细地介绍这一内容。作为一位资助者和按期还款担保者，GNMA所支持的抵押贷款集合资产应满足以下条件：其违约风险或信用风险已经得到了下列三个政府机构中某一机构的担保——联邦住房管理局（FHA）、退伍军人管理局（VA）和农民住房管理局（FMHA）。这些机构所担保的抵押贷款都是面向住房市场上的弱势群体的，比如低收入家庭、年轻家庭和退伍军人等。所以，FHA/VA/FMHA—GNMA 证券化项目下的抵押贷款有一个最高限额。

联邦国民抵押贷款协会（FNMA）

于 1938 年建立起来的联邦国民抵押贷款协会（FNMA 或"房利美"）在三个抵押担保证券资助机构中的历史最悠久。如今，它已成为一家私人股份有限公司，其股票已在纽约股票交易所上市交易。然而，在许多投资者心目中，它仍然是能够得到政府支持的一个机构，因此，这就使它相当于一个政府所属的机构。实际上，人们的这种看法可以从下列事实中得到证明：当 FNMA 在紧急情况下需要资金时，它一定可以从美国财政部获得一定的信贷额度。在发行转手证券方面，FNMA 是一个比 GNMA 更活跃的机构。GNMA 仅仅只对一些项目给予支持，并保证作为还款服务者的金融机构向 GNMA 投资者按期付款。然而，FNMA 实际上是在通过购买和持有抵押贷款（这些交易记录在资产负债表中）来帮助转手证券的发行；同时它还通过直接发行债券来为这些购买活动融资。

具体来讲，FNMA 以从银行和储蓄贷款协会购买抵押贷款集合资产的方式，来帮助抵押担保证券（MBSS）的发行。它购买抵押贷款集合资产的资金，来自向人寿保险公司和养老基金之类的外部投资者出售抵押担保证券所获得的资金。此外，FNMA 还从事互换交易：以抵押担保证券换取银行或储蓄贷款协会最初的抵押贷款。由于 FNMA 担保证券能够按期获得所有本息，因此，购买了抵押担保证券的金融机构可以随后将其在资本市场转售出去，或者是将其并入自己的资产组合之中。与 GNMA 不同，FNMA 既对 FHA/VA 担保的贷款也对传统的抵押贷款实行证券化——只要普通抵押贷款拥有合理的贷款价值比或担保比（这一比率通常不能超过 80%）。贷款价值比比较高的普通抵押贷款，必须在获得私人抵押贷款保险之后才能被纳入作为 FNMA 证券化基础的集合资产中。

联邦住房抵押贷款公司（FHLMC）

联邦住房抵押贷款公司（FHLMC）又叫"房地美"，其作用类似于 FNMA，只不过其主要的证券化业务一直与储蓄贷款协会相关。与 FNMA 相同，FHLMC 也是一个可以从美国财政部获得信贷额度的股份公司。此外，和 FNMA 一样，它也从金融机构手中购买集合资产，并且也以抵押担保证券来换取贷款。FHLMC 除了资助 FHA/VA 担保的抵押贷款集合资产之外，还资助那些普通的抵押贷款集合资产，以及没有获得联邦担保的抵押贷款；同时它还能保证自己债券利息的及时偿还以及本金的最终偿还。

FNMA 和 FHLMC 在金融体系中拥有大量的业务，因为它们持有 63% 以上的美国单个家庭住房抵押贷款集合资产。一些监管部门和政客认为，这两家政府资助机构占有的市场份额太大了。21 世纪初，它们的贷款损失及债务权益比都上升了。两家机构的债务权益比在 30%~97%，具体结果取决于对其表外风险的估计。

发行转手证券的动机及方法

为了分析证券化的过程，我们将首先介绍抵押贷款集合资产证券化的方法，以深入了解这种交易过程对提供抵押贷款的金融机构的风险收益状况所带来的好处，以及这些证券对投资者所具有的吸引力。考虑到抵押担保证券的市场规模超过了 3 万亿美元（其中大部分都得到了 GNMA 的支持），因此，下面我们将以一个例子来分析 GNMA 转手证券产生的过程。

假设某金融机构向本地居民提供了 1 000 笔新的住房抵押贷款。每笔抵押贷款的平均规模为 10 万美元。这样，新的抵押贷款集合资产的总规模为：

$$1\,000 \times 10 \text{ 万} = 1 \text{ 亿美元}$$

由于每笔抵押贷款的规模都比较小，因此它们都能获得联邦住房管理局的信用风险担保。提供贷款的金融机构要为这种担保支付少量的费用。此外，每笔新的抵押贷款所规定的初始到期期限都是 30 年，且每笔抵押贷款的年利率（通常被称为抵押贷款息票率）均为 12%。假设金融机构提供这些贷款的资金主要来自于活期存款这样的负债以及自己的资本或权益。根据目前的资本充足性要求，每一美元新的住房抵押贷款都要缴纳一部分准备金。因为按照风险资本标准来衡量，住房抵押贷款的风险权重属于第 3 类，即 50% 这一类（参见第 15 章），而风险资本的要求为 8%，因此，金融机构需要为这 1 亿美元抵押贷款资产组合提供的资本担保为：

资本要求 = 1 亿 × 0.5 × 0.08 = 400 万美元

我们假设其余的 9 600 万美元抵押贷款资金来自于活期担保。目前的监管法规要求金融机构吸收活期存款时，必须持有 10% 的准备金（存入联邦储备银行，或者是以库存现金的形式存在）（参见第 14 章）。假设金融机构表内现金资产的融资渠道为吸收活期存款，那么，该银行必须吸收的活期存款为 1.0667 亿美元［= 9600 万 /（1 − 0.1）］——9 600 万美元用于发放抵押贷款，1 067 万美元作为活期存款的准备金。实际上，活期存款准备金要求是除了资本要求之外，金融机构进行抵押贷款融资要承担的另一项“监管”税。[1] 需要指出的是，由于目前定期存单和定期存款的准备金要求为 0，因此，如果金融机构利用定期存单来为自己的抵押贷款融资的话，那么，它就不需要额外缴纳准备金。

根据上述条件，金融机构提供抵押贷款之后的初始资产负债表可以通过表 23−1 反映出来。除了资本金要求和准备金要求所带来的税收负担之外，金融机构每年还必须根据自己的存款规模来向联邦存款保险公司缴纳保险费。假设存款保险费为 27 个基本点（就信用最低的银行而言），那么，应缴纳的保险费为：[2]

1.0667 亿 × 0.0027 = 28.8 万美元

尽管金融机构能够从自己的抵押贷款资产中获得

表 23−1　银行的资产负债表（单位：百万美元）

资　产		负　债	
准备金	10.67	活期存款	106.67
长期抵押贷款	100.00	资　本	4.00
	110.67		110.67

12% 的息票收益，但它同时也面临着三重监管税负担：

1. 资本要求。
2. 准备金要求。
3. 向联邦存款保险公司缴纳保险费。

因此，证券化的其中一个动机，就是要降低监管措施给金融机构带来的监管税负担，以提高金融机构的税后收益。[3] 除了要面对住房抵押贷款资产组合收益应缴纳的监管税之外，表 23−1 中的银行还面临着两方面的风险问题。

有效期限缺口风险（$D_A > kD_L$）

金融机构 30 年期抵押贷款资产组合的融资来源于短期（活期）存款；因此，其有效期限不匹配。[4] 即使抵押贷款资产的融资来源于短期存单、定期存款或其他购入资金，情况仍然如此。

流动性风险

银行现在持有长期抵押贷款这种缺乏流动性的资产，且没有超额准备金。因此，它面临着第 12 章曾介绍过的潜在流动性短缺问题，其中包括如下风险：为应对大规模的非预期活期存款提取而不得不将抵押贷款资产廉价甩卖。

1　把资本要求看成一种税收负担时，我们假设监管当局所确定的最低资本水平超出了金融机构自身所认为的最优水平。

2　2004 年，信用最优银行的存款保险费为 0。

3　证券化的其他原因还包括贷款资产组合地域上的更加分散化。具体而言，许多金融机构发放的抵押贷款都集中于当地社区，因此，证券化使金融机构能够用抵押担保证券（它们以其他城市和其他地区的抵押贷款为基础）来代替当地的抵押贷款。

4　正如第 3 章和第 4 章所介绍的，作为核心存款的活期存款，一般的有效期限都在 3 年以内。抵押贷款的有效期限一般都不低于 4.5 年——具体期限取决于对提前还款的假设。

解决这些利率风险和流动性风险问题的其中一个办法是，通过获取期限较长的存款或其他负债（比如中期票据）来延长金融机构表内负债的期限。另一种办法是，通过利率互换将金融机构的负债转变为具有长期固定利率特点的负债（参见第 21 章）。然而，这些方法都不能解决监管税问题以及监管负担对金融机构收益的影响。

相反，发行 GNMA 转手证券一方面能够大体上解决利率和流动性风险问题，另一方面还可以降低监管带来的税收负担。这种方法要求银行通过发行 GNMA 转手证券来对 1 亿美元的住房抵押贷款实行证券化。在我们的例子中，银行可以做到这一点，因为 1000 笔基础抵押贷款中的每一笔都获得了 FHA/VA 的担保，每笔贷款所规定的期限都是 30 年，且息票率都是 12%。因此，如果银行是一位合格的贷款者（我们在此就是这样假设的），那么，它就有资格根据 GNMA 计划来进行证券化交易。

银行证券化的第一步，是将 1 亿美元的抵押贷款集中起来。集中起来的抵押贷款交由第三方受托人保管，这样就从资产负债表中被清除而成为了表外资产——表外的一种特殊工具（special-purpose vehicle，SPV）。第三方受托人可能是另一家具有很高信用地位的银行或一位合法受托人。接下来，银行将决定：（1）由 GNMA（在收取一笔费用后）向以抵押贷款集合资产为基础发行的债券提供担保，即担保这些债券本息的按时偿还。（2）银行自身将在收取一笔费用的同时，继续为抵押贷款集合资产提供还款服务——尽管这些贷款已置于受托人的监管之下。随后，GNMA 以 1 亿美元的抵押贷款集合资产为基础发行转手证券。这些 GNMA 证券或转手证券将出售给资本市场上的外部投资者，而发行证券的收益（在扣除所有承销费用之后）将转给提供贷款的银行。这些证券的主要购买者包括保险公司和养老基金。

在考察转手证券的偿还方法之前，我们将分析这些债券对投资者所具有的吸引力。具体而言，这些债券的投资者可以免受两类或两种层次的违约风险的影响。

抵押贷款借款人的违约风险

假设由于房价的迅速下跌，房主停止了抵押贷款的偿还并由债权人将贬值的房屋收回（此时的房屋价值要低于抵押贷款的余额）。如果没有外部担保人，抵押贷款债券的持有者就会遭受损失。通过 FHA/VA 提供的房屋保险，政府机构会承担违约风险，因此，可以使债券持有者免遭损失。

银行和受托人的违约风险

假设发放抵押贷款的银行倒闭，或者是受托人卷走了应偿还给债券持有者的本息。在这种情况下，由于 GNMA 对本息的及时偿还提供了担保，因此，它会及时向自己所担保债券的持有者进行全额赔付。

在没有违约风险的情况下，GNMA 债券持有者（即投资者）所获取的收益为，1 000 笔抵押贷款集合资产每月所支付的本息，再减去贷款银行的抵押贷款还款服务费以及每月向 GNMA 所支付的按期还款保险费。这些费用合起来大约为 50 个基本点，即 0.5%——大约 6 个基本点为 GNMA 收取的按期还款保险费，其余 44 个基本点为抵押贷款提供者收取的还款服务费。这样，GNMA 债券所标明的息票率大约要比基础抵押贷款的息票率低 0.5%。在本例中：

抵押贷款息票率	= 12.00%
减去	
还款服务费	= 0.44
减去	
GNMA 保险费	= 0.06
GNMA 转手债券的息票率	= 11.50%

假设 GNMA 以抵押贷款集合资产为基础发行面值总额为 1 亿美元的平价债券，每份债券的最小规模为 25 000 美元，每位债券持有者每月按比例获得银行所转移过来的全部本息（扣除还款服务费和保险费之后）。因此，如果某一人寿保险公司购买了 25% 的 GNMA 债券（即 1 000 份债券 × 每份债券 25 000 美元 = 2 500 万美元），那么，它将从抵押贷款集合资产每月（一共 360 个月）的承诺付款额中分享到 25%。

每个月，每位抵押贷款者都要向银行还款。银行将这些还款集中起来后交给受托人，而受托人在扣除还款服务费和保险费之后，将剩余的款项转交给 GNMA 债券的投资者。为了方便，大多数固定利率抵押贷款都在整个贷款期内作出了**完全分期摊还**（fully amortized）的安排。这就意味着，只要抵押贷款借款人不在 30 年贷款期内提前还款（即因利率下降而购买新的房屋或进行抵押贷款的再融资），债券持有者就将在每个月获得一笔固定的款项——类似于其他的固定息票债券或固定收益债券所带来的一系列收益。然而，在现实生活中，抵押贷款借款人的行为是无法准确预测的。出于多种原因，他们会移居别处（出售房屋），或者是进行抵押贷款的再融资（尤其是当抵押贷款利率低于抵押贷款息票率的时候）。这种**提前还款**（prepay，抵押贷款到期之前以新的抵押贷款进行再融资）倾向的存在，意味着转手证券所带来的实际息票收益或现金流，经常会与事先约定的或预期的息票收益（无提前还款时的息票收益）之间存在着较大的偏差。这种独特的提前还款风险，对部分投资者具有吸引力，但是它也使一些厌恶风险的投资者不愿购买这种证券。在更详细地分析提前还款风险的特点之前，我们先将转手证券的产生过程归纳在图 23–1 中。随后，我们将分析，这种证券化方法将如何帮助金融机构的经理解决他们所面临的有效期限问题、流动性问题以及监管税问题。

表 23–2　证券化之后的银行资产负债表（单位：百万美元）

资　产		负　债	
准备金	10.67	活期存款	106.67
抵押贷款证券化的现金收益	100.00	资　本	4.00
	110.67		110.67

在前面我们介绍了 GNMA 证券化的流程：从表内抵押贷款的发放（图 23–1 中的第 1 项），到向外部投资者出售 GNMA 债券（图中的第 4 项）。证券化过程中的最后一个环节是，将出售 GNMA 债券的现金收益（在扣除承销费用之后）转交给发放抵押贷款的银行（图中的第 5 项）。因此，通过利用 GNMA 证券化方法，银行以现金取代了长期抵押贷款。如果不考虑证券化过程中涉及到的各种费用和承销成本，那么银行证券化之后的资产负债状况将如同表 23–2。

银行的表内风险发生了巨大变化。首先，1 亿美元

图 23–1　GNMA 转手证券产生的过程

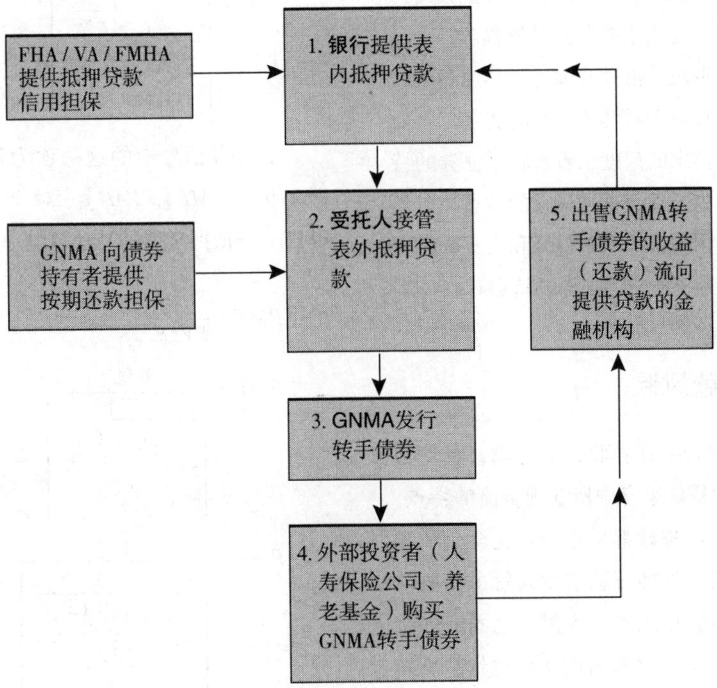

的非流动性抵押贷款已经被1亿美元的现金取代。其次，由于目前的DA和DL均为短期，因此，有效期限不匹配的程度下降了。第三，银行应对和降低监管税的能力得到了提高。具体而言，它可以降低自己的资本金，因为根据资本金标准的规定，表内现金并不需要满足资本要求，而抵押贷款却必须满足4%的资本率要求。如果银行利用出售GNMA转手证券的部分现金收益，来偿付活期存款和压缩资产负债规模，那么，它还可以降低准备金要求和存款保险费。

当然，持有流动性较高或完全具有流动性的资产组合，以及压缩资产规模的做法，都可以起到降低监管税的作用，但这些策略不可能提高金融机构的利润。实行证券化的真正理由在于，金融机构可以利用出售抵押贷款（GNMA转手证券）所获取的现金收益来发放新的抵押贷款，而这些新的抵押贷款又可以被证券化。在这种情况下，金融机构已不再像我们第1章所介绍过的传统资产转换者，而更像是一位资产（抵押贷款）经纪商。金融机构充当资产经纪商的好处在于，它可以从抵押贷款集合资产的还款服务费、前期贴息点以及贷款启动费中获取利润。与此同时，金融机构不必像充当资产转换者并将表内抵押贷款持有到期时那样，承受流动性风险、期限不匹配风险及监管税负担了。简单的讲，金融机构的盈利能力对费用的依赖已超出了对利差的依赖。

证券化的规模，显然取决于抵押贷款（和其他能被证券化的资产）的供给以及投资者对转手证券的需求。正如前面所介绍的，从投资者需求的角度来看，转手证券的特点在于提前还款的风险。为了理解这种风险的特点，以及这种特点为什么会阻碍或限制其他金融机构和投资者的投资，下面我们将更为正式地分析转手证券的特点。

转手证券的提前还款风险

为了理解提前还款对转手证券收益的影响，我们必须了解投资者从基础抵押贷款组合中所获现金流的特点。在美国，大多数传统的抵押贷款都采用的是完全分期摊还的还款方式。这意味着，抵押贷款借款人每个月要向抵押贷款债权人（抵押贷款提供者）支付一笔固定的金额（其中包含了部分本息）。虽然每月的承诺付款额是固定的，但是，在整个抵押贷款合约有效期内，利息部分的金额会逐步下降，而本金部分的金额会逐步上升。

金融机构面临的问题是，它要计算出一个固定的月还款额，从而使抵押贷款到期时正好得到偿还。这一固定还款额应该等于抵押贷款借款人按月支付的一笔“年金”。现在来看我们给出的例子：1000笔抵押贷款构成了一项1亿美元的抵押贷款集合资产，贷款按月偿还（一共360个月），年息票率为12%。

集合资产的规模 = 1亿美元

期限 = 30年（$n=30$）

一年的还款次数 = 12（$m=12$）

r = 抵押贷款的年息票率 = 12%

PMT = 抵押贷款有效期内每月固定的还款额

这样，我们可以根据下面的等式来计算PMT：

$$1亿=\left[PMT\left(1+\frac{r}{m}\right)^{-1}+PMT\left(1+\frac{r}{m}\right)^{-2}+\cdots+PMT\left(1+\frac{r}{m}\right)^{-360}\right]$$
$$=PMT\left[\left(1+\frac{r}{m}\right)^{-1}+\left(1+\frac{r}{m}\right)^{-2}+\cdots+\left(1+\frac{r}{m}\right)^{-360}\right]$$

方括号中的这一项为一几何级数：

$$1亿=\left[\frac{1-\dfrac{1}{\left(1+\frac{r}{m}\right)^{nm}}}{\dfrac{r}{m}}\right]\times PMT$$

上述方括号中的这一项为年金的现值系数，$PVAF$，即1亿 = PMT［$PVAF$］。对等式进行整理后求解PMT——抵押贷款的月还款额：

$$PMT=\frac{1亿}{PVAF}$$

$$PMT=\frac{1亿}{\left[\dfrac{1-\dfrac{1}{\left(1+\frac{r}{m}\right)^{nm}}}{\dfrac{r}{m}}\right]}$$

$$PMT=\frac{1亿}{\left[\dfrac{1-\dfrac{1}{\left(1+\frac{0.12}{12}\right)^{360}}}{\dfrac{0.12}{12}}\right]}=\$1\,028\,613$$

表 23–3　完全分期摊还的抵押贷款

月数	还款余额	月固定还款额（PMT）	利息部分	本金部分	剩余本金
1	\$100 000 000	\$1 028 610	\$1 000 000	\$28 610	\$99 971 390
2	99 971 390	1 028 610	999 714	28 896	99 942 494
…	…	…	…	…	…
…	…	…	…	…	…
360	…	…	…	…	…

因此，$PMT = \$1\ 028\ 613$，换句话讲，由于有 1 000 笔抵押贷款，所以每笔抵押贷款的月还款额为 \$1 028.61（四舍五入）。这样，如果没有提前还款，1 000 位抵押贷款借款人平均每月偿还 1 028.61 美元，就可以在 30 年内还清所有抵押贷款。

每个月 1 028 610 美元的总还款额中所包含的本金和利息都是不相同的。[5] 表 23–3 对每个月总还款额（$PMT = \$1\ 028\ 610$）中的本金和利息进行了分解。第 1 个月的利息部分为 12% 除 12（即 1%），再乘以抵押贷款集合资产的还款余额（1 亿美元）。这一结果为：100 万美元，这就意味着月还款总额中其余的部分（即 28 610 美元）可以被用于偿还集合资产的本金。第 1 个月月底，抵押贷款的本金余额下降 28 610 美元后，变成了 99 971 390 美元。因此，第 2 个月还款中的利息部分会下降，而本金部分会增加，但两者之和仍为 1 028 610 美元。这样，第 2 个月的利息部分降到了 999 714 美元（即第 2 个月初本金余额的 1%），而还款中的本金部分增加到了 28 896 美元。

尽管抵押贷款购房者支付了 12% 的息票率或利率，但转移给 GNMA 投资者的利率为 11.5%，这是因为扣除了支付给 GNMA 的保险费（平均为 6 个基本点），以及支付给贷款银行的还款服务费（44 个基本点）。还款服务费一般按月支付，而不是一次性的先期支付，其目的是促使贷款银行在抵押贷款有效期内认真地进行资金的托收和偿还。比如，如果银行在第 1 个月就先期收到了全部还款服务费，那么，在 360 个月的有效期内，它就有可能不会很好地充当偿债代理人。

0.5% 的收费使转移给债券持有者的现金流减少。可以验证，根据 11.5% 而不是 12% 的年度计算出的年金现值系数，我们可以得出 GNMA 债券持有者 30 年内每个月获得的总金额为 990 291 美元，而不是 1 028 610 美元（假设没有提前还款）。

到目前为止，我们已经知道，转手证券的现金流直接代表了基础抵押贷款本息的现金流与还款服务费和保险费之差。可是，随着时间的推移，抵押贷款利率会发生变化。假设 Y 代表抵押贷款当期的年息票率（它可能高于或低于 12%），y 代表按面值新发行的 GNMA 转手债券的收益率。如果没有提前还款，息票率为 12%（实际息票率为 11.5%）的抵押贷款集合资产的市场价值可以这样来计算：

$$V = \frac{\$990\ 291}{\left(1+\frac{y}{12}\right)^1} + \frac{\$990\ 291}{\left(1+\frac{y}{12}\right)^2} + \cdots + \frac{\$990\ 291}{\left(1+\frac{y}{12}\right)^{360}}$$

如果 y 小于 11.5%，集合资产的市场价值将大于其初始价值；如果 y 大于 11.5%，集合资产的价值就会下降。然而，价值的估算更为复杂，因为在这里我们忽略了这 1 000 笔抵押贷款的提前还款行为。实际上，提前还款风险有两个主要来源：再融资和房屋的转手。

再融资

随着新的抵押贷款息票率的下降，集合资产中每位借款者都想提前偿还过去的高成本抵押贷款，并按较低的利率进行再融资。可是，再融资涉及到交易成本和再次签约的成本。许多银行和储蓄机构都要根据提前偿还的抵押贷款余额来收取提前还款罚金。[6] 此外，申请新的

5　由于每月的还款额进行了四舍五入，因此我们假设每个月总的现金流为 1 000×\$1 028.61 = \$1 028 610。

6　然而，联邦法规一般会禁止针对首次住房抵押贷款的提前还款行为收取罚金。

图 23-2 提前还款关系

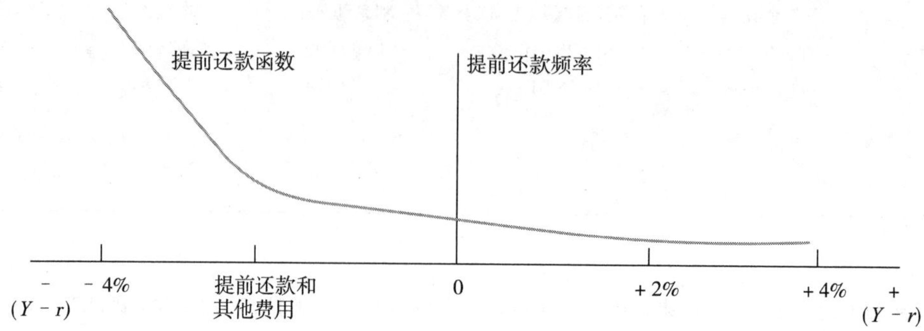

抵押时，通常还要考虑贷款启动费、评估费和资信调查费。因此，只有当抵押贷款利率低于当期息票率的幅度达到某一数额时，集合资产中的提前还款才会大量增加。[7]

房屋的转手

影响提前还款的另一个因素，是抵押贷款集合资产中的借款者有可能在贷款到期前搬家。搬家或转让房屋的决定，可能源于一系列复杂的因素，比如房屋的价格水平、基础抵押贷款的规模、经济的总体状况，有时甚至还包括季节因素（比如春季是搬家的好时候）。此外，如果现有抵押贷款是**可继承抵押贷款**（assumable mortgage），房屋的买方会承担抵押贷款余额偿还。因此，集合资产中房屋的销售并不一定意味着抵押贷款会被提前偿还。相反，抵押贷款的不可继承意味着房屋的销售与提前还款会同时发生。大多数 GNMA 集合资产都允许抵押贷款被继承；但 FNMA 和 FHLMC 所资助的转手证券却是不可以继承的。

图 23-2 反映了抵押贷款集合资产的提前还款频率与利差——当期抵押贷款息票率（Y）与已有的抵押贷款集合资产息票率（r）之差——之间的关系。从中可以看到，当当期的抵押贷款利率（Y）高于抵押贷款集合资产的利率时（$Y>r$），抵押贷款提前还款的频率很低——此时的提前还款反映了人们每个月因就业、离婚、结婚和其他原因而必须提前偿还的本金。即使当期抵押贷款利率低于 r，那些与抵押贷款集合资产相关的贷款者也不会积极要求提前还款，因为，前期再融资费用、签约费用和罚金等有可能超出较低的抵押贷款利率能够带来的现值节省额。可是，随着当期抵押贷款利率的继续下降，抵押贷款持有者的提前还款倾向会大幅度增加。从理论上讲，当这种期权处于有利状态时，抵押贷款持有者便拥有了一份非常具有价值的看涨期权。[8] 换句话讲，当当期的抵押贷款利率下降幅度足够大，从而使得再融资所获得的现值节省额超出期权的执行价（包括提前还款的罚金，以及其他费用和成本）时，抵押贷款将会被其持有者赎回。

由于银行将抵押贷款的现金流卖给了 GNMA 转手证券投资者，而且，根据法律规定，银行必须将所收到的还款（扣除还款服务费和担保费之后）全部转给投资者，因此，投资者的现金流直接反映了提前还款的速度。所以，与没有提前还款时（此时，每月能够收到等额的现金流）的情况不一样，投资者购买这些证券每月实际收到的现

7 有人发现（参见：J. R. Follian and D. Tzang，in “The Interest Rate Differential and Refinancing a Home Mortgage，” *Appraisal Journal* 56，no.2(1988)，pp.243-51.），只有当抵押贷款利率比息票率低 60 个基本点时，人们才会对平均剩余期限为 10 年的抵押贷款进行再融资。可以预料，随着贷款持有期限的增加，所要求的这种利差会下降。

8 这是一份针对抵押贷款价值的看涨期权，因为利率下降时，看涨期权所有者（抵押贷款借款人）提前偿还旧的抵押贷款，并以较低的利率进行新的抵押贷款再融资的价值会上升。请参见：M. J. Brennan and E. S. Schwartz，“Savings Bonds，Retractable Bonds，and Callable Bonds，” *Journal of Financial Economics* 5(1977)，pp.67-88。这项期权也可以看成是利率看跌期权。

图 23-3　提前还款对转手债券持有者现金流的影响

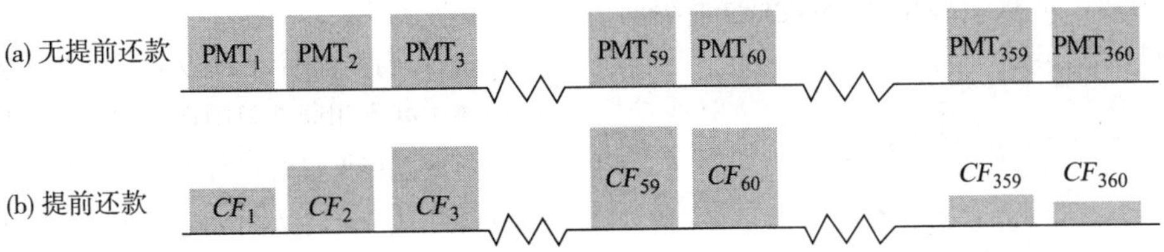

金流（*CF*）会随着提前还款速度的变化而波动（参见图 23-3）。

不存在提前还款的情况下，每个月的现金流都是相同的：$PMT_1 = PMT_2 = \cdots = PMT_{360}$。可是，存在提前还款的情况下，抵押贷款集合资产每月带来的现金流可能是不同的。在图 23-3 中，我们给出了 1 000 笔抵押贷款集合资产中部分提前还款所带来的影响：现金流从第 2 个月开始上升，并且在第 60 个月达到最大值。这将使后面几年中剩余的本息偿还额下降。比如，如果有 300 笔抵押贷款在第 60 个月之前已全部提前偿还，那么，此时抵押贷款集合资产中将只剩下 700 笔贷款。提前还款的结果使抵押贷款集合资产后面每个月所收到的现金流本息急剧下降。比如，在图 23-3 中，GNMA 债券持有者第 360 个月收到的现金流比第 60 个月的少许多，而且还低于开头的两个月。这种情况反映了抵押贷款集合资产本金余额的下降。

抵押贷款当期利率的下降以及提前还款的加快，会从正反两方面影响到抵押贷款集合资产（利率为 12%，即 GNMA 债券的利率为 11.5%）当期的估价。

有利影响　首先，较低的市场收益率使所有抵押现金流的贴现率降低，以及所有现金流的现值上升。对固定收益证券而言，也是如此。其次，较低的收益率使抵押贷款集合资产本金的提前偿还加快。结果，本金的偿还不是集中于集合资产即将到期时，而是更快地得到了收回（偿还）。

不利影响　首先，提前还款使利息的绝对值下降。因此，无法按 360 个月来收取利息，部分利息会随着本金的提前偿还而永久性地丧失。也就是说，抵押贷款持有者只会根据贷款余额来支付利息。其次，当利率下降时，提前还款加快带来的现金流，只能按获取这些现金流时的较低利率进行再投资。换句话讲，月现金流不能按 12% 进行再投资，投资者只能按较低的利率（比如 8%）进行再投资。

提前还款模型

显然，在分析 GNMA 和 FNMA/FHLMC 债券组合的公允价值和风险时，管理金融机构投资组合的经理们必须考虑到抵押贷款的提前还款行为。接下来，我们要介绍三种不同的提前还款分析模型：公共证券协会（PSA）提前还款模型、其他实证模型以及期权估价模型。

首先，我们要仔细分析一种提前还款模型所带来的结果。请看图 23-4 中转手证券的报价和收益率。图中第 1 栏列出的是债券发行的资助者（GNMA/FNMA/FMAC），债券发行的期限（30 年或 15 年），每种抵押贷款集合资产的息票率（比如 6%），以及债券持有者实际获得利息与还款服务者 / 资助者收取利息之间所存在的最大时间间隔。FMAC 之后的"Gold"表明最大时间间隔为 55 天；FNMA 和 FHLMC 的最大时间间隔都是 55 天，这比 GNMA 的最大时间间隔要多 10 天。[9] 第 2 栏显示了债券当时的市场价格，而每日的价格变化（以 1/32 为单位）列在第 3 栏中。

第 4 栏是债券的加权平均期限，它反映了对提前还款时间的估计。这个加权平均期限不同于有效期限——后者是以现金流的相关现值为权重而计算出的一个加权平均到期时间。相反，这个加权平均期限是一个极其简

9　FMAC（或 Farmer MAC）指的是联邦农业抵押公司。FMAC 比三个主要的抵押贷款资助机构（GNMA、FNMA 和 FHLMC）要小，而且它专门提供农业抵押贷款。

单的有效期限指标，其目的是要集中反映本金的预期偿还时间。严格地讲，**加权平均期限**（weighted-average life，即 *WAL*）可以这样计算：

$$WAL=\frac{\sum(\text{时间}\times\text{预期收到的本金})}{\text{总的本金余额}}$$

比如，假设一笔贷款的期限为两年，本金为 1 亿美元。投资者预计 4 000 万美元的本金将在第 1 年年底偿还，而剩余的 6 000 万美元将在到期时偿还。

时　间	预期偿还本金	时间 × 本金
1	\$40	\$40
2	60	120
	\$100	\$100

$$WAL=\frac{160}{100}=1.6\quad（年）$$

从图 23-4 中可以看到，这些集合资产加权平均期限都没有超过 6.2 年。

第 5 栏和第 6 栏显示了抵押担保证券与国债的利差，以及每日的利差变化。这里给出的利差是根据平均期限算出来的，而更复杂（且广为使用的）是期权调整利差（option-adjusted spread，OAS）——将在后面详细介绍。

OAS 可以这样计算：从最后一栏（第 8 栏）的到期收益率中减去相同期限国债的收益率。最后一栏中的到期收益率是根据投资银行（贝尔斯登）对提前还款行为的估计和估价而计算出来的。正如后面要介绍的，根据提前还款行为可以对债券进行估价，并且可以根据明确的提前还款"期权"模型计算出债券的收益率。这只是计算抵押贷款借款人提前还款行为及其对收益产生影响的其中一种方法。分析提前还款行为的另外两种模型方法是：（1）公共证券协会（Public Securities Association，即 PSA）模型法；（2）实证模型（empirical model）法。下面我们将对这两种方法及期权法进行介绍。请注意，图 23-4 中的第 7 栏显示了各种证券的 PSA 提前还款速度（见下述）。这些速度各不相同，其范围为 PSA 标准提前还款速度的 232%~597%。

PSA 模型

公共证券协会开发的提前还款模型是一个以实证为

图 23-4　转手证券的报价（2004 年 4 月 23 日）

MORTGAGE-BACKED SECURITIES

Indicative, not guaranteed; from Bear Stearns Cos./Street Pricing Service

(1)		(2) PRICE Nov (Pts-32ds)	(3) PRICE CHANGE (32ds)	(4) AVG LIFE (years)	(5) SPRD TO AVG LIFE (8ps)	(6) SPREAD CHANGE	(7) PSA (Prepay Speed)	(8) YIELD TO MAT.*
30-YEAR								
FMAC GOLD	5.5%	100-18	- 13	6.2	169	- 7	239	5.46
FMAC GOLD	6.0%	102-20	- 10	3.7	210	- 8	394	5.16
FMAC GOLD	6.5%	104-14	- 04	2.3	189	+ 7	582	4.31
FNMA	5.5%	100-06	- 13	6.2	166	- 5	237	5.44
FNMA	6.0%	102-23	- 11	3.5	206	- 4	427	5.02
FNMA	6.5%	104-12	- 05	2.3	182	+ 7	597	4.22
GNMA**	5.5%	100-15	- 13	6.2	164	- 3	232	5.41
GNMA**	6.0%	102-31	- 10	4.2	190	- 8	338	5.14
GNMA**	6.5%	104-24	- 05	2.8	186	- 1	492	4.53
15-YEAR								
FMAC GOLD	5.0%	100-31	- 09	4.4	141	- 14	250	4.74
FNMA	5.0%	100-29	- 10	4.4	138	- 13	246	4.72
GNMA**	5.0%	101-10	- 11	4.5	129	- 5	234	4.65

*Extrapolated from benchmarks based on projections from Bear Stearns prepayment model, assuming interest rates remain unchanged. **Government guaranteed.

COLLATERALIZED MORTGAGE OBLIGATIONS

Spread of CMO yields above U.S. Treasury securities of comparable maturity, in basis points (100 basis points = 1 percentage point of interest)

MAT	SPREAD	CHG FROM PREV DAY
SEQUENTIALS		
2-year	210	unch
5-year	215	unch
7-year	175	unch
10-year	165	unch
20-year	90	unch
PACS		
2-year	110	unch
5-year	130	unch
7-year	130	unch
10-year	115	unch
20-year	55	unch

资料来源：*The Wall Street Journal*，April 23，2004，p. C13. Reprinted by permission of The Wall Street Journal. www.wsj.com.

图 23-5 PSA 提前还款模型

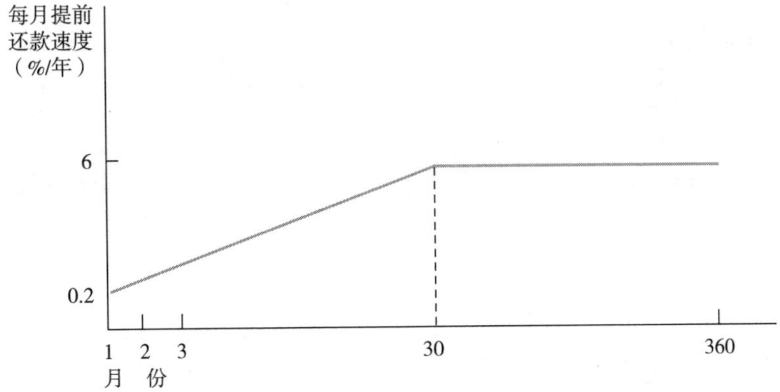

基础的模型。以 FHA 担保抵押贷款集合资产过去的经历为基础，这个模型反映了提前还款的平均速度。实际上，PSA 模型假设第 1 个月的提前还款速度为 0.2%（每年），头 30 个月内，每月增加 0.2%，直到年还款速度达到 6%。该模型认为，在剩余的期限内，集合资产的提前还款速度将稳定在每年 6% 这一水平（参见图 23-5）。[10] 当发行人或投资者认为，抵押贷款集合资产提前还款的情况正符合这种状态时，我们就称其 100% 地符合 PSA 行为。在现实中，作为某种转手证券担保物的特定抵押贷款集合资产的提前还款速度，会与 PSA 所认为的状况有区别，其原因在于一般因素和经济因素的影响，其中包括：

1. 集合资产息票率与当期抵押贷款息票率（加权平均息票率）的相对水平。
2. 抵押集合资产的年限。
3. 还款是否采用完全分期摊还方式。
4. 抵押贷款集合资产是否具有可继承性。
5. 集合资产的规模。
6. 是普通抵押贷款还是特殊抵押贷款（FHA/VA 担保抵押贷款）。
7. 贷款所在地域。
8. 集合资产中抵押贷款借款人的年龄和工作状况。

大致把握这些因素的其中一种方法，就是假定某种集合资产与 PSA 所认为的平均或标准状况有某一固定的偏差。比如，一种集合资产可能被假定为 PSA 的 75%，而另一种则被假定为 PSA 的 125%。前者的提前还款速度慢于历史状况，而后者则快于历史状况。从图 23-4 中的第 7 栏可以看到，息票率为 5.5%、还款最大时滞为 55 天的 30 年期 FMAC 债券所具有的提前还款速度为 PSA 的 239%。换句话讲，人们预计它们的提前还款速度，要大大快于 30 年期抵押担保证券通常所经历的提前还款速度。这是因为，2004 年 4 月，新的抵押贷款利率大大低于历史水平。

其他实证模型

从事转手证券的交易和发行业务的金融机构也开发出了自己的提前还款实证模型，以便在定价能力方面超过其他的发行者和投资者。显然，能够开发出最好、最准确的提前还款模型的金融机构，有可能赚取丰厚利润——通过提供贷款并发行此类债券，或者是通过在二级市场进行此类债券的交易。由于人们已经开发出了众多的实证模型，因此，我们将在下面介绍几种不同类型的方法。

具体来讲，大多数实证模型都是参照 PSA 模型开发出来的自有模型。金融机构会利用这些模型来对每月的提前还款状况作出自己的判断。通过模型的运行，金融机构可以估算出转手证券的公允价或公允收益。当然，那些能准确预测出实际提前还款行为的金融机构，将在转手证券的买卖中获利最多。

10 换句话讲，30 个月后，每月的提前还款速度大约为 0.5%。

图 23-6 与 100%PSA 的偏差

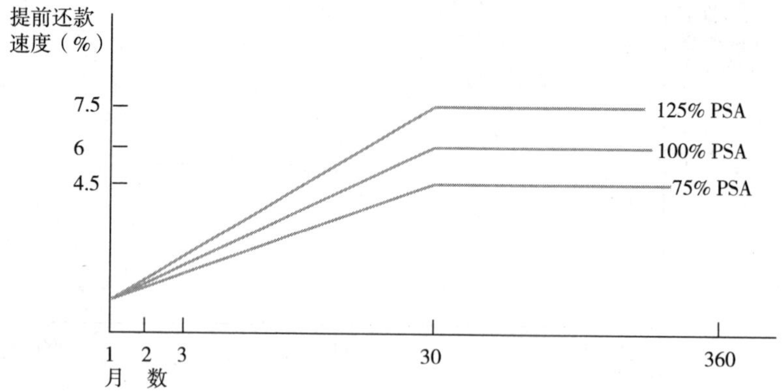

在构建实证估价模型时，金融机构首先要估算出提前还款函数——其方法是观察过去某一时期抵押集合资产（它与被估价的资产类似）持有者的提前还款情况。当然，这要以抵押贷款没有在该时期之前提前偿还为条件。相同集合资产每个月有条件的提前还款速度（p_i）将被构建为影响提前还款的各种重要经济变量的函数——比如，$p_i = f$[抵押贷款利差、年限、担保物、地域特点、**总体提前还款速度**（burn-out factor）]。[11] 这种模型分析法应该考虑到影响具体集合资产的特殊因素，比如其年限以及总体提前还款速度，同时还要考虑到影响提前还款速度的一般性市场因素，比如抵押贷款利差。一旦估算出 pi 的频率分布状况（见图 23-7），金融机构就可以计算出相关抵押集合资产的预期现金流，并且根据集合资产当期市价估算出它的公允收益。[12]

期权模型 [13]

第三类模型使用期权定价理论来计算转手证券的公允收益（参见图 23-4 中的第 8 栏），以及转手证券与国债的公允利差。这些所谓的期权调整利差（OAS）模型，把转手债券的提前还款风险看成是转手债券与国债利差的重要决定因素。正因为如此，它们容易遭到人们的批评——批评它们没有适当地考虑到除再融资之外的其他提前还款动机、再融资的各种交易成本以及再签约成本。最近的一些研究试图将期权模型和实证模型结合起来。[14] 从本质上讲，期权模型将转手证券（比如 GNMA 转手证券）的公允价分解为两部分：[15]

$$P_{GNMA} = P_{TBOND} - P_{PREPAYMENT\ OPTION}$$

11 总体提前还款速度计量的是某一个月（i）之前某种集合资产总的提前还款情况。因此，它是为了反映某种集合资产内部的提前还款差异，而不是为了反映不同集合资产之间的提前还款差异。参见：E. S. Schwartz and W. N. Tourous，"Prepayment and the Valuation of Mortgage-Backed Securities，" *Journal of Finance* 44 (1989)，pp.375-92。

12 通常使用的实证模型是比例随机模型（proportional hazards model）。这种模型构造出的提前还款函数，类似于图 23-7——其他条件相同的情况下，有条件的提前还款速度通常具有如下特征：抵押贷款初期的还款速度较低，随着抵押贷款年限的增加，还款速度也会提高，然后，随着抵押贷款逐步到期，还款速度开始下降（参见：Schwartz and Tourous，"Prepayment"）。

13 这部分内容相对较难。可以根据课程的难易要求加以选用，但这并不会影响本章内容的连续性。

14 参见：J. P. Kau et al.，"A Generalized Valuation Model for Fixed-Rate Residential Mortgages，" Journal of Money，Credit and Banking 24 (1992)；W.Archer and D. C. Ling，"Pricing Mortgage-Backed Securities : Should Contingent-Claim Models Be Abandoned for Empirical Models of Prepayments?" paper presented at the AFA Conference，Anaheim，California，January 1993；and M. LaCour-Little，"Another Look at the Role of Borrower Characteristics in Predicting Mortgage Prepayments，" Journal of Housing Research 10 (1999)，pp.45-60。

15 关于这些期权模型的精辟分析，请参见：Spahr and Sunderman，"The effect of Prepayment Modeling."

图 23-7　对某种集合资产提前还款速度的估计

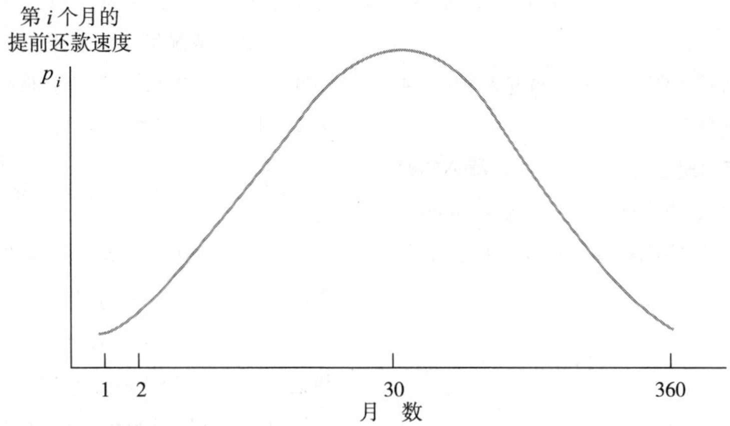

也就是说，GNMA 债券投资者获得的价值（P_{GNMA}）等于标准的不可赎回长期国债（它有相同的有效期限）的价值（P_{TBOND}），减去抵押贷款持有者提前还款看涨期权的价值（$P_{PREPAYMENT\ OPTION}$）。具体而言，抵押贷款持有者提前还款的能力，等于债券投资者出售的债券看涨期权和抵押贷款借款人拥有或购买的期权。如果利率下降，期权将更具有价值，同时也将有更多的抵押贷款以债券被赎回或行使提前还款权的方式被提前偿还。这种关系也可以通过收益率来表示：

$$Y_{GNMA} = Y_{TBOND} + Y_{OPTION}$$

即：GNMA 债券投资者的应得收益，等于具有相同有效期限的长期国债的收益，加上出售有价值的看涨期权而获得的额外收益。也就是说，GNMA 债券和长期国债之间的公允利差或**期权调整利差**（option-adjusted spread，OAS），应该反映这种期权的价值。

为了更进一步地了解期权模型以及期权调整利差，我们可以根据 S.D.Smith 的研究来设计一个例子，以说明如何计算 GNMA 债券期权调整利差的价值。[16] 为了达到这一目的，我们进行一些简单的假设——这些假设反映了许多模型所具有的约束条件：

1. 提前还款的惟一理由在于，按较低的利率进行抵押贷款再融资；不考虑房屋转让所导致的提前还款。
2. 长期国债的当期贴现（零息）收益曲线为一条水平线（这一条件可以适当放宽）。
3. 抵押贷款集合资产的息票率为 10%，本金余额为 100 万美元。
4. 抵押贷款 3 年后到期，只在每年年底支付一次本息。当然，现实模型中的贷款期限为 15 或 30 年，且每月要支付一次本息。这些假设只是为了使问题简化。
5. 抵押贷款采用完全分期摊还的方式，且不存在还款服务费（这个条件同样可以放宽）。这样，无提前还款条件下每年的完全分期摊还额为：

$$PMT = \frac{100\text{万}}{\left[\dfrac{1-\dfrac{1}{(1+0.10)^3}}{0.1}\right]} = \frac{100\text{万}}{2.48685} = \$402\ 114$$

在没有提前还款、没有违约风险且当期抵押贷款利率（y）为 9% 的情况下，我们将按溢价来销售 GNMA 债券：

$$P_{GNMA} = \frac{PMT}{(1+y)} + \frac{PMT}{(1+y)^2} + \frac{PMT}{(1+y)^3}$$

$$P_{GNMA} = \frac{\$402\ 114}{1.09} + \frac{\$402\ 114}{(1.09)^2} + \frac{\$402\ 114}{(1.09)^2}$$

$$P_{GNMA} = \$1107\ 869$$

6. 由于提前还款罚金及其他融资成本的影响，抵押贷

16 参见：S. D. Smith，"Analyzing Risk and Return for mortgage-Backed Securities，" Federal Reserve Bank of Atlanta，*Economic Review*，January-February 1991，pp.2-11.

款者要等到抵押贷款的年利率比抵押贷款集合资产的息票低 3% 及更多时，才会去提前还款（本例中抵押贷款息票率为 10%）。

7. 每年利率变化（上升或下降）的最大幅度为 1%。利率变化的路径呈二项分布。
8. 有提前还款时，每年的现金流等于承诺付款额（*PMT* = \$402 114），加上本金的提前偿还——如果全部抵押贷款已在上一年被清偿或被提前偿还，那么本金的提前偿还为 0。

在图 23-8 中，我们给出了 3 年内假设的利率变化路径以及相关的概率（p）。

第 1 年年底 由于每年利率的上涨或下降幅度只能达到 1%，因此第 1 年的利率最多只能下降到 8%，在这一利率水平，抵押贷款持有者不会提前还款，因为所节省的抵押贷款利息都将被提前还款的罚金所抵消——也就是说，根据假设，只有当抵押的利率比其息票率至少低 3% 的时候，提前还款才是划算的。这样，GNMA 转手证券投资者预期必定能够获得 *PMT* = \$402 114。因此，CF_1 = \$402 114。

第 2 年年底 第 2 年存在 3 种可能的抵押贷款利率。然而，只有一种利率会引发提前还款——当抵押贷款利率为 7% 时（比抵押贷款集合资产 10% 的息票率低 3%）。根据图 23-8，这种情况发生的概率只有 25%。如果不发生提前还款（概率为 75%），投资者将收到 *PMT* = \$402 114。如果发生提前还款（概率为 25%），投资者将收到

PMT + 第 2 年年底的本金余额

我们可以按如下方式来计算第 2 年年底的本金余额。我们将第 1 年年底的分期还款 *PMT* = \$402 114 分解为利息和本金两部分。由于抵押贷款息票率为 10%，所偿还的利息部分为 0.10 × 100 万 = 10 万美元，因此所偿还的本金部分为 402 114 − 100 000 = 302 114 美元。所以，第 2 年年初的本金余额为：1 000 000 − 302 114 = 697 886 美元。第 2 年年底承诺的分期还款 *PMT* = 402 114 美元也可以被分解为利息部分（10% × \$697 886 = \$69 788.6）和本金部分（\$402 114 − \$69 788.6 = \$332 325.4），从而第 2 年年底的本金余额为：\$1 000 000 − \$302 114 − \$332 325.4 = \$365 560.6。

这样，如果收益率降为 7%，投资者第 2 年收到的现金流为：

PMT + 第 2 年年底的本金余额
= \$402 114 + \$365 560.6 = \$767 674.6

图 23-8 假设的抵押贷款利率变化路径

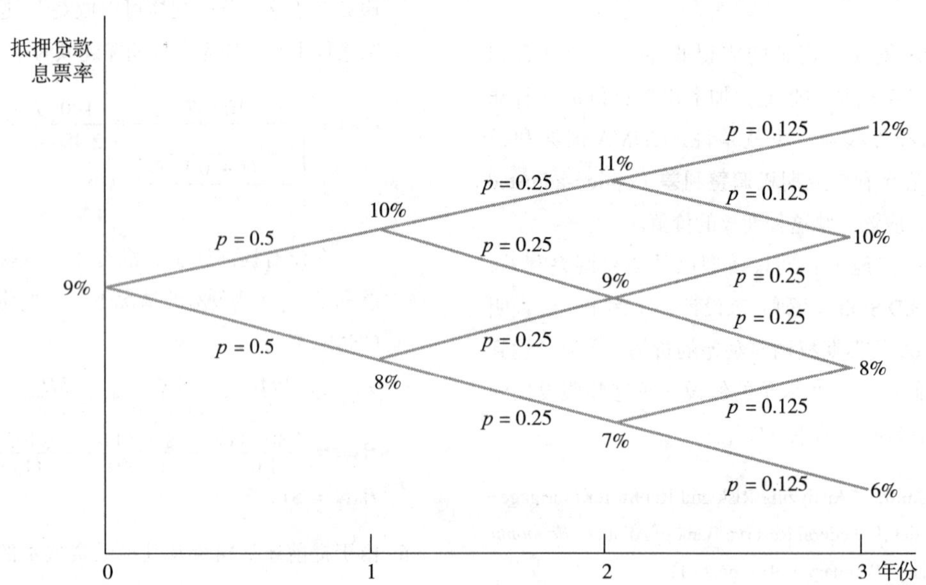

因此，第 2 年年底预期的现金流为

$$CF_2 = 0.25 \times \$767\,674.6 + 0.75 \times \$402\,114$$
$$= \$191\,918.64 + \$301\,585.5$$
$$= \$493\,504.15$$

第 3 年年底 由于抵押贷款在第 2 年被偿还的概率为 25%，因此，第 3 年年底投资者收不到现金流的概率为 25%，因为，如果所有抵押贷款都已经在第 2 年还清，那么，贷款持有者就不会在第 3 年有欠款了。可是，第 2 年年底抵押贷款不被偿还的概率还有 75%，因此，第 3 年年底（到期）时，投资者有 75% 的概率获得承诺的分期还款 PMT=$402 114。第 3 年预期的现金流为

$$CF_3 = 0.25 \times 0 + 0.75 \times \$402\,114 = \$301\,585.5$$

期权调整利差的计算 正如刚才所介绍的，从理论上讲，我们可以把 GNMA 或其他转手证券有提前还款风险时的应得收益率，看成是长期国债的应得收益率和抵押贷款持有者提前还款看涨期权应得利差之和：

$$P = \frac{E(CF_1)}{(1+d_1+O_S)} + \frac{E(CF_2)}{(1+d_2+O_S)^2} + \frac{E(CF_3)}{(1+d_3+O_S)^3}$$

式中

P = GNMA 转手证券的价格

d_1 = 1 年期零息长期国债的贴现率

d_2 = 2 年期零息长期国债的贴现率

d_3 = 3 年期零息长期国债的贴现率

O_S = GNMA 转手证券的期权调整利差

假设长期国债的收益曲线为水平线，那么，

$$d_1 = d_2 = d_3 = 8\%$$

现在，我们可以来计算 O_S：

$$1\,017\,869 = \frac{\$402\,114}{(1+0.08+O_S)} + \frac{\$493\,504.15}{(1+0.08+O_S)^2} + \frac{\$301\,185.5}{(1+0.08+O_S)^3}$$

求解 O_S，可以得到

O_S = 0.96%（保留 2 位小数）

$$Y_{GNMA} = Y_{TBOND} + O_S$$
$$= 8\% + 0.96\%$$
$$= 8.96\%$$

请注意，存在提前还款风险时，8.96% 的预期现金流比没有提前还款时 GNMA 债券 9% 的应得收益率要低 4 个基本点。收益率稍有降低的原因在于，早期提前还款的正面影响（比如本金的更早偿还）要大于其负面影响（比如利息损失）。可是，要指出的是，如果我们改变假设——允许利率的变化范围更大，以及假设提前还款要面临更重的罚金，那么就会出现相反的结果。

无论如何，期权调整利差法对金融机构的经理们是有用的，因为他们可以考虑将收益变化范围较小的 GNMA 和其他转手证券纳入其资产组合中。在现实中，必须考虑到除了再融资之外的提前还款行为和状况；否则就会出现严重的错误定价。

担保抵押债券（CMO）

虽然转手证券仍然是实行证券化的一种主要方法，但担保抵押债券的使用已越来越多，而且它已成为金融机构资产证券化的第二种重要工具。担保抵押债券是联邦住房抵押贷款公司和瑞士信贷第一波士顿银行于 1983 年设计出来的，其目的是为了使抵押担保证券对投资者更具有吸引力。为了达到这一目的，担保抵押债券按不同的方式，对抵押贷款和转手证券的现金流进行了重新组合，以吸引对"提前还款风险"有着不同偏好的各类投资者。每一位转手证券投资者从抵押贷款集合资产中获取的现金流（包括承诺的和提前偿还的现金流）是按比例来分配的。担保抵押债券属于一种多等级的转手证券，几种不同等级或档次的债券持有者之间的区别表现在他们获得还款的顺序不一样。与转手债券不同，各个等级的担保抵押债券持有者享有不同的担保息票收益（就像普通长期国债投资的收益）；但是，更为重要的是，在任何时候，抵押贷款提前偿还形成的现金流的分配都要采用如下方法：每一次的提前还款都只全部用于偿还某一等级债券持有者的本金余额，从而使其他等级的提前

还款风险能够在一定期限内得到避免。因此，担保抵押债券可以用来缓解或降低提前还款风险。

担保抵押债券的产生

担保抵押债券（collateralized mortgage obligation，CMO）可以来自两种途径：将全部抵押贷款集中分类后再实行证券化；或者是采用更常见的方法：把已有的转手证券置于表外受托人的管辖之下。受托人（即第三方金融机构）以手中持有的 GNMA 转手证券为担保来发行新的担保抵押债券。受托人发行的担保抵押债券有三个或三个以上的不同等级。比如，1983 年，联邦住房抵押贷款公司首次发行的担保抵押债券，以价值为 10 亿美元的 20 000 笔普通住房抵押贷款为担保，并且有三个等级：A 级为 2.15 亿美元；B 级为 3.5 亿美元；C 级为 4.35 亿美元。图 23-9 反映了一种三级或三档担保抵押债券的产生过程。

通常情况下，发行担保抵押债券相当于进行两次证券化交易。金融机构将抵押贷款集中起来之后，发行 GNMA 转手证券。投资银行（比如高盛）或另一位担保抵押债券发行者（比如联邦住房抵押贷款公司、商业银行或储蓄银行）会买下所发行的全部或大部分转手证券。随后，高盛将把这些 GNMA 转手证券移交给受托人作为担保物，并发行以 GNMA 转手证券为担保的一种新的三级担保抵押债券。[17] 因此，如果发行者破产，各级担保抵押债券投资者都对 GNMA 转手证券这种担保物拥有求偿权。通过将单一级别的 GNMA 转手证券所带来的现金流重新组合为对各种不同的投资群体更具吸引力的现金流，投资银行或其他发行者可以借助设计担保抵押债券来获取一笔利润。三级担保抵押债券的销售价之和通常要高于初始转手证券的销售价：

$$\sum_{i=1}^{3} P_{i,CMO} > P_{GNMA}$$

为了理解重新组合带来的好处，我们有必要弄清楚，担保抵押债券重组后的提前还款风险，如何使其对不同级别的投资更具有吸引力。我们通过下面这个简单的例子来加以解释。

17 这些信托机构有时被称为不动产抵押贷款投资渠道 (real estate mortgage investment conduits，REMICS)。

例 23-1 担保抵押债券价值的增加

假设某投资银行购买了 1.5 亿美元的 GNMA 转手证券，并将其交给受托人作为担保物。随后，它发行了一种三级担保抵押债券：

A 级：年固定息票收益为 7%，交易规模为 5 000 万美元

B 级：年固定息票收益为 8%，交易规模为 5 000 万美元

C 级：年固定息票收益为 9%，交易规模为 5 000 万美元

每一级的担保抵押债券都有担保的或固定的息票收益。[1] 通过将 GNMA 债券重组为担保抵押债券，投资银行就可以向购买 C 级债券的投资者，提供比转手证券更高的抵押贷款提前还款保护。购买 B 级债券的投资都能获得一般的提前还款保护，而购买 A 级债券的投资者几乎得不到任何提前还款保护。

每个月，GNMA 集合资产中的抵押贷款者都要支付其贷款的本息。每次付款都包括了承诺的分期付款额（PMT）以及其他的还款——某些抵押贷款持有者会因为抵押贷款再融资或售房后搬家而提前偿还本金。这些现金流会（本例中是通过高盛）转移给 GNMA 债券的所有者。担保抵押债券发行者使用这些现金流向 3 级担保抵押债券债券持有者支付承诺的息票收益。假设第 1 个月，作为 GNMA 转手证券担保物的抵押贷款承诺的分期付款额（PMT）为 100 万美元，且另有 150 万美元的提前还款。这样，第 1 个月用于向 3 级债券持有者支

1 某些时候，息票按月支付，其他一些时候则是每季度或每半年支付一次。

付承诺息票收益的现金流为：

PMT + 提前还款额 = 100 万 + 150 万 = 250 万美元

这笔现金流供受托人按如下方式来使用。

1. **息票付款**。每个月（更常见的是每季度或每半年），受托人要分别按 7%、8% 和 9% 的年息票率，向三级债券持有者支付担保息票收益。由于每级的本金都为 5 000 万美元，因此，A 级债券（7% 的年息票率）持有者第 1 个月大约可以获得 291 667 美元的息票收益；B 级债券（8% 的年息票率）持有者第 1 个月大约可以获得 333 333 美元的息票收益；C 级债券（9% 的年息票率）持有者第 1 个月大约可以获得 375 000 美元的息票收益。这样，三级债券持有者总共获取的承诺息票收益为 100 万美元（等于 PMT——无提前还款时，GNMA 集合资产所带来的现金流）。
2. **本金偿还**。承诺的抵押贷款还款额加上提前还款额，使受托人拥有 250 万美元的还款资金，但是，总的息票支付额只有 100 万美元。出于法律和税收方面的考虑，其余的 150 万美元必须支付给担保抵押债券持有者。担保抵押债券的独特之处在于，受托人只把这 150 万美元支付给 A 级债券持有者。这笔资金用于提前偿还这些债券持有者的未到期本金。第 1 个月月底时，A 级债券的本金余额只有 4 850 万美元（5 000 万 − 150 万），而 B 级和 C 级债券的本金余额分别还有 5 000 万美元。图 23-10 形象地说明了这些还款现金流的分配状况。

让我们假设，第 2 个月的情况与第 1 个月相同：抵押贷款以及 GNMA 集合资产的现金流超过了 3 级债券持有者的承诺息票收益。同样，受托人将以超额现金流来偿还 A 级债券持有者的本金。如果超额现金流还是 150 万美元，那么，第 2 个月月底时，A 级债券的本金余额只有 4 700 万美元（4 850 万 − 150 万）。

显然，在有提前还款的情况下，几年内 A 级债券就将被完全清偿。实践中，这种情况通常发生在债券发行 1.5~3 年之后。受托人清偿了 A 级债券之后，就只剩下 B 级和 C 级债券了。

与以前一样，收到抵押贷款或 GNMA 集合资产的现金流之后，受托人会向债券持有者支付担保息票收益：C_B = \$333 333，C_C = \$375 000，一共为 \$708 333。假设受托人在 A 级债券全部偿还后的第 1 个月收到的现金流总共为 \$1 208 333——这是集合资产中，其余抵押贷款借款人的分期付款，再加上新的提前还款。那么，\$500 000（\$1 208 333 − \$708 333）的超额现金流，将用于偿还 B 级担保抵押债券的本金余额。这个月月底时，只有 4 950 万美元的 B 级债券本金没有偿还。这可以通过图 23-11 来反映。

随着月份的增加，受托人将使用超出 B 级和 C 级债券持有者承诺息票收益的现金流，来偿还 B 级债券的本金。最终，B 级债券全部 5 000 万美元的本金都将被偿还——在实践中，这种情况发生在 CMO 发行之后的 5~7 年内。B 级债券被清偿之后，所有剩余的现金流都将用于偿还 C 级债券持有者的承诺息票收益，以及 C 级债券 5 000 万美元的本金。在实践中，C 级债券的平均期限可长达 20 年。

图 23-9 担保抵押债券的产生过程

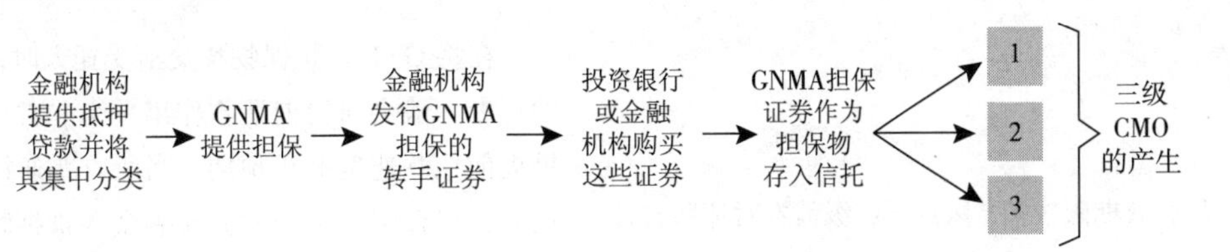

图 23-10 各级担保抵押债券所有者分配到的现金流

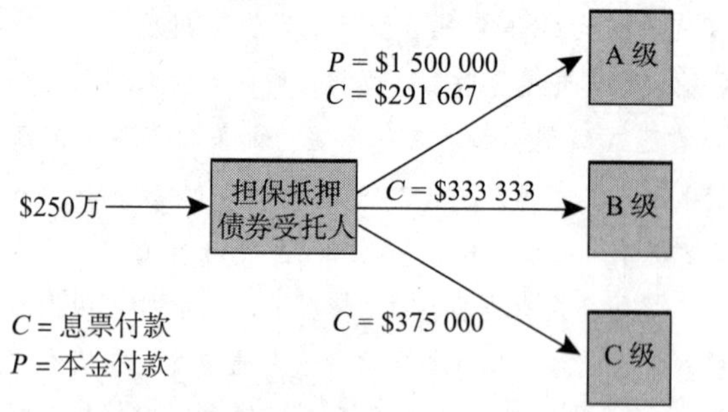

图 23-11 担保抵押债券其余档次现金流的分配

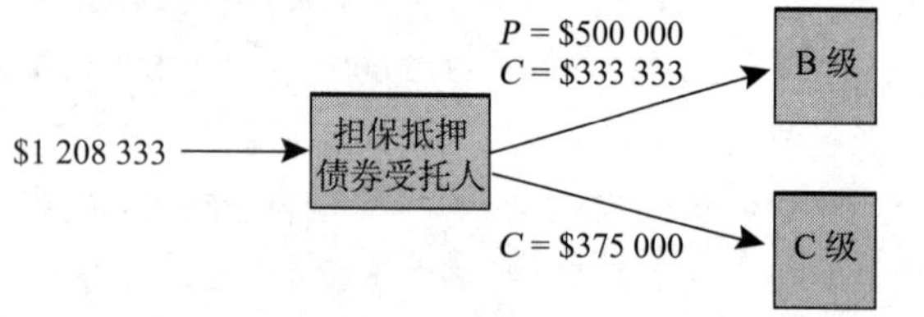

A 级、B 级和 C 级担保抵押债券的购买者

A 级

A 级债券的平均期限最短，而且所受到的提前还款保护最低。因此，它们对那些希望以较短有效期限的抵押担保资产来降低自己抵押资产组合有效期限的投资者具有较大的吸引力。最近几年以来，储蓄银行和商业银行成为了 A 级担保抵押证券的主要购买者。

B 级

B 级债券能够获得一定限度的提前还款保护，其预期有效期限为 5~7 年（取决于利率水平）。这些债券卖给了养老基金和人寿保险公司，但一些存款机构也会购买它们。

C 级

由于预期的有效期限较长，因此，C 级债券对那些希望以长期资产来和自己的长期负债相匹配的保险公司和养老基金具有很大的吸引力。的确，由于普通的 GNMA 转手证券不能提供提前还款保护，因此，它们对这些机构没有太大的吸引力。C 级担保抵押债券能够提供较高的（但并非是完全的）提前还款保护。因此，对这些机构的经理们具有较大的吸引力。

总之，通过将债券持有者分为不同的等级，并且将现金流重组后使其对不同的投资客户具有更大的价值，担保抵押债券的发行者能够获取一笔利润。

其他级别的担保抵押债券

担保抵押债券的档次完全可以多于上面所介绍的三档。事实上，曾经有人发行过 17 档的担保抵押贷款债券。显然，第 17 档的债券持有者能够在很大程度上获得提前还款保护，因为只有当前 16 档债券清偿完毕之后，这档债券的本金才有可能受到提前偿还的影响。此外，为了吸引投资者的兴趣，受托人还设计出了其他特殊档次的债券。下面对此进行介绍。

Z 级

在许多情况下，所发行的担保抵押债券中都含有 Z 级债券作为最后的一个普通级别。字母 Z 在此自然代表的是零，但此类债券并非是真正的零息债券。这一级债券有明确的息票率（比如 10%），而且债券的持有者可以按此利率并以月为基础获取应计利息。然而，只有在其他级别的债券全部清偿之后，受托人才支付这部分利息。当其他级别的债券获得清偿之后，Z 级债券的持有者才能获得事先承诺的息票收益、本金以及应计利息收益。因此，Z 级债券既有零息债券的特征（长时间内没有息票收益），又有普通债券的特征。

R 级

在将 GNMA 担保物移交给受托人时，担保抵押债券发行者一般会对提前还款作出一个非常谨慎的估计。如果提前还款速度低于预期，当所有普通级别的债券被偿还后，集合资产中经常会有剩余的抵押物。此外，在支付担保抵押债券的利息之前，受托人经常会将所获标的

表 23-4 5 种级别的 CMO（单位：百万美元）

联邦国民抵押贷款协会 REMIC 信托（1987 年 1 月）					
抵押担保类别	息票率	金额	初始期限	平均剩余期限	假设提前还款速度
FNMA	9.99%	$500	360 个月	349 个月	200%PSA
债券级别	A	B	C	Z	R
金　额	$150.9	$238.6	$85.5	$24.0	$1.0
债券类别	固定	固定	固定	应计	剩余
息票率（%）	7.95	9.35	9.60	9.99	503.88
价格（%）	99.8099	99.3083	N/A	89.4978	1445.1122
收益率（债券等值）	7.85	9.55	N/A	10.86	10.30
加权平均期限（年）	1.6	5.9	11.2	18.4	3.6
参考国债（年）	2	5	N/A	20	N/A
与国债的利差（基本点）	15	125	N/A	180	N/A

说明：表中所有数据都来自于定价日（FAMA 保留了 C 级）。

定价日：1987 年 8 月 18 日。

应计日：1987 年 9 月 1 日。

第一次付款：1987 年 10 月 25 日。

付款频率 / 延期：每月付款，25 天延期。

资料来源：GAO/GGD-88-111(1988)。

证券（GNMA）的现金流用于再投资。一般而言，当利率较高且息票支付时间间隔为每半年一次，而不是一个月一次时，超额抵押物和利息的数额就越大。最后的 R 级（R class）或"垃圾级"担保抵押债券，是一种高风险级别的投资债券，它使投资者有权获得担保抵押债券信托现金流中的超额抵押和再投资收益。由于这种级别债券的价值会随着利率的上升而上升，而普通债券的价值则会随着利率的上升而下降，因此，R 级担保抵押债券的有效期限通常为负数。所以，R 级 CMO 对于希望进行普通债券和固定收益资产组合套期保值的存款机构可能具有吸引力。[18]

我们来看表 23-4 中的一个例子——拥有 A、B、C、Z 和 R 这几个级别的担保抵押债券。从表中可以看到作为抵押物的基础转手债券所具有的特点：由 FNMA 担保；息票率为 9.99%；初始期限为 30 年；发行额为 5 亿美元；提前还款速度假定为 PSA 模型的 2 倍（PSA 的 200%）。这五级 CMO 的发行额各不相同，其中 B 级债券的发行额最大。请注意，五级债券的本金之和为 5 亿美元。

抵押担保债券（MBB）

抵押（资产）担保债券［mortgage-（asset-）backed bonds，MBBs］与转手证券和担保抵押债券之间存在着两个关键性的区别。首先，转手证券和担保抵押债券有助于金融机构将抵押贷款从自己的资产负债表中清除，而抵押担保债券一般仍然停留在资产负债表中。其次，转手证券和担保抵押债券的现金流与基础抵押贷款的现金流直接相关，但是，抵押担保债券的现金流与基础抵押贷款的现金流之间只是一种担保关系——为债券发行提供担保的抵押贷款所获取的现金流，不一定与抵押担保债券的本息偿还直接相关。

金融机构发行抵押担保债券是为了降低债券持有者的风险——此类债券的持有者对金融机构的部分抵押贷款资产享有首要求偿权。实际上，金融机构是将自己资

18 有效期限为负数意味着债券的价格会随着利率的上升而上升；也就是说，价格收益曲线的斜率为正。

产负债表中的部分抵押贷款资产分离出来之后，再以这部分资产为担保物来发行抵押担保债券。通常情况下，一位受托人会对分离出的资产进行监控，并确保抵押物的市场价值高于抵押担保债券持有者所拥有的本金。也就是说，大多数情况下，金融机构在发行抵押担保债券时，都有超额抵押物。为债券发行提供担保的这部分超额抵押物、以及债券持有者享有的优先求偿权，一般都能够确保这些债券按较高的投资信用等级（比如AAA级）销售出去。然而，在对金融机构进行总体评估时，其信用等级可能为BBB级或者会更低。较高的信用等级将导致息票支付额的下降——如果巨大的违约风险使信用等级下降，那么，息票支付额会更高（参见第6章）。为了说明金融机构发行抵押担保债券有可能获得的好处，以及各种好处的来源，我们来对下面的一个简单例子进行仔细的分析。

从自身的收益来考虑，金融机构宁愿采用转手债券和担保抵押债券等证券化方式，而不愿意发行抵押担保债券。究其原因，除了监管当局的不鼓励和要面对监管当局的干预风险之外，还存在着这样几个问题。首先，抵押担保债券使抵押贷款长期停留在金融机构的资产负债表中，因此，会降低资产组合的流动性。此外，为了确保发行债券时获得较高的信用等级，必须为抵押担保

例23-2 金融机构发行抵押担保债券的好处

假设某金融机构拥有2 000万美元的长期抵押贷款资产。这些抵押贷款的资金来源于1 000万美元的短期无保险存款（比如10万美元以上的大额存款），以及1 000万美元的保险存款（比如不超过10万美元的小额存款）。在这一例子中，我们不考虑资本和准备金要求的问题。表23-5反映了该金融机构的资产负债结构。

这份资产负债表给金融机构带来了一些问题。首先，其有效期限缺口为正数（$D_A > kD_L$）。其次，考虑到这种利率风险以及金融机构抵押贷款资产面临的潜在违约风险和提前还款风险，无保险储户可能会要求从其存款中获取一部分正的（而且可能是数额较大的）风险溢价。反过来，保险储户可能会大致要求从其存款中获取无风险利率，因为它们能够得到联邦存款保险公司的全额保险（参见第14章）。

为了降低自己的利率风险和融资成本，金融机构可以从其资产中分离出1 200万美元的抵押贷款，并以这部分抵押贷款为担保物来发行1 000万美元的长期抵押担保债券。由于存在超额抵押，因此，金融机构发行这种债券的成本（按应得收益率衡量）要低于目前所支付的无保险存款利率——这种债券的信用等级很有可能为AAA级，而无保险存款的信用等级可能为BBB级。然后，金融机构可以用发行债券获取的1 000万美元收益来取代1 000万美元的无保险存款。

下面，我们来看金融机构发行抵押担保债券之后的资产负债表（表23-6）。从中可以看到，金融机构对自己的资产负债表进行了十分巧妙的重组，从而使得自己的资产和负债的有效期限能够更好地匹配，并降低了融资成本。债券的发行延长了负债的平均期限（以长期抵押担保债券取代了短期大额存款），并且降低了融资成本（因为AAA级债券的息票率要低于BBB级无保险存款的利率）。然而，这种结果的产生仅仅是由于保险储户不会对风险表示出担忧——因为能够获得联邦存款保险公司百分之百的担保。将1 200万美元的资产分离出来作为担保物而发行抵押担保债券的行为将导致如下结果：现在的1 000万美元保险存款只能获得800万自由资产或未抵押资产的担保。如果小储户不能获得联邦存款保险公司的保险，那么，他们在持有这种风险存款时，肯定会要求非常高的风险溢价。这就意味着，金融机构获得好处的原因仅仅在于，联邦存款保险公司愿意通过向储户提供保险担保来承受较高的信用风险。联邦存款保险公司根据风险状况向银行和储蓄机构收取存款保险费的做法，并没有完全反映出这种风险。因此，金融机构实际上是利用联邦存款保险公司获得了好处。这样，我们就不难理解，联邦存款保险公司为什么对风险较大的存款机构越来越多地使用这种证券化方式的做法表示了担忧。

表 23-5 潜在抵押担保债券发行者的资产负债表（单位：百万美元）

资 产		负 债	
长期抵押贷款	20	保险存款	10
		无保险存款	10
	20		20

表 23-6 金融机构发行抵押担保债券后的资产负债表（单位：百万美元）

资 产		负 债	
担保物（被分离出的抵押贷款的市场价值）	12	发行抵押担保债券	10
其他抵押贷款	8	保险存款	10
	20		20

图 23-12 纯息和纯本类分离债券的产生过程

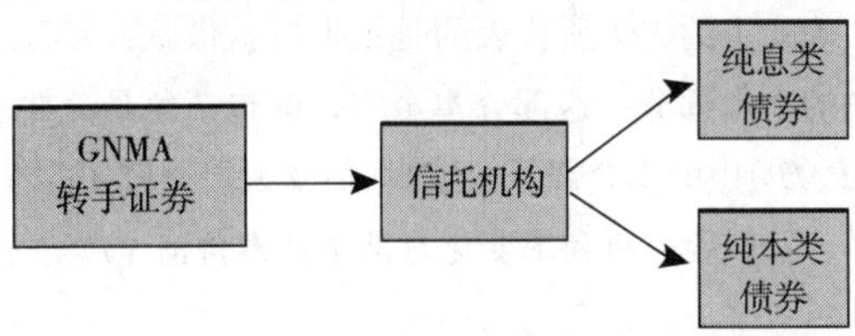

证券提供担保物。这将使资产负债表的流动性更缺乏。第二，抵押担保债券的发行者（金融机构）随时面临着基础抵押贷款的提前还款风险。第三，由于将抵押贷款保留在资产负债表中，金融机构仍然要承担资本充足性和准备金要求所带来的负担。由于涉及到这些成本，因此，在三种基本的证券化工具中，抵押担保债券的使用是最少的。

证券化创新

现在，我们把注意力转向金融机构不断增加的资产证券化创新业务。我们将介绍两种主要的创新（抵押转手分离债券和将证券化的理念用于其他资产）以及金融机构如何利用它们来进行收益与风险的管理。

抵押转手分离债券

押转手分离债券（mortgage pass-through strip）是一种只有两个级别的特殊担保抵押债券。抵押贷款的完全分期摊还，意味着每月的还款额（PMT）中都含有本金和利息的成份。从 1987 年开始，作为发行者的投资银行和其他金融机构将利息部分与本金部分分开，然后将这两种现金流分别卖给不同种类的债券投资者。它们售出的是纯息（interest only，IO）和纯本（principal only，PO）两类债券。这两种债券的现金流非常特殊，尤其是在利率敏感性方面。图 23-12 描述了现金流的分离过程。下面我们将分析利率变化对这两种分离债券价值的影响。

纯息债券

纯息债券（IO strip）的所有者对 GNMA 集合资产中抵押贷款持有者支付的利息享有求偿权，即可以享有相关抵押贷款集合资产每月现金流中的利息部分：

$$P_{IO}=\frac{IO_1}{\left(1+\frac{y}{12}\right)}+\frac{IO_2}{\left(1+\frac{y}{12}\right)^2}+\frac{IO_3}{\left(1+\frac{y}{12}\right)^3}+\cdots+\frac{IO_{360}}{\left(1+\frac{y}{12}\right)^{360}}$$

当利率变化时，会影响到从抵押贷款中所获得的现金流。我们集中分析两种效应：纯息债券价格或价值（P_{IO}）的贴现效应和提前还款效应。

贴现效应 当利率（y）下降时，纯息债券（还款）现金流的现值会上升，因此债券的价值（P_{IO}）会上升。

提前还款效应 当利率下降时，抵押贷款借款人会提前还款。更明确地讲，此时纯息债券投资者所获得的利息的次数有可能下降。比如，纯息债券投资者从一笔 30 年期抵押贷款中可能只获得了 100 个月的利息收益，而并没有获得预期无提前还款时的 360 个月的利息收益。纯息债券还款金额及价值的下降，会使该债券的价值（P_{IO}）降低。

具体而言，人们可能会发现，当利率下降到低于抵押贷款集合资产的息票率时，提前还款效应会逐步超过贴现效应，从而使在某一区间纯息债券的价值或价格会随着利率的下降而下降。请注意图 23-13 中纯息债券（从

图 23-13 纯息债券的价格收益曲线

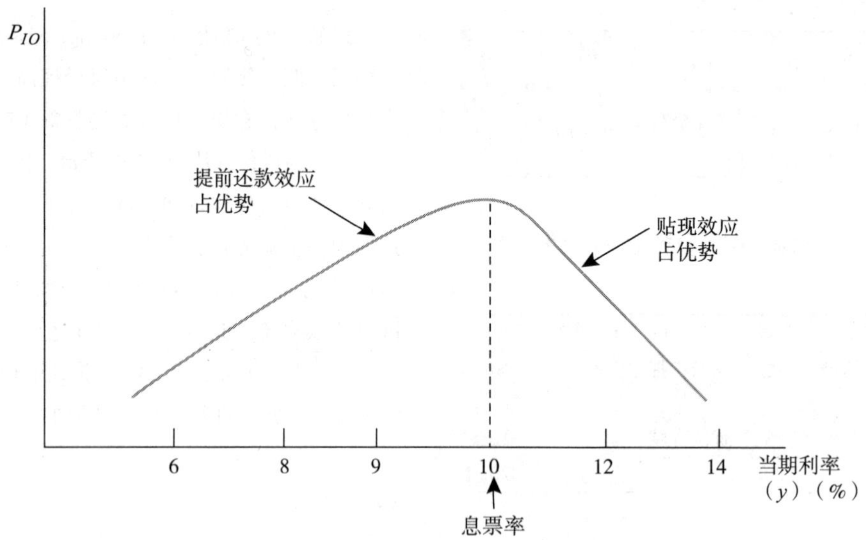

息票率为 10% 的转手抵押债券中分离出来）的价格收益曲线。在利率低于 10% 的范围内，价格收益曲线是逐步上升的。这就意味着，当当期利率下降（上升）时，纯息债券的价值或价格也会下降（上升）。这就使纯息债券成为了一种拥有**负有效期限**（negative duration）的罕见资产。对金融机构的经理而言，纯息债券在资产组合套期保值方面具有很高的价值，其做法就是将这种债券与普通债券（其价格与收益率之间通常为负相关）组合在一起。即随着利率的上升，普通债券组合的价格下降，纯息债券组合的价值却会上升。从图 23-13 中可以看到，当利率高于抵押贷款集合资产的息票率时，价格收益曲线的形状会发生改变，其表现会趋向于普通债券。最近几年以来，纯息债券的主要购买者是储蓄机构。它们购买纯息债券的目的在于，对其资产组合中抵押贷款和其他债券的利率风险进行保值。图 23-14 描述了纯息债券的保值功能。

纯本债券

纯本债券（PO strip）的价值（P_{PO}）可定义为

$$P_{PO}=\frac{PO_1}{\left(1+\frac{y}{12}\right)}+\frac{PO_2}{\left(1+\frac{y}{12}\right)^2}+\frac{PO_3}{\left(1+\frac{y}{12}\right)^3}+\cdots+\frac{PO_{360}}{\left(1+\frac{y}{12}\right)^{360}}$$

等式中的 PO_i 所代表的是抵押贷款借款人每月还款额中的本金部分。这部分本金中，既包括每月分期还款额（PMT）中的本金部分，也包括借款人提前偿还的本金。同样，我们要分析利率变化对纯本债券价值（P_{PO}）的影响。

贴现效应 随着收益率（y）的下降，所偿还本金的现值会增加，因此纯本债券的价值也会增加。

提前还款效应 随着利率的下降，抵押贷款的借款人将提前偿还贷款。这样，纯本债券的投资者将在预计期限之前收回抵押贷款固定的本金余额。因此，纯本债券的提前还款效应也会使得其价值上升。

随着利率的下降，贴现效应和提前还款效应会使纯本债券的价值上升。纯本债券的价格收益曲线表明两者之间为负相关，但曲线的斜率要大于普通债券。这就说明，纯本债券的价值具有很高的利率敏感性，尤其是当收益率低于抵押贷款所标明的息票率时。我们在图 23-15 中给出了这种关系（10% 的纯本债券）。从图中可以看到，当收益率下降到 10% 以下的时候，纯本债券的市场价值或价格会迅速上升。当收益率高于 10% 的时候，其价值变化类似于普通债券（因为提前还款的激励因素已经消失）。

图 23-14 利用纯息债券进行套期保值

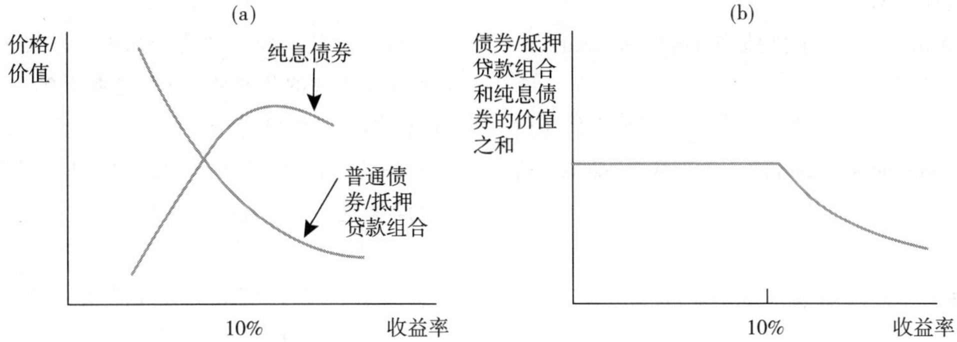

图 23-15 纯本债券的价格收益曲线

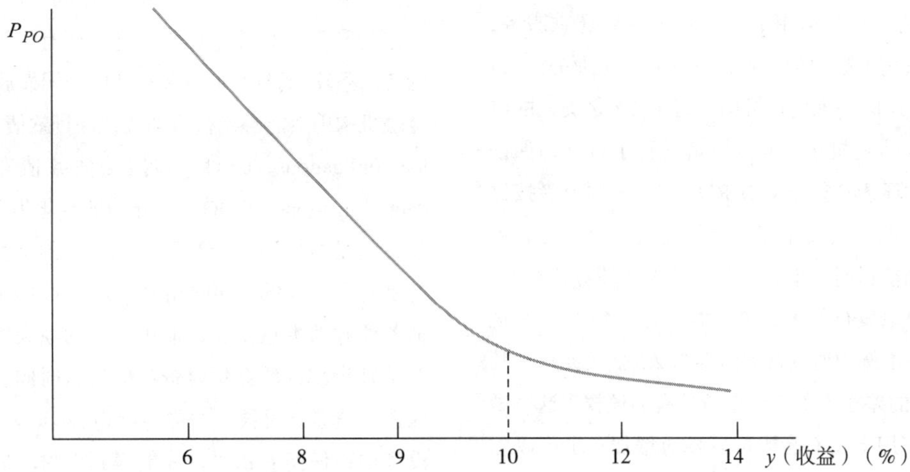

纯息债券和纯本债券只是金融创新工程方面的一个经典例子——以已有的 GNMA 转手证券为基础，设计出了两种新的债券：第 1 种债券的价格收益曲线在某一区间斜率为正；第 2 种债券的价格收益曲线在某一区间斜率为负，但是更为陡峭。每类债券都对不同的投资者和投资者群体具有吸引力。存款机构更加青睐于纯息债券，它们会把纯息债券作为资产负债表套期保值的工具。纯本债券对如下群体更有吸引力：预期利率下降时希望能够提高自身资产组合利率敏感性的金融机构，以及那些希望对将来的利率变化情况进行投机的投资者或交易商。纯本债券更大以及更复杂的利率敏感性，已经使一些主要的交易商（比如 J. P. 摩根大通银行、美林证券以及众多的对冲基金投资者）在利率突然发生不利变化时，遭受了巨大的投资损失。

其他资产的证券化

三种证券化工具（转手证券、担保抵押债券和抵押担保债券）的主要用途在于，对固定利率抵押贷款资产进行集中分类。然而，这些方法也可以用于其他资产，其中包括：

汽车贷款。

信用卡应收款（分期偿还循环债务凭证）。

小企业管理局担保的小企业贷款。

垃圾债券。

浮动利率抵押贷款。

工商业贷款[担保贷款债务(collateralized loan obligations，CLOS)]。

为了考察其他资产的证券化，我们来看分期偿还循环债务凭证(certificates of amortizing revolving debts)这个例子。

分期偿还循环债务凭证(CARDs)

金融机构不会将所有的信用卡应收款持有到期，相反，它会分离出一部分应收款后将其卖给一家表外信托机构。一个较好的例子是 J. P. 摩根大通，它是一位主要的信用卡资助商(它为信用卡集合资产提供还款服务，其中包括基础信用卡账户的托收、管理和簿记业务。)目前，J. P. 摩根大通向一家信托机构出售了 2.8 亿美元的应收款。反过来，信托机构又向投资者发行了资产担保证券[**分期偿还循环债务凭证**(CARDs)]——投资者按比例享有信用卡应收款的现金流。当信托机构每个月收到信用卡应收款的偿付时，就会将其转给那些债券持有者。在实践中，也可以发行低于信用卡集合资产本金(2.8 亿美元)的债券。本例中所发行的债券为 2.5 亿美元——其中 3 000 万美元的差额为 J. P. 摩根所持有的债权。这么做的原因在于，信用卡持有者既可以随时增加、也可以随时偿还信用卡余额。本金余额以及债券担保物变动的风险(即这 3 000 万美元的本金部分)完全由金融机构承担，而投资者的担保债权在到期之前一直为 2.5 亿美元——除非债务被迅速提前偿还。实际上，J. P. 摩根大通持有的这部分债权甚至可以承担极端情况下信用卡债务的提前偿还。这个信用卡交易的例子可以通过图 23-16 来反映。从图中可以看到，信用卡资产的这种证券化方法与转手抵押债券使用的方法非常相似。

图 23-16 信用卡证券化的结构

是否所有资产都可以被证券化

证券化技术向其他资产的扩展导致了下列问题的产生：证券化的范围是什么？是否所有的资产和贷款都可以被证券化？从理论上讲，后一个问题的答案是肯定的——只要证券化是有利可图的，或者说金融机构证券化的收益能超出其成本。表 23-7 对证券化的利弊进行了归纳。

从表 23-7 中可以看到，在各种收益一定的情况下，寻找具有一定规模和相似性的集合资产的工作越困难、越昂贵，证券化的业务也就越困难、越昂贵。比如，工商业贷款的期限短的只有几个月，长的可达到 8 年;此外，它们的利率条件(固定利率、LIBOR 浮动利率、联邦基金浮动利率)和费用也不一样。还有，它们包含有不同的特约条款,而且是向众多行业的公司发放的。尽管如此，金融机构仍然能够发行所谓的担保贷款债券(collateralized loan obligations，CLO)和担保债务债券(collateralized debt obligations，CDO)这样的证券化集合资产——前者包含的是高信用等级和低违约风险的贷款，而后者包含的是各种各样的垃圾债券或风险很高的银行贷款。担保债务债券的本息偿还，取决于违约损失发生的时间，以及基础贷款或债券集合资产的还款时间。风险最大的担保债务债券有时被人们称为毒物(toxic waste)，它只有在没有出现任何差错时，才能得到偿付。最好的担保债务

表 23-7 证券化的收益和成本

收 益	成 本
1. 获得新的资金来源(以债券弥补存款)。	1. 需要获得公共或私人的信用风险保险和担保。
2. 提高金融机构贷款的流动性。	2. 需要超额担保。
3. 提高管理有效期限缺口(DA-kDL)的能力。	3. 需要对资产进行估价和集中分类(资产的差异所带来的成本)。
4. 表外发行可以节省发行者在准备金要求、存款保险费和资本充足率要求等方面的费用。	

债券将得到偿付——除非整个资产组合均违约。担保债务债券的发行额从 1995 年的 100 亿美元，增加到了 2003 年的 5 230 亿美元以上。[19] 一般情况下，通过证券化将低信用级别的贷款转变为担保债务债券要困难得多。具体而言，贷款或集合资产的估价越困难，证券化的成本就越大，其原因在于需要有超抵押物或信用风险保险。另外，由于 21 世纪初经济的衰退，以及一些曾经名望较高的大企业（比如安然公司和世界通信公司）的违约和舞弊行为的影响，许多担保债务债券集合资产都遭受了巨额的价值损失。比如，美国运通银行在 21 世纪初就经历了担保债务债券所带来的风险。1997 和 1998 年，美国运通银行购买了 35 亿美元的担保债务债券——认为其基础资产的违约率为 2%。2001 年初，实际的违约率为 8%，美国运通银行不得不动用 8.3 亿美元以弥补担保债务债券所造成的损失。同样，1999~2001 年间，巴克莱银行发行了 35 亿美元以上的担保债务债券，其中的 29 亿美元被惠誉投资者服务公司评定为 AAA 级。到了 2003 年 3 月，只有 1.28 亿美元的债券仍为 AAA 级，且有面值在 1.2 亿美元以上的基础债券出现了违约。[20]

或许，证券化的潜在范围要取决于某一类或某一组资产的相似程度及信用质量。不难理解，首次被证券化的资产是 30 年期固定利率住房抵押贷款，这是因为在金融机构表内的所有资产中，它们是最为相似的。比如，住房二级市场的存在所提供的价格信息，使人们能够较准确地估算出基础资产的市场价值，而且，人们也能广泛地获得各地抵押贷款违约率的信息。

19 参见："Irresistable Reasons for Better Models of Credit Risk," *Financial Times*, April 16, 2004, p.17.

20 参见："CDO-Not Cash on Delivery," *The Economist*, July 28, 2001, p.68.

练习题

1. 证券化对金融机构的资产组合产生了怎样的影响？
2. 金融机构发放贷款时会面临哪 3 种层面的监管税？证券化如何使税收水平下降？
3. 证券化完成之后，资产负债表会发生哪些具体的变化？金融机构的风险状况会发生怎样的改变？
4. 一笔 GNMA 抵押贷款集合资产的本金为 2000 万美元。贷款期限 30 年，每月偿还一次，年利率为 10%。假设没有提前还款。
   a. 抵押贷款集合资产的月还款额是多少（完全分期摊还）？
   b. 如果 GNMA 保险费为 6 个基本点，还款服务费为 44 个基本点，那么 GNMA 转手证券的收益率是多少？
   c. 上题（b）中 GNMA 转手证券的月还款额是多少？
   d. 计算出第 1 个月支付给发放抵押贷款的金融机构的还款服务费。
   e. 计算出第 1 个月支付给 GNMA 的保险费。
5. 如果转手证券不采用完全分期摊还，这会对 GNMA 的定价产生怎样的影响？如果市场利率为 5%，1000 万美元 15 年期抵押贷款集合资产的现值是多少——每月还款一次，年息票率为 8.5%？假设 GNMA 担保费为 6 个基本点，金融机构的还款服务费为 44 个基本点。
   a. 假设 GNMA 担保集合资产完全分期摊还。
   b. 假设 GNMA 担保集合资产只有一半分期摊还，抵押贷款集合资产面值的另一半到期时一次性支付。
6. 市场收益率曲线低于 GNMA 抵押贷款集合资产平均收益率的好处是什么？这种利率颠倒的不利之处是什么？这种情况对谁是好消息，对谁是坏消息？
7. 在 6 000 万美元的 15 年期抵押贷款集合资产中，有 150 笔抵押贷款（每笔 20 万美元）预计将提前 3 年偿还，其余 150 笔抵押贷款（每笔 20 万美元）预计将提前 4 年偿还。请问抵押贷款集合资产的加权平均期限是多少？抵押贷款采用完全分期摊还，息票率为 10% 的固定年利率。

8. 使用期权定价理论的提前还款模型的目标是什么？这些模型与 PSA 或实证模型有什么区别？
9. 使用期权提前还款模型来计算 3 000 万美元 3 年期抵押转手债券的收益率——息票率为每年 6%，采用完全分期摊还。市场利率为每年 6.4%。假设没有还款服务费和 GNMA 担保费。
   a. GNMA 转手证券的年还款额是多少？
   b. GNMA 转手证券的现值是多少？
   c. 假设每年的最大利率变化幅度为 0.5%。上升或下降 0.5% 的机会均等。如果利率下降幅度比当期抵押贷款息票率低 1.0%，那么所有的抵押贷款集合资产都会被提前偿还。请画出利率树，并且给出每种情况下的概率。
   d. 3 年期间各种情况下每年预期的现金流为多少？
   e. 长期国债收益曲线为水平线——贴现率为 6%。GNMA 转手证券的期权调整差价是多少？
10. Z 级担保抵押债券与 R 级有何区别？ R 级债券为什么既有零息债券的特点，又有普通债券的特点？哪些因素使得 R 级债券的有效期限为负数？
11. 什么叫抵押担保债券（MBBs）？抵押担保债券与转手证券和担保抵押债券（CMOs）有什么区别？
12. 什么叫纯息（IO）债券？纯息债券的贴现效应和提前还款效应如何导致一种资产的有效期限为负数？什么样的宏观经济影响才有可能使有效期限为负数？
13. 什么叫纯本（PO）债券？什么原因使纯本债券价格收益曲线的斜率比普通债券更陡峭？
14. 某金融机构发放了一系列的短期不动产贷款，贷款金额为 2 000 万美元，贷款期限为 5 年，年利率为 9%。
   a. 如果贷款期内没有提前还款，金融机构获得的平均还款（包括本金和利息）是多少？
   b. 如果将贷款转变为转手证券，且金融机构收取 50 个基本点的还款服务费（包括保险费），转手证券持有者预期获得的还款额是多少——假设没有提前还款？
   c. 假设还款被分离为纯息和纯本，第 3 年和第 4 年年底各有 5% 的提前还款，剩余本金在第 5 年年底偿还。每种证券的预期年还款是多少？假设贴现率为 9%。
   d. 如果相同风险的证券的市场利率降为 8%，纯息和纯本债券的市场价值是多少？